지텔프 공식 주관사
기출유형 문제집

최신 출제 경향 반영  회분

경찰/소방/군무원/공무원/전문자격증 대비

LEVEL 2

G-TELP KOREA 출판사업본부

G-TELP 주관사

G-TELP KOREA는 신뢰성, 타당성, 실용성을 갖춘 종합적인 영어평가라는 모토 아래 국제테스트 연구원(ITSC, International Testing Services Center)의 글로벌 파트너로서 1985년부터 G-TELP 시험을 주관하는 어학평가, 교육, 출판 전문 기업입니다. G-TELP KOREA는 업무 협약을 통해 한국 내 G-TELP 시험의 시행, 마케팅, 홍보, 출판, 교육에 대한 운영을 담당하고 있습니다.

G-TELP 영어연구소

G-TELP 영어연구소는 국내외 영어 콘텐츠 전문 연구진들로 이루어진 조직으로서, G-TELP 시험을 전문적으로 분석 및 연구해오고 있습니다. 다년간 쌓아온 디지털 데이터베이스와 정확한 데이터를 분석하는 툴을 기반으로 G-TELP의 모든 시험을 대비할 수 있는 수험서, 일반 영어, 비즈니스 영어, 전문 영어 등 다양한 분야의 영어 학습서를 기획, 집필, 편집, 출간하고 있습니다.

지텔프 공식 주관사 기출 문제집

초 판 1 쇄 발 행	2022년 01월 10일
초 판 2 쇄 발 행	2022년 06월 20일
개정 1판 1쇄 발행	2023년 11월 27일
개정 1판 2쇄 발행	2025년 04월 28일
발 행 인	김현중
출 판 사	G-TELP KOREA 출판사업본부
저 자	G-TELP 영어연구소
I S B N	978-89-91164-60-4
정 가	20,900원

도서 문의 안내
PHONE 1577-3836
FAX 02-454-2137

이 책의 내용과 포맷은 저작권법에 따라 보호받고 있으므로 무단 복제와 무단 전재를 금합니다.

PREFACE

안녕하세요. G-TELP 영어연구소입니다.

G-TELP Level 2 시험은 국내 650여 개의 기업 채용 및 승진과 경찰, 군무원, 공무원 뿐만 아니라 국가자격증 등의 영어능력 검정시험으로 활용되며, 다수의 수험자들이 G-TELP 학습에 많은 시간을 투자하고 있습니다. G-TELP는 타 시험 대비 상대적으로 적은 문항 수와 짧은 시험 시간으로 시험에 대한 부담이 적고, 단기간에 원하는 목표 점수에 도달할 수 있기에 최근 응시자 수가 상당히 늘고 있습니다.

『지텔프 공식 주관사 기출유형 문제집』은 최신 기출 유형 문제 7회분을 수록하고 있기에, 수험자들이 최신 경향을 반영한 문제를 풀어보기에 충분합니다. 또한 G-TELP 공식 주관사에서 출간한 문제집이기 때문에 지텔프의 특성을 파악하는데 효율적이고, 문제풀이에 최적화된 노하우가 반영되어 있습니다.

■ **두 가지 유형의 문제 구성**
① **영역별 기출유형** : 필요한 부분을 선택적으로 집중하여 학습할 수 있도록 문법, 청취, 독해 및 어휘 각 영역별로 나누어 구성 (4회분)
② **실전 기출유형** : 실전과 동일하게 실제 시험 형식 그대로 구성 (3회분)

■ **정답 공략 핵심 포인트 해설**
정답을 찾기 위한 핵심 포인트를 위주로 이해하기 쉽게 설명했으며, '정답 공식', '오답 체크', '패러프레이징'의 추가 설명을 통해 정답을 공략하는 비결을 습득할 수 있습니다.

■ **실제 시험과 유사한 문제지, 답안지, 음원**
실제 지텔프 시험과 유사한 형식의 문제지, 답안지 그리고 청취 음원으로 실전 감각을 익히고 연습할 수 있습니다.

『지텔프 공식 주관사 기출유형 문제집』이 여러분의 영어 실력을 향상시킬 뿐만 아니라 G-TELP Level 2 목표 점수 달성에 도움이 되어, 앞으로 하시는 일에 큰 힘이 되었으면 합니다.

좋은 결과를 얻으시길 기원합니다.

감사합니다.

G-TELP 영어연구소

CONTENTS

- 교재 구성 및 특징 5
- 학습 전략 9
- 학습 플랜 11
- G-TELP Level 2 소개 12
- 시험 전 확인하기 13

해설집

Chapter 1. 영역별 기출유형

Grammar Section

- [ ] Test 1 18
- [ ] Test 2 32
- [ ] Test 3 47
- [ ] Test 4 61

Listening Section

- [ ] Test 1 76
- [ ] Test 2 99
- [ ] Test 3 120
- [ ] Test 4 142

Reading & Vocabulary Section

- [ ] Test 1 166
- [ ] Test 2 188
- [ ] Test 3 209
- [ ] Test 4 231

Chapter 2. 실전 기출유형

- [ ] Actual Test 1 254
- [ ] Actual Test 2 296
- [ ] Actual Test 3 336

문제집 [책 속의 책]

교재 구성 및 특징

 ### 두 가지 유형의 문제 구성

「지텔프 공식 주관사 기출유형 문제집」은 영역별 유형과 실전 유형의 분리된 구성으로 모의고사만을 차례대로 묶어 놓은 시중의 지텔프 모의고사 문제집과는 차별화를 두고 구성하였습니다.

기출유형 모의고사 총 7회분 중 4회분은 문법, 청취, 독해 및 어휘를 각 영역별로 묶어 필요한 부분을 선택함으로써 부족한 부분에 대한 집중 학습이 가능하며, 실제 시험 형식으로 수록된 나머지 3회분을 통해 시간에 맞춘 실전 시험 대비가 가능합니다.

또한, 단순히 모의고사들을 나열한 것에 그치지 않고 학습 효율성을 반영한 영역별 재구성, 실제 지텔프 시험과 유사한 형식의 문제지, 답안지 그리고 청취 음원으로 실전 감각을 익히고 연습할 수 있는 것이 이 교재의 특징입니다.

 ### 정답 한 눈에 보기

"영역별 기출유형 4회 + 실전 기출유형 3회 = 총 7회"의 정답을 한 장에 모아 별책 부록으로 제공하여 학습 편의성을 높였습니다. 정답과 오답 문제 번호 및 점수 등을 기재할 수 있는 표를 스스로 작성해봄으로써 개인의 취약 영역 및 파트 분석이 가능합니다.

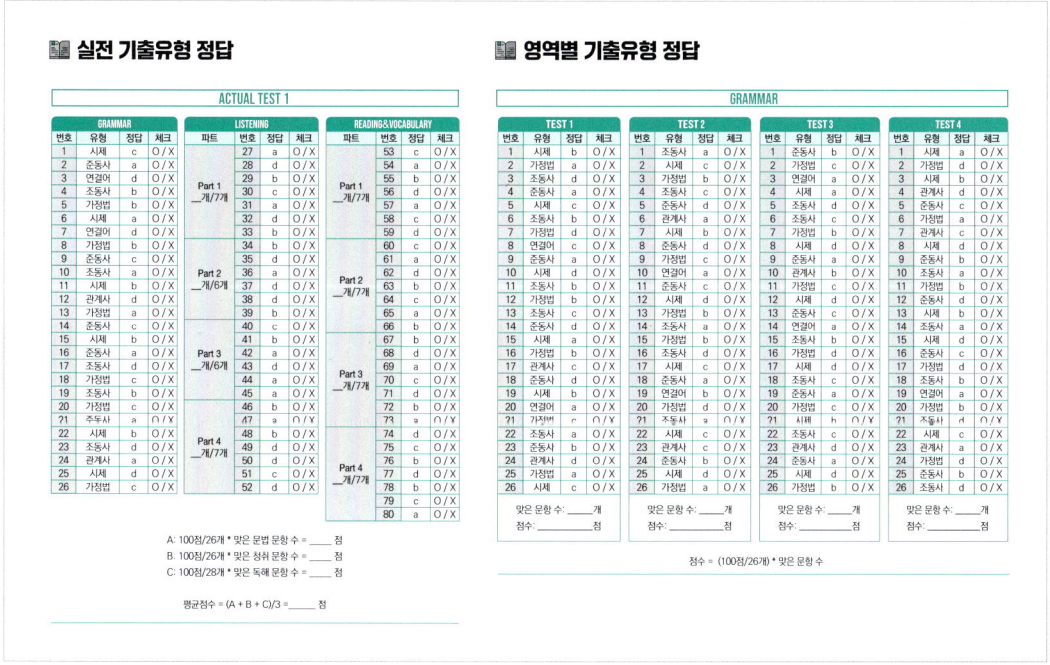

간결하고 쉬운 해설

Grammar Section

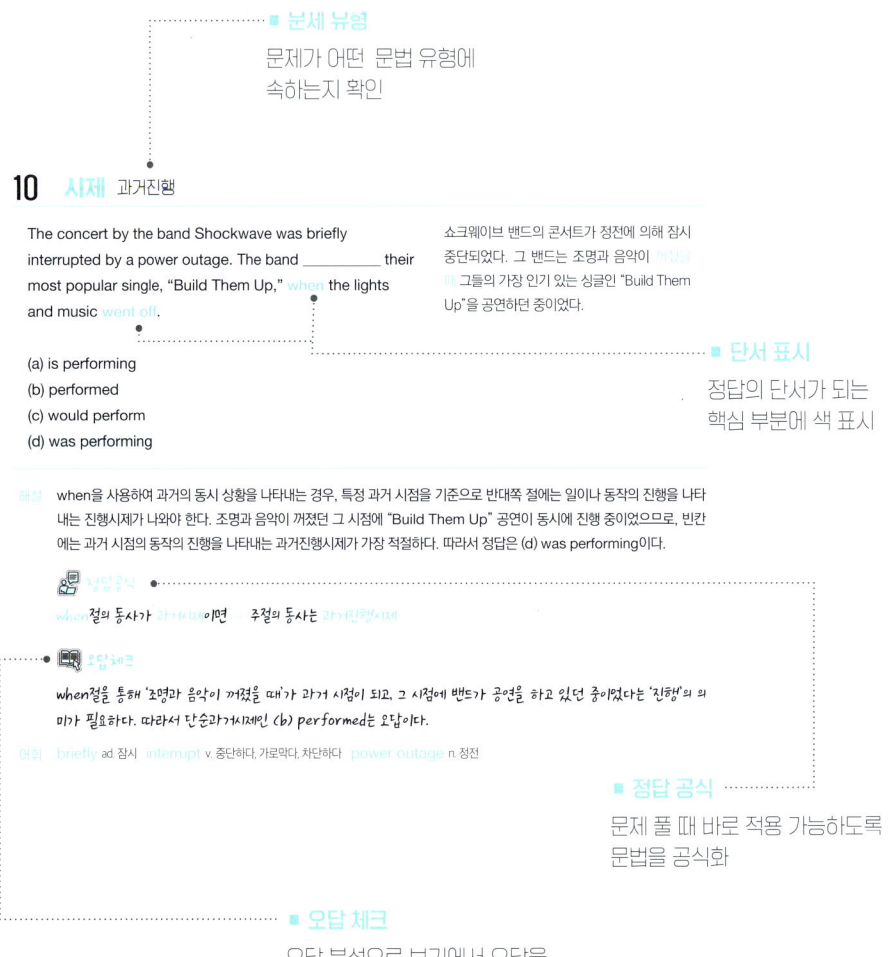

Listening Section

■ **내용 분류**
담화의 흐름에 따라 내용을 분류해서 소제목 작성

■ **음원 QR**
파트별로 음원 청취 가능

PART 3 ⁴⁰⁻⁴¹ 일상 대화 ▶ 대형 할인점의 장단점

안부 인사
M: Hi, Hannah. I'm glad to catch up with you. Would you like to go to the movies with me tonight?
F: Oh, I would love to, Travis, ⁴⁰but I'm driving up to Fremont after work to go grocery shopping.

남: 안녕, 해나. 만나게 되어 기뻐. 오늘 밤에 나와 영화 보러 갈래?
여: 오, 나도 그러고 싶지만, 트래비스, 퇴근 후에 프리몬트로 장을 보러 갈 거야.

■ **단서 표시**
각 문제에 해당하는 단서 문장에 색 표시

대형 할인점 장점 1
M: I know Fremont is only a 30-minute drive, but why do you need to go out of town to do your shopping? Can't you get all your grocery needs from Midland Supermarket?
F: ⁴⁰Oh, I can, but not for the great prices I find at J-Mart in Fremont. If we had that kind of discount department store here, I wouldn't bother shopping elsewhere.

남: 프리몬트가 차로 30분밖에 안 걸리는 건 알지만, 왜 쇼핑을 하러 시내를 벗어나려고 하는 거야? 필요한 모든 식료품은 미들랜드 슈퍼마켓에서 살 수는 없는 거야?
여: 살 수는 있지만, 내가 프리몬트에 있는 J-마트에서 발견하는 그런 훌륭한 가격은 아니야. 만약 그런 대형 할인점이 이곳에 있다면, 다른 곳에서 쇼핑하려고 애를 쓰지 않아도 될 텐데.

대형 할인점 단점 1
M: You know, ⁴¹a lot of people love discount department stores, but I wouldn't want one here in Midland City.
F: Really? Why wouldn't you want a discount department store in Midland? The products they sell are so affordable that your budget can go a long way.
M: ⁴¹I agree, but discount department stores put local store owners out of business. People no longer go to the traditional farmer's market, or shoe store, or hardware store like they used to.

남: 있잖아, 많은 사람들이 대형 할인점을 좋아하지만, 나는 미들랜드에 그런 걸 원하지는 않아.
여: 정말? 왜 미들랜드에 대형 할인점을 원하시 않는 건데? 그들이 판매하는 제품들은 너무 저렴해서 너의 예산에 도움이 될 수 있잖아.
남: 나도 동의하지만, 대형 할인점들은 지역 상점 주인들을 사업에서 내몰아. 사람들은 더 이상 예전처럼 전통 농산물 직판장이나 신발 가게, 철물점에 가지 않거든.

■ **문제 유형**
문제가 어떤 청취 유형에 속하는지 확인

40 세부사항

Why does Hannah plan to do her grocery shopping at J-Mart?

(a) because of its low-priced products
(b) because of its larger selection of goods
(c) because of its convenient location
(d) because of its amenities for shoppers

왜 해나는 J-마트에서 장을 볼 계획인가?

(a) 낮은 가격의 제품들 때문에
(b) 제품 선택의 폭이 더 넓기 때문에
(c) 편리한 위치 때문에
(d) 쇼핑객들을 위한 편의 시설 때문에

해설 해나가 미들랜드 슈퍼마켓에서 장을 볼 수는 있지만, J-마트에서 발견한 그런 훌륭한 가격은 아니라고(but not for the great prices I find at J-Mart in Fremont) 했다. 이를 통해 장을 보러 J-마트에 가려고 하는 이유가 낮은 가격의 제품들이 있기 때문임을 알 수 있다. 따라서 (a)가 정답이다.

 패러프레이징
great prices → low-priced products

■ **패러프레이징**
같은 내용이 어떻게 다르게 표현되어 정답 근거가 되는지 파악 가능

오답체크
트래비스가 프리몬트를 차로 30분밖에 안 걸리는 곳이라고 말하지만, 편리한 위치가 그녀가 J-마트에 가서 장을 보는 이유는 아니므로 (c)는 오답이다.

어휘 selection n 선택, 선정 amenity n 편의 시설

■ **오답 체크**
오답 분석으로 보기에서 오답을 걸러내는 방법 제시

7

Reading & Vocabulary Section

성과 특징

Published in 1960, ⁵⁶the book was loosely based on her childhood experiences in Monroeville, ⁵⁹depicting herself as the character Scout Finch, Truman Capote as Scout's friend Dill, and her father as Atticus Finch, a lawyer and the story's central character. The novel told of life and racial conflicts in a small southern town in the 1930s.

주요 성과 + 사후 평가

To Kill a Mockingbird quickly became a best-seller and received the Pulitzer Prize for Fiction in 1961. It was also made into an award-winning film the following year. For her contributions to American literature, Lee was appointed to the National Council of Arts in 1966, and awarded the Presidential Medal of Freedom in 2007. The year before her death in 2016, ⁵⁷HarperCollins published Lee's only other novel, Go Set a Watchman, which was actually the original draft of To Kill a Mockingbird and not a sequel as it was originally deemed.

1960년에 출판된 ⁵⁶이 책은 먼로빌에서의 그녀의 어린 시절 경험을 대략적으로 기반을 둔 것으로, 자신을 스카우트 핀치, 트루먼 커포티를 스카우트의 친구인 딜, 그리고 그녀의 아버지를 변호사이자 이야기의 중심 인물인 애티커스 핀치라고 ⁵⁹묘사했다. 이 소설은 1930년대 남부의 한 작은 마을에서의 삶과 인종적 갈등을 이야기했다.

「앵무새 죽이기」는 빠르게 베스트셀러가 되었으며 1961년에는 소설 부문 퓰리처상을 받았다. 이 소설은 이듬해에 수상에 빛나는 영화로도 만들어졌다. 미국 문학에 대한 그녀의 공헌으로, 리는 1966년에 국립예술위원회에 지명되었고, 2007년에는 대통령 자유 훈장을 받았다. 2016년에 리가 사망하기 1년 전에, ⁵⁷하퍼콜린스에서 리의 다른 유일한 소설인 「파수꾼」을 출간하였는데, 사실 이 소설은 「앵무새 죽이기」의 원작이었으며 본래 여겨졌던 것처럼 속편이 아니었다.

■ **단서 표시**
각 문제에 해당하는 단서 문장에 색 표시

■ **내용 분류**
글의 흐름에 따라 내용을 분류해서 소제목 작성

■ **문제 유형**
문제가 어떤 독해 유형에 속하는지 확인

56 세부사항

How can the novel To Kill a Mockingbird be described?

(a) It was inspired by Lee's early life.
(b) It is the true story of Lee's experiences.
(c) It took place in Lee's hometown.
(d) It was written during Lee's childhood.

소설 「앵무새 죽이기」는 어떻게 묘사될 수 있는가?

(a) 이 소설은 리의 초기 삶에서 영감을 얻었다.
(b) 이 소설은 리의 경험들을 담은 실제 이야기이다.
(c) 이 소설은 리의 고향에서 발생한 일이다.
(d) 이 소설은 리의 어린 시절 동안에 쓰여졌다.

[해설] 다섯번째 단락에서 「앵무새 죽이기」는 먼로빌에서의 그녀의 어린 시절 경험을 대략적으로 기반을 둔 것(was loosely based on her childhood experiences)이라고 했으므로, 이를 통해 이 소설은 리의 초기 삶에서 영감을 얻은 것임을 알 수 있다. 따라서 정답은 (a)이다.

[패러프레이징]
was loosely based on → was inspired by
her childhood experiences → Lee's early life

[오답체크]
소설의 배경은 1930년대 남부의 한 작은 마을이므로, 리의 고향에서 발생한 일이라고 하는 (c)는 답이 될 수 없다.

[어휘] describe v. 서술하다, 묘사하다 inspire v. 영감을 주다 take place v. 일어나다, 발생하다 hometown n. 고향

■ **패러프레이징**
같은 내용이 어떻게 다르게 표현되어 정답 근거가 되는지 파악 가능

■ **오답 체크**
오답 분석으로 보기에서 오답을 걸러내는 방법 제시

학습 전략

단기간에 목표 점수를 취득하고자 한다면 난이도에 따라 전략적으로 접근해야 합니다.
「지텔프 공식 주관사 기출유형 문제집」은 모의고사를 단순하게 나열하지 않고, 영역별 모의고사와 실전 모의고사로 나누어 구성하였습니다. 따라서 자신의 영어 수준에 따라 영역별 학습 순서를 달리하여 학습할 수 있을 뿐만 아니라 실전 시험에 대비할 수 있습니다.
원하는 목표 점수를 취득하기 위해 영역별, 파트별, 문제별 풀이 순서 및 시간 배분 방법을 학습 전략으로 제시하였으니 학습에 참조하시기 바랍니다.

📖 32~50 목표

영역별 유형 문제 풀이 연습 전략

Grammar

⏱ **실제 문법 시간 (20분)**
▶ **40분**정도 문제 풀이 추천

- 실제 문법 시간은 20분이지만, 청취 또는 독해 시간에도 문법을 풀 수 있으므로 문법에 시간을 넉넉히 할애해서 연습합니다.

■ **문제 풀이 방법**
① 1번부터 26번까지 차례로 풉니다. 이 때, 확실히 정답을 아는 문제에는 답을 체크하고, 조금이라도 애매하거나 모르는 문제는 표시해 둡니다.
② 표시한 문제들을 다시 풀어보고, 그래도 정답에 확신이 없을 경우에는 확실한 오답을 제외하고 나머지 보기 중 하나를 정답으로 선택합니다.

■ **학습 방법**
- 해설 및 해석을 보고 틀린 문제 뿐만 아니라 맞은 문제까지 핵심 문법 포인트를 정확히 파악하며 학습합니다.

Listening

■ **문제 풀이 방법**
① 질문을 들려줄 때, 의문사 (when, where, why 등) 및 키워드를 최대한 메모하며 문제를 듣습니다.
② 메모해 둔 의문사 및 키워드에 집중하면서 지문을 듣고, 패러프레이징에 유의하며 정답을 찾습니다.

■ **학습 방법**
- 해설 및 해석을 보고 맞은 문제만 확인합니다. 맞은 문제는 내가 이해하고 풀었는지 파악하며 학습합니다.
- 이 때, 틀린 문제는 넘어가도록 합니다.

Reading & Vocabulary

⏱ **실제 독해 시간 (40분)**
▶ **35분**정도 문제 풀이 추천

- 실제 독해 시간은 40분이지만, OMR 카드에 마킹할 시간이 필요하므로 35분 내에 풀도록 연습합니다.

■ **문제 풀이 방법**
① 지문 읽기
독해는 비교적 읽기 쉬운 파트부터 공략할 수 있도록 Part4 → Part1 → Part3 → Part2 순서로 푸는 것이 좋습니다.

② 문제 풀기
독해는 문제 순서대로 지문의 내용이 전개되므로 차례대로 풉니다. 이 때, 추론 문제(주로 질문이 must likely, probably, what can be said about 등)는 과감히 건너뜁니다.

■ **학습 방법**
- 어느정도 내용을 이해하고 풀었던 문제들(주로 앞 3문제)만 정답의 근거와 패러프레이징을 학습합니다.

실제 시험에서 시간 분배 전략

Grammar **20분**
- 1번부터 26번까지 차례로 풀면서 정답이 확실한 문제만 답을 체크하고, 애매하거나 모르는 문제는 확실한 오답 보기를 표시해두고 다음 문제로 넘어갑니다.
- 문법 문제를 다 풀면, 넘어갔던 문제들로 돌아가서 후보 답안을 보며 정답을 선택합니다. 이 때, 마지막까지 정답 선택에 어려움이 있는 문제는 별도로 표시를 해둡니다.

Listening **약 30분**
- Part1, 2 풀이 시간 : 문법 시간에 넘겼던 문제들을 다시 보면서 확실한 오답 보기를 제외하고 나머지 보기 중 하나를 정답으로 선택합니다. (약 15분)
 (만약 청취 시간에 문법에 집중하기 어렵다면 청취 시간에는 청취에 집중하고, 독해 시간 앞 부분에 문법 문제를 풀도록 합니다.)
- Part3 풀이 시간 : 질문을 들려줄 때, 의문사(when, where, why 등) 및 키워드를 최대한 메모하며 문제를 듣습니다. 메모해 둔 의문사 및 키워드에 집중하면서 지문을 듣고, 정답을 찾습니다. (약 7분)
- Part4 풀이 시간 : 문법, 청취의 정답을 미리 OMR카드에 마킹하면 독해 시간을 좀 더 확보할 수 있습니다. (약 7분)

Reading & Vocabulary **40분**
- 앞서 언급한 파트 풀이 순서 및 문제 풀이 순서에 따라 문제를 푸는데, 애매하거나 모르는 문제는 과감하게 넘어갑니다.
- 종료시간 5분 방송이 나오면 OMR카드에 마킹을 시작합니다.

* 대체로 초급 학습자들은 청취를 어려워하므로, 청취 시간에 청취 문제풀이 보다는 문법과 OMR카드 마킹에 시간을 할애하는 전략입니다.

50~65+ 목표

영역별 유형 문제 풀이 연습 전략

Grammar

⏱ 실제 문법 시간 (20분)
- 실제 문법 시간에 맞춰 20분 내에 26개의 문제를 풀도록 연습합니다.

■ 문제 풀이 방법
① 1번부터 26번까지 차례로 풉니다. 이 때, 확실히 정답을 아는 문제에는 답을 체크하고, 조금이라도 애매하거나 모르는 문제는 표시해 둡니다.
② 표시한 문제들을 다시 풀어보고, 그래도 정답에 확신이 없을 경우에는 확실한 오답을 제외하고 나머지 보기 중 하나를 정답으로 선택합니다.

■ 학습 방법
- 맞은 문제 중, 정답에 확신을 갖고 풀이한 문제는 자신이 생각한 정답 포인트와 맞는지 정도만 확인하고 빨리 넘어갑니다.
- 틀린 문제는 원인을 꼭 파악해야 합니다.

▲ 아는데 실수로 틀린 경우?
→ 어떤 부분에서 헷갈렸는지 확인합니다.

▲ 몰라서 틀린 경우?
→ 해당 문법을 다시 학습하고, 지텔프 문제에는 어떻게 적용되는지 파악합니다.

Listening

■ 문제 풀이 방법
① 질문을 들려줄 때, 의문사 (when, where, why 등) 및 키워드를 최대한 메모하며 문제를 듣습니다.
② 메모해 둔 의문사 및 키워드에 집중하면서 지문을 듣고, 패러프레이징에 유의하며 정답을 찾습니다.

■ 학습 방법
- 해설 및 해석을 보고 맞은 문제만 확인합니다. 맞은 문제는 내가 이해하고 풀었는지 파악하며 학습합니다.
- 이 때, 틀린 문제는 넘어가도록 합니다.

Reading & Vocabulary

⏱ 실제 독해 시간 (40분)

▶ 35분 정도 문제 풀이 추천
- 실제 독해 시간은 40분이지만, OMR 카드에 마킹할 시간이 필요하므로 35분 내에 풀도록 연습합니다.

■ 문제 풀이 방법
① 지문 읽기
독해는 비교적 읽기 쉬운 파트부터 공략할 수 있도록 Part4 → Part1 → Part3 → Part2 순서로 푸는 것이 좋습니다.
② 문제 풀기
독해는 문제 순서대로 지문의 내용이 전개되므로 차례대로 풉니다

■ 학습 방법
- 지문을 처음부터 읽어가면서 맞은 문제와 틀린 문제 모두 정답의 근거 및 패러프레이징을 학습합니다.

실제 시험에서 시간 분배 전략

Grammar 20분
- 1번부터 26번까지 차례대로 풀면서 정답이 확실한 문제만 답을 체크하고, 애매하거나 모르는 문제는 확실한 오답 보기를 표시해두고 다음 문제로 넘어갑니다.
- 문법 문제를 다 풀면, 넘어갔던 문제들로 돌아가서 후보 답안을 보며 정답을 선택합니다.
이 때, 마지막까지 정답 선택에 어려움이 있는 문제는 별도로 표시해 둡니다.

Listening 약 30분
· Part 1~3 풀이 시간
- 청취가 시작되면 청취 설명하는 부분이 나오는데, 이 시간에 청취 문제의 보기들을 읽어보며 키워드에 표시해 둡니다.
- 질문을 들려줄 때, 의문사(when, where, why 등) 및 키워드를 최대한 메모하며 문제를 듣습니다.
- 메모해 둔 의문사 및 키워드에 집중하면서 지문을 듣고, 정답을 찾습니다.

· Part 4 풀이 시간
- 문법에서 마지막까지 정답 선택에 어려움이 있어 별도로 표시한 문제가 있다면, 청취 마지막 파트에서 한 번 더 확인합니다. 또한 문법, 청취의 정답을 미리 OMR카드에 마킹하면 독해 시간을 좀 더 확보할 수 있습니다.

Reading & Vocabulary 40분
- 앞서 언급한 파트 풀이 순서 및 문제 풀이 순서에 따라 문제를 푸는데, 애매하거나 모르는 문제는 확실한 오답 보기를 제외하고 정답을 선택합니다.
- 종료시간 5분 방송이 나오면 OMR카드에 마킹을 시작합니다.

학습 플랜

📅 7 Days Track

Day 1	Day 2	Day 3	Day 4	Day 5	Day 6	Day 7
영역별 유형				실전 유형		
Grammar 1	Grammar 3	Reading & Vocabulary 1	Reading & Vocabulary 3	Actual Test 1	Actual Test 2	Actual Test 3
Grammar 2	Grammar 4	Reading & Vocabulary 2	Reading & Vocabulary 4			
Listening 1	Listening 2	Listening 3	Listening 4			

📅 15 Days Track

Day 1	Day 2	Day 3	Day 4	Day 5
영역별 유형				
Grammar 1	Grammar 2 <Grammar 1 Review>	Grammar 3 <Grammar 2 Review>	Grammar 4 <Grammar 3 Review>	Reading &Vocabulary 1 <Grammar 4 Review>

Day 6	Day 7	Day 8	Day 9	Day 10
영역별 유형				
Reading&Vocabulary 2 <Reading&Vocabulary 1 Review>	Reading &Vocabulary 3 <Reading&Vocabulary 2 Review>	Reading &Vocabulary 4 <Reading&Vocabulary 3 Review>	Listening 1 <Reading&Vocabulary 4 Review>	Listening 2 <Listening 1 Review>

Day 11	Day 12	Day 13	Day 14	Day 15
영역별 유형		실전 유형		
Listening 3 <Listening 2 Review>	Listening 4 <Listening 3 Review>	Actual Test 1 <Listening 4 Review>	Actual Test 2	Actual Test 3

G-TELP Level 2 소개

G-TELP란?

G-TELP(General Tests of English Language Proficiency)는 미국 국제 테스트 연구원(ITSC, International Testing Services Center)에서 주관하여 University of California Los Angeles, Georgetown University, San Diego State University 등의 저명 교수진이 연구·개발하였고, 국내외 저명한 언어학자, 평가 전문가들이 참여하여 국제적으로 시행하는 글로벌 영어능력 평가 인증 시험입니다.

시험 구성

문법 26문항 (20분) + 청취 26문항 (약 30분) + 독해 28문항 (40분) = 총 80문항 (약 90분)

영역	내용	지문 수 (개)	문항 수 (개)	배점 (점)	시간 (분)
Grammar (총 26문항)	시제, 가정법, 조동사, should 생략, to부정사, 동명사, 연결어, 관계사	-	26	100	20
Listening (총 26문항)	Part 1. Interesting Story	1	7	100	약 30
	Part 2. Speech	1	6		
	Part 3. Conversation	1	6		
	Part 4. Presentation	1	7		
Reading & Vocabulary (총 28문항)	Part 1. Biography Article	1	7	100	40
	Part 2. Magazine Article	1	7		
	Part 3. Encyclopedia Article	1	7		
	Part 4. Business or Formal Letter	1	7		
Total			80	300	약 90

- 시험 시간을 특정 영역에 제한을 두지는 않으므로, 주어진 시간 내에 다른 영역의 문제풀이 가능
- 각 영역 100점 만점으로 총 300점이며, 세 개 영역의 평균 값으로 성적 산출

시험 전 확인하기

🕐 시험 시간

- 입실 가능시간 : 13시 20분 ~ 14시 50분 (14시 50분 입실 통제 / 이후 입실 절대 불가)
- 오리엔테이션 시작 시간 : 14시 25분

📱 주의 사항

- 신분증 미 지참 시 시험 응시 불가 (수험표는 없어도 응시 가능)
- 1층 고사장 입구에서 고사장을 확인하며, 좌석표에 따라 지정 좌석에서 응시해야 합니다.
- 시험 시간 중도 퇴실 시, 시험을 포기한 것으로 간주되어 당 회차 시험이 0점 처리됩니다.
- 규정 신분증, 필기도구, 아날로그 손목시계 이외의 개인 소지품은 소지할 수 없습니다.
  - ☛ 시험 전, 전자기기는 반드시 전원을 끄고 소지품과 함께 가방에 넣어 교실 앞에 제출해야 합니다.
  - ☛ 전원을 끄지 않아 벨소리나 진동, 전자음이 울릴 시 부정행위로 간주되어 시험이 0점 처리됩니다.

📝 준비물 Check!

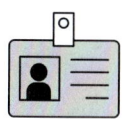
☑ 규정 신분증
→ 주민등록증, 여권(기간 만료 전), 운전면허증, 장애인등록증(주민등록번호 포함), 군 신분증(군인), 외국인등록증(외국인), 학생증(중고생) (단, 대학생의 경우 학생증 불허), 모바일 주민등록증(정부24, PASS), 모바일 운전면허증(경찰청 발행) *그 외 모바일 신분증 인정 불가

☑ 컴퓨터용 사인펜
→ OMR 답안지에는 반드시 컴퓨터용 수성 사인펜으로 마킹해야 합니다. (연필 사용 불가)

☑ 수정 테이프
→ 마킹 오류 시, 수정 테이프를 사용하여 수정할 수 있습니다. (수정액 사용 불가)
→ 수정 테이프는 반드시 본인의 것을 사용해야 하며, 타인에게 빌리거나 빌려줄 수 없습니다.

☑ 아날로그 시계
→ 아날로그 시계 이외의 스톱워치, 스마트 워치, 전자시계 등은 사용할 수 없습니다.

OMR 작성법 예습

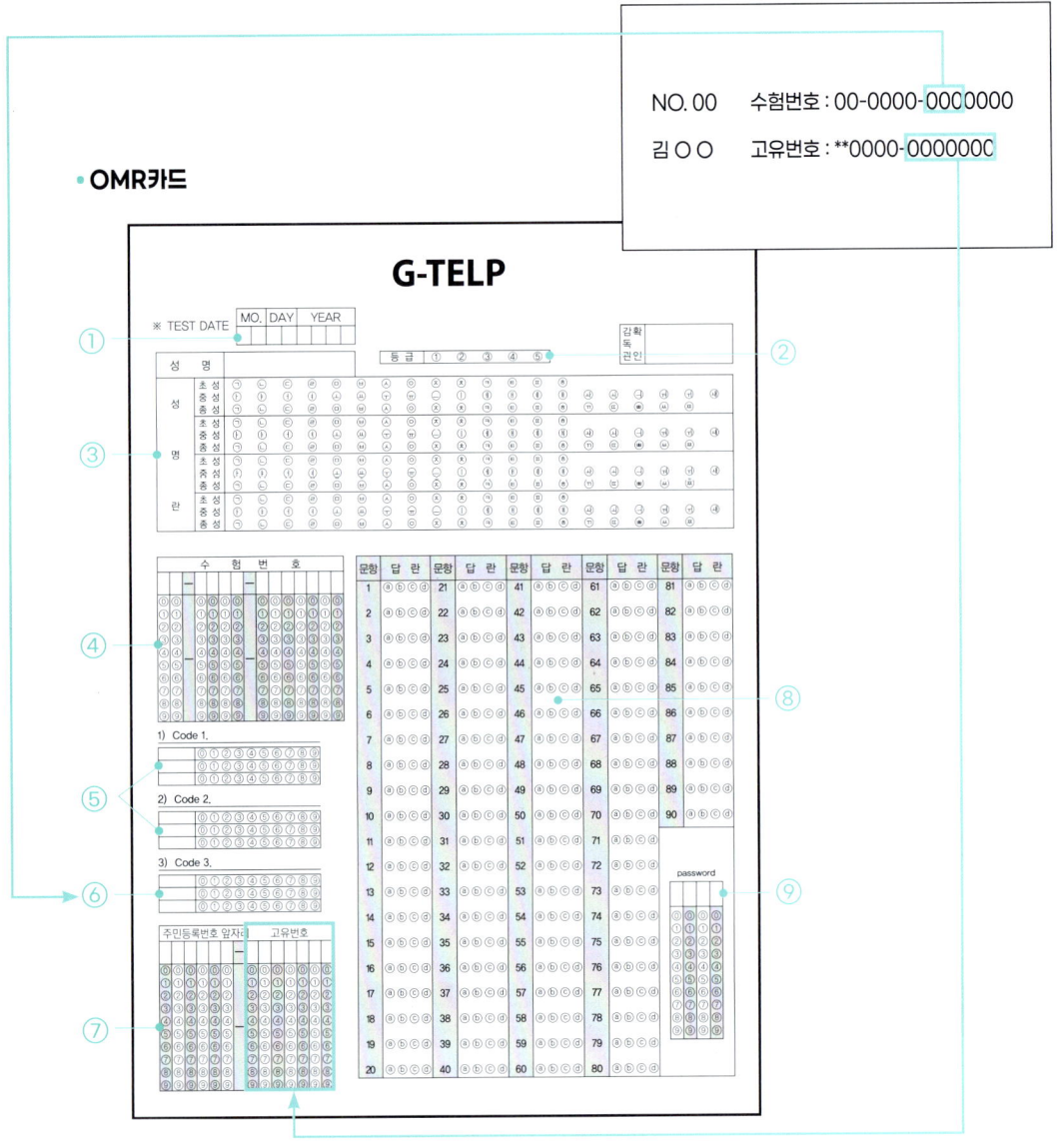

1. TEST DATE란에 월, 일, 년 순으로 기재합니다.
2. 등급은 ②에 마킹합니다.
3. 이름을 기재하고, 성명란에 초성, 중성, 종성에 맞게 마킹합니다.
4. 수험번호는 책상 위에 비치된 좌석표를 참고하여 마킹합니다.
5. Code 1과 Code 2는 OMR카드 뒷면에서 해당하는 코드를 찾아 마킹합니다.
   (대학생이 아닌 일반인의 경우 Code 1은 098, Code 2는 090을 기재하시면 됩니다)
6. Code 3은 수험번호 마지막 7자리 숫자 중 앞 3자리 숫자를 마킹합니다.
7. 앞자리는 수험자의 주민등록번호 앞자리를, 뒷자리는 좌석표에 기재된 고유번호를 마킹합니다.
8. Level 2 시험은 80문항으로 구성되어 있으므로, 마킹은 80번까지만 하면 됩니다.
   (81~90번에 실수로 마킹이 되더라도 성적 처리에는 영향을 주지 않음)
9. Password는 온라인 성적표 발급 시 필요한 네 자리 숫자이며, 마킹 후 반드시 기억하도록 합니다.

※ 시험 시간에는 별도의 답안지 마킹 시간이 주어지지 않으므로, 종료시간 전에 반드시 마킹을 마무리해야 합니다.

영역별 기출유형

G-TELP
General Tests of English Language Proficiency

TEST 1 GRAMMAR SECTION

영역별 기출유형

ANSWER										
01	02	03	04	05	06	07	08	09	10	
(b)	(a)	(d)	(a)	(c)	(b)	(d)	(c)	(a)	(d)	
11	12	13	14	15	16	17	18	19	20	
(b)	(b)	(c)	(d)	(a)	(b)	(c)	(d)	(b)	(a)	
21	22	23	24	25	26					
(c)	(a)	(b)	(d)	(a)	(c)					

01 시제 현재완료진행

The Silver Knights are eager to win their first state basketball championship. They _____ very well **since the season started** and remain the toughest team to beat.

(a) played
(b) **have been playing**
(c) were playing
(d) will have played

실버 나이츠는 그들의 첫 번째 주 농구 선수권 대회를 우승하는 것을 간절히 바란다. 그들은 시즌이 시작되었던 이래로 경기를 아주 잘 해오고 있는 중이며 가장 이기기 힘든 팀으로 남아 있다.

해설 첫 번째 문장에서 현재시제(are)를 사용하여 대회에서 우승하기를 갈망하고 있다고 하고, 해당 문장은 과거 시점인 시즌이 시작된 이래로(since) 현재까지 이기기 가장 힘든 팀이라는 의미가 되어야 하므로, 빈칸에는 과거 시점부터 현재까지 동작의 진행을 나타내는 현재완료진행시제가 가장 적절하다. 따라서 정답은 (b) have been playing이다.

 정답공식

since절의 동사가 과거시제라면 ➡ 주절의 동사는 현재완료진행시제

어휘 eager a. 간절히 바라는, 열망하는 state n. (미국의) 주 remain v. ~인 채로 남아 있다 tough a. 힘든, 잘 굽히지 않는

18 CHAPTER 1. 영역별 기출유형

02 가정법 과거완료

Pamela, one of Innovate Studio's top graphic designers, left to join another design firm. If she had been offered a higher salary, she _____ with the company for at least another year.

(a) would have stayed
(b) had stayed
(c) would stay
(d) will be staying

이노베이트 스튜디오 사의 최고 그래픽 디자이너들 중 한 명인 파멜라는 다른 디자인 회사에 입사하기 위해 떠났다. 만약 그녀가 더 높은 임금을 제안받았다면, 그녀는 적어도 1년 더 회사에 머물렀을 것이다.

해설 가정법 과거완료 구문에서는 if절의 동사 시제가 과거완료(had been)이므로 주절의 빈칸에는 〈would have p.p.〉 형태의 동사가 들어가야 한다. 따라서 정답은 (a) would have stayed이다.

정답공식

문제에 if, 보기에 would가 보이면 → 가정법 문제
if + 주어 + 과거완료시제동사, would + have p.p.

어휘 offer v. 제안하다, 제의하다   salary n. 임금, 급여, 봉급

03 조동사 문맥에 맞는 조동사

A solar-powered plane landed safely in Hawaii after flying non-stop from Japan for 117 hours. The solar plane's designers aim to promote clean technologies and show how they _____ help control climate change.

(a) must
(b) shall
(c) would
(d) can

태양광 비행기가 117시간 동안 일본에서 멈추지 않고 비행한 뒤 하와이에 안전하게 착륙했다. 그 태양광 비행기의 설계자들은 청정 기술을 촉진하고 그것들이 어떻게 기후 변화를 조절하는데 도움을 줄 수 있는지를 보여주는 것을 목표로 한다.

해설 '태양광 비행기의 설계자들은 청정 기술을 촉진하고 그것들이 기후 변화를 조절하는 것을 도울 수 있는 방법을 보여주는 것을 목표로 한다'라는 문맥이 되어야 한다. 즉 '~할 수 있다'와 같이 '가능'의 의미로 쓰이는 조동사가 빈칸에 들어가야 하므로, 정답은 (d) can이다.

오답체크

(a), (b) : 의무를 나타내는 must, 명령을 나타내는 shall은 문맥상 적절하지 않다.
(c) : will의 과거형인 would는 과거 시점에서 본 미래를 나타낼 때 쓰인다. 그런데 빈칸이 포함된 문장에서 주절의 동사 시제(aim)가 단순현재이며, 특정 시점을 간주하는 것이 아니라 '설계자들의 목표는 일반적으로 이러하다'는 의미이므로 would는 오답이다.

어휘 solar-powered plane n. 태양광 비행기   land v. 착륙하다, 내려앉다, 착륙시키다   aim v. 목표로 하다
promote v. 촉진하다, 고취하다   climate change n. 기후 변화

04 준동사 동명사를 목적어로 취하는 동사

After a year of monitoring airfare prices to the Maldives, Mallory finally stumbled upon a sale. She couldn't resist _____ the $800 round-trip ticket to the tropical country.

(a) buying
(b) to have bought
(c) having bought
(d) to buy

몰디브행 항공 운임 가격을 1년간 모니터링한 뒤에, 말로리는 마침내 할인 판매를 우연히 발견하였다. 그녀는 열대 국가로 떠나는 800달러짜리 왕복 티켓을 구입하는 것을 참을 수 없었다.

[해설] 동사 resist는 동명사만을 목적어로 취하므로, 정답은 (a) buying이다.

오답체크
buy가 resist보다 이전의 동작임을 나타내는 (c) having bought는 문맥상 적절하지 않다.

[어휘] airfare n. 항공 운임, 항공 요금   stumble upon v. ~을 우연히 발견하다   resist v. 참다, 견디다
round-trip n. 왕복 여행, 일주 여행   tropical country n. 열대 국가

05 시제 미래완료진행

I learned that Burrito Country, the Mexican deli across the street from our school, is giving a five percent student discount. By the time we graduate, the deli _____ us delicious and affordable food for three years.

(a) was serving
(b) will serve
(c) will have been serving
(d) has been serving

나는 우리 학교 길 건너에 있는 멕시코 음식점인 부리또 컨트리가 5퍼센트 학생 할인을 제공하고 있음을 알게 되었다. 우리가 졸업할 때쯤이면, 그 음식점은 우리에게 맛있고 저렴한 음식을 3년 동안 제공해오고 있을 것이다.

[해설] by the time절에 현재시제가 나오면 미래를 가리키며, 'for three years'를 통해 완료시제가 나와야 함을 알 수 있다. 문맥상으로도 우리가 졸업할 때쯤이면(By the time we graduate) 그 식당이 그 시점까지 3년 동안(for three years) 맛있고 저렴한 음식을 제공할 것이라고 하는 것이 가장 적절하므로, 특정 미래 시점까지 일이나 동작이 기간을 두고 진행되고 있음을 나타낼 때 쓰는 미래완료진행시제가 빈칸에 가장 적절하다. 따라서 정답은 (c) will have been serving이다.

정답공식
by the time + 현재시제, 주어 + 미래완료진행시제 for + 기간
　　　　단서 1　　　　　　　　　　　단서 2

[어휘] discount n. 할인   graduate v. 졸업하다, 학위를 받다   affordable a. 저렴한, (가격이) 알맞은

06 준동사 to부정사의 부사적 용법

Being a small country, Singapore has a limited land area suitable for farming. As a result, Singapore's food supply mainly comes from imports _____ sufficient food.

(a) obtaining
(b) to obtain
(c) to have obtained
(d) having obtained

작은 국가인 싱가포르에는 농사를 짓기에 적합한 토지 구역이 한정되어 있다. 결과적으로, 싱가포르의 식량 공급은 충분한 음식을 얻기 위해 주로 수입품들에서 나온다.

해설 to부정사는 부사적 용법으로 쓰일 때 완전한 절 뒤에 위치하여 '~하기 위해'의 의미의 목적을 나타내는 기능을 한다. 빈칸 앞 절에서 '싱가포르의 식량 공급이 주 수입품들에서 나온다'라고 나오고 있으며, 그에 대한 목적으로 '충분한 음식을 얻기 위해'라는 내용이 이어지는 것이 가장 적절하므로, 정답은 (b) to obtain이다.

어휘 country n. 국가 limited a. 한정된 land area n. 대지 면적 suitable a. 적합한 farming n. 농사 as a result ad. 결과적으로 supply n. 공급 mainly ad. 주로 come from v. ~에서 나오다, 비롯되다 import n. 수입(품) obtain v. 얻다 sufficient a. 충분한

07 가정법 과거

My uncle is an actor on a popular TV show and sometimes gets recognized in public. If it weren't for the beard he's growing now, he _____ for an autograph every time he goes out.

(a) will probably get asked
(b) would probably have gotten asked
(c) has probably gotten asked
(d) would probably get asked

나의 삼촌은 인기 있는 텔레비전 프로그램의 배우이고 가끔 사람들 앞에서 인정받는다. 만약 그가 지금 기르고 있는 수염이 아니었으면, 아마 그가 밖에 나갈 때마다 사인 요청을 받았을 것이다.

해설 가정법 과거 구문에서는 if절의 동사가 과거(weren't)이므로 주절의 빈칸에는 〈would + 동사원형〉 형태의 동사가 들어가야 한다. 따라서 정답은 (d) would probably get asked이다.

 정답공식

문제에 if, 보기에 would가 보이면 ➡ 가정법 문제
if + 주어 + 과거시제동사, would + 동사원형

어휘 actor n. 배우 recognize v. 인정하다, 알아보다, 인지하다 beard n. 수염 autograph n. 사인, 서명

08 연결어 접속사

Brian is nervous about tonight. He will be attending his first networking event. What he is most worried about is that _____ his supervisor attends, he will have to go to the event alone.

브라이언은 오늘 밤에 대해 불안해한다. 그는 그의 첫 번째 친목 행사에 참석할 것이다. 그가 가장 걱정하는 것은 만약 그의 상사가 참석하지 않는 한 그가 행사장에 혼자 가야 할 것이라는 것이다.

(a) while
(b) whenever
(c) unless
(d) since

해설 문맥상 그의 상사가 참석하지 않으면 그가 행사장에 혼자 가야 한다는 것이 불안하다는 내용이 되는 것이 가장 적절하다. 따라서, '~하지 않는 한'이라는 의미로 조건을 나타내는 접속사가 들어가야 하므로 정답은 (c) unless이다.

오답체크
(a) while은 '~동안', '~반면에', (b) whenever는 '언제든지', (d) since는 '~이래로', '~때문에'의 의미이며 모두 문맥상 적절하지 않아 오답이다.

어휘 nervous a. 불안해하는 attend v. 참석하다 networking event n. 친목 행사
be worried about v. ~에 대해 걱정하다, 염려하다 supervisor n. 상사, 상관 alone ad. 혼자서

09 준동사 to부정사를 목적격 보어로 취하는 동사

The El Niño phenomenon causes drastic changes in weather patterns around the world. As a precautionary measure, many cities hold El Niño workshops intended _____ residents about heavy rains, rising sea levels, and flooding.

엘니뇨 현상은 전 세계의 날씨 패턴에 급격한 변화를 야기한다. 예방 조치로서, 많은 도시들은 주민들에게 폭우, 해수면 상승, 그리고 홍수에 대해 알리도록 의도된 엘니뇨 워크숍을 개최한다.

(a) to inform
(b) to have informed
(c) informing
(d) having informed

해설 intend는 5형식 동사일 때 〈intend + 목적어 + to부정사(~가 …하도록 의도하다)〉의 구조로 쓰이며, 수동태가 되면 〈주어 + be intended + to부정사〉의 구조로 바뀐다. 문장 구조를 보면 intend가 과거분사 intended가 되어 빈칸 앞 명사 workshops를 뒤에서 수식하고 있고, 목적격 보어인 to부정사와 함께 '~하도록 의도된 워크숍'의 해석이 되어야 한다. 따라서 정답은 (a) to inform이다.

어휘 cause v. 야기하다, 초래하다 drastic a. 급격한, 극단적인, 과감한 precautionary a. 예방의 measure n. 조치, 정책
intend v. 의도하다, 작정하다 resident n. 주민, 거주자 flooding n. 홍수

10　시제　과거진행

The concert by the band Shockwave was briefly interrupted by a power outage. The band _____ their most popular single, "Build Them Up," when the lights and music went off.

(a) is performing
(b) performed
(c) would perform
(d) was performing

쇼크웨이브 밴드의 콘서트가 정전에 의해 잠시 중단되었다. 그 밴드는 조명과 음악이 꺼졌을 때 그들의 가장 인기 있는 싱글인 "Build Them Up"을 공연하던 중이었다.

해설 when을 사용하여 과거의 동시 상황을 나타내는 경우, 특정 과거 시점을 기준으로 반대쪽 절에는 일이나 동작의 진행을 나타내는 진행시제가 나와야 한다. 조명과 음악이 꺼졌던 그 시점에 "Build Them Up" 공연이 동시에 진행 중이었으므로, 빈칸에는 과거 시점의 동작의 진행을 나타내는 과거진행시제가 가장 적절하다. 따라서 정답은 (d) was performing이다.

정답공식
when절의 동사가 과거시제이면 → 주절의 동사는 과거진행시제

오답체크
when절을 통해 '조명과 음악이 꺼졌을 때'가 과거 시점이 되고, 그 시점에 밴드가 공연을 하고 있던 중이었다는 '진행'의 의미가 필요하다. 따라서 단순과거시제인 (b) performed는 오답이다.

어휘 briefly ad. 잠시　interrupt v. 중단하다, 가로막다, 차단하다　power outage n. 정전

11　조동사　문맥에 맞는 조동사

Conformity is defined as changing one's beliefs or behavior in order to be accepted by a group. This usually happens after giving in to peer pressure, which _____ take such forms as bullying or criticism.

(a) will
(b) may
(c) must
(d) would

'순응'은 한 집단에 의해 받아들여지기 위해 자신의 신념이나 행동을 바꾸는 것으로 정의된다. 이것은 보통 동료 집단의 압박에 굴복한 후에 발생하는데, 이는 괴롭힘이나 비판과 같은 형태를 취할 지도 모른다.

해설 첫 문장에서 순응이라는 단어의 개념을 설명하고 있으므로, 내용의 흐름은 전반적으로 용어를 정의하는 맥락이 되는 것이 가장 적절하다. 이어지는 문장에서 순응은 보통 동료 집단의 압박에 굴복한 후에 발생한다고 했으며, 이는 괴롭힘이나 비판과 같은 형태를 취할 지도 모른다는 의미가 되는 것이 가장 자연스럽다. 따라서 '~할 지도 모른다'라는 추측의 의미를 나타내는 조동사인 (b) may가 정답이다.

> **오답체크**
> (a), (d): 단순현재시제를 통해 일반적인 사실을 제시하는 문맥에서 미래를 의미하는 will이나 would는 적절하지 않다.
> (c): 의무를 나타내는 조동사 must 역시 주어진 문맥에 적절하지 않으므로 오답이다.

어휘 conformity n. (규칙이나 관습에 대한) 순응, 따름   define v. 정의하다   belief n. 신념, 믿음   behavior n. 행동, 거동, 행실, 태도   accept v. 받아들이다, 받아 주다   peer pressure n. 동료 집단으로부터 받는 (사회적) 압박   bully v. 괴롭히다, 협박하다   criticism n. 비판, 비난, 비평

12 가정법 과거

Since it's summertime, most of my friends have been spending time at the beach. If I were able to free up some time, I _____ them at the beach instead of working today.

여름철이기 때문에, 내 친구들 대부분은 해변에서 시간을 보내고 있는 중이다. 만약 네가 시간을 좀 낼 수 있다면, 나는 오늘 일하는 대신에 분명 해변에서 친구들과 함께 할 것이다.

(a) will definitely join
(b) would definitely join
(c) am definitely joining
(d) would definitely have joined

해설 가정법 과거 구문에서는 if절의 동사가 과거(were)이므로 주절의 빈칸에는 〈would + 동사원형〉 형태의 동사가 들어가야 한다. 따라서 정답은 (b) would definitely join이다.

어휘 summertime n. 여름철   free up v. ~을 내다, 해방하다, 풀어주다, 해소하다   instead of prep. ~대신에

13 조동사 — 조동사 should 생략

There will be more work for the IT department this month as they launch a new software system. The manager requested that the HR department _____ several new programmers to keep up with the demand.

IT 부서가 새로운 소프트웨어 시스템을 출시함에 따라 이번 달에 업무가 더 많아질 것이다. 매니저는 인사부가 수요를 따라가기 위해 새 프로그래머들을 몇 명 고용해야 한다고 요청했다.

(a) is hiring
(b) hires
(c) hire
(d) will hire

해설 request(요청하다)와 같이 주장, 명령, 제안, 요구를 나타내는 동사 뒤에 that절이 나오면, that절의 동사 자리에는 '~해야 한다'의 의미로 〈should + 동사원형〉에서 should가 생략된 동사원형만이 가능하다. 따라서 정답은 (c) hire이다.

어휘 department n. 부서   launch v. 출시하다, 시작하다   request v. 요청하다   keep up with v. 시류를 따르다, 유행을 따르다, ~에 밝다   demand n. 수요, 요구

14 준동사 동명사를 목적어로 취하는 동사

Over the years, scientific studies have offered conflicting information about the health benefits of alcohol. Therefore, it is best that people practice _____ moderately in order to maintain their physical well-being.

수년 간, 과학적 연구들은 알코올의 건강상의 이점에 대한 상반된 정보를 제공해왔다. 그러므로, 신체적 건강을 유지하기 위해 적당히 음주하는 것을 실천하는 것이 가장 좋다.

(a) to drink
(b) to have drunk
(c) having drunk
(d) drinking

[해설] 동사 practice는 동명사만을 목적어로 취하므로, 정답은 (d) drinking이다.

오답체크

(c) having drunk는 완료동명사로서 주절의 동작보다 시점상으로 앞설 때 사용된다. 그런데 주어진 문장에서 '실천하는' 시점보다 '적당히 음주하는 것'이 시점상 앞서는 것은 문맥상 어색하므로 답이 될 수 없다.

[어휘] conflicting a. 상반되는, 상충되는, 모순되는   health n. 건강   moderately ad. 적당히, 알맞게, 적정하게   maintain v. 유지하다, 지키다   physical a. 신체의, 육체의

15 시제 현재진행

Sheila has been busy juggling many projects lately. She says she hasn't slept well for the past two weeks. That could explain why she _____ at her desk right now.

쉴라는 최근에 많은 프로젝트를 동시에 하느라 바빴다. 그녀는 지난 2주간 잠을 제대로 못 잤다고 말한다. 그것은 왜 그녀가 지금 책상에서 코를 고는 중인지를 설명할 수 있었다.

(a) is snoozing
(b) will be snoozing
(c) snoozes
(d) has snoozed

[해설] 빈칸을 포함한 절을 보면 빈칸 뒤에 부사 right now가 주어져 있다. right now는 '바로 지금'의 뜻으로 현재진행시제와 함께 쓰이며, 의미상으로도 쉴라가 바로 지금 책상에서 '코를 고는 중인지'를 설명할 수 있었다는 내용이 되어야 한다. 따라서 정답은 (a) is snoozing이다.

정답공식

빈칸 절에 (right) now가 나오면 → 현재진행시제

[어휘] busy a. 바쁜   juggle v. (두 가지 이상의 일을) 동시에 하다   lately ad. 최근에

16 가정법 과거완료

More than sixty million years ago, an asteroid hit Earth, killing dinosaurs and other giant reptiles and making way for the rise of mammals. If the killer asteroid had missed Earth, life _____ quite differently.

(a) had evolved
(b) would have evolved
(c) was evolving
(d) would evolve

6천만 년도 더 전에, 한 소행성이 지구를 강타하여, 공룡들과 다른 거대 파충류를 죽이고 포유류 출현의 길을 열었다. 만약 그 킬러 소행성이 지구를 빗맞췄다면, 생명체는 꽤 다르게 진화했을 것이다.

해설 가정법 과거완료 구문에서는 if절의 동사 시제가 과거완료(had missed)이므로 주절의 빈칸에는 〈would have p.p.〉 형태의 동사가 들어가야 한다. 따라서 정답은 (b) would have evolved이다.

어휘 asteroid n. 소행성   dinosaur n. 공룡   giant a. 거대한, 위대한   reptile n. 파충류   mammal n. 포유동물

17 관계사 관계부사

I spent the weekend in my hometown in Oregon. I drove around town and saw Beaverton High School. To my delight, the school, _____, looked just as I remembered it.

(a) which I spent four years of my life
(b) when I spent four years of my life
(c) where I spent four years of my life
(d) that I spent four years of my life

나는 오리건 주에 있는 내 고향에서 주말을 보냈다. 나는 시내 주위를 차로 돌아다녔고 비버턴 고등학교를 봤다. 기쁘게도, 내 인생의 4년을 보냈던 그 학교는 딱 내가 기억했던 그 모습이었다.

해설 선행사인 the school이 장소를 나타내는 명사이므로 장소를 선행사로 수식할 때 사용하는 관계부사 where이 들어가야 한다. 따라서 정답은 (c) where I spent four years of my life이다.

오답체크

(a), (d): 관계대명사 which와 that은 뒤에 주어 또는 목적어가 없는 불완전한 문장이 나와야 한다.
(b): 관계부사 when은 시간 표현을 선행사로 수식할 때 써야 한다.

어휘 delight n. 기쁨

18 준동사 to 부정사를 목적격 보어로 취하는 동사

Nowadays, shopping is made even easier with price-comparison applications. The barcode-scanning apps search for deals online and in retail stores, allowing shoppers _____ prices with their smartphones.

(a) comparing
(b) to have compared
(c) having compared
(d) to compare

오늘날에는, 쇼핑이 가격 비교 어플리케이션으로 훨씬 더 쉬워졌다. 바코드를 스캔하는 앱은 온라인과 소매점의 거래들을 검색하여, 쇼핑하는 사람들이 그들의 스마트폰으로 가격을 비교하도록 허용한다.

해설 동사 allow는 5형식 동사로서 목적격 보어 자리에 to부정사를 취하므로, 정답은 (d) to compare이다.

정답공식

allow + 사람 + to부정사 (사람에게 ~하도록 허용하다)
5형식동사   목적어   목적격보어

오답체크

(b) to have compared는 완료부정사로서 주절의 동작보다 시점상으로 앞설 때 사용된다. 그런데 주어진 문장에서는 쇼핑하는 사람들에게 허락하는 시점보다 가격을 비교하는 것이 시점상으로 앞선 문맥이 아니므로 오답이다.

어휘 nowadays ad. 오늘날에는, 요즘 price comparison n. 가격 비교, 가격 대조 application n. (스마트폰의) 어플리케이션, 앱 search for v. ~을 검색하다, 찾다 deal n. 거래 retail store n. 소매점 compare v. 비교하다

19 시제 미래진행

The North Miami Beach Police Department formed a task force for controlling crime during the holiday season. Starting tomorrow, ten officers _____ the business districts and residential neighborhoods every day until January 7.

(a) will have patrolled
(b) will be patrolling
(c) were patrolling
(d) have patrolled

노스 마이애미 비치 경찰청은 휴가철 동안 범죄를 통제하는 대책 위원회를 구성했다. 내일부터, 10명의 경찰관들은 1월 7일까지 상업 지역과 주택가를 매일 순찰하고 있을 것이다.

해설 빈칸 앞의 Starting tomorrow(내일부터)는 미래진행시제의 단서 표현이고, 문맥상으로도 '10명의 경찰관들이 1월 7일까지 매일 순찰할 것이다'라는 의미가 되어야 하므로, 미래 시점에 동작의 진행을 나타낼 때 쓰이는 미래진행시제가 빈칸에 가장 적절하다. 따라서 정답은 (b) will be patrolling이다.

어휘 department n. (정부·기업체·대학 등과 같은 조직의 한) 부서 form v. 구성하다, 형성하다 task force n. (특정한 문제를 해결하기 위한) 대책 위원회, 프로젝트 팀 crime n. 범죄, 범행 district n. 지역, 지구 residential neighborhood n. 주택가, 근린 주거

20 연결어 접속부사

For three straight semesters, Professor Harvey has received the engineering department's highest evaluation score for teaching. He is well-liked by his students as well. _____, he's one of the best professors in the university.

연속으로 세 학기 동안, 하비 교수는 공학과의 가장 높은 교수 평가 점수를 받았다. 그는 또한 그의 학생들에게도 인기가 있다. 정말로, 그는 그 대학교에서 최고의 교수들 중 한 명이다.

(a) Indeed
(b) Meanwhile
(c) However
(d) Otherwise

해설 빈칸 앞뒤 문맥을 보고 적절한 의미의 접속부사를 찾아야 한다. 연속으로 세 학기 동안, 하비 교수는 공학과의 가장 높은 교수 평가 점수를 받았다는 내용과 함께 학생들에게 인기가 많다고 하는 내용이 나오고 있다. 빈칸 뒤 문장은 앞에서의 그의 좋은 평판에 대한 강조(정말로, 그는 그 대학교에서 최고의 교수들 중 한 명이다)가 되는 문맥이다. indeed는 '정말로'라는 강조의 의미로서 앞 내용에 부연 설명할 때 쓰이므로, 정답은 (a) Indeed이다.

오답체크
(b) Meanwhile은 '한편', (c) However는 '그러나', (d) Otherwise는 '그렇지 않으면'의 의미로 모두 문맥상 적절하지 않아 오답이다.

어휘 straight a. 연속적인 semester n. 학기 receive v. 받다, 받아들이다 engineering department n. 공학과, 기술부 evaluation n. 평가 score n. 점수, 득점 well-liked a. 인기 있는 professor n. 교수 university n. 대학교

21 가정법 과거완료

Johnny couldn't play in the football game against the Blackhawks due to a sprained wrist. If he had listened to his mother about being careful on the icy sidewalks, he _____ the game on the sidelines.

조니는 손목 염좌 때문에 블랙호크스전 축구 경기에서 뛸 수 없었다. 만약 그가 빙판길에서 조심하라는 어머니의 말을 들었다면, 그는 경기를 사이드라인에서 보내지 않았을 것이다.

(a) had not spent
(b) would not spend
(c) would not have spent
(d) was not spending

해설 가정법 과거완료 구문에서는 if절의 동사 시제가 과거완료(had listened)이므로 주절의 빈칸에는 〈would have p.p.〉 형태의 동사가 들어가야 한다. 따라서 정답은 (c) would not have spent이다.

어휘 football n. 축구 sprain v. (특히 팔목·발목을) 삐다, 접지르다 wrist n. 손목 icy a. 얼음같이 찬, 얼음에 뒤덮인 sidewalk n. 길, 보도, 인도 sideline n. (경기장의) 사이드라인

22 조동사 조동사 should 생략

According to the American Heart Association, added sugars, such as ordinary table sugar, may cause obesity. However, the AHA advises that people _____ natural sugars in fruits and vegetables because they are healthy.

미국심장협회(AHA)에 따르면, 일반 설탕과 같은 첨가당은 비만을 유발할 수도 있다. 그러나, AHA는 과일과 채소에 있는 천연당은 건강에 좋기 때문에 피하지 말아야 한다고 권고한다.

(a) not avoid
(b) did not avoid
(c) are not avoiding
(d) will not avoid

해설 advise(권고하다)와 같이 주장, 명령, 제안, 요구를 나타내는 동사 뒤에 that절이 나오면, that절의 동사 자리에는 '~해야 한다'의 의미로 〈should + 동사원형〉에서 should가 생략된 동사원형만이 가능하다. 따라서 정답은 (a) not avoid이다.

어휘 American Heart Association n. 미국심장협회(AHA)   ordinary a. 일반적인, 평범한   obesity n. 비만, 비대

23 준동사 동명사를 목적어로 취하는 동사

The professor assigned us a project in English class today. It's a book review of *Othello*, a 300-page play. I'd better finish _____ it by the end of this weekend so I can start writing.

교수님이 오늘 영어 수업에서 우리에게 과제를 내줬다. 그것은 300페이지 분량의 연극인 「오셀로」에 대한 서평이다. 나는 글쓰기를 시작할 수 있도록 이번 주말까지 읽기를 끝내는 것이 좋겠다.

(a) having read
(b) reading
(c) to have read
(d) to read

해설 동사 finish는 동명사만을 목적어로 취하므로, 정답은 (b) reading이다.

어휘 assign v. (일·책임 등을) 내주다, 맡기다, 배정하다, 부과하다   review n. (책·연극·영화 등에 대한) 서평, 논평, 비평

24 관계사 관계대명사

The average surface temperature on Earth has reached record highs in recent years. This is because over 90% of the energy _____ in the atmosphere due to excess greenhouse gas is absorbed by the oceans.

지구의 평균 표면 온도는 최근 몇 년 동안 최고치에 도달했다. 이는 과도한 온실가스로 인해 대기 중에 저장되어오고 있는 에너지의 90퍼센트 이상이 바다에 의해 흡수되기 때문이다.

(a) which it has been stored
(b) who has been stored
(c) what has been stored
(d) that has been stored

해설 빈칸이 포함된 절은 앞에 나온 명사(energy)를 수식하며 '대기 중에 저장되어오고 있는 에너지'의 의미를 가진 관계사절이 되어야 한다. 빈칸 앞 선행사가 사물이며, 관계대명사 뒤에는 불완전한 절이 나와야 하므로, 정답은 (d) that has been stored이다.

오답체크
(a): 관계대명사 which는 뒤에 불완전한 문장이 나와야 하기 때문에 주어 또는 목적어가 없어야 한다.
(b): 관계대명사 who은 선행사가 사람이어야 한다.
(c): 관계대명사 what은 선행사를 포함한 관계대명사로서 앞에 선행사가 없어야 한다.

어휘 average surface temperature n. 평균 표면 온도 recent a. 최근의 atmosphere n. 대기 excess a. 과도한, 초과한 greenhouse gas n. 온실가스 absorb v. (액체·가스 등을) 흡수하다, 빨아들이다

25 가정법 과거

It's been three months since Le Boutique opened on Elm Street, but business hasn't picked up yet. If they moved their shop to a busier part of town, they _____ more customers.

르 부띠끄가 엘름 가에 문을 연 지 3개월이 되었지만, 사업은 아직 나아지지 않고 있다. 만약 그들이 그들의 가게를 도시의 더 붐비는 지역으로 옮긴다면, 그들은 더 많은 고객을 끌어들일 것이다.

(a) would attract
(b) are attracting
(c) would have attracted
(d) will attract

해설 가정법 과거 구문에서는 if절의 동사가 과거(moved)이므로 주절의 빈칸에는 〈would + 동사원형〉 형태의 동사가 들어가야 한다. 따라서 정답은 (a) would attract이다.

어휘 pick up v. 나아지다, 회복되다, 개선되다 attract v. 끌어들이다

26 시제 과거완료진행

Twenty additional moving walkways have been installed in the airport's arrival and departure areas. Before they were installed, passengers _____ for years about the distance they had to walk between the check-in counter and their gates.

(a) will complain
(b) have been complaining
(c) had been complaining
(d) complain

20개의 추가 무빙워크가 공항의 입국장과 출국장에 설치되었다. 무빙워크가 설치되기 전에, 승객들은 그들이 탑승수속 카운터와 게이트 사이에 걸어야 했던 거리에 대해 수년간 불평해오던 중이었다.

해설 before절의 동사 시제(were installed)를 통해 '무빙워크가 설치된' 시점이 과거임을 알 수 있다. 설치 이전부터(before) 그 시점까지 '수년간 (for years)' 불평해오고 있는 중임을 나타내야 하므로, 빈칸에는 과거 이전(대과거)부터 과거까지의 동작의 진행을 나타내는 과거완료진행시제가 가장 적절하다. 따라서 정답은 (c) had been complaining이다.

정답공식
접속사 before의 동사가 과거시제이면 → 주절의 동사는 과거완료진행시제 (for + 기간)

어휘 additional a. 추가의 moving walkway n. 무빙워크, 자동길(양방향 수평 에스컬레이터) install v. 설치하다 arrival n. 도착 departure n. 출발 passenger n. 승객 complain v. 불평하다 distance n. 거리 check-in n. (공항의) 탑승수속, 체크인

TEST 2 GRAMMAR SECTION
영역별 기출유형

ANSWER										
01	02	03	04	05	06	07	08	09	10	
(a)	(c)	(b)	(c)	(d)	(a)	(b)	(d)	(c)	(a)	
11	12	13	14	15	16	17	18	19	20	
(c)	(d)	(b)	(a)	(b)	(d)	(c)	(a)	(b)	(d)	
21	22	23	24	25	26					
(a)	(c)	(c)	(b)	(d)	(a)					

01 준동사 to부정사를 목적격 보어로 취하는 동사

Ramon feels anxious about his first assignment as a field reporter. It is only his first week on the job, but he **has already been asked** _____ the union protest happening at the shoe factory downtown.

(a) to cover
(b) having covered
(c) covering
(d) to have covered

라몬은 현장 기자로서의 첫 배치에 대해 불안함을 느낀다. 입사하고 이제 겨우 첫 주이지만, 그는 이미 시내의 신발 공장에서 일어나고 있는 노동조합 시위를 취재하라고 요청받았다.

[해설] 동사 ask는 5형식으로 쓰일 때 〈ask + 목적어 + to V〉 어순으로 사용된다. 이때 동사가 수동태(be p.p.)일 경우 〈be asked + to V(~하라고 요청받다)〉가 되므로, 빈칸에는 to부정사가 들어가야 한다. 따라서 정답은 (a) to cover이다.

[어휘] anxious a. 걱정하는, 불안해하는　assignment n. 임무, 배정, 배치　field reporter n. 현장 기자　ask v. 묻다, 요청하다　cover v. 다루다, 보도하다, 취재하다　union n. 결합, 연합, 노동조합　protest n. 시위　happen v. 발생하다　downtown ad. 시내에

02 시제 현재진행

A well-known pharmaceutical company has developed a new drug that can fight the growing threat of the Lagarta virus. **Currently,** the company's research staff _____ the drug's effectiveness on mice.

(a) will be testing
(b) tests
(c) is testing
(d) has tested

한 유명한 제약회사가 라가르타 바이러스의 증가하는 위협과 맞서 싸울 수 있는 신약을 개발했다. 현재, 회사의 연구원들은 쥐에게 그 약의 효과성을 시험하는 중이다.

32　CHAPTER 1. 영역별 기출유형

해설 빈칸을 포함한 절을 보면 앞에 부사 currently가 들어가 있다. currently는 '현재'의 뜻으로 현재진행시제와 함께 쓰이며, 의미상으로도 쥐에게 그 약의 효과성을 시험하는 중이라는 내용이 되어야 하므로, 정답은 (c) is testing이다.

정답공식
주절에 currently가 있으면 ➔ 현재진행시제가 정답

어휘 **pharmaceutical** a. 제약의, 약학의 **develop** v. 개발하다, 발달하다, 발달시키다 **drug** n. 약, 의약품, 약품 **research** n. 연구, 조사 **effectiveness** n. 효과성, 유효성

03 가정법 과거

Sandra has always volunteered at local organizations to help low-income families meet their dietary needs. **If** she **became** rich, she _____ a program dedicated to eradicating food insecurity in her city.

산드라는 저소득 가정이 그들의 식생활의 필요를 충족시키도록 돕기 위해 지역 단체에서 항상 자원봉사를 해왔다. 만약 그녀가 부자가 된다면, 그녀는 그녀의 도시에서 식량 불안을 근절하는 데 전념하는 프로그램을 조직할 것이다.

(a) is organizing
(b) would organize
(c) will organize
(d) would have organized

해설 가정법 과거 구문에서는 if절의 동사가 과거(became)이므로 주절의 빈칸에는 〈would + 동사원형〉 형태의 동사가 들어가야 한다. 따라서 정답은 (b) would organize이다.

정답공식
문제에 if, 보기에 would가 보이면 ➔ 가정법 문제
if + 주어 + 과거시제동사, **would + 동사원형**

어휘 **volunteer** v. 자진해서 봉사하다, 자발적으로 하다 **organization** n. 단체, 조직, 기구 **low-income** a. 저소득의 **dietary** a. 식생활의, 음식물의, 식이 요법의 **dedicate** v. (시간·노력을) 전념하다, 바치다, 헌신하다 **eradicate** v. 근절하다, 뿌리뽑다 **insecurity** n. 불안, 확신이 없음, 불안정, 위험

04 조동사 문맥에 맞는 조동사

My brother who lives in Florida wants to spend his vacation here at my place in Minnesota. I told him to bring a heavy coat since temperatures here _____ drop below zero degrees.

플로리다에 사는 내 동생은 미네소타에 있는 이곳 나의 집에서 휴가를 보내기를 원한다. 이곳의 기온이 영하로 떨어질 수 있기 때문에 나는 그에게 두꺼운 코트를 가져오라고 말했다.

(a) shall
(b) must
(c) can
(d) would

해설) '이곳의 기온이 영하로 떨어질 수 있기 때문에'의 의미가 되는 것이 문맥상 가장 자연스럽다. 따라서 '~할 수 있다'라는 의미의 '가능성'을 나타내는 조동사인 (c) can이 정답이다.

어휘) vacation n. 휴가, 방학   temperature n. 기온, 온도   below prep. 아래에   degree n. (온도 단위) 도(℃)

05 준동사 동명사를 목적어로 취하는 동사

Mr. Watson visited his doctor yesterday because he has been having chest pains lately. After careful examination, the doctor urged him to stop _____ immediately before his condition gets worse.

왓슨 씨는 최근에 가슴 통증을 느껴오고 있었기 때문에 어제 의사를 방문했다. 세밀한 검사 후에, 의사는 그에게 상태가 악화되기 전에 흡연하는 것을 즉시 멈출 것을 강력히 권고했다.

(a) to smoke
(b) having smoked
(c) to have smoked
(d) smoking

해설) 동사 stop은 동명사만을 목적어로 취하므로, 정답은 (d) smoking이다.

📖 오답체크

빈칸에 to부정사를 넣으면 '상태가 악화되기 전에 흡연하기 위해 즉시 멈추다'라는 매우 어색한 문장이 되므로 (a) to smoke는 오답이다. 참고로 to부정사와 함께 할 때 stop은 자동사이며, to부정사는 부사적 용법으로 사용된 것이다. (b) having smoked는 완료동명사로서 주절의 동작보다 시점상으로 앞설 때 사용된다. 그런데 주어진 문장에서 '멈추는' 시점보다 '흡연하는 것'이 시점상으로 앞선다는 것이 문맥상 어색하므로 오답이다.

어휘) visit v. 방문하다, 찾아가다   chest n. 가슴, 흉부   lately ad. 최근에, 얼마 전에   examination n. 검사, 시험
urge v. 강력히 권고하다, 촉구하다   immediately ad. 즉시   condition n. 상태

06 관계사 관계대명사

Airline pilots are required to undergo annual medical checkups to ensure they are fit to fly a plane. Tom, a pilot _____, successfully passed his checkup two days ago.

항공기 조종사들은 그들이 비행기를 조종하기에 적합한지를 보장하기 위해 매년 건강 검진을 받도록 요구된다. 보잉 747기를 조종하는 조종사 톰은 이틀 전에 검진을 성공적으로 통과했다.

(a) who flies a Boeing 747
(b) whom he flies a Boeing 747
(c) which flies a Boeing 747
(d) what flies a Boeing 747

해설 빈칸 앞 선행사(a pilot)가 사람 명사이므로 who로 시작하는 (a)와 whom으로 시작하는 (b)가 가능하다. 그런데 관계대명사는 뒤에 불완전한 절이 나와야 하므로, 정답은 주어가 없는 불완전한 절을 이끄는 주격 관계대명사인 (a) who flies a Boeing 747이다.

📖 오답체크

(b): 관계대명사 whom은 목적격 관계대명사로서 목적어가 없는 불완전한 절을 이끌어야 한다. 해당 보기는 주어, 동사, 목적어를 모두 갖춘 완전한 문장이므로 오답이다.
(c): 관계대명사 which는 선행사가 사물이어야 하므로 빈칸에 적절하지 않다.
(d): 관계대명사 what은 선행사를 포함하고 있는 관계대명사이므로 앞에 선행사가 없어야 한다.

어휘 require v. 요구하다, 필요하다   undergo v. (특히 변화·안 좋은 일 등을) 받다, 겪다   annual a. 매년의, 연례의
medical checkup n. 건강검진, 건강진단   ensure v. 보장하다, 반드시 ~이게 하다   successfully ad. 성공적으로

07 시제 미래진행

The school fair will start at 9 a.m., so I need to leave now to make sure our booth is ready. Please bring the decorations with you later. I _____ at the booth when you arrive.

(a) am waiting
(b) will be waiting
(c) have waited
(d) will have waited

학교 축제가 오전 9시에 시작될 거라서, 나는 우리 부스가 준비되었는지 확인하기 위해 지금 출발해야 해. 나중에 장식품들을 같이 가져와 줘. 네가 도착할 때 나는 부스에서 기다리고 있는 중일 거야.

해설 문맥상 상대가 도착할 때 부스에서 기다리고 있을 것이라는 의미가 되는 것이 가장 적절하다. 즉, 앞으로 벌어질 미래의 한 시점에 진행되고 있을 동작이나 상태를 나타낼 때 쓰이는 현재진행시제가 빈칸에 가장 적절하므로, 정답은 (b) will be waiting이다. 참고로 시간을 나타내는 접속사 when에는 현재시제가 미래를 대신한다.

 정답공식

when절의 동사가 현재시제이면 → 주절의 동사는 미래진행시제

어휘 fair n. 축제, 박람회   leave v. 출발하다, 떠나다   booth n. 부스, (칸막이를 한) 작은 공간
decoration n. (특별한 행사를 기념하기 위한) 장식품   arrive v. 도착하다, 배달되다, 찾아오다

08 준동사 to부정사를 목적격 보어로 취하는 동사

Our community leader organized a clean-up crew to address the increasing amount of garbage on our seashores. She assigned me _____ large plastic bags for collecting trash. We will start cleaning the shores tomorrow.

우리의 지역 사회 지도자는 우리 해안에 증가하는 쓰레기의 양을 해결하기 위해 청소팀을 조직했다. 그녀는 나에게 쓰레기를 모으기 위한 큰 비닐봉투를 가져오라고 일을 맡겼다. 우리는 내일 해안 청소를 시작할 것이다.

(a) having brought
(b) bringing
(c) to have bought
(d) to bring

해설 동사 assign은 5형식 동사로 쓰일 때 목적격 보어 자리에 to부정사를 취하므로, 정답은 (d) to bring이다.

 정답공식

assign + 사람 + to부정사 (사람에게 ~하라고 일을 맡기다)
5형식동사   목적어   목적격보어

 오답체크

bring이 assign보다 이전의 동작임을 나타내는 (c) to have brought는 문맥상 적절하지 않다.

어휘 community n. 지역 사회, (특정 지역·국가 등에 사는 사람들을 통칭한) 주민 organize v. (어떤 일을) 조직하다, 준비하다 clean-up n. 청소, 정화(작업) crew n. 팀, 무리, 일당, 선원, 승무원 increase v. 증가하다, 인상되다, 늘다 amount n. 양, 총액, 총계 garbage n. 쓰레기 assign v. (일·책임 등을) 맡기다, 배정하다, 부과하다 shore n. 해안, 해변, 기슭, 호숫가

09 가정법 과거완료

The passengers of the city's mass transit system were upset yesterday because a train broke down in between stations. If the maintenance crew had done a thorough inspection beforehand, the train _____ running during rush hour.

어제 역 사이에서 열차가 고장이 났기 때문에 그 도시의 대중교통 시스템 이용 승객들이 화가 났다. 만약 정비팀이 사전에 철저한 점검을 했었다면, 열차가 출퇴근 시간동안 운행을 멈추지 않았을 것이다.

(a) would not quit
(b) did not quit
(c) would not have quit
(d) had not quit

해설 가정법 과거완료 구문에서는 if절의 동사 시제가 과거완료(had done)이므로 주절의 빈칸에는 〈would have p.p.〉 형태의 동사가 들어가야 한다. 따라서 정답은 (c) would not have quit이다.

문제에 if, 보기에 would가 보이면 → 가정법 문제
if + 주어 + 과거완료시제동사, would + have p.p.

어휘 | passenger n. 승객 transit n. 교통 체계, 수송, 환승, 통과 maintenance n. (건물·기계 등을 정기적으로 점검·보수하는) 정비, 유지
inspection n. (특히 모든 것이 제대로 되어 있는지 확인하기 위한) 점검, 검사, 검토 beforehand ad. 사전에, ~전에 미리
rush hour n. (출퇴근) 혼잡 시간대, 러시아워

10 연결어 접속부사

Cockroaches are crawling insects that spread many types of bacteria. They usually feed on bits of food left on unwashed dishes. _____, we must always keep our kitchen clean to keep them out.

바퀴벌레들은 많은 종류의 박테리아를 퍼뜨리는 기어 다니는 곤충이나. 그들은 보통 씻지 않은 접시에 남아 있는 자잘한 음식을 먹는다. 그러므로, 우리는 그들을 떼어 놓기 위해 항상 부엌을 깨끗하게 유지해야 한다.

(a) Therefore
(b) However
(c) Similarly
(d) Regardless

해설 | 빈칸 앞뒤 내용을 보고 자연스럽게 연결할 수 있는 적절한 접속부사를 답으로 골라야 한다. 빈칸 앞 문장에서 바퀴벌레는 박테리아를 퍼뜨리고 다니는 곤충으로 보통 접시 위 남은 음식을 먹는다고 했고, 빈칸 뒤 문장에서 그들을 떼어 놓기 위해 항상 부엌을 깨끗하게 유지해야 한다고 했다. 즉 앞뒤 내용이 이유에서 결론으로 이어지는 흐름이므로, 빈칸에는 '그러므로'라는 의미의 '결과'를 나타내는 접속부사 어휘가 가장 적절하다. 따라서 (a) Therefore가 정답이다.

원인 → therefore(그러므로) → 결론

오답체크

(b) However(그러나)가 답이 되려면 앞뒤 내용이 서로 반대되어야 한다.
(c) Similarly(마찬가지로), (d) Regardless(그와 관계없이)는 문맥상 어색하므로 오답이다.

어휘 | cockroach n. 바퀴벌레 crawl v. (곤충이) 기어가다 insect n. 곤충 unwashed a. 씻지 않는, 더러운

11 준동사 동명사를 목적어로 취하는 동사

Dan is an avid science fiction fan. He never fails to watch every sci-fi film shown in theaters. He enjoys _____ those movies so much that he often loses track of time when viewing them.

댄은 열렬한 공상과학 팬이다. 그는 극장에서 상영되는 모든 공상과학 영화를 반드시 본다. 그는 그러한 영화들을 보는 것을 너무 즐겨서 그것들을 볼 때 종종 시간 가는 줄을 모른다.

(a) to watch
(b) having watched
(c) watching
(d) to have watched

해설 동사 enjoy는 동명사만을 목적어로 취하므로, 정답은 (c) watching이다.

어휘 avid a. 열렬한 science fiction n. 공상과학 sci-fi a. 공상과학의 show v. 상영하다, 보여주다 enjoy v. 즐기다 often ad. 종종 lose track of time v. 시간 가는 줄을 모른다 view v. 보다

12 시제 과거완료진행

A local bank closed down due to financial problems. The employees, who were all let go, were sad about the bank's closure. Many of them _____ there for almost twenty years before it went bankrupt.

한 지역 은행이 재정 문제 때문에 폐점하였다. 해고를 당한 모든 직원들은 그 은행의 폐점에 대해 슬퍼했다. 그들 다수는 은행이 파산하기 전에 그곳에서 거의 20년 동안 일해오고 있었다.

(a) have been working
(b) will have worked
(c) work
(d) had been working

해설 빈칸 뒤 before절에서 그 은행이 파산한 시점이 과거(went)이고, 과거 시점 전에(before) 직원들 다수가 그 시점까지 거의 20년 동안(for almost twenty years)이라는 기간을 일해오고 있었으므로, 빈칸에는 과거 이전(대과거)부터 과거까지의 동작의 진행을 나타내는 과거완료진행시제가 적절하다. 따라서 정답은 (d) had been working이다.

정답공식
접속사 before의 동사가 과거시제이면 → 주절의 동사는 과거완료진행시제 (for + 기간)

오답체크
(a) have been working의 경우 현재완료진행시제로서 과거 시점부터 현재까지 동작이 진행 중인 상태를 나타내므로 오답이다.

어휘 financial a. 재정의, 금융의 employee n. 직원, 고용인, 종업원 closure n. (공장·학교·병원 등의 영구적인) 폐점, 폐쇄(되는 상황) bankrupt a. 파산한

13   **가정법** 미래(were to)

Wheeler Elementary School can only afford to buy four computers for its computer lab, so the students have to share. **If** the school **were to** get a larger budget, it _____ enough computers for its students.

(a) has provided
(b) would provide
(c) will provide
(d) would have provided

휠러 초등학교는 컴퓨터실에 오직 4대의 컴퓨터만 구입할 수 있어서, 학생들이 공유해야 했다. 만약 학교가 더 많은 예산을 받는다면, 학교는 학생들에게 충분한 컴퓨터를 제공할 것이다.

해설   실현 가능성이 낮은 상황을 가정(만약 학교가 더 많은 예산을 받는다면)할 때 〈If 주어 + were to, 주어 + 조동사 과거형 (would/could/should/might) + 동사원형〉 형태를 주로 사용한다. if 절에 were to가 있으므로, 정답은 (b) would provide이다.

어휘   afford v. (…을 살·할·금전적·시간적) ~할 수 있다, 여유가 되다   budget n. 예산, 비용

14   **조동사** 문맥에 맞는 조동사

An invitation to a gallery's grand opening has just landed on the mayor's desk. Her secretary doubts that the mayor will be available, but replies that she _____ attend the occasion after her meeting this evening is finished.

(a) may
(b) must
(c) should
(d) would

한 갤러리의 개관식 초대장이 시장의 책상 위로 방금 막 도착했다. 그녀의 비서는 시장이 시간이 날 거라는 데에 확신하지 못하지만, 그녀가 오늘 저녁 회의가 끝난 후에 그 행사에 참석할 수도 있다고 답변한다.

해설   빈칸 앞에서 비서는 시장이 시간이 날 거라는 데에 확신하지 못하고 있으며, 문맥상 '확신하지는 못하지만, 그녀가 오늘 저녁 회의가 끝난 후에 그 행사에 참석할 수도 있다'와 같이 '추측'을 나타내는 조동사를 사용하는 것이 가장 적절하다. 따라서 정답은 (a) may이다.

오답체크

의무를 나타내는 (b) must와 (c) should, 미래 또는 예정을 나타내는 will의 과거형인 (d) would는 문맥상 적절하지 않아 오답이다.

어휘   invitation n. 초대장, 초청   doubt v. 확신하지 못하다, 의심하다   mayor n. (일반 시민이 선출한 시·군 등의) 시장   available a. (사람들을 만날) 시간이 있는, 여유가 있는   reply v. 답변하다, 대답하다   attend v. 참석하다   occasion n. (특별한) 행사

15 가정법 과거완료

Gustav speaks English well, but he isn't as fluent as he wants to be. If he had studied the language harder before he moved to England, he _____ at a higher position at his company.

(a) could start
(b) could have started
(c) had started
(d) can start

구스타프는 영어를 잘 하지만, 그가 원하는 만큼 유창하지는 않는다. 만약 그가 영국으로 이사가기 전에 그 언어를 더 열심히 공부했었다면, 그는 회사에 더 높은 직책에서 시작할 수 있었을 것이다.

[해설] 가정법 과거완료 구문에서는 if절의 동사 시제가 과거완료(had studied)이므로 주절의 빈칸에는 〈could have p.p.〉 형태의 동사가 들어가야 한다. 따라서 정답은 (b) could have started이다.

[어휘] fluent a. (언어, 특히 외국어 실력이) 유창한   language n. (특정 국가·지역의) 언어   position n. 직책, 위치

16 조동사 조동사 should 생략

Carl reaches his credit card limit every month due to excessive spending. Now that he lost his job, he can't even pay the interest. The card company is now demanding that he _____ his debts immediately.

(a) has settled
(b) settles
(c) will settle
(d) settle

칼은 과도한 소비 때문에 매달 신용카드 한도에 도달한다. 이제 그가 직장을 잃었기 때문에, 그는 이자조차도 낼 수 없다. 그 카드사는 이제 그가 그의 부채를 당장 정산해야 한다고 요구하고 있다.

[해설] demand(요구하다)와 같이 주장, 명령, 제안, 요구를 나타내는 동사 뒤에 that절이 나오면, that절의 동사 자리에는 '~해야 한다'의 의미로 〈should + 동사원형〉에서 should가 생략된 동사원형만이 가능하다. 따라서 정답은 (d) settle이다.

[어휘] reach v. 도달하다   credit card n. 신용카드   limit n. 한도, 한계   excessive a. 과도한, 지나친   debt n. 부채, 빚   immediately ad. 당장, 즉시, 즉각

17 시제 과거진행

The Mayan civilization existed in South America a long time ago. The Mayans are known for their architecture and advanced writing and mathematical systems. They _____ the number zero when Columbus arrived in America.

(a) already used
(b) had already used
(c) were already using
(d) have already been using

마야 문명은 남미에서 오래 전에 존재했었다. 마야인들은 그들의 건축과 진보적인 글자 및 수학 체계로 유명하다. 그들은 콜럼버스가 미 대륙에 도착했을 때 이미 숫자 0을 사용하고 있었다.

[해설] when을 사용하여 과거의 동시상황을 나타내는 경우 특정 과거 시점을 기준으로 반대쪽 절에는 일이나 동작의 진행을 나타내는 진행시제가 나와야 한다. 콜럼버스가 미 대륙에 도착했을 그 시점(과거)에는 숫자 0을 이미 사용하고 있는 중이었으므로, 빈칸에는 과거 시점의 동작의 진행을 나타내는 과거진행시제가 가장 적절하다. 따라서 정답은 (c) were already using 이다.

정답공식

when절의 동사가 과거시제이면 → 주절의 동사는 과거진행시제

[어휘] civilization n. 문명 exist v. 존재하다, 실재하다, 현존하다 architecture n. 건축 양식, 건축물 advanced a. 진보적인, 선진의, 후기의 mathematical a. 수학의, 수리적인 arrive v. 도착하다

18 준동사 to부정사를 목적격 보어로 취하는 동사

Some pet owners choose to buy exotic pets instead of the usual dogs and cats. However, animal experts advise pet lovers _____ domesticated animals instead of wild ones for safety reasons.

(a) to keep
(b) keeping
(c) having kept
(d) to have kept

일부 반려동물 주인들은 평범한 개와 고양이 대신 이국적인 반려동물을 입양하는 것을 선택한다. 그러나, 동물 전문가들은 반려동물 애호가들에게 안전상의 이유로 야생동물 대신 길들여진 동물을 데리고 있으라고 조언한다.

[해설] 동사 advise는 5형식 동사로 쓰일 때 목적격 보어 자리에 to부정사를 취하므로, 정답은 (a) to keep이다.

정답공식

advise + 사람 + to부정사 (사람에게 ~하라고 조언하다)
5형식동사   목적어   목적격보어

오답체크

(d) to have kept는 완료부정사로서 주절의 동작보다 시점상으로 앞설 때 사용된다. 그런데 주어진 문장에서는 길들여진 동물을 데리고 있는 시점보다 조언하는 것이 시점상으로 앞선 문맥이 아니므로 오답이다.

어휘 exotic a. 이국적인, 외국의 usual a. 평범한, 보통의, 평상시의 expert n. 전문가 domesticate v. (동물을) 길들이다, 사육하다 safety n. 안전 reason n. 이유

19 연결어 접속부사

Authorities on fitness say that exercising in the gym regularly can build strength and promote functional movement. _____, many enthusiastic gym-goers end up with injuries from training errors.

(a) Otherwise
(b) **Nevertheless**
(c) Hence
(d) Moreover

피트니스업계의 권위자들은 체육관에서 규칙적으로 운동하는 것은 체력을 기르고 기능적인 움직임을 촉진할 수 있다고 말한다. 그럼에도 불구하고, 많은 열정적인 체육관 이용자들은 훈련 실수로부터 부상을 입게 된다.

해설 빈칸 앞뒤 문맥을 보고 적절한 의미의 접속부사를 찾아야 한다. 빈칸 앞 문장에서 규칙적으로 운동하는 것은 근력을 키우고 기능적인 움직임을 촉진할 수 있다고 했고, 빈칸 뒤 문장에서는 체육관 이용자들이 훈련 실수로부터 부상을 입게 된다고 했다. 즉 앞에서 운동의 장점을 언급하고 있으나 그럼에도 불구하고 운동을 하다가 다친다는 문맥이므로, '그럼에도 불구하고'라는 '양보'의 의미를 가진 접속부사가 빈칸에 가장 적절하다. 따라서 정답은 (b) Nevertheless이다.

오답체크

(a) Otherwise(그렇지 않으면), (c) Hence(그러므로), (d) Moreover(게다가)는 문맥상 적절하지 않으므로 오답이다.

어휘 authority n. 권위자, 지휘권, 권한, 재가 exercise v. 운동하다, 운동을 시키다 regularly ad. 규칙적으로, 정기적으로 strength n. 체력, 힘, 기운 promote v. 촉진하다, 고취하다 functional a. 기능적인, 실용적인 movement n. 움직임 enthusiastic a. 열정적인, 열렬한 injury n. 부상 error n. 실수, 오류

20 가정법 과거

Loren works at a travel agency and handles her clients' needs well. However, her busy work schedule prevents her from taking a vacation herself. If she had more free time, she _____ a trip next month.

(a) would have taken
(b) will take
(c) is taking
(d) **would take**

로렌은 여행사에서 근무하며 고객들의 요구를 잘 처리한다. 그러나, 그녀의 바쁜 업무 스케줄은 그녀 자신이 휴가를 보내는 것을 막는다. 만약 그녀가 더 많은 자유 시간을 가졌다면, 그녀는 다음 달에 여행을 갔을 것이다.

해설 가정법 과거 구문에서는 if절의 동사가 과거(had)이므로 주절의 빈칸에는 〈would + 동사원형〉 형태의 동사가 들어가야 한다. 따라서 정답은 (d) would take이다.

어휘 travel agency n. 여행사 handle v. 처리하다, 다루다, 만지다 client n. 고객, 의뢰인 prevent v. ~을 막다
vacation n. 휴가, 방학

21 조동사 조동사 should 생략

The high unemployment rate in some poor countries is forcing their citizens to leave their families to seek "greener pastures" abroad. It is imperative that the governments of these countries _____ more job opportunities at home.

일부 가난한 국가들의 높은 실업률은 그들의 국민들이 해외의 "더 나은 상황"을 찾기 위해 가족을 떠나도록 강요하고 있다. 이들 국가의 정부들은 국내에 더 많은 일자리 기회를 창출해야 하는 것이 필수적이다.

(a) create
(b) are creating
(c) created
(d) will create

해설 imperative(필수적인)와 같이 주장, 명령, 제안, 요구를 나타내는 형용사 뒤에 that절이 나오면, that절의 동사 자리에는 '~해야 한다'의 의미로 〈should + 동사원형〉에서 should가 생략된 동사원형만이 가능하다. 따라서 정답은 (a) create이다.

It is imperative(= essential, necessary) that + 주어 + 동사원형

어휘 unemployment n. 실업, 실직 상태 rate n. 비율, 속도 poor a. 가난한, 빈곤한 force v. 강요하다, 억지로 ~하다 citizen n. 시민
greener pasture n. 녹색 목초지, 더 푸른 목초지('더 나은 혹은 더 유망한 상황'의 비유적인 표현)
imperative a. 필수적인, 반드시 해야 하는 government n. 정부, 정권 opportunity n. 기회

22 시제 현재완료진행

Coal mining is a dangerous job that exposes workers to many health risks. When asked if he is worried about these risks, Pete, a coal miner, says he _____ for years and is used to them.

석탄 채굴은 노동자들을 많은 건강상의 위험에 노출시키는 위험한 직업이다. 이러한 위험들이 걱정스러운지에 대해 질문을 받았을 때, 광부인 피트는 자신이 수년 동안 채굴을 해왔으며 위험들에 익숙하다고 말한다.

(a) will have mined
(b) is mining
(c) has been mining
(d) had been mining

해설 빈칸 뒤 for years는 '수년 동안'이라는 의미의 전치사구로서 현재완료진행시제의 단서가 되는 표현이다. 문맥상으로도 피트가 과거부터 현재까지 계속 채굴을 해오고 있는 중이고 현재 그러한 위험들에 익숙하다고 말하고 있으므로, 과거 시점부터 현재까지 동작의 진행을 나타내는 현재완료진행시제가 빈칸에 가장 적절하다. 따라서 정답은 (c) has been mining이다.

📖 **오답체크**

(d) had been mining은 과거완료진행시제로서 과거 이전인 대과거부터 과거 시점까지 동작의 진행을 나타낸다. 주어진 문장에서는 현재시점을 기준으로 내용이 나오고 있으므로 (d)는 오답이다.

어휘 coal n. 석탄 mining n. 채굴, 채광 dangerous a. 위험한 expose v. 노출시키다, 드러내다, 폭로하다 risk n. 위험
coal miner n. (탄광의)광부

23 관계사 관계대명사

The Danish Embassy in Singapore has started accepting computer programmer applicants for Denmark's growing IT industry. An extensive training course, _____, will be given to applicants who pass the screening process.

싱가포르의 덴마크 대사관은 덴마크의 성장하는 IT 산업을 위한 컴퓨터 프로그래머 지원자들을 받기 시작했다. 2개월간 이어질 광범위한 교육 과정이 심사 절차를 통과한 지원자들에게 주어질 것이다.

(a) who will last for two months
(b) what will last for two months
(c) which will last for two months
(d) that will last for two months

해설 선행사인 An extensive training course는 사물이며, 콤마 뒤에서 계속적 용법으로 선행사를 수식해야 하므로 관계대명사 which가 들어가야 한다. 따라서 정답은 (c) which will last for two months이다.

📖 **오답체크**

(a): 관계대명사 who는 선행사가 사물이 아닌 사람이어야 한다.
(b): 관계대명사 what은 선행사를 포함하고 있는 관계대명사로서 앞에 선행사가 없어야 한다.
(d): 관계대명사 that은 콤마 뒤에 올 수 없으므로 오답이다.

어휘 accept v. 받아들이다, 받아 주다 applicant n. 지원자 industry n. 산업, 공업, 제조업
extensive a. 광범위한, 아주 넓은, 대규모의 process n. 절차, 과정

24 준동사 동명사를 목적어로 취하는 동사

Venice is an Italian city known for its gondolas, the traditional Venetian rowing boats that offer the best way to sightsee in the city's canals. Every tourist should include _____ a gondola in the itinerary.

베네치아는 도시의 운하에서 관광하기에 가장 좋은 방법을 제공하는 전통적인 베네치아의 노 젓는 배인 곤돌라로 알려져 있는 이탈리아의 도시이다. 모든 관광객은 일정에 곤돌라를 타는 것을 포함시켜야 한다.

(a) to have ridden
(b) riding
(c) to ride
(d) having ridden

해설 동사 include는 동명사만을 목적어로 취하므로, 정답은 (b) riding이다.

📖 오답체크

(d) having ridden은 완료동명사로서 주절의 동작보다 시점상으로 앞설 때 사용된다. 그런데 주어진 문장에서 '포함시키는' 시점보다 '곤돌라를 타는 것'이 시점상으로 앞선다는 것이 문맥상 어색하므로 오답이다.

어휘 gondola n. 곤돌라 (베니스에서 운하를 오가는 기다란 배) traditional a. 전통의 rowing n. 노 젓기, 조정
offer v. 제공하다, 제의하다, 제안하다, 권하다 sightsee v. 관광 여행하다, 구경하다, 유람하다 include v. 포함하다
itinerary n. 여행 일정

25 시제 미래완료진행

German engineers have been developing a car that runs on hydrogen derived from water. The engineers _____ on the project **for six years when** the prototype **is** finally available next year.

독일 기술자들은 물에서 얻은 수소로 달리는 자동차를 개발해오고 있다. 시제품이 내년에 마침내 이용 가능해질 때 기술자들은 6년 동안 그 프로젝트를 진행해오는 중일 것이다.

(a) are working
(b) had been working
(c) will work
(d) will have been working

해설 when절의 동사가 현재시제인 것은 미래시제의 단서이며, 기간을 나타내는 전치사구인 for six years가 완료시제의 단서가 되는 구조이다. 문맥상으로도 시제품이 내년에 상용화될 때쯤 엔지니어들이 그 프로젝트를 6년이라는 기간 동안 진행해오는 중일 것이라고 하는 것이 가장 자연스러우므로, 미래시점까지 특정 기간 동안 동작의 진행을 나타낼 때 쓰이는 미래완료진행형이 빈칸에 가장 적절하다. 따라서 정답은 (d) will have been working이다.

 정답공식

when + 현재시제, 주어 + 미래완료진행시제 + for + 기간
       단서1   단서2

어휘 engineer n. 기술자, 수리공 develop v. 개발하다, 성장하다 hydrogen n. 수소 derive v. 얻다, 끌어내다, ~에서 비롯되다
prototype n. (개발 중인 기기, 프로그램 등의 성능 검증 및 개선을 위해 상품화 이전에 제작하는) 시제품, 프로토타입
available a. 이용할 수 있는

26 가정법 과거

Traffic in Los Angeles is terrible. A usual one-hour trip now takes two hours, and no solution is yet in sight. If there were more options for safe and affordable public transportation, the traffic situation _____ better.

(a) would get
(b) will get
(c) got
(d) would have gotten

로스앤젤레스의 교통은 끔찍하다. 평소의 1시간 여행이 지금은 2시간이 걸리고, 해결책은 아직 보이지 않는다. 만약 안전하고 저렴한 대중교통을 위한 더 많은 선택지들이 있다면, 교통 상황은 더 나아질 것이다.

해설 가정법 과거 구문에서는 if절의 동사가 과거(were)이므로 주절의 빈칸에는 〈would + 동사원형〉 형태의 동사가 들어가야 한다. 따라서 정답은 (a) would get이다.

어휘 terrible a. 끔찍한, 소름 끼치는   solution n. (문제·곤경의) 해결책, 해법   in sight a. (눈에) 보이는, 범위 안에 있는   option n. 선택지, 옵션   affordable a. (가격이) 알맞은, 줄 수 있는, 입수 가능한   public transportation n. 대중교통   traffic n. 교통, 차량   situation n. 상황, 처지, 환경

TEST 3 GRAMMAR SECTION

영역별 기출유형

ANSWER									
01	02	03	04	05	06	07	08	09	10
(b)	(c)	(a)	(a)	(d)	(c)	(b)	(d)	(a)	(b)
11	12	13	14	15	16	17	18	19	20
(c)	(d)	(c)	(a)	(b)	(c)	(d)	(c)	(a)	(c)
21	22	23	24	25	26				
(b)	(c)	(d)	(a)	(d)	(b)				

01 준동사 동명사를 목적어로 취하는 동사

A study in Austria and Finland suggested the possibility that birch trees droop at night because they are "sleeping." At the end of the experiment, scientists considered _____ the study with other species of trees.

(a) to repeat
(b) repeating
(c) to have repeated
(d) having repeated

오스트리아와 핀란드에서의 한 연구는 자작나무가 "잠자고" 있기 때문에 밤에 축 처진다는 가능성을 제시했다. 실험 막바지에, 과학자들은 다른 종의 나무들로 연구를 반복하는 것을 고려했다.

해설 동사 consider는 동명사만을 목적어로 취하므로, 정답은 (b) repeating이다.

 오답체크

(d) having repeated는 완료동명사로서 주절의 동작보다 시점상으로 앞설 때 사용된다. 그런데 주어진 문장에서 '고려하는' 시점보다 '연구를 반복하는 것'이 시점상으로 앞선다는 것이 문맥상 어색하므로 오답이다.

어휘 possibility n. 가능성, 가능함 birch tree n. 자작나무 experiment n. 실험 consider v. 고려하다

02 가정법 과거완료

Donald was disappointed that his final exam in algebra had been called off. If he had known that the professor wasn't coming in today, he _____ last night sleeping a full eight hours instead of studying.

(a) had spent
(b) will be spending
(c) would have spent
(d) would spend

도날드는 그의 대수학 기말고사가 취소되어서 실망했다. 만약 교수가 오늘 오지 않고 있었다는 것을 알았다면, 그는 어젯밤을 공부하는 대신 8시간 내내 자는 데 보냈을 것이다.

해설 가정법 과거완료 구문에서는 if절의 동사 시제가 과거완료(had known)이므로 주절의 빈칸에는 〈would have p.p.〉 형태의 동사가 들어가야 한다. 따라서 정답은 (c) would have spent이다.

정답공식

문제에 if, 보기에 would가 보이면 → 가정법 문제
if + 주어 + 과거완료시제동사, would + have p.p.

어휘 disappoint v. 실망시키다   algebra n. 대수학   professor n. 교수

03 연결어 전치사

Consumers are dissatisfied with the government for not effectively regulating market prices. _____ the huge drop in oil prices in the past month, the prices of basic commodities have remained high.

(a) Despite
(b) Rather than
(c) Since
(d) Instead of

소비자들은 정부가 시장 가격을 효과적으로 통제하지 않는 것에 불만을 느낀다. 지난 달에 유가가 크게 하락했음에도 불구하고, 생필품의 가격은 여전히 높다.

해설 문맥상 적절한 전치사 어휘를 답으로 찾는 문제이다. 첫번째 문장에서 소비자들은 정부가 시장 가격을 효과적으로 통제하지 않는 것에 불만을 느낀다고 했으므로, 이어지는 내용으로 '유가가 크게 하락했음에도 불구하고, 생필품의 가격은 여전히 높다'의 흐름이 되는 것이 문맥상 가장 자연스럽다. 따라서 '~에도 불구하고'라는 '양보'의 의미를 가진 (a) Despite가 정답이다.

오답체크

(a) Rather than(~라기보다는), (c) Since(~때문에, ~이래로), (d) Instead of(~대신에)는 문맥상 적절하지 않아 오답이다.

어휘 consumer n. 소비자   dissatisfy v. 불만을 느끼게 하다, 불평을 갖게 하다   government n. 정부, 정권
regulate v. 통제하다, 규제하다, 단속하다   huge a. (크기·양·정도가) 큰, 막대한, 엄청난, 거대한   drop n. 하락, 감소
commodity n. 상품, 물품, 원자재   remain v. 여전히 ~이다, 계속 ~이다

04 시제 미래진행

Lori rarely has time for recreation nowadays because she is busy preparing for her move to Australia. She _____ at the University of Newcastle **when** school **starts** in June until she finishes the four-year program.

로리는 호주로 이주를 준비하느라 바쁘기 때문에 요즘 좀처럼 여가 시간을 내기 어렵다. 그녀는 6월에 학교가 시작되면 4년제 과정을 마칠 때까지 뉴캐슬 대학에서 공부하는 중일 것이다.

(a) will be studying
(b) is studying
(c) was studying
(d) has been studying

해설 미래의 특정한 시기(when school starts in June)에 '6월에 학교가 시작되면 4년제 과정을 마칠 때까지 뉴캐슬 대학에서 공부하고 있는 중일 것'이라는 의미가 되어야 하므로, 미래 시점에 동작의 진행을 나타낼 때 쓰이는 미래진행시제가 빈칸에 가장 적절하다. 따라서 정답은 (a) will be studying이다. 참고로 시간을 나타내는 접속사 when에는 현재시제가 미래를 대신한다.

정답공식

when절의 동사가 현재시제이면 ➡ 주절의 동사는 미래진행시제

어휘 recreation n. 여가 시간, 취미, 오락   nowadays ad. 요즘에는

05 준동사 to부정사의 부사적 용법

In 1965, by order of the British government, the Welsh village of Capel Celyn was vacated. The area was then flooded _____ a water reservoir for Liverpool and Wirral, which was named Llyn Celyn.

1965년에, 영국 정부의 명령에 따라, 웨일즈의 케이플 셀린 마을은 비워졌다. 이 지역은 이후 리버풀, 그리고 린 셀린이라고 명명된 워럴 지역을 위한 저수지를 만들기 위해 물에 잠겼다.

(a) creating
(b) to have created
(c) having created
(d) to create

해설 to부정사는 부사적 용법으로 쓰일 때 완전한 절 뒤에 위치하여 '~하기 위해'의 의미의 목적을 나타내는 기능을 한다. 빈칸 앞 절에서 '케이플 셀리 마을이 비워진 뒤 물에 잠겼다'라고 나오고 있으며, 그에 대한 목적으로 '저수지를 만들기 위해'라는 내용이 이어지는 것이 가장 적절하므로, 정답은 (d) to create이다.

어휘 order n. 명령   government n. 정부   vacate v. 비우다   flood v. 물에 잠기게 하다, 침수시키다   create v. 창조하다   water reservoir n. 저수지   name v. 이름을 지어주다, 명명하다

06 조동사 문맥에 맞는 조동사

We had a hard time dealing with an overseas project a long time ago. Since then, we've only focused on the local US market. I think our company _____ not be interested in this Asian project.

(a) can
(b) shall
(c) may
(d) could

우리는 오래 전에 해외 프로젝트를 처리하느라 어려움을 겪었다. 그 이후로, 우리는 오직 미국 현지 시장에만 집중해왔다. 나는 우리 회사가 이번 아시아 프로젝트에 아마 관심이 없을 지도 모른다고 생각한다.

해설 빈칸 앞에서 '오래 전에 해외 프로젝트를 처리하느라 어려움을 겪은 이후로, 우리는 미국 현지 시장에만 집중해왔다'는 내용이 나오고 있으므로, 문맥상 '우리 회사가 이번 아시아 프로젝트에 아마 관심이 없을 지도 모른다'와 같이 '추측'을 나타내는 조동사를 사용하는 것이 가장 적절하다. 따라서 정답은 (c) may이다.

어휘 deal with v. 처리하다, 다루다   overseas a. 해외의 ad. 해외에, 해외로

07 가정법 미래(were to)

Basketball analysts agree that the NBA in the 1990s was a lot rougher than it is today. Many people believe that today's best shooters _____ if NBA players were to adopt the '90s playing style again.

(a) will not last
(b) would not last
(c) would not have lasted
(d) do not last

농구 분석가들은 1990년대의 NBA가 오늘날보다 훨씬 더 거칠었다는 데에 동의한다. 많은 사람들은 만약 NBA 선수들이 90년대의 경기 방식을 다시 채택한다면 오늘날의 최고의 슈터들은 오래 가지 못할 것이라고 믿는다.

해설 실현 가능성이 낮은 상황을 가정(NBA 선수들이 90년대의 경기 방식을 다시 채택한다면)할 때 〈If 주어 + were to, 주어 + 조동사 과거형(would/could/should/might) + 동사원형〉 형태를 주로 사용한다. if 절에 were to가 있으므로, 정답은 (b) would not last이다.

어휘 analyst n. 분석가   rough a. 거친   adopt v. (특정한 방식이나 자세를) 채택하다, 쓰다

08 시제 현재완료진행

Peggy must be deeply affected by the documentary she watched about the meat industry. Disturbed by the graphic scenes in the film, she _____ much meat since then.

페기는 육류 산업에 관해 그녀가 봤던 다큐멘터리에 의해 심히 영향을 받았음이 틀림없다. 그 영화 속 생생한 장면들에 의해 동요된 그녀는 그때 이후로 고기를 많이 먹지 않고 있는 중이다.

(a) does not eat
(b) did not eat
(c) had not been eating
(d) has not been eating

해설 since then은 '그때 이후로'라는 의미의 시간 표현으로서 현재완료진행시제의 단서가 된다. '과거 육류 산업에 관해 그녀가 봤던 다큐멘터리에 의해 심히 영향을 받아 그 이후로 지금까지 고기를 많이 먹지 않고 있는 중이다'라는 문맥이 되어야 하므로, 과거 시점부터 현재까지 동작의 진행을 나타내는 현재완료진행시제가 빈칸에 가장 적절하다. 따라서 정답은 (d) has not been eating이다.

어휘 affect v. 영향을 미치다 industry n. 산업, 공업, 제조업 disturb v. 동요하다, 방해하다, 건드리다, 불안하게 만들다 scene n. 장면, 상황, 광경

09 준동사 to부정사를 목적어로 취하는 동사

The rising trend of wearing headphones equipped with noise-canceling technology has led to an increase in accidental collisions. In fact, people tend _____ into one another more frequently as they become unaware of external sounds.

소음 차단 기술이 갖춰진 헤드폰을 착용하는 것의 떠오르는 유행은 우발적인 충돌사고의 증가로 이어졌다. 사실, 사람들이 외부 소리를 인지하지 못하게 됨에 따라 서로 더 자주 부딪히는 경향이 있다.

(a) to bump
(b) to have bumped
(c) bumping
(d) having bumped

해설 동사 tend는 to부정사를 목적어로 취하므로, 정답은 (a) to describe이다.

bump가 tend보다 이전의 동작임을 나타내는 (b) to have bumped는 문맥상 적절하지 않다.

어휘 rising a. 떠오르는, 증가하는 equipped with a. ~을 갖춘 lead to v. ~로 이어지다 accidental a. 우발적인 collision n. 충돌 bump into v. 부딪히다 unaware a. 인지하지 못하는 external a. 외부의

10 관계사 관계부사

Around 400 parking meters were installed in downtown Berkeley to increase city revenue. However, some business owners are complaining that the streets _____ have been mostly empty as people now shop elsewhere to avoid parking there.

약 400대의 주차 미터기가 도시 수익을 늘리기 위해 버클리 시내에 설치되었다. 그러나, 일부 사업주들은 사람들이 이제 그곳에 주차하는 것을 피하기 위해 다른 곳에서 쇼핑함에 따라 미터기가 위치한 거리들이 대부분 비어 있다고 불평하고 있다.

(a) that the meters are located
(b) where the meters are located
(c) which the meters are located
(d) when the meters are located

해설 빈칸 앞 선행사(the streets)가 장소이므로, 빈칸에는 장소를 선행사로 수식할 때 사용하는 관계부사 where이 들어가야 한다. 따라서 정답은 (b) where the meters are located이다.

 오답체크

(a), (c): 관계대명사 that과 which는 뒤에 불완전한 절이 나와야 한다.
(d): 관계부사 when은 선행사가 시간을 뜻하는 명사일 때 가능하다.

어휘 install v. 설치하다, 설비하다 revenue n. 수익 complain v. 불평하다 empty a. 빈, 비어 있는 elsewhere ad. 다른 곳으로

11 가정법 과거

Mr. Scott is having his home-cooked lunch at his desk while browsing the Internet. If it weren't raining right now, he _____ his lunch at Griswold Park just a couple of blocks from his office.

스콧 씨는 인터넷을 검색하는 동안 책상에서 집에서 만든 점심을 먹고 있다. 만약 지금 비가 오지 않는다면, 그는 사무실에서 두어 블록 밖에 안 떨어진 그리스월드 공원에서 점심을 먹고 있을 것이다.

(a) would have been eating
(b) had been eating
(c) would be eating
(d) will be eating

해설 가정법 과거 구문에서는 if절의 동사가 과거(weren't)이므로 주절의 빈칸에는 〈would + 동사원형〉 형태의 동사가 들어가야 한다. 따라서 정답은 (c) would be eating이다.

 정답공식

문제에 if, 보기에 would가 보이면 → 가정법 문제
if + 주어 + 과거시제동사, would + 동사원형

어휘 browse v. (정보를 찾아) 인터넷을 검색하다, 돌아다니다

12 시제 미래완료진행

One of the first mass-produced personal computers was released as a kit in 1975 by an American electronics company based in Albuquerque, New Mexico. **By 2025**, people _____ personal computers **for 50 years**.

(a) had used
(b) have been using
(c) will use
(d) will have been using

최초로 대량 생산된 개인용 컴퓨터들 중 하나는 1975년 뉴 멕시코주 앨버커키에 기반을 둔 미국의 전자 회사에 의해 키트로 출시되었다. 2025년쯤에는, 사람들은 50년 동안 개인용 컴퓨터를 사용해오고 있을 것이다.

해설 첫 번째 문장에 과거시제(was released)가 나오지만, 해당 문장에서는 2025년도가 될 때쯤(By 2025)의 상황을 이야기하고 있으므로, 미래의 특정 시점까지 계속해서 진행되는 일에 대해 이야기할 때 쓰이는 미래완료진행시제가 빈칸에 가장 적절하다. 따라서 정답은 (d) will have been using이다.

정답공식

by + 미래 시점, 주어 + 미래완료진행시제 + for + 기간
  단서1   단서2

어휘 mass-produced a. 대량 생산의   personal a. 개인의, 개인적인   release v. 출시하다

13 준동사 동명사를 목적어로 취하는 동사

This morning, the Rogers family went to Central Park to sled on the hill known to local children as "Big Beast." It's the third time they **have enjoyed** _____ since winter started.

(a) to sled
(b) to have sledded
(c) sledding
(d) having sledded

오늘 아침에, 로저스 가족은 지역 어린이들에게 "빅 비스트"로 알려진 언덕에서 썰매를 타러 센트럴 파크에 갔다. 겨울이 시작된 이래로 그들이 썰매 타기를 즐겨온 것은 이번이 세번째이다.

해설 동사 enjoy는 동명사만을 목적어로 취하므로, 정답은 (c) sledding이다.

어휘 sled v. 썰매를 타다, 썰매로 가다   hill n. 언덕

14 연결어 접속부사

Albert had two meetings with clients in the morning and a board presentation in the afternoon. Then he did some paperwork in the evening. _____, he was able to go home after 13 hours of work.

(a) Finally
(b) Moreover
(c) Meanwhile
(d) Therefore

알버트는 아침에 고객들과 두 개의 회의가 있고 오후에는 이사회 발표가 있었다. 그러고 나서 그는 저녁에 서류 작업을 몇 개 했다. 마침내, 그는 13시간을 근무한 후에 집에 갈 수 있었다.

해설 빈칸 앞뒤 문맥을 보고 적절한 의미의 접속부사를 찾아야 한다. 앞에서 알버트가 아침에는 두 개의 회의, 오후에는 이사회 발표, 그리고 저녁에는 서류 작업을 했다고 했으므로, 문맥상 '그렇게 13시간을 근무한 끝에 마침내 집에 갈 수 있었다'는 흐름으로 이어져야 한다. 따라서 '마침내'라는 의미의 '결론'을 나타내는 접속부사인 (a) Finally가 정답이다.

 오답체크

(b) Moreover(게다가), (c) Meanwhile(한편), (d) Therefore(그러므로)는 문맥상 어색하므로 오답이다.

어휘 board n. 이사회, 위원회 paperwork n. 서류 작업

15 조동사 조동사 should 생략

The university's department of parasitology is studying the composition of several lakes in the Palmer District. The head of research, Dr. Griffin, advised that the researchers _____ adequate water samples from all seven lakes in the area.

(a) will collect
(b) collect
(c) collected
(d) are collecting

그 대학의 기생충학과는 파머 지구에 있는 몇몇 호수들의 구성 요소를 연구하고 있다. 연구 책임자인 그리핀 박사는 연구원들이 그 지역의 7개 호수 모두에서 적절한 물 샘플을 수집해야 한다고 조언했다.

해설 advise(조언하다)와 같이 주장, 명령, 제안, 요구를 나타내는 동사 뒤에 that절이 나오면, that절의 동사 자리에는 '~해야 한다'의 의미로 〈should + 동사원형〉에서 should가 생략된 동사원형만이 가능하다. 따라서 정답은 (b) collect이다.

어휘 department n. 학과, 부서 parasitology n. 기생충학 composition n. 구성 요소, 구성 district n. (특정한 특징이 있는) 지구, 지역 adequate a. 적절한, 충분한

16 가정법 과거완료

My husband and I decided to try the newly opened French restaurant near our house. While we were satisfied with our dinner of carre d'agneau, we _____ a better experience if the staff had been more friendly.

남편과 나는 우리 집 근처에 새로 문을 연 프랑스식 레스토랑에 가보기로 결정했다. 우리는 우리의 '까레 다뇨' 식사에 만족했던 반면에, 만약 직원들이 좀 더 친절했었다면, 우리는 더 좋은 경험을 했을 것이다.

(a) will have
(b) would have
(c) have had
(d) would have had

해설 가정법 과거완료 구문에서는 if절의 동사 시제가 과거완료(had been)이므로 주절의 빈칸에는 〈would have p.p.〉 형태의 동사가 들어가야 한다. 따라서 정답은 (d) would have had이다.

어휘 newly ad. 새로, 최근에   satisfy v. 만족시키다, 충족시키다

17 시제 과거완료진행

Hunter used to be an actor before he became a full-time singer-songwriter. He _____ in musicals for two years before Wondrous Records offered him a recording contract. He has focused on his musical career since then.

헌터는 전업 싱어송라이터가 되기 전에 한때는 배우였다. 그는 원드러스 레코드가 그에게 녹음 계약을 제안하기 전까지 2년 동안 뮤지컬 공연을 해오던 중이었다. 그는 그 이후로 그의 음악 경력에 집중해오고 있다.

(a) has been performing
(b) performs
(c) will be performing
(d) had been performing

해설 before절의 동사 시제(offered)를 통해 '녹음 계약을 제안했던' 시점이 과거임을 알 수 있다. 문맥상 녹음 계약을 제안하기 이전부터(before) 그 시점까지 '2년 동안(for two years)' 뮤지컬에서 공연을 해오던 중이었다는 문맥이 되어야 하므로, 과거 이전(대과거)부터 과거까지의 동작의 진행을 나타내는 과거완료진행시제가 빈칸에 가장 적절하다. 따라서 정답은 (d) had been performing이다.

 정답공식

before + 과거시제, 주어 + 과거완료진행시제 + for + 기간
　　　단서 1　　　　　　　　　　　단서 2

어휘 used to v. 과거 한때는 ~이었다, ~하곤 했다   offer v. 제안하다, 권하다   contract n. 계약   career n. 경력

18 조동사 문맥에 맞는 조동사

Joan can't help but feel sorry for Uncle Ted. He lost his job when the lumber mill where he worked shut down. After that, he applied to various companies, but _____ not get a job anywhere.

조앤은 테드 삼촌이 안됐다고 여기지 않을 수 없다. 그는 자신이 일했던 제재소가 문을 닫으면서 실직했다. 그 후, 그는 다양한 회사에 지원했지만, 어디에서도 직장을 구할 수 없었다.

(a) should
(b) might
(c) could
(d) would

해설 소앤은 테드 삼촌이 일했던 목재소가 문을 닫으면서 실직했다고 하고, 해당 문장은 '이후 다양한 회사에 지원했지만 어디에서도 직장을 구할 수 없었다'는 의미가 되어야 하므로, '~할 수 있었다'라는 '가능성/능력'의 조동사인 (c) could가 정답이다.

오답체크
의무/당위성을 나타내는 (a) should, 추측/허가를 나타내는 (b) might, 미래를 나타내는 (d) would는 문맥상 어색하므로 오답이다.

어휘 can't help but V v. ~하지 않을 수 없다 lumber mill n. 제재소, 목재소 shut down v. 문을 닫다, 정지하다, 멈추다 apply v. 지원하다, 신청하다 various a. 다양한, 여러 가지의

19 준동사 동명사를 목적어로 취하는 동사

Researchers found that low-salt diets may actually be more harmful than those with average amounts of salt. It is only for people with hypertension that doctors recommend _____ the amount of salt in their diet.

연구원들은 저염 식단이 평균적인 양의 소금이 포함된 식단보다 실제로 더 해로울 수 있다는 것을 밝혀냈다. 오직 고혈압이 있는 사람들에게만 의사들은 그들의 식단에 소금의 양을 줄이는 것을 권장한다.

(a) reducing
(b) to reduce
(c) having reduced
(d) to have reduced

해설 동사 recommend는 동명사만을 목적어로 취하므로, 정답은 (a) reducing이다.

어휘 low-salt diet n. 저염 식단 average a. 평균의, 보통의, 일반적인 amount n. 양 hypertension n. 고혈압 reduce v. 줄이다, 낮추나, 축소하다

20 가정법 과거완료

Pippa Doyle was a spy working for Britain during World War II. She pretended to be a 14-year-old French girl who sold soap to German soldiers. If they had discovered she was a spy, they _____ her.

(a) would kill
(b) were killing
(c) would have killed
(d) had killed

피파 도일은 제 2차 세계대전 동안 영국을 위해 일하는 스파이였다. 그녀는 독일 군인들에게 비누를 파는 14살의 프랑스 소녀인 척했다. 만약 그들이 그녀가 스파이였음을 알아냈다면, 그들은 그녀를 죽였을 것이다.

해설 가정법 과거완료 구문에서는 if절의 동사 시제가 과거완료(had discovered)이므로 주절의 빈칸에는 〈would have p.p.〉 형태의 동사가 들어가야 한다. 따라서 정답은 (c) would have killed이다.

어휘 pretend v. ~인 척하다 soldier n. 군인, 병사 discover v. (무엇의 존재를) 알아내다, 발견하다

21 시제 현재진행

FINRAD, Inc., is determined to expand its business into the European market. Right now, the marketing director _____ a series of meetings with a possible distributor in Geneva.

(a) planned
(b) is planning
(c) will be planning
(d) has planned

핀래드 사는 유럽 시장으로 사업을 확장하기로 결심했다. 현재, 마케팅 이사는 제네바에서 한 유력 유통업체와 일련의 회의를 계획하는 중이다.

해설 빈칸을 포함한 절을 보면 빈칸 뒤에 부사 right now가 주어져 있다. right now는 '바로 지금'의 뜻으로 현재진행시제와 함께 쓰이며, 의미상으로도 '현재 마케팅 이사는 제네바에서 한 유력 유통업체와 일련의 회의를 계획하는 중'이라는 내용이 되어야 하므로, 정답은 (b) is planning이다.

 정답공식

빈칸 절에 (right) now가 나오면 → 현재진행시제

어휘 determine v. 결심하다, 결정하다, 알아내다, 밝히다 director n. 이사, 임원, 책임자 distributor n. 유통업체, 배급 업자

22 조동사 — 조동사 should 생략

The Johnson County Library has a great selection of digital media, but only a small collection of books. Therefore, the librarians strictly require that all books _____ on time so other people can use them.

(a) will be returned
(b) have been returned
(c) be returned
(d) are being returned

> 존슨 카운티 도서관은 매우 많은 종류의 디지털 매체가 있지만, 서적은 매우 적다. 그러므로, 사서들은 다른 사람들이 그것들을 이용할 수 있도록 모든 서적이 제때 반납되어야 한다는 점을 엄격히 요구한다.

해설 require(요구하다)와 같이 주장, 명령, 제안, 요구를 나타내는 동사 뒤에 that절이 나오면, that절의 동사 자리에는 '~해야 한다'의 의미로 〈should + 동사원형〉에서 should가 생략된 동사원형만이 가능하다. 따라서 정답은 (c) be returned이다.

어휘 librarian n. 사서 strictly ad. 엄격히, 엄하게, 절대적으로

23 관계사 — 관계대명사

Hundreds of bus drivers in Manchester went on strike at lunchtime today. As a result, commuters _____ both within the city and to neighboring towns got stranded on the streets during the evening rush hour.

(a) which tried to go home
(b) what tried to go home
(c) that they tried to go home
(d) who tried to go home

> 맨체스터의 버스 기사 수백 명이 오늘 점심시간에 파업에 들어갔다. 결과적으로, 시내와 인근 도시로 귀가하려고 했던 통근자들은 저녁 출퇴근 시간 동안 거리에서 꼼짝 못하고 있다.

해설 빈칸 앞 선행사(commuters)가 사람이므로, 보기 중 사람명사를 선행사로 수식하면서 뒤에 불완전한 절을 이끄는 (d) who tried to go home이 정답이다.

 오답체크

(a): 관계대명사 which는 사람이 아닌 사물을 선행사로 수식한다.
(b): 관계대명사 what은 선행사를 포함한 관계대명사로서 앞에 선행사가 있으면 오답이다.
(c): 관계대명사 that은 사람을 선행사로 수식이 가능하기는 하지만 뒤에 불완전한 절이 나오지 않아 오답이다.

어휘 go on strike v. 파업에 들어가다 commuter n. 통근자 neighboring a. 인근의, 이웃의
strand v. 오도 가도 못하게 하다, 발을 묶다

24 준동사 to부정사의 형용사적 용법

Peter Whitman's second-half goal sent the Vultures into the final four with a 2-1 win against the Inflamers. With several seasoned forwards on its roster, the team has a good chance _____ it to the finals.

(a) to make
(b) making
(c) having made
(d) to have made

피터 휘트먼의 후반전 골은 인플래머스전 2-1 승리와 함께 벌쳐스를 4강으로 보냈다. 몇몇 노련한 공격수들이 선수 명단에 있어서, 그 팀은 결승전에 진출할 좋은 기회를 가진다.

해설 빈칸은 명사 chance를 수식하는 자리이다. chance는 to부정사의 수식을 받으며, 의미상으로도 '진출할 좋은 기회'의 의미가 되어야 하므로, to부정사의 형용사적 용법으로서 명사를 뒤에서 수식할 때 쓰이는 (a) to make가 정답이다.

 정답공식

to부정사의 수식을 받는 명사
→ chance/opportunity/ability/decision/effort/right + to부정사 (~할, ~하는)

 오답체크

결승에 진출할 기회는 앞으로 있게 될 일이므로 전에 이미 한 일을 나타내는 (d) to have made는 답이 될 수 없다.

어휘 second-half n. 후반전   seasoned a. 노련한, 경험 많은   forward n. (축구) 공격수, (스포츠에서) 포워드, 전방에 위치한 선수

25 시제 과거진행

The Bentonville High School janitor, Mr. Adams, is very intimidating. Last week, a student _____ down the hallway when suddenly Mr. Adams scolded him for littering. The student had unknowingly dropped a tissue on the floor.

(a) wlll walk
(b) has been walking
(c) walked
(d) was walking

벤튼빌 고등학교의 관리인인 애덤즈 씨는 매우 험악하다. 지난 주에, 한 학생이 복도를 걸어가는 중이었는데, 그때 갑자기 애덤즈 씨가 쓰레기를 버린 것으로 그를 꾸짖었다. 그 학생은 자신도 모르게 휴지를 바닥에 떨어뜨렸었다.

해설 when이나 while를 사용하여 과거의 동시상황을 나타내는 경우 특정 과거 시점을 기준으로 반대쪽 절에는 일이나 동작의 진행을 나타내는 진행시제가 나와야 한다. 학생이 복도를 걸어가던 중에 애덤즈 씨가 그를 꾸짖었으므로, 빈칸에는 과거진행시제가 가장 적절하다. 따라서 정답은 (d) was walking이다.

[정답공식]
when절의 동사가 과거시제이면 → 주절의 동사는 과거진행시제

[어휘] **janitor** n. 관리인, 수위, 잡역부 **intimidating** a. (분위기 등이) 험악한, (자신감이 없어지도록) 겁을 주는 **hallway** n. 복도 **suddenly** ad. 갑자기, 급작스럽게, 불현듯 **scold** v. 꾸짖다, 야단치다 **litter** v. (쓰레기 등을) 버리다, 버려서 지저분하게 만들다

26 가정법 과거

Makkinga, a small town in the Netherlands, has neither traffic lights nor stop signs. Advocates of the "shared space" concept theorize that if there were fewer traffic regulations, citizens _____ more socially responsible.

(a) are being
(b) would be
(c) will be
(d) would have been

네덜란드에 있는 작은 마을인 마킹가에는 신호등도 없고 정지 표지판도 없다. "공유 공간" 개념의 옹호자들은 만약 교통 규제가 더 적게 있다면, 시민들이 사회적으로 더욱 책임감을 가지게 될 것이라는 이론을 제시한다.

[해설] 가정법 과거 구문에서는 if절의 동사가 과거(were)이므로 주절의 빈칸에는 〈would + 동사원형〉 형태의 동사가 들어가야 한다. 따라서 정답은 (b) would be이다.

[어휘] **advocate** n. 옹호자, 지지자 **concept** n. 개념 **theorize** v. 이론을 제시하다, 이론을 세우다 **regulation** n. 규제, 규정 **socially** ad. 사회적으로 **responsible** a. 책임이 있는

TEST 4 GRAMMAR SECTION

영역별 기출유형

ANSWER									
01	02	03	04	05	06	07	08	09	10
(a)	(d)	(b)	(d)	(c)	(a)	(c)	(d)	(b)	(a)
11	12	13	14	15	16	17	18	19	20
(b)	(d)	(b)	(a)	(d)	(c)	(d)	(b)	(a)	(b)
21	22	23	24	25	26				
(d)	(c)	(a)	(d)	(b)	(d)				

01 시제 현재진행

Ryan will be competing in the city-wide oratorical contest next week. With his great stage presence and eloquence, his coach, Mr. Sanders, is confident that he will win the contest. **At the moment**, they _____ his piece.

(a) are rehearsing
(b) rehearse
(c) have rehearsed
(d) will have been rehearsing

라이언은 다음 주에 시 웅변 대회에 참가할 것이다. 그의 뛰어난 무대 존재감과 유창함으로, 그의 코치인 샌더스 씨는 그가 대회에서 우승할 것이라는 자신감에 차 있다. **바로 지금**, 그들은 그의 글을 리허설하고 있는 중이다.

[해설] 빈칸 앞 문두에 주어져 있는 부사 At the moment(바로 지금)는 현재진행시제의 단서가 되는 부사 표현이다. 문맥상으로도 바로 지금 리허설을 하고 있는 중이라는 내용이 되어야 하므로, 정답은 (a) are rehearsing이다.

 정답공식

현재진행시제의 단서표현 → *at the moment, (right) now, currently*

[어휘] compete v. (시합에) 참가하다, 경쟁하다　city-wide a. 시내의, 시 전역의　oratorical a. 웅변의, 연설의　contest n. 대회, 경쟁　presence n. 존재함, 있음　eloquence n. 유창함　confident a. 자신감이 있는, 확신하는　rehearse v. 리허설하다, 예행연습하다　piece n. 글, 부분, 조각, 작품

02 가정법 과거완료

Hazel's company recently went out of business, and she's now worried about meeting her monthly car payments. She says that if only she **had known** she would lose her job, she _____ the car last month.

(a) has not bought
(b) will not be buying
(c) should not be buying
(d) would not have bought

헤이젤의 회사는 최근에 파산하였고, 그녀는 지금 그녀의 월 자동차 할부금을 지불하는 것에 대해 걱정하고 있다. 그녀는 **만약** 그녀가 직장을 잃을 줄 **알았더라면**, 그녀는 지난 달에 그 차를 사지 않았을 것이라고 말한다.

[해설] 가정법 과거완료 구문에서는 if절의 동사 시제가 과거완료(had known)이므로 주절의 빈칸에는 〈would have p.p.〉 형태의 동사가 들어가야 한다. 따라서 정답은 (d) would not have bought이다.

[어휘] recently ad. 최근에   go out of business v. 파산하다   meet v. (비용을) 지불하다, (요구를) 충족시키다, 만나다
payment n. 할부금, 지불, 지불금

03 시제 미래완료진행

Jeff Bezos, the founder and CEO of Amazon, is one of the world's most hardworking billionaires. In fact, by the time he turns 65, he _____ tirelessly for over 35 years since starting the company in 1994.

아마존의 설립자이자 CEO인 제프 베조스는 세계에서 가장 근면한 억만장자들 중 한 명이다. 사실은, 그가 65세가 될 때쯤, 그는 1994년에 회사를 시작한 이래로 35년이 넘는 기간 동안 쉬지 않고 일해오고 있을 것이다.

(a) has worked
(b) will have been working
(c) had been working
(d) is working

[해설] by the time절의 동사가 현재시제(turns)인 것과 기간을 나타내는 전치사구인 for over 35 years가 나오면 미래완료진행시제의 단서가 된다. 문맥상으로도 'Jeff Bezos가 65세가 되는 그 시점에는(by the time he turns 65) 그가 아마존에서 35년이 넘는 기간 동안(for over 35 years) 일해오고 있을 것'이라는 내용이므로, 특정 미래시점까지 일이나 동작이 기간을 두고 진행되고 있음을 나타낼 때 쓰는 미래완료진행시제가 빈칸에 가장 적절하다. 따라서 정답은 (b) will have been working이다.

📖 정답공식

by the time + 현재시제, 주어 + 미래완료진행시제 for + 기간
　　　단서 1　　　　　　　　　　　　단서 2

[어휘] founder n. 설립자   hardworking a. 근면한, 부지런히 일하는   billionaire n. 억만장자   by the time conj. ~할 때쯤
tirelessly ad. 쉬지 않고

04 관계사 접속사

Mr. Peterson's job requires him to travel frequently. That's why he made it a point to instruct his new secretary to check his voice messages regularly and send him a daily report _____ he's out of town.

피터슨 씨의 일은 그가 자주 출장을 가도록 요구한다. 그것이 그가 반드시 그의 새 비서에게 그가 외부에 나가 있을 때마다 그의 음성 메시지를 정기적으로 확인하고 자신한테 일일 보고서를 제출하라고 지시하는 이유이다.

(a) wherever
(b) however
(c) whichever
(d) whenever

해설 출장을 자주 나가는 피터슨의 비서가 그를 위해 음성 메시지를 확인하고 보고서를 제출하는 것이 피터슨이 '외부에 나가 있을 때면 언제든지' 해야 한다는 문맥이 되어야 하므로 '~할 때면 언제든지, ~할 때마다'의 의미로 쓰이는 (d)가 정답이다.

오답체크
(a) wherever(어디서든지), (b) however(아무리 ~해도)는 문맥상 적절하지 않아 오답이다.
(c) whichever(어떤 ~든지)의 경우 뒤에 불완전한 절이 나와야 하고, 문맥상으로도 어색하므로 답이 될 수 없다.

어휘 travel v. 출장을 가다, 여행하다, 이동하다　frequently ad. 자주, 빈번하게　make it a point to V v. 반드시 ~하다
instruct v. 지시하다　secretary n. 비서　regularly ad. 정기적으로, 주기적으로　out of town a. 외부에 나가 있는

05 준동사 동명사를 목적어로 취하는 동사

Boris Diaw is a French basketball player who formerly played for 14 seasons in the NBA. Besides playing basketball professionally, he also enjoys _____ his boat. He reportedly plans to sail around the world after his retirement.

(a) having sailed
(b) to have sailed
(c) sailing
(d) to sail

보리스 디아우는 이전에 NBA에서 14시즌 동안 경기했던 프랑스 농구선수이다. 농구를 전문적으로 하는 것 외에, 그는 또한 보트를 타는 것을 즐긴다. 그는 알려진 바에 따르면 은퇴한 뒤에 전 세계를 항해할 계획을 하고 있다.

해설 동사 enjoy는 동명사를 목적어로 취하므로, 정답은 (c) sailing이다.

오답체크
(a) having sailed는 완료동명사로서 주절의 동작보다 시점상으로 앞설 때 사용된다. 그런데 주어진 문장에서 '즐기는' 시점보다 '보트를 타는 것'이 시점상으로 앞선다는 것이 문맥상 어색하므로 오답이다.

어휘 formerly ad. 이전에　besides prep. ~외에도　professionally ad. 전문적으로　sail v. 항해하다, (배, 요트 등)을 타다
reportedly ad. 알려진 바에 따르면　retirement n. 은퇴

06 가정법 과거

Paul wishes he could talk to his ancestors so he could ask them about his Irish heritage. If it were possible to travel back in time, he _____ to meet his great-great grandfather who emigrated from Ireland.

(a) would definitely choose
(b) is definitely choosing
(c) definitely chooses
(d) would have definitely chosen

폴은 그의 아일랜드 혈통에 대해 물어볼 수 있도록 그의 조상들에게 말을 할 수 있기를 바란다. 만약 시간을 거슬러 올라가는 것이 가능하다면, 그는 아일랜드에서 이주해 온 그의 고조할아버지를 만나는 것을 분명 선택했을 것이다.

해설 가정법 과거 구문에서는 if절의 동사가 과거(were)이므로 주절의 빈칸에는 〈would + 동사원형〉 형태의 동사가 들어가야 한다. 따라서 정답은 (a) would definitely choose이다.

정답공식

문제에 if, 보기에 would가 보이면 → 가정법 문제
if + 주어 + 과거시제동사, would + 동사원형

어휘 ancestor n. 조상 heritage n. 혈통, 유산, 유전 travel back in time v. 시간을 거슬러 올라가다 definitely ad. 분명 emigrate v. 이주하다

07 관계사 관계대명사

Yellowstone National Park is the first designated national park in the U.S. With an area _____, it's more than two million acres in size. It is well-known for its diverse wildlife as well as its geothermal features.

(a) who spans three states
(b) what spans three states
(c) that spans three states
(d) which three states spans

옐로스톤 국립공원은 미국에서 최초로 지정된 국립공원이다. 3개의 주에 걸치는 장소인 이 공원은 크기가 200만 에이커가 넘는다. 이곳은 지열의 특징뿐만 아니라 다양한 야생동물로도 잘 알려져 있다.

해설 빈칸 앞 선행사(an area)가 사물이고, 보기 중 사물명사를 선행사로 수식하면서 뒤에 불완전한 절을 이끄는 (c) that spans three states가 정답이다.

오답체크

(a): 관계대명사 who는 사람을 선행사로 수식해야 하므로 오답이다.
(b): 관계대명사 what은 선행사를 포함한 관계대명사로서 앞에 선행사가 있으면 오답이다.
(d): 해당 보기의 경우 관계대명사 which의 뒤에 목적어가 없는 불완전한 절이 나오기는 하지만, '3개의 주가 한 장소에 걸친다(three states spans an area)'라는 의미가 된다. 문맥상 '장소의 범위가 3개의 주를 포괄한다'는 의미가 되어야 하므로 오답이다.

어휘 designated a. 지정된 acre n. 에이커(약 4,046.9평방미터에 해당하는 땅의 넓이 단위) span v. (범위나 넓이 등) 에 걸치다 state n. (미국이나 호주의) 주, 국가, 나라 well-known a. 잘 알려져 있는 diverse a. 다양한 wildlife n. 야생동물 geothermal a. 지열의 feature n. 특징

08 시제 미래진행

Despite the current economic crisis, the team manager wants to surpass next quarter's sales target. That's why **starting next week**, we _____ household surveys every Friday to identify new potential market segments.

(a) have conducted
(b) would be conducting
(c) will have conducted
(d) will be conducting

현재의 경제 위기에도 불구하고, 팀장은 다음 분기의 매출 목표를 뛰어넘기를 원한다. 그것이 다음 주부터, 우리가 새로운 잠재 시장 세분화를 알아내기 위해 매주 금요일마다 가구조사를 실시하게 될 이유이다.

[해설] 빈칸 앞에 미래시점을 나타내는 시간 표현인 starting next week(다음 주부터)가 나오고 있고, 문맥상으로도 다음 주부터 매주 금요일마다 가구조사를 실시하고 있을 거라는 의미가 되어야 하므로, 미래시점에 동작의 진행을 나타낼 때 쓰는 미래진행시제가 빈칸에 가장 적절하다. 따라서 정답은 (d) will be conducting이다.

 정답공식

starting + 미래시점, 주어 + 미래진행시제

 오답체크

(b) : would의 경우 미래의 과거시점에서 본 미래이나 해당 지문에는 답의 근거가 되는 과거의 시점이 주어져 있지 않으므로 오답이다.

[어휘] despite prep. ~에도 불구하고   current a. 현재의   economic a. 경제의   crisis n. 위기   surpass v. 뛰어넘다, 능가하다   quarter n. 분기   sales n. 판매, 매출   target n. 목표   conduct v. 실시하다   household survey n. 가구조사   identify v. 알아내다   potential a. 잠재적인   segment n. 세분화

09 준동사 동명사의 관용표현

Amy is going to be suspended for two work days because she violated a workplace rule. She **was caught** _____ in the building's emergency fire exit stairwell during her lunch break last week.

(a) having smoked
(b) smoking
(c) to smoke
(d) to have smoked

그녀는 직장 내 규칙을 위반하였기 때문에 2일간 정직 처분을 받을 것이다. 그녀는 지난 주 점심시간 동안 건물의 비상구 계단통에서 흡연하는 것이 적발되었다.

[해설] 〈be + caught + Ving〉는 '(옳지 못한 것이나 불법적인 것을 하다) 적발되다, 걸리다, 붙잡히다'라는 의미로 쓰이는 관용표현이다. 문맥상 '건물의 비상구 계단통에서 흡연하다가 걸렸다'라고 하는 것이 적절하므로 정답은 동명사인 (b) smoking이다.

 오답체크

(a) having smoked는 동명사의 완료형(having + p.p.)으로서 해당 문장에서 동사의 행위가 일어난 시점보다 앞선 시점에 일어났던 일을 표현할 때 쓰이는데, '흡연한 것'과 '적발된 것'은 문맥상 같은 시점에 발생한 일이므로, 완료동명사는 오답이다.

어휘 | suspend v. 정직시키다, 중단하다, 유예하다 violate v. 위반하다 workplace n. 직장 emergency n. 비상
fire exit n. 비상구, 화재 대피구 stairwall n. 계단통(건물 내부에 계단이 나 있는 공간) lunch break n. 점심시간

10 조동사 문맥에 맞는 조동사

On Nancy's first day at work, she came dressed in a business suit, only to find everyone in the office wearing jeans. She _____ have asked about the company's dress code to avoid the embarrassment.

낸시의 출근 첫 날에, 그녀는 정장 차림을 하고 왔지만, 사무실의 모든 사람들이 청바지를 입고 있는 것을 알게 되었다. 그녀는 당혹감을 피하기 위해 회사의 복장 규정에 대해 물어봤어야 했다.

(a) should
(b) shall
(c) would
(d) might

해설 | 앞 문장은 낸시가 입사 첫 날에 사무실의 모든 사람들이 청바지를 입고 있는데 혼자 정장을 입고 왔다는 내용이므로, 문맥상 '당혹감을 피하기 위해 회사의 복장 규정을 물어봤어야 했다'는 내용이 되어야 한다. 이때, 〈should + have + p.p.〉는 '~했어야 했는데, 하지 못했다'는 의미로 과거에 하지 않았던 일에 대한 후회를 나타내므로 조동사 should가 적절하다. 따라서 정답은 (a) should이다.

어휘 | come dressed in v. ~의 복장을 하고 오다 business suit n. 정장 dress code n. 복장 규정
embarrassment n. 당혹감, 당황

11 가정법 과거완료

Last night, Carrie attended a rock concert that lasted until 1:00 a.m. As a result, she reported late for work the next day. She kept thinking, "If I _____ the concert, I would not have been late".

어젯밤, 캐리는 오전 1시까지 이어진 록 콘서트에 참석했다. 결과적으로, 그녀는 다음 날 회사에 늦게 출근했다. 그녀는 "만약 내가 콘서트를 보러 가지 않았었다면, 나는 지각하지 않았을 텐데"라고 계속 생각한다.

(a) will not watch
(b) had not watched
(c) would not have watched
(d) was not watching

해설 | 주절의 동사가 would not have been인 것을 보아 가정법 과거완료 문제임을 알 수 있다. 가정법 과거완료 구문에서는 if절의 동사가 과거완료(have p.p.)형이 되어야 하므로, 정답은 (b) had not watched이다.

 정답공식

문제에 if, 보기에 would가 보이면 → 가정법 문제
if + 주어 + 과거완료시제동사, would + have p.p.

어휘 | attend v. 참석하다, 다니다 last v. 이어지다, 지속되다 report for work v. 출근하다 late a. 늦은

12 준동사 to부정사의 부사적 용법

Originally known as Decoration Day, Memorial Day is a U.S. federal holiday that's always observed on the last Monday of May. It's celebrated _____ all the men and women who died serving in the country's armed forces.

(a) to have remembered
(b) remembering
(c) having remembered
(d) to remember

본래 현충일(Decoration Day)로 알려진, 전몰장병기념일(Memorial Day)은 5월의 마지막 월요일에 항상 기념되는 미국의 연방 공휴일이다. 그 날은 나라의 군대에서 복무하다가 죽은 모든 남녀를 기억하기 위해 기념되어진다.

해설 to부정사는 부사적 용법으로 쓰일 때 완전한 절 뒤에 위치하여 '~하기 위해'의 의미의 목적을 나타내는 기능을 한다. 빈칸 앞 절에서 '전몰장병기념일(Memorial Day)는 기념되어진다'라고 나오고 있으며, 그에 대한 목적으로 '모든 남녀를 기억하기 위해'라는 내용이 이어지는 것이 가장 적절하므로, 정답은 (d) to remember이다.

오답체크
(a)는 to부정사의 완료형(to have + p.p.)으로서 해당 문장에서 동사의 행위가 일어난 시점보다 앞선 시점에 일어났던 일을 표현할 때 쓰이는데, '(과거에) 기억했었기 위해서 기념된다'의 어색한 문맥이 되어 오답이다.

어휘 originally ad. 본래, 원래 Decoration Day n. (미국의) 현충일 Memorial Day n. (미국의) 전몰장병 추모일 federal a. 연방의 holiday n. 공휴일 observe v. (중요한 날이나 축제를) 기념하다, 기리다, 관측하다; 따르다 celebrate v. 기념하다, 축하하다 serve v. 복무하다 armed force n. 군대

13 시제 과거완료진행

Chris Cornell was the lead singer of the bands Soundgarden and Audioslave. Many were shocked when he committed suicide in 2017. It was only then that his family revealed that he _____ with depression **before he died**.

(a) struggled
(b) had been struggling
(c) struggles
(d) was struggling

크리스 코넬은 사운드가든과 오디오슬레이브 밴드들의 리드 보컬이었다. 많은 이들은 2017년에 그가 자살을 했을 때 충격을 받았다. 그제서야 그의 가족은 그가 죽기 전에 우울증으로 힘들어하고 있었다고 밝혔다.

해설 before절의 동사(died) 시제를 통해 그가 '숙였던' 시점이 과거임을 알 수 있다. 사망했던 시점 이전부터(before) 그 시점까지 그가 계속 우울증을 겪어오고 있었음을 나타내야 하므로, 과거 이전 시점(대과거)에 동작의 진행을 나타낼 때 쓰이는 과거완료진행시제가 빈칸에 가장 적절하다. 따라서 정답은 (b) had been struggling이다.

정답공식
접속사 before절의 동사가 과거시제이면 → 주절의 동사는 과거완료진행시제 (for + 기간)

어휘 shocked a. 충격을 받은 commit v. 행하다, 저지르다 suicide n. 자살 reveal v. 밝히다, 드러내다 struggle with v. ~로 힘들어하다 depression n. 우울증

14 조동사 문맥에 맞는 조동사

Arthur is very bright. He began talking at the age of one and learned how to write when he was two. Now, at the age of four, he _____ already play the violin like a professional.

(a) can
(b) would
(c) should
(d) might

아서는 매우 똑똑하다. 그는 한 살에 말을 하기 시작하였고 두 살 때 쓰는 법을 배웠다. 이제, 4 살인 그는 이미 전문가처럼 바이올린을 연주할 수 있다.

해설) 앞에서 아서가 한 살 때 말을 하기 시작했고 두 살 때 쓰는 법을 배웠다는 내용이 나오고 있으므로, 문맥상 '지금 네 살인 그는 이미 바이올린을 전문가처럼 연주할 수 있다'와 같이 '능력'을 나타내는 조동사를 사용하는 것이 가장 적절하다. 따라서 정답은 (a) can이다.

오답체크

미래를 나타내는 (b) would, 의무/당위성을 나타내는 (c) should, 추측을 나타내는 (d) might는 문맥상 어색하므로 오답이다.

어휘) bright a. 똑똑한   begin v. 시작하다   professional n. 전문가

15 시제 과거진행

Sandra arrived early for her lunch date with Eric and decided to read a book. She got so absorbed in the story that she didn't even notice when Eric arrived while she _____ the book.

(a) is still reading
(b) has still been reading
(c) will still read
(d) was still reading

산드라는 에릭과의 점심 데이트에 일찍 도착해서 책을 읽기로 결정했다. 그녀는 그 이야기에 너무 흠뻑 빠져서 그녀가 여전히 책을 읽고 있는 동안 에릭이 도착했을 때 알아차리지조차 못했다.

해설) while절의 주절에 해당되는 문장이 when절이며, when절의 동사(arrived) 시제가 과거임을 확인한다. when이나 while를 사용하여 과거의 동시상황을 나타내는 경우, 특정 과거 시점을 기준으로 반대쪽 절에는 일이나 동작의 진행을 나타내는 진행시제가 나와야 한다. 에릭이 도착했던 그 시점에 산드라가 책을 읽고 있는 행위가 동시에 진행 중이었으므로, 빈칸에는 과거진행형이 가장 적절하다. 따라서 정답은 (d) was still reading이다.

정답공식

빈칸 절의 동사가 과거시제이면 ➡ while + 주어 + 과거진행시제

어휘)  v. 도착하다   early ad. 일찍   decide v. 결정하다   absorbed a. 빠져 있는, 몰두한   notice v. 알아차리다

16 준동사 동명사를 목적어로 취하는 동사

Superman is a DC Comics character known for his superhuman powers. These extraordinary abilities include _____ "faster than a speeding bullet." He can go from place to place without the need of any special device or vehicle.

(a) to have moved
(b) having moved
(c) moving
(d) to move

슈퍼맨은 초인적인 힘으로 알려진 DC 코믹스의 등장인물이다. 그 특별한 능력들은 "고속으로 날아가는 총알보다 더 빠르게" 움직이는 것을 포함한다. 그는 어떤 특수 장치나 차량의 필요 없이 여기저기 갈 수 있다.

[해설] 동사 include는 동명사를 목적어로 취하므로, 정답은 (c) moving이다.

[어휘] character n. 등장인물   superhuman a. 초인적인   extraordinary a. 특별한, 놀라운   ability n. 능력   speeding a. 고속으로 날아가는   bullet n. 총알   from place to place ad. 여기저기, 이리저리   device n. 장치   vehicle n. 차량

17 가정법 과거

The rise in bicycle thefts in his village makes Jericho worried about his bicycle. Since his garage is full, he has to leave his bicycle outside. If his garage **had** more room, he _____ it there.

(a) would have parked
(b) is parking
(c) will park
(d) would park

그의 마을 내 자전거 절도 증가는 제리코로 하여금 그의 자전거를 걱정하게 했다. 그의 차고가 가득 찼기 때문에, 그는 그의 자전거를 바깥에 두어야 했다. 만약 그의 차고에 더 많은 공간이 있다면, 그는 그것을 그곳에 주차했을 것이다.

[해설] 가정법 과거 구문에서는 if절의 동사가 과거(had)이므로 주절의 빈칸에는 〈would + 동사원형〉 형태의 동사가 들어가야 한다. 따라서 정답은 (d) would park이다.

[어휘] rise n. 증가, 상승   theft n. 절도   village n. 마을   garage n. 차고   leave v. 남기다   outside ad. 바깥에   room n. 공간   park v. 주차하다

18 준동사 to부정사의 부사적 용법

Lisa started taking weekly French language classes last year. Recently, she has been watching some films and television series in French _____ familiarize herself with the language.

(a) helping
(b) to help
(c) to have helped
(d) having helped

리사는 작년에 매주 프랑스어 수업을 듣기 시작했다. 최근에, 그녀는 스스로 이 언어에 익숙해지도록 돕기 위해 프랑스어로 된 영화와 드라마를 시청해오고 있는 중이다.

해설 to부정사는 부사적 용법으로 쓰일 때 완전한 절 뒤에 위치하여 '~하기 위해'의 의미의 목적을 나타내는 기능을 한다. 빈칸 앞 절에서 '프랑스어로 된 영화와 드라마를 시청해오고 있다'라고 나오고 있으며, 그에 대한 목적으로 '언어에 익숙해지도록 돕기 위해'라는 내용이 이어지는 것이 가장 적절하므로, 정답은 (b) to help이다.

어휘 take a class v. 수업을 듣다 familiarize A with B v. A를 B에 익숙해지게 하다

19 연결어 접속사

We had a full-course meal at Mama Elle's Italian restaurant last weekend. The food was great and the service was prompt. In fact, _____ we finished our soup, the waiter quickly served us our appetizers.

(a) as soon as
(b) since
(c) because
(d) despite the fact that

우리는 지난 주말에 마마 엘르의 이탈리안 레스토랑에서 풀 코스 식사를 했다. 음식은 훌륭했고 서비스는 신속했다. 사실, 우리가 스프를 다 끝내자마자, 웨이터가 우리에게 애피타이저를 빠르게 제공해주었다.

해설 빈칸 절 앞에서 '서비스가 신속했다'는 내용이 나오고 있으므로, 이어지는 내용은 이와 일관된 흐름으로 이어져야 한다. 즉 '우리가 스프를 다 끝내자마자' 웨이터가 빠르게 애피타이저를 제공해주었다고 하는 것이 '신속했다'라는 시간적 개념을 가장 잘 나타내므로, '~하자마자'라는 의미로 시간을 나타내는 접속사가 들어가야 한다. 따라서 정답은 (a) as soon as이다.

🗨️ 오답체크
(b) since(~때문에, ~이래로), (c) because(~때문에), (d) despite the fact that(~라는 사실에도 불구하고)는 문맥상 어색하므로 답이 될 수 없다.

어휘 meal n. 식사 prompt a. 신속한, 즉각적인 serve v. 제공하다 appetizer n. 애피타이저 as soon as conj. ~하자마자

20 가정법 과거완료

Lizzie likes spending money more than saving it. Yesterday, she felt frustrated because she was short on funds to pay for her rent this month. If she had been more prudent about spending, she _____ enough money.

(a) will have had
(b) would have had
(c) will be having
(d) has had

리지는 돈을 저축하는 것보다 소비하는 것을 더 좋아한다. 어제, 그녀는 그녀가 이번 달 그녀의 집세를 내기 위한 자금이 부족했기 때문에 좌절감을 느꼈다. 만약 그녀가 소비에 대해 더 현명했더라면, 그녀는 충분한 돈을 가지고 있었을 것이다.

해설 가정법 과거완료 구문에서는 if절의 동사 시제가 과거완료(had been)이므로 주절의 빈칸에는 〈would have p.p.〉 형태의 동사가 들어가야 한다. 따라서 정답은 (b) would have had이다.

어휘 spend v. (돈을) 쓰다, (시간을) 보내다 save v. 절약하다, 저축하다 frustrated a. 당황하는, 좌절하는 be short on v. ~가 부족하다 fund n. 자금 pay for v. ~을 내다, 지불하다 rent n. 집세 prudent a. 현명한 spending n. 소비, 지출

21 조동사 — 조동사 should 생략

Not knowing which elective to take, Joan asked her mom which subject might fit her best. Her mom suggested that she _____ for a journalism class to improve her writing further.

(a) is enrolling
(b) will enroll
(c) enrolls
(d) enroll

어떤 선택과목을 수강해야 할지 모르는 조앤은 그녀의 엄마에게 어떤 과목이 그녀에게 가장 적합할 것 같은지를 물었다. 그녀의 엄마는 조앤이 글쓰기 실력을 더 향상시키기 위해 언론학 수업에 등록해야 한다고 제안했다.

해설 suggest(제안하다)와 같이 주장, 명령, 제안, 요구를 나타내는 동사 뒤에 that절이 나오며, that절의 동사 자리에는 '~해야 한다'의 의미로 〈should + 동사원형〉에서 should가 생략된 동사원형만이 가능하다. 따라서 정답은 (d) enroll이다.

어휘 elective n. 선택과목   fit v. 적합하다, 맞다   journalism n. 언론학   improve v. 향상시키다   further ad. 더, 나아가

22 시제 — 현재완료진행

Jessica is starting to wonder if she made the right decision to study medicine. She _____ the program for two years now, but she still finds herself struggling just to keep up in school.

(a) is pursuing
(b) pursues
(c) has been pursuing
(d) pursued

제시카는 그녀가 의학을 공부하기 위한 옳은 결정을 내릴 수 있는지에 대해 궁금해하기 시작하고 있다. 그녀는 그 과정을 지금까지 2년 동안 추구해오고 있었지만, 그녀는 여전히 학교수업을 따라가는 것만으로도 그녀 스스로가 힘들어한다는 것을 알았다.

해설 빈칸 뒤에 기간을 나타내는 시간표현인 for two years now(지금까지 2년 동안)이 현재완료진행시제의 단서가 되며, 문맥상으로도 '교과 과정을 따라오고 있는 중이다'의 의미가 되어야 하므로, 과거부터 현재까지 동작의 진행을 나타낼 때 쓰이는 현재완료진행시제가 빈칸에 가장 적절하다. 따라서 정답은 (c) has been pursuing이다.

어휘 wonder v. 궁금해하다   decision n. 결정   medicine n. 의학   pursue v. 추구하다   struggle v. 힘들어하다, 고군분투하다   keep up v. ~을 따라가다

23 관계사 — 관계대명사

Vasiliy Lomachenko will undergo surgery to repair his injured shoulder. He, _____, injured his right shoulder during his recent fight against Jorge Linares. The surgery will force Lomachenko to miss his next fight on August 25.

(a) who is the WBA lightweight champion
(b) whose is the WBA lightweight champion
(c) whom is the WBA lightweight champion
(d) which champion is the WBA lightweight title

바실리 로마첸코는 그의 부상당한 어깨를 고치기 위해 수술을 받을 것이다. WBA 라이트급 챔피언인 그는 호르헤 리나레즈와의 최근 경기 동안 그의 오른쪽 어깨에 부상을 입었다. 그 수술은 로마첸코가 8월 25일에 있을 다음 경기를 놓치게 할 것이다.

해설 빈칸 앞 선행사가 사람(He)이며, 각 보기의 관계대명사 뒤를 보면 모두 주어가 없는 불완전한 절로 동일하게 주어져 있다. 주어가 없는 불완전한 절은 주격 관계대명사 who가 이끄는 것이 가장 적절하므로, 정답은 (a) who is the WBA lightweight champion이다.

오답체크

(b): 소유격 관계대명사 whose는 whose의 수식을 받는 명사가 whose의 바로 뒤에 나와야 한다.
(c): 관계대명사 whom은 목적격이므로 뒤에 목적어가 없는 불완전한 절이 나와야 한다.
(d): 관계대명사 which는 사물명사를 선행사로 수식하므로 오답이다.

어휘 undergo v. ~을 받다, 겪다 surgery n. 수술 repair v. 고치다 shoulder n. 어깨 injure v. 부상을 입히다 force v. 강요하다

24 가정법 미래(were to)

The sun is important in the solar system because its gravitational pull keeps planets revolving around it. If the sun **were to** suddenly disappear, the planets _____ freely through outer space.

태양은 태양의 중력이 행성들을 태양 주변으로 계속 공전하게 만들기 때문에 태양계에서 중요하다. 만약 태양이 갑자기 사라져 버린다면, 행성들은 대기권 외 우주 공간으로 멋대로 흩어질 것이다.

(a) had just scattered about
(b) was just scattering about
(c) just scatter about
(d) would just scatter about

해설 실현 가능성이 낮은 상황을 가정(만약 태양이 갑자기 사라져 버린다면)할 때 〈If 주어 + were to, 주어 + 조동사 과거형(would/could/should/might) + 동사원형〉 형태를 주로 사용한다. if 절에 were to가 있으므로, 정답은 (d) would just scatter about이다.

어휘 solar system n. 태양계 gravitational pull n. 중력 planet n. 행성 revolve v. 공전하다, 회전하다 suddenly ad. 갑자기 disappear v. 사라지다 scatter about v. 사방으로 흐트러지다 freely ad. 멋대로, 자유롭게 outer space n. (대기권 외) 우주 공간

25 준동사 to부정사를 목적어로 취하는 동사

Mark was finally allowed by his parents to join the camping trip with his friends on one condition: They would not pay for his trip. Instead, he **needed** _____ his own allowance money.

마크는 친구들과 캠핑 여행에 가는 것을 한 가지 조건으로 마침내 부모님으로부터 허락받았다. 조건은 부모님이 그의 여행을 위해 돈을 지불해주지 않는다는 것이다. 대신에, 그는 자신의 용돈을 사용할 필요가 있었다.

(a) using
(b) to use
(c) having used
(d) to have used

[해설] 동사 need는 to부정사를 목적어로 취하므로, 정답은 (b) to use이다.

📖 오답체크

용돈을 사용하는 것은 앞으로 있을 일이므로, 주절의 동사보다 이전의 동작을 나타내는 (d) to have used는 오답이다.

[어휘] condition n. 상황, 조건 pay for v. ~을 지불하다 allowance money n. 용돈

26 조동사 조동사 should 생략

Gina wants to lose weight, so she's working out with her gym instructor, Jim. He told her that aside from exercise, it's best that she also _____ a healthy diet to get the best results.

지나는 체중을 감량하고 싶어해서, 그녀는 체육관 강사인 짐과 운동을 하고 있다. 그는 그녀에게 최상의 결과를 얻기 위해 운동 외에도 건강한 식습관을 유지해야 하는 것이 가장 좋다고 말했다.

(a) maintains
(b) was maintaining
(c) to maintain
(d) maintain

[해설] best(가장 좋은)와 같이 주장, 명령, 제안, 요구를 나타내는 형용사 뒤에 that절이 나오면, that절의 동사 자리에는 '~해야 한다'의 의미로 〈should + 동사원형〉에서 should가 생략된 동사원형만이 가능하다. 따라서 정답은 (d) maintain이다.

[어휘] lose weight v. 체중을 감량하다 work out v. 운동하다 instructor n. 강사 aside from prep. ~외에도
exercise n. 운동 maintain v. 유지하다 diet n. 식습관 result n. 결과

영역별 기출유형

G-TELP
General Tests of English Language Proficiency

LISTENING SECTION

- TEST 1
- TEST 2
- TEST 3
- TEST 4

TEST 1 LISTENING SECTION

영역별 기출유형

PART 1	27 (c)	28 (a)	29 (c)	30 (d)	31 (b)	32 (a)	33 (d)
PART 2	34 (b)	35 (d)	36 (a)	37 (b)	38 (c)	39 (a)	
PART 3	40 (a)	41 (c)	42 (b)	43 (c)	44 (d)	45 (d)	
PART 4	46 (d)	47 (b)	48 (a)	49 (c)	50 (a)	51 (b)	52 (d)

PART 1 27~33 일상 대화 ▶ 고대 로마에 대한 조사

음원은 QR로 확인

대화 주제

M: Hi, Valerie. What are you looking at?

F: Oh, hello, Ron. I'm reading some stuff online about the early Romans. ²⁷I was researching ancient Rome last night for my history exam and came across this fascinating website.

고대 로마의 반려동물

M: And what did you learn about the Romans that's so interesting?

F: Well, they may have lived thousands of years ago, but their daily lives were actually very similar to ours. For example, did you know that the Romans had pets much like we do?

M: Really?

F: It's true. They kept dogs, cats, birds, and other pets. Archeologists have even found pet burials in Roman archeological sites that are just as sophisticated as their human burials. ²⁸Some owners actually gave their dog a spot in the family tomb.

M: Wow! ²⁸We don't usually do that nowadays.

F: You're right… and speaking of dogs, the Romans also had "Beware of Dog" signs on their front fences. In Latin, of course, ha-ha!

남: 안녕, 발레리. 무엇을 보고 있니?

여: 아, 안녕, 론. 초기 로마인들에 대한 몇 가지 것들을 온라인으로 읽고 있는 중이야. ²⁷어젯밤에 역사 시험을 위해 고대 로마를 조사하던 중에 이 매력적인 웹사이트를 우연히 알게 되었어.

남: 그래서 로마인에 대해 어떤 흥미로운 점을 알게 되었니?

여: 음, 그들은 수천 년 전에 살았을지도 모르지만, 그들의 일상은 사실 우리의 것과 매우 비슷했어. 예를 들어, 너는 로마인들이 우리처럼 반려동물을 키웠다는 것을 알고 있니?

남: 정말로?

여: 진짜야. 그들은 개, 고양이, 새, 그 외 다른 반려동물들을 키웠어. 고고학자들은 심지어 로마의 고고학 유적지들에서 그들의 사람 묘지들만큼이나 정교한 반려동물 묘지들을 발견했지. ²⁸어떤 주인들은 실제로 그들의 개에게 가족 무덤 안에 자리를 내주었대.

남: 왜! ²⁸요즘 우리는 보통 그렇게 하지 않잖아.

여: 맞아… 그리고 개 이야기가 나와서 말인데, 로마인들은 그들의 집 앞 담장에 "개 조심"이라는 표지판도 있었대. 물론, 라틴어로 말이야, 하하!

76 CHAPTER 1. 영역별 기출유형

고대 로마의 의식주	**M:** That sounds so modern. So what else did they have in common with us? **F:** Many of them lived in multistory apartments built over shops. And because they weren't allowed to cook to prevent fire, they had to eat out or buy their food from shops. **M:** [29]Living above shops and eating outside? Sounds like a lot of New Yorkers!	남: 그것 참 현대적이네. 그래서 그들은 또 우리와 어떤 공통점이 있었니? 여: 그들 중 많은 수가 가게 위에 지어진 다층 아파트에서 살았어. 그리고 그들은 화재를 막기 위해 요리하는 것이 허용되지 않았기 때문에, 외식을 하거나 상점에서 음식을 사야 했지. 남: [29]가게 위에 사는 것과 밖에서 식사하는 것? 완전 뉴요커들 같다!
고대 로마의 상점 간판	**F:** Exactly! And just like in any modern town or city, Roman shopkeepers posted signs advertising their businesses. These included bakeries, bookshops, and even hair salons. **M:** That's interesting. [30]With all those business signs, maybe I wouldn't get so lost if I traveled back in time to a Roman town.	여: 맞아! 그리고 현대의 여느 마을이나 도시와 마찬가지로, 로마의 가게 주인들은 그들의 장사를 광고하는 간판을 세웠대. 여기에는 빵집, 서점, 심지어 미용실도 포함되었어. 남: 그거 흥미롭군. [30]그 많은 간판들이 있으면, 로마의 마을로 시간을 거슬러 올라가도 나는 길을 잃지 않을 수도 있겠어.
고대 로마의 쇼핑 문화	**F:** Maybe so. Another Roman practice you'd be familiar with is shopping. **M:** Don't tell me they also had malls! **F:** They had their equivalent of malls. Trajan's Market was a big building that held about 150 shops. Imagine all the products those stores could sell.	여: 그럴지도 모르지. 너가 익숙할 로마인의 또 다른 관습은 쇼핑이야. 남: 설마 그들에게 쇼핑몰도 있었던 건 아니겠지! 여: 그들에게는 쇼핑몰에 버금가는 것이 있었어. 트라야누스 시장은 약 150개의 상점이 있는 큰 건물이었지. 그 가게들이 팔 수 있었던 모든 상품들을 상상해 봐.
고대 로마의 공공 장소의 낙서	**M:** A lot, I'm sure! By the way, I remember reading that graffiti was found on the walls of Pompeii. Is that true? **F:** It is. They also wrote messages on the walls of public places. Just like with modern-day graffiti, [31]Roman teenagers announced that "so-and-so was here," that "a certain boy loves a girl," and other sentiments. The Romans even wrote about their accomplishments and social issues in public places. **M:** Wow… so graffiti isn't really a new thing. Writing comments in public places sounds almost like posting on social media! **F:** I thought so, too! They wrote ordinary things such as "On April 20th, I made bread" or sayings like "A small problem gets larger if you ignore it."	남: 분명 많았겠지! 그건 그렇고, 폼페이의 벽에서 그래피티가 발견됐다는 것을 읽었던 기억이 나는데. 진짜야? 여: 맞아. 그들은 또한 공공 장소의 벽에도 메시지를 적었어. 현대의 그래피티처럼, [31]로마의 십대들은 "누구누구가 여기에 있었다", "어떤 소년이 소녀를 사랑한다", 그 외 다른 감상들을 나타냈지. 로마인들은 심지어 공공 장소에서 그들의 업적과 사회적인 문제에 대해 쓰기도 했어. 남: 와… 그러면 그래피티는 그다지 새로운 것이 아니구나. 공공장소에서 의견을 적는 것은 거의 소셜 미디어에 게시글을 올리는 것 같은 걸! 여: 나도 그렇게 생각했어! 그들은 "4월 20일에, 나는 빵을 만들었다" 같은 평범한 것들이나 "작은 문제는 가만히 놔두면 더 커진다"와 같은 격언들을 적었대.

	M:	Exactly what you'd write on your social media page! You know, Valerie, I used to think I couldn't live in the early times. I thought that, unlike modern people, the early people lived dull and uneventful lives. ³²Now I know that they weren't much different from us.		남:	네가 네 소셜 미디어 페이지에 쓰는 것과 똑같네! 있잖아, 발레리, 나는 옛날 시대에는 살 수 없을 거라고 생각하곤 했어. 현대인들과 달리, 옛날 사람들은 따분하고 특별한 일 없는 인생을 살았다고 생각했지. ³²이제 나는 그들이 우리와 크게 다르지 않다는 것을 알겠어.
남자의 배운점					
남자가 이후 할 일	F:	I agree. Well, Ron, I'd better get back to studying.		여:	동의해. 음, 론, 나는 다시 공부하러 가봐야겠어.
	M:	Sure, Valerie. ³³You've inspired me to do some research of my own into ancient Rome. Good luck—I know you'll ace your history exam.		남:	그래, 발레리. ³³너는 나에게 내 스스로 고대 로마를 좀 찾아보도록 영감을 주었어. 행운을 빌게. 나는 네가 역사 시험을 잘 볼 거란 걸 알아.

어휘

stuff n. 것, 것들   **research** v. 연구하다, 조사하다   **ancient** a. 고대의   **come across** v. 우연히 보다, 우연히 마주치다
fascinating a. 흥미로운, 매력적인   **similar** a. 비슷한, 유사한, 닮은   **archeologist** n. 고고학자   **burial** n. 매장, 장례식
sophisticated a. 정교한, 복잡한   **tomb** n. 무덤   **beware** v. 조심하다, 주의하다   **fence** n. 담장, 울타리   **modern** a. 현대의, 근대의
have in common v. 공통점이 있다, 공통적으로 가지다   **multistory** a. 다층의, 고층의   **prevent** v. 막다, 예방하다
shopkeeper n. 가게 주인, 운영자   **post** v. 세우다, 올리다, 게시하다   **practice** n. 관습, 관행   **familiar** a. 익숙한, 친숙한
equivalent n. 버금가는, 맞먹는, 동등한   **graffiti** n. (공공장소에서 하는) 낙서, 그래피티   **wall** n. 벽   **announce** v. 알리다, 발표하다
sentiment n. (지나친) 감상   **accomplishment** n. 업적, 공적   **comment** n. 의견, 견해   **ordinary** a. 평범한, 보통의
ignore v. 무시하다   **dull** a. 따분한, 재미없는   **uneventful** a. 특별한 일(사건)이 없는

27 세부사항

What was Valerie doing the night before?

(a) writing a blog about ancient Rome
(b) watching a movie about Romans online
(c) studying about early Rome
(d) reading a novel about the Roman empire

발레리는 전날 밤에 무엇을 하고 있었는가?

(a) 고대 로마에 대한 블로그 작성
(b) 온라인으로 로마인들에 대한 영화 시청
(c) 초기 로마에 대한 공부
(d) 로마 제국에 대한 소설 읽기

해설   발레리가 어젯밤에 역사 시험을 위해 고대 로마를 조사하고 있었다(I was researching ancient Rome last night for my history exam)고 했으므로, 정답은 (c)이다.

 패러프레이징

researching → studying
ancient → early

어휘   **empire** n. 제국

28 세부사항

What did some Romans do with their pets that people nowadays usually do not?

(a) They buried the dog in the family tomb.
(b) They kept all of the pets together in one space.
(c) They let the dog eat meals with the family.
(d) They gave pets their own rooms in the family home.

몇몇 로마인들은 반려동물들로 오늘날 사람들이 보통 하지 않는 무슨 행동을 했는가?

(a) 개를 가족 무덤에 묻었다.
(b) 모든 반려동물들을 한 공간에서 함께 키웠다.
(c) 개가 가족들과 함께 식사를 하도록 했다.
(d) 반려동물들에게 가족들의 집에서 자신의 방을 주었다.

해설 로마인들 중 어떤 주인들은 개에게 가족 무덤 안에 자리를 내 주었다(Some owners actually gave their dog a spot in the family tomb)고 말하면서, 오늘날 사람들은 보통 그렇게 하지 않는다(We don't usually do that nowadays)고 했다. 이를 통해 어떤 로마인들은 개를 가족 무덤에 같이 묻었음을 알 수 있으므로, 정답은 (a)이다.

패러프레이징

gave their dog a spot in the family tomb → buried the dog in the family tomb

어휘 bury v. 묻다, 매장하다   meal n. 식사, 끼니

29 세부사항

Why does Ron think that the Romans were similar to New Yorkers?

(a) because they lived in fancy apartments
(b) because they did not like to cook at home
(c) because they dined outside the home
(d) because they loved shopping for food

왜 론은 로마인들이 뉴욕 사람들과 비슷하다고 생각하는가?

(a) 고급 아파트에 살았기 때문에
(b) 집에서 요리하는 것을 좋아하지 않았기 때문에
(c) 집 밖에서 식사를 했기 때문에
(d) 음식을 쇼핑하는 것을 좋아했기 때문에

해설 론이 로마인들이 가게 위에서 살며 밖에서 식사를 했던 것이 뉴욕 사람들 같다(Living above shops and eating outside? Sounds like a lot of New Yorkers!)고 언급하는 부분을 통해 (c)가 정답임을 알 수 있다.

패러프레이징

eating outside → dined outside the home

어휘 fancy a. 고급의, 값비싼   dine v. 식사를 하다

30 세부사항

How would Ron keep from getting lost if he went to ancient Rome?

(a) by looking at a shopping complex map
(b) by using the mall as a landmark
(c) by using the public transportation system
(d) by looking at the signs for shops

론은 고대 로마로 간다면 어떻게 길을 잃지 않을 수 있을까?

(a) 복합 쇼핑 지도를 봄으로써
(b) 쇼핑몰을 랜드마크로 사용함으로써
(c) 대중교통 시스템을 이용함으로써
(d) 상점 표지판을 봄으로써

해설 론이 많은 간판들만 있다면 로마의 마을로 시간을 거슬러도 길을 잃지 않을 수 있겠다(With all those business signs, maybe I wouldn't get so lost if I traveled back in time to a Roman town)고 언급하는 부분을 통해 상점 표지판을 보고 고대 로마에서 길을 잃지 않을 것임을 알 수 있다. 따라서 (d)가 정답이다.

 패러프레이징

business signs → signs for shops

어휘 landmark n. 랜드마크, 주요 지형지물(멀리서 위치 파악에 도움이 되는 대형 건물 등) public transportation n. 대중교통

31 세부사항

What did the ancient Romans use graffiti for?

(a) to make official announcements
(b) to express their feelings
(c) to communicate with friends
(d) to rebel against their leaders

고대 로마인들은 왜 낙서를 사용했는가?

(a) 공식 발표를 하기 위해
(b) 그들의 감정을 표현하기 위해
(c) 친구들과 의사소통하기 위해
(d) 지도자에 반항하기 위해

해설 로마인들이 공공 장소의 벽에 낙서를 하며 다른 감정들을 나타냈다(Roman teenagers announced ~ and other sentiments)고 언급하는 부분을 통해 낙서가 그들의 감정을 표현하기 위한 수단이었음을 알 수 있다. 따라서 (b)가 정답이다.

패러프레이징

sentiments → feelings

어휘 announcement n. 발표, 소식 express v. 표현하다, 나타내다 rebel v. 반항하다, 저항하다

32 세부사항

What did Ron learn about the early Romans from Valerie today?

(a) They had much in common with him.
(b) They lived very boring lives.
(c) They looked just like modern people.
(d) They had many social problems.

오늘 론은 발레리로부터 초기 로마인에 대해 무엇을 배웠는가?

(a) 그들은 그와 많은 공통점을 가지고 있었다.
(b) 그들은 매우 지루한 삶을 살았다.
(c) 그들은 현대인과 똑같이 보였다.
(d) 그들은 많은 사회적 문제들을 가지고 있었다.

해설 ▶ 초기 로마인들이 론과 같은 현대인들과 크게 다르지 않다는 것을 알겠다(I know that they weren't much different from us)고 언급하는 부분을 통해 초기 로마인들과 많은 공통점이 있다는 것을 배웠음을 알 수 있다. 따라서 (a)가 정답이다.

패러프레이징

weren't much different from us ➡ had much in common with him

어휘 ▶ social a. 사회적인, 사회의

33 추론

What will Ron most likely do next?

(a) register for a history class
(b) research about other ancient cultures
(c) keep studying for his exam
(d) continue learning more about the Romans

론은 다음에 무엇을 할 것 같은가?

(a) 역사 강좌에 등록하기
(b) 다른 고대 문화에 대해 연구하기
(c) 시험 공부를 계속하기
(d) 로마인들에 대해 계속해서 더 많이 배우기

해설 ▶ 론이 발레리에게 스스로 고대 로마를 찾아보도록 영감을 주었다(You've inspired me to do some research of my own into ancient Rome)고 언급하는 부분을 통해 다음에 로마인에 대해 계속해서 찾아보고 더 배울 것임을 알 수 있다. 따라서 (d)가 정답이다.

오답체크

다른 고대 문화에 대해 연구하는 것의 경우 고대 로마를 찾아보겠다는 지문의 대화 내용과 그 대상이 일치하지 않는다. 따라서 (b)는 오답이다.

어휘 ▶ register v. 등록하다, 기재하다

PART 2 강연 ▶ 홈 에코-가스 바이오가스 시스템

강연 목적

Hello, everyone. Welcome to the annual Fairbanks Ecological Convention. [34]You may wonder how you can make better use of all the food waste your family creates in a day. Moreover, you may be worrying about the impact that household waste has on the environment. Well, [34]you can now save money with your kitchen waste and have a more positive effect on the environment. Let me introduce the Home Eco-Gas biogas system.

안녕하세요, 여러분. 연례 페어뱅크스 생태 컨벤션에 오신 것을 환영합니다. [34]여러분은 여러분의 가족이 하루에 만들어내는 모든 음식물 쓰레기를 어떻게 더 잘 활용할 수 있을지 궁금해하실 지도 모릅니다. 게다가, 여러분은 생활 쓰레기가 환경에 미치는 영향에 대해 걱정하고 계실지도 모릅니다. 자, [34]여러분은 이제 주방 쓰레기로 돈을 절약할 수 있고 환경에 더욱 긍정적인 영향을 미치실 수 있습니다. 홈 에코-가스 바이오가스 시스템을 소개합니다

제품 소개

[35]The Home Eco-Gas system is a family-sized biodigester, a device that converts common organic material, like leftover food, into biogas. Biogas is a mixture of different gases produced when bacteria breaks down organic matter like food scraps. It is a renewable energy source that's friendly to the environment.

[35]홈 에코-가스 시스템은 대형 생물소화조, 남은 음식물과 같은 일반적인 유기 물질을 바이오가스로 변환시키는 장치입니다. 바이오가스는 박테리아가 음식물 찌꺼기와 같은 유기물을 분해할 때 생성된 각기 다른 가스의 혼합물입니다. 그것은 환경에 친화적인 재생 가능 에너지원이죠.

이점1: 조리용 가스 생산

Now, here are the ways you can benefit from Home Eco-Gas.

Your kitchen waste doesn't have to go to, well, waste. [35]One point six gallons of leftover food are enough to produce one to three hours of cooking gas. That's the ideal amount to cook three meals. You can just toss your leftover milk, meat, fruit and vegetables—and even your pet's waste—into the biodigester, and you'll have clean cooking gas in no time!

자, 여기 홈 에코-가스에서 이점을 얻을 수 있는 방법들이 있습니다.
여러분의 주방 쓰레기는 반드시, 음, 쓰레기가 될 필요는 없습니다. [35]1.6갤런의 남은 음식물은 1시간에서 3시간 정도의 조리용 가스를 생산하기에 충분합니다. 세 끼를 조리하기에 이상적인 양이죠. 남은 우유, 고기, 과일, 채소, 심지어 반려동물의 배설물까지 생물소화조에 던져 넣으시면, 여러분은 바로 깨끗한 조리용 가스를 얻으실 수 있습니다!

이점2: 안전한 사용감

[36]Home Eco-Gas is safe. It produces gas at a low pressure, so the risk of an explosion is very low. It also has a gas pressure controller that will allow you to moderate the amount of fuel that you use during cooking. Plus, there are no bad smells because the biodigester unit is well-sealed to keep any gas from escaping.

[36]홈 에코-가스는 안전합니다. 그것은 낮은 압력에서 가스를 생산해서, 폭발의 위험이 매우 낮죠. 그것은 또한 여러분이 요리하는 동안 사용하는 연료의 양을 조정할 수 있게 해주는 가스 압력 조절기도 갖추고 있습니다. 게다가, 생물소화조 장치는 가스가 빠져나가는 것을 막도록 밀봉되어 있기 때문에 나쁜 냄새가 나지 않습니다.

이점3: 쉬운 설치 + 사용	Home Eco-Gas is easy to set up and use. You can assemble the Home Eco-Gas system in your backyard within two hours. Using it is also as simple as using any other home appliance. Just throw in the organic waste and let the bacteria that are already in the digester "feed" on the waste and release biogas.	홈 에코-가스는 설치와 사용이 쉽습니다. 여러분은 2시간 이내에 여러분의 뒷마당에서 홈 에코-가스 시스템을 조립할 수 있습니다. 그것을 사용하는 것 역시 다른 가전제품을 사용하는 것만큼 간단합니다. 유기성 폐기물을 던져 넣기만 하고 이미 소화조 안에 있는 박테리아가 그 폐기물을 "먹게" 하며 바이오가스를 방출시키게 하세요.
이점4: 비료 생산	[37]Another great feature of the Home Eco-Gas is that it produces a liquid plant fertilizer as a by-product. This high-quality fertilizer, which you would normally pay a lot of money for, is great for increasing your vegetable and fruit garden's harvest. This way, a cycle is put into place. Aside from cooking gas, Home Eco-Gas also produces fertilizer, which helps you produce food, which creates waste, which is then converted into more fertilizer.	[37]홈 에코-가스의 또 다른 큰 특징은 부산물로써 액체 식물 비료를 생산한다는 것입니다. 일반적으로 비용을 많이 지불하고 살 수 있는 이 고품질 비료는 채소와 과일 밭의 수확량을 높이는데 아주 좋습니다. 이러한 방식으로, 순환이 이루어집니다. 조리용 가스 외에도, 홈 에코-가스는 또한 비료를 생산하고, 이것은 여러분이 음식을 만들도록 돕고, 그것은 쓰레기를 만들어내고, 그러면 그것이 더 많은 비료로 전환된다는 것이죠.
이점5: 환경 친화성	Of course, Home Eco-Gas is also environmentally friendly. When left untreated in dumpsites, [38]organic waste produces methane that escapes into the air and harms the environment. For every year that you use Home Eco-Gas, you help keep the environment clean by preventing almost one ton of organic waste from going to dumpsites and producing methane.	물론, 홈 에코-가스는 환경 친화적이기도 합니다. 폐기물 처리장 안에서 처리되지 않은 상태로 남겨질 때, [38]유기성 폐기물은 공기 중으로 빠져나가 환경을 해치는 메탄을 생성합니다. 매년 여러분이 홈 에코-가스를 사용하는 동안, 여러분은 거의 1톤의 유기성 폐기물이 쓰레기장으로 가서 메탄을 생성하는 것을 막음으로써 환경을 깨끗하게 유지하는데 도움을 줍니다.
이점6: 비용 절감	Last but not least, [39]you can save a lot of money with Home Eco-Gas. With our biodigester, you won't have to spend money on cooking gas and fertilizer anymore. This way, you can save around 40 dollars a month!	마지막으로, [39]여러분은 홈 에코-가스로 많은 돈을 절약할 수 있습니다. 저희의 생물소화조와 함께한다면, 여러분은 조리용 가스와 비료에 더 이상 돈을 쓸 필요가 없습니다. 이 방식대로라면, 여러분은 한 달에 약 40달러를 절약하실 수 있습니다!
마무리 인사	So turn your waste into value. Order Home Eco-Gas now, and convert your useless kitchen waste into cooking gas while helping to create a greener Earth! If you want more information on the price and features of Home Eco-Gas, please visit our website. Thank you for listening, everybody, and have a good day.	그러니 여러분의 쓰레기를 가치로 바꾸세요. 지금 바로 홈 에코-가스를 주문하고, 더 푸른 지구를 만드는 것을 도우며 여러분의 쓸모없는 주방 쓰레기를 조리용 가스로 바꾸세요! 홈 에코-가스의 가격과 특징에 대한 자세한 정보를 원하시면, 저희 웹사이트를 방문해주세요. 들어주셔서 감사드리고, 좋은 하루 보내세요.

어휘

wonder v. 궁금해하다, 궁금하다   household waste n. 생활 쓰레기, 가정 쓰레기   family-sized a. 가정용 크기의, 대형의
biodigester n. 생물소화조 (생물환원처리에 사용되는 밀폐식 탱크)   device n. 장치, 기구   convert v. 변환시키다, 전환시키다
organic a. 유기의, 유기체의   material n. 물질, 재료   leftover n. 남은   food scraps n. 음식물 찌꺼기   renewable a. 재생 가능한
friendly a. 친화적인, 우호적인   toss v. (가볍게 아무렇게나) 던지다   in no time ad. 바로, 당장에   pressure n. 압력, 압박
explosion n. 폭발, 폭파   moderate v. 조정하다, 관리하다   fuel n. 연료   well-sealed a. 밀봉된   escape v. 빠져 나오다, 탈출하다
assemble v. 조립하다   backyard n. (담을 두른) 뒷마당   home appliance n. 가전제품   release v. 방출하다, 놓아 주다
fertilizer n. 비료   harvest n. 수확량, 수확물   untreated a. 처리되지 않은   dumpsite n. 폐기물 처리장, 쓰레기장
methane n. 메탄(탄화수소 기체)   harm v. 해치다, 손상시키다   prevent v. 막다, 예방하다   useless a. 쓸모 없는, 소용없는

34 주제/목적

What is the talk mainly about?

(a) a way to save money on electricity
(b) **how to make the most of kitchen waste**
(c) where to throw away kitchen waste
(d) an eco-friendly way to garden

이 강연은 주로 무엇에 대한 것인가?

(a) 전기 요금을 절약하는 방법
(b) 주방 쓰레기를 최대한 활용하는 방법
(c) 주방 쓰레기를 버릴 장소
(d) 정원으로 가는 친환경적인 방법

해설 연설자가 여러분의 가족이 하루에 만들어내는 모든 음식물 쓰레기를 어떻게 더 잘 활용할 수 있을지(how you can make better use of all the food waste your family creates in a day) 궁금해하실 지도 모른다고 하면서, 주방 쓰레기로 돈을 절약할 수 있고 환경에 긍정적인 영향을 미칠 수 있는 '홈 에코-가스 바이오가스 시스템'을 소개한다(you can now save money with your kitchen waste and have a more positive effect on the environment. Let me introduce the Home Eco-Gas biogas system)고 했다. 이를 통해 본 연설은 주방 쓰레기를 최대한 활용하는 방법에 대한 소개를 알리는 데 목적이 있음을 알 수 있다. 따라서 (b)가 정답이다.

 패러프레이징

make better use of → make the most of
food waste → kitchen waste

어휘 electricity n. 전기, 전력   eco-friendly a. 친환경적인

35 추론

Where most likely would the Eco-Gas system be used?

(a) at an organic farm
(b) at a large corporation
(c) at a gas company
(d) **at a family home**

에코-가스 시스템은 어디에서 사용될 가능성이 가장 높을까?

(a) 유기농 농장에서
(b) 대기업에서
(c) 가스 회사에서
(d) 가정 집에서

해설 먼저 장치의 이름에 Home이 포함되어 있다는 점, 두번째 단락에서 장치가 가정용 크기(a family-sized biodigester)라고 소개한 점, 세 끼를 조리하기(cook three meals)에 이상적인 조리용 가스를 생산한다는 점, 그리고 우유, 고기, 과일, 채소, 반려동물의 배설물 등(leftover milk, meat, fruit and vegetables-and even your pet's waste)을 언급하고 있다는 점을 고려했을 때, 에코-가스 시스템은 가정 집에서 사용될 가능성이 가장 높다. 따라서 (d)가 정답이다.

어휘 corporation n. 회사, 기업

36 세부사항

Why is the Home Eco-Gas biodigester safe to use?

(a) because its gas pressure is limited
(b) because it does not need fire to cook
(c) because organic waste burns slowly
(d) because biogas is not explosive

왜 홈 에코-가스 생물소화조는 사용하기에 안전한가?

(a) 가스 압력이 제한되기 때문에
(b) 조리하는 데 불이 필요하지 않기 때문에
(c) 유기 폐기물은 천천히 연소되기 때문에
(d) 바이오가스는 폭발성이 아니기 때문에

해설 질문의 키워드인 safe(안전한)가 나오는 부분에서, 홈 에코-가스 생물정화조가 안전하다(Home Eco-Gas is safe)고 말하면서 홈 에코-가스는 낮은 압력에서 가스를 생산하여 폭발 위험이 낮다(It produces gas at a low pressure, so the risk of an explosion is very low)고 했다. 즉 가스 압력이 제한되기 때문에 안전하다고 할 수 있으므로, 정답은 (a)이다.

패러프레이징

It produces gas at a low pressure → its gas pressure is limited

오답체크

폭발의 위험이 매우 낮다(the risk of an explosion is very low)고 했으므로, 바이오가스가 폭발성이 아니라고 되어 있는 (d)는 오답이다.

어휘 limit v. 제한하다, 한정하다   burn v. 연소하다, 불에 타다   explosive a. 폭발성의, 폭발하기 쉬운

37 세부사항

How does the biodigester help grow healthy plants?

(a) by releasing a fruit-producing gas
(b) by producing a source of nutrition for plants
(c) by making plant-friendly bacteria
(d) by turning waste into solid fertilizer

어떻게 생물소화조가 건강한 식물들을 기르는 데 도움을 주는가?

(a) 과일로 만든 가스를 배출함으로써
(b) 식물들을 위한 영양 공급원을 생산함으로써
(c) 식물 친화적인 박테리아를 만듦으로써
(d) 폐기물을 고형 비료로 변환함으로써

해설 질문의 키워드인 plant(식물)가 나오는 부분에서, 홈 에코-가스가 부산물로 액체 식물 비료를 생산하고(it produces a liquid plant fertilizer as a by-product), 이 고품질 비료가 채소와 과일 밭의 수확량을 높이는데 아주 좋다(This high-quality fertilizer is great for increasing your vegetable and fruit garden's harvest)고 말하고 있다. 이를 통해 생물소화조가 식물들을 위한 영양 공급원을 생산하여 건강한 식물을 기르는 데 도움을 준다는 것을 알 수 있다. 따라서 (b)가 정답이다.

> 📖 **패러프레이징**
>
> a liquid plant fertilizer → a source of nutrition for plants

어휘 nutrition n. 영양 solid a. 고형의, 고체의, 단단한

38 추론

Based on the talk, why is the biodigester probably helpful in keeping the air clean?

(a) It uses organic waste from dumpsites.
(b) It converts methane into biogas.
(c) It keeps methane from entering the atmosphere.
(d) It collects methane from the air.

연설에 따르면, 왜 생물소화조가 공기를 깨끗하게 유지하는 데 도움이 되는가?

(a) 폐기물 처리장에서 유기 폐기물을 사용한다.
(b) 메탄을 바이오가스로 변환한다.
(c) 메탄이 대기 중으로 유입되는 것을 막는다.
(d) 공기로부터 나온 메탄을 모은다.

해설 질문의 키워드인 air(공기)가 언급되는 부분을 들어보면, 유기성 폐기물은 공기 중으로 빠져나가 환경을 해치는 메탄을 생성하며(organic waste produces methane that escapes into the air and harms the environment), 홈 에코-가스를 사용하면 메탄을 생성하는 것을 막아 환경을 깨끗하게 한다(you help keep the environment clean by producing methane)고 했다. 이를 통해 생물소화조가 메탄이 대기로 유입되지 않게 막아 공기를 깨끗하게 유지한다는 것을 알 수 있다. 따라서 (c)가 정답이다.

어휘 atmosphere n. 대기, 공기

39 세부사항

According to the talk, how is one able to save money using Home Eco-Gas?

(a) by not having to buy cooking gas anymore
(b) by keeping the electricity bills down
(c) by not having to purchase kitchen products
(d) by reducing money spent on waste removal

연설에 따르면, 어떻게 홈 에코-가스를 사용해서 돈을 절약할 수 있는가?

(a) 더 이상 조리용 가스를 살 필요가 없음으로써
(b) 전기 요금을 낮게 유지함으로써
(c) 주방용품을 구입할 필요가 없음으로써
(d) 폐기물 제거에 지출되는 비용을 줄임으로써

해설 질문의 키워드인 save money(돈을 절약하다)가 나오는 부분에서, 생물소화조를 사용하면 조리용 가스에 더 이상 돈을 쓸 필요가 없고, 이 방식으로 돈을 절약할 수 있다(With our biodigester, you won't have to spend money on cooking gas anymore. This way, you can save around 40 dollars a month)고 했다. 이를 통해 돈을 절약할 수 있는 이유가 조리용 가스를 살 필요가 없다는 데 있음을 알 수 있다. 따라서 (a)가 정답이다.

> 📖 **패러프레이징**
>
> spend money on → buy

어휘 bill n. 요금, 고지서, 청구서 purchase v. 구입하다, 구매하다 removal n. 제거, 없애기

PART 3 40~45 일상 대화 ▶ 대형 할인점의 장단점

안부 인사

M: Hi, Hannah. I'm glad to catch up with you. Would you like to go to the movies with me tonight?

F: Oh, I would love to, Travis, ⁴⁰but I'm driving up to Fremont after work to go grocery shopping.

남: 안녕, 해나. 만나게 되어 기뻐. 오늘 밤에 나와 영화 보러 갈래?

여: 오, 나도 그러고 싶지만, 트래비스, ⁴⁰나는 퇴근 후에 장을 보러 프리몬트로 갈 거야.

대형 할인점 장점 1

M: I know Fremont is only a 30-minute drive, but why do you need to go out of town to do your shopping? Can't you get all your grocery needs from Midland Supermarket?

F: ⁴⁰Oh, I can, but not for the great prices I find at J-Mart in Fremont. If we had that kind of discount department store here, I wouldn't bother shopping elsewhere.

남: 프리몬트가 차로 30분밖에 안 걸리는 건 알지만, 왜 쇼핑을 하러 시내를 벗어나려고 하는 거야? 필요한 모든 식료품은 미들랜드 슈퍼마켓에서 살 수는 없는 거야?

여: ⁴⁰아, 그럴 수 있지만, 내가 프리몬트에 있는 J-마트에서 발견한 그런 훌륭한 가격이 아니라서. 만약 그런 대형 할인점이 이곳에 있다면, 다른 곳에서 쇼핑하려고 애를 쓰지 않아도 될 텐데.

대형 할인점 단점 1

M: You know, ⁴¹a lot of people love discount department stores, but I wouldn't want one here in Midland City.

F: Really? Why wouldn't you want a discount department store in Midland? The products they sell are so affordable that your budget can go a long way.

M: ⁴¹I agree, but discount department stores put local store owners out of business. People no longer go to the traditional farmer's market, or shoe store, or hardware store like they used to.

남: 있잖아, ⁴¹많은 사람들이 대형 할인점을 좋아하지만, 나는 여기 미들랜드 시에 그런 게 있는 걸 원하지 않을 거야.

여: 정말? 왜 미들랜드에 대형 할인점을 원하지 않는 건데? 그들이 판매하는 제품들은 너무 저렴해서 너의 예산에 도움이 될 수 있잖아.

남: ⁴¹나도 동의하지만, 대형 할인점은 지역 상점 주인들을 폐업하게 해. 사람들은 더 이상 예전처럼 전통 농산물 직판장이나 신발 가게, 철물점에 가지 않거든.

대형 할인점 장점 2

F: You're right. Discount stores have all of those services and sell their products at much lower prices, which is bad for the Midland stores. But they provide so much convenience to the shoppers. At J-Mart, for example, you can find almost everything you need under one roof.

여: 맞아. 할인점들은 온갖 서비스를 보유하고 있고 훨씬 더 낮은 가격에 그들의 상품들을 판매하니, 이는 미들랜드의 상점들에게는 좋지 않지. 하지만 그들은 쇼핑객들에게 많은 편의를 제공해. J-마트에서는, 예를 들면, 너는 네가 필요한 거의 모든 것을 한 건물 안에서 찾을 수 있지.

대형 할인점 단점 2

M: That's indeed one advantage of those stores. But isn't the quality of the products lower since the prices are cheaper?

F: It's true. ⁴²If you want cheap products you do have to sacrifice some quality. But these days, I don't have much choice because money is a bit tight.

남: 그것은 실제로 그 가게들의 하나의 장점이야. 하지만 가격이 더 저렴하기 때문에 제품의 품질은 더 낮지 않아?

여: 맞아. ⁴²만약 값싼 제품들을 원한다면 너는 품질을 희생해야 해. 그러나 요즘에는, 나는 돈이 좀 빠듯하기 때문에 별 다른 선택지가 없어.

	M: Yeah, I can understand that. But what about the heavy traffic discount stores cause? Most of them are built in areas that are already so busy. They only add to traffic congestion.	남: 그래, 나는 이해해. 그러나 할인점이 야기하는 교통체증은 어떻고? 그것들 대부분은 이미 너무 붐비는 지역에 지어졌어. 그들은 교통 혼잡만 가중시킬 뿐이야.
대형 할인점 장점 3	F: I guess many people don't mind that if it means being able to shop with big discounts. Besides, ⁴³popular discount stores can actually create more opportunities for local businesses. M: How so? F: ⁴³Many commercial establishments, like restaurants and coffee shops, open around discount stores because they want to take advantage of the number of shoppers at the stores. And just by themselves, discount stores create more jobs than locally operated ones.	여: 그게 큰 할인으로 쇼핑을 할 수 있다는 것을 의미한다면 많은 사람들은 신경 쓰지 않을 것 같아. 게다가, ⁴³인기 있는 할인점들은 지역 사업체들에게 실제로 더 많은 기회들을 만들어 줄 수 있어. 남: 어떻게 그러는데? 여: ⁴³식당이나 커피숍과 같은 많은 상업시설들은 할인점에 있는 많은 쇼핑객들을 이용하고 싶어하기 때문에 할인점 주변에 문을 열지. 그리고 할인점만으로도, 할인점들은 지역에서 운영되는 것보다 더 많은 일자리를 창출해.
대형 할인점 단점 3	M: That may be true, but I've read that many discount stores treat their employees unfairly. F: Really? M: That's what I read. ⁴⁴Many of these stores give low wages to keep their expenses and prices low. Some even give employees extra tasks that should be assigned to additional recruits. F: That doesn't sound fair… M: No, it doesn't. Moreover, some discount stores mostly hire part-time workers, which means they don't get any extra benefits like retirement money or opportunities for promotion.	남: 그게 맞을 수도 있지만, 많은 할인점들은 직원들을 부당하게 대우한다는 것을 읽은 적이 있어. 여: 정말? 남: 내가 읽은 바로는 그래. ⁴⁴할인점들의 대다수는 그들의 비용과 가격을 낮게 유지하기 위해 낮은 임금을 준대. 어떤 곳은 심지어 직원들에게 추가 신입 사원들에게 배정되어야 할 추가 업무를 주기도 하지. 여: 그건 공평하지 않은 걸… 남: 맞아. 게다가, 어떤 할인점들은 대부분 시간제 근로자들을 고용하는데, 이는 그들이 퇴직금이나 승진 기회와 같은 어떠한 추가적인 혜택도 받지 못한다는 것을 의미하지.
대화 마무리	F: But even so, discount stores like J-Mart are appearing in almost every town and city. They continue to be popular all over the country. M: I agree, Hannah. I'm not saying those stores have no advantages at all. They can be fun places to shop. But I also think it's important to support local businesses whenever we can.	여: 하지만 그렇다고 하더라도, J-마트와 같은 할인점들은 거의 모든 마을과 도시에 나타나고 있어. 그들은 전국적으로 계속해서 인기가 있지. 남: 동의해, 해나. 나는 그 할인점들이 이점이 전혀 없다고 말하는 게 아니야. 그곳들은 쇼핑하기에 즐거운 장소가 될 수 있지. 하지만 우리가 할 수 있을 때마다 지역 사업체들을 지원하는 것 또한 중요하다고 생각해.

| 나중에 할 일 | F: | That's a good point, Travis. ⁴⁵**By the way, do you know if Midland Supermarket on Lansbury Street will still be open when I get off work at 6 p.m.?** | 여: | 좋은 지적이야, 트래비스. ⁴⁵그나저나, 랜즈버리 거리에 있는 미들랜드 슈퍼마켓이 내가 오후 6시에 퇴근할 때 문을 여는지 알고 있니? |

어휘

grocery n. 식료품 **discount department store** n. 대형 할인점(셀프 서비스에 의한 대량판매방식으로 시중 가격보다 낮은 가격으로 판매하는 유통업체) **bother** v. 애를 쓰다, 신경 쓰다 **affordable** a. 저렴한, (가격이) 알맞은 **budget** n. 예산, 비용 **go a long way** v. 도움이 되다, 유용하다 **owner** n. 주인, 소유주 **no longer** a. 더 이상 ~하지 않는 **convenience** n. 편의, 편리 **under one roof** ad. 한 건물 안에서, 한 지붕 아래에 **indeed** ad. 실제로, 정말 **sacrifice** v. 포기하다, 희생하다 **tight** a. (여유가 없이) 빠듯한, 빡빡한 **congestion** n. 혼잡 **commercial** a. 상업의 **establishment** n. 시설, 기관 **operate** v. 운영하다, 영업하다 **treat** v. 대우하다, 대하다 **employee** n. 직원, 종업원 **unfairly** ad. 부당하게, 불공평하게 **wage** n. 임금, 급료 **expense** n. 비용, 돈 **assign** v. 배정하다, 맡기다 **recruit** n. 신입 사원 **fair** a. 공평한, 공정한 **hire** v. (사람을) 고용하다 **retirement** n. 퇴직, 은퇴 **promotion** n. 승진, 진급 **get off work** v. 퇴근하다

40 세부사항

Why does Hannah plan to do her grocery shopping at J-Mart?

(a) because of its low-priced products
(b) because of its larger selection of goods
(c) because of its convenient location
(d) because of its amenities for shoppers

왜 해나는 J-마트에서 장을 볼 계획인가?

(a) 낮은 가격의 제품들 때문에
(b) 제품 선택의 폭이 더 넓기 때문에
(c) 편리한 위치 때문에
(d) 쇼핑객들을 위한 편의 시설 때문에

해설 해나가 미들랜드 슈퍼마켓에서 장을 볼 수는 있지만, J-마트에서 발견한 그런 훌륭한 가격은 아니라고(but not for the great prices I find at J-Mart in Fremont) 했다. 이를 통해 장을 보러 J-마트에 가려고 하는 이유가 낮은 가격의 제품들이 있기 때문임을 알 수 있다. 따라서 (a)가 정답이다.

패러프레이징
great prices → low-priced products

오답체크
트래비스가 프리몬트를 차로 30분밖에 안 걸리는 곳이라고 말하지만, 편리한 위치가 그녀가 J-마트에 가서 장을 보는 이유는 아니므로 (c)는 오답이다.

어휘 **selection** n. 선택, 선정 **amenity** n. 편의 시설

41 세부사항

Why would Travis not want discount stores in Midland City?

(a) They treat customers badly.
(b) They are not honest about prices.
(c) They affect local businesses.
(d) They do not carry traditional items.

왜 트래비스는 미들랜드 시에 할인점을 원하지 않을 것인가?

(a) 그들은 손님들을 나쁘게 대한다.
(b) 그들은 가격에 대해 정직하지 않다.
(c) 그들은 지역 가게들에 영향을 미친다.
(d) 그들은 전통 물품들을 취급하지 않는다.

[해설] 질문의 키워드인 wouldn't want(원하지 않을 것이다)가 언급되는 부분을 들어보면, 트래비스는 대형 할인점이 지역 상점 주인들을 폐업하게 한다(discount department stores put local store owners out of business)고 했다. 이를 통해 트래비스가 미들랜드 시에 할인점을 원하지 않는 이유가 할인점이 지역 기업들에 영향을 미치기 때문임을 알 수 있다. 따라서 (c)가 정답이다.

[어휘] honest a. (성품이) 정직한　affect v. 영향을 미치다　carry v. (가게에서 품목을) 취급하다

42 추론

Based on the conversation, how most likely are discount stores able to offer such low-priced goods?

(a) by opening stores in poor areas
(b) by producing less-than-ideal items
(c) by selling a variety of products
(d) by vending their goods in bulk

대화에 따르면, 어떻게 할인점들은 그렇게 저가의 상품들을 제공할 수 있을 것 같은가?

(a) 빈민 지역에 상점들을 개업함으로써
(b) 이상적인 상태에 미치지 못하는 상품들을 생산함으로써
(c) 다양한 상품들을 판매함으로써
(d) 상품들을 대량으로 판매함으로써

[해설] 할인점에서 파는 제품은 가격이 더 저렴하기 때문에 품질은 더 떨어지지 않느냐는 트래비스의 질문에 해나가 동의하면서 값싼 제품들을 원한다면 품질을 포기해야 한다(If you want cheap products you do have to sacrifice some quality)고 했다. 이를 통해 할인점들이 저가 상품들을 제공하는 방법이 이상적인 상태에 미치지 못하는 제품들을 것임을 알 수 있다. 따라서 (b)가 정답이다.

sacrifice some quality → producing less-than-ideal items

[어휘] vend v. 팔다　goods n. 상품, 제품　in bulk ad. 대량으로

43 세부사항

Why are local businesses built in areas near discount stores?

(a) because these areas do not have traffic jams
(b) because workers for hire tend to live nearby
(c) because these areas are visited by people often
(d) because local shops team up with discount stores

왜 할인점 근처에 지역 사업체들이 세워지는가?

(a) 이 지역들은 교통 체증이 없기 때문에
(b) 고용 근로자들이 인근에 거주하는 경향이 있기 때문에
(c) 이 지역들은 사람들이 자주 방문하기 때문에
(d) 지역 상점들이 할인점들과 협력하기 때문에

해설 질문의 키워드인 local businesses가 언급되는 부분을 들어보면, 많은 상업시설들은 할인점에 있는 많은 쇼핑객들을 이용하고 싶어하기 때문에(they want to take advantage of the number of shoppers at the stores) 할인점 주변에 문을 연다고 했다. 이를 통해 지역 가게들이 할인점 근처에 세워지는 이유가 그러한 지역들에 사람들이 자주 방문하기 때문임을 알 수 있다. 따라서 (c)가 정답이다.

어휘 traffic jam n. 교통 체증   tend to v. (~하는) 경향이 있다   nearby ad. 인근에, 가까운 곳에   team up v. 협력하다

44 추론

Why most likely do discount stores assign employees extra tasks?

(a) to make the most of their high salaries
(b) to keep from hiring full-time workers
(c) to make them stay busy at all times
(d) to avoid hiring additional people

왜 할인점들이 직원들에게 추가 업무를 할당할 것 같은가?

(a) 그들의 높은 급여를 최대한 활용하기 위해
(b) 그들이 정규직으로 채용되는 것을 막기 위해
(c) 그들이 항상 바쁘게 지내도록 하기 위해
(d) 추가 인력 채용을 피하기 위해

해설 질문의 키워드인 employees와 extra tasks가 언급되는 부분을 들어보면, 할인점들 대다수는 비용과 가격을 낮게 유지하기 위해(to keep their expenses and prices low) 낮은 임금을 주고, 어떤 곳은 심지어 추가 신입 사원들에게 배정되어야 할 추가 업무를 주기도 한다고 했다. 이를 통해 직원들에게 추가 업무를 할당하는 이유가 추가 인력 채용을 통해 비용이 많이 소요되는 것을 피하기 위함임을 알 수 있다. 따라서 (d)가 정답이다.

어휘 salary n. 급여, 봉급, 월급   keep A from -ing v. A가 ~하지 못하게 막다, ~하는 것을 막다

45 추론

Based on the conversation, what has Hannah probably decided to do after work?

(a) shop at the local discount store
(b) go shopping for clothes with Travis
(c) watch a movie at the discount mall
(d) buy her groceries at the local store

대화에 따르면, 해나는 퇴근 후에 무엇을 하기로 결정했을 것 같은가?

(a) 지역 할인점에서 쇼핑하기
(b) 트래비스와 옷들을 쇼핑하러 가기
(c) 할인점에서 영화 보기
(d) 동네 가게에서 식료품 구매하기

해설 해나는 트래비스에게 대형 할인점인 J-마트가 아닌 지역 내 미들랜드 슈퍼마켓이 퇴근할 때 문을 여는지(do you know if Midland Supermarket on Lansbury Street will still be open when I get off work at 6 p.m.?) 물어보고 있다. 이를 통해 해나는 아마도 퇴근 후에 동네 가게(미들랜드 슈퍼마켓)에서 식료품을 구매하기로 결정했을 것임을 추론할 수 있다. 따라서 (d)가 정답이다.

어휘 grocery n. 식료품

PART 4 · 강연 ▶ 신입 영업사원들을 위한 영업 단계

강연 목적

Hello, everyone. ⁴⁶I would like to welcome all of our new salespeople to the orientation and training workshop. We're very happy to have you join the Flashpoint Electronics team. I'll give you some advice on how to be effective salespeople.

서론

As beginners, remember that selling doesn't have to be complicated. It's all about being familiar with your product and knowing the customers' needs. If you know how to make the best use of this information, then you can close that deal. ⁴⁶So, here are the steps to make a successful sale.

1단계: 판매 제품 숙지

⁴⁷The first thing to do when selling is to know your product well. You have to show a customer that you have detailed knowledge about what you're selling. Not only will this allow you to make a convincing sales presentation, it will also prove that you're a professional who cares about your product.

Now, as beginners, you may not be able to answer all of a client's questions. When this happens, find a graceful way out. For example, you could say that the question can be better addressed by your product development department, and that you'll find out the answer and get back to them as soon as possible.

2단계: 몸짓 활용

The second step is to show pride in the product. ⁴⁸As a salesperson, you should be the first one to believe in what you're selling. This enthusiasm can be transferred to the customers and increase your chances of convincing them to buy.

To show that you love the product, make effective use of body language and tone of voice. Show your excitement to share the great features of an item through lively expressions and a clear voice. ⁴⁹But don't overdo your eagerness, or you may make a potential buyer feel uneasy or even irritated.

안녕하세요, 여러분. ⁴⁶오리엔테이션 및 교육 워크샵에 오신 신입 영업사원들을 모두 환영합니다. 당사는 여러분이 플래시포인트 전자 팀에 합류하게 되어 매우 기쁩니다. 유능한 영업사원이 될 수 있는 방법에 대해 몇 가지 조언을 드리겠습니다.

입문자로서, 판매는 복잡할 필요가 없다는 것을 기억하세요. 여러분의 제품에 익숙해지고 고객의 니즈를 아는 것이 핵심입니다. 이 정보를 최대한 이용하는 방법을 알고 있다면, 여러분은 거래를 성사시킬 수 있습니다. ⁴⁶그래서, 여기 성공적인 판매를 하기 위한 단계들이 있습니다.

⁴⁷판매를 할 때 첫번째로 할 일은 여러분의 제품을 잘 아는 것입니다. 여러분은 고객에게 여러분이 판매하는 것에 대한 상세한 지식을 가지고 있다는 것을 보여줘야 합니다. 이는 여러분에게 설득력 있는 제품 소개를 하도록 허용하는 것뿐만 아니라, 여러분이 여러분의 제품에 관심이 있는 전문가라는 것도 증명할 것입니다.

자, 입문자로서, 여러분은 고객의 모든 질문들에 대답하지 못할 수도 있습니다. 이런 일이 일어날 때, 품위를 지키는 해결책을 찾으세요. 예를 들면, 여러분은 그 질문은 제품 개발 부서에서 더 잘 처리할 수 있으며, 가능한 한 빨리 답변을 알아내서 다시 연락하겠다고 말할 수 있습니다.

두 번째 단계는 제품에 대한 자부심을 보여주는 것입니다. ⁴⁸영업사원으로서, 여러분은 자신이 판매하는 것을 가장 먼저 믿는 사람이 되어야 합니다. 이러한 열정은 고객에게 전달될 수 있으며 그들이 구매하도록 설득할 기회를 높일 수 있습니다

여러분이 제품을 사랑한다는 것을 보여주기 위해, 몸짓과 목소리 톤을 효과적으로 활용하세요. 활기찬 표정과 맑은 목소리를 통해 상품의 훌륭한 특징들을 공유하는 즐거움을 보여주는 거죠. ⁴⁹하지만 여러분의 열정을 너무 과장하지 마세요, 그렇지 않으면 여러분은 잠재적인 구매자를 불안하게 하거나 심지어 짜증이 나게 할 수도 있습니다.

3단계: 고객 파악

The third step is to know your customers. Ask yourself questions like, "What age group do they belong to?" and "Are they wealthy or of average income?" Once you have identified your market, think about how useful your product can be for them.

⁵⁰Knowing your customers will allow you to anticipate their questions and prepare your answers ahead of time. This shows that you understand their needs.

4단계: 고객의 관심 끌기

⁵¹The fourth step is to learn how to engage your customer during interactions. When making an opening sales presentation, ask positive, open-ended questions like, "Are you shopping for yourself or for someone special?"

Also, prepare some interesting remarks about your product that will start a conversation. For instance, if you're selling our air purifier, say something like, "Did you know that some types of home air pollution are almost as harmful as outdoor pollution?"

5단계: 정직함

Lastly, be honest. The best way to create loyal customers is to earn their trust. Point out the advantages of your product, but don't give false information just to make a sale.

Honesty can be shown by admitting that a product isn't right for a customer, and helping the customer find what suits his or her needs. ⁵²This way, if you don't make the sale today, your honesty will be remembered and can result in future sales. Don't be afraid to be honest; it builds trust.

마무리 인사

So there you are: the steps in making a sale. If you follow my advice, you'll be making sales left and right in no time.

세 번째 단계는 여러분의 고객들을 아는 것입니다. 여러분 스스로에게 "그들은 몇 살 그룹에 속해 있나요?"와 "그들은 부유한가요 아니면 평균적인 소득인가요?"와 같은 질문을 해보세요. 일단 여러분이 여러분의 시장을 파악했으면, 여러분의 제품이 그들에게 얼마나 유용할지를 생각해 보세요.

⁵⁰고객들을 아는 것은 여러분이 그들의 질문을 예상하고 답변들을 미리 준비할 수 있게 합니다. 이는 여러분이 그들의 니즈를 이해한다는 것을 보여줍니다.

⁵¹네 번째 단계는 상호 작용 중에 고객의 주의를 끄는 방법을 배우는 것입니다. 첫 제품 소개를 할 때, "여러분은 자신을 위해 쇼핑하고 있나요, 아니면 특별한 누군가를 위해 쇼핑하고 있나요?"와 같은 긍정적이고 자유 해답 식의 질문을 하세요.

또한, 대화를 시작할 여러분의 제품에 대한 흥미로운 발언들을 준비하세요. 예를 들면, 만약 여러분이 당사의 공기청정기를 판매한다면, 이렇게 말하세요, "여러분은 가정의 공기 오염 중 몇 가지 종류가 거의 실외 공기 오염만큼 해롭다는 것을 알고 계셨나요?"

마지막으로, 정직하세요. 충성 고객을 만드는 가장 좋은 방법은 그들의 신뢰를 얻는 것입니다. 여러분의 제품에 대한 장점을 강조하되, 단지 판매를 하기 위한 잘못된 정보를 제공하지 마세요.

정직함은 제품이 고객에게 맞지 않는다는 것을 인정함으로써, 그리고 고객이 자신의 필요에 적합한 것을 찾도록 도움으로써 드러날 수 있습니다. ⁵²이렇게, 만약 여러분이 오늘 판매 실적을 내지 않는다면, 여러분의 정직함이 기억될 것이고, 향후 판매로 이어질 수 있습니다. 정직해지는 것을 두려워하지 마세요. 그것은 신뢰를 쌓습니다.

자, 여기까지 판매를 위한 단계들이었습니다. 만약 여러분이 저의 조언을 따르신다면, 여러분은 금방 여기저기서 판매 실적을 내실 것입니다.

어휘

salespeople n. 영업사원 (단수 : salesperson)　**advice** n. 조언, 충고　**beginner** n. 입문자, 초보자　**complicated** a. 복잡한
familiar a. 익숙한, 친숙한　**close the deal** v. 거래를 성사시키다　**detailed** a. 상세한　**convincing** a. 설득력 있는
professional n. 전문가, 전문직 종사자　**client** n. 고객, 의뢰인　**graceful** a. (곤란한 상황에서) 품위를 지키는, 우아한
address v. (문제, 상황을) 처리하다, 다루다　**department** n. (조직의) 부서　**find out** v. 알아내다, 발견하다　**pride** n. 자부심, 자랑스러움, 긍지
enthusiasm n. 열정, 열의　**transfer** v. 전달하다, 옮기다　**excitement** n. 즐거움, 흥분, 신남　**feature** n. 특징, 특성
lively a. 활기찬, 적극적인　**expression** n. 표정　**overdo** v. 과장하다, 지나치게 하다　**eagerness** n. 열정, 열의
potential a. 잠재적인, 가능성이 있는　**uneasy** a. 불안한, 우려되는　**irritated** a. 짜증이 난, 화가 난　**belong to** v. ~에 속하다
wealthy a. 부유한, 재산이 많은　**average** a. 평균의, 보통의　**income** n. 소득, 수입　**identify** v. 파악하다, 확인하다
anticipate v. 예상하다　**prepare** v. 준비하다　**ahead of time** ad. 미리, 예정보다 일찍　**engage** v. 주의를 끌다, 관심을 사로잡다
interaction n. 상호 작용　**positive** a. 긍정적인　**open-ended** a. 자유 해답식의　**remark** n. 발언, 말, 언급　**air purifier** n. 공기청정기
pollution n. 오염, 공해　**harmful** a. 해로운, 유해한　**outdoor** a. 실외의, 야외의　**honest** a. 정직한, 솔직한　**loyal** a. 충성스러운, 충실한
earn v. 얻다, 받다　**trust** n. 신뢰, 신임　**point out** v. 강조하다, 주목하다　**advantage** n. 장점, 이점　**false** a. 잘못된, 틀린
admit v. 인정하다, 시인하다　**suit** v. 적합하다, 맞다　**result in** v. ~으로 이어지다, ~을 초래하다　**future** a. 향후의, 미래의
left and right ad. 여기저기에서, 모든 곳에서　**in no time** ad. 금방, 당장에

46　주제/목적

What is the purpose of the workshop?

(a) to advise on how to manage stress at work
(b) to share tips on successful internships
(c) to welcome new recruits to the company
(d) to teach new recruits how to sell products

워크숍의 목적은 무엇인가?

(a) 업무 스트레스를 관리하는 방법에 대해 조언하기 위해
(b) 성공적인 인턴십에 대한 팁들을 공유하기 위해
(c) 회사에 신입 사원들을 환영하기 위해
(d) 신입 사원들에게 제품을 판매하는 방법을 가르치기 위해

해설 처음에 화자가 워크숍에 온 신입 영업사원들을 환영함(I would like to welcome all of our new salespeople to the orientation and training workshop)에 따라 유능한 영업사원이 방법에 대해 몇 가지 조언을 하겠다(I'll give you some advice on how to be effective salespeople)며 말문을 열고, 뒤따라 성공적인 판매를 위한 단계들(here are the steps to make a successful sale)이 있다고 했다. 이를 통해 신입 사원들에게 제품을 판매하는 방법을 가르치기 위한 목적으로 워크숍이 진행된다는 것을 알 수 있다. 따라서 (d)가 정답이다.

make a successful sale → sell products

어휘 **manage** v. 관리하다, 다루다　**recruit** n. 신입 사원

47 세부사항

How can a salesperson make a convincing sales pitch?

(a) by answering all the customers' questions
(b) by having broad knowledge of the product
(c) by referring questions to the proper department
(d) by researching answers carefully before responding

어떻게 판매 사원이 설득력 있는 구매 권유를 할 수 있는가?

(a) 고객들의 모든 질문에 대답함으로써
(b) 제품에 대한 폭넓은 지식을 보유함으로써
(c) 해당하는 부서에 문제를 알아보도록 함으로써
(d) 응답하기 전 답변들을 주의 깊게 조사함으로써

해설 판매를 할 때는 자신이 제품에 대해 잘 알아야 한다(The first thing to do when selling is to know your product well)며, 고객에게 판매하는 제품에 대한 상세한 지식을 부여줘야(You have to show a customer that you have detailed knowledge about what you're selling) 설득력 있는 제품 소개를 할 수 있다고 말하고 있다. 따라서 (b)가 정답이다.

패러프레이징

have detailed knowledge about what you're selling → having broad knowledge of the product

오답체크

화자는 신입사원들에게 그들은 고객의 모든 질문들에 대답하지 못할 수도 있다고 말하고 있으므로 (a)는 오답이다.

어휘 pitch n. 권유, 주장 broad a. 폭넓은 refer A to N v. A를 ~에게 알아보도록 하다 proper a. 해당하는, 적절한 respond v. 응답하다, 대답하다

48 세부사항

Why should a salesperson be the first one to show belief in a product?

(a) because it can influence a client to buy the product
(b) because it motivates the other salespeople
(c) because it proves the product's high quality
(d) because it prevents clients from asking questions

왜 판매원이 제품에 대한 믿음을 가장 먼저 보여야 하는가?

(a) 고객이 제품을 구매하도록 영향을 미칠 수 있기 때문에
(b) 다른 영업 사원들에게 동기를 부여하기 때문에
(c) 제품의 높은 품질을 증명하기 때문에
(d) 고객이 질문을 하지 못하도록 막기 때문에

해설 영업사원이 판매하는 것을 가장 먼저 믿어야 하는데, 이러한 열정이 고객에게 전달되어 구매하도록 설득할 기회를 높일 수 있다(This enthusiasm can be transferred to the customers and increase your chances of convincing them to buy)고 언급하는 부분을 통해 (a)가 정답임을 알 수 있다.

패러프레이징

believe in what you're selling → show belief in a product
can be transferred to the customers → can influence a client

어휘 influence v. 영향을 미치다 motivate v. 동기를 부여하다 prove v. 증명하다, 입증하다 prevent A from -ing v. A가 ~하지 못하도록 막다

49 세부사항

Based on the talk, why should one avoid showing too much eagerness in selling a product?

(a) It may come across as dishonest.
(b) It can use up the salesperson's energy.
(c) It may annoy the customer.
(d) It can make the product seem cheap.

강연에 따르면, 왜 사람들은 제품을 판매하는 데 너무 많은 열정을 보이는 것을 피해야 하는가?

(a) 그것은 정직하지 못한 것으로 판명될 수 있다.
(b) 영업 사원의 에너지를 소모할 수 있다.
(c) 고객을 짜증나게 할 수 있다.
(d) 제품을 싸게 보이게 할 수 있다.

[해설] 열정을 과장하지 말아야 하는데, 그렇지 않으면 잠재적인 구매자를 짜증나게 할 수 있다(But don't overdo your eagerness, or you may make a potential buyer feel uneasy or even irritated)고 언급하는 부분을 통해 (c)가 정답임을 알 수 있다.

[패러프레이징]

don't overdo your eagerness → avoid showing too much eagerness
make a potential buyer feel uneasy or even irritated → annoy the customer

[어휘] come across v. 판명되다, 이해되다   dishonest a. 정직하지 못한   annoy v. 짜증나게 하다   cheap a. 값이 싼, 저렴한

50 세부사항

How can a salesperson anticipate the customers' questions early on?

(a) by knowing the profile of target clients
(b) by learning how to use the product
(c) by understanding how the mind works
(d) by studying current market trends

영업사원이 고객들의 질문을 조기에 예상할 수 있는가?

(a) 대상 고객들의 프로필을 파악함으로써
(b) 제품을 사용하는 방법을 익힘으로써
(c) 정신이 어떻게 작용하는지 이해함으로써
(d) 현재 시장 동향을 연구함으로써

[해설] 고객들을 아는 것이 고객들의 질문을 예상하고 답변들을 미리 준비할 수 있게 한다(Knowing your customers will allow you to anticipate their questions and prepare your answers ahead of time)고 언급하는 부분을 통해 대상 고객들의 프로필을 파악해야 질문을 조기에 예상할 수 있다는 것을 알 수 있다. 따라서 (a)가 정답이다.

[패러프레이징]

ahead of time → early on
knowing your customers → knowing the profile of target clients

[오답체크]

화자가 여러분의 시장을 파악했으면(Once you have identified your market)이라고 말하는 것은 제품이 그들에게 얼마나 유용할지를 생각해 보라는 내용과 이어지는 부분이므로 (d)는 오답이다.

[어휘] anticipate v. 예상하다, 기대하다   current a. 현재의, 지금의

51 세부사항

What is one way to engage customers' interest in a product?

(a) showing concern for their personal well-being
(b) using questions to begin a conversation
(c) telling the customer every detail about a product
(d) volunteering to answer any question

제품으로 고객의 관심을 끌 수 있는 한 가지 방법은 무엇인가?

(a) 개인의 행복에 대한 우려를 표하는 것
(b) 대화를 시작하기 위해 질문들을 사용하는 것
(c) 제품에 대한 모든 세부 사항을 고객에게 알리는 것
(d) 어떤 질문에도 자발적으로 대답하는 것

[해설] 상호 작용 중에 고객의 주의를 끌어야 한다며, 첫 제품 소개를 할 때 긍정적이고 자유 해답식의 질문을 하라(When making an opening sales presentation, ask positive, open-ended questions)고 언급하는 부분을 통해 (b)가 정답임을 알 수 있다.

[어휘] concern n. 우려, 걱정   well-being n. 행복, 복지   volunteer v. 자진하다, 자발적으로 하다

52 추론

Based on the talk, how most likely can being honest about a product help with a sale?

(a) It will persuade every customer.
(b) It will boost the salesperson's confidence.
(c) It can make competitors look bad.
(d) It can open the door for future deals.

강연에 따르면, 제품에 대해 정직해지는 것은 판매에 얼마나 도움이 될 것 같은가?

(a) 모든 고객들을 설득할 것이다.
(b) 영업 사원의 자신감을 높여줄 것이다.
(c) 경쟁자들을 나쁘게 보이게 할 수 있다.
(d) 향후 거래를 위한 길을 열어둘 수 있다.

[해설] 정직해지는 것이 고객들에게 기억될 것이며, 향후 판매로 이어질 수 있다(can result in future sales)고 언급하는 부분을 통해 (d)가 정답임을 알 수 있다.

 패러프레이징

result in future sales → open the door for future deals

[어휘] persuade v. 설득하다   boost v. 높이다, 북돋우다, 신장시키다   confidence n. 자신감   competitor n. 경쟁자

TEST 2 LISTENING SECTION

영역별 기출유형

PART 1	27 (b)	28 (c)	29 (d)	30 (a)	31 (b)	32 (c)	33 (d)
PART 2	34 (d)	35 (a)	36 (d)	37 (b)	38 (d)	39 (c)	
PART 3	40 (b)	41 (c)	42 (a)	43 (d)	44 (b)	45 (d)	
PART 4	46 (c)	47 (b)	48 (a)	49 (d)	50 (a)	51 (d)	52 (c)

PART 1 27~33 일상 대화 ▶ 부모-자녀 미술 워크숍 참석

음원은 QR로 확인

대화 주제

M: Hi, Jenny. I heard you attended a series of art workshops with your son. How did it go?

F: It was really fun, George! We enjoyed all the art activities. We had such a great time that we're planning to join again next year.

워크숍 알게된 계기

M: That's good to hear. So, how did you learn about the workshops?

F: I found out about them when I visited the Braden Art Museum to see an exhibit of Vincent van Gogh's works.

M: I love van Gogh's paintings—especially *The Starry Night*.

F: Me, too. I've always wanted my son to see his paintings. ²⁷Anyway, I read on the bulletin board that the museum was holding parent-child art workshops. I thought that would be a great time for my son and I to have some bonding moments, so I signed up.

남: 안녕, 제니. 나는 네가 아들과 함께 일련의 미술 워크숍들을 참석했다고 들었어. 어땠어?

여: 정말 재미있었어, 조지! 우리는 모든 미술 활동들을 즐겼지. 너무 좋은 시간을 보내서 내년에 다시 참여할 계획을 하고 있어.

남: 잘됐네. 그래서, 워크숍에 대해 어떻게 알게 되었어?

여: 나는 빈센트 반 고흐의 작품 전시회를 보러 브래든 미술관을 방문했을 때 그것들에 대해 알게 되었어.

남: 나는 반 고흐의 그림들, 특히 「별이 빛나는 밤」을 정말 좋아해.

여: 나도 그래. 나는 항상 내 아들이 그의 그림들을 보기를 원했어. ²⁷아무튼, 나는 게시판에서 그 미술관이 부모-자녀 미술 워크숍을 개최하고 있었다는 것을 읽었어. 나는 내 아들과 내가 유대감을 쌓는 데 좋은 시간이 될 것이라고 생각했고, 그래서 신청했지.

워크숍 일정	**M:** How long did the workshops run? **F:** [28]They were held over four Saturdays. Each session lasted for three hours. The schedule's perfect for me because it's on a weekend. **M:** It's good that despite your busy work schedule, you still found quality time with your child. So, what activities did you do?	남: 그 워크숍은 얼마나 진행했었어? 여: [28]워크숍은 네 번의 토요일 동안 개최되었어. 각 수업은 3시간 동안 이어졌지. 그 일정은 주말이었기 때문에 나에게 딱 좋아. 남: 너의 바쁜 업무 일정에도 불구하고, 너는 여전히 너의 아이와 함께 귀중한 시간을 보냈다니 좋은 일이야. 그래서, 너는 어떤 활동들을 했어?
색깔 섞기	**F:** Oh, we did some things that I never imagined could be so fun. First, we did color mixing. [29]It was exciting because, instead of mixing paint like you'd expect, we mixed cake frosting with food coloring. We really enjoyed decorating our vanilla cookies with the different colors we mixed. **M:** That sounds really fun, Jenny!	여: 아, 그렇게 재미있을 거라고 나로서는 상상도 못 했던 것들을 몇 가지 했지. 먼저, 우리는 색깔 섞기를 했어. [29]그건 네가 예상할 수 있는 것처럼 물감을 섞는 것 대신에, 식용 색소로 케이크 프로스팅을 섞었기 때문에 재미있었어. 우리가 섞었던 각기 다른 색깔들로 바닐라 쿠키들을 장식하는 것이 정말 즐거웠어. 남: 정말 재미있겠는데, 제니!
계란 꽃 컵 만들기	**F:** We also made some egg cup flowers. They are decorations made of egg cartons and the tubes inside paper rolls. We cut the egg cartons apart, shaped them into flowers, and used the tubes for the vases. We then decorated them with paint, beads, and colorful candy cups. **M:** [30]Those materials all sound like things you would already have at home. **F:** That's right, George. Most people would see egg cartons and paper roll tubes as just trash, but we were able to turn them into something useful. **M:** I see...	여: 우리는 계란 꽃 컵도 만들었어. 그것들은 계란판과 두루마리 휴지심으로 만든 장식들이야. 우리는 계란판을 따로 오려서, 꽃 모양으로 만든 다음, 휴지심을 꽃병으로 사용했어. 그리고 나서 우리는 물감, 구슬, 그리고 알록달록한 베이킹컵으로 그것들을 장식했어. 남: [30]그 재료들은 모두 네가 이미 집에 가지고 있었을 것처럼 들리는데. 여: 맞아, 조지. 대부분의 사람들은 계란판들과 두루마리 휴지심들을 그저 쓰레기로 보겠지만, 우리는 그것들을 뭔가 유용한 것으로 바꿀 수 있었어. 남: 그렇구나...
콩모자이크 만들기	**F:** We also created a bean mosaic. We used dried beans of different colors to make a mosaic of a garden. I'm so proud of our works because they're now being displayed in the Braden Museum. **M:** What a creative way to spend your weekends!	여: 우리는 콩 모자이크도 만들었어. 각기 다른 색깔의 건조콩을 사용해서 정원의 모자이크를 만들었지. 나는 우리의 작품들이 지금 브래든 미술관에 전시되고 있어서 너무 자랑스러워. 남: 주말을 보내는 정말 창의적인 방법이구나!

새로운 친구 만나기	F: It really was creative. ³¹I'm so happy for my son. He not only got to apply his artistic talents, but he also made friends with other kids who have the same interests as him. M: And other parents were there, too, right? F: That's right. I also got to know the other parents who attended with their children. ³²It's nice sharing stories with some of them about working and spending quality time with our kids at the same time.	여: 정말 창의적이었지. ³¹나는 아들 때문에 너무 행복해. 그는 자신의 예술적인 재능을 적용하게 되었을 뿐만 아니라, 또한 자신과 같은 관심사를 가진 다른 아이들과도 친구가 되었거든. 남: 그리고 다른 부모들도 거기에 있었겠네, 그치? 여: 맞아. 나는 자신의 아이들과 함께 참석했던 다른 부모들도 알게 되었어. ³²일 하는 것과 동시에 아이들과 좋은 시간 보내는 것에 대한 이야기를 다른 부모들 중 몇몇과 나누는 것은 즐거웠지.
다음에 할 일	M: That's nice. You said your projects are on exhibit at the museum? I really want to see them. F: ³³My son and I will be there tomorrow, George. Would you like to go with us? M: ³³I would love to, Jenny. I'll even take my wife along. I think the workshop is something she and our son can enjoy together next summer!	남: 그거 좋네. 네 작품들이 미술관에서 전시 중이라고 했지? 정말 보고 싶다. 여: ³³내 아들과 나는 내일 거기에 있을 거야, 조지. 우리와 같이 갈래? 남: ³³나도 그러고 싶어, 제니. 내 아내도 같이 데려갈게. 나는 그 워크숍이 그녀와 우리 아들이 내년 여름에 함께 즐길 수 있는 것이라고 생각해!

어휘

attend v. 참석하다, 다니다   exhibit n. 전시회   bulletin board n. 게시판   bonding a. 유대감을 쌓는   sign up v. 신청하다, 지원하다
session n. 수업, 기간   egg carton n. 계란판   paper roll tube n. 휴지심   vase n. 꽃   bead n. 구슬   material n. (물건의) 재료
trash n. 쓰레기   turn A into B v. A를 B로 바꾸다   bean n. 콩   mosaic n. 모자이크   be proud of v. ~을 자랑스러워 하다
display v. 전시하다, 진열하다   get to v. ~이 되다

27 세부사항

How did Jenny learn about the workshops?

(a) by hearing about them from her friend
(b) by seeing a notice about them
(c) by hearing about them from her son
(d) by asking about them at the museum

어떻게 제니는 워크숍들에 대해 알게 되었는가?

(a) 그녀의 친구들로부터 그것들에 대해 들음으로써
(b) 그것들에 대한 공고문을 봄으로써
(c) 그녀의 아들로부터 그것들에 대해 들음으로써
(d) 박물관에서 그것들에 대해 물어봄으로써

해설 제니가 게시판에서 부모-자녀 미술 워크숍을 개최하고 있었다는 것을 보았다(I read on the bulletin board that the museum was holding parent-child art workshops)고 언급하는 부분을 통해 게시판 공고문을 읽고 워크숍에 대해 알게 되었음을 알 수 있다. 따라서 (b)가 정답이다.

read on the bulletin board → seeing a notice

어휘 notice n. 공고문, 안내문

28 추론

Why most likely was the workshop schedule suitable for Jenny?

(a) She only sees her son on Saturdays.
(b) The sessions could all be finished in one day.
(c) She does not have work on Saturdays.
(d) The sessions were not held at a fixed time.

왜 워크숍 일정이 제니에게 적합할 것 같은가?

(a) 그녀는 오직 토요일에만 아들을 본다.
(b) 수업들은 하루 만에 모두 완료될 수 있다.
(c) 그녀는 토요일에는 일을 하지 않는다.
(d) 정해진 시간에 수업들이 개최된다.

해설) 제니는 워크숍은 토요일이었는데 이 일정이 주말이었기 때문에 좋았다(They were held over four Saturdays. The schedule's perfect for me because it's on a weekend)고 했으므로, 그녀가 주말인 토요일에는 일을 하지 않아 워크숍 일정이 적합하다고 추론할 수 있다. 따라서 (c)가 정답이다.

어휘) suitable a. 적합한, 적절한 fixed a. 고정된

29 세부사항

According to Jenny, what made mixing colors an exciting activity?

(a) learning how to bake cookies
(b) mixing cake frosting with paint
(c) learning how to mix colors to create new ones
(d) using baking ingredients as art materials

제니에 따르면, 무엇이 색을 섞는 것을 신나는 활동으로 만들었는가?

(a) 쿠키들을 굽는 방법을 배우기
(b) 케이크 프로스팅을 페인트와 섞기
(c) 색들을 섞어서 새로운 색을 만드는 방법을 배우기
(d) 미술 재료로 제빵 재료들을 사용하기

해설) 식용 색소로 케이크 프로스팅을 섞어서 재밌었다(It was exciting because, ~ , we mixed cake frosting with food coloring)며, 이렇게 섞은 색들로 쿠키를 장식하는 것도 즐거웠다고 언급하는 부분을 통해 제빵 재료들을 미술 재료로 사용하여 색을 섞은 것이 신나는 활동임을 알 수 있다. 따라서 (d)가 정답이다.

📖 패러프레이징

mixed cake frosting with food coloring → using baking ingredients as art materials

어휘) ingredient n. (음식의) 재료, 성분

30 세부사항

How does George describe the materials used in making egg cup flowers?

(a) They are common household items.
(b) They are not very useful items.
(c) They are easy to use for art projects.
(d) They are nothing more than trash.

조지는 계란 꽃 컵을 만드는데 사용되는 재료들을 어떻게 설명하는가?

(a) 그것들은 흔한 가정용품이다.
(b) 그것들은 매우 유용한 물건들이 아니다.
(c) 그것들은 예술 프로젝트들에 사용하기 쉽다.
(d) 그것들은 쓰레기에 불과하다.

[해설] 계란 꽃 컵을 만들 때 사용한 재료들은 이미 집에 가지고 있었던 것 같다(Those materials all sound like things you would already have at home)는 조지의 말에 그렇다고 답하는 부분을 통해 계란 꽃 컵의 재료들인 계란판과 휴지심은 흔한 가정용품임을 알 수 있다. 따라서 (a)가 정답이다.

📖 패러프레이징

things you would already have at home → They are common household items

[어휘] describe v. 설명하다, 묘사하다   common a. 흔한   household item n. 가정용품   nothing more than a. ~에 불과한

31 세부사항

Why else is Jenny happy for her son aside from him discovering his artistic skills?

(a) because he also learned about baking
(b) because he gained additional friends
(c) because he learned how to recycle things
(d) because he gained skills in gardening

왜 제니는 아들의 예술적 재능을 발견하는 것 외에도 아들 때문에 기뻐하는가?

(a) 그는 제빵에 대해서도 배웠기 때문에
(b) 그는 친구들을 더 사귀었기 때문에
(c) 그는 물건들을 재활용하는 방법을 배웠기 때문에
(d) 그는 정원 가꾸기에서 기술들을 배웠기 때문에

[해설] 제니는 아들 때문에 너무 행복하다며, 아들이 같은 관심사를 가진 다른 아이들과 친구가 되었다(he also made friends with other kids who have the same interests as him)고 언급하는 부분을 통해 (b)가 정답임을 알 수 있다.

📖 패러프레이징

made friends with other kids → gained additional friends

[어휘] aside from prep. ~외에   artistic a. 예술적인, 예술의   recycle v. 재활용하다, 다시 사용하다

32 세부사항

What did Jenny and the other parents at the workshops share with each other?

(a) their stories as single parents
(b) their children's artistic successes
(c) their stories as working parents
(d) their lack of quality time for their families

제니와 다른 부모들은 워크숍에서 서로 무엇을 공유했는가?

(a) 한부모로서 그들의 이야기
(b) 아이들의 예술적 성공
(c) 맞벌이 부모로서 그들의 이야기
(d) 가족에 대한 양질의 시간 부족

[해설] 워크숍에서 다른 부모들 중 몇몇과 함께 일하는 것에 대해 이야기를 나눴다(It's nice sharing stories with some of them about working)고 언급하는 부분을 통해 일을 하고 있는 맞벌이 부모들의 이야기를 공유했음을 알 수 있다. 따라서 (c)가 정답이다.

[어휘] single parent n. 한부모(배우자 없이 혼자 아이를 기르는 사람)   working parent n. 맞벌이 부모

33 추론

What will George probably do tomorrow?

(a) join the workshop with his son
(b) meet up with Jenny at a restaurant
(c) work on his project for an exhibit
(d) go to the museum with his wife

조지는 내일 무엇을 할 것 같은가?

(a) 그의 아들과 함께 워크숍에 참석하기
(b) 레스토랑에서 제니를 만나기
(c) 전시회를 위한 그의 프로젝트 작업하기
(d) 그의 아내와 함께 박물관에 가기

[해설] 제니가 내일 워크숍에 있을 것이라며 조지에게 함께 갈지를 물었을 때, 조지가 아내를 함께 데려갈 것(I'll even take my wife along)이라고 언급하는 부분을 통해 아내와 함께 워크숍이 개최되는 (미술) 박물관에 갈 것임을 알 수 있다. 따라서 (d)가 정답이다.

[어휘] meet up with v. ~와 만나다

PART 2 34~39   강연 ▶ 교육 여행 패키지

강연 주제

[34] Do you want to travel to different countries, see their popular tourist spots, and learn about their culture? If you do, then you might consider taking a trip with Educational Global Tours. For twenty years, our company has been helping students discover the world by providing them with great educational travel packages. We give them the chance to experience world travel, as groups or individuals, in order to gain a new perspective of the world. Moreover, they get to develop important skills, such as communicating and interacting with people from different countries.

비용 절감

Educational Global Tours is dedicated to making travel accessible to as many students as possible. [35] One way we do this is by offering the lowest rates in airfare and hotel accommodation. We also don't require additional expenses such as departure fees. This means big savings for you.

투어 종류 + 교육형 투어

We offer three exciting tour packages you can choose from: the educational tour, the language immersion tour, and the service-oriented or volunteer tour. [36] The educational tour aims to help students know more about a country's history, arts, and natural wonders. We will bring you to countries with varied cultural and natural backgrounds, such as South Africa, China, and Italy.

One tour will allow you to explore South Africa's mixed cultures, amazing wildlife, and remarkable natural attractions. Or, you can join guided tours in Beijing to see the Great Wall of China, Tiananmen Square, and the Forbidden City. You will experience Chinese style tea ceremonies and participate in tai chi lessons. Or you may choose to travel to Italy and see the Sistine Chapel, the Colosseum, and some of the largest collections of Renaissance art.

[34] 여러분은 다른 나라로 여행을 떠나고, 유명한 관광지를 보고, 그리고 그들의 문화에 대해 배우고 싶으신가요? 만약 그러시다면, 여러분은 Educational Global Tours와 함께 여행하는 것을 고려해 보실 수 있겠습니다. 20년 동안, 당사는 학생들에게 훌륭한 교육 여행 패키지를 제공함으로써 세상을 발견하는 데 도움이 되어오고 있습니다. 우리는 그들이 세상에 대한 새로운 관점을 얻을 수 있도록 단체 혹은 개인으로 세계 여행을 경험할 기회를 제공합니다. 게다가, 그들은 다른 나라에서 온 사람들과 소통하고 교류하는 것과 같은 중요한 기술들을 개발하게 됩니다.

Education Global Tours는 가능한 한 많은 학생들이 여행을 갈 수 있도록 하는 데 전념합니다. [35] 이것을 하는 한 가지 방법은 항공료와 호텔 숙박료를 가장 저렴하게 제공하는 것입니다. 저희는 또한 출국납부금과 같은 추가 비용을 요구하지 않습니다. 이것은 여러분에게 큰 절약을 의미하죠.

저희는 교육형 투어, 언어 몰입형 투어, 그리고 봉사 지향형 또는 자원봉사자 투어 등 여러분이 선택하실 수 있는 세 가지의 신나는 투어 상품들을 제공합니다. [36] 교육형 투어는 학생들이 한 나라의 역사, 예술, 그리고 자연의 경이로움에 대해 더 많이 알 수 있도록 돕는 것을 목표로 합니다. 저희는 여러분을 남아공, 중국, 그리고 이탈리아와 같은 다양한 문화적 및 자연적 배경을 가진 나라로 데려다 드릴 것입니다.

첫 번째 여행은 남아프리카의 혼합된 문화, 놀라운 야생 동물, 그리고 주목할 만한 자연 명소들을 탐험할 수 있게 해 줄 것입니다. 또는, 여러분은 만리장성, 천안문 광장, 그리고 자금성을 보기 위해 베이징에서 가이드 투어에 참여할 수 있습니다. 여러분은 중국식 다도와 태극권 수업을 체험할 것입니다. 아니면 여러분은 이탈리아로 여행을 가서 시스티나 성당, 콜로세움, 그리고 최대 규모의 르네상스 미술을 관람하는 것을 선택하실 수도 있습니다.

언어 몰입형 투어

The language immersion tour offers the perfect opportunity to practice speaking foreign languages such as German, Spanish, and French. We will take you to these countries because we believe that to become an expert in a new language, one has to experience the place where it originated.

[37]The tour includes activities that allow students to put their new language skills into practical use. You will go to the market, watch a soccer match, or visit a museum while conversing with the locals. Moreover, you can join cultural events such as festivals and holiday celebrations of the country you are visiting.

봉사 지향형 투어

Finally, [38]the service-oriented tour helps students appreciate another culture deeply and understand local issues better. With the help of our partners from the public and private sectors, you can have the chance to work side-by-side with the locals on projects in healthcare, community service, and the environment. You can also participate in tree planting, visit volunteer training centers, and explore environmentally protected areas.

맞춤형 투어 설계

[39]If you want a specially designed tour, you can contact one of our itinerary specialists to prepare the perfect tour for you or your group. They can make adjustments to one of our existing packages, arrange travels based on your degree program, or plan a tour from scratch.

투어 신청 안내

To sign up for any of our tours, drop by our office in the IJT Tower at 81 Park Avenue. You can also register by creating an account on our website.

마무리 인사

So, come and discover the world with us. Many of our clients have claimed that they not only enjoyed the sights but also developed confidence in interacting with people with totally different ways of life. You can also experience the same adventures they had, full of fun and learning!

언어 몰입형 투어는 독일어, 스페인어, 프랑스어와 같은 외국어 말하기를 연습할 수 있는 완벽한 기회를 제공합니다. 새로운 언어의 전문가가 되기 위해 그것이 유래된 장소를 경험해야 한다고 믿기 때문에 저희는 여러분을 이 나라들로 데려다 드릴 것입니다.

[37]이 투어는 학생들이 그들의 새로운 언어 능력을 실용적으로 활용할 수 있게 해주는 활동들을 포함합니다. 여러분은 시장에 가고, 축구 경기를 보거나, 현지인들과 대화를 나누면서 박물관을 방문하실 것입니다. 게다가, 여러분은 여러분이 방문하는 나라의 축제나 명절 기념 행사와 같은 문화 행사에 참여하실 수 있습니다.

마지막으로, [38]봉사 지향형 투어는 학생들이 다른 문화를 깊게 인식하고 지역 문제를 더 잘 이해하도록 돕습니다. 공공 및 민간 부문 협력사들의 도움을 받아, 여러분은 현지인들과 함께 헬스케어, 지역사회 서비스, 그리고 환경에 관한 프로젝트를 진행하실 수 있습니다. 여러분은 또한 나무 심기에 참여하고, 자원봉사자 교육 센터를 방문하고, 그리고 환경 보호 구역을 탐방하실 수 있습니다.

[39]만약 여러분이 특별하게 설계된 투어를 원하신다면, 여행 일정 전문가들 중 한 명에게 연락해서 여러분 또는 여러분이 속한 단체에 딱 맞는 투어를 준비하실 수 있습니다. 그들은 저희의 기존 패키지들 중 하나를 조정하거나, 여러분의 학사 과정을 기반으로 한 여행을 마련하거나, 맨 처음부터 투어를 계획할 수 있습니다.

당사의 투어를 신청하시려면, 파크 애비뉴 81번지에 있는 IJT 타워 내 사무실에 들르세요. 여러분은 또한 저희 웹사이트에 계정을 만들어서 등록하실 수도 있습니다.

자, 오셔서 저희와 함께 세상을 발견하세요. 저희의 많은 고객들이 관광을 즐겼을 뿐만 아니라 전혀 다른 삶의 방식을 가진 사람들과 교류하는 것에 대한 자신감을 키웠다고 주장했습니다. 여러분도 재미와 배움으로 가득 찬, 그들이 가졌던 것과 똑같은 모험을 경험하실 수 있습니다!

어휘

spot n. (특정한) 장소, 자리, 곳   perspective n. 관점, 시각   interact v. 소통하다, 교류하다   dedicate v. 전념하다, 헌신하다
accessible a. 갈 수 있는, 이용 가능한   rate n. ~료, 요금   airfare n. 항공 요금   accommodation n. 숙박, 숙소   expense n. 비용, 돈
departure fee n. 출국납부금   saving n. 절약   immersion n. 몰입, 몰두   oriented a. ~을 지향하는   aim v. ~을 목표로 하다
wonder n. 경이로움, 경탄   background n. 배경   remarkable a. 주목할 만한, 놀라운   attraction n. 명소   expert n. 전문가
originate v. 유래하다, 비롯되다   converse v. 대화를 나누다, 이야기를 나누다   appreciate v. 인식하다   private a. 민간의, 민영의
side-by-side ad. 함께   itinerary n. 여행 일정   specialist n. 전문가, 전공자   adjustment n. 조정, 수정
existing a. 기존의, 현재 사용되는   degree program n. 학위 수여 프로그램   from scratch ad. 맨 처음부터, 아무런 사전 준비 없이
drop by v. 잠깐 방문하다, 불시에 찾아가다   account n. 계정   sight n. 관광, 관광지, 명소   confidence n. 자신감

34 주제/목적

What is the speaker mainly talking about?

(a) a way to prepare for a trip around the world
(b) an opportunity to work in another country
(c) a program for attending college abroad
(d) a chance to learn through traveling overseas

화자는 주로 무엇에 대해 이야기하고 있는가?

(a) 세계 일주를 준비하는 방법
(b) 다른 나라에서 일할 기회
(c) 해외 대학 진학 프로그램
(d) 해외여행을 통해 학습할 기회

해설 첫 문단에 다른 나라로 여행을 떠나서 그들의 문화를 배우고 싶냐(Do you want to travel to different countries, ~ , and learn about their culture?)고 말문을 열며, 당사는 학생들에게 교육 여행 패키지를 제공한다(our company has been helping students discover the world by providing them with great educational travel packages)고 언급하는 부분을 통해 화자가 해외여행을 통해 학습할 기회에 대해 이야기하고 있음을 알 수 있다. 따라서 (d)가 정답이다.

어휘 prepare v. 준비하다   opportunity n. 기회   attend v. 진학하다, 다니다   overseas ad. 해외에, 해외로

35 세부사항

How can students save money by traveling with Educational Global Tours?

(a) by not being charged extra fees
(b) by choosing to travel in cheaper countries
(c) by not doing many activities during the trip
(d) by travelling as part of a group

어떻게 학생들이 Educational Global Tours와 함께 여행함으로써 돈을 절약할 수 있는가?

(a) 추가 수수료를 부과하지 않음으로써
(b) 더 저렴한 나라로 여행하는 것을 선택함으로써
(c) 여행 동안 많은 활동들을 하지 않음으로써
(d) 단체로 여행함으로써

해설 출국납부금 등의 추가 비용을 요구하지 않아(We also don't require additional expenses such as departure fees) 여행에서 큰 절약이 될 수 있다(This means big savings for you)고 언급하는 부분을 통해 (a)가 정답임을 알 수 있다.

 패러프레이징

don't require additional expenses → not being charged extra fees

어휘 charge v. 부과하다, 청구하다   extra a. 추가의   cheaper a. 더 저렴한, 값이 더 싼

TEST 2 _ Listening Section

36 추론

Why most likely were the countries on the educational tour selected?

(a) because they are the most requested destinations
(b) because of the variety of their wildlife
(c) because they have the oldest cultures
(d) because of the diversity of experiences available

교육형 투어에 있는 나라들이 선정된 이유는 무엇일 것 같은가?

(a) 가장 많이 요청된 목적지들이기 때문에
(b) 다양한 야생 동물들 때문에
(c) 가장 오래된 문화를 가지고 있기 때문에
(d) 이용 가능한 경험의 다양성 때문에

해설) 교육형 투어를 통해 학생들이 한 나라의 역사, 예술, 자연의 경이로움에 대해 많이 알 수 있도록 돕는다(The educational tour aims to help students know more about a country's history, arts, and natural wonders)며, 이 투어에서는 남아프리카의 자연 명소 탐험, 베이징의 가이드 투어 참여 및 중국식 다도와 태극권 수업 경험, 이탈리아의 명소 및 미술품 관람 등을 경험할 수 있다는 내용이 이어지고 있으므로 교육형 투어에는 이용 가능한 경험이 다양하기 때문에 해당 국가들이 선정되었음을 추론할 수 있다. 따라서 (d)가 정답이다.

📖 패러프레이징

varied cultural and natural backgrounds → the diversity of experiences available

어휘) destination n. 목적지, 도착지 wildlife n. 야생 동물 diversity n. 다양성

37 세부사항

How can students probably improve their language skills when in a foreign country?

(a) by hiring the locals as language teachers
(b) by talking with the locals in their native language
(c) by learning about the language's origins
(d) by taking as many classes as possible

학생들이 외국에 있을 때 어떻게 언어 능력을 향상시킬 수 있을까?

(a) 현지인들을 어학 교사로 채용함으로써
(b) 현지인들과 그들의 모국어로 이야기함으로써
(c) 언어의 기원에 대해 배움으로써
(d) 가능한 한 많은 수업들을 들음으로써

해설) 언어 몰입형 투어는 언어를 실용적으로 활용할 수 있는 활동을 포함한다(The tour includes activities that allow students to put their new language skills into practical use)며, 시장 가기, 축구 경기 관람, 현지인과의 대화, 문화 행사 참여 등의 활동을 언급하고 있으므로 학생들이 현지인들과 활동에서 모국어로 이야기하면서 언어 능력을 향상시킬 수 있다는 것을 알 수 있다. 따라서 (b)가 정답이다.

어휘) improve v. 향상시키다, 개선하다 hire v. (사람을) 고용하다 origin n. 기원, 근원

38 세부사항

What can students gain from joining the service-oriented tour?

(a) They can shield the environment from harm.
(b) They will earn money in the host country.
(c) They can start a career in community service.
(d) They will better understand local social concerns.

학생들이 봉사 지향형 투어에 참여함으로써 무엇을 얻을 수 있는가?

(a) 그들은 환경을 피해로부터 보호할 수 있다.
(b) 그들은 주최국에서 돈을 벌 것이다.
(c) 그들은 지역 봉사 활동에서 경력을 시작할 수 있다.
(d) 그들은 지역 사회 문제들을 더 잘 이해할 것이다.

[해설] 봉사 지향형 투어를 통해 학생들이 다른 문화를 깊게 인식하고 지역 문제를 더 잘 이해할 수 있다(the service-oriented tour helps students appreciate another culture deeply and understand local issues better)고 언급하는 부분을 통해 (d)가 정답임을 알 수 있다.

 패러프레이징

understand local issues better → better understand local social concerns

[어휘] shield v. 보호하다, 가리다 harm n. 피해, 해로움 earn v. (돈을) 벌다 host country n. 주최국 concern n. 문제, 우려, 걱정

39 세부사항

Why should one consult with an itinerary specialist when booking a tour?

(a) to get special discounts on airfare
(b) to be able to book a tour online
(c) to arrange a personalized tour
(d) to be able to travel as a group

투어를 예약할 때 왜 여행 일정 전문가와 상담해야 하는가?

(a) 항공료 특별 할인을 받기 위해
(b) 온라인으로 투어를 예약할 수 있도록 하기 위해
(c) 개인화된 투어를 준비하기 위해
(d) 단체로 여행할 수 있도록 하기 위해

[해설] 특별하게 설계된 투어를 원한다면 여행 일정 전문가를 통해 투어를 준비할 수 있다(If you want a specially designed tour, you can contact one of our itinerary specialists to prepare the perfect tour for you or your group)고 언급하는 부분을 통해 (c)가 정답임을 알 수 있다.

 패러프레이징

prepare the perfect tour for you → arrange a personalized tour

[어휘] consult v. 상담하다 book v. 예약하다 discount n. 할인 arrange v. 준비하다, 마련하다
personalized a. 개인화된, 개인 맞춤의

PART 3 40~45 일상 대화 ▶ 온라인 쇼핑과 오프라인 쇼핑의 장단점

음원은 QR로 확인

대화 주제

M: Hi, Melissa. I'd like to ask for some advice about making online purchases.

F: Sure, Dan. Are you planning to buy something?

M: Yes, a pair of ski boots. [40]Last week, I went into a nearby store to see if they had the brand of ski boots that I wanted. However, the salesclerk told me that it was already out of stock, and the next batch won't be delivered for another two weeks. So, I decided to search for it on the Internet.

F: Did you find your boots?

M: [41]I did, but I'm not sure that I'll buy them because, well, I've never bought anything online before.

F: Wow, never? How is that even possible?

M: [41]I know it's strange, but I'm a simple guy, plus I've usually had easy access to any kind of store I wanted.

남: 안녕, 멜리사. 나는 온라인 구매를 하는 것에 대한 몇 가지 조언을 구하고 싶어.

여: 그래, 댄. 너는 무엇을 사려고 계획하고 있니?

남: 응, 스키 부츠 한 켤레. [40]지난 주에, 나는 내가 원했던 브랜드의 스키 부츠가 있는지 알아보려고 근처 가게에 갔었어. 하지만, 점원은 나에게 그것은 이미 재고가 없고, 다음 물량은 2주 뒤에나 배송될 거라고 말했지. 그래서 나는 그것을 인터넷에서 찾아보기로 결심했어.

여: 부츠는 찾았고?

남: [41]찾았는데, 내가 이전에 온라인으로 물건을 사본 적이 없기 때문에, 음, 내가 그것들을 살 것이라는 데에 확신이 안 서.

여: 와, 한 번도? 어떻게 그게 가능한거야?

남: [41]이상하다는 거 나도 알지만, 나는 단순한 사람이고, 게다가 나는 보통 내가 원했던 가게라면 어디든 쉽게 접근할 수 있었어.

온라인 쇼핑 장점1

F: I see. I think it's only normal to worry about making your first online purchase. But don't worry: online shopping has its advantages.

M: What are they?

F: [42]One advantage of online shopping is it can save you time and energy. You can buy a product right from your living room just by clicking the mouse. Also, you don't have to spend on gas driving to the mall or get tired walking around the complex.

M: It does seem really convenient.

여: 그렇구나. 나는 온라인으로 첫 구매를 하는 것에 대해 걱정하는 게 지극히 정상적이라고 생각해. 하지만 걱정하지 마. 온라인 쇼핑에는 장점들이 있어.

남: 그것들이 뭔데?

여: [42]온라인 쇼핑의 한 가지 장점은 시간과 에너지를 절약할 수 있다는 거야. 너는 마우스 클릭만으로 거실에서 바로 제품을 살 수 있어. 또한, 너는 쇼핑몰에 가는 데 드는 기름값에 돈을 쓰거나 복합 건물 주변을 걸어 다니느라 지칠 필요도 없어.

남: 정말 편리해 보이는 걸.

온라인 쇼핑 장점2

F: Yes, and another advantage is you can quickly check the prices on different websites and make comparisons. You can see which online store offers the lowest price for an item.

여: 응, 그리고 또 다른 장점은 다른 웹사이트에서 가격을 빠르게 확인하고 비교를 할 수 있다는 거야. 너는 한 제품에 대해 어떤 온라인 매장이 가장 낮은 가격을 제공하는지 알 수 있어.

110 CHAPTER 1. 영역별 기출유형

온라인 쇼핑 장점3	M:	That's what I did with the ski boots. I came upon this online store that gives a twenty percent discount on their products. That's a big markdown!
	F:	That's good. Online stores are also open round-the-clock so you can make your purchases at any time. It allows you to shop at your own schedule.
온라인 쇼핑 단점1	M:	Great point. How about its disadvantages?
	F:	One disadvantage of online shopping is that you can't check out a product in person because online stores only show its description and photo.
	M:	That's part of why I've never tried to buy clothing or shoes online. What if the boots have a defect? I'd need to ship them back and wait several days for the replacement. That's inconvenient.
온라인 쇼핑 단점2	F:	[43]True. Another drawback is you can get exposed to identity thieves who could use your credit card information to do illegal activities.
	M:	[43]Yes, that's also something I'm worried about. I'd have to be very careful.
온라인 쇼핑 단점3	F:	That's right. Moreover, you may experience delayed delivery of your order.
매장 쇼핑 장점1	M:	I see… Now, one advantage of buying boots in a store is that I can physically examine the pair and buy them immediately if I like them.
매장 쇼핑 장점2	F:	Yup. [44]Besides, if you find out later that it has a defect, you can get a replacement right away.
매장 쇼핑 단점1	M:	I also enjoy talking to the product experts in the store because they can recommend the best item to buy. However, what I dislike about in-store shopping is the long line at the cashier.
매장 쇼핑 단점2	F:	That can really be frustrating. Another disadvantage of in-store shopping is it can be tiring, especially when it's done in one of those giant supermalls!

남: 그게 내가 스키 부츠로 한 일이야. 그 제품에 20퍼센트 할인을 제공하는 온라인 매장을 우연히 발견했지 뭐야. 엄청난 가격 할인이야!

여: 잘됐네. 온라인 매장들은 또한 24시간 내내 열려 있어서 너는 언제든지 구매를 할 수 있어. 그것은 네가 너의 일정에 따라 쇼핑을 할 수 있게 해주지.

남: 좋은 지적이야. 그것의 단점은 어떨까?

여: 온라인 쇼핑의 한 가지 단점은 온라인 매장들은 단지 제품의 설명과 사진만을 보여주기 때문에 제품을 직접 확인해 볼 수 없다는 것이지.

남: 그게 내가 옷이나 신발을 온라인에서 한 번도 사 본 적이 없는 이유의 일부분이야. 만약 부츠에 결함이 있으면 어떡해? 그것들을 반품하고 교환을 위해 며칠을 기다려야 할 거야. 그건 불편해.

여: 맞아. [43]또 다른 단점은 네가 너의 신용카드 정보를 이용하여 불법 행위를 할 수 있는 신원 도용자에게 노출될 수 있다는 점이지.

남: [43]그래, 그것도 걱정되는 또 다른 부분이야. 나는 아주 조심해야 할 거야.

여: 맞아. 게다가, 너는 너의 주문 배송에 지연을 겪을지도 모른다는 거야.

남: 그렇구나… 매장에서 부츠를 사는 것의 한 가지 장점은 내가 그 부츠를 좋아한다면 그 신발을 물리적으로 살펴보고 즉시 구입할 수 있다는 건데.

여: 응. [44]게다가, 만약 네가 나중에 제품에 결함이 있다는 것을 알게 된다면, 바로 교환을 받을 수 있잖아.

남: 나는 또한 매장에 있는 제품 전문가와 대화하는 것을 즐기는데 그들이 구입하기에 가장 좋은 상품을 추천해주기 때문이지. 하지만, 매장 내 쇼핑에 대해 내가 싫어하는 것은 계산대의 길게 선 줄이야.

여: 그건 정말 불만스러울 수 있지. 매장 내 쇼핑의 또 다른 단점은, 특히 엄청나게 큰 대형 쇼핑몰 중 하나에서 쇼핑할 때 피곤할 수 있다는 점이야!

M: I agree. ⁴⁵Well, I can't wait for two weeks to get my new pair of ski boots, so I guess I'll place that order when I get home later. Thanks, Melissa!

F: You're welcome, Dan.

남: 동의하는 바야. ⁴⁵음, 새 스키 부츠 한 켤레를 사는 데 2주일을 기다릴 수는 없어서, 아마 나는 나중에 집에 갈 때 주문을 넣을 것 같아. 고마워, 멜리사!

여: 천만에, 댄.

어휘

ask for v. ~을 요청하다   purchase n. 구매, 구입   pair n. 한 켤레 (두 부분이 하나를 이루는 물건)   nearby a. 근처의, 가까운 곳의
salesclerk n. 점원, 판매원   out of stock a. 재고가 없는, 품절이 된   batch n. 물량, 일괄   access n. 접근, 입장   complex n. 복합 건물
comparison n. 비교   markdown n. 가격 할인   round-the-clock a. 계속해서, 끊임없이   in person ad. 직접
description n. 설명, 묘사   defect n. 결함   replacement n. 교환, 교체, 대체   inconvenient a. 불편한   drawback n. 단점, 문제점
expose v. 노출시키다, 드러내다   identity thief n. 신원 도용자   credit card n. 신용카드   illegal a. 불법의, 불법적인
physically ad. 물리적으로   examine v. 살펴보다, 조사하다   immediately ad. 즉시, 즉각   cashier n. 계산대
frustrating a. 불만스러운, 좌절감을 주는

40 세부사항

Why was Dan unable to buy the ski boots he wanted?

(a) because he could not find them online
(b) **because the store ran out of them**
(c) because he does not have a store nearby
(d) because they are not sold in stores

왜 댄은 그가 원했던 스키 부츠를 살 수 없었는가?

(a) 그가 온라인에서 그것을 찾을 수 없었기 때문에
(b) 매장에 재고가 없었기 때문에
(c) 근처에 매장이 없기 때문에
(d) 매장에서 판매되지 않기 때문에

해설   댄이 스키 부츠를 사러 갔으나 이미 재고가 없고, 다음 물량은 2주 뒤에나 배송될 것(However, the salesclerk told me that it was already out of stock, and the next batch won't be delivered for another two weeks)이라고 언급하는 부분을 통해 (b)가 정답임을 알 수 있다.

it was already out of stock → the store ran out of them

어휘   run out of v. 재고가 없다, (물건)을 바닥내다, ~이 없어지다

41 세부사항

What does Dan admit is strange?

(a) that he has many stores in his neighborhood
(b) that he is worried about buying online
(c) **that he is inexperienced with online shopping**
(d) that he has never bought boots before

댄은 무엇이 이상하다고 인정하는가?

(a) 그의 근처에 매장이 많다는 것
(b) 그가 온라인 구매에 대해 걱정하고 있다는 것
(c) 그가 온라인 쇼핑에 미숙하다는 것
(d) 한 번도 부츠를 구매하지 않았다는 것

해설 댄이 이전에 온라인으로 물건을 사본 적이 없다며(I've never bought anything online before), 이상하다는 것을 본인도 알고 있다(I know it's strange)고 언급하는 부분을 통해 댄이 온라인 쇼핑의 미숙함이 이상하다고 인정하는 것을 알 수 있다. 따라서 (c)가 정답이다.

패러프레이징

I've never bought anything online before → he is inexperienced with online shopping

어휘 admit v. (무엇이 사실임을) 인정하다   neighborhood n. 근처, 인근

42 세부사항

What is one of the benefits of online shopping?

(a) being able to expend less energy
(b) getting the same prices from all online stores
(c) being able to bargain for a lower price
(d) getting the best quality for the money

온라인 쇼핑의 장점 중 하나는 무엇인가?

(a) 에너지를 덜 쏟을 수 있다는 것
(b) 모든 온라인 매장에서 동일한 값을 받는 것
(c) 더 낮은 가격으로 흥정할 수 있다는 것
(d) 비용 대비 최상의 품질을 얻는 것

해설 온라인 쇼핑의 한 가지 장점은 시간과 에너지를 절약할 수 있다는 것(One advantage of online shopping is it can save you time and energy)이라고 언급하는 부분을 통해 (a)가 정답임을 알 수 있다.

패러프레이징

save you time and energy → expend less energy

어휘 expend v. (에너지를) 쏟다, 들이다   bargain n. 흥정, 합의

43 세부사항

What risk should Dan be aware of when making an online purchase?

(a) that criminals may expose his identity
(b) that the order may not be delivered
(c) that the online store may charge extra fees
(d) that his credit card may be used without his authority

댄이 온라인 구매를 할 때 어떤 위험을 주의해야 하는가?

(a) 범죄자들이 자신의 신분을 노출할 지도 모른다는 것
(b) 주문이 배송되지 않을 지도 모른다는 것
(c) 온라인 매장이 추가 요금을 부과할 지도 모른다는 것
(d) 댄의 신용카드가 권한 없이 사용될 지도 모른다는 것

해설 댄이 그의 신용카드 정보를 이용하여 불법 행위를 할 수 있는 신원 도용자에게 노출될 수 있다는 점(you can get exposed to identity thieves who could use your credit card information to do illegal activities)을 아주 조심해야 한다고 언급하는 부분을 통해 (d)가 정답임을 알 수 있다.

패러프레이징

illegal activities → used without his authority

어휘 criminal n. 범죄자, 범인   charge v. 요금을 부과하다, 청구하다   authority n. 권한

44 세부사항

According to Melissa, how can in-store shopping be convenient when the product has a defect?

(a) One does not need to line up for a replacement.
(b) The product can be replaced almost immediately.
(c) One can ask the experts for another recommendation.
(d) The product can be re-ordered right away.

멜리사에 따르면, 제품에 결함이 있을 때 매장 내 쇼핑이 어떻게 편리할 수 있는가?

(a) 교환을 위해 줄을 설 필요가 없다.
(b) 제품이 거의 즉시 교체될 수 있다.
(c) 전문가들에게 다른 추천을 요청할 수 있다.
(d) 제품은 바로 재주문을 할 수 있다.

해설 멜리사가 제품에 결함이 있다는 것을 알게 된다면 바로 교환을 받을 수 있다(if you find out later that it has a defect, you can get a replacement right away)고 언급하는 부분을 통해 (b)가 정답임을 알 수 있다.

 패러프레이징

can get a replacement right away ➡ can be replaced almost immediately

어휘 replace v. 교체하다, 대체하다   reorder v. 재주문하다

45 추론

What will Dan most likely do after the conversation?

(a) place an order for a ski jacket online
(b) shop for ski boots at the mall
(c) postpone skiing for two more weeks
(d) look into ski boots to buy online

댄은 대화 후에 무엇을 할 것 같은가?

(a) 스키 자켓을 온라인으로 주문한다
(b) 쇼핑몰에서 스키 부츠를 구입한다
(c) 스키를 2주 더 연기한다
(d) 온라인으로 구매하기 위해 스키 부츠를 자세히 본다

해설 댄이 매장 내에서 스키 부츠를 사는 데 2주일을 기다릴 수 없어서 집에 갈 때 주문을 넣을 것(I can't wait for two weeks to get my new pair of ski boots, so I guess I'll place that order when I get home later)이라고 언급하는 부분을 통해 온라인에서 스키 부츠를 구매할 것임을 알 수 있다. 따라서 (d)가 정답이다.

어휘 postpone v. 연기하다, 미루다   look into v. ~을 자세히 보다, 주의 깊게 살피다

PART 4 46~52 강연 ▶ 식사 메뉴 계획 단계

Good morning. Welcome to *Kitchen Hacks*. Eating home-cooked meals instead of restaurant food can allow us to save money and eat healthier. [46]But many people find that cooking meals every day is too difficult and time-consuming, so they go back to fast food and takeout. The truth is, with proper menu planning, you can successfully cook and enjoy meals at home. Follow these steps to plan your meals:

[47]First, commit to menu planning. Deciding to plan your meals for a week may seem difficult at first, so stick to it. Tell your family about your decision. Involve them by asking what they'd like to eat, and then consider their preferences when making your plans.

Second, set aside a day for planning your meals for the week. If you leave this important step to chance, it will likely not happen at all. For meal planning to be successful, you must do it consistently. So devote a specific time during your week for it.

Third, study your weekly routine. [48]This will give you an idea of how many meals you need for the week, and how much time you have for preparing them. For example, by looking at your family's daily schedule, you can see which days you'll need to fix quick and easy dinners, and when you can serve full-course meals.

Fourth, once you've figured out how many meals you'll need to prepare and what works with your schedule, you can create a meal calendar. [49]An easy way to do this is to make a list of ten meals that your family enjoys and then fill in the week's calendar with those ten meals, repeating some if necessary. Later on, you can research new recipes to keep your menu interesting.

좋은 아침입니다. 《키친 핵》에 오신 것을 환영합니다. 식당 음식 대신 집에서 요리한 음식을 먹는 것은 우리가 돈을 절약하고 더 건강하게 먹을 수 있게 해줍니다. [46]그러나 많은 사람들은 음식을 매일 요리하는 것이 너무 어렵고 시간이 많이 소요된다고 생각해서, 그들은 패스트푸드와 포장 음식으로 돌아갑니다. 사실은, 적절한 메뉴 계획이 있으면, 여러분은 집에서 음식을 성공적으로 조리하고 즐길 수 있다는 것이죠. 다음 단계들에 따라 여러분의 식사를 계획하세요.

[47]첫째, 메뉴 계획에 전념합니다. 일주일 동안 여러분의 식사를 계획하기로 결정하는 것은 처음에는 어려워 보일 수 있으니, 그것을 밀고 나가세요. 여러분의 가족에게 여러분의 결정에 대해 말하세요. 그들이 무엇을 먹고 싶은지 물어봄으로써 그들을 끌어들이고, 그 다음에는 여러분의 계획을 세울 때 그들의 선호도를 고려하세요.

둘째, 일주일간의 식사 계획을 세우기 위해 하루를 따로 잡아 놓으세요. 만약 여러분이 이 중요한 단계를 운에 맡긴다면, 그 일은 절대로 일어나지 않을 것입니다. 식사 계획이 성공적이기 위해서는, 여러분은 이를 꾸준히 해야 합니다. 그러니 그것을 위해 여러분의 한 주 동안에 특정한 시간을 투자하세요.

셋째, 여러분의 주간 일과를 연구하세요. [48]이것은 여러분이 한 주간 얼마나 많은 식사를 필요로 하는지, 그리고 식사를 준비하기 위해 시간이 얼마나 있는지에 대한 방안을 줄 것입니다. 예를 들면, 여러분 가족의 하루 일정을 봄으로써, 여러분은 어느 요일에 빠르고 쉬운 저녁 식사를 정해야 하는지, 그리고 언제 풀 코스 식사를 제공할 수 있는지를 알 수 있습니다.

넷째, 일단 여러분이 얼마나 많은 식사를 준비해야 하는지와 여러분의 일정에 무엇이 적합한지를 알아냈으면, 여러분은 식사 달력을 만들 수 있습니다. [49]이것을 하는 쉬운 방법은 여러분의 가족이 즐겨 먹는 열 끼의 목록을 만들고 그 다음 그 열 끼의 식사들로 필요하다면 일부를 반복하면서, 해당 주의 달력을 채우는 것입니다. 나중에, 여러분은 여러분의 메뉴를 흥미롭게 유지하기 위해 새로운 요리법을 연구할 수 있습니다.

Try to select recipes that have some ingredients in common so you won't have to buy a lot of different things. Put the meal calendar on the refrigerator door or kitchen board. This will help you stick to the plan as everyone in the family can see it.

Fifth, make a grocery list. Once you have a list of meals for the week, write down the ingredients for each recipe. Check your kitchen to see what you already have on hand, and then prepare the grocery list based on the ingredients you still need to buy.

Write the list on a piece of paper or type it on your mobile device so you can easily view it as you shop later. [50]This way, you can stick to buying only the items on your list and save money.

Sixth, shop for groceries on a day that works with your schedule. You may also shop on days when the store receives fresh supplies. [51]But don't just buy fresh meat and produce; also buy some frozen and canned goods for the end of the week when fresh food items are likely to go bad. That way, you won't end up throwing away spoiled ingredients.

[52]Seventh, prepare the ingredients for each meal as soon as you unpack your groceries. All that chopping and slicing might take you an extra hour or two, but it'll save you from the hassle of having to prepare all of the ingredients each day. Plan on first using up perishables, such as fresh vegetables, early in the week.

There you have it: the steps in menu planning. Thank you for listening to *Kitchen Hacks*, and have a good day!

여러분이 여러 가지 많은 것들을 살 필요가 없도록 일부 공통된 재료들이 들어가는 요리법을 선택해 보세요. 식사 달력을 냉장고 문이나 주방 보드에 붙이세요. 이는 가족 구성원 모두가 달력을 볼 수 있기 때문에 여러분이 계획을 고수하도록 도울 것입니다.

다섯째, 식료품 목록을 만드세요. 일단 여러분이 한 주간의 식사 목록을 가지면, 각 요리법에 대한 재료들을 적으세요. 여러분이 이미 가지고 있는 것이 무엇인지 보기 위해 주방을 확인하고, 여러분이 여전히 사야 할 재료들을 기반으로 식료품 목록을 준비하세요.

여러분이 나중에 쇼핑할 때 쉽게 볼 수 있도록 목록을 종이에 작성하거나 휴대용 기기에 입력하세요. [50]이렇게 하면, 여러분은 목록에 있는 품목들만을 고수할 수 있으며 돈을 절약할 수 있습니다.

여섯째, 여러분의 일정에 맞는 날에 식료품을 쇼핑하세요. 여러분은 또한 매장에서 신선한 공급품을 받는 날에 쇼핑을 하실 수도 있습니다. [51]그러나 신선한 고기와 농산품만 구입하지 말고, 신선 식품들이 상할 것 같은 주말을 위해 냉동 및 통조림 식품도 구입하세요. 그렇게 해야, 여러분은 결국 상한 재료들을 버리지 않을 것입니다.

[52]일곱째, 여러분이 식료품을 개봉하자마자 각 식사의 재료들을 준비하세요. 그 모든 다지는 일과 써는 일은 추가로 한두 시간이 더 걸릴 수도 있겠지만, 이는 날마다 모든 재료들을 준비해야 하는 번거로움으로부터 여러분을 구해줄 것입니다. 신선한 야채와 같이 상하기 쉬운 식품들을 주 초에 먼저 다 써버릴 계획을 세우세요.

지금까지 메뉴 계획의 단계들에 대해 알아보았습니다. 《키친 핵》을 청취해주셔서 감사드리며, 좋은 하루 보내세요!

어휘

meal n. 음식, 식사, 끼니 time-consuming a. 시간이 많이 소요되는 commit v. 전념하다, 충실하다 stick v. 고수하다
involve v. 끌어들이다, 참여시키다 preference n. 선호도, 애호도 set aside v. 남겨 두다, 확보하다 consistently ad. 꾸준히, 지속적으로
specific a. 특정한 serve v. (음식을) 제공하다 figure out v. 알아내다, 이해하다 calendar n. 달력 repeat v. 반복하다, 되풀이하다
refrigerator n. 냉장고 grocery n. 식료품 supplies n. 공급품, 저장품 produce n. 농산물 end up ing v. 결국 ~하게 되다
throw away v. 버리다, 없애다 spoiled a. 상한 unpack v. 개봉하다, 풀다 chop v. 다지다, 썰다 slice v. (얇게) 썰다
hassle n. 번거로운 상황, 귀찮은 상황 perishable a. 상하기 쉬운, 썩기 쉬운

46 세부사항

According to the speaker, why do people avoid cooking their own meals?

화자에 따르면, 왜 사람들은 직접 요리하는 것을 피하는가?

(a) because eating out saves a lot of money
(b) because they do not care about their health
(c) because preparing meals takes up time
(d) because they do not spend much time at home

(a) 외식하는 것은 많은 돈을 절약하기 때문에
(b) 그들은 건강에 신경을 쓰지 않기 때문에
(c) 식사 준비는 시간이 걸리기 때문에
(d) 그들은 집에서 많은 시간을 보내지 않기 때문에

[해설] 음식을 매일 요리하는 것이 어렵고 시간이 많이 소요된다고 생각해서 패스트푸드와 포장 음식을 먹는다(many people find that cooking meals every day is too difficult and time-consuming, so they go back to fast food and takeout)고 언급하는 부분을 통해 사람들이 식사 준비에 시간이 걸린다는 이유로 직접 요리하기를 피한다는 것을 알 수 있다. 따라서 (c)가 정답이다.

 패러프레이징

cooking meals → preparing meals
time-consuming → takes up time

[어휘] save v. 절약하다, 아끼다 care v. 신경을 쓰다, 관심을 가지다

47 세부사항

What is the first step in menu planning?

메뉴 계획의 첫 번째 단계는 무엇인가?

(a) thinking about one's cooking abilities
(b) resolving to plan weekly meals
(c) discussing with family what time to have dinner
(d) setting aside a day for cooking

(a) 자신의 요리 능력에 대해 생각하는 것
(b) 매주 식사 계획을 결정하는 것
(c) 몇 시에 식사를 할 지 가족과 상의하는 것
(d) 요리를 위해 하루를 따로 잡는 것

[해설] 첫 번째는 메뉴 계획에 전념하는 것이라며, 이는 일주일 동안 식사를 계획하기로 결정하는 것(Deciding to plan your meals for a week)이라고 언급하는 부분을 통해 (b)가 정답임을 알 수 있다.

[어휘] ability n. 능력 resolve v. 결정하다, 결심하다

48 세부사항

Why is it important to consider the family's schedule when planning meals?

(a) to see how much time is available for meals
(b) to check who will be available to help out
(c) to know which days to skip making dinner
(d) to decide when it would be best to dine out

식사를 계획할 때 가족의 일정을 고려하는 것이 왜 중요한가?

(a) 식사에 얼마나 많은 시간을 사용할 수 있는지 알기 위해
(b) 누가 도움을 줄 수 있을지 확인하기 위해
(c) 식사를 만드는 것을 언제 건너뛸지 알기 위해
(d) 외식을 언제 하는 것이 가장 좋을지 결정하기 위해

해설 가족의 하루 일정을 보는 것을 예시로 들며 식사를 준비하기 위해 시간이 얼마나 있는지에 대한 방안을 줄 것(This will give you an idea of ~ and how much time you have for preparing them)이라고 언급하는 부분을 통해 (a)가 정답임을 알 수 있다.

어휘 dine out v. 외식을 하다

49 세부사항

What is an easy way to prepare a meal calendar?

(a) letting the family fill in the calendar
(b) researching an all-new menu
(c) including meals with varied ingredients
(d) choosing family favorites

식사 달력을 준비하는 쉬운 방법은 무엇인가?

(a) 가족이 달력을 채우도록 하는 것
(b) 완전히 새로운 메뉴를 조사하는 것
(c) 식사에 다양한 식재료들을 포함하는 것
(d) 가족이 가장 좋아하는 것들을 선택하는 것

해설 식사 달력을 준비하는 쉬운 방법은 가족이 즐겨 먹는 열 끼의 목록을 만들고 이를 달력에 채우는 것(An easy way to do this is to make a list of ten meals that your family enjoys and then fill in the week's calendar with those ten meals)이라고 언급하는 부분을 통해 (d)가 정답임을 알 수 있다.

패러프레이징

meals that your family enjoys → family favorites

어휘 research v. 조사하다   varied a. 다양한, 다채로운   ingredient n. 재료, 성분

50 추론

How most likely could shopping with a grocery list allow one to save money?

(a) by keeping one from buying unnecessary items
(b) by encouraging one to buy only a few items
(c) by reminding one to choose cheap ingredients
(d) by helping one use mostly ingredients from home

식료품 목록으로 쇼핑하는 것이 얼마나 돈을 절약하게 할 것 같은가?

(a) 불필요한 물건들을 구매하지 않도록 함으로써
(b) 오직 몇 개의 물건들만 사도록 부추김으로써
(c) 저렴한 재료들을 고르도록 상기시킴으로써
(d) 집에서 나오는 대부분의 재료들을 사용하도록 도와줌으로써

해설 식료품 목록에 있는 품목들만을 고수할 수 있어 불필요한 물건들을 구매하지 않게 하므로 돈을 절약할 수 있다(you can stick to buying only the items on your list and save money)고 언급하는 부분을 통해 (a)가 정답임을 알 수 있다.

어휘 unnecessary a. 불필요한, 필요 이상의   encourage v. 부추기다, 조장하다   remind v. 상기시키다, 다시 한 번 알려 주다

51 세부사항

Why is it not advisable to buy only fresh goods?

(a) One cannot be sure about their freshness.
(b) Fresh goods cost more than frozen goods.
(c) One cannot find enough fresh goods.
(d) Fresh goods have a shorter shelf life.

왜 신선한 상품들만 사는 것이 바람직하지 않은가?

(a) 신선도에 대해 확신할 수 없다.
(b) 신선 상품들은 냉동 제품들보다 가격이 비싸다.
(c) 충분한 신선 상품들을 찾을 수 없다.
(d) 신선한 상품들은 유통기한이 더 짧다.

해설 화자가 신선한 상품들만 구입하지 말고 냉동이나 통조림 식품도 구입할 것을 권장하는데, 이렇게 해야 상한 재료들을 버리지 않을 것(you won't end up throwing away spoiled ingredients)이라고 언급하는 부분을 통해 신선 상품들은 유통기한이 짧기 때문에 신선 상품들만 사는 것은 바람직하지 않다는 것을 알 수 있다. 따라서 (d)가 정답이다.

패러프레이징

fresh food items are likely to go bad → Fresh goods have a shorter shelf life

어휘 advisable a. 바람직한, 권할 만한   freshness n. 유통기한

52 세부사항

When should the ingredients for the menu be prepared?

(a) at the end of the week
(b) right before cooking each meal
(c) right after shopping for them
(d) early in the morning each day

메뉴에 대한 재료들은 언제 준비되어야 하는가?

(a) 주말에
(b) 매 식사를 요리하기 바로 직전에
(c) 재료들을 위해 쇼핑 바로 직후에
(d) 매일 아침 일찍

해설 식료품을 개봉하자마자 식사의 재료들을 준비하라(prepare the ingredients for each meal as soon as you unpack your groceries)고 언급하는 부분을 통해 식료품을 개봉하는 것이 식료품을 사고 난 후에 하는 것이므로 신선 제품들이 상하지 않도록 재료들을 위해 쇼핑 직후에 재료가 준비되어야 한다는 것을 알 수 있다. 따라서 (c)가 정답이다.

어휘 right before prep. 바로 직전에   right after prep. 바로 직후에

TEST 3 LISTENING SECTION

영역별 기출유형

PART 1	27	28	29	30	31	32	33
	(b)	(a)	(c)	(a)	(d)	(b)	(d)
PART 2	34	35	36	37	38	39	
	(a)	(c)	(b)	(d)	(c)	(a)	
PART 3	40	41	42	43	44	45	
	(d)	(b)	(b)	(c)	(a)	(d)	
PART 4	46	47	48	49	50	51	52
	(c)	(b)	(a)	(d)	(b)	(a)	(c)

PART 1 27~33 일상 대화 ▶ 패스트푸드점 근무

음원은 QR로 확인

안부 인사

F: Hi, Jerry. How do you like working at Pop's Diner?
M: Hi, Paula. It's great. I'm glad I could make good use of my summer vacation while earning extra money at the same time. I'm really enjoying it.

여: 안녕, 제리. 팝스 다이너에서 일하는 건 어때?
남: 안녕, 폴라. 너무 좋아. 여분의 돈을 버는 동시에 여름 휴가를 잘 활용할 수 있어서 기뻐. 나는 정말 즐기고 있는 중이야.

패스트 푸드점 힘든 이유

F: Really? ²⁷I always thought working at a fast food restaurant was a difficult job where you have to stand on your feet all day.
M: You're right. It can be tiring, but I like the variety of tasks that I get to do there.

여: ²⁷그래? 나는 하루 종일 서 있어야 하는 패스트푸드점에서 일하는 것이 힘든 직업이라고 항상 생각했어.
남: 네 말이 맞아. 피곤할 수 있지만, 나는 그곳에서 하게 되는 다양한 일들이 좋아.

교대 근무

F: So, you're not just cleaning tables?
M: No. Our manager rotates our tasks every three days. Aside from cleaning tables, I sometimes cook food, prepare drinks, or take customers' orders. And just last week, my manager assigned me to do quality control.
F: That sounds interesting. So, how does quality control work?

여: 그럼, 테이블 청소만 하는 게 아니구나?
남: 아니지. 우리 매니저님은 우리의 업무들을 3일마다 교대시켜주셔. 테이블을 청소하는 것 외에도, 나는 가끔 음식을 조리하고, 음료를 준비하거나, 아니면 고객들의 주문을 받기도 하지. 그리고 바로 지난 주에, 내 매니저님은 나에게 품질관리를 하라고 배정해 주셨어.
여: 재밌겠다. 그러면, 품질관리는 어떻게 하는 거야?

품질 관리 업무1 + 암호 사용	M:	[28]The quality control inspector, or QC inspector, makes sure that we have just enough of each product. For example, I'll check if there are enough fries in the fryer. [29]If there aren't, I call in a loud voice, "F6! F6!"
	F:	What does "F6" mean?
	M:	It's a code that we use in the kitchen. "F" is for "fries" and "six" means "six more."
	F:	I get it. [29]So "F6" means "Six more fries, please."
품질 관리 업무2	M:	Exactly. The QC inspector also makes sure that there aren't too many of each product at any given time. For example, if there are too many burgers in the warmer, it means the kitchen is overproducing burgers.
	F:	You mean like if there aren't enough customers who are ordering a burger?
	M:	That's right. [30]So if I notice this, I'll shout, "SB! SB!"
	F:	[30]Let me guess. "SB" means, "Stop making burgers"?
	M:	Yes! You're a fast learner.
암호 혼동 원인	F:	Ha-ha. I wonder if it could be confusing to use codes all the time. Was there ever a time when one of you misunderstood a code?
	M:	Yes. [31]It usually happens when there's a new worker. But we don't expect anyone to understand the codes right away. It takes time, but eventually the worker gets the hang of it.
	F:	Why do you have to use codes, anyway? Why can't the QC just say, "More hamburgers, I need more hamburgers!"?
	M:	We use codes so customers won't know what we're talking about. As you know, the kitchen in fast food restaurants is partly open and connects to the cashier area, so the customers can easily hear our voices.

남: [28]품질관리관, 즉 QC 감독관은 각 제품마다 충분한 양만을 가지는지를 확인해. 예를 들면, 나는 튀김기 안에 감자튀김이 충분히 있는지를 확인해야 하지. [29]만약 충분하지 않다면, 나는 큰 목소리로 "F6! F6!"이라고 불러.

여: "F6"이 무슨 뜻이야?

남: 우리가 부엌에서 사용하는 암호야. "F"는 "감자튀김"을 의미하고 "6"은 "여섯 개 더"를 의미하지.

여: 알겠다. [29]그러면 "F6"은 "감자튀김 여섯 개 더 부탁합니다"를 의미하는 거구나.

남: 정확해. QC 감독관은 또한 주어진 시간에 각 제품이 너무 많이 있지 않도록 확인하기도 해. 예를 들면, 만약 버거가 온열기에 너무 많이 있다면, 그것은 주방에서 버거를 너무 많이 만들고 있다는 것을 의미하지.

여: 네 말은 햄버거를 주문할 고객들이 충분히 있지 않다면 그렇다는 거지?

남: 맞아. [30]그래서 이걸 알아챈다면 'SB! SB!'를 외칠 거야.

여: [30]내가 맞춰 볼게. "SB"는 "버거 그만 만드세요"라는 뜻이지?

남: 맞아! 배우는 속도가 빠르구나.

여: 하하. 나는 항상 암호를 사용하는 것이 헷갈릴 수 있는지 궁금해. 너희 중에서 암호를 잘못 이해했던 적이 있었어?

남: 있었지. [31]그건 보통 새로운 직원이 있을 때 발생해. 하지만 우리는 누구에게도 암호를 바로 이해하는 것을 기대하지 않아. 시간이 걸리겠지만, 결국 그 직원은 요령이 생기게 되지.

여: 그나저나 왜 암호를 사용해야 하는 거야? QC가 "햄버거 더, 햄버거가 더 필요해요!"라는 말을 그냥 할 수 없는 건가?

남: 우리는 고객들이 우리가 무엇을 말하고 있는지를 알 수 없도록 암호를 사용해. 너도 알다시피, 패스트푸드점의 주방은 부분적으로 개방되어 있고 계산대와 연결되어 있어서, 고객들은 쉽게 우리의 목소리를 들을 수 있어.

암호 사용 이유

F: ³²So you use codes to sound professional.
M: Exactly. As a customer, what would you think if you heard a worker shouting, "Stop making fries! There are too many fries!"?
F: That would be funny! Ha-ha! Wow, Jerry, I didn't know fast food restaurants were so systematic.
M: And you've only heard about quality control. Wait till you hear about cooking, taking orders, cleaning, and other tasks.

다음에 할 일

F: We'll need more time to talk about those. ³³Why don't we go to Pop's Diner for some ice cream? Unless you don't want to go on your day off!
M: ³³I don't mind, Paula. I actually love it there.

여: ³²그래서 너희가 전문가처럼 들리도록 암호를 사용하는 거구나.
남: 정확해. 고객으로서, 만약 한 직원이 "감자튀김 그만 만드세요! 감자튀김이 너무 많이 있어요!"라고 소리치는 것을 네가 듣는다면 어떻게 생각하겠어?
여: 웃길 것 같은데! 하하! 와, 제리, 나는 패스트푸드점이 그렇게 체계적인 곳인 줄 몰랐어.
남: 너는 이제 겨우 품질관리에 대한 것만 들었을 뿐이야. 조리, 주문 받기, 청소, 그리고 다른 업무들에 대해 들을 때까지 기다려 봐.

여: 우리는 그것들에 대해 말할 시간이 더 필요할 거야. ³³팝스 다이너에 가서 아이스크림을 좀 먹는 게 어때? 휴무일에 가기 싫은 게 아니라면 말이야!
남: ³³나는 괜찮아, 폴라. 나는 사실 거기가 좋거든.

어휘

tiring a. 피곤한 rotate v. (일을) 교대로 하다 aside from prep. ~외에 assign v. 배정하다, 맡기다 inspector n. 감독관, 조사관
loud a. (소리가) 큰 make sure v. 확실하게 하다 warmer n. 온열기 overproduce v. 너무 많이 만들다, 과잉 생산하다
notice v. 알아차리다 shout v. 외치다, 소리지르다 wonder v. 궁금해하다 confuse v. 헷갈리다, 혼동하다
misunderstand v. 잘못 이해하다, 오해하다 happen v. 발생하다, 벌어지다 get the hang of v. ~의 요령이 생기다, 익숙해지다, 감을 잡다
partly ad. 부분적으로 professional a. 전문가의, 전문직에 종사하는 systematic a. 체계적인, 조직적인
day off n. (근무, 일의) 휴무일, 쉬는 날

27 세부사항

What does Paula think is hard about working at a fast food restaurant?

(a) not having a summer vacation
(b) having to stand up all day
(c) not earning enough money
(d) doing several different tasks

폴라는 패스트푸드점에서 일하는 것에 대해 무엇이 힘들다고 생각하는가?

(a) 여름방학이 없는 것
(b) 하루 종일 서 있어야 하는 것
(c) 충분한 돈을 벌지 못하는 것
(d) 몇몇 다른 일들을 하는 것

해설 폴라는 하루 종일 서 있어야 하는 패스트푸드점에서 일하는 것이 힘들다(I always thought working at a fast food restaurant was a difficult job where you have to stand on your feet all day)고 생각했다고 언급하는 부분을 통해 (b)가 정답임을 알 수 있다.

패러프레이징

stand on your feet all day → stand up all day

어휘 stand up v. 서 있다 earn v. (돈을) 벌다 several a. 몇몇의

28 세부사항

What does Jerry do in quality control?

(a) ensure the right amount of food is prepared
(b) see to it that everyone is doing his or her job
(c) check if there are enough servers working
(d) make sure that the food is well cooked

제리는 품질관리에서 무슨 일을 하는가?

(a) 반드시 적당한 양의 음식이 준비되게 하기
(b) 모두가 자신의 할 일을 하고 있는지 살펴보기
(c) 일하고 있는 서버(서빙하는 사람)가 충분히 있는지를 확인하기
(d) 음식이 잘 익었는지 확인하기

해설 품질관리 감독관은 우리가 각 제품을 충분히 가지고 있는지 확인한다(QC inspector makes sure that we have just enough of each product)고 언급하는 부분을 통해 제리는 품질관리에서 적당한 양의 음식이 준비되도록 한다는 것을 알 수 있다. 따라서 (a)가 정답이다.

패러프레이징

makes sure that we have just enough of each product → ensure the right amount of food is prepared

어휘 ensure v. 반드시 ~하게 하다, 보장하다   server n. 서빙하는 사람, 웨이터, 웨이트리스

29 추론

What will the quality control inspectors probably do when there are not enough fries in the fryer?

(a) They will make more fries themselves.
(b) They will remove fries from the menu.
(c) They will ask a worker to make more fries.
(d) They will purchase more ingredients.

튀김기에 감자튀김이 충분하지 않을 때 품질관리 감독관들은 아마도 무엇을 할 것 같은가?

(a) 그들은 더 많은 감자튀김을 직접 만들 것이다.
(b) 그들은 메뉴에서 감자튀김을 제거할 것이다.
(c) 그들은 직원들에게 감자튀김을 더 많이 만들어 달라고 요청할 것이다.
(d) 그들은 더 많은 재료들을 구입할 것이다.

해설 만약 감자튀김이 충분하지 않다면 암호 "F6"을 외치는데(If there aren't, I call in a loud voice, "F6! F6!"), 이는 "감자튀김 여섯 개 더 부탁합니다"를 의미한다("F6" means "Six more fries, please.")고 언급하는 부분을 통해 튀김기에 감자튀김이 충분하지 않다면 품질관리 감독관은 직원들에게 감자튀김을 더 만들어 달라고 요청할 것임을 추론할 수 있다. 따라서 (c)가 정답이다.

어휘 remove v. 제거하다, 없애다   purchase v. 구입하다, 사다

30 세부사항

When will the quality control inspector shout the code "SB"?

(a) when there are too many burgers
(b) when the kitchen needs to cook more burgers
(c) when there are too many fries
(d) when new customers enter the diner

언제 품질관리 감독관이 암호 "SB"를 외칠 것인가?

(a) 버거가 너무 많이 있을 때
(b) 주방에서 더 많은 버거들을 조리해야 할 때
(c) 감자튀김이 너무 많이 있을 때
(d) 새로운 손님들이 식당에 들어올 때

해설 제리가 "SB! SB!"를 외쳤을 때 폴라가 그것이 "버거 그만 만드세요"("Stop making burgers")를 의미하는 것이냐고 묻자 제리가 맞다고 했으므로, 이를 통해 "SB"라는 암호는 너무 많은 버거가 있기 때문에 그만 만들라는 뜻임을 알 수 있다. 따라서 (a)가 정답이다.

어휘 diner n. 식당

31 세부사항

What usually causes workers to get the kitchen codes mixed up?

(a) forgetting the codes after a while
(b) getting several orders at once
(c) being unable to hear the shouting
(d) lacking experience with the system

무엇이 직원들에게 보통 주방 암호를 혼동하게 하는가?

(a) 잠시 후 암호를 잊어버리는 것
(b) 한꺼번에 여러 개의 주문들을 받는 것
(c) 외치는 소리를 듣지 못하는 것
(d) 시스템에 대한 경험이 부족한 것

해설 새로운 직원들이 주방 암호를 혼동한다며(It usually happens when there's a new worker), 시간이 걸리지만 결국 요령이 생기게 된다(It takes time, but eventually the worker gets the hang of it)고 언급하는 부분을 통해 새로운 직원들이 암호 시스템에 대한 경험이 부족하여 혼동한다는 것을 알 수 있다. 따라서 (d)가 정답이다.

어휘 mix up v. 혼동하다   forget v. 잊어버리다   after a while ad. 잠시 후   at once ad. 한꺼번에, 동시에   lack v. 부족하다, ~이 없다

32 세부사항

According to Jerry, why do fast food restaurants use codes in the kitchen?

(a) to alert each other to emergencies
(b) **to appear professional to customers**
(c) to speed up communication
(d) to keep customers from hearing anything

제리에 따르면, 패스트푸드점은 왜 주방에서 암호들을 사용하는가?

(a) 긴급 상황들에 대해 서로 경고하기 위해
(b) **고객들에게 전문적으로 보이기 위해**
(c) 의사소통의 속도를 높이기 위해
(d) 고객들이 어떤 소리도 듣지 못하게 하기 위해

해설 폴라가 패스트푸드점 직원들이 전문가처럼 들리도록 암호를 사용하는 것인지(So you use codes to sound professional) 묻고, 제리가 이를 맞다고 인정하고 있으므로 패스트푸드점 주방에서는 고객들에게 전문적으로 보이기 위해 암호를 사용한다는 것을 알 수 있다. 따라서 (b)가 정답이다.

어휘 alert v. 경고하다, 알리다   emergency n. 긴급 상황

33 추론

What will Paula and Jerry probably do after the conversation?

(a) have dinner at a fast food restaurant
(b) go to a famous ice cream shop
(c) stop by a nearby café for some coffee
(d) **go to the place where Jerry works**

폴라와 제리는 대화가 끝난 후 무엇을 할 것 같은가?

(a) 패스트푸드점에서 저녁을 먹는다
(b) 유명한 아이스크림 가게에 간다
(c) 근처 카페에 들러 커피를 마신다
(d) **제리가 일하는 곳으로 간다**

해설 폴라가 제리에게 휴무일에 가기 싫지 않다면 제리가 일하는 팝스 다이너에 가서 아이스크림을 먹자고 제안하고 있으며(Why don't we go to Pop's Diner for some ice cream? Unless you don't want to go on your day off!), 제리가 이에 동의하고 있으므로 폴라와 제리는 제리가 일하는 곳으로 갈 것임을 알 수 있다. 따라서 (d)가 정답이다.

어휘 nearby a. 근처의, 인근의

PART 2 · 34~39 · 강연 ▶ 프레스코 식품 용기

강연 주제

Good morning, viewers! Welcome to the Shop Well Network. If you're anything like me, you've built up a collection of mismatched food storage containers in your kitchen. Some of them are reusable containers from restaurant takeout or store-bought food products, and half of those are missing lids. They won't stack easily in your cabinets and they're often stained from repeated use. Sound familiar? The sad truth is that most of us make do with low-quality containers. However, I'm here to tell you about a better way to store your leftovers.

³⁴We at the Shop Well Network would like to introduce the solution to all of your food storage problems: the Fresco Food Container.

제품 소개

Named for the Italian word for "fresh," the Fresco Food Container is the ultimate food storage solution. It's the newest invention from the renowned Italian company, Lo Mondo a Casa. A product of years of research, the Fresco container is the most airtight food container on the market today.

³⁵Unlike most containers that are made of plastic, the Fresco container is made of glass to effectively keep air out and seal moisture and odors in. This keeps your food from drying out and picking up smells from other food.

밀폐 기능 + 버튼식 잠금 방식

The Fresco container keeps your food fresh. The container locks into place on all four sides, giving you a perfect airtight seal. ³⁶It features a push-button vacuum-sealed lid or cover that's made of silicone, so liquids won't spill when the container is shaken. In fact, the push-button locking mechanism is so strong that there's no chance of the cover coming off, even when a full container is held upside down. Most lids come apart after being washed repeatedly in the dishwasher. Not the Fresco container's silicone lid. It's super resistant and doesn't break easily.

좋은 아침입니다, 시청자 여러분! 숍 웰 네트워크에 오신 것을 환영합니다. 만약 여러분이 저와 같다면, 여러분의 주방에 짝이 맞지 않는 음식 보관 용기들을 쌓아 놓으셨겠죠. 그 중 일부는 식당 테이크아웃이나 가게에서 구입한 식품들에서 나온 재사용이 가능한 용기이고, 그 중 절반은 뚜껑이 없습니다. 그것들은 선반 안에 쉽게 쌓이지 않고 종종 반복된 사용으로 인해 얼룩이 집니다. 익숙하시죠? 슬픈 사실은 우리들 대부분이 저품질의 용기들에 만족한다는 것입니다. 그러나, 저는 여러분에게 남은 음식을 보관하는 더 좋은 방법에 대해 말씀드리기 위해 이 자리에 섰습니다.

³⁴저희 숍 웰 네트워크에서는 여러분의 모든 식품 보관 문제에 대한 해결책을 소개하고자 합니다. 바로 프레스코 푸드 컨테이너입니다.

"신선한"이라는 이탈리아어에서 따온, 프레스코 푸드 컨테이너는 궁극적인 식품 보관 솔루션입니다. 이것은 유명한 이탈리아 회사인 로 몬도 아 까사의 최신 발명품입니다. 수년간의 연구의 산물인 프레스코 용기는 오늘날 시장에서 가장 밀폐성이 높은 식품 용기입니다.

³⁵플라스틱으로 만들어진 대부분의 용기들과 달리, 프레스코 용기는 유리로 만들어져 공기를 효과적으로 차단하고 습기와 냄새를 밀폐합니다. 이것은 여러분의 음식이 건조하게 되는 것과 다른 음식에서 냄새가 나는 것으로부터 막아줍니다.

프레스코 용기는 여러분의 음식을 신선하게 유지합니다. 이 용기는 네 면 모두가 딱 잠겨서, 여러분에게 완벽한 밀폐를 제공합니다. ³⁶용기는 실리콘 소재의 버튼식 진공 밀봉 뚜껑 혹은 덮개를 갖추고 있어 용기가 흔들릴 때 액체가 쏟아지지 않습니다. 사실, 버튼식 잠금 방식은 매우 강력해서 가득 찬 용기를 거꾸로 잡고 있다 하더라도 뚜껑이 떨어질 가능성이 없습니다. 대부분의 뚜껑들은 식기세척기에서 반복적으로 세척된 후에는 잘 떨어지죠. 프레스코 용기의 실리콘 뚜껑은 아닙니다. 내성이 강해서 쉽게 깨지지 않습니다.

보관과 수납 용이	The Fresco container is ideal for storing not just leftover food, but also dried goods, such as cereal, pasta, and flour. It keeps even sliced fruits and vegetables fresh for a long time. You no longer have to throw away leftover fruit. Just toss them into a Fresco, and you can enjoy them again in the following days. The seal on the Fresco is so tight that even dried seaweed stays crisp for a long time!

[37]**The Fresco's square design means the containers can be neatly and efficiently stacked one on top of another, allowing you to save space in your refrigerator.** And it's made of transparent glass, so you can easily find the food you want when you're looking for a snack. |
전자 레인지 사용 + 디자인	You can even use the Fresco container to microwave food straight from the freezer. [38]**What's more, its modern and elegant design is pleasing enough to be used as tableware.** It's just perfect for those quick breakfast preparations. You can also use the containers for presenting wonderful box lunches at your outdoor picnics.
제품 종류	Designed with your convenience and total satisfaction in mind, the Fresco Food Container is guaranteed to make your life better. You can say goodbye to the hassles of storing food. The container is available in five sizes, with the smallest holding one cup and the largest with a 10-cup capacity.
할인 안내	This wonderful container is now being sold in 22 countries around the world. [39]**In celebration of this fact, you can receive a 22 percent discount on your purchase if you order today!**

프레스코 용기는 남은 음식뿐만 아니라 시리얼, 파스타, 그리고 밀가루와 같은 건조 식품들을 보관하는데 이상적입니다. 심지어 얇게 썬 과일과 야채도 오랫동안 신선하게 유지시켜 줍니다. 더 이상 남은 과일을 버릴 필요가 없습니다. 그것들을 프레스코 안으로 그저 던져 넣으시면, 여러분은 다음 날 그것들을 다시 즐길 수 있습니다. 프레스코의 밀봉은 매우 단단해서 심지어 마른 김까지도 오랫동안 바삭바삭하게 유지됩니다!

[37]프레스코의 네모난 디자인은 그 용기들이 다른 용기 위로 깔끔하고 효율적으로 쌓일 수 있어, 여러분으로 하여금 냉장고 안의 공간을 절약할 수 있게 한다는 것을 의미합니다. 그리고 그것은 투명한 유리로 만들어져서, 여러분이 간식을 찾고 있을 때 여러분이 원하는 음식을 쉽게 찾을 수 있습니다.

여러분은 심지어 냉동실에서 바로 음식을 전자레인지에 돌리기 위해 프레스코 용기를 사용할 수도 있습니다. [38]더욱이, 현대적이고 우아한 디자인은 식기류로 사용될 만큼 충분히 즐겁습니다. 이는 간단한 아침식사 준비에 안성맞춤입니다. 야외 피크닉에서 멋진 도시락을 선보이기 위해 용기들을 사용할 수도 있습니다.

여러분의 편의성과 전체 만족을 염두에 두고 설계된, 프레스코 푸드 컨테이너는 여러분의 삶을 더 좋게 만들어줄 것을 보장합니다. 여러분은 음식을 보관하는 번거로움과 작별하실 수 있습니다. 용기는 다섯 가지의 크기로 구입 가능하며, 가장 작은 용기는 1컵만큼의, 그리고 가장 큰 용기는 10컵만큼의 용량이 들어갑니다.

이 멋진 용기는 현재 전 세계 22개국에서 판매되고 있는 중입니다. [39]이러한 사실을 기념하여, 만약 여러분이 오늘 주문하신다면 구매 금액의 22퍼센트를 할인 받으실 수 있습니다!

어휘

build up v. 쌓아 올리다   mismatched a. 짝이 맞지 않는, 어울리지 않는   storage n. 보관, 저장   container n. 용기, 그릇
reusable a. 재사용이 가능한   lid n. 뚜껑   stack v. 쌓이다, 포개지다   cabinet n. 선반, 보관장   stain v. 얼룩지다, 더러워지다
leftover n. (식사 후) 남은 음식   ultimate a. 궁극적인, 최후의   invention n. 발명품   renowned a. 유명한, 명성 있는   airtight a. 밀폐된
seal v. 밀폐하다, 밀봉하다   moisture n. 습기, 수분   odor n. 냄새, 악취   vacuum n. 진공   liquid n. 액체   spill v. 쏟아지다, 흐르다
come off v. 떨어질 수 있다, 떼어낼 수 있다   upside down ad. (아래위가) 거꾸로, 뒤집혀   come apart v. 떨어지다, 부서지다
dishwater n. 식기세척기   resistant a. 내성이 강한, 저항력 있는   flour n. 밀가루   throw away v. 버리다   toss v. 던져 넣다
tight a. 꽉 조이는, 단단한   seaweed n. 김, 마른 해초   crisp a. 바삭바삭한   neatly ad. 깔끔하게   refrigerator n. 냉장고
transparent a. 투명한   microwave n. 전자레인지   treezer n. 냉동고   elegant a. 우아한, 품격 있는   tableware n. (식탁용) 식기류
satisfaction n. 만족, 충족   guarantee v. 보장하다, 약속하다   hassle n. 번거로움, 귀찮음   capacity n. 용량, 수용력

34 주제/목적

What is the talk all about?

(a) food storage containers for various purposes
(b) space-saving storage containers only for fruit
(c) disposable plastic food containers for all food
(d) reusable containers from restaurant takeout

강연은 무엇에 대한 것인가?

(a) 다양한 용도의 식품 저장 용기
(b) 과일만을 위한 공간 절약형 저장 용기들
(c) 모든 식품을 담는 일회용 플라스틱 식품 용기들
(d) 식당 테이크아웃에서 재사용 가능한 용기들

해설 강연자가 모든 식품 보관 문제에 대한 해결책인 프레스코 식품 용기를 소개하겠다(We at the Shop Well Network would like to introduce the solution to all of your food storage problems: the Fresco Food Container)고 강연을 시작하며, 강연 내내 프레스코 식품 저장 용기의 장점들을 나열하고 있으므로 다양한 용도의 식품 저장 용기에 대한 강연임을 알 수 있다. 따라서 (a)가 정답이다.

어휘 purpose n. 용도, 목적   disposable a. 일회용의

35 추론

What most likely makes plastic containers less desirable than the Fresco container?

(a) not having as much market research
(b) letting the food get too moist
(c) not keeping food as fresh
(d) being less trendy than glass containers

무엇이 플라스틱 용기들을 프레스코 용기보다 덜 바람직하게 만들 것 같은가?

(a) 시장 조사를 너무 많이 하지 않는 것
(b) 음식을 너무 촉촉하게 두는 것
(c) 음식을 신선하게 보관하지 않는 것
(d) 유리 용기들보다 덜 유행하는 것

해설 플라스틱 용기들과 달리 프레스코 용기는 공기를 효과적으로 차단하여 습기와 냄새를 밀폐하는데(Unlike most containers that are made of plastic, the Fresco container is made of glass to effectively keep air out and seal moisture and odors in.), 이는 음식이 건조해지거나 냄새가 나는 것으로부터 막아준다(This keeps your food from drying out and picking up smells from other food)고 했다. 이를 통해 플라스틱 용기들은 음식을 신선하게 보관하지 못하여 프레스코 용기보다 덜 바람직하다는 것을 알 수 있다. 따라서 (c)가 정답이다.

어휘 desirable a. 바람직한, 호감 가는   moist a. 촉촉한   trendy a. 유행하는

36 세부사항

Based on the talk, what would happen if someone shook the Fresco container?

(a) The locking mechanism will activate.
(b) The food will stay inside the container.
(c) The silicone lid will come loose.
(d) The container will need to be washed.

강연에 따르면, 만약 누군가가 프레스코 용기를 흔들면 어떻게 되는가?

(a) 잠금 메커니즘이 작동할 것이다.
(b) 음식이 용기 안에 남아있을 것이다.
(c) 실리콘 뚜껑이 느슨해질 것이다.
(d) 용기는 씻어야 할 것이다.

해설 프레스코 용기는 실리콘 뚜껑으로 인해 용기가 흔들려도 액체가 쏟아지지 않는다(so liquids won't spill when the container is shaken)고 언급하는 부분을 통해 누군가가 용기를 흔들어도 음식이 용기 안에 남아있을 것임을 알 수 있다. 따라서 (b)가 정답이다.

어휘 activate v. 작동하다, 활성화하다   loose a. 느슨한, 헐거워진

37 세부사항

How can one save space in the refrigerator with the Fresco container?

(a) by storing different kinds of food in one container
(b) by being able to see when food needs to be thrown out
(c) by keeping dried foods out of the refrigerator
(d) by arranging several containers on top of each other

프레스코 용기로 냉장고 안에 공간을 어떻게 절약할 수 있는가?

(a) 한 용기에 다른 종류의 음식을 저장함으로써
(b) 언제 음식을 버려야 하는지 알 수 있음으로써
(c) 건조된 음식을 냉장고에 넣지 않음으로써
(d) 몇몇 용기들을 다른 용기 위로 배열함으로써

해설 프레스코의 네모난 디자인이 용기들을 다른 용기 위로 효율적으로 쌓을 수 있어 냉장고 안의 공간을 절약할 수 있게 한다(The Fresco's square design means the containers can be neatly and efficiently stacked one on top of another, allowing you to save space in your refrigerator)고 언급하는 부분을 통해 (d)가 정답임을 알 수 있다.

패러프레이징

neatly and efficiently stacked → arranging
one on top of another → on top of each other

어휘 arrange v. 배열하다, 정리하다

38 세부사항

Why can the Fresco container also be used as tableware?

(a) because it is strong enough
(b) because it keeps food fresh
(c) because it looks attractive
(d) because it takes up little space

왜 프레스코 용기가 식기류로도 사용될 수 있는가?

(a) 충분히 강하기 때문에
(b) 음식을 신선하게 유지하게 때문에
(c) 매력적으로 보이기 때문에
(d) 공간을 거의 차지하지 않기 때문에

해설 프레스코 용기의 현대적이고 우아한 디자인이 식기류로 사용되기에 충분하다(What's more, its modern and elegant design is pleasing enough to be used as tableware)고 언급하는 부분을 통해 용기가 식기류로 사용될 수 있는 이유는 디자인이 매력적으로 보이기 때문임을 알 수 있다. 따라서 (c)가 정답이다.

패러프레이징
pleasing → attractive

어휘 attractive a. 매력적인

39 세부사항

What will those who buy the food container today get from the Shop Well Network?

(a) a lower price than usual
(b) an international version of the product
(c) a discount on future purchases
(d) a special set of twenty-two containers

오늘 용기를 구매한 사람들은 숍 웰 네트워크에서 무엇을 받을 것인가?

(a) 평소보다 더 저렴한 가격
(b) 상품의 국제 버전
(c) 추후 구매에 대한 할인
(d) 22개의 특별 용기 세트

해설 오늘 용기를 주문한다면 구매 금액의 22퍼센트를 할인 받을 수 있다(you can receive a 22 percent discount on your purchase if you order today!)고 언급하는 부분을 통해 평소보다 더 저렴한 가격을 받을 수 있다는 것을 알 수 있다. 따라서 (a)가 정답이다.

패러프레이징
a 22 percent discount → a lower price than usual

어휘 usual a. 평소의, 보통의 international a. 국제적인 discount n. 할인

PART 3 40~45 일상 대화 ▶ 운동과 식단의 장단점

안부 인사

M: Hi, Erin! It's good to see you again.
F: Hello, Nick! Are you back in Kansas for good?
M: Oh, no. [40]I'm only in town this week for a cousin's wedding. You look great!

대화 주제

F: Thanks! Although, I gained a little weight after having a baby—that's normal, but I'm planning to get back in shape. I just don't know if I should prioritize exercising or changing my diet. [41]As a health enthusiast yourself, what would you recommend?
M: Diet and exercise work best when done together, so why not both?
F: I would, but as a working mom, I just don't have time for both. Planning and preparing healthy meals is so time-consuming, as is working out every day.
M: I see. Well, there are pros and cons to each method. Dieting, which is done by eating smaller portions of food or avoiding particular foods altogether, will make you lose weight faster than just exercise.
F: Really? I thought exercise was good for weight loss.

운동 장점1

M: It is, but losing pounds through exercise requires consistent training. It usually takes longer to see the results with exercise, but it has benefits that you won't get from dieting.
F: Like what?
M: Regular exercise keeps your bones and muscles strong. It also helps with day-to-day physical tasks such as carrying grocery bags or climbing stairs.
F: So I'll have stronger arms for carrying the kids, ha-ha.

남: 안녕, 에린! 다시 만나서 반가워.
여: 안녕, 닉! 캔자스로 아예 돌아온 거야?
남: 아, 아니야. [40]나는 사촌 결혼식 때문에 이번 주만 동네에 있는거야. 너 멋져 보이는 걸!

여: 고마워! 비록, 아기를 낳고 나서 몸무게가 좀 늘었지만, 그게 정상일지라도, 다시 건강한 몸 상태를 되찾을 계획이야. 나는 운동을 우선시해야 할지 식단을 바꿔야 할지 잘 모르겠어. [41]자칭 건강 마니아로서, 너는 무엇을 추천하겠어?
남: 식단과 운동은 함께 할 때 가장 효과가 좋은데, 둘 다 하지 그래?
여: 그러고 싶지만, 워킹 맘으로서, 둘 다 할 시간이 없어. 건강한 식사를 계획하고 준비하는 것은 매일 운동하는 것만큼 시간이 많이 소모되잖아.
남: 그렇구나. 음, 각각의 방법에는 장단점이 있지. 적은 양의 음식을 먹는 것과 특정한 음식을 완전히 피하는 것에 의해 행해지는 식단은 네가 단지 운동보다 몸무게를 더 빨리 빼게 만들어 줄 거야.
여: 그래? 나는 체중 감량에는 운동이 좋다고 생각했어.

남: 좋기는 한데, 운동을 통해 살을 빼는 것은 꾸준한 트레이닝을 요구하지. 운동으로 결과를 보는 것은 보통 더 오래 걸리지만, 네가 식단을 하는 것에서는 얻을 수 없는 이점들을 가지고 있어.
여: 예를 들면?
남: 규칙적인 운동은 너의 뼈와 근육들을 튼튼하게 유지해줘. 또한 장바구니를 들거나 계단을 오르는 것과 같은 일상적인 신체적 일들을 돕지.
여: 그럼 아이들을 들 수 있는 더 강한 팔을 갖게 되겠네, 하하.

운동 단점1	M:	That's right. Too bad the closest gym is about 30 minutes away.
	F:	Ugh, that's true. I wish we had a gym in town!
운동 단점2	M:	⁴²Another disadvantage of exercising is that you may end up eating more calories than you burn because you'll feel hungrier after working out.
	F:	Oh no! ⁴²I might only regain the calories I lost and end up gaining more weight from my increased appetite.
운동 장점2	M:	Exactly. But exercising is better for maintaining weight loss in the long run. This is because exercise helps maintain the muscle you have, which is important in keeping your metabolism high. Metabolism is the rate at which the body burns calories.
식단 단점1	F:	Doesn't dieting increase metabolism?
	M:	Quite the opposite. ⁴³Dieting slows down metabolism because, when you eat very few calories, your body's natural response is to store up fat instead of burning it.
	F:	That makes sense. It's also not fun to always eat the same foods. I can just imagine the difficulty of having to resist eating delicious treats.
식단 장점1	M:	Well, that's true. ⁴⁴But one advantage of dieting is it'll teach you self-control. Those who maintain some form of a diet say that they also become self-disciplined in their other habits, such as time management or shopping.
	F:	I like that. I could certainly use some discipline with my shopping, ha-ha.
식단 장점2	M:	Another advantage of going on a diet is that it increases energy levels. You'll feel energetic right after exercising, but eating less sugar increases your energy throughout the entire day.

남: 맞아. 가장 가까운 체육관이 대략 30분 거리에 있어서 정말 아쉬워.

여: 으, 그 말이 사실이야. 동네에 체육관이 있었더라면!

남: ⁴²운동하는 것의 또 다른 단점은 운동을 하고 나면 네가 배고픔을 더 느낄 것이기 때문에 결국 너는 네가 태운 것보다 더 많은 칼로리를 먹게 될지도 모른다는 점이야.

여: 아, 안 돼! ⁴²나는 내가 감량한 칼로리만 되찾고 결국 식욕 증가로 인해 살이 찌게 될지도 몰라.

남: 맞아. 하지만 운동하는 것은 장기적으로 보면 체중 감량을 유지하는 데 더 좋아. 이는 운동이 네가 가진 근육을 유지하는 데 도움을 주고, 이는 너의 신진대사를 높게 유지시키는 데 있어 중요하기 때문이지. 신진대사는 신체가 칼로리를 연소시키는 속도야.

여: 식단을 하는 것은 신진대사를 증가시키지 않니?

남: 그 정반대야. ⁴³식단을 하는 것은 신진대사를 늦추는데, 왜냐하면 네가 매우 적은 칼로리를 섭취할 때, 네 몸의 자연 반응은 지방을 태우는 것 대신 저장하려고 하기 때문이지.

여: 일리가 있네. 또한 항상 같은 음식을 먹는 것도 즐겁지 않아. 나는 단지 맛있는 간식들을 먹는 것을 참아야 하는 그 어려움을 상상할 수 있어.

남: 음, 맞아. ⁴⁴하지만 식단을 하는 것의 한 가지 장점은 너에게 자제력을 가르쳐준다는 점이야. 어떤 형태의 식단을 유지하는 사람들은 그들이 시간 관리나 쇼핑과 같은 다른 습관들에 있어서도 자기 절제가 된다고 말하지.

여: 나는 그게 좋아. 나는 내 쇼핑에 대한 절제력을 분명 필요로 할 수 있을 거야, 하하.

남: 식단을 하는 것의 또 다른 장점은 에너지 수준을 증가시킨다는 점이야. 너는 운동을 한 직후에 활기 있겠지만, 설탕을 적게 먹는 것은 하루 전체 동안 내내 너의 에너지를 증가시키지.

	F:	But is it true that people usually gain weight again after they stop dieting?	여:	하지만 사람들이 식단 하는 것을 그만둔 후에 몸무게가 다시 늘어난다는 게 사실이야?
식단 단점2	M:	Yes, that's another disadvantage. If you don't combine diet with exercise, you'll gain back the pounds shortly after dieting, and can even gain more weight due to your body's reduced metabolism.	남:	응, 그건 또 다른 단점이야. 만약 네가 식단과 운동을 같이 병행하지 않는다면, 너는 다이어트 직후에 다시 살이 찔 것이고, 그리고 네 몸의 감소된 신진대사 대문에 심지어 몸무게가 더 많이 늘어날 수 있지.
	F:	Oh... Well, thanks for the tips, Nick.	여:	아… 음, 조언 고마워, 닉.
여자의 결정	M:	So, Erin, what have you decided?	남:	그럼, 에린, 어떻게 하기로 결정했니?
	F:	⁴⁵Aside from losing weight, I should also work on strengthening my body. I can afford to take my time getting back into shape.	여:	⁴⁵몸무게를 감량하는 것 외에도, 나는 내 몸을 든든하게 만드는 것도 해야 해. 원래의 몸 상태로 돌아가는 데 시간을 들일 여유가 있겠어.

어휘

cousin n. 사촌   weight n. 몸무게, 체중   get in shape v. 건강한 몸 상태를 유지하다   prioritize v. 우선순위를 매기다
diet n. 식단, 식습관   enthusiast n. 마니아, 열광적인 팬   time-consuming a. 시간 소모가 큰   pros and cons n. 장단점
method n. 방법   portion n. 양, 부분   particular a. 특정한   pound n. 무게 단위(0.454킬로그램)   consistent a. 꾸준한, 일관된
bone n. 뼈   muscle n. 근육   climb v. 오르다, 올라가다   stair n. 계단   gym n. 체육관   burn v. 태우다, 없애다
regain v. 되찾다, 회복하다   appetite n. 식욕   maintain v. 유지하다, 지키다   metabolism n. 신진내사   rate n. 속노, 비율
opposite n. 반대   response n. 반응, 대응   resist v. 참다, 견디다   discipline n. 절제력   management n. 관리
certainly ad. 분명히, 틀림없이   energetic a. 활기찬, 정력적인   throughout prep. 내내, ~동안   entire a. 전체의, 온
combine v. 병행하다, 결합하다   shortly after prep. 직후, 금세, 곧   strengthen v. 더 튼튼하게 하다, 강화하다   afford v. ~할 여유가 되다

40 세부사항

What is Nick doing back in Kansas?

(a) catching up with his friend Erin
(b) meeting his cousin's new baby
(c) moving back to his hometown
(d) **attending a family wedding**

닉은 캔자스로 돌아와서 무엇을 하는가?

(a) 친구 에린과 밀린 이야기를 나누기
(b) 사촌의 새로운 아기를 만나기
(c) 그의 고향으로 돌아가기
(d) **가족 결혼식에 참석하기**

해설   닉은 캔자스에 돌아와서 사촌 결혼식에 갈 것(I'm only in town this week for a cousin's wedding)이라고 언급하고 있으므로 (d)가 정답임을 알 수 있다.

a cousin's wedding → a family wedding

어휘   catch up with v. (오랜만에 만나서) 밀린 이야기를 나누다   hometown n. 고향   attend v. 참석하다, 참여하다

41 세부사항

Why is Erin asking for Nick's advice?

(a) He recently lost a lot of weight.
(b) He cares about having a healthy lifestyle.
(c) He works as a nutritionist.
(d) He is a personal trainer for new mothers.

왜 에린은 닉의 조언을 구하는가?

(a) 그는 최근에 살을 많이 뺐다.
(b) 그는 건강한 생활습관을 갖는 데 관심이 있다.
(c) 그는 영양사로 일한다.
(d) 그는 새로운 엄마들을 위한 개인 트레이너이다.

해설 에린이 닉에게 자칭 건강 마니아로서 무엇을 추천하겠냐고(As a health enthusiast yourself, what would you recommend?) 물어보는 부분을 통해 에린이 닉에게 조언을 구하는 이유가 닉은 건강한 생활습관을 갖는 데 관심이 있는 건강 마니아이기 때문임을 알 수 있다. 따라서 (b)가 정답이다.

어휘 recently ad. 최근에   care about v. ~에 관심이 있다, 신경을 쓰다   nutritionist n. 영양사

42 세부사항

How would Erin gain more weight from exercising?

(a) by not working out on a regular basis
(b) by consuming more calories than she expends
(c) by avoiding other physical tasks all day long
(d) by having her appetite decrease after working out

에린은 운동으로 어떻게 더 살이 찔 것인가?

(a) 규칙적으로 운동하지 않음으로써
(b) 그녀가 소비하는 것보다 더 많은 칼로리들을 섭취함으로써
(c) 하루 종일 다른 육체적인 일들을 피함으로써
(d) 운동 후에 식욕을 줄임으로써

해설 운동을 하고 나면 배고픔을 더 느끼기 때문에 운동으로 태운 것보다 더 많은 칼로리를 먹게 될 것이라는 단점(Another disadvantage of exercising is that you may end up eating more calories than you burn because you'll feel hungrier after working out)에 에린은 그렇게 되면 식욕이 증가하여 살이 찌게 될 것이라고 걱정하고 있으므로 (b)가 정답임을 알 수 있다.

패러프레이징

eating more calories than you burn → consuming more calories than she expends

어휘 on a regular basis ad. 규칙적으로   consume v. 섭취하다, 먹다   expend v. (에너지를) 소비하다, 들이다

43 추론

Why most likely does the body store up fat in response to a low-calorie diet?

(a) because it converts the fat to muscle
(b) because it needs to maintain a certain weight
(c) because it makes up for the lack of calories
(d) because it maintains a high metabolism

왜 신체는 저칼로리 식단에 반응하여 지방을 저장할 것 같은가?

(a) 지방을 근육으로 바꾸기 때문에
(b) 특정 무게를 유지해야 하기 때문에
(c) 부족한 칼로리들을 보충하기 때문에
(d) 높은 신진대사를 유지하기 때문에

해설 신진대사는 신체가 칼로리를 연소시키는 속도인데, 식단을 하게 되면 적은 칼로리를 섭취하여 지방을 저장하려고 하기 때문에 신진대사를 늦추게 된다(Dieting slows down metabolism because, when you eat very few calories, your body's natural response is to store up fat instead of burning it)고 언급하는 부분을 통해 신체는 저칼로리 식단을 섭취하게 되면 지방을 저장하여 부족한 칼로리들을 보충하기 때문에 칼로리 연소 속도가 느려진다는 것을 추론할 수 있다. 따라서 (c)가 정답이다.

어휘 convert A to B v. A를 B로 바꾸다, 전환하다

44 세부사항

What good quality do people eventually develop from dieting?

(a) gaining a stronger power over their will
(b) making effective meal plans
(c) an enthusiasm for eating the same foods
(d) a weight loss that is permanent

식단을 통해 사람들은 결국 어떤 좋은 자질을 발달시키게 되는가?

(a) 그들의 의지에 대한 더 강한 힘을 얻는 것
(b) 효과적인 식사 계획을 세우는 것
(c) 똑같은 음식을 먹으려는 열정
(d) 영구적인 체중 감량

해설 식단을 하게 되면 자제력을 가질 수 있게 된다(one advantage of dieting is it'll teach you self-control)고 언급하는 부분을 통해 식단으로 의지에 대한 더 강한 힘을 얻을 수 있다는 것을 알 수 있다. 따라서 (a)가 정답이다.

어휘 will n. 의지 enthusiasm n. 열정, 열의 permanent a. 영구적인, 영속적인

45 추론

What will Erin probably do after the conversation?

(a) start on a low-calorie diet
(b) postpone her plan of losing weight
(c) make a diet and exercise plan
(d) begin a new fitness routine

에린은 대화 후에 무엇을 할 것 같은가?

(a) 저칼로리 식단을 시작한다
(b) 그녀의 체중 감량 계획을 미룬다
(c) 식단과 운동 계획을 세운다
(d) 새로운 운동 일과를 시작한다

해설 에린이 몸무게를 감량하는 것 외에 몸을 튼튼하게 만드는 것도 해야 한다고 말했다. 몸을 강화하는 일에도 하게 하는 일도 해야 한다며 원래의 몸 상태로 돌아가는 데 시간을 들일 여유가 있다(Aside from losing weight, I should also work on strengthening my body. I can afford to take my time getting back into shape)고 언급하는 부분을 통해 에린이 시간적 여유를 두고 몸을 튼튼하게 할 새로운 운동 일과를 시작할 것임을 알 수 있다. 따라서 (d)가 정답이다.

오답체크
에린은 몸을 튼튼하게 만드는 것을 해야 한다고 했고, 대화의 흐름상 식단을 하겠다는 내용은 언급되어 있지 않다. 따라서 식단과 운동 계획을 세운다는 내용의 (c)는 오답이다.

어휘 postpone v. 미루다, 연기하다

PART 4 46~52 강연 ▶ 잠재 고객과의 첫 미팅 준비 단계

Whether you're an architect looking to build someone's dream home or a paper manufacturer selling office supplies to companies, your business needs clients in order to succeed. Your first meeting with a prospective client determines if you'll turn them into an actual client, so naturally, it's only right for you to do your best during the first meeting. Most of the meeting's success is in the preparation.

⁴⁶I would like to share with you some tips on preparing to meet a prospective client for the first time.

First, use more than one calendar to remind you of the meeting. Nothing's worse than missing an appointment with a prospective client. ⁴⁷If you do, you'll lose the business opportunity, and there's a good chance the client will never consider you again. So, if you use your email's calendar, also save the appointment on your smartphone, or write it down in a daily planner.

Second, research the client thoroughly. If it's a company, read their website and recent press releases. Identify their business needs and how you can help meet those needs. You can then use this information to convince the client to get your services. Also, research everyone who will be attending the meeting. ⁴⁸Look for their social media profiles to gather information that might add a personal touch to the meeting. Mentioning similar interests or acquaintances can help you set a friendly tone. Getting to know them before seeing them face-to-face will also show that you're really interested in having them as your clients.

여러분이 누군가의 꿈의 집을 짓고자 하는 건축가이든, 회사에 사무용품들을 판매하는 제지 업체이든, 여러분의 사업은 성공하기 위해서 고객들이 필요하죠. 잠재 고객과의 여러분의 첫 번째 미팅은 그들을 실제 고객으로 바꿀지를 결정하기에, 당연하게도, 첫 번째 미팅 동안 최선을 다해야 하는 것이 오로지 옳습니다. 회의 성공의 대부분은 준비에 있습니다.

⁴⁶저는 처음으로 잠재 고객을 만나는 준비를 하는 데 대한 몇 가지 조언들을 여러분과 나누고 싶습니다.

첫째, 여러분이 미팅에 대해 상기시키도록 한 개 이상의 달력을 사용하세요. 잠재 고객과의 약속을 놓치는 것보다 더 나쁜 것은 없습니다. ⁴⁷그렇게 한다면, 여러분은 사업 기회를 잃게 될 것이고, 그 고객이 여러분을 다시는 고려하지 않을 가능성이 충분합니다. 그러니, 만약 여러분이 이메일 달력을 사용하신다면, 여러분의 스마트폰에도 약속을 저장하거나, 일일 플래너에 그것을 기록하세요.

둘째, 고객을 철저히 조사하세요. 그 고객이 회사라면, 그들의 웹사이트와 최근 보도 자료들을 읽으세요. 그들의 사업 요구사항과 그러한 요구사항들을 여러분이 어떻게 충족시킬 수 있는지를 알아내세요. 그런 다음에는 여러분은 고객이 여러분의 서비스를 받을 수 있도록 설득하기 위해 이 정보를 사용하실 수 있습니다. 또한, 미팅에 참석할 모든 사람들을 조사하세요. ⁴⁸미팅에 친근한 느낌을 더할 지도 모르는 정보를 모으기 위해 그들의 소셜 미디어 프로필을 찾으세요. 비슷한 관심사나 지인을 언급하는 것은 여러분이 우호적인 분위기를 만드는 것을 도울 수 있습니다. 그들을 직접 보기 전에 알아가는 것은 여러분이 그들을 여러분의 고객들로 가지는 것에 정말 관심이 많다는 것 또한 보여줄 것입니다.

Third, prepare your objectives and questions. ⁴⁹Your main goal, of course, is to gain a new client. But you should also have smaller goals. For example, what do you want to do next? Do you want to get a follow-up meeting with the company's CEO? Also think of questions to ask the client regarding their deadlines, preferred ways to communicate, or other concerns.

Fourth, create an agenda, or a list of things to be discussed during the meeting. ⁵⁰This can help set the client's expectations and keep the meeting orderly. The best agendas are short bullet-point lists that state the main points to be discussed. Email the agenda to the client a day before the meeting. However, you don't have to follow the agenda strictly, especially if the client brings up a point sooner, or wants to talk about a completely different topic.

Fifth, gather your materials and equipment. Prepare documents and folders, have a back-up file of your multimedia presentation, and check if your laptop and projector are working properly. Don't wait until the last minute to do this. ⁵¹Prepare everything the night before if it's a morning meeting, or first thing in the morning if your meeting is in the afternoon.

Sixth, be ready to give a good first impression. The first impression you make on your client is powerful, and it starts with how you look. Dress neatly and professionally to show that you take the client seriously. Also, show your respect by arriving early. Never make the client wait.

There you have it: the steps in preparing for a first meeting with a prospective client. ⁵²Remember, you can never be too prepared for a big meeting. The more you prepare, the more calm and confident you'll feel. Above all, your level of commitment will be apparent to the client. Thanks for listening, and good luck out there!

어휘

architect n. 건축가   manufacturer n. 생산 업체, 제조사   office supply n. 사무용품   prospective a. 잠재적인, 유망한, 장래의   turn A into B v. A를 B로 바꾸다   appointment n. 약속   thoroughly ad. 철저히, 철두철미하게   press release n. 보도 자료   convince v. 설득하다   mention v. 언급하다, 말하다   acquaintance n. 지인, 아는 사람   face-to-face a. 직접, 면대면으로   objective n. 목표, 목적   deadline n. 마감 기한, 마감 일자   prefer v. 선호하다, 더 좋아하다   concern n. 우려, 걱정   agenda n. 의제, 안건   expectation n. 기대, 예상   orderly ad. 질서정연하게   bullet-point n. 주요 항목   strictly ad. 엄격하게   equipment n. 장비, 용품   document n. 문서, 서류   properly ad. 제대로, 적절히   first impression n. 첫인상   neatly ad. 단정하게, 깔끔하게   professionally ad. 전문적으로   respect n. 존중, 존경   calm a. 침착한, 차분한   confident a. 자신감 있는   commitment n. 헌신

46 주제/목적

What is the talk all about?

(a) holding successful business meetings
(b) how to schedule a meeting with a client
(c) preparing for a first meeting with a prospect
(d) how to recruit new clients for a partnership

강연은 무엇에 대한 것인가?

(a) 성공적인 사업 미팅 개최
(b) 고객과의 미팅 일정을 잡는 방법
(c) 잠재 고객과의 첫번째 미팅 준비
(d) 파트너십을 위해 새로운 고객들을 모집하는 방법

해설 화자가 처음으로 잠재 고객을 만나는 준비를 하는 데 대한 몇 가지 조언들에 대해 이야기하겠다(I would like to share with you some tips on preparing to meet a prospective client for the first time)며 강연을 시작하고, 뒤이어 잠재 고객과의 첫번째 미팅을 준비하는 것과 관련된 조언들을 이야기하고 있으므로 (c)가 정답이다.

preparing to meet a prospective client for the first time → preparing for a first meeting with a prospect

어휘 prospect n. 잠재 고객   recruit v. 모집하다, 뽑다

47 추론

What will most likely happen if one misses an appointment with a potential client?

(a) The client will ask for compensation.
(b) The client will lose interest in doing business.
(c) The client will offer a different business opportunity.
(d) The client will agree to reschedule the meeting.

잠재 고객과의 약속을 놓치면 어떻게 될 것 같은가?

(a) 고객이 보상을 요구할 것이다.
(b) 고객은 사업을 하는 것에 흥미를 잃을 것이다.
(c) 고객은 다른 사업 기회를 제공할 것이다.
(d) 고객이 회의 일정을 다시 잡는 데 동의할 것이다.

[해설] 잠재 고객과의 약속을 놓치게 된다면 사업 기회를 잃을 것이며, 그 고객은 제안한 사업을 다시는 고려하지 않을 것(If you do, you'll lose the business opportunity, and there's a good chance the client will never consider you again)이라고 언급하는 부분을 통해 잠재 고객과의 약속을 놓치면 고객은 그 사업에 흥미를 잃어 더 이상 고려하지 않게 될 것임을 알 수 있다. 따라서 (b)가 정답이다.

[어휘] potential a. 잠재적인, 가능성이 있는   compensation n. 보상

48 세부사항

How does searching for the attendees' social media profiles help one prepare for a meeting?

(a) by allowing one to set a friendly mood
(b) by helping one know more about the project
(c) by making one appear prepared for the meeting
(d) by helping one identify the clients' needs

참석자의 소셜 미디어 프로필을 찾아보는 것이 미팅을 준비하는 데 어떤 도움이 되는가?

(a) 친근한 분위기를 조성할 수 있도록 함으로써
(b) 프로젝트에 대해 더 많이 알도록 도와줌으로써
(c) 회의에 대해 준비한 것처럼 보이게 함으로써
(d) 고객의 요구사항을 파악할 수 있도록 도와줌으로써

[해설] 미팅에 친근한 느낌을 더할 지도 모르는 정보를 모으기 위해 고객들의 소셜 미디어 프로필을 찾아보라(Look for their social media profiles to gather information that might add a personal touch to the meeting)고 언급하는 부분을 통해 (a)가 정답임을 알 수 있다.

패러프레이징
a personal touch → a friendly mood

[어휘] attendee n. 참석자   friendly a. 친근한, 상냥한

49 세부사항

According to the talk, what is the ultimate goal of the first meeting with a potential client?

(a) to get to know the high-level executives
(b) to make an extension on upcoming deadlines
(c) to complete the biggest business deal
(d) to establish a relationship with the client

강연에 따르면, 잠재 고객과의 첫 미팅의 궁극적인 목표는 무엇인가?

(a) 고위 경영진들에 대해 알게 되는 것
(b) 다가오는 마감기한을 연장하는 것
(c) 가장 큰 사업 거래를 성사시키는 것
(d) 고객과 관계를 수립하는 것

[해설] 주요 목표는 새로운 고객을 확보하는 것(Your main goal, of course, is to gain a new client)이라고 언급하는 부분을 통해 잠재 고객과의 첫 미팅에서의 목표는 고객과 관계를 수립하여 고객들을 확보하는 것임을 알 수 있다. 따라서 (d)가 정답이다.

패러프레이징
main goal → ultimate goal

[어휘] ultimate a. 궁극적인, 최종적인   executive n. 경영진, 운영진   extension n. 연장, 확대   upcoming a. 다가오는, 곧 있을   establish v. 수립하다, 맺다

50 세부사항

What is the purpose of an agenda?

(a) to have a strict plan for the meeting
(b) **to give the meeting some structure**
(c) to have something to email clients
(d) to remind the client about the meeting

의제의 목적은 무엇인가?

(a) 미팅에 대한 엄격한 계획을 세우는 것
(b) **미팅에 약간의 구조를 부여하는 것**
(c) 고객들에게 이메일을 보낼 무언가를 가지는 것
(d) 고객에게 회의에 대해 상기시키는 것

해설 의제를 통해 고객의 기대에 부응하며 미팅을 질서정연하게 유지할 수 있고(This can help set the client's expectations and keep the meeting orderly), 좋은 의제는 논의되어야 할 주요 요점들을 명시한 간결한 목록(The best agendas are short bullet-point lists that state the main points to be discussed)이라고 언급하는 부분을 통해 미팅에 어떠한 방향성, 즉 구조를 부여하여 질서정연하고 주요 요점들만 논의할 수 있도록 하는 것이 의제의 목적임을 알 수 있다. 따라서 (b)가 정답이다.

패러프레이징

keep the meeting orderly → give the meeting some structure

어휘 structure n. 구조   remind v. 상기시키다, 다시 한 번 알려주다

51 세부사항

When should one prepare the materials needed for a morning meeting?

(a) **no later than the night prior**
(b) at least a week before the meeting
(c) first thing in the morning
(d) as soon as the date is confirmed

오전 미팅에 필요한 자료들은 언제 준비해야 하는가?

(a) **늦어도 전날 밤까지**
(b) 미팅 최소 일주일 전에
(c) 아침 일찍 가장 먼저
(d) 날짜가 확정되자마자

해설 오전 미팅이라면 전날 밤에 모든 것을 준비하라(Prepare everything the night before if it's a morning meeting)고 언급하는 부분을 통해 (a)가 정답임을 알 수 있다.

어휘 no later than prep. 늦어도 ~까지   at least ad. 최소한, 적어도   confirm v. 확정하다, 공식화하다

52 세부사항

Why does the speaker say that one can never be too prepared?

(a) because one's luck is influenced by hard work
(b) because one can make the clients feel calm
(c) because one's dedication will be apparent
(d) because one always makes many mistakes

왜 화자는 아무리 준비해도 부족할 수 있다고 말하는가?

(a) 운은 근면에 의해 영향을 받기 때문에
(b) 고객들을 침착하게 만들어 줄 수 있기 때문에
(c) 헌신이 분명하게 드러날 것이기 때문에
(d) 항상 실수를 많이 하기 때문에

해설 미팅은 아무리 준비해도 부족하지만, 더 많이 준비할수록 스스로가 침착하고 자신감에 찰 것이며, 헌신 수준이 고객에게 분명히 드러날 것(The more you prepare, the more calm and confident you'll fool. Above all, your level of commitment will be apparent to the client)이라고 언급하는 부분을 통해 (c)가 정답임을 알 수 있다.

패러프레이징

commitment → dedication

어휘 influence v. 영향을 주다, 영향을 미치다   dedication n. 헌신, 전념

TEST 4 LISTENING SECTION

영역별 기출유형

PART 1	27 (a)	28 (b)	29 (b)	30 (d)	31 (c)	32 (a)	33 (d)
PART 2	34 (a)	35 (c)	36 (b)	37 (b)	38 (c)	39 (a)	
PART 3	40 (d)	41 (d)	42 (c)	43 (a)	44 (d)	45 (c)	
PART 4	46 (b)	47 (d)	48 (b)	49 (a)	50 (c)	51 (d)	52 (a)

PART 1 27~33 일상 대화 ▶ 온라인 데이트

음원은 QR로 확인

첫인사

M: Excuse me, is this seat taken?
F: No, you can have it.
M: ²⁷Thanks. I noticed that you've been sitting here alone for a while, looking anxious. Is everything okay? I'm Stephen, by the way.
F: Oh, nice to meet you, Stephen. My name is Chelsea. Yes, everything's fine. It's just that my date didn't show up. He was supposed to be here thirty minutes ago.

대화 주제

M: I see. How did the two of you meet, if you don't mind me asking?
F: We met on an online dating site. We had already been chatting for a couple of days when we decided to meet up here today for the first time. The problem is he hasn't contacted me since this morning.

온라인 데이트 위험 요인

M: Oh, I hope nothing bad has happened to him. But you should also be careful of people you meet online these days. It's risky, especially since you don't know if who they claim to be online is who they really are in real life.

남: 실례합니다, 여기 자리 있나요?
여: 아뇨, 앉으셔도 됩니다.
남: ²⁷감사합니다. 저는 당신이 한동안 여기에 혼자 앉아 불안해하는 모습을 알아챘어요. 괜찮으신가요? 그나저나, 저는 스티븐이라고 해요.
여: 아, 만나서 반가워요, 스티브. 제 이름은 첼시예요. 네, 저는 괜찮아요. 단지 데이트 상대가 나오지 않아서 그래요. 그는 여기에 30분 전에 오기로 했거든요.

남: 그렇군요. 실례가 안 된다면, 두 사람은 어떻게 만났나요?
여: 우리는 온라인 데이트 사이트에서 만났어요. 우리가 오늘 처음으로 여기서 만나기로 결정했을 때 우리는 이미 며칠 동안 채팅을 해오던 중이었죠. 문제는 그가 오늘 아침부터 저에게 연락을 안 하고 있다는 거예요.

남: 아, 그에게 나쁜 일이 일어나지 않았으면 좋겠네요. 하지만 당신 역시 요즘 온라인으로 만나는 사람들을 조심해야 해요. 특히 그들이 온라인에서 주장하는 모습이 실제로는 그들의 진짜 모습인지 알 수 없기 때문에 위험해요.

온라인 데이트 긍정 요소	**F:** Don't worry. [28]I'm familiar with online dating. I know the warning signs of a suspicious profile when I see one. But there are genuine people online, too. [28]In fact, I have a few good friends whom I met through online sites.	여: 걱정 마세요. [28]저는 온라인 데이트에 익숙하거든요. 저는 프로필을 봤을 때 의심스러운 프로필에 대한 위험 징후를 알아요. 하지만 온라인에도 진실된 사람들이 있어요. [28]사실, 저는 온라인 사이트를 통해 만났던 좋은 친구들이 몇 명 있어요.
카페 특징 + 남자의 직업	**M:** Well, you never know who you can trust nowadays. **F:** Right. [29]That's why I only agreed to meet up with him in a public place such as here in Old Moon Café. **M:** That's smart. This place always has people, but it never gets crowded to the point of being too noisy. **F:** Really? Do you come here often? **M:** Yes. Actually, [30]I come here almost every day to work. It's open 24 hours on weekdays. My work involves freelance writing, and this café has a pleasant and quiet atmosphere that's perfect for writing.	남: 음, 요즘은 당신이 누구를 믿을 수 있는지 절대 알 수 없어요. 여: 맞아요. [29]그게 바로 제가 오직 이곳 올드 문 카페와 같은 공공 장소에서만 그를 만나는 것에 동의한 이유랍니다. 남: 똑똑하군요. 이 장소는 항상 사람들이 있지만, 너무 시끄러워질 정도로까지 붐비지 않으니까요. 여: 정말요? 당신은 여기 종종 오나요? 남: 네. 사실, [30]저는 일하려고 여기에 거의 매일 옵니다. 평일에는 24시간 열려 있거든요. 제 일은 프리랜서로 글을 쓰는 것을 포함하는데, 이 카페는 쾌적하고 조용한 분위기여서 글쓰기에 딱 좋아요.
여자의 온라인 데이트 다시 시작 이유	**F:** Oh! I must be interrupting your work then. **M:** That's fine. I'll be here until the evening, and it usually takes me a while to gather my thoughts before writing. Plus, isn't it nice talking to a stranger sometimes? **F:** You're right. Well, you're actually the first friendly stranger that I've talked with since moving here to Houston. **M:** Really? **F:** Yeah. I just moved here last week from Knoxville. [31]Actually, I started online dating again so I can get to know the people here and learn about the local culture. Houston is a big city; I'm not quite sure where to start.	여: 오! 그럼 제가 당신의 일을 방해했겠네요. 남: 괜찮아요. 저는 여기에 저녁까지 있을 것이고, 글을 쓰기 전에 제 생각을 가다듬기까지 보통 시간이 걸려요. 게다가, 가끔 낯선 사람과 대화는 것도 좋지 않으신가요? 여: 맞아요. 음, 사실 당신은 제가 이곳 휴스턴으로 이사 온 이래로 지금까지 대화를 나눈 첫 친근한 낯선 사람이에요. 남: 정말요? 여: 네. 저는 녹스빌에서 지난 주에 여기로 막 이사 왔어요. [31]사실, 저는 이곳 사람들을 알아가고 지역 문화를 배울 수 있도록 온라인 데이트를 다시 시작했어요. 휴스턴은 큰 도시잖아요. 저는 어디서부터 시작해야 할지 잘 모르겠어요.
	M: You should have said so! I can show you around and point out all the popular places here. **F:** That would be nice!	남: 진작 말하지 그랬어요! 제가 당신을 여기저기 안내하고 이곳의 모든 인기 있는 장소들을 알려드릴 수 있습니다. 여: 좋아요!

| | M: | ³²Perhaps my girlfriend can come with us, too. I'm sure you would get along with her. | 남: | ³²아마도 제 여자친구도 함께 갈 수 있을 거예요. 당신은 분명 그녀와 잘 어울릴 겁니다. |

남자의 제안

F: That'd be great! I'd love to meet another Houstonian. Well, I must be going now. It looks like my date isn't coming anymore, and ³³I don't want to take up any more of your time.

여: 훌륭해요! 저는 또 다른 휴스턴 사람을 만나고 싶어요. 음, 저는 이제 가야겠어요. 제 데이트 상대가 더 이상 나타나지 않을 것 같고, ³³당신의 시간을 더 이상 뺏고 싶지 않군요.

온라인 데이트 긍정 요소

M: It's alright. I enjoyed talking with you. It was nice to meet you, Chelsea.
F: It was nice to meet you, too, Stephen.
M: Here's my number. Let's hang out together soon.
F: Sure!

남: 괜찮아요. 당신과 대화해서 즐거웠습니다. 만나서 반가웠어요, 첼시.
여: 저도 반가웠어요, 스티븐.
남: 제 전화번호입니다. 곧 같이 놀아요.
여: 그럼요!

어휘

anxious a. 불안해하는, 염려하는   show up v. 나타나다, 눈에 띄다   be supposed to v. ~하기로 하다   contact v. 연락하다
risky a. 위험한   claim v. (~이 사실이라고) 주장하다   suspicious a. 의심스러운, 수상쩍은   genuine a. 진실된, 진짜의
crowd v. 붐비다, 가득 메우다   pleasant a. 쾌적한, 기분 좋은   atmosphere n. 분위기   interrupt v. 방해하다, 중단시키다
gather v. 모으다   stranger n. 낯선 사람, 모르는 사람   get along v. 어울리다   hang out v. 놀다, 많은 시간을 보내다

27   세부사항

How do Stephen and Chelsea know each other?

(a) by accidentally meeting just then in the cafe
(b) by being currently dating
(c) by meeting on an online dating site
(d) by being introduced by a mutual friend

스티븐과 첼시는 서로 어떻게 아는가?

(a) 카페에서 바로 그 때 우연히 만남으로써
(b) 현재 만남을 가짐으로써
(c) 온라인 데이트 사이트에서 만남으로써
(d) 서로의 친구에 의해 소개됨으로써

해설 스티븐이 첼시에게 자리가 있냐고 물어보면서 첼시가 혼자 앉아 불안한 모습을 하고 있는 것을 알아챘다(I noticed that you've been sitting here alone for a while, looking anxious)고 말하는 점, 이후 괜찮냐고 물어보면서 통성명을 하고 있는 점(Is everything okay? I'm Stephen, by the way)을 통해 두 사람은 카페에서 우연히 만나게 되어 알게 되었음을 알 수 있다. 따라서 정답은 (a)이다.

어휘 accidentally ad. 우연히, 뜻하지 않게   currently ad. 현재, 지금   mutual a. 서로의, 상호간의

28 세부사항

What did Chelsea say to reassure Stephen about her safety with regard to online dating?

(a) that her online and offline identities are the same
(b) that she has prior experience with online interactions
(c) that she only talks to people she is friends with in real life
(d) that her online profile is also fake to protect herself

첼시는 온라인 데이트와 관련하여 그녀의 안전에 대해 스티븐을 안심시키기 위해 뭐라고 말했는가?

(a) 그녀의 온라인과 오프라인 신분이 동일하다는 것
(b) 온라인 상호작용에 대한 사전의 경험이 있다는 것
(c) 그녀는 실생활에서 오직 친구인 사람들과 이야기하는 것
(d) 자신을 보호하기 위해 그녀의 온라인 프로필 또한 가짜라는 것

해설 온라인에서 만난 사람을 조심해야 한다는 스티븐에게 첼시는 온라인 데이트에 익숙하다며(I'm familiar with online dating), 온라인 사이트를 통해 만났던 좋은 친구들도 있다(I have a few good friends whom I met through online sites)고 언급하는 부분을 통해 (b)가 정답임을 알 수 있다.

어휘 reassure v. 안심시키다   with regard to prep. ~에 관해서는   identity n. 신분, 정체   prior a. 이전의, 사전의
interaction n. 상호작용

29 세부사항

Why did Chelsea choose Old Moon Café as the meeting place?

(a) because it is always crowded
(b) because it is a fairly public setting
(c) because it is an intimate place
(d) because it is open 24 hours daily

왜 첼시는 올드 문 카페를 만남의 장소로 선택했는가?

(a) 항상 붐비기 때문에
(b) 꽤 공개적인 환경이기 때문에
(c) 친밀한 장소이기 때문에
(d) 매일 24시간 영업하기 때문에

해설 스티븐이 요즘은 누구를 믿을 수 있을지 절대 알 수 없다고 하자, 첼시가 그렇기 때문에 올드 문 카페와 같은 공공 장소에서만 만나는 것에 동의했다(That's why I only agreed to meet up with him in a public place such as here in Old Moon Café)고 했다. 즉 올드 문 카페를 만남의 장소로 선택한 이유가 그곳이 꽤 공개적인 환경이기 때문임을 알 수 있다. 따라서 (b)가 정답이다.

패러프레이징

public place → fairly public setting

오답체크

스티븐은 이 카페가 항상 사람들이 있지만, 너무 시끄러워질 정도로까지 붐비지 않는다(it never gets crowded)고 했다. 따라서 항상 붐비기 때문이라고 나와 있는 (a)는 오답이다.

어휘 fairly a. 꽤, 상당히   intimate a. 친밀한

30 세부사항

Why does Stephen regularly go to Old Moon Café?

(a) to meet his girlfriend for dates
(b) to work there as an employee
(c) to talk to interesting strangers
(d) to write for his freelance job

왜 스티븐은 올드 문 카페에 주기적으로 가는가?

(a) 그의 여자친구를 만나 데이트하기 위해
(b) 그곳에서 직원으로 일하기 위해
(c) 흥미 있는 낯선 사람들과 이야기하기 위해
(d) 그의 프리랜서 일로 글을 쓰기 위해

[해설] 스티븐은 일하려고 여기에 거의 매일 온다고 말하면서(I come here almost every day to work), 본인의 일이 프리랜서로 글을 쓰는 것을 포함하고(My work involves freelance writing) 이 카페는 쾌적하고 조용한 분위기여서 글쓰기에 딱 좋다고(perfect for writing) 하고 있다. 이를 통해 스티븐이 올드 문 카페에 주기적으로 가는 이유가 그의 프리랜서 일로 글을 쓰기 위함임을 알 수 있다. 따라서 (d)가 정답이다.

🔍 패러프레이징

almost every day → regularly
My work involves freelance writing → write for his freelance job

[어휘] regularly ad. 주기적으로, 정기적으로

31 세부사항

How did Chelsea probably want her date to proceed?

(a) They would stay all evening at the café.
(b) They would talk about her life in Knoxville.
(c) They would explore the city together.
(d) They would discuss their relationship.

첼시는 그녀의 데이트 상대가 어떻게 진행되기를 원했을 것 같은가?

(a) 그들은 카페에서 저녁 내내 머무를 것이었다.
(b) 그들은 녹스빌에 있었을 때의 그녀의 삶에 대해 이야기할 것이었다.
(c) 그들은 함께 도시를 탐험할 것이었다.
(d) 그들은 그들의 관계에 대해 논의할 것이었다.

[해설] 첼시는 새로운 도시로 이사를 왔기에 이곳 사람들을 알아가고 지역 문화를 배울 수 있도록 온라인 데이트를 시작했다(I started online dating again so I can get to know the people here and learn about the local culture)고 언급하는 부분을 통해 첼시가 원한 데이트는 함께 새로운 도시를 탐험하는 것임을 알 수 있다. 따라서 (c)가 정답이다.

[어휘] proceed v. 진행하다, 계속해서 하다   explore v. 탐험하다, 탐사하다

32 추론

Why most likely does Stephen intend to include his girlfriend in the plan?

(a) so Chelsea can make a new friend in the city
(b) so Chelsea is aware that he is in a relationship
(c) because she knows more about the city's popular attractions
(d) because she wants to be introduced to Chelsea

왜 스티븐은 여자친구를 계획에 참여시키려고 의도한 것 같은가?

(a) 그래야 첼시가 이 도시에서 새로운 친구를 사귈 수 있으므로
(b) 그래야 첼시가 그가 사귀고 있다는 것을 알 것이므로
(c) 그녀는 이 도시의 인기 있는 명소들에 대해 더 많이 알고 있기 때문에
(d) 그녀는 첼시를 소개받고 싶어하기 때문에

[해설] 앞서 첼시는 휴스턴에 온지 얼마 되지 않아 이곳 사람들을 알아가려 하고 있다고 했고, 그 말을 들은 스티븐은 첼시에게 휴스턴을 안내해주겠다고 했다. 이 계획에 스티븐은 그의 여자친구가 함께하면 첼시가 분명 그의 여자친구와 잘 어울릴 거라고 (I'm sure you would get along with her) 말하고 있는데, 이를 통해 스티븐이 이 계획에 그의 여자친구를 포함시키려는 이유는 첼시가 이 도시에서 새로운 친구를 사귈 수 있도록 의도하려는 것임을 추론할 수 있다. 따라서 (a)가 정답이다.

[어휘] intend v. 의도하다 attraction n. 명소

33 세부사항

Why did Chelsea leave at the end of the conversation?

(a) so she could prepare for another date
(b) to hang out with her other friends
(c) so she could get Stephen's number
(d) to stop distracting Stephen from his work

왜 첼시는 대화의 말미에 떠났는가?

(a) 그래야 그녀가 다른 데이트를 준비할 수 있었으므로
(b) 그녀가 다른 친구들과 어울리기 위해
(c) 그래야 그녀가 스티븐의 전화번호를 알아낼 수 있었으므로
(d) 스티븐의 일을 방해하지 않도록 하기 위해

[해설] 첼시는 스티븐에게 그의 시간을 뺏고 싶지 않다(I don't want to take up any more of your time)고 하면서 이제 가야겠다고 했다. 이를 통해 그녀가 대화 말미에 떠난 이유가 스티븐이 일하는 것에 방해되지 않도록 하는 것임을 알 수 있다. 따라서 (d)가 정답이다.

 오답체크

대화 끝무렵에 스티븐이 첼시에게 전화번호를 주기는 하지만, 그녀가 대화를 떠나는 직접적인 이유가 되지 못하므로 (c)는 오답이다.

[어휘] distract v. 방해하다, 집중이 안 되게 하다 take up v. (시간을) 차지하다

PART 2 34~39

강연 ▶ 할로윈 파티 "황혼의 그림자"

음원은 QR로 확인

파티 소개

Good evening! Halloween is just around the corner, and if you still have nowhere to go on October 31st, then let me invite you to attend "Shades of Twilight," the most awaited party of the year. ³⁴Brought to you by the hottest event organizers in town, "Shades of Twilight" is a Halloween party guaranteed to offer a fun and memorable night for you and your friends.

코스튬 대회 + 바디 페인트

"Shades of Twilight" will be hosted by some of the popular celebrities and internet personalities. It will be held at the popular Hollywood hangout spot Club 478, and the doors will open at 7:30 p.m. Since Halloween is nothing without costumes, we encourage all attendees to wear their best outfits. ³⁵This year, the theme of our costume contest is body paint. That means you should show your creativity by painting your body with art styles.

수상자 발표

Be warned: the judges will be going around that night, but you won't know who they are. Since the judges will be amongst the crowd, make sure you're wearing that outfit well. At 9 p.m., we will announce the winners. The grand prize winner will get a luxurious package from the Holiday Spa, $500 in cash, and an all-day access pass for two to the Hally End Theater where they'll be screening horror films every day during the first week of November. The runners-up will also receive consolation prizes.

댄스 파티 + 디제이 공연

³⁶At 10 p.m., the dance floor will be yours to conquer. We've hired some of the most popular DJs to give you the hottest mixes of current dance hits. Each DJ will perform different sets to let you dance the night away. This part of the night will last until six in the morning, which is more than enough time for you to shake off all your troubles, even if just for one night.

안녕하세요! 할로윈이 얼마 남지 않았는데, 만약 여러분이 10월 31일에 어디로 갈지 아직 모르겠다면, 여러분을 올해 가장 오래 기다렸던 파티인 "황혼의 그림자"에 초대합니다. ³⁴여러분에게 시내에서 가장 인기 있는 행사 주최자들에 의해 세공되는, "황혼의 그림자"는 여러분과 여러분의 친구들에게 재미있고 기억에 남는 밤을 선사하는 것을 보장하는 할로윈 파티입니다.

"황혼의 그림자"는 몇몇 유명 연예인들과 인플루언서들에 의해 진행될 것입니다. 이 파티는 인기 있는 할리우드 파티 장소인 클럽 478에서 열리며, 오후 7시 30분에 시작될 것입니다. 할로윈은 코스튬을 빼면 아무 것도 아니기 때문에, 저희는 참석자 전원에게 그들의 최고의 의상을 입을 것을 권합니다. ³⁵올해, 저희의 코스튬 대회의 주제는 바디 페인트입니다. 즉 여러분은 예술적인 방식으로 여러분의 몸을 페인트칠하여 창의력을 보여주셔야 합니다.

조심하세요. 심사위원들이 그날 밤에 주변을 돌아다닐 테지만, 여러분은 그들이 누구인지 알 수 없을 테니까요. 심사위원들은 군중 틈에 있기 때문에, 여러분은 그 옷을 잘 입고 있는지를 확인하세요. 오후 9시에, 저희는 수상자들을 발표할 것입니다. 대상 수상자는 홀리데이 스파의 호화 패키지상품과, 현금 500달러, 그리고 11월 첫 주 동안 매일 호러 영화를 상영할 핼리 엔드 극장의 종일 이용권 두 장을 받을 것입니다. 2위 수상자에게도 위로상이 주어질 것입니다.

³⁶오후 10시에는, 무도회장은 여러분이 정복할 것입니다. 저희는 현재 댄스 히트곡들 중 제일 유행하는 믹스 음악을 여러분에게 선사할 가장 인기 있는 디제이들을 섭외했습니다. 각 디제이는 여러분이 밤새 춤을 출 수 있도록 각기 다른 세트를 공연할 것입니다. 이번 밤 순서는 아침 여섯 시까지 이어질 것이며, 이는 여러분이 단지 하룻밤만이라도 모든 근심들을 털어내기에 충분한 시간이죠.

해돋이 구경

³⁷After the dance party, the fun won't stop there. We will ask everyone to proceed outside. At the back of Club 478 is an open beach where guests can conveniently watch the sunrise. According to the weather forecast, the sun will rise at about 6:45 am, so we'll just sit on the sand, relax for a while, and enjoy the scenery together.

예약 안내

If all of this is making you think about attending "Shades of Twilight," then visit our official website at www.shadesoftwilightparty.com/reservations. Make online reservations at this website to place your name on our guest list. ³⁸You can only invite one more guest when you register online. Club 478 can fit only 350 people and slots are limited, so reserve online now to secure your attendance.

입장료 안내

The entrance fee will be on a pay-what-you-want basis with a minimum price of $1. This very, very low price of $1 is because Club 478 is also celebrating its fifth anniversary this November, so it's another way of giving back to the public, which has supported them over the last five years. ³⁹For groups of ten, you can reserve a table and a couch for only $50, which also includes one bottle of champagne. The venue only has 15 couches so, again, be sure to make reservations soon to take advantage of this wonderful promo!

마무리 인사

With that said, we hope that you can come this October 31st to celebrate "Shades of Twilight"! We look forward to seeing you there!

³⁷댄스 파티가 끝난 뒤에도, 즐거움은 거기서 멈추지 않습니다. 저희는 모두에게 밖으로 나가라고 요청할 것입니다. 클럽 478의 뒤편에는 탁 트인 해변이 있고 그곳에서 게스트 여러분은 편리하게 일출을 보실 수 있습니다. 일기예보에 따르면, 오전 6시 45분에 해가 뜬다고 하니, 우리 모두 모래 위에 앉아, 잠시 동안 쉬면서 함께 경치를 감상할 것입니다.

만약 이 모두가 여러분이 "황혼의 그림자"에 참석하는 것에 대해 생각하게 만든다면, 저희 공식 웹사이트 www.shadesoftwilightparty.com/reservations에 방문하세요. 저희 게스트 목록에 여러분의 이름을 올리기 위해 이 사이트에서 온라인 예약을 하세요. ³⁸온라인 등록을 하실 때 추가 게스트는 한 명만 데려오실 수 있습니다. 클럽 478은 단 350명만 들어갈 수 있으며 자리는 한정되어 있으니, 지금 온라인으로 예약하셔서 참석을 확보하세요.

입장료는 최소 1달러에 여러분이 원하는 만큼 지불하시면 됩니다. 이 1달러라는 매우, 매우 낮은 가격은 클럽 478도 이번 11월에 5주년을 맞기 때문에, 지난 5년 동안 클럽을 후원해온 대중에게 환원하는 또 다른 방법입니다. ³⁹10인 단체로 오시려면, 테이블과 소파를 단 50달러에 예약하실 수 있으며, 여기에는 샴페인 한 병도 포함됩니다. 그 곳은 소파가 15개밖에 없으니, 다시 한 번 말씀드리지만, 이 놀라운 프로모션을 이용하기 위해 빨리 예약하셔야 합니다!

그렇기는 해도, 저희는 여러분이 이번 10월 31일에 오셔서 "황혼의 그림자"를 기념하시기를 바랍니다! 그곳에서 곧 뵙기를 기대하겠습니다!

어휘

around the corner a. 얼마 남지 않은, 코앞에 있는　awaited a. 기다렸던　hottest a. 가장 인기있는　organizer n. 주최자, 창립자
guarantee v. 보장하다, 약속하다　memorable a. 기억할 만한　host v. 진행하다, 주최하다　warn v. 조심하라고 하다, 주의를 주다
judge n. 심사위원, 심판　amongst prep. ~중에, ~사이에　announce v. 발표하다, 알리다　all-day access pass n. 종일 이용권
runner-up n. 2위 수상자, (1위 외의) 입상자　consolation n. 위로, 위안　conquer v. 정복하다　proceed v. 나아가다, 이동하나
conveniently ad. 편리하게, 알맞게　weather forecast n. 일기예보　scenery n. 경치, 풍경　slot n. 자리
reserve v. 예약하다, (자리를) 따로 잡다　secure v. 확보하다, 얻어 내다　entrance n. 입장, 등장　minimum a. 최소한의, 최저의
anniversary n. 기념일　venue n. 장소　couch n. 소파　reservation n. 예약　look forward to v. ~을 기대하다

34 세부사항

What is "Shades of Twilight"?

(a) a Halloween celebration
(b) an event organizing team
(c) a costume competition
(d) a popular nightclub

"황혼의 그림자"가 무엇인가?

(a) 할로윈 축제
(b) 행사 조직 팀
(c) 코스튬 대회
(d) 인기 있는 나이트클럽

해설 "황혼의 그림자"는 재미있고 기억에 남는 밤을 선사하는 것을 보장하는 할로윈 파티("Shades of Twilight" is a Halloween party guaranteed to offer a fun and memorable night for you and your friends)라고 언급하는 부분을 통해 (a)가 정답임을 알 수 있다.

패러프레이징

a Halloween party → a Halloween celebration

어휘 celebration n. 축제   competition n. 대회, 시합

35 세부사항

How can a person win the contest's grand prize?

(a) by wearing a body-fitting outfit
(b) by guessing who the judges are
(c) by putting on body paint creatively
(d) by applying scary face makeup

어떻게 한 사람이 대회의 대상을 탈 수 있는가?

(a) 몸에 맞는 옷을 입음으로써
(b) 심사위원들이 누구인지 추측함으로써
(c) 바디 페인트를 창의적으로 바름으로써
(d) 무서운 화장을 함으로써

해설 코스튬 대회의 주제가 바디 페인트라며(the theme of our costume contest is body paint), 예술적인 방식으로 몸을 페인트칠하여 창의력을 표출하면(That means you should show your creativity by painting your body with art styles) 군중 틈에 있는 심사위원들이 심사를 하여 수상자를 발표할 것이라고 언급하는 부분을 통해 (c)가 정답임을 알 수 있다.

패러프레이징

painting your body with art styles → putting on body paint creatively

어휘 guess v. 추측하다, 짐작하다   scary a. 무서운, 겁나는

36 세부사항

According to the speaker, what will happen after the announcement of the winners?

(a) A horror movie will be shown.
(b) The dance floor will be opened.
(c) There'll be a DJ competition.
(d) A dance contest will be held.

화자에 따르면, 수상자 발표 후에는 어떤 일이 벌어질 것인가?

(a) 공포 영화가 상영될 것이다.
(b) 무도회장이 열릴 것이다.
(c) DJ 대회가 있을 것이다.
(d) 댄스 경연대회가 열릴 것이다.

[해설] 오후 9시에 수상자를 발표한 후, 오후 10시에 무도회장은 여러분들이 정복할 것(At 10 p.m., the dance floor will be yours to conquer)이라고 언급하는 부분을 통해 수상자 발표 이후 무도회장이 열릴 것임을 알 수 있다. 따라서 (b)가 정답이다.

[어휘] announcement n. 발표

37 세부사항

Why will the guests be asked to go outside of the Club towards the end of the program?

(a) because they all won't fit inside the venue
(b) to watch the sun rise
(c) to make sure that the venue will be empty after the event
(d) because they'll be dancing at the beach

왜 손님들은 프로그램이 끝날 때쯤 클럽 밖으로 나가도록 요청받을 것인가?

(a) 그들 모두가 행사장 안에 들어가지 않을 것이기 때문에
(b) 해가 뜨는 것을 보기 위해
(c) 행사 후 장소가 비울 것을 확실히 하기 위해
(d) 그들이 해변에서 춤을 출 것이기 때문에

[해설] 댄스 파티가 끝난 후 모두에게 밖으로 나가라고 요청할 것(After the dance party, ~ We will ask everyone to proceed outside)인데, 클럽 밖의 뒤편에 있는 해변에서 편리하게 일출을 감상할 수 있다(At the back of Club 478 is an open beach where guests can conveniently watch the sunrise)고 언급하는 부분을 통해 (b)가 정답임을 알 수 있다.

📖 패러프레이징

After the dance party → towards the end of the program
ask everyone to proceed outside → asked to go outside of the Club

[어휘] empty a. 빈, 비어 있는

38 추론

Why most likely can individual reservations be made for up to only two people?

(a) to make the attendance more competitive
(b) to limit access to the club's loyal visitors only
(c) because the guest list has limited slots
(d) because it is the policy of Club 478

왜 개인 예약은 두 명까지만 될 수 있는 것 같은가?

(a) 참석을 더 경쟁적으로 만들기 위해
(b) 오직 클럽의 충실한 방문객들만 출입하도록 제한하기 위해
(c) 손님 목록은 한정된 자리들로 되어있기 때문에
(d) 클럽 478의 정책이기 때문에

[해설] 온라인 등록 시 추가 게스트는 한 명만 더, 즉 2명만 예약이 가능한데, 이는 클럽 안에 350명만 들어갈 수 있고 자리는 한정되어 있기 때문(You can only invite one more guest when you register online. Club 478 can fit only 350 people and slots are limited)이라고 언급하는 부분을 통해 (c)가 정답임을 알 수 있다.

 패러프레이징

slots are limited → the guest list has limited slots

[어휘] **up to** prep. ~까지 **attendance** n. 참석, 출석 **loyal** a. 충실한, 충성스러운 **policy** n. 정책, 방침

39 세부사항

When will one receive a free bottle of champagne?

(a) when one reserves seats for ten people
(b) when one arrives at the venue early enough
(c) when all 15 tables and couches have been reserved
(d) when one pays an entrance fee greater than $1

언제 무료 샴페인 1병을 받을 것인가?

(a) 10인 좌석을 예약할 때
(b) 행사장에 충분히 일찍 도착할 때
(c) 15개의 테이블과 소파가 모두 예약되었을 때
(d) 입장료를 1달러 이상 지불할 때

[해설] 10인 단체로 오려면 테이블과 소파를 단 50달러에 예약할 수 있는데, 여기에 샴페인 1병도 포함된다(For groups of ten, you can reserve a table and a couch for only $50, which also includes one bottle of champagne)고 언급하는 부분을 통해 무료 샴페인 1병은 10인 좌석을 예약할 때 받을 수 있다는 것을 알 수 있다. 따라서 (a)가 정답이다.

PART 3 40~45   일상 대화 ▶ 밤샘 파티 장소의 장단점

음원은 QR로 확인

대화 주제	F: Adam, has our son mentioned anything to you about his sleepover plans this Friday? M: Not yet, Brenda. Why? F: Well, honey, do you recall his classmate who joined us for dinner last week? [40]Our son wants to sleep over at his house on Friday. M: Yes, honey, I remember him. They're really close friends. [40]Well, why can't he come over and sleep here instead? F: That's a good idea, too. Why don't we discuss the pros and cons of each option?
우리집 장점1	M: Alright. First, if his friend sleeps here, they will have an easier time since our house is closer to the school—just five blocks away and all. F: Right. They can walk home together after their classes are over.
우리집 장점2	M: Yeah. [41]And it'd be perfect timing too, since the guest room is newly renovated. I'm sure his friend will like its baseball-themed design because I heard he likes baseball.
우리집 단점1	F: Then again, sleeping over here at our house has drawbacks too. One disadvantage is that the boys will be on their own here. Both of us are on graveyard shifts, so we won't be seeing them until Saturday morning. M: Wait, but isn't your mother going to stay over here this weekend?
우리집 단점2	F: [42]Yes, but I don't want to burden her with taking care of two energetic boys. Another disadvantage is that our son won't like this option because these days, he always wants to go out of the house. I'm sure he's going to beg to stay at his friend's house instead. M: Ha! You're right, honey. Our son is probably sick of this already. Teenagers!

여: 아담, 우리 아들이 당신한테 이번 주 금요일 그의 밤샘 파티 계획에 대해서 말한 적 있어?
남: 아직, 브렌다. 왜?
여: 음, 여보, 지난 주에 저녁 식사 같이 했던 아들의 반 친구 기억나? [40]우리 아들이 금요일에 그 친구 집에서 밤을 새고 싶대.
남: 그래, 여보, 그 아이 기억나. 그들은 정말 가까운 친구 사이야. [40]음, 대신에 왜 그가 여기에 와서 자는 건 안돼?
여: 그것도 좋은 방법이야. 각 선택시의 장점과 단점에 대해 논의해보는 건 어떨까?

남: 좋아. 우선, 만약 그의 친구가 여기서 잔다면, 우리 집이 학교와 다섯 블록 떨어져 있어 더 가까우니 그들에게 더 수월할 거야.
여: 맞아. 그들은 수업이 끝나고 난 뒤에 함께 집으로 걸어올 수 있지.

남: 응. [41]그리고 손님방을 새로 보수했기 때문에, 시기적으로도 딱 좋지. 그 친구가 야구를 좋아한다고 들었기 때문에, 분명 손님 방의 야구 테마 디자인을 좋아할 거야.

여: 그럼 다시 돌아와서, 우리 집에서 자고 가는 것에는 문제점도 있어. 한 가지 단점은 여기에 두 아이만 있게 된다는 점이야. 우리 둘 다 야간 근무가 있기 때문에, 우리는 토요일 아침까지 그들을 볼 수 없잖아.
남: 잠깐만, 장모님이 이번 주말에 여기에 계실 예정이지 않아?

여: [42]그러시기는 하지만, 나는 엄마한테 두 혈기 왕성한 남자아이들을 돌보게 하는 부담을 드리고 싶지 않거든. 또 다른 단점은 우리 아들이 요즘 집 밖으로 매일 나가고 싶어하기 때문에 이 선택지를 좋아하지 않을 거라는 점이야. 그는 대신 친구 집에 있으려고 애걸복걸 할 게 분명해.
남: 하! 당신 말이 맞아, 여보. 우리 아들은 이미 질려버렸을 거야. 10대들이란!

친구집 장점1	F:	Hmm, what about letting him sleep over at his friend's house—what will be the advantages of that?
	M:	Well, [43]the good thing about sleeping over there is that his friend's parents can look after them. If the parents are there, then we can feel confident about our son's safety.
친구집 장점2	F:	Also, [44]our son mentioned that he wants to have a sleepover there because his friend has this new video game that his parents bought him, and he really wants to play it with him.
	M:	A-ha! A new video game. That explains everything. But wait, where does his friend live anyway?
친구집 단점1	F:	Oh! That's the major drawback with letting our son sleep over there. You see, his friend lives across town. The boys will have to ride the subway and take two different subway lines to get there.
	M:	That's very risky, especially since they will be commuting during rush hour.
우리집 단점2	F:	Exactly. Another reason why I'm hesitant about letting our son sleep over there is that we had already agreed a long time ago that he can't go to sleepovers until he's in high school. Do you remember that?
	M:	Oh, I almost forgot. That's a good point. It wouldn't be good if we broke that rule.
부모의 결정	F:	So, what should we do?
	M:	Well, our son tells me that he and his friend are both doing well in school because they help each other study. [45]And it's already his last year of middle school anyway, so what if we just give the kid what he wants and say it's a reward for his good grades?
	F:	Okay, I hope he will appreciate our decision. I'm sure he will behave at his friend's house.
	M:	Yes, I think so. Let's go talk to him right now.

여: 흠, 그가 친구 집에 자고 오게 놔두는 것은 어떨까. 그것의 장점은 뭐가 있을까?

남: 음, [43]거기서 자고 오는 것의 좋은 점은 친구네 부모님이 그들을 돌볼 수 있다는 거지. 부모님이 거기에 있으면, 우리는 우리 아들의 안전을 확신할 수 있잖아.

여: 또한, [44]우리 아들이 거기서 자고 오고 싶다고 말했던 데에는 그 친구가 부모님이 그에게 사준 새로운 비디오 게임이 있고, 아들은 친구와 함께 정말 게임을 하고 싶어하기 때문이야.

남: 아하! 새로운 비디오 게임. 그게 모든 것을 설명해주네. 근데 잠깐만, 그나저나 그의 친구는 어디에 살아?

여: 아! 그건 우리 아들이 거기서 자고 오게 놔두는 것의 주요한 단점이야. 있잖아, 그의 친구는 시내 건너편에 살아. 두 아이들은 지하철을 타고 그곳에 가기 위해 다른 두 개의 지하철 노선을 이용해야 할 거야.

남: 그건 너무 위험한데, 특히 그들이 혼잡한 출퇴근 시간 동안 가야 할 테니.

여: 내 말이. 내가 우리 아들이 그곳에 자고 오라고 하는 데 주저하는 또 다른 이유는 그가 고등학교에 들어갈 때까지 외박하러 나갈 수 없는 데 우리가 이미 오래 전에 합의했었잖아. 기억나?

남: 아, 잊어버릴 뻔했네. 좋은 지적이야. 우리가 그 규칙을 어긴다면 좋지 않을 거야.

여: 그러면, 우리는 무엇을 해야 할까?

남: 음, 우리 아들이 나한테 그들은 서로 공부하는 것을 도와주기 때문에 둘이 학교에서 잘 지낸다고 말했어. [45]그리고 어쨌든 이미 그의 중학교 마지막 학년이니까, 우리가 그냥 녀석에게 그가 원하는 것을 주고 그의 좋은 성적에 대한 보상이라고 말하는 것은 어때?

여: 알았어, 그가 우리의 결정에 고마워했으면 좋겠어. 나는 그가 친구 집에서 예의 바르게 행동할 거라고 확신해.

남: 응, 나도 그렇게 생각해. 당장 가서 그에게 말하자.

어휘

sleepover n. (아이들이 한 집에 모여) 밤샘 파티, 함께 자며 놀기   recall v. 기억해 내다, 상기하다   classmate n. 반 친구   close a. 가까운
renovate v. 보수하다, 개조하다   drawback n. 문제점, 결점   graveyard shift n. 야간 근무   burden v. 부담을 지우다, 짐을 지우다
take care of v. ~을 돌보다, 뒷바라지하다   be sick of v. ~에 질려버리다, 넌더리 나다   teenager n. 십대 청소년   already ad. 이미, 벌써
confident a. (전적으로) 확신하는   risky a. 위험한   commute v. 왔다갔다하다, 통근하다   rush hour n. (혼잡한) 출퇴근 시간
hesitant a. 주저하는, 망설이는   reward n. 보상   appreciate v. 고마워하다, 환영하다   behave v. 행동하다, 처신하다

40 주제/목적

What are Adam and Brenda discussing?

(a) inviting their son's friend over for dinner
(b) whether to allow their son to hang out with a friend
(c) hosting an overnight party for their son's birthday
(d) where their son will be having a sleepover

아담과 브렌다는 무슨 이야기를 하고 있는가?

(a) 아들 친구들 저녁 식사에 초대하는 것
(b) 그들의 아들이 친구와 노는 것을 허락해야 할지
(c) 아들의 생일을 위해 밤샘 파티를 여는 것
(d) 그들의 아들이 밤샘 파티를 할 장소

[해설] 브렌다가 그들의 아들은 친구네 집에서 밤을 새고 싶어한다(Our son wants to sleep over at his house on Friday)고 말하자, 아담은 그 친구가 여기에 와서 자고 가는 건 어떻겠냐(why can't he come over and sleep here instead?)고 물었다. 이를 통해 아담과 브렌다는 그들의 아들이 어디에서 밤샘 파티를 하게 될 지에 대해 의논하고 있는 중임을 알 수 있다. 따라서 (d)가 정답이다.

 패러프레이징

at his house, here → where

[어휘] hang out with v. ~와 놀다, 어울리다   host v. 열다, 주최하다

41 세부사항

According to Adam, why will their son's friend enjoy staying at their house?

(a) He will be walking home together with Kyle.
(b) He will be leaving classes earlier than usual.
(c) He will be sharing a room with Kyle.
(d) He will be staying in a newly designed guest room.

아담에 따르면, 왜 아들의 친구가 그들의 집에 머무르는 것을 즐길 것인가?

(a) 그는 카일과 함께 집으로 걸어갈 것이다.
(b) 그는 평소보다 일찍 수업을 마칠 것이다.
(c) 그는 카일과 방을 함께 쓸 것이다.
(d) 그는 새로 만들어진 손님방에 머무를 것이다.

[해설] 아담이 자신들의 집에 손님방을 야구 테마 디자인으로 새로 보수했기 때문에(since the guest room is newly renovated) 시기적으로도 딱 좋고, 친구는 야구를 좋아한다고 들었기 때문에(because I heard he likes baseball) 분명 손님방의 야구 테마 디자인을 좋아할 거라고 말하고 있다. 즉 아들의 친구가 그들의 집에 머무르는 것을 즐길 이유가 새로 만들어진 손님방에 머무를 수 있기 때문임을 알 수 있다. 따라서 (d)가 정답이다.

> 📖 **패러프레이징**
> newly renovated → newly designed

> 📖 **오답체크**
> 이전에 브렌다는 아들과 친구가 수업이 끝나고 난 뒤에 함께 집으로 걸어올 수 있다고 말하긴 했지만, 이것은 브렌다와 아담이 생각하는 하나의 특징일 뿐 친구가 이것을 좋아할 지는 알 수 없으므로 (a)는 오답이다.

어휘 usual a. 평상시의, 보통의   share v. 함께 쓰다, 공유하다

42 세부사항

What is preventing Brenda from letting the boys stay at their house?

(a) that she and Adam will have to take care of the boys
(b) that their house is too far away from the school
(c) that her mother would have to look after the kids
(d) that his son's friend doesn't want to stay there

무엇이 브렌다로 하여금 그들의 집에 남자 아이들을 머무르지 못하게 막고 있는가?

(a) 그녀와 아담이 남자 아이들을 돌봐야 할 것
(b) 그들의 집이 학교에서 너무 멀리 떨어져 있다는 것
(c) 그녀의 엄마가 아이들을 돌봐야 한다는 것
(d) 아들의 친구가 그곳에 머무르고 싶어하지 않는다는 것

해설 브렌다는 자신들의 집에 주말동안 머무를 그녀의 엄마께 아이들을 돌보게 하는 부담을 주고 싶지 않다(I don't want to burden her with taking care of two energetic boys)고 언급하는 부분을 통해 (c)가 정답임을 알 수 있다.

> 📖 **패러프레이징**
> taking care of two energetic boys → look after the kids

어휘 prevent A from B v. A가 B하는 것을 막다   far away ad. 멀리 떨어져   look after v. ~을 돌보다, 보살피다

43 세부사항

Why will Brenda and Adam feel assured if their son chooses to stay at his friend's house?

(a) Adults will be looking after both teenagers.
(b) The boys will only be playing video games all night.
(c) His friend's house has a nice security system.
(d) The boys won't be traveling during rush hour.

왜 브렌다와 아담은 그들의 아들이 친구 집에 머무르기로 선택한다면 안심할까?

(a) 어른들이 10대들 둘 모두를 돌볼 것이다.
(b) 남자 아이들이 밤새도록 비디오 게임만 할 것이다.
(c) 아들의 친구 집은 보안 시스템이 잘 되어 있다.
(d) 남자 아이들이 혼잡한 출퇴근 시간에 이동하지 않을 것이다.

해설 친구 집에서 자고 오면 친구의 부모님이 아이들을 돌볼 수 있다는 것이 장점(the good thing about sleeping over there is that his friend's parents can look after them)이라고 언급하는 부분을 통해 (a)가 정답임을 알 수 있다.

his friend's parents → Adults

어휘 assured a. 안심하는 security n. 보안, 경비

44 세부사항

Why does their son want to stay at the friend's house?

(a) because he wants to ride on the new subway
(b) because they haven't been spending time together
(c) because the friend's parents will be away
(d) because he wants to play a new video game

왜 그들의 아들이 친구 집에서 머무르고 싶어하는가?

(a) 그는 새로운 지하철을 타고 싶기 때문에
(b) 그들은 함께 시간을 보내지 않았기 때문에
(c) 친구의 부모님이 부재중일 것이기 때문에
(d) 그가 새로운 비디오 게임을 하고 싶기 때문에

해설 아들이 친구 집에서 자고 싶다고 말했던 이유는 친구 집에 새로운 비디오 게임이 있는데, 아들이 친구와 함께 게임을 하고 싶어하기 때문(our son mentioned that he wants to have a sleepover there because his friend has this new video game that his parents bought him, and he really wants to play it with him)이라고 언급하는 부분을 통해 (d)가 정답임을 알 수 있다.

어휘 away ad. 부재중인, 자리에 없는

45 추론

Which fact probably helped in Brenda and Adam's decision?

(a) that they have an agreement with their son
(b) that they can no longer control their son
(c) that their son is going to be in high school soon
(d) that their son behaves during sleepovers

다음 중 어떤 사실이 브렌다와 아담의 결정에 있어 도움이 되었을 것 같은가?

(a) 그들이 아들과 합의했다는 것
(b) 그들이 더 이상 아들을 통제할 수 없다는 것
(c) 아들이 곧 고등학교에 입학할 것
(d) 아들이 밤샘 파티를 하는 동안 행동하는 것

해설 원래 규칙으로는 고등학교를 진학하기 전까지 외박이 금지이지만, 두 사람은 아들이 중학교의 마지막 학년이기 때문에(it's already his last year of middle school anyway) 아들에게는 좋은 성적에 대한 보상이라고 하면서 아들이 원하는 대로 해주면 어떻겠냐(what if we just give the kid what he wants and say it's a reward for his good grades?)고 말하고 있다. 이를 통해 그의 아들이 곧 고등학교에 입학하게 될 것이 그들의 결정에 도움이 되었음을 알 수 있다. 따라서 (c)가 정답이다.

패러프레이징

it's already his last year of middle school anyway → their son is going to be in high school soon

오답체크

대화 끝무렵에 브렌다는 그들의 아들이 친구네 집에서 분명 예의 바르게 행동할 거라고 확신한다고 했지만, 이것은 그들의 결정이 이미 끝난 뒤에 나온 내용이다. 따라서 (d)는 오답이다.

어휘 agreement n. 합의, 동의 no longer v. 더 이상 ~하지 않다

PART 4 46~52 강연 ▶ 네온 사진 촬영 방법

Greetings, aspiring street photographers! ⁴⁶Today, I will teach you how to shoot neon photos. Neon photography is taking pictures using neon signs as the light source. Neon signs give off bright, vivid colors. Shooting with them will surely give your photos a colorful and retro look—like they came straight out of the 1980s. But neon light isn't as bright as sunlight or studio light, so how can you take good pictures? ⁴⁶Listen up as I share some techniques to help you master this fun style of photography. Let's get started!

The first step is adjusting your camera's settings. This is the main step of the tutorial, and will be a little lengthy, so bear with me. Cameras have three basic settings—aperture, ISO, and shutter speed. Aperture is the hole in the camera's lens. It works just like your eyes: it expands in dark environments, and becomes smaller when there's much light around. ⁴⁷Now, since you'll be working with neon light, you want as much light to get through your camera as possible. So you should set the aperture at a wide setting, either "f one point eight" or "f one point four."

ISO, which stands for International Organization for Standardization, is a setting that will brighten or darken a picture. As you increase the ISO number, your photos will become brighter. ⁴⁸Since you will be around bright neon lights when taking neon photos, it's best to use a low ISO setting.

Shutter speed, which is also called "exposure time," controls how long your camera's shutter is open to allow light to enter. Shutter speed is basically how long the camera spends taking a picture. It is measured in fractions of a second. ⁴⁹Set the shutter speed to slow, because you won't be shooting a fast-moving object anyway.

안녕하십니까, 미래의 거리 사진작가 여러분! ⁴⁶오늘은, 제가 여러분에게 네온 사진을 촬영하는 방법을 알려드리겠습니다. 네온 사진은 네온 간판을 광원으로 사용하여 사진을 찍는 것입니다. 네온 간판은 밝고 선명한 색감을 표출합니다. 네온 간판을 촬영하는 것은 분명 여러분의 사진에 다채로우면서 마치 사진이 1980년대에서 튀어나온 듯한 복고풍의 느낌을 줄 것입니다. 그러나 네온 불빛은 햇빛이나 스튜디오 조명만큼 밝지 않은데, 여러분은 어떻게 좋은 사진을 찍을 수 있을까요? ⁴⁶여러분이 이 재미있는 사진 촬영 기법을 터득하실 수 있도록 도와줄 몇몇 기술들을 공유할 테니 잘 들어보세요. 그럼 시작하겠습니다!

첫 번째 단계는 여러분의 카메라 설정을 조정하는 것입니다. 이는 튜토리얼의 주요 단계이며, 약간 지루할 수 있으니 저의 말을 끈기 있게 들어 주시기 바랍니다. 카메라는 조리개, ISO, 셔터 속도의 세 가지 기본 설정이 있습니다. 조리개는 카메라 렌즈 안에 있는 구멍입니다. 이는 여러분의 눈과 같이 작동합니다. 즉 어두운 환경에서는 넓어지고, 주변에 빛이 많이 있을 때에는 더 작아지는 것이죠. ⁴⁷이제, 여러분은 네온 불빛으로 작업을 하시게 될 테니, 여러분은 여러분의 카메라를 통과하는 가능한 한 많은 빛을 원합니다. 따라서 여러분은 조리개 값을 "f 1.8" 이나 "f 1.4" 중 하나인 넓은 설정으로 맞춰야 합니다.

국제 표준화 기구를 의미하는 ISO는 사진을 밝게 또는 어둡게 만드는 설정입니다. 여러분이 ISO 숫자를 높이면, 여러분의 사진들은 더 밝아집니다. ⁴⁸여러분은 네온 사진을 찍을 때 밝은 네온 불빛 근처에 있을 것이기 때문에, 낮은 ISO 설정을 사용하는 것이 가장 좋습니다.

"노출 시간"이라고도 불리는 셔터 속도는 여러분의 카메라가 빛이 들어오는 것을 허용하기 위해 얼마나 오래 개방되어 있는지를 통제합니다. 이는 순식간에 측정됩니다. ⁴⁹어쨌거나 여러분은 빠르게 움직이는 피사체를 촬영하는 것이 아니기 때문에, 셔터 속도를 느리게 맞춰 놓으세요.

That's it for the camera settings. As for your other equipment, I don't recommend using a tripod to mount your camera on. This is because you will be shooting in small dark places. Bringing along a tripod will be an added burden. Instead, use a handheld camera. It's more convenient, and it will allow you to be flexible with your shots. [50]But to avoid shakiness that leads to blurred photos, find a way to support yourself. You can do this by holding your arms firmly against your chest, or using another person's shoulder for support while taking the shot.

The second step is choosing a location. Common venues that have neon lighting include restaurants and bars. [51]Wherever you decide to shoot, the place should have neon signs that are at eye level so you can easily control the elements that surround your model. You can also adjust your position depending on which angle you think is best for the model's features.

[52]Finally, use props. For a creative shoot, use objects that bend light, producing different colors as they do. Everyday objects that do this include CDs, colored glasses, and reflective films. Once you have your prop, place it beside the lens of your camera to let the neon light shine on its surface. Then think of different ways to spread out the colorful lights to produce more complex arrangements for your portraits.

That's it. Follow these steps carefully and you'll have yourself some amazing shots in no time. Have fun!

어휘

aspiring a. 장차 ~가 되는 give off v. 표출하다, 풍기다 adjust v. 조정하다, 조절하다 lengthy a. 지루한, 장황한
bear with v. ~가 말하는 것을 끝기 있게 듣다, ~을 참다 aperture n. 조리개 hole n. 구멍 expand v. 넓어지다, 확장되다
stand for v. ~을 의미하다, ~을 대표하다 exposure n. 노출 measure v. 측정하다, 재다
in fractions of a second ad. 순식간에, 아주 빠르게 equipment n. 장비, 용품 tripod n. 삼각대 burden n. 부담, 짐
handheld a. 휴대용의, 손에 들고 쓰는 flexible a. 유연한, 융통성이 있는 shakiness n. 흔들림 blurred a. 흐릿한, 희미한
firmly ad. 단단히 chest n. 가슴, 흉부 venue n. 장소 element n. 요소, 성분 surround v. 둘러싸다, 에워싸다 props n. 소품
bend v. 굴절시키다, 구부리다 reflective a. (빛을) 반사하는 surface n. 표면 spread out v. 퍼뜨리다, 널리 퍼지게 하다
arrangement n. 배합 portrait n. 사진 in no time ad. 곧, 당장

46 주제/목적

What is the talk about?

(a) the features of a normal camera
(b) a photography style tutorial
(c) the correct way of using neon lights
(d) a history of 1980s photography

이 강연은 무엇에 관한 것인가?

(a) 일반 카메라의 특징
(b) 사진 스타일 개별 지도 시간
(c) 네온 불빛을 사용하는 올바른 방법
(d) 1980년대 사진의 역사

[해설] 화자가 네온 사진을 촬영하는 법을 알려주겠다고 말하며(Today, I will teach you how to shoot neon photos), 이 재미있는 사진 촬영 기법을 터득할 수 있도록 몇몇 기술을 공유할 것(Listen up as I share some techniques to help you master this fun style of photography)이라고 언급하는 부분을 통해 이 강연은 하나의 사진 스타일에 관한 지도를 주제로 하고 있다는 것을 알 수 있다. 따라서 (b)가 정답이다.

[어휘] feature n. 특징, 특성 tutorial n. 사용 지침, 개별 지도 시간

47 세부사항

Why should the aperture be adjusted to a wide setting?

(a) so the photographer can see through the lens well
(b) so the lens can copy the photographer's eye movements
(c) to enlarge the model's eyes in the photo
(d) to capture more neon light

왜 조리개를 넓은 설정으로 조정해야 하는가?

(a) 사진작가가 렌즈를 통해 잘 볼 수 있으므로
(b) 렌즈들이 사진 작가의 눈 움직임을 복제할 수 있으므로
(c) 사진에서 모델의 눈을 확대하기 위해
(d) 네온 불빛을 더 많이 담아 내기 위해

[해설] 화자가 청자에게 카메라를 통과하는 빛을 가능한 한 많이 원할 것이므로(you want as much light to get through your camera as possible) 조리개 값을 넓은 설정으로 맞춰야 한다(So you should set the aperture at a wide setting)고 언급하는 부분을 통해 (d)가 정답임을 알 수 있다.

패러프레이징

as much light to get through your camera as possible → capture more neon light

[어휘] enlarge v. 확대하다, 확장하다 capture v. 담아내다, 정확히 포착하다

48 세부사항

What should a photographer do to get enough light exposure for a neon portrait?

(a) use the automatic ISO setting
(b) use a low ISO setting
(c) turn off the ISO setting
(d) use a high ISO setting

사진작가가 네온 사진을 위해 충분한 빛을 노출시키려면 무엇을 해야 하는가?

(a) 자동 ISO 설정 사용
(b) 낮은 ISO 설정 사용
(c) ISO 설정 끄기
(d) 높은 ISO 설정 사용

[해설] 네온 사진을 찍을 때에는 청자가 밝은 네온 불빛 근처에 있을 것이기 때문에 낮은 ISO 설정을 사용하는 것이 좋다(Since you will be around bright neon lights when taking neon photos, it's best to use a low ISO setting)고 했다. 즉 네온 사진에 충분한 빛을 노출시키기 위해서는 낮은 ISO 설정을 사용해야 하므로, (b)가 정답이다.

[어휘] automatic a. 자동의   turn off v. 끄다

49 추론

When should one probably use extremely fast shutter speeds?

(a) when shooting objects that are moving quickly
(b) when the photographer has more time to shoot
(c) when shooting non-moving subjects
(d) when there's a lot of movement in the background

언제 매우 빠른 셔터 속도를 사용해야 할 것 같은가?

(a) 빠르게 움직이는 피사체들을 촬영할 때
(b) 사진작가가 촬영할 시간이 많이 있을 때
(c) 움직이지 않는 피사체들을 촬영할 때
(d) 배경 안에 많은 움직임이 있을 때

[해설] 빠르게 움직이는 피사체를 촬영하지 않을 때에는 셔터 속도를 느리게 맞춰 놓으라고(Set the shutter speed to slow, because you won't be shooting a fast-moving object anyway) 언급하는 부분을 통해 빠르게 움직이는 피사체를 촬영할 때에는 반대로 셔터 속도를 빠르게 설정해야 한다는 것을 알 수 있다. 따라서 (a)가 정답이다.

패러프레이징

shooting a fast-moving object → shooting objects that are moving quickly

오답체크

(d)의 경우 배경 안에 많은 움직임이 있을 때라는 내용이다. 그런데 화자의 발언에서 배경에 대한 언급이 없을 뿐만 아니라, 단순히 움직임이 많은 걸로는 물체가 빠르게 움직이는 것으로 패러프레이징 되기에 적절하지 않으므로 (d)는 오답이다.

[어휘] extremely ad. 매우, 극도로   background n. 배경

50 세부사항

What should one do to prevent ending up with blurred neon photos?

(a) avoid shooting in dark places
(b) use a camera tripod
(c) support one's arm while shooting
(d) work from the same angle

흐릿한 네온 사진들이 나오지 않도록 하기 위해서 무엇을 해야 하는가?

(a) 어두운 장소에서 촬영하는 것을 피하기
(b) 카메라 삼각대를 사용하기
(c) 촬영하는 동안 누군가의 팔을 받치기
(d) 같은 각도에서 작업하기

해설 흐릿한 사진으로 이어지는 흔들림을 피하기 위해 자신을 보조할 방법을 찾으라며(But to avoid shakiness that leads to blurred photos, find a way to support yourself), 팔을 고정시키거나 다른 사람의 어깨를 이용하라는 예시를 들고 있으므로 흐릿한 사진이 나오지 않도록 하기 위해서는 촬영하는 동안 팔을 받쳐야 한다는 것을 알 수 있다. 따라서 (c)가 정답이다.

패러프레이징

avoid shakiness that leads to blurred photos → prevent ending up with blurred neon photos
using another person's shoulder for support while taking the shot → support one's arm while shooting

어휘 **prevent** v. ~를 막다, 방지하다

51 세부사항

What's important when choosing a location for shooting neon photos?

(a) that it can be exclusively rented for the shoot
(b) that it's comfortable for the model
(c) that it has room for many props
(d) that it has neon signs at average height

네온 사진을 촬영할 장소를 선택할 때 무엇이 중요한가?

(a) 그 장소가 촬영을 위해 독점적으로 임대될 수 있는 것
(b) 그 장소가 모델에게 편안한 것
(c) 그 장소에 많은 소품들을 위한 공간이 있는 것
(d) 그 장소에 네온 간판이 평균 높이에 있는 것

해설 네온 사진을 촬영하기로 결정한 장소에는 모델을 둘러싼 요소들을 쉽게 통제할 수 있도록 눈높이에 네온 간판이 위치해야 한다(Wherever you decide to shoot, the place should have neon signs that are at eye level so you can easily control the elements that surround your model)고 언급하는 부분을 통해 (d)가 정답임을 알 수 있다.

오답체크

화자는 어떤 각도가 모델의 특징에 가장 최적인지에 따라 청자들이 위치를 조정할 수 있다고 했지만 장소가 모델에게 편안한 것에 대해 언급된 바 없으므로 (b)는 오답이다.

어휘 **exclusively** ad. 독점적으로, 배타적으로 **comfortable** a. 편안한, 쾌적한 **room** n. 공간 **average** a. 평균의 **height** n. (사물의) 높이

52 세부사항

How will the prop be used during the photo shoot?

(a) It will spread the neon lighting.
(b) It will make the lens clearer.
(c) It will be edited into the photo.
(d) It will be the main light source.

어떻게 소품이 사진 촬영 동안 사용될 것인가?

(a) 네온 조명을 퍼뜨릴 것이다.
(b) 렌즈를 더 선명하게 만들 것이다.
(c) 사진으로 편집될 것이다.
(d) 주요 광원이 될 것이다.

해설   빛을 굴절시키는 소품들을 사용하여 여러 가지 색깔을 만들어내면서 사진을 촬영하라(For a creative shoot, use objects that bond light, producing different colors as they do)고 언급하는 부분을 통해 소품으로 네온 조명을 퍼뜨려 다채로운 빛을 퍼뜨릴 것임을 알 수 있다. 따라서 (a)가 정답이다.

어휘   edit v. 편집하다, 수정하다

영역별 기출유형

G-TELP

General Tests of English Language Proficiency

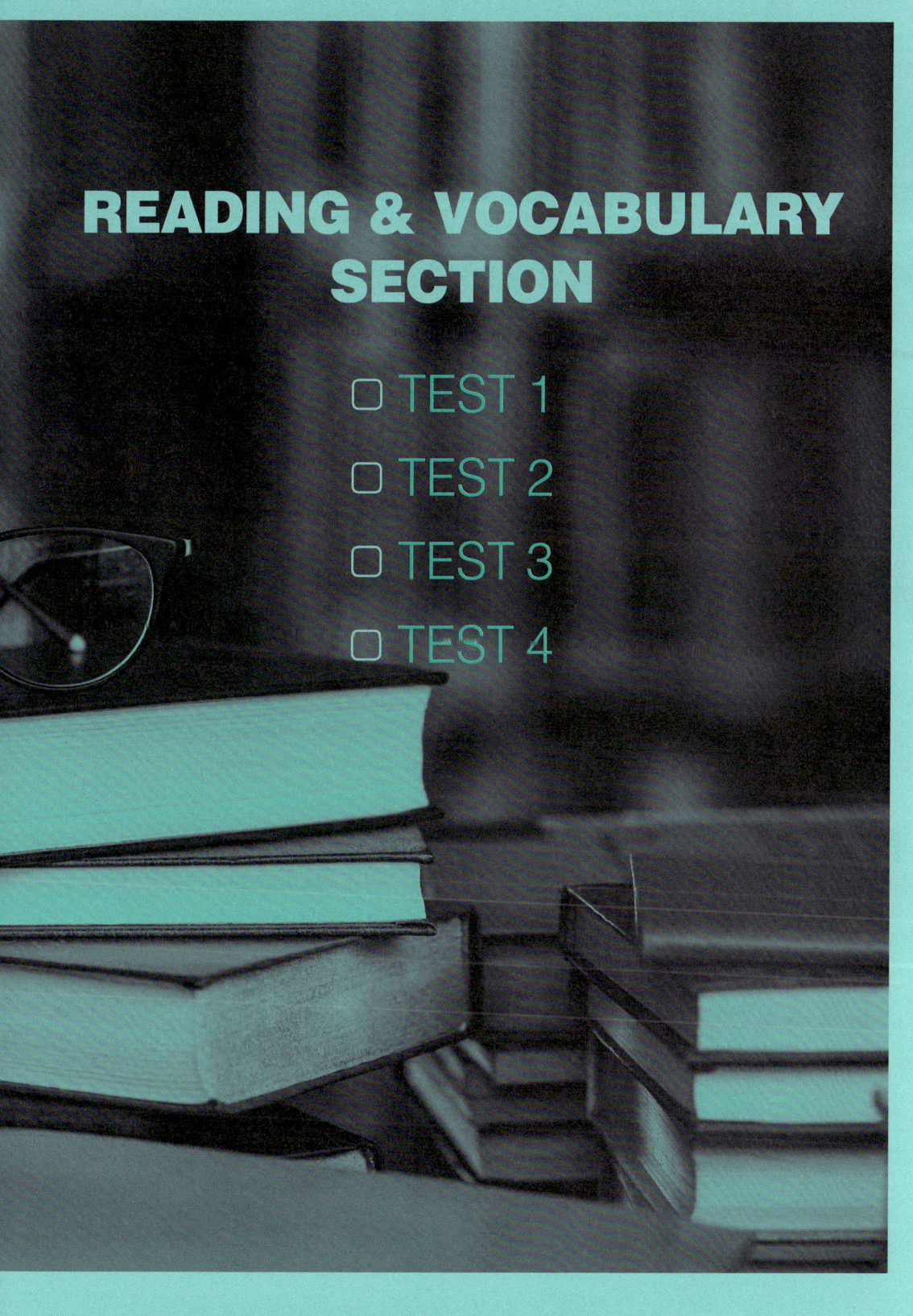

TEST 1 READING & VOCABULARY SECTION

영역별 기출유형

PART 1	53 (d)	54 (a)	55 (c)	56 (a)	57 (b)	58 (d)	59 (c)
PART 2	60 (c)	61 (b)	62 (a)	63 (d)	64 (b)	65 (a)	66 (c)
PART 3	67 (a)	68 (d)	69 (b)	70 (b)	71 (c)	72 (a)	73 (d)
PART 4	74 (b)	75 (c)	76 (d)	77 (a)	78 (c)	79 (b)	80 (d)

PART 1 53~59 인물의 일대기 ▶ 마사 하퍼

MARTHA HARPER

인물 소개

⁵³Martha Harper was a Canadian-American entrepreneur who developed the first franchise system for hair salons. The Harper Method Shop, which had branches worldwide, used only natural ways of caring for hair, a new practice during the early 1900s.

어린 시절

Martha Matilda Harper was born on September 10, 1857, in Ontario, Canada. Her father had a difficult time supporting the family, so at the early age of seven Martha was sent off to work as a servant for her relatives. She then worked in the home of a Canadian physician who ⁵⁸imparted lessons about hair care to her. When he died, he gave Harper his secret formula for healthy hair growth. Eventually, she realized that the chemicals in most hair products were too harsh, so she developed her own formula using natural ingredients.

마사 하퍼

⁵³마사 하퍼는 미용실을 위한 최초의 프랜차이즈 시스템을 개발한 캐나다계 미국인 사업가였다. 전 세계에 지점을 가지고 있던 하퍼 메서드 샵은 모발을 관리하는 데 오직 자연적인 방식만을 사용했으며, 이는 1900년대 초에 새로운 관행이었다.

마사 마틸다 하퍼는 1857년 9월 10일 캐나다 온타리오주에서 태어났다. 그녀의 아버지는 가족을 부양하는 데 어려움을 겪어서, 7살의 어린 나이에 마사는 그녀의 친척들을 위한 하인으로 일하도록 보내졌다. 그리고 나서 그녀는 그녀에게 모발 관리에 대한 가르침을 ⁵⁸전해주었던 캐나다 의사의 집에서 일했다. 그가 죽었을 때, 그는 건강한 모발 성장을 위한 자신의 비밀 화학식을 하퍼에게 주었다. 결국, 그녀는 대부분의 모발 제품에 들어 있는 화학 물질이 너무 강하다는 것을 깨달았고, 그래서 그녀는 천연 재료를 사용하는 그녀만의 화학식을 개발했다.

⁵⁴In 1882, Harper moved to Rochester, New York, where her skills in hair care pleased her new employer. Seeing the potential for business, Harper ended her 20-plus-year career as a domestic servant and opened a hair salon in 1888 with her savings of $360. At the time, hairdressers mostly serviced customers in their homes, but Harper introduced the concept of a salon where clients could go. She also encouraged them to follow the ⁵⁵"Harper Method" of beauty, which focused on "inner beauty" and included proper hygiene, nutrition, and exercise.

Harper invented America's first reclining shampoo chair to make sure that her patrons did not get soap in their eyes. Her greatest achievement, however, was founding the franchise system. She created a network of salons that provided the exact same services and products as her ⁵⁹original shop. ⁵⁶⁻⁽ᵈ⁾Each salon was owned and managed by a woman ⁵⁶⁻⁽ᶜ⁾trained in the "Harper Method," who then paid Harper a certain fee for using the Harper name. Harper inspected the franchises, provided training, and ⁵⁶⁻⁽ᵇ⁾launched advertising campaigns featuring images of her own extraordinary mane of floor-length hair.

⁵⁷At the peak of her success during the 1930s, Harper's salons numbered at 500 branches. The Harper Method's popularity was established by the satisfied rich and famous clients who included British royalty, Woodrow Wilson, and Jacqueline Kennedy. The number of her salons had decreased by the time she died in 1950, and the last one closed in the early 2000s. However, Harper's focus on customer service and comfort became the standard for beauty salons around the world.

어휘

entrepreneur n. 사업가   develop v. 개발하다   hair salon n. 미용실   method n. 방법, 방식   branch n. 지점
worldwide ad. 전 세계에   natural a. 자연의   care for v. 관리하다   practice n. 관행
have a difficult time Ving v. ~하는 데 어려움을 겪다   support v. 지원하다, 부양하다   send off v. 떠나 보내다   servant n. 하인
relative n. 친척   physician n. (내과) 의사   lesson n. 가르침, 교훈   secret a. 비밀의   formula n. 공식, 화학식, 제조법
healthy a. 건강한   growth n. 성장   eventually ad. 결국   realize v. 깨닫다   chemical n. 화학 물질   harsh a. 가혹한, 혹독한
ingredient n. 재료   move v. 거처를 옮기다   skill n. 기술   please v. 기쁘게 하다, ~의 마음에 들게 하다   employer n. 고용주
potential n. 가능성, 잠재력   career n. 경력   domestic servant n. 가정부   savings n. 모아 둔 돈   hairdresser n. 미용사
service v. 서비스를 제공하다   introduce v. 소개하다, 도입하다   concept n. 개념   focus on v. ~에 초점을 맞추다
inner a. 내적의, 내면의   include v. 포함하다   proper a. 적절한, 제대로 된   hygiene n. 위생   nutrition n. 영양
exercise n. 연습, 실천, 실습   invent v. 발명하다   reclining a. 뒤로 기대는   make sure v. 반드시 ~하게 하다   patron n. 단골 손님
soap n. 비누   achievement n. 업적   found v. 세우다, 설립하다   provide v. 제공하다   exact a. 정확한   own v. 소유하다
manage v. 관리하다   train v. 훈련시키다   certain a. 특정한   fee n. 요금   inspect v. 조사하다   launch v. 개시하다
advertising n. 광고   feature v. ~을 특징으로 하다   extraordinary a. 특별한   mane n. 갈기, 머리털   floor n. 바닥   length n. 길이
at the peak of prep. ~의 절정기에   success n. 성공   number v. 수가 ~이 되다   popularity n. 인기
establish v. 설립하다, (명성을) 확고히 하다   satisfied a. 만족해하는; (누구나) 납득하는   rich a. 부유한   famous a. 유명한   client n. 고객
British a. 영국의   royalty n. 왕족   decrease v. 감소하다   last a. 마지막의, 최후의   close v. 문을 닫다   comfort n. 편안함
standard n. 기준, 표준

53 세부사항

What achievement is Martha Harper best known for?

(a) being the first female entrepreneur in America
(b) having the most branches of salons in the world
(c) developing the most enduring hair care products
(d) **introducing the first franchise in the hair industry**

마사 하퍼는 무슨 업적으로 가장 잘 알려져 있는가?

(a) 미국의 최초 여성 사업가인 것
(b) 세계에서 가장 많은 미용실 지점을 보유한 것
(c) 가장 오래 지속되는 모발 관리 제품을 개발한 것
(d) 헤어 업계에서 최초로 프랜차이즈를 도입한 것

해설 첫번째 단락에서 마사 하퍼가 소개되면서, 미용실을 위한 최초의 프랜차이즈 시스템을 개발했다(who developed the first franchise system for hair salons)고 언급되고 있다. 따라서 정답은 (d)이다.

패러프레이징

developed the first franchise system for hair salons → introducing the first franchise in the hair industry

어휘 be best known for v. ~로 잘 알려져 있다   enduring a. 오래가는, 지속되는

54 세부사항

When did Harper have the idea of opening her own hair salon?

(a) after she moved to New York
(b) while working as a servant for her relatives
(c) before the Canadian physician died
(d) as soon as she finalized her formula

하퍼는 언제 그녀만의 미용실을 여는 생각을 가졌는가?

(a) 뉴욕으로 거처를 옮긴 뒤에
(b) 그녀의 친척들의 하인으로 일하던 당시에
(c) 캐나다인 의사가 죽기 전에
(d) 그녀의 화학식을 완성하자마자

해설 세번째 단락에서 하퍼의 모발 관리 기술이 그녀의 새로운 고용주를 흡족하게 했다(her skills in hair care pleased her new employer)는 점, 이러한 경험을 통해 하퍼가 사업의 가능성을 보고(Seeing the potential for business) 1888년에 미용실을 열었다(opened a hair salon in 1888)고 한 점은 모두 하퍼가 뉴욕으로 거처를 옮기고 난 뒤에 발생한 일들이다. 따라서 정답은 (a)이다.

어휘 as soon as conj. ~하자마자   finalize v. 끝내다, 완성하다

55 세부사항

What was the emphasis of the Harper Method?

(a) accelerating one's inner growth
(b) getting the best at-home salon service
(c) developing beauty inside and out
(d) using the most modern beauty equipment

하퍼 메서드가 강조하는 바는 무엇인가?

(a) 한 사람의 내적 성장을 가속화하는 것
(b) 집에서 하는 최고의 미용실 서비스를 받는 것
(c) 아름다움을 안팎으로 발전시키는 것
(d) 가장 현대적인 미용 장비를 사용하는 것

해설 하퍼 메서드(Harper Method)가 언급된 세번째 단락의 마지막 문장에서 답의 근거를 찾는다. 해당 문장에서는 하퍼 메서드 미용법이 "내적 아름다움"에 초점을 맞추고(which focused on "inner beauty") 적절한 위생, 영양, 그리고 실습을 포함한다(and included proper hygiene, nutrition, and exercise)고 언급되고 있다. 즉 하퍼 메서드가 강조하는 바는 아름다움을 안팎으로 발전시키는 것으로 보는 것이 가장 적절하므로, 정답은 (c)이다.

 패러프레이징

focused on "inner beauty" and included proper hygiene, nutrition, and exercise → developing beauty inside and out

어휘 accelerate v. 가속화하다   at-home a. 가정에서 하는   inside and out ad. 안팎으로, 모두 다   modern a. 현대의   equipment n. 장비

56 진위 여부

Which was NOT true about Harper's franchising system?

(a) The salons used products made by other companies.
(b) Harper provided promotion for the salons.
(c) The staff were instructed in the Harper Method.
(d) Women oversaw their individual salons.

하퍼의 프랜차이즈 시스템에 대해 사실이 아닌 것은 무엇인가?

(a) 미용실에서는 타사에서 만들어진 제품을 사용했다.
(b) 하퍼가 미용실에 홍보 활동을 제공했다.
(c) 직원들은 하퍼 메서드에서 교육을 받았다.
(d) 여성들이 그들의 개별 미용실을 감독했다.

해설 하퍼의 프랜차이즈 시스템에 대한 내용을 다루는 네번째 단락에서 지문의 내용과 보기의 키워드를 대조하여 일치하는 보기를 하나씩 소거한다. 홍보 활동을 제공한 것, 직원들이 하퍼 메서드에서 교육을 받은 것, 여성들이 개별 미용실을 관리감독한 것 모두 지문에서 언급되고 있다. 그러나 하퍼의 미용실에서 타사 제품을 사용한다는 내용은 지문과 일치하지 않는다. 따라서 정답은 (a)이다.

어휘 promotion n. 홍보 staff n. 직원들 instruct v. 지시하다, 교육하다 oversee v. 감독하다 individual a. 개인의, 개개의

57 추론

What most likely do the types of clients Harper catered to suggest about her salons?

(a) They dealt with only upper-class women
(b) They succeeded in offering great service.
(c) They used political power to gain popularity.
(d) They held standards to match their low prices.

하퍼가 충족시키는 고객 유형이 그녀의 미용실에 대해 무엇을 암시하는 것 같은가?

(a) 하퍼의 미용실은 상류층 여성만을 상대했다.
(b) 하퍼의 미용실은 최고의 서비스를 제공하는 데 성공했다.
(c) 하퍼의 미용실은 인기를 얻기 위해 정권을 이용했다.
(d) 하퍼의 미용실은 최저가에 맞춘 기준을 유지했다.

해설 하퍼의 고객에 대한 내용이 나오는 다섯 번째 단락에서 답의 근거를 추론한다. 해당 단락에서 하퍼의 미용실이 1930년대에 성공의 절정기(the peak of her success)에 있었고, 그러한 인기는 부유하고 유명한 고객들에 의해 확립된 것이었다(The Harper Method's popularity was established by the satisfied rich and famous clients)고 언급되고 있다. 이를 통해 하퍼가 서비스를 제공하는 고객 유형은 하퍼의 미용실이 최고의 서비스를 제공하는 데 성공했음을 암시한다고 추론할 수 있다. 따라서 정답은 (b)이다.

어휘 cater to v. (요구를) 충족시키다 deal with v. 처리하다, 상대하다 succeed v. 성공하다 offer v. 제공하다 political a. 정치적인 power n. 힘 gain v. 얻다 hold v. 유지하다 match v. 맞추다 low a. 낮은

58 어휘

In the context of the passage, imparted means _____.

(a) sold
(b) advised
(c) learned
(d) gave

해당 절의 문맥에서, imparted는 _____을 의미한다.

(a) 팔았다
(b) 조언했다
(c) 배웠다
(d) 주었다

해설 밑줄 친 어휘의 imparted가 사용된 문장에서, She then worked in the home of a Canadian physician who imparted lessons about hair care to her는 '그리고 나서 그녀는 그녀에게 모발 관리에 대한 가르침을 전해주었던 캐나다 의사의 집에서 일했다'는 뜻이다. 즉 imparted가 '(정보나 지식을) 전했다'의 의미로 쓰이고 있으므로, '주었다'라는 가장 유사한 의미인 (d) gave가 정답이다.

오답체크
밑줄 친 어휘의 목적어인 lessons(가르침)는 일종의 조언에 해당되어서, '조언했다'라는 뜻의 advised를 사용하는 것은 '조언을 조언했다'의 의미가 되어 매우 어색하다.

59 어휘

In the context of the passage, original means _____.

(a) genuine
(b) new
(c) first
(d) creative

해당 절의 문맥에서, original은 _____을 의미한다.

(a) 진실된
(b) 새로운
(c) 최초의
(d) 창의적인

해설 밑줄 친 어휘의 original이 사용된 문장에서, She created a network of salons that provided the exact same services and products as her original shop는 '그녀는 그녀의 최초의 가게와 정확히 같은 서비스와 제품을 제공하는 미용실 네트워크를 창안했다'는 뜻이다. 즉 original이 '최초의'라는 의미로 쓰이고 있으므로, 마찬가지로 '최초의'라는 같은 의미인 (c) first가 정답이다.

오답체크
'본래의', '원래의' 뉘앙스로 '최초의'인 original과 달리 '새로운'이라는 의미의 new에는 '본래의'나 '원래의' 뉘앙스가 없다. 즉 '최초의'와 '새로운'은 유의어가 될 수 없으므로 (b)는 오답이다.

PART 2　60~66　잡지 기사 ▶ 도시의 나무가 건강에 미치는 긍정적인 영향

RESEARCHERS HAVE DISCOVERED THE BENEFITS OF TREE-LINED STREETS

연구원들이 나무가 늘어선 거리의 이점을 발견했다

연구 소개

[60]A study funded by the University of Chicago found that people who live on a city block lined with trees enjoy better health than those who do not. When compared to measurable factors, these benefits are equivalent to getting a $10,000 salary raise or being several years younger.

[60]시카고 대학에서 재정 지원을 받는 한 연구는 나무가 늘어서 있는 도시 블록에 사는 사람들이 그렇지 않은 사람들보다 더 나은 건강을 누리고 있다는 것을 알아냈다. 측정 가능한 요소들과 비교했을 때, 이러한 편익들은 1만 달러의 임금 인상을 받는 것 혹은 몇 년 더 젊어지는 것과 같다.

연구 시사점

A team of researchers discovered that people living on streets with 10 or more trees per block reported suffering from diseases less frequently than residents on streets with little or no tree cover. These diseases included diabetes, obesity, high blood pressure, and heart disease. [60]The study strongly suggests that planting more trees in any city would have significant health benefits for its residents.

한 연구팀은 블록당 10그루 이상의 나무가 있는 거리에 사는 사람들이 나무 임관이 거의 없거나 아예 없는 거리의 주민들보다 질병에 걸리는 빈도가 낮다는 것을 발견했다. 이러한 질병들에는 당뇨병, 비만, 고혈압, 그리고 심장병이 포함되었다. [60]연구는 어느 도시에라도 더 많은 나무를 심는 것이 주민들에게 중대한 건강상의 이점을 가져다 줄 것임을 강하게 시사한다.

연구 방법

In conducting the study, which appeared in the journal *Scientific Reports*, [61]the researchers compared data on the 530,000 public trees in Toronto, satellite measurements of trees in non-public spaces, and health records of 30,000 Toronto residents. [62]The study focused on trees planted on the sides of streets, and left out trees in parks.

《사이언티픽 리포트》학술지에 개재 되었던 그 연구를 수행함에 있어서, [61]연구원들은 토론토의 53만 그루의 공공 나무에 대한 데이터, 사유지에 있는 나무에 대한 위성 측정, 그리고 토론토 주민 3만 명의 건강 기록을 비교했다. [62]이 연구는 길가에 심어진 나무에 초점을 맞췄고, 공원에 있는 나무를 배제했다.

연구 결과

According to [62]Faisal Moola, a forest ecology professor who was part of the research team, planting trees can have a low-cost positive effect on social issues such as public health. He added that it is much more difficult to increase the median income of people living in the city than to [65]invest money in tree-planting programs. Toronto spends an average of $72 to buy and plant a tree, and plants around 100,000 trees per year.

[62]연구팀의 일원이었던 산림 생태학 교수 파이살 물라에 따르면, 나무를 심는 것은 공공 보건과 같은 사회 문제에 저비용의 긍정적인 영향을 미칠 수 있다. 그는 도시에 사는 사람들의 중간 소득을 늘리는 것이 나무 심기 프로그램에 돈을 [65]쓰는 것보다 훨씬 더 어렵다고 덧붙였다. 토론토는 나무를 사서 심는 데 평균 72달러를 사용하며, 매년 약 10만 그루의 나무를 심는다.

연구
결과2

Meanwhile, a report from *TD Economics* showed that Toronto's 10 million trees provide the city with enormous savings, in large part because of the environmental benefits that they bestow. In addition to 63-(b)preventing flooding and soil erosion, 63-(a)trees can also mitigate the harmful effects of local industry by absorbing carbon dioxide, which is 63-(c)a large driver of climate change.

한편, 《TD 이코노믹스》의 한 보고서는 토론토의 천만 그루의 나무들이 대부분 그들이 주는 환경적인 편익 때문에 토론토에 막대한 비용절감을 제공한다는 것을 보여준다. 63-(b)홍수와 토양 침식을 예방하는 것 외에도, 나무는 63-(c)기후 변화의 큰 동인인 63-(a)이산화탄소를 흡수함으로써 지역 산업의 해로운 효과들을 완화시킬 수 있다.

연구
현황
+
한계

64The researchers were, however, unable to determine 66precisely why trees improve people's health. It could be that trees make the surroundings more beautiful to look at and give local residents more incentive to go out and exercise, both factors that are known to increase feelings of well-being.

64그러나, 연구원들은 왜 나무가 사람들의 건강을 증진시키는지에 대해서는 66정확히 알아낼 수 없었다. 나무들이 주위 환경을 보기에 더 아름답게 만들고 지역 주민들에게 나가서 운동하라는 더 많은 동기를 제공하는 것일 수도 있는데, 두 요소 모두 행복감을 증가시킨다고 알려져 있다.

어휘

researcher n. 연구원   discover v. 발견하다   benefit n. 혜택, 이점   tree-lined a. 나무가 늘어선   study n. 연구   fund v. 자금을 대다   block n. (도시의) 한 구획   line v. 늘어서다   enjoy v. 즐기다, 누리다   health n. 건강   compare v. 비교하다   measurable a. 측정이 가능한   factor n. 요인   equivalent a. 동등한   salary n. 임금   raise v. 인상, 올리다, 인상하다   several a. 몇몇의   report v. 알리다, 전하다 n. 보고, 보고서   suffer from v. (병, 질환 등을) 앓다   disease n. 병, 질병   frequently ad. 빈번하게   include v. 포함하다   diabetes n. 당뇨병   obesity n. 비만   high blood pressure n. 고혈압   strongly ad. 강하게   suggest v. 시사하다   plant v. 심다   significant a. 중요한, 중대한   resident n. 주민, 거주자   conduct v. 실시하다   appear v. 나타나다, 보이다   journal n. 학술지, 저널   public a. 공공의   satellite n. 위성   measurement n. 측정   non-public a. 비공개의, 사유의   space n. 공간   record n. 기록   focus on v. ~에 초점을 맞추다   leave out v. 배제하다   according to prep. ~에 따르면   ecology n. 생태, 생태학   professor n. 교수   low-cost a. 저비용의   positive a. 긍정적인   effect n. 효과   social a. 사회의   issue n. 문제, 사안   add v. 추가하다, 덧붙이다   difficult a. 힘든, 어려운   increase v. 증가시키다   median income n. 중간 소득   spend v. (시간, 돈 등을) 쓰다   average n. 평균   around ad. 약, 대략   meanwhile ad. 한편   show v. 보여주다   provide v. 제공하다   enormous a. 막대한   savings n. 비용절감   bestow v. 수여하다   in addition to prep. ~외에도   prevent v. 막다, 예방하다   flooding n. 홍수   soil n. 토양   erosion n. 침식   mitigate v. 완화시키다   harmful a. 해로운   local a. 지역의   absorb v. 흡수하다   carbon dioxide n. 이산화탄소   driver n. 동인   climate n. 기후   change n. 변화   be unable to V v. ~할 수 없다   determine v. 결정하다, 알아내다   improve v. 향상시키다   surroundings n. 환경   incentive n. 유인, 동기, 장려책   exercise v. 운동하다   well-being n. 행복, 안녕감

60 주제/목적

What is the study all about?

(a) the benefits of having trees in one's garden
(b) how to solve city planning problems
(c) **how the presence of trees affects city residents**
(d) the city's plan to raise worker salaries

연구는 무엇에 관한 것인가?

(a) 정원에 나무를 가지고 있는 것의 이점
(b) 도시계획 문제를 해결하는 방법
(c) 나무의 존재가 도시 거주자에게 영향을 미치는 방법
(d) 노동자 임금을 올리기 위한 시의 계획

[해설] 첫번째 단락에서 연구는 나무가 늘어서 있는 도시 블록에 사는 사람들이 그렇지 않은 사람들보다 더 나은 건강을 누리고 있다는 것을 알아냈고(A study found that people who live on a city block lined with trees enjoy better health than those who do not), 두번째 단락에서는 연구가 어느 도시에라도 더 많은 나무를 심는 것이 주민들에게 중대한 건강상의 이점을 가져다 줄 것임을 강하게 시사한다(The study strongly suggests that planting more trees in any city would have significant health benefits for its residents)고 했다. 이를 통해 본 지문의 연구가 나무의 존재가 도시 거주자에게 영향을 미치는 방법에 대해 다루고 있음을 알 수 있으므로, 정답은 (c)이다.

[어휘] garden n. 정원   solve v. 해결하다   planning n. 계획 입안   problem n. 문제   presence n. 존재   affect v. 영향을 미치다

61 세부사항

According to the study, which feature had an impact on the health of Toronto residents?

(a) the availability of public spaces
(b) **the number of trees present**
(c) the species of trees planted
(d) the neighborhood's appearance

연구에 따르면, 어떤 특성이 토론토 주민들의 건강에 영향을 주었는가?

(a) 공용 공간의 가용성
(b) 현재 심어진 나무의 수
(c) 심어진 나무의 종
(d) 이웃 사람들의 외모

[해설] 세번째 단락에서 연구원들은 토론토의 53만 그루의 공공 나무에 대한 데이터(data on the 530,000 public trees in Toronto), 사유지에 있는 나무에 대한 위성 측정(satellite measurements of trees in non-public spaces), 그리고 토론토 주민 3만명의 건강 기록(health records of 30,000 Toronto residents)을 서로 비교했다고 했다. 즉 토론토 주민들의 건강에 영향을 주는 것은 현재 심어진 나무의 수이므로, 정답은 (b)이다.

[어휘] feature n. 특징   have an impact on v. ~에 영향을 주다   availability n. 가용성   present a. 현재의, 있는, 존재하는   species n. 종   neighborhood n. 이웃, 이웃 사람들   appearance n. 외형, 외모

62 세부사항

How did Moola and his team do the research?

(a) They focused on trees adjacent to streets.
(b) They analyzed satellite imagery of public trees.
(c) They compared Toronto to other cities.
(d) They asked the residents about their health.

물라와 그의 팀은 어떻게 연구를 진행하였는가?

(a) 그들은 거리에 인접한 나무들에 초점을 맞췄다.
(b) 그들은 공공 나무들의 위성 사진을 분석했다.
(c) 그들은 토론토와 다른 도시들을 비교했다.
(d) 그들은 주민들에게 그들의 건강에 대해 질문을 했다.

[해설] 물라와 그의 팀이 연구를 진행한 방식에 대한 세부내용을 찾는 문제이다. 먼저 네번째 단락에서 물라는 앞선 단락의 연구를 진행했던 연구팀의 일원(Faisal Moola, a forest ecology professor who was part of the research team)이었고, 세번째 단락의 마지막 문장에서 이 팀이 실시한 연구에서는 길가에 심어진 나무에 초점을 맞췄다(The study focused on trees planted on the sides of streets)고 했다. 따라서 정답은 (a)이다.

패러프레이징

planted on the sides of streets → adjacent to streets

[어휘] adjacent a. 인접한 imagery n. 사진, 화상 ask v. 묻다, 질문하다

63 진위 여부

Based on the article, which is NOT a significant contribution of trees?

(a) taking in polluted air
(b) helping to cut down on water damage
(c) making the climate cooler
(d) reducing production of industrial waste

기사에 따르면, 나무의 중요한 기여가 아닌 것은 무엇인가?

(a) 오염된 공기를 흡수하는 것
(b) 물 피해를 줄이도록 돕는 것
(c) 대기를 더 시원하게 만드는 것
(d) 산업용 폐기물의 생산을 축소하는 것

[해설] 나무가 주는 환경적 편익에 대한 내용이 언급되는 다섯번째 단락에서 지문의 내용과 보기의 키워드를 대조하여 일치하는 보기를 하나씩 소거한다. 오염된 공기를 흡수하는 것, 물 피해를 줄이도록 돕는 것, 대기를 더 시원하게 만드는 것 모두 본문에 나열되고 있다. 그러나 산업용 폐기물의 생산을 축소한다는 내용은 지문과 일치하지 않는다. 따라서 정답은 (d)이다.

오답체크

나무가 이산화탄소를 흡수하여 지역 산업의 해로운 효과들을 완화시킬 수 있으며, 이는 기후 변화의 큰 동인이라고 했다. 즉 기후 변화에 있어서 해로운 효과들이 완화된다면 대기 중의 온도가 떨어질 것이므로, 이를 통해 보기 (c)의 '대기를 더 시원하게 만드는 것'는 사실임을 알 수 있다.

[어휘] contribution n. 기여 polluted a. 오염된 air n. 공기 cut down v. 줄이다 damage n. 피해 reduce v. 줄이다, 축소하다 production n. 생산 industrial a. 산업의 waste n. 폐기물, 쓰레기

64 추론

Which of the following is probably true based on the study?

(a) People should move into forested areas.
(b) More trees should be planted in cities.
(c) Cities should provide more fitness opportunities.
(d) Local residents should have more outdoor spaces.

연구를 바탕으로 다음 중 어느 것이 사실인 것 같은가?

(a) 사람들은 숲이 우거진 지역으로 이사를 가야 한다.
(b) 더 많은 나무들이 시내에 심어져야 한다.
(c) 도시들은 더 많은 신체 단련 기회를 제공해야 한다.
(d) 지역 주민들은 더 많은 야외 공간을 가져야 한다.

해설 여섯 번째 단락에서 연구원들은 왜 나무가 사람들의 건강을 증진시키는지에 대해서는 정확히 알 수 없다고 했지만, 주위 환경을 보기에 더 아름답게 만들고 지역 주민들에게 나가서 운동하라는 더 많은 동기를 제공하는 것일 수 있으며(It could be that trees make the surroundings more beautiful to look at and give local residents more incentive to go out and exercise) 두 요소 모두 안녕감을 증가시킨다(both factors that are known to increase feelings of well-being)고 알려졌다고 했다. 이를 통해 시내에 나무들이 많을수록 해당 거주지 주민들의 건강에 긍정적인 효과가 미치기 때문에, 더 많이 심어져야 지역 주민들의 건강에 긍정적인 효과를 줄 수 있을 거라고 추론할 수 있으므로, 정답은 (b)이다.

오답체크
(a) 연구는 나무가 많이 심어지면 해당 거주지 주민들에게 이로운 것은 사실이지만, 연구는 사람들로 하여금 숲이 우거진 지역으로 이사를 가야 한다고 주장하고 있지는 않다.
(c), (d) 연구는 나무가 지역 주민들에게 밖으로 나가서 운동하라는 더 많은 동기를 제공하는 것일 수 있다고 했지만, 도시가 더 많은 신체 단련 기회를 제공해야 한다거나 더 많은 야외 공간을 가져야 한다고 까지 말하고 있지는 않다.

어휘 move into v. 입주하다, 이사를 가다 forested a. 숲이 우거진 fitness n. 신체 단련 opportunity n. 기회 outdoor a. 야외의

65 어휘

In the context of the passage, invest means _____.

(a) spend
(b) save
(c) give
(d) supply

해당 절의 문맥에서, invest는 _____을 의미한다.

(a) 쓰다
(b) 절약하다
(c) 주다
(d) 공급하다

해설) 밑줄 친 어휘의 invest가 사용된 문장에서, it is much more difficult to increase the median income of people living in the city than to invest money in tree-planting programs는 '도시에 사는 사람들의 중간 소득을 증가시키는 것이 나무 심기 프로그램에 돈을 쓰는 것보다 훨씬 더 어렵다'는 뜻이다. 즉 invest가 목적어 money와 함께 '돈을 쓰다'의 의미로 쓰이고 있으므로, 마찬가지로 '(돈을) 쓰다'라는 가장 유사한 의미인 (a) spend가 정답이다.

📖 오답체크
'주다'라는 의미의 give의 경우 돈을 받는 대상이 일반적으로 사람일 때 가능하다.

66 어휘

In the context of the passage, precisely means _____.

(a) nicely
(b) sharply
(c) exactly
(d) carefully

66. 해당 절의 문맥에서, precisely는 _____을 의미한다.

(a) 멋지게
(b) 날카롭게
(c) 정확하게
(d) 신중하게

해설) 밑줄 친 어휘의 precisely가 사용된 문장에서, unable to determine precisely why trees improve people's health 는 '왜 나무가 사람들의 건강을 증진시키는지에 대해서는 정확히 알 수 없다'는 뜻이다. 즉 precisely가 '정확하게'의 의미로 쓰이고 있으므로, 마찬가지로 '정확하게'라는 같은 의미인 (c) exactly가 정답이다.

RUBIK'S CUBE

The Rubik's Cube is a three-dimensional combination puzzle that was created by Hungarian sculptor and professor of architecture, Erno Rubik. [67]Rubik reportedly invented the cube as a teaching tool to help his students understand 3D objects. However, his true intention was to create a structure in which each part could be moved independently while still holding together as a single unit. After tinkering with the cube and seeing the mixed-up colors, Rubik realized that returning the cube to its original state would make for a challenging puzzle.

Rubik got a Hungarian patent for his invention, which he initially called the "Magic Cube," in 1975. [68]The first batches of Magic Cubes were produced and released in Budapest toy shops in 1977. In 1979, he signed an international distribution deal with Ideal Toys. After its successful introduction at toy fairs around the world, [69]Ideal manufactured the cube based on Western safety standards before it could be sold in other parts of Europe and the US. The company also made the cubes lighter and gave them the new name of "Rubik's Cube." The first batch was exported from Hungary in May 1980. Despite [72]sluggish sales in the beginning, the toy was a full-blown sensation within a year of its international release.

A classic Rubik's Cube has six sides or "faces," each of which consists of nine colored squares. [70-(c)]The squares are white, red, blue, orange, green, and yellow. [70-(a)]An internal turning device allows each square to be turned independently, mixing up the colors. **To solve the puzzle, each side must be restored to having only one color.** [70-(d)]The cube can be rearranged in 43 quintillion different ways; thus, solving it is difficult.

루빅스 큐브

루빅스 큐브는 헝가리 조각가이자 건축학 교수인 에르노 루빅에 의해 만들어진 3차원의 조합 퍼즐이다. [67]전하는 바에 의하면 루빅은 그의 학생들이 3D 물체를 이해하는 것을 돕기 위한 교구로서 큐브를 발명했다고 한다. 하지만, 그의 진정한 의도는 각 부분이 하나의 유닛으로 뭉치면서 독립적으로 움직일 수 있는 구조를 만드는 것이었다. 큐브를 만지작거리고 뒤섞인 색을 본 후에, 루빅은 큐브를 원래 상태로 되돌리는 것이 도전적인 퍼즐을 만들 수 있을 거라는 점을 깨달았다.

루빅은 1975년에 처음에는 "매직 큐브"라고 불렸던 그의 발명품으로 헝가리 특허를 획득했다. [68]매직 큐브의 첫번째 물량은 1977년 부다페스트의 장난감 가게에서 제작되고 출시되었다. 1979년에는, 그는 아이디얼 토이 사와 국제 유통 계약을 체결했다. 전 세계 장난감 박람회에서의 성공적인 소개 후에, [69]아이디얼 사는 유럽의 다른 지역과 미국에서 팔릴 수 있도록 하기 전에 큐브를 서구의 안전 기준을 기반으로 하여 생산했다. 그 회사는 또한 큐브를 더욱 가볍게 만들었고 큐브에 "루빅스 큐브"라는 새로운 이름을 주었다. 첫번째 물량은 1980년 5월에 헝가리로부터 수출되었다. 초기의 [72]부진한 판매에도 불구하고, 장난감은 국제 출시 1년 만에 본격적인 돌풍을 불러일으켰다.

고전적인 루빅스 큐브는 여섯 개의 면 또는 "겉면"이 있으며, 각 면은 9개의 색깔을 한 사각형들로 구성되어 있다. [70-(c)]사각형들은 흰색, 빨간색, 파란색, 주황색, 녹색, 그리고 노란색이다. [70-(a)]내부 방향 전호나 장치는 각각의 사각형을 독립적으로 회전시켜서, 색깔을 혼합할 수 있게 만든다. 퍼즐을 풀려면, 각각의 면은 단 한 가지의 색깔로 복원되어져야 한다. [70-(d)]큐브는 4천3백경 개의 다른 방법으로 재배열될 수 있다. 따라서, 큐브를 푸는 것은 어렵다.

현황

Today, other manufacturers are producing similar puzzles with varying numbers of sides, dimensions, and colors. ⁷¹Although the Rubik's Cube reached the peak of its popularity in the 1980s, it is still quite famous, making it one of the best-selling toys of all time. A sport called "Speedcubing," in which the player who solves the cube the fastest wins, experienced a ⁷³resurgence in the early 2000s and sparked renewed interest in the toy.

오늘날, 다른 제조업체들은 가지각색의 면, 치수, 색깔의 유사한 퍼즐들을 제작하고 있다. ⁷¹루빅스 큐브는 1980년대에 그 인기가 절정에 달했음에도 불구하고, 그것은 아직까지 상당히 유명해서, 역대 가장 잘 팔리는 장난감들 중 하나가 되었다. 큐브를 가장 빨리 푸는 선수가 승리하는 "스피드큐빙"이라고 불리는 스포츠가 2000년대 초에 ⁷²부활을 겪었고, 그 장난감에 대한 새로운 관심을 불러일으켰다.

어휘

three-dimensional a. 3차원의 combination n. 조합 sculptor n. 조각가 professor n. 교수 architecture n. 건축, 건축학
reportedly ad. 전하는 바에 의하면 invent v. 발명하다 teaching tool n. 교육용 도구, 교구 object n. 물체, 사물 true a. 사실인
intention n. 의도 structure n. 구조 independently ad. 독립적으로, 개별적으로 hold v. 고정되다 single a. 단일의, 한 개의
unit n. 구성 단위 tinker with v. 만지작거리다 mixed-up a. 뒤섞인 realize v. 깨닫다 return v. 되돌리다 original a. 원래의, 최초의
state n. 상태 challenging a. 도전적인, 어려운 patent n. 특허 invention n. 발명, 발명품 initially ad. 초기에, 처음에 batch n. 물량
produce v. 생산하다 release v. 출시하다 sign v. 체결하다 international a. 국제의, 국제적인 distribution n. 배급, 유통
deal n. 거래, 계약 successful a. 성공적인 introduction n. 소개 fair n. 박람회 manufacture v. 제조하다, 생산하다 safety n. 안전
light a. 가벼운 export v. 수출하다 despite prep. ~에도 불구하고 classic a. 고전적인 side n. 면 face n. 겉면, 정면
consist of v. ~로 구성되다 internal a. 내부의 device n. 장치 allow v. 허용하다, 허락하다 solve v. 해결하다 restore v. 복원하다
rearrange v. 재배열하다 quintillion n. (숫자 단위의) 100경 manufacturer n. 제소업체 similar a. 유사한 varying a. 가지각색의
dimension n. 치수 although conj. ~에도 불구하고 reach v. 도달하다 peak n. 꼭대기, 정점 popularity n. 인기
quite ad. 꽤, 상당히 best-selling a. 가장 잘 팔리는 of all time ad. 역대, 지금껏 experience v. 겪다 spark v. 유발하다
renewed a. 새로워진 interest n. 관심

67 세부사항

Why did Erno Rubik initially create a cube?

(a) so he could move its pieces independently
(b) to develop a test on three-dimensional objects
(c) so he could make a structure from a single unit
(d) to create a game that would challenge his students

에르노 루빅은 왜 처음에 큐브를 만들었는가?

(a) 그가 큐브 조각들을 개별적으로 움직일 수 있도록
(b) 3차원 물체에 대한 시험을 개발하기 위해
(c) 단일한 구성 단위에서 나온 구조를 만들 수 있도록
(d) 그의 학생들에게 도전 의식을 북돋우는 게임을 만들기 위해

해설 첫번째 단락에서 루빅이 표면적으로는 교구로 사용하려고 큐브를 발명했다고 했지만, 진짜 의도(his true intention)는 각각의 부분이 개별적으로 움직여질 수 있는 구조를 만드는 것(to create a structure in which each part could be moved independently)이었다고 했다. 따라서 정답은 (a)이다.

어휘 challenge v. 도전하다, ~의 도전 의식을 북돋우다

68 추론

What was probably true about the Rubik's Cube before 1979?

(a) It had already received its current name.
(b) It had never been patented.
(c) It was starting to get famous overseas.
(d) It had not yet expanded its market.

1979년 전의 루빅스 큐브에 대해 무엇이 사실일 것 같은가?

(a) 그것은 이미 현재의 이름을 받았다.
(b) 그것은 특허를 받은 적이 없었다.
(c) 그것은 해외에서 유명해지던 중이었다.
(d) 그것은 아직 시장을 확장하지 않았었다.

해설) 1979년 전의 루빅스 큐브에 대해 추론하는 문제로, 1979년이 언급되는 두번째 단락 초반부에서 답의 근거를 찾는다. 1979년에는 아이디얼 토이 사와 국제 유통 계약을 체결했다(In 1979, he signed an international distribution deal with Ideal Toys)고 했다. 이를 통해 루빅스 큐브는 1979년을 기점으로 해외로 시장을 확장하였고, 반대로 그 전에는 큐브가 지역의 장난감 가게(in Budapest toy shops)에서 제작 및 출시되는 상황이었기 때문에 1979년 전은 시장을 아직 확장하지 않은 시기임을 추론할 수 있다. 따라서 정답은 (d)이다.

어휘) receive v. 받다   current a. 현재의   patent v. 특허를 획득하다   overseas ad. 해외에   expand v. 확대하다, 확장하다

69 추론

Why most likely did the Rubik's cube need to undergo changes before being sold in the US?

(a) because Americans demanded a lighter toy
(b) because Hungary had different safety criteria
(c) because the original name was misleading
(d) because it had suffered failures at toy fairs

루빅스 큐브는 미국에서 판매되기 전에 왜 변화를 거쳐야 했던 것 같은가?

(a) 미국인들이 더 가벼운 장난감을 요구했기 때문에
(b) 헝가리에는 다른 안전 기준이 적용되고 있었기 때문에
(c) 원래의 이름에 오해의 소지가 있었기 때문에
(d) 루빅스 큐브가 장난감 박람회에서 실패를 겪었기 때문에

해설) 미국에서 판매되기 전의 내용이 언급되는 두번째 단락 중반부에서 답의 근거를 추론한다. 해당 내용에서 큐브는 유럽의 다른 지역과 미국에서 팔릴 수 있도록 하기 전에(before it could be sold in other parts of Europe and the US) 서구의 안전 기준을 기반으로 하여(based on Western safety standards) 생산되었다고 했다. 이를 통해 헝가리에는 다른 안전 기준이 적용되고 있었고, 큐브가 미국에서 판매되기 위해서는 달라진 기준에 맞게 생산되어야 했음을 추론할 수 있다. 따라서 정답은 (b)이다.

패러프레이징

safety standards → safety criteria

어휘) undergo v. 겪다, 거치다   demand v. 요구하다   criteria n. 기준   misleading a. 오해의 소지가 있는
suffer v. (안 좋은 일을) 겪다   failure n. 실패

70 진위 여부

Based on the article, what is NOT a feature of the Rubik's cube?

(a) a mechanism hidden inside
(b) an internal spinning motor
(c) squares of six different colors
(d) a challenging puzzle experience

기사에 따르면, 루빅스 큐브의 특징이 아닌 것은 무엇인가?

(a) 안쪽에 숨겨진 메커니즘
(b) 내부의 회전하는 모터
(c) 여섯 개의 색이 다른 사각형들
(d) 도전적인 퍼즐 경험

[해설] 큐브의 특징에 대한 내용을 다루고 있는 세번째 단락에서 지문의 내용과 보기의 키워드를 대조하여 일치하는 보기를 하나씩 소거한다. 큐브 내부 장치의 작동 방식, 여섯 개의 색깔을 한 사각형들, 도전적인 퍼즐 경험 모두 지문에서 언급되고 있다. 그러나 큐브 안에 모터가 들어있다는 내용은 지문의 내용과 일치하지 않는다. 따라서 정답은 (b)이다.

[어휘] feature n. 특징   hidden a. 숨겨진   inside ad. 안쪽에, 내부에

71 세부사항

How was the Rubik's Cube's popularity revived after two decades?

(a) by being involved in a 1980s toy revival
(b) by having new variations be released
(c) by being part of a competitive scene
(d) by having a design that was faster to solve

루빅스 큐브의 인기는 어떻게 20년 뒤에 되살아났는가?

(a) 1980년대의 장난감 부흥에 관련됨으로써
(b) 새로운 변형 큐브를 출시되게 함으로써
(c) 경쟁의 장의 일부가 됨으로써
(d) 더 빠르게 풀 수 있는 디자인을 갖게 됨으로써

[해설] 큐브의 인기(popularity)에 대해 언급하고 있는 네번째 단락에서 답의 근거를 찾는다. 해당 단락에서는 1980년대에 루빅스 큐브의 인기가 절정이었고(reached the peak of its popularity in the 1980s), 그 후 20년 뒤인 약 2000년대에는 "스피드큐빙"이라는 스포츠(A sport called "Speedcubing")가 부활함에 따라(experienced a resurgence in the early 2000s) 루빅스 큐브에 대한 관심이 다시 촉발되었다(sparked renewed interest in the toy)고 했다. 이를 통해 큐브 빨리 풀기 대회가 루빅스 큐브의 인기를 20년 만에 되살렸음을 알 수 있다. 따라서 정답은 (c)이다.

패러프레이징

sparked renewed interest → popularity revived
a sport → a competitive scene

[어휘] revive v. 되살아나다, 부활하다   variation n. 변형   competitive a. 경쟁의   scene n. 현장, (활동의) 분야

72 어휘

In the context of the passage, sluggish means _____.

(a) slow
(b) lazy
(c) sleepy
(d) late

해당 절의 문맥에서, sluggish는 _____을 의미한다.

(a) 느린
(b) 게으른
(c) 졸음이 오는
(d) 늦은

해설) 밑줄 친 어휘의 sluggish가 사용된 문장에서, Despite sluggish sales in the beginning, the toy was a full-blown sensation within a year of its international release는 '초기의 부진한 판매에도 불구하고, 장난감은 국제 출시 1년 만에 본격적인 돌풍을 불러일으켰다'는 뜻이다. 즉 sluggish가 '부진한'의 의미로 쓰이고 있으므로, '부진한'이라는 같은 의미인 (a) slow가 정답이다.

오답체크
sluggish는 문맥에 따라 '게으른'의 의미로도 쓰이지만, '판매'라는 뜻을 수식하기에는 적절하지 않으므로 (b) lazy는 답이 될 수 없다.

73 어휘

In the context of the passage, resurgence means _____.

(a) renovation
(b) attack
(c) charge
(d) comeback

해당 절의 문맥에서, resurgence는 _____을 의미한다.

(a) 개보수
(b) 공격
(c) 충전
(d) 귀환

해설) 밑줄 친 어휘의 resurgence가 사용된 문장에서, A sport called "Speedcubing" experienced a resurgence in the early 2000s는 '"스피드큐빙"이라고 불리는 스포츠가 2000년대 초에 부활을 겪었다'는 뜻이다. 즉 resurgence가 '부활'의 의미로 쓰이고 있으므로, '귀환'이라는 가장 유사한 의미인 (d) comeback이 정답이다.

PART 4 74~80 비즈니스 서신 ▶ 잘못된 주문 배송에 대한 항의

수신자 정보

Ms. Ellen Baker
Warehouse Supervisor
Winged Flora Garden Supplies
Woburn, MA

엘렌 베이커
창고 관리자
날개 달린 플로라 가든 서플라이즈
메스추세츠주 워번

Dear Ms. Baker:

베이커씨께

편지 주제

We placed an order with you on July 31 for several garden items we plan to use in our annual Harvest Festival. The event, which will run through the entire month of September, will be attended by people from different parts of the region. [74]It is an exhibit of our prize-winning harvests of agricultural crops and ornamental plants.

저희는 7월 31일에 연례 수확제에서 사용하려고 계획하고 있는 몇 가지 원예 용품들을 주문했습니다. 9월 내내 계속 진행될 이 행사에는 이 지역의 다른 곳에서 온 사람들이 참석할 것입니다. [74]이 행사는 저희의 농작물 및 관상용 식물의 수확물 수상작들을 보여주는 전시회입니다.

상황 설명1

In preparation for the festival, [75]we ordered one dozen large bird baths, which will be used as decorations in the grand park, for the total price of $800. [76]We specifically asked for four red bird baths, four white ones, and four blue ones.

축제에 대비하여, [75]저희는 대공원에서 장식용으로 사용될 12개의 대형 새 욕조를 총 800달러에 주문했습니다. [76]저희는 특히 빨간색 새 욕조 4개, 흰색으로 4개, 그리고 파란색으로 4개를 요청했습니다

상황 설명2

[76]On August 7, we received the shipment and were disappointed to find that all of the bird baths you shipped to us were white. Because the three colors are central to our design concept for the event, [77]we are returning eight of the white bird baths by air freight for replacement with the properly colored ones. Please ship us the four red and four blue bird baths we originally requested. I have [79]enclosed a photocopy of the original receipt for your reference.

[76]8월 7일에, 저희는 배송품을 받았으나 귀하가 저희에게 배송한 새 욕조가 모두 흰색이라는 것을 알게 되어서 실망했습니다. 3가지 색상은 이번 행사에서 저희 디자인 컨셉의 중심이기 때문에, [77]제대로 된 색상으로의 교환을 위해 저희는 항공 화물로 흰색 새 욕조 8개를 반품합니다. 저희가 원래 요청 드렸던 빨간색 4개와 파란색 4개를 저희 쪽으로 배송해 주시기 바랍니다. 참고하시라고 원본 영수증의 사본을 [79]동봉했습니다.

나중에 할 일

The Harvest Festival will begin on September 1. We would like to have all of the bird baths in our warehouse one week before then. [78]We are also expecting a cash refund for the additional expenses we will be incurring to correct the delivery. We are hoping for your immediate attention in [80]resolving this mistake.

수확제는 9월 1일에 시작될 것입니다. 저희는 그 날에서 일주일 전에는 저희 창고로 새 욕조 모두 들어왔으면 좋겠습니다. [78]저희는 또한 배송 실수를 바로잡기 위해 저희가 초래하게 될 추가 비용에 대해 현금 환불을 기대하고 있습니다. 저희는 이 실수를 [80]해결하는 데 있어 귀하의 즉각적으로 조치해 주시기를 바랍니다.

Sincerely,

Henry Gold

발신자 정보
Henry Gold
Chief of Procurement
Harvest Festival Committee
Lexington, Massachusetts

진심을 담아,

Henry Gold

헨리 골드
조달부서 팀장
수확제 위원회
매사추세츠주 렉싱턴

어휘
winged a. 날개 달린   **supplies** n. 용품, 비품   **place an order** v. 주문하다   **several** a. 몇몇의   **garden item** n. 원예 용품   **plan** v. 계획하다   **annual** a. 연례의   **harvest** n. 추수, 수확, 수확물   **run** v. 운영되다, 진행되다   **attend** v. 참석하다   **different** a. 다른   **exhibit** n. 전시, 전시회   **prize-winning** a. 수상작의, 수상 경력이 있는   **crop** n. 작물   **ornamental** a. 장식용의, 관상용의   **in preparation for** prep. ~에 대비하여   **order** v. 주문하다   **dozen** a. 12개의   **large** a. 큰   **decoration** n. 장식   **grand park** n. 대공원   **total** a. 총, 전체의   **price** n. 가격   **specifically** ad. 특히   **ask for** v. 요청하다   **receive** v. 받다   **shipment** n. 배송, 배송품   **disappointed** a. 실망을 한   **ship** v. 배송하다   **central** a. 중심의   **return** v. 되돌려 보내다, 반품하다   **air freight** n. 항공 화물   **replacement** n. 교환, 교환품   **properly** ad. 제대로, 올바로   **colored** a. 색을 한   **originally** a. 원래, 본래   **request** v. 요청하다   **photocopy** n. 사본   **receipt** n. 영수증   **reference** n. 참고   **warehouse** n. 창고   **expect** v. 기대하다, 예상하다   **refund** n. 환불   **additional** a. 추가의   **expenses** n. 비용   **incur** v. 초래하다   **correct** v. 바로잡다, 정정하다   **delivery** n. 배송   **hope** v. 바라다, 희망하다   **immediate** a. 즉각적인   **attention** n. 주의, 주목   **mistake** n. 실수

---

74 세부사항

What is the event mentioned in the letter?

(a) an exhibit of garden equipment
(b) a big display of farm-related items
(c) a yearly sale on ornaments
(d) a gathering of Lexington farmers

이 편지에서 언급되는 행사는 무엇인가?

(a) 원예 장비 전시회
(b) 농장 관련 용품의 큰 전시
(c) 장식품의 연간 판매
(d) 렉싱턴 농부들의 모임

해설 첫번째 단락에서 글쓴이인 헨리 골드가 본 행사는 농작물 및 관상용 식물의 수확물 수상작들을 보여주는 전시회(It is an exhibit of our prize-winning harvests of agricultural crops and ornamental plants)라고 했다. 즉 편지에서 언급되고 있는 행사는 농장 관련 용품의 큰 전시임을 알 수 있으므로, 정답은 (b)이다.

 패러프레이징

an exhibit → a big display
harvests of agricultural crops and ornamental plants → farm-related items

오답체크

지문에서 글쓴이가 주문한 원예 용품들은 행사 때 쓰기 위해 주문한 것이지 원예 용품들을 전시할 목적은 아니다. 따라서 (a)는 오답이다.

어휘   **mention** v. 언급하다   **equipment** n. 장비   **display** n. 전시   **farm-related** a. 농장 관련의   **item** n. 물품, 용품   **yearly** a. 연간의   **ornament** n. 장식품   **gathering** n. 모임

75 세부사항

Why did Henry Gold order different-colored bird baths from Ellen Baker?

(a) to sell to the festival's visitors
(b) to attract birds during the event
(c) **to use as decoration in the park**
(d) to compare the color quality

헨리 골드는 엘렌 베이커로부터 왜 여러 색의 새 욕조를 주문하였는가?

(a) 축제의 방문객들에게 판매하기 위해
(b) 행사기간 동안 새들을 끌어들이기 위해
(c) **공원에서 장식용으로 사용하기 위해**
(d) 색깔의 품질을 비교하기 위해

해설 새 욕조를 주문하는 내용이 나오는 두번째 단락에서 답의 근거를 찾는다. 해당 단락에서 헨리 골드는 대공원에서 장식용으로 사용하기 위해(will be used as decorations in the grand park) 여러 가지 색깔의 새 욕조를 주문했음을 알 수 있다. 따라서 정답은 (c)이다.

어휘 visitor n. 방문객 attract v. 끌어 모으다 quality n. 질

76 세부사항

Why was Gold unsatisfied with Winged Flora Garden Supplies' service?

(a) The company did not deliver his order on time.
(b) The product he ordered was out of stock.
(c) The company overcharged him for his order.
(d) **The products he got were not the right ones.**

골드는 왜 날개 달린 플로라 가든 서플라이즈의 서비스에 불만족해하는가?

(a) 그 회사가 제시간에 그의 주문을 배송하지 않았다.
(b) 그가 주문했던 제품이 재고가 떨어졌다.
(c) 그 회사가 그의 주문에 대해 그에게 너무 많은 비용을 청구했다.
(d) **그가 받았던 제품이 맞는 제품이 아니었다.**

해설 먼저 두번째 단락에서 골드는 빨간색, 흰색, 파란색 새 욕조를 각각 4개씩 요청했었으나, 그가 실망했다고 언급되고 있는 세 번째 단락에서는 해당 회사가 제품을 모두 흰색으로 보냈다(were disappointed to find that all of the bird baths you shipped to us were white)고 했다. 즉 제품이 그가 주문했던 대로 정확하게 배송되지 않았음을 알 수 있으므로, 정답은 (d)이다.

패러프레이징
disappointed → unsatisfied

어휘 unsatisfied a. 불만족해하는 deliver v. 배송하다 out of stock a. 재고가 없는 overcharge v. 많이 청구하다

77 세부사항

How is Gold proposing to settle the matter?

(a) by asking for replacements
(b) by canceling the order
(c) by demanding a discount
(d) by returning all of the shipment

골드는 이 사안을 어떻게 해결하기를 제안하고 있는가?

(a) 교환품을 요청함으로써
(b) 주문을 취소함으로써
(c) 할인을 요구함으로써
(d) 모든 배송품을 반품함으로써

해설 세번째 단락에서 제대로 된 색상으로의 교환(replacement)을 위해 항공 화물로 흰색 새 욕조 8개를 반품한다고 했다. 따라서 정답은 (a)이다.

오답체크

골드는 원래 색깔별로 4개씩 총 12개를 주문했으나 12개 모두 흰색으로 배송이 된 상황이다. 그래서 골드는 흰색 제품 8개를 반품하면서 본래 요청하였던 빨간색 4개와 파란색 4개의 제품(8개)을 다시 배송해 달라고 했다. 따라서 배송품 모두(12개)를 반품한다는 내용의 (d)는 오답이다.

어휘 propose v. 제안하다 settle v. 해결하다, 합의를 보다 matter n. 문제, 사안 cancel v. 취소하다
demand v. 요구하다 discount n. 할인

78 추론

Based on the letter, what refund is Gold most likely expecting?

(a) the purchase price of the returned bird baths
(b) the delivery charge for the bird baths
(c) the cost of shipping back the wrong bird baths
(d) the cost of making a pickup at the warehouse

편지에 따르면, 골드는 무슨 환불을 기대하고 있는 것 같은가?

(a) 반품된 새 욕조의 구입가
(b) 새 욕조의 배송 청구
(c) 잘못된 새 욕조를 다시 배송하는 데 든 비용
(d) 창고에서 물건을 찾으러 가는 데 든 비용

해설 골드가 환불을 기대하고 있다(We are also expecting a cash refund)고 언급되고 있는 4번째 단락에서 답의 근거를 찾는다. 해당 단락에서 골드는 배송 실수를 바로잡기 위해 그들이 초래하게 될 추가 비용(the additional expenses we will be incurring to correct the delivery)에 대해 현금 환불을 기대하고 있다고 했다. 이를 통해 골드가 요구하는 환불의 종류는 잘못된 새 욕조를 다시 배송하는 데 든 비용임을 알 수 있다. 따라서 정답은 (c)이다.

어휘 purchase n. 구입 price n. 가격 charge n. 청구, 부과 make a pickup v. (물건을) 찾으러 가다

79 어휘

In the context of the passage, enclosed means _____.

(a) contained
(b) included
(c) imprisoned
(d) encircled

해당 절의 문맥에서, enclosed는 _____을 의미한다.

(a) 들어 있다
(b) 포함하다
(c) 감금하다
(d) 둘러싸다

해설) 밑줄 친 어휘의 enclosed가 사용된 문장에서, I have enclosed a photocopy of the original receipt for your reference는 '참고하시라고 원본 영수증의 사본을 동봉했습니다'는 뜻이다. 즉 enclosed가 '동봉하다'의 의미로 쓰이고 있으므로, '포함하다'라는 가장 유사한 의미인 (b) included가 정답이다.

오답체크

contained는 사전적으로 '포함하다'의 의미도 있기 때문에 헷갈릴 수 있으나, enclose나 include는 행위의 주체가 사람인 반면 contain은 사물이 주체가 된다. 해당 지문에서 밑줄 친 동사의 주체는 사람(I)이므로, (a)는 답이 될 수 없다.

80 어휘

In the context of the passage, resolving means _____.

(a) answering
(b) changing
(c) causing
(d) correcting

해당 절의 문맥에서, resolving은 _____을 의미한다.

(a) 대답하다
(b) 바꾸다
(c) 야기하다
(d) 바로잡다

해설) 밑줄 친 어휘의 resolving이 사용된 문장에서, We are hoping for your immediate attention in resolving this mistake는 '이 실수를 해결하는 데 있어 귀하의 즉각적으로 조치해 주시기를 바랍니다'는 뜻이다. 즉 resolving이 '해결하다'의 의미로 쓰이고 있으므로, '(실수를) 바로잡다'라는 가장 유사한 의미인 (d) correcting이 정답이다.

TEST 2 READING & VOCABULARY SECTION

영역별 기출유형

PART 1	53 (c)	54 (a)	55 (b)	56 (a)	57 (d)	58 (b)	59 (c)
PART 2	60 (b)	61 (d)	62 (c)	63 (a)	64 (b)	65 (d)	66 (a)
PART 3	67 (c)	68 (a)	69 (d)	70 (b)	71 (a)	72 (b)	73 (d)
PART 4	74 (b)	75 (d)	76 (c)	77 (b)	78 (a)	79 (d)	80 (c)

PART 1 53~59 인물의 일대기 ▶ 하퍼 리

HARPER LEE

인물 소개

⁵³Harper Lee was an American writer best known for her award-winning novel, *To Kill a Mockingbird*. One of the most recognizable and beloved books in American history, the novel is now considered a literary classic.

어린 시절

Nelle Harper Lee was born on April 28, 1926 in Monroeville, Alabama. Her father was a lawyer who served in the state legislature, while her mother was a homemaker. ⁵⁴As a child, Lee had a love for reading that greatly surpassed that of other children. Playful and tomboyish, she shared a special friendship with another future writer, her schoolmate and neighbor, Truman Capote.

진로 선택

Lee attended Monroe County High School, where she acquired an interest in English literature. She studied law at the University of Alabama for several years, ⁵⁵but dropped out to pursue a career in writing. In 1949, she went to New York City, where she worked as an airline ticket agent and wrote during her spare time. There, she became friends with Broadway composer Michael Brown and his wife.

하퍼 리

⁵³하퍼 리는 수상작인 「앵무새 죽이기」로 가장 잘 알려진 미국 작가였다. 미국 역사에서 가장 인정받고 사랑받는 책 중 하나인 이 소설은 현재 문학의 고전으로 여겨지고 있다.

넬 하퍼 리는 1926년 4월 28일에 앨라배마 주 먼로빌에서 태어났다. 그녀의 아버지는 주 입법기관에서 근무했던 변호사였고, 그녀의 어머니는 주부였다. ⁵⁴어렸을 때, 리는 다른 아이들보다 훨씬 더 독서를 좋아했다. 장난기 많고 말괄량이 같은 그녀는 미래의 또 다른 작가인 학교 친구이자 이웃인 트루먼 커포티와 특별한 우정을 나눴다.

리는 먼로 카운티 고등학교에 다녔고, 그곳에서 그녀는 영문학에 대한 관심을 갖게 되었다. 그녀는 앨라배마 대학교에서 몇 년 동안 법을 공부했지만, ⁵⁵작가로서의 길을 추구하기 위해 중퇴했다. 1949년에, 그녀는 뉴욕시로 갔고, 그곳에서 그녀는 항공권 판매원으로 일하며 여가 시간 동안에 글을 썼다. 그곳에서 그녀는 브로드웨이 작곡가인 마이클 브라운과 그의 아내와 친구가 되었다.

In 1956, the Browns gave Lee a gift of one year's wages so she could [58]devote her time to writing. She eventually finished the first draft of her manuscript and sent it to the publisher J.B. Lippincott Company, which bought the story. Lee worked with her editor for two years, revising and polishing the novel that was finally named *To Kill a Mockingbird*.

Published in 1960, [56]the book was loosely based on her childhood experiences in Monroeville, [59]depicting herself as the character Scout Finch, Truman Capote as Scout's friend Dill, and her father as Atticus Finch, a lawyer and the story's central character. The novel told of life and racial conflicts in a small southern town in the 1930s.

To Kill a Mockingbird quickly became a best-seller and received the Pulitzer Prize for Fiction in 1961. It was also made into an award-winning film the following year. For her contributions to American literature, Lee was appointed to the National Council of Arts in 1966, and awarded the Presidential Medal of Freedom in 2007. The year before her death in 2016, [57]HarperCollins published Lee's only other novel, *Go Set a Watchman*, which was actually the original draft of *To Kill a Mockingbird* and not a sequel as it was originally deemed.

1956년에, 브라운 부부는 리에게 1년치 임금을 선물로 주고 그녀가 그녀의 시간을 글쓰기에 [58]전념할 수 있도록 하였다. 그녀는 마침내 원고의 초고를 완성했으며, 출판사인 J.B. 리핀콧 컴퍼니에 보냈고 이 회사가 그 이야기를 사들였다. 리는 그녀의 편집자와 함께 2년 동안 일하면서, 마침내 「앵무새 죽이기」라는 제목의 소설을 수정하고 다듬었다.

1960년에 출판된 [56]이 책은 먼로빌에서의 그녀의 어린 시절 경험을 대략적으로 기반을 둔 것으로, 자신을 스카우트 핀치, 트루먼 커포티를 스카우트의 친구인 딜, 그리고 그녀의 아버지를 변호사이자 이야기의 중심 인물인 애티커스 핀치라고 [59]묘사했다. 이 소설은 1930년대 남부의 한 작은 마을에서의 삶과 인종적 갈등을 이야기했다.

「앵무새 죽이기」는 빠르게 베스트셀러가 되었으며 1961년에는 소설 부문 퓰리처상을 받았다. 이 소설은 이듬해에 수상에 빛나는 영화로도 만들어졌다. 미국 문학에 대한 그녀의 공헌으로, 리는 1966년에 국립예술위원회에 지명되었고, 2007년에는 대통령 자유 훈장을 받았다. 2016년에 리가 사망하기 1년 전에, [57]하퍼콜린스에서 리의 다른 유일한 소설인 「파수꾼」을 출간하였는데, 사실 이 소설은 「앵무새 죽이기」의 원장이었으며 본래 여겨졌던 것처럼 속편이 아니었다.

어휘

be best known for v. ~로 잘 알려져 있다　award-winning a. 상을 받은　novel n. 소설　recognizable a. 인정받는
beloved a. 사랑받는　history n. 역사　consider v. 간주하다, 여기다　literary a. 문학의　classic n. 고전　lawyer n. 변호사
serve v. 근무하다　state n. (미국의) 주　legislature n. 입법기관　homemaker n. 가정주부　greatly ad. 크게, 대단히
surpass v. 능가하다, 뛰어넘다　playful a. 장난기 많은　tomboyish a. 말괄량이 같은　share v. 공유하다　special a. 특별한
friendship n. 우정　schoolmate n. 학교 친구　neighbor n. 이웃　attend v. 참석하다, (학교에) 다니다　acquire v. 얻다
interest n. 흥미, 관심　literature n. 문학　drop out v. 중퇴하다　pursue v. 추구하다　career n. 경력
airline ticket agent n. 항공권 판매원　spare a. 남는, 여분의　composer n. 작곡가　wage n. 임금　devote v. 전념하다
eventually ad. 결국, 마침내　finish v. 끝내다　draft n. 초안　manuscript n. 원고　publisher n. 출판사　revise v. 수정하다
polish v. 다듬다　finally ad. 마침내　name v. 명명하다　publish v. 출판하다　be based on v. ~에 기반을 두다　loosely ad. 대략적으로
childhood n. 어린 시절　experience n. 경험　depict v. 묘사하다　central a. 중심이 되는　tell of v. ~을 알리다, 이야기하다
racial a. 인종의　conflict n. 갈등　quickly ad. 빠르게　fiction n. 소설　following a. 그 다음의　contribution n. 기여, 공헌
appoint v. 지명하다, 임명하다　award v. 수상하다　actually ad. 사실은, 실제로　original a. 원래의, 최초의　sequel n. 속편
originally ad. 원래, 본래　deem v. 여기다

53 세부사항

What is Harper Lee most known for?

(a) writing several successful novels
(b) critiquing works of classic literature
(c) creating an enduring literary work
(d) winning the most literary awards

하퍼 리는 무엇으로 잘 알려져 있는가?

(a) 몇몇 성공적인 소설을 쓴 것
(b) 고전 문학 작품들을 비평하는 것
(c) 불후의 문학 작품을 창조한 것
(d) 가장 많은 문학상을 받은 것

[해설] 첫번째 단락에서 하퍼 리는 본인의 책 「앵무새 죽이기」로 가장 잘 알려진(best known for her award-winning novel, To Kill a Mockingbird) 미국 작가라고 소개되고 있다. 그러면서 「앵무새 죽이기」는 미국 역사에서 가장 인정받고 사랑받는 책 중 하나(One of the most recognizable and beloved books in American history)이며, 이 책은 특히 현재에 이르러 문학의 고전으로 여겨진다(the novel is now considered a literary classic)고 했다. 따라서 정답은 (c)이다.

📖 패러프레이징

a literary classic → an enduring literary work

📖 오답체크

지문에서는 「앵무새 죽이기」가 상을 받은 작품이라고 했지만 하퍼 리가 가장 많은 문학상을 받았다는 내용은 언급되어 있지 않으므로 (d)는 오답이다.

[어휘] successful a. 성공적인 critique v. 비평하다 classic literature n. 고전 문학 enduring a. 지속되는, 불후의

54 세부사항

How did young Lee distinguish herself from other children?

(a) by having great fondness for the written word
(b) by establishing a friendship with a famous writer
(c) by bothering adults with her tomboyish ways
(d) by following in her father's footsteps

어린 리는 스스로를 다른 아이들과 어떻게 구분하였는가?

(a) 쓰여진 글에 대한 큰 애착을 가짐으로써
(b) 유명 작가와 우정을 다짐으로써
(c) 말괄량이 같은 방식으로 어른들을 귀찮게 함으로써
(d) 그녀의 아버지의 발자취를 따라감으로써

[해설] 어린 시절의 리를 묘사하고 있는 두 번째 단락에서 답의 근거를 찾는다. 해당 단락의 중간 부분에서 리는 책읽기를 사랑했으며(Lee had a love for reading) 이는 다른 아이들의 그것을 크게 뛰어넘었다(greatly surpassed that of other children)고 했다. 즉 리와 다른 아이들의 차이점은 글에 대한 애착이므로, 정답은 (a)이다.

📖 패러프레이징

had a love for reading → great fondness for the written word

📖 오답체크

지문에서 리는 또 다른 장래 작가인 학교 친구이자 이웃인 트루먼 커포티와 특별한 우정을 나눴다고 했으나 이 친구가 유명한 작가라고 언급되고 있지 않으므로 (b)는 오답이다.

[어휘] distinguish v. 구별하다 fondness n. 아주 좋아함, 애호 written a. 쓰여진 establish v. 설립하다 friendship n. 우정 famous a. 유명한 writer n. 작가 bother v. 귀찮게 하다 adult n. 어른 way n. 방법 follow v. 따르다 footstep n. 발자취

55 추론

Why most likely did Lee go to New York in 1949?

(a) to learn more about English literature
(b) **to become a professional writer**
(c) to begin a career in the airline industry
(d) to obtain a law degree

왜 리는 1949년에 뉴욕으로 갔을 것 같은가?

(a) 영문학에 대해 더 배우기 위해서
(b) **전문 작가가 되기 위해서**
(c) 항공 산업에서의 경력을 시작하기 위해서
(d) 법학 학위를 얻기 위해서

해설 | 1949년이 나오는 세번째 단락에서 답의 근거를 추론한다. 해당 단락에서 리는 글쓰기 경력을 추구하기 위해 다니던 대학교를 중퇴했으며(dropped out to pursue a career in writing), 1949년에 뉴욕으로 건너가(In 1949, she went to New York City) 항공권 판매원으로 일하며 여가 시간 동안에 글을 썼다(wrote during her spare time)고 했다. 이를 통해 리가 1949년에 뉴욕에 간 이유로 전문적으로 글을 쓰는 작가가 되기 위해서라고 추론할 수 있다. 따라서 정답은 (b)이다.

어휘 | professional a. 전문적인 industry n. 산업 obtain v. 얻다, 획득하다 degree n. 학위

56 세부사항

How can the novel *To Kill a Mockingbird* be described?

(a) **It was inspired by Lee's early life.**
(b) It is the true story of Lee's experiences.
(c) It took place in Lee's hometown.
(d) It was written during Lee's childhood.

소설 「앵무새 죽이기」는 어떻게 묘사될 수 있는가?

(a) **이 소설은 리의 초기 삶에서 영감을 얻었다.**
(b) 이 소설은 리의 경험들을 담은 실제 이야기이다.
(c) 이 소설은 리의 고향에서 발생한 일이다.
(d) 이 소설은 리의 어린 시절 동안에 쓰여졌다.

해설 | 다섯번째 단락에서 「앵무새 죽이기」는 먼로빌에서의 그녀의 어린 시절 경험을 대략적으로 기반을 둔 것(was loosely based on her childhood experiences)이라고 했으므로, 이를 통해 이 소설은 리의 초기 삶에서 영감을 얻은 것임을 알 수 있다. 따라서 정답은 (a)이다.

패러프레이징

was loosely based on → was inspired by
her childhood experiences → Lee's early life

오답체크

소설의 배경은 1930년대 남부의 한 작은 마을이므로, 리의 고향에서 발생한 일이라고 하는 (c)는 답이 될 수 없다.

어휘 | describe v. 서술하다, 묘사하다 inspire v. 영감을 주다 take place v. 일어나다, 발생하다 hometown n. 고향

57 추론

Which is most likely true about the novel *Go Set a Watchman*?

(a) It was completed by Lee in 2016.
(b) It is a highly-acclaimed novel.
(c) It was made into a blockbuster movie.
(d) **It developed Lee's more popular work.**

다음 중 무엇이 소설 「파수꾼」에 대해 사실일 것 같은가?

(a) 이 소설은 2016년에 리에 의해 완성되었다.
(b) 이 소설은 극찬을 받은 소설이다.
(c) 이 소설은 블록버스터 영화로 만들어졌다.
(d) **이 소설은 리의 더 인기 있는 작품을 발전시켰다.**

해설 소설 「파수꾼」에 대한 내용이 언급되고 있는 여섯번째 단락에서 답의 근거를 추론한다. 해당 단락의 마지막 문장에서 하퍼콜린스에서 출간된 「파수꾼」이 사실은 「앵무새 죽이기」의 원작이었다(was actually the original draft of *To Kill a Mockingbird*)고 했다. 이를 통해 소설 「파수꾼」은 하퍼 리의 더 인기 있는 작품인 「앵무새 죽이기」를 발전시켰다고 추론할 수 있다. 따라서 정답은 (d)이다.

어휘 complete v. 완성하다　highly-acclaimed a. 극찬을 받은　develop v. 발전시키다

58 어휘

In the context of the passage, <u>devote</u> means _____.

(a) provide
(b) **commit**
(c) separate
(d) create

해당 절의 문맥에서, <u>devote</u>는 _____을 의미한다.

(a) 제공하다
(b) **전념하다**
(c) 분리하다
(d) 만들다

해설 밑줄 친 어휘의 devote가 사용된 문장에서, she could devote her time to writing은 '그녀의 시간을 글쓰기에 전념할 수 있도록 하였다'는 뜻이다. 즉 devote가 '전념하다'의 의미로 쓰이고 있으므로, 마찬가지로 '전념하다'라는 같은 의미인 (b) commit이 정답이다.

59 어휘

In the context of the passage, <u>depicting</u> means _____.

(a) viewing
(b) pretending
(c) **representing**
(d) performing

해당 절의 문맥에서, <u>depicting</u>은 _____을 의미한다.

(a) 보다
(b) ~인 척하다
(c) **나타내다**
(d) 수행하다

해설 밑줄 친 어휘의 depicting이 사용된 문장에서, depicting herself as the character Scout Finch는 '그녀 자신을 스카우트 핀치라고 묘사했다'는 뜻이다. 즉 depicting이 '묘사하다'의 의미로 쓰이고 있으므로, '나타내다'라는 가장 유사한 의미인 (c) representing이 정답이다.

DRINKING COFFEE MAY REDUCE RISK OF MULTIPLE SCLEROSIS

Coffee, traditionally blamed for health problems such as sleep disorders, nervousness, and stomach acidity, [60]has also been linked to positive outcomes regarding diabetes and heart and liver diseases. A study reported that [60]drinking coffee may have yet another health benefit: lowering the risk of developing multiple sclerosis.

[61]Multiple sclerosis (MS) is a disease in which the protective covering of nerve cells is damaged, [65]disrupting the flow of information within the nervous system and making it difficult to move, speak, or see. A study published in the *Journal of Neurology, Neurosurgery, and Psychiatry* showed that people who drank large amounts of coffee had almost one-third less chance of developing MS than those who did not.

Researchers analyzed the findings of two large case-control studies, one in Sweden and the other in the US. The studies involved [62-(d)]a total of 2,779 people with MS and [62-(a)]3,960 without it. [62-(d)]The subjects were asked how much coffee they drank daily and at what age they started drinking the beverage.

The researchers used the figures to [66]estimate the levels of coffee consumption in MS patients before and during the onset of the disease and compared the results to those of the healthy groups. The findings showed that those who drank more than four cups of coffee a day were 29% less likely to develop MS.

문제점 + 한계

The study did not directly prove that high coffee consumption lowers a person's risk of MS, but merely showed an association between the two factors. [63]After all, participants were taken at their word about the amount of coffee they consumed, leading to possible errors in data. The study, however, is noteworthy due to its international scope and the large size of the sample groups.

이 연구는 높은 커피 섭취가 사람이 MS에 걸릴 위험을 낮춘다는 것을 직접적으로 증명하지는 않았으며, 단지 두 요소간의 연관성을 보여줄 뿐이었다. [63]결국, 참가자들이 섭취했던 커피의 양에 대한 그들의 말을 곧이곧대로 믿었고, 이는 데이터의 오류 가능성으로 이어진다. 이 연구는, 그러나, 국제적인 범위와 표본 집단의 큰 규모 때문에 주목할 만하다.

현황 제시

The researchers are hopeful that further studies on how coffee can prevent multiple sclerosis can lead to future medications for the disease. [64]Indeed, caffeine, an active component of coffee, has been shown to also lessen the severity of other diseases that involve the weakening of the nerve cells such as Alzheimer's and Parkinson's.

연구원들은 커피가 다발성 경화증을 예방할 수 있는 방법에 대한 추가 연구가 이 질환을 위한 미래의 약물로 이어질 수 있을 것이라고 희망한다. [64]실제로, 커피의 활성 성분인 카페인은 알츠하이머병과 파킨슨병과 같이 신경 세포의 약화를 수반하는 다른 질환들의 중증도를 낮추는 것 또한 보여왔다.

어휘

reduce v. 줄이다   risk n. 위험   multiple sclerosis n. 다발성 경화증   traditionally ad. 전통적으로   blame v. 탓하다, 비난하다
disorder n. 장애   nervousness n. 신경과민   stomach acidity n. 위산   link v. 연결하다   positive a. 긍정적인
outcome n. 결과   regarding prep. ~에 관하여   diabetes n. 당뇨병   liver n. 간   disease n. 병, 질환   study n. 연구
report v. 보고하다, 전하다   benefit n. 이익, 이득   lower v. 낮추다   develop v. (병에) 걸리다   protective a. 보호의   covering n. 막
nerve cell n. 신경 세포   damage v. 피해를 입히다   flow n. 흐름   nervous system n. 신경계   difficult a. 어려운
publish v. 게재하다   neurology n. 신경학   neurosurgery n. 신경외과   psychiatry n. 정신의학   show v. 보여주다
amount n. 양   almost ad. 거의   researcher n. 연구원   analyze v. 분석하다   finding n. 연구 결과
case-control study n. 환자-대조군 연구   involve v. 포함시키다   subject n. 피실험자   ask v. 요청하다   figure n. 수, 수치
level n. 수준   consumption n. 소비, 섭취   patient n. 환자   onset n. (병의) 시작   compare v. 비교하다   result n. 결과
directly ad. 직접적으로   prove v. 입증하다   merely ad. 단지   association n. 연관성   factor n. 요인   after all ad. 결국
participant n. 참가자   take ~ at one's word v. ~의 말을 곧이곧대로 믿다   consume v. 섭취하다   lead v. 이끌다
possible a. 가능성 있는   noteworthy a. 주목할 만한   scope n. 범위   sample n. 표본   hopeful a. 희망에 찬   further a. 추가의
prevent v. 예방하다   medication n. 약물   indeed ad. 확실히   active a. 활동적인   component n. 성분   lessen v. 경감하다
severity n. 혹독함, 중증도   weakening n. 약화

60 주제/목적

What is the magazine article about?

(a) coffee's undeserved bad reputation
(b) **a positive health effect of coffee**
(c) a new cure for nerve-related diseases
(d) the right amount of coffee to drink

이 잡지 기사는 무엇에 관한 내용인가?

(a) 커피의 부당한 나쁜 평판
(b) **커피의 긍정적인 건강 효과**
(c) 신경 관련 질환의 새로운 치료법
(d) 마시는 커피의 적당량

해설 첫번째 단락에서 커피는 당뇨병과 심장 및 간 질환과 관련된 긍정적인 결과와도 연결되어 왔으며(has also been linked to positive outcomes regarding diabetes and heart and liver diseases), 또한 커피를 마시는 것이 다발성 경화증의 발병 위험을 낮춘다는 또 다른 건강상의 이점을 가질 시도 모른다(drinking coffee may have yet another health benefit: lowering the risk of developing multiple sclerosis)고 했으므로, 이 지문은 커피의 긍정적인 건강 효과에 대한 내용임을 알 수 있다. 따라서 정답은 (b)이다.

 패러프레이징

health benefit → positive health effect

어휘 undeserved a. 부당한   reputation n. 명성   cure n. 치료제   related a. 관련된   right a. 적당한

61 세부사항

According to the article, what causes multiple sclerosis?

(a) the inability to use the senses
(b) the absence of communication in the nervous system
(c) the lack of nerve cell coverings
(d) **the weakening of nerve cell coverings**

기사에 따르면, 무엇이 다발성 경화증을 유발하는가?

(a) 감각 사용 불능
(b) 신경계 안에서의 소통 결여
(c) 신경세포막의 부족
(d) **신경세포막의 약화**

해설 두번째 단락에서 다발성 경화증은 신경세포의 보호막이 손상되어(the protective covering of nerve cells is damaged) 신경계 내의 정보 흐름을 방해하고 움직이고 말하고 보기를 어렵게 만드는(disrupting the flow of information within the nervous system and making it difficult to move, speak, or see) 질환이라고 했다. 즉 다발성 경화증은 신경세포막의 약화로부터 유발되는 질환이므로, 정답은 (d)이다.

 패러프레이징

the protective covering of nerve cells is damaged → the weakening of nerve cell coverings

어휘 cause v. 야기하다   inability n. 불능   sense n. 감각   absence n. 없음, 결핍   communication n. 소통   lack n. 부족

62 진위 여부

Who was NOT involved in the studies?

(a) people who did not have MS
(b) people who consumed coffee
(c) people who were cured of MS
(d) people who suffered from MS

이 연구에서 누가 관련되지 않았는가?

(a) MS를 보유하지 않았던 사람들
(b) 커피를 섭취했던 사람들
(c) MS를 치료받았던 사람들
(d) MS를 앓고 있던 사람들

[해설] 환자-대조군 연구의 피실험자들에 대해 언급되고 있는 세번째 단락에서 지문의 내용과 보기의 키워드를 대조하여 일치하는 보기를 하나씩 소거한다. 해당 단락에서 연구에 포함된 사람들은 MS가 있는 총 2,779명의 사람들, MS가 없는 3,960명의 사람들이며, 이들은 커피를 하루에 커피를 얼마나 마셨는지, 그리고 커피를 몇 살 때부터 마시는지에 대한 질문을 받았다고 했다. 반면 MS를 치료받았던 사람들이 포함되어 있는지는 알 수 없다. 따라서 정답은 (c)이다.

[어휘] cure v. 치료하다   suffer v. (병을) 앓다

63 추론

Why most likely is it difficult to make direct links between reduced risk of MS and coffee consumption?

(a) because self-reports could differ from actual coffee intake
(b) because the study was only done in one country
(c) because the participants drank different kinds of coffee
(d) because the study had too few participants

왜 MS의 감소된 위험도와 커피 섭취를 직접적으로 연결 짓기 어려울 것 같은가?

(a) 자기 보고가 실제 커피 섭취량과 다를 수 있었기 때문에
(b) 연구가 한 국가에서만 실시되었기 때문에
(c) 참가자들이 서로 다른 종류의 커피를 마셨기 때문에
(d) 연구가 너무 적은 참가자들을 가졌기 때문에

[해설] 커피 섭취량과 MS에 걸릴 위험이라는 두 요소의 연관성이 언급되고 있는 다섯 번째 단락에서 직접적인 입증이 어려운 이유에 대한 답의 근거를 추론한다. 해당 단락에서 연구는 참가자들이 섭취했던 커피의 양에 대한 그들의 말에 의존할 수밖에 없고(participants were taken at their word about the amount of coffee they consumed), 이는 데이터의 오류 가능성으로 이어진다(leading to possible errors in data)고 했다. 즉 참가자들의 자기 보고는 부정확할 수 있기 때문에, 이를 통해 MS의 위험도 감소와 커피 섭취 사이의 관계를 직접적으로 연결 짓기 어렵다고 추론할 수 있다. 따라서 정답은 (a)이다.

[패러프레이징]
directly prove → make direct links

[오답체크]
지문에서는 이 연구가 국제적인 범위와 표본 집단의 큰 규모 때문에 주목할 만하다고 했으므로 (b)와 (d)는 답이 될 수 없다.

[어휘] reduced a. 감소된   self-report n. 자기보고   differ v. 다르다   actual a. 실제의   intake n. 섭취

64 추론

Based on the article, what conclusion can probably be drawn about caffeine?

(a) It can replace other medical treatments.
(b) It helps protect nerve cells.
(c) It reduces the risk of most conditions.
(d) It helps cure multiple sclerosis.

기사에 따르면, 카페인에 대해 어떤 결론이 도출될 수 있을 것 같은가?

(a) 카페인은 다른 의료 처치를 대체할 수 있다.
(b) 카페인은 신경세포를 보호하도록 돕는다.
(c) 카페인은 대부분의 상태의 위험도를 감소시킨다.
(d) 카페인은 다발성 경화증을 치료하도록 돕는다.

해설 카페인(caffeine)에 대한 내용이 언급되고 있는 여섯 번째 단락에서 답의 근거를 추론한다. 해당 단락에서 카페인은 신경세포의 약화를 수반하는(involve the weakening of the nerve cells) 다른 질환들의 중증도를 낮추는 것으로 보여왔다고 했다. 이를 통해 카페인이 신경세포를 보호하도록 도움을 준다는 결론을 내릴 수 있음을 추론할 수 있다. 따라서 정답은 (b)이다.

오답체크

(c)의 경우 카페인은 대부분의 상태의 위험도를 감소시킨다고 했는데, 지문에서 카페인은 알츠하이머병과 파킨슨병과 같이 신경세포의 약화를 수반하는 다른 질환들의 중증도를 낮추는 것은 일부 상태이지 이를 통해 대부분의 상태를 보호하도록 돕는다고 추론하는 것은 적절하지 않다.

(d)의 경우 카페인이 다발성 경화증을 치료하도록 돕는다고 했는데, 지문에서 커피가 다발성 경화증을 예방할 수 있는 방법에 대한 추가 연구가 이 질환을 위한 미래의 약물로 이어질 수 있을 것이라고 희망한다고 했지만 그 방법이 카페인 때문인지는 알 수 없다.

어휘 conclusion n. 결론   replace v. 대체하다   medical a. 의료의   treatment n. 치료, 처치   protect v. 보호하다

65 어휘

In the context of the passage, disrupting means _____.

(a) invading
(b) worrying
(c) harming
(d) disturbing

해당 절의 문맥에서, disrupting은 _____을 의미한다.

(a) 침략하다
(b) 걱정하게 만들다
(c) 손상시키다
(d) 방해하다

해설 밑줄 친 어휘의 disrupting이 사용된 문장에서, disrupting the flow of information within the nervous system은 '신경계 내의 정보 흐름을 방해한다'는 뜻이다. 즉 disrupting이 '방해하다'의 의미로 쓰이고 있으므로, 마찬가지로 '방해하다'라는 같은 의미인 (d) disturbing이 정답이다.

66 어휘

In the context of the passage, <u>estimate</u> means _____.

(a) calculate
(b) confirm
(c) create
(d) analyze

해당 절의 문맥에서, <u>estimate</u>는 _____을 의미한다.

(a) 계산하다
(b) 확인하다
(c) 참조하다
(d) 분석하다

해설 밑줄 친 어휘의 estimate가 사용된 문장에서, The researchers used the figures to estimate the levels of coffee consumption in MS patients는 'MS 환자의 커피 소비 수준을 추산하기 위해 이 수치를 이용하였다'는 뜻이다. 즉 estimate가 '추산하다'의 의미로 쓰이고 있으므로, '계산하다'라는 가장 유사한 의미인 (a) calculate가 정답이다.

THE OSCAR STATUETTE

⁶⁷The Oscar statuette, officially known as the Academy Award of Merit, is the trophy given away by the Academy of Motion Picture Arts and Sciences to recognize outstanding achievements in filmmaking. The statuette is awarded for excellence in various film craft categories, including best cinematography, best director, best actor or actress in a leading role, and best picture.

Made of *britannia* metal plated with gold, the Oscar statuette stands 13.5 inches tall and weighs 8.5 lbs. ⁶⁸The trophy displays an iconic golden knight standing on a reel of film while holding a sword. The reel has five spokes that represent the five original branches of the Academy: actors, directors, producers, technicians, and writers. The statuette has ⁷²retained its basic design through the years, except for the size of its black metal base, which was standardized in 1945.

⁶⁹The Academy, which was founded in 1927 to support the art of filmmaking, came up with the idea of making the statuette when it decided to honor achievers in the film industry with a trophy. MGM art director Cedric Gibbons sketched a design for the statuette, which was then turned into a three-dimensional model by sculptor George Stanley. ⁷⁰The Academy hired the C.W. Shumway & Sons foundry to cast the original mold in 1928. The very first Oscar award was received by Emil Jannings for Best Actor in 1929. Since then, more than 3,000 Oscar statuettes have been presented. R.S. Owens & Company had been casting the trophies since 1982, before a new manufacturer, Polich Tallix Fine Art Foundry, was hired in 2016.

발달 과정 2

It is not [73]certain how the Academy Award came to be known as the "Oscar." One story is that Bette Davis, a former Academy president, named the statuette after her husband, Harmon Oscar Nelson. Another claim is that the Academy's former librarian, Margaret Herrick, commented that the figure reminded her of her "Uncle Oscar," and the name stuck. [71]The name had become so popular by 1934 that a columnist referred to Katharine Hepburn's Best Actress award as an "Oscar." The Academy officially adopted the nickname in 1939.

아카데미상이 어떻게 "오스카"로 알려지게 되었는지는 [73]확실하지 않다. 한 이야기는 아카데미 전임 회장이었던 베티 데이비스가 그녀의 남편인 하먼 오스카 넬슨의 이름을 따서 그 조각상의 이름을 지었다는 것이다. 또 다른 주장은 아카데미의 이전 사서였던 마가렛 헤릭이 그 조각상이 그녀의 "오스카 삼촌"을 떠올리게 한다고 언급했고 그 이름이 붙었다는 것이다. [71]1934년 한 칼럼니스트가 캐서린 헵번의 여우주연상을 "오스카"로 언급할 정도로 그 이름은 매우 유명해졌다. 아카데미는 1939년에 이 별명을 공식적으로 채택했다.

어휘

statuette n. 조각상   officially ad. 공식적으로   give away v. (상으로) 수여하다   recognize v. 알아보다, 인정하다
outstanding a. 뛰어난   achievement n. 업적   filmmaking n. 영화 제작   award v. 주다, 수여하다   excellence n. 뛰어남, 우수성
various a. 다양한   craft n. 기술   category n. 범주   including prep. ~을 포함하여   cinematography n. (영화) 촬영
leading a. 선도적인, 주연의   role n. 역할   plate v. 도금하다   stand v. 서 있다, (높이가) ~이다   weigh v. (무게가) ~이다
display v. 내보이다   iconic a. 상징적인   reel n. (필름을 감는) 릴   hold v. 잡다   spoke n. 바퀴살   branch n. 분과
except for prep. ~을 제외하고   base n. 발판   standardize v. 표준화하다   found v. 설립하다   support v. 지원하다
come up with v. 생각해내다   decide v. 결정하다   honor v. 표창하다   achiever n. 공적을 세운 사람   industry n. 산업
sketch v. 밑그림을 그리다   sculptor n. 조각가   foundry n. 주조소   cast v. 주조하다   mold n. 틀, 형상   receive v. 받다
present v. 수여하다   manufacturer n. 제조업체   former a. 전임의   librarian n. 사서   comment v. 언급하다
figure n. 모습, 조상   adopt v. 채택하다

67 세부사항

What is the Academy of Motion Picture Arts and Sciences?

(a) a company that produces statuettes
(b) a school that teaches filmmaking skills
(c) **a body that supports various aspects of filmmaking**
(d) an awards ceremony recognizing film craft

영화 예술 과학 아카데미는 무엇인가?

(a) 조각상을 제작하는 회사
(b) 영화 제작 기술을 가르치는 학교
(c) **영화 기술의 다양한 측면을 지원하는 단체**
(d) 영화 예술을 인정하는 시상식

해설 첫번째 단락에서 다양한 영화 기술 부문에서의 우수성에 대해 시상되는 오스카 조각상(The statuette is awarded for excellence in various film craft categories)은 영화 예술 과학 아카데미에 의해 수여된다고(given away) 했다. 이를 통해 영화 예술 과학 아카데미는 영화 제작의 다양한 측면을 지원하는 단체임을 알 수 있으므로, 정답은 (c)이다.

패러프레이징

various film craft categories → various aspects of filmmaking

어휘   produce v. 제작하다   aspect a. 측면

68 세부사항

Which is the main feature of the Oscar statuette?

(a) the figure of a noble soldier
(b) the five areas of the Academy
(c) a material used for making films
(d) a weapon used by knights

다음 중 오스카 조각상의 주요 특징은 무엇인가?

(a) 고귀한 병사의 조상
(b) 아카데미의 다섯 개 분야
(c) 영화를 제작하기 위해 사용된 자재
(d) 기사들에 의해 사용된 무기

해설 두번째 단락에서 오스카 조각상은 검을 쥐면서 필름 릴 위에 서 있는 상징적인 황금 기사를 내보인다(The trophy displays an iconic golden knight standing on a reel of film while holding a sword)고 했다. 즉 상징적인 황금 기사가 오스카 조각상의 주요 특징이 되므로, 정답은 (a)이다.

패러프레이징

an iconic golden knight → the figure of a noble soldier

어휘 feature n. 특징   noble a. 고귀한   material n. 소재, 자재

69 세부사항

Why did the Academy think of creating the Oscar award?

(a) to encourage the creation of more films
(b) to show off the artistic talent of its designer
(c) to support the arts and sciences
(d) to recognize impressive feats of filmmaking

아카데미는 왜 오스카상을 만드는 것을 생각하였는가?

(a) 더 많은 영화의 창작을 장려하기 위해
(b) 아카데미 디자이너의 예술적 재능을 과시하기 위해
(c) 예술 및 과학을 지원하기 위해
(d) 영화 제작의 인상적인 업적을 인정하기 위해

해설 아카데미가 오스카상을 만들게 된 목적이 나오고 있는 세번째 단락에서 답의 근거를 찾는다. 해당 단락에서 아카데미는 영화 산업에서 업적을 이룬 사람들에게 트로피를 수여하기로 결정했을 때(when it decided to honor achievers in the film industry with a trophy) 이 조각상을 만드는 것에 대한 생각을 떠올렸다고 했다. 이를 통해 영화 제작의 인상적인 업적을 인정하려는 이유로 오스카상을 만들었음을 알 수 있다. 따라서 정답은 (d)이다.

패러프레이징

came up with the idea of making the statuette → think of creating the Oscar award
honor achievers in the film industry with a trophy → recognize impressive feats of filmmaking

어휘 encourage v. 장려하다   creation n. 창작   show off v. 과시하다   artistic a. 예술적인   talent n. 재능
impressive a. 인상적인   feat n. 업적

70 세부사항

What is the role of the C.W. Shumway & Sons foundry in the Oscar's history?

(a) It has been casting the Oscars since the beginning.
(b) It produced statuettes for the first ceremony.
(c) It created the design for the very first Oscar.
(d) It presented the award to the first recipient.

오스카의 역사에서 C.W. 셤웨이 & 손즈 주조소의 역할은 무엇인가?

(a) 그 주조소는 시작 이래로 지금까지 오스카상을 주조해오고 있다.
(b) 그 주조소는 첫 시상식을 위한 조각상들을 제작했다.
(c) 그 주조소는 가장 최초의 오스카상 디자인을 만들었다.
(d) 그 주조소는 최초 수상자에게 상을 수여했다.

해설 C.W. 셤웨이 & 손즈 주조소(the C.W. Shumway & Sons foundry)에 대해 나오고 있는 세번째 단락에서 답의 근거를 찾는다. 해당 단락에서 이 주조소가 아카데미에 의해 고용되어 1928년에 최초의 형상을 주조했으며, 1929년에 가장 처음의 오스카상이 시상되었다고 했다. 이를 통해 이 주조소가 첫 시상식을 위한 조각상들을 제작했음을 알 수 있다. 따라서 정답은 (b)이다.

오답체크

(a) C.W. 셤웨이 & 손즈 이후에는 1982년부터 R.S. 오언스 & 컴퍼니가, 2016년부터는 폴리치 탤릭스 파인 아트 파운드리가 오스카상을 주조해오고 있다.
(c) 가장 최초의 오스카상 디자인은 세드릭 기븐스가 만들었다.
(d) 주조소는 최초 시상식에 수여된 조각상을 만들었지만 주조소가 직접 수상자에게 상을 전달했다는 내용은 언급되고 있지 않다.

어휘 ceremony n. 시상식 recipient n. 수령인

71 추론

What did Katharine Hepburn most likely accomplish in 1934?

(a) She outperformed other actresses.
(b) She gave the trophy its nickname.
(c) She published a popular column.
(d) She became Academy president.

캐서린 헵번은 1934년에 무엇을 성취했을 것 같은가?

(a) 그녀는 다른 여배우들보다 기량이 더 뛰어났다.
(b) 그녀는 그 트로피에 별명을 붙였다.
(c) 그녀는 인기 있는 칼럼을 게재했다.
(d) 그녀는 아카데미의 회장이 되었다.

해설 캐서린 헵번과 1934년이 나오고 있는 네번째 단락에서 답의 근거를 찾는다. 해당 단락에서 "오스카 삼촌"이 1934년까지 너무 유명해졌던 터라(The name had become so popular by 1934) 한 칼럼니스트는 캐서린 헵번의 여우주연상을 가리켜 "오스카"라고 불렀다(a columnist referred to Katharine Hepburn's Best Actress award as an "Oscar.")고 했다. 즉 1934년에 캐서린 헵번이 여우주연상을 받았으므로, 이를 통해 캐서린 헵번이 다른 여배우들을 제치고 가장 뛰어난 성과를 냈음을 알 수 있다. 따라서 정답은 (a)이다.

어휘 accomplish v. 성취하다   outperform v. ~보다 기량이 뛰어나다   column n. 칼럼   president n. 회장

72 어휘

In the context of the passage, retained means _____.

(a) made
(b) kept
(c) stood
(d) collected

해당 절의 문맥에서, retained는 _____을 의미한다.

(a) 만들다
(b) 유지하다
(c) 세우다
(d) 모으다

해설 밑줄 친 어휘의 retained가 사용된 문장에서, The statuette has retained its basic design through the years, except for the size of its black metal base는 '이 조각상은 검은 금속 받침대의 크기를 제외한 기본 디자인은 수년에 걸쳐 유지해오고 있다'는 뜻이다. 즉 retained가 '유지하다'의 의미로 쓰이고 있으므로, 마찬가지로 '유지하다'라는 같은 의미인 (b) kept가 정답이다.

73 어휘

In the context of the passage, certain means _____.

(a) confident
(b) specific
(c) relevant
(d) clear

해당 절의 문맥에서, certain은 _____을 의미한다.

(a) 확신하는
(b) 구체적인
(c) 관련된
(d) 확실한

해설 밑줄 친 어휘의 certain이 사용된 문장에서, It is not certain how the Academy Award came to be known as the "Oscar."는 '아카데미상이 어떻게 "오스카"로 알려지게 되었는지는 확실하지 않다'는 뜻이다. 즉 certain이 '확실한'의 의미로 쓰이고 있으므로, 마찬가지로 '확실한'이라는 가장 유사한 의미인 (d) clear가 정답이다.

오답체크

certain은 '확실한' 외에 '확신하는'이라는 의미도 가능하기 때문에, 마찬가지로 '확신하는'의 의미로 쓰이는 (a) confident를 답으로 생각할 수 있다. 그러나 '확신하는'의 주체는 사람이므로, 이 의미로 쓰이려면 certain과 confident 둘 다 주어가 사람이어야 한다. 해당 문장에서의 주어 It은 가주어이며 사람이 아니므로 (a)는 답이 될 수 없다.

PART 4 · 74~80 비즈니스 서신 ▶ 새로운 쇼핑 센터 건설에 대한 서비스 제안

수신자 정보

Paula Schultz
President
Danville Ventures Corporation

폴라 슐츠
회장
댄빌 벤처스 코퍼레이션

Dear Ms. Schultz:

슐츠씨께

편지 주제

[74]Congratulations on the [79]upcoming construction of the Woodfield Mall on Halstead Street. [75]It is exciting to know that our town of Danville will finally have a shopping center that will offer our residents an array of goods and services along with wholesome entertainment. Please consider allowing my company to play a part in the construction of your historic building.

[74]할스테드 거리에 우드필드 몰의 [79]곧 있을 완공에 대해 축하 드립니다. [75]우리 주민들에게 건전한 오락물과 함께 다양한 상품과 서비스를 제공하게 될 쇼핑 센터가 마침내 우리의 도시 댄빌에 생긴다는 것에 흥분됩니다. 귀사의 역사적인 건물의 건설에 당사가 관여할 수 있도록 고려해 주시기 바랍니다.

상황 설명

Country Garden, Inc., is a landscaping company that specializes in corporate, commercial, and residential landscaping services. We are proud to have met the landscaping requirements of many prestigious homes and corporate offices in Danville.

컨트리 가든 사는 기업용, 상업용, 그리고 주거용 조경 서비스를 전문으로 하는 조경 회사입니다. 저희는 댄빌에 있는 많은 고급 주택 및 기업용 사무실의 조경 요구사항들을 충족시켰던 것을 자랑스럽게 여깁니다.

제안 1

[76]I am offering to design, build, and maintain Woodfield Mall's exterior and interior landscaping. I can [80]guarantee satisfactory results, as total customer satisfaction is what we aim for. Our team consists of highly competent landscape professionals with plenty of experience in both landscape design and project management.

[76]저는 우드필드 몰의 외부와 내부 조경을 설계하고, 건설하고, 그리고 유지하는 것을 제안하고자 합니다. 총체적 고객만족은 저희가 목표로 하는 것이기 때문에, 저는 만족스러운 결과를 [80]보장할 수 있습니다. 저희 팀은 조경 설계와 프로젝트 관리 양쪽에 풍부한 경험이 있는 매우 유능한 조경 전문가들로 구성되어 있습니다.

제안 2

Upon design and construction of the mall's landscaping, we will then maintain the property for two years, free of additional charges. Moreover, while our service rates are already among the best in the market, [77]you can still get a 25% reduction on the total service fees if the land area to be serviced is at least 100 square meters.

몰의 조경을 설계하고 시공하는 대로, 저희는 그리고 나서 추가 비용 없이 2년 동안 그 건물을 유지보수할 것입니다. 게다가, 당사의 서비스 요금은 시장에서 이미 최고 수준입니다만, [77]만약 서비스 대상 토지 면적이 최소 100평방미터라면 귀사는 총 용역대금에 대해 여전히 25퍼센트 감면을 받으실 수 있습니다.

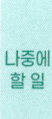 If you are interested in our offer, please call me at 715-555-6590. [78]I would be pleased to meet with your architects and engineers to come up with the best landscape design for your project.

Sincerely,

Joseph Tisdale

Joseph Tisdale
Marketing Director
Country Garden, Inc.

만약 귀사가 저희의 제안에 관심이 있으시다면, 715-555-6590으로 전화 주시기 바랍니다. [78]귀사의 프로젝트에 가장 적합한 조경 설계를 고안하기 위해 귀사의 건축가 및 엔지니어를 만나 뵐 수 있으면 기쁠 것입니다.

진심을 담아,

Joseph Tisdale

조셉 티스데일
마케팅 이사
컨트리 가든 사

어휘

construction n. 공사, 건설   exciting a. 흥분하게 하는   finally ad. 마침내   offer v. 제공하다, 제안하다 n. 제안   resident n. 주민
an array of a. 다양한   along with prep. ~와 함께   wholesome a. 유익한, 건전한   entertainment n. 오락물, 즐길 거리
consider v. 고려하다   allow v. 허용하다   play a part in v. ~에 관여하다   historic a. 역사적인   landscaping n. 조경
specialize v. 전문으로 하다   corporate a. 기업의   commercial a. 상업의   residential a. 주거의   proud a. 자랑스러워 하는
meet v. 충족시키다   requirement n. 요구사항   prestigious a. 명성이 있는, 고급의   design v. 설계하다   maintain v. 유지하다
exterior a. 외부의   interior a. 내부의   satisfactory a. 만족스러운   result n. 결과   total a. 총체적인   satisfaction n. 만족
aim v. 겨냥하다, 목표하다   consist v. 구성하다   highly ad. 매우   competent a. 유능한   professional n. 전문가   plenty of a. 많은
property n. 건물   additional a. 추가의   charge n. 비용   rate n. 요금   reduction n. 감면   service v. 서비스를 제공하다
interested a. 관심이 있는   pleased a. 기쁜   architect n. 건축가   come up with v. 생각해내다

74 세부사항

What is Paula Schultz's company building?

(a) a shopping district expansion
(b) **a new commercial complex**
(c) an office on Halstead Street
(d) a museum of local history

폴라 슐츠의 회사가 무엇을 건설할 것인가?

(a) 상점가의 확충
(b) 새 상업 복합시설
(c) 할스테드 거리의 사무소
(d) 지역사 박물관

해설 첫번째 단락에서 할스테드 거리에 있는 우드필드 몰의 곧 있을 완공(upcoming construction of the Woodfield Mall on Halstead Street)에 대해 축하한다는 내용을 통해 폴라 슐츠의 회사는 새로운 쇼핑 센터를 건설할(building) 것임을 알 수 있다. 따라서 정답은 (b)이다.

 패러프레이징

construction → building
upcoming → new
Mall → commercial complex

어휘 shopping district n. 상점가   expansion n. 확장   complex n. 복합단지

75 세부사항

Why does Joseph Tisdale think that the structure is historic?

(a) because it is the first to offer entertainment
(b) because it is a reconstruction of a previous building
(c) because it is near many town landmarks
(d) because it is the very first of its kind in town

조셉 티스데일은 왜 그 건축물을 역사적이라고 생각하는가?

(a) 그 건축물이 오락물을 최초로 제공하기 때문에
(b) 그 건축물이 이전 건물의 재건축이기 때문에
(c) 그 건물이 많은 도시 명소들 근처에 있기 때문에
(d) 그 건축물이 이러한 유형으로는 도시에서 가장 처음이기 때문에

해설 '역사적인(historic)'이라는 표현이 나오고 있는 첫번째 단락에서 답의 근거를 찾는다. 해당 단락에서 티스데일은 쇼핑 센터가 마침내 우리의 도시 댄빌에 생긴다는 것에 흥분된다(It is exciting to know that our town of Danville will finally have a shopping center)고 했으며, 이를 두고 역사적인 건물의 건설(the construction of your historic building)이라고 했다. 즉 댄빌이라는 도시에는 이전에 쇼핑 센터가 아예 존재하지 않았고, 이때 이러한 유형의 건축물이 처음으로 이 도시에 세워지기에 역사적이라고 생각한 것이다. 따라서 정답은 (d)이다.

 오답체크

지문에서 새로 지어질 쇼핑 센터가 오락물을 제공할 거라고 나오고 있지만, 이 건축물이 오락물을 도시 최초로 제공하는 것인지는 알 수 없으므로 (a)는 오답이다.

어휘 structure n. 건축물 reconstruction n. 재건축 previous a. 이전의 landmark n. 명소

76 주제/목적

Why is Tisdale writing to Schultz?

(a) to hire her landscaping services
(b) to praise her firm's contributions to the town
(c) to offer landscaping services to her
(d) to commit to managing her project

티스데일은 왜 슐츠에게 편지를 쓰는가?

(a) 그녀의 조경 서비스 일을 시키기 위해
(b) 마을에 대한 그녀의 회사의 공헌을 칭찬하기 위해
(c) 그녀에게 조경 서비스를 제공하기 위해
(d) 그녀의 프로젝트를 관리하는 데 전념하기 위해

해설 세번째 단락에서 티스데일이 우드필드 몰의 외부와 내부 조경을 설계하고, 건설하고, 그리고 유지하는 것을 제안(offering to design, build, and maintain Woodfield Mall's exterior and interior landscaping)하고 있다. 따라서 정답은 (c)이다.

어휘 hire v. 고용하다, 일을 시키다 praise v. 칭찬하다 contribution n. 공헌, 기여 commit v. 전념하다

77 추론

How most likely could Danville Ventures get reduced service fees?

(a) by maintaining the structure themselves
(b) **by exceeding a certain amount of land to be landscaped**
(c) by paying for the two-year maintenance
(d) by decreasing the size of the land to be serviced

댄빌 벤처스는 어떻게 인하된 용역대금을 받을 수 있을 것 같은가?

(a) 그들이 직접 그 건축물을 유지보수함으로써
(b) **조경이 될 토지의 일정량을 초과함으로써**
(c) 2년 유지보수에 대한 대가를 지불함으로써
(d) 서비스 대상 토지의 크기를 감소시킴으로써

[해설] 용역 대금(service fees)에 대해 나오고 있는 네번째 단락에서 비용을 감면 받을 수 있는 방법에 대해 추론한다. 해당 단락에서 만약 서비스 대상 토지 면적이 최소 100평방미터라면(if the land area to be serviced is at least 100 square meters) 총 용역 대금에 대해 여전히 25퍼센트 감면을 받을 수 있다고 했다. 이를 통해 댄빌 벤처스는 토지 면적이 일정량을 넘는다면 용역 대금이 인하된다고 추론할 수 있다. 따라서 정답은 (b)이다.

[어휘] exceed v. 초과하다 certain a. 특정한 landscape v. 조경하다 maintenance n. 유지보수 decrease v. 감소하다

78 세부사항

How is Tisdale proposing to come up with the best landscape design for the mall?

(a) **He is asking to talk to Schultz's technical people.**
(b) He is offering to design the mall himself.
(c) He is inviting Schultz to a private meeting.
(d) He is offering to send over his engineers.

티스데일은 그 쇼핑몰을 위한 최선의 조경 설계를 고안해내는 것을 어떻게 제안하고 있는가?

(a) **그는 슐츠의 기술자들에게 이야기를 해달라고 요청하고 있다.**
(b) 그는 그 쇼핑몰을 직접 설계하는 것을 제안하고 있다.
(c) 그는 슐츠를 비공개 회의로 초대하고 있다.
(d) 그는 그의 엔지니어들을 파견하는 것을 제안하고 있다.

[해설] 가장 좋은 조경 설계(the best landscape design)라는 표현이 나오고 있는 다섯 번째 단락에서 답의 근거를 찾는다. 해당 단락에서 티스데일은 조경 설계 고안을 위해 슐츠 회사의 건축가 및 엔지니어를 만나면 좋을 것 같다(I would be pleased to meet with your architects and engineers)고 하고 있으므로, 이를 통해 티스데일이 그들이 서로 만날 수 있도록 이야기를 해달라고 요청하고 있음을 알 수 있다. 따라서 정답은 (a)이다.

[어휘] propose v. 제안하다 technical a. 기술적인, 전문적인 invite v. 초대하다 send over v. 파견하다

79 어휘

In the context of the passage, <u>upcoming</u> means _____.

(a) present
(b) recent
(c) potential
(d) future

해당 절의 문맥에서, <u>upcoming</u>은 _____을 의미한다.

(a) 현재의
(b) 최근의
(c) 잠재적인
(d) 미래의

해설) 밑줄 친 어휘의 upcoming이 사용된 문장에서, Congratulations on the upcoming construction of the Woodfield Mall on Halstead Street는 '할스테드 거리에 있는 우드필드 몰이 곧 있을 공사에 대해 축하드립니다'는 뜻이다. 즉 upcoming이 '곧 있을'의 의미로 쓰이고 있으므로, '미래의'라는 가장 유사한 의미인 (d) future가 정답이다.

80 어휘

In the context of the passage, <u>guarantee</u> means _____.

(a) attach
(b) invest
(c) promise
(d) declare

해당 절의 문맥에서, <u>guarantee</u>는 _____을 의미한다.

(a) 첨부하다
(b) 투자하다
(c) 약속하다
(d) 선언하다

해설) 밑줄 친 어휘의 guarantee가 사용된 문장에서, I can guarantee satisfactory results는 '저는 만족스러운 결과를 보장할 수 있습니다'는 뜻이다. 즉 guarantee가 '보장하다'의 의미로 쓰이고 있으므로, '약속하다'라는 가장 유사한 의미인 (c) promise가 정답이다.

TEST 3 READING & VOCABULARY SECTION

영역별 기출유형

PART 1	53 (d)	54 (a)	55 (b)	56 (d)	57 (a)	58 (c)	59 (b)
PART 2	60 (c)	61 (d)	62 (a)	63 (c)	64 (b)	65 (b)	66 (d)
PART 3	67 (a)	68 (b)	69 (c)	70 (d)	71 (b)	72 (d)	73 (a)
PART 4	74 (b)	75 (d)	76 (b)	77 (d)	78 (a)	79 (c)	80 (c)

PART 1 53~59 인물의 일대기 ▶ 조지 워싱턴 카버

GEORGE WASHINGTON CARVER

조지 워싱턴 카버

인물 소개

George Washington Carver was an African American botanist, inventor, and educator. He is best known for his important contributions in the field of agriculture. ⁵³Carver was such a productive scientist that *Time* magazine favorably compared him to the great Italian inventor Leonardo da Vinci.

조지 워싱턴 카버는 아프리카계 미국인 식물학자, 발명가, 그리고 교육 전문가였다. 그는 농업 분야에서 중요한 공헌을 한 것으로 가장 잘 알려져 있다. ⁵³카버는 매우 생산적인 과학자여서 《타임》지에서는 그를 위대한 이탈리아 발명가인 레오나르도 다빈치와 호의적으로 비교했다.

어린 시절

Carver was born in Diamond, Missouri, around 1864. His parents were slaves owned by a landowner named Moses Carver. When he was one week old, George, together with his mother and a sister, was ⁵⁸kidnapped by slave raiders and sold in Kentucky. Only the infant George was saved and returned to Missouri. Being childless themselves, Moses Carver and his wife Susan adopted George after slavery ended. ⁵⁴Local schools would not accept black students, so Susan schooled the boy herself, teaching him to read and write and to value education.

카버는 1864년에 미주리주 다이아몬드에서 태어났다. 그의 부모는 모지스 카버라는 이름의 지주에 의해 소유된 노예였다. 그가 태어난 지 일주일 되었을 때, 조지는 그의 어머니와 누나와 함께 노예 약탈자들에 의해 ⁵⁸납치되었고 켄터키주에서 팔렸다. 아기 조지만이 구조되었고 미주리주로 돌아왔다. 아이가 없었던 모지스 카버와 그의 아내 수잔은 노예 제도가 끝난 뒤 조지를 입양했다. ⁵⁴지역 학교들은 흑인 학생들을 받지 않았고, 수잔은 소년에게 읽고, 쓰고 그리고 교육에 가치를 두도록 가르치며 직접 교육 시켰다.

George left home to travel across several states seeking an education. He initially called himself "Carver's George," and later took the name George Carver. After finishing high school, he was [59]rejected by a college in Kansas because of his race. Carver was finally accepted in 1890 at Simpson College in Iowa, where he studied fine arts. [55]Showing skills in painting plant life, a teacher encouraged him to study botany at Iowa State Agricultural College. There, Carver's academic excellence so impressed his professors that they convinced him to stay for a master's degree after earning his Bachelor of Science degree.

After completing his master's degree, Carver taught and did research at Iowa State. [56]In 1896, Booker T. Washington, a founder of the all-black Tuskegee Institute, hired Carver to head the school's agricultural department. He then led the department in achieving breakthroughs in scientific studies in agriculture. He gained international fame for inventing hundreds of products, including paints, dyes, and fuel using traditional crops, mainly peanuts. [57]Carver also protected the local peanut growers by convincing Congress to impose taxes on imported peanuts. Much of his work aimed to help former slaves find stable income in farming.

In recognition of his accomplishments, international leaders, including US President Theodore Roosevelt and India's Mahatma Gandhi, sought Carver's advice on agricultural matters. He was also made a member of the British Royal Society of Arts. Carver died in 1943. That same year, Roosevelt built the 210-acre George Washington Carver National Monument at Carver's childhood home in Diamond, Missouri.

어휘

botanist n. 식물학자   inventor n. 발명가   educator n. 교육 전문가   important a. 중요한   contribution n. 공헌
agriculture n. 농업   productive a. 생산적인   favorably ad. 호의적으로   compare v. 비교하다   slave n. 노예   own v. 소유하다
landowner n. 지주   raider n. 약탈자   infant a. 유아기의, 어린   save v. 구하다   return v. 돌아오다   adopt v. 입양하다
accept v. 받아들이다   value v. ~에 가치를 두다   seek v. 구하다, 추구하다   initially ad. 처음에   race n. 인종   finally ad. 마침내
encourage v. 장려하다   botany n. 식물학   academic a. 학문적인   excellence n. 우수성   impress v. 깊은 인상을 주다
convince v. 설득하다   earn v. 얻다   complete v. 완료하다   founder n. 설립자   head v. ~을 책임지다   agricultural a. 농업의
department n. 부서, 학과   lead v. 이끌다   achieve v. 달성하다   breakthrough n. 획기적인 발전   fame n. 명성   invent v. 발명하다
dye n. 염료   fuel n. 연료   traditional a. 전통적인   crop n. 작물   mainly ad. 주로   protect v. 보호하다   local a. 지역의
grower n. 재배자   Congress n. 국회   impose v. 부과하다   imported a. 수입의   aim v. 목표로 하다   former a. 이전의
stable a. 안정된   income n. 수입   farming n. 농사일   in recognition of prep. ~을 인정하여   accomplishment n. 업적
advice n. 충고, 조언   matter n. 문제, 사안

53 세부사항

What prompted *Time* magazine to liken George Washington Carver to Leonardo da Vinci?

(a) his ancestry going back to Italy
(b) his reputation as an educator
(c) his contributions to agriculture
(d) his many achievements in science

무엇이 《타임》지로 하여금 조지 워싱턴 카버를 레오나르도 다빈치에 비유하도록 하였는가?

(a) 이탈리아로 돌아간 그의 선조
(b) 교육자로서의 그의 명성
(c) 농업에 대한 그의 공헌
(d) 과학 분야에서의 그의 많은 업적

해설   첫번째 단락에서 카버는 매우 생산적인 과학자여서 《타임》지에서는 그를 위대한 이탈리아 발명가인 레오나르도 다빈치와 호의적으로 비교했다고 나와 있으므로, 《타임》지에서 그를 다빈치에 비유하도록 한 것은 과학 분야에서의 그의 많은 업적이라고 볼 수 있다. 따라서 정답은 (d)이다.

패러프레이징

a productive scientist → his many achievements in science

어휘   prompt v. 촉발하다   liken A to B v. A를 B에 비유하다   ancestry n. 선조, 조상   reputation n. 명성

54 세부사항

Why was it Susan Carver who educated George as a child?

(a) because schools were biased against his race
(b) because he was uncomfortable around white students
(c) because she was more qualified than local teachers
(d) because schools still considered him a slave

어린 조지를 교육했던 것이 왜 수잔 카버였는가?

(a) 학교들이 조지의 인종에 대해 편파적이었기 때문에
(b) 그가 백인 학생들 주변에 있는 것을 불편해했기 때문에
(c) 그녀가 지역 교사들보다 더 능력이 있었기 때문에
(d) 학교들이 여전히 그를 노예라고 여겼기 때문에

해설 수잔 카버가 나오는 두번째 단락에서 이유에 대한 답의 근거를 찾는다. 해당 단락에서 지역 학교들은 흑인 학생들을 받지 않아서(Local schools would not accept black students), 수잔이 그를 직접 교육시켰다고 했다. 이를 통해 수잔 카버가 어린 조지를 교육했던 이유로 지역 학교들이 보인 인종차별적인 면모를 들 수 있다. 따라서 정답은 (a)이다.

패러프레이징
schooled → educated
not accept black students → biased against his race

어휘 biased a. 편향된 uncomfortable a. 불편해하는 qualified a. 자격을 갖춘, 적격의 consider v. 여기다, 간주하다

55 세부사항

How did Carver end up studying botany?

(a) A state college of agriculture recruited him.
(b) It was a course recommended by a teacher.
(c) A professor in botany encouraged him.
(d) It was the only course allowed for black students.

카버는 어떻게 식물학을 공부하게 되었는가?

(a) 주립 농업대학에서 그를 고용했다.
(b) 한 교사에 의해 권고된 교육 과정이었다.
(c) 식물학의 한 교수가 그에게 장려했다.
(d) 흑인 학생들에게 허용된 유일한 교육 과정이었다.

해설 질문의 키워드인 botany(식물학)이 나오는 세번째 단락에서 답의 근거를 찾는다. 해당 단락에서 카버가 식생을 그리는 데 있어 기량을 보여준 뒤 한 교사가 그에게 아이오와 주립대 농과대학에서 식물학을 공부해볼 것을 장려했다(a teacher encouraged him to study botany at Iowa State Agricultural College)고 했다. 즉 카버는 한 교사의 권고에 의해 식물학을 공부하게 된 것이다. 따라서 정답은 (b)이다.

패러프레이징
encouraged → recommended

오답체크
카버에게 추천을 한 교사는 문맥상 심슨 대학의 선생이지 식물학의 교수라고 언급된 바 없으므로 (c)는 답이 될 수 없다.

어휘 end up Ving v. 결국 ~가 되다 recruit v. 고용하다 course n. 교육 과정 recommend v. 권하다

56 세부사항

When did Carver start making his many inventions?

(a) when he was founding a school
(b) while he was getting his degree
(c) while he was a research assistant
(d) when he was a department head

카버는 언제 그의 많은 발명품들을 만들기 시작하였는가?

(a) 그가 학교를 설립하고 있었을 때
(b) 그가 학위를 따고 있었던 동안
(c) 그가 연구 조교였던 동안
(d) 그가 학과장이었을 때

해설 카버가 수백 가지의 제품을 발명한 것(inventing hundreds of products)으로 국제적인 명성을 얻었다는 내용이 나오는 네번째 단락에서 답의 근거를 찾는다. 해당 단락에서 해당 단락에서 카버가 농업 분야의 과학적 연구에서 획기적인 발전들을 이루며 수백 가지의 제품을 발명한 것은 부커 T. 워싱턴이 학교의 농업학과를 이끌도록 고용한(hired Carver to head the school's agricultural department) 뒤였다. 이를 통해 많은 발명품들을 만들기 시작했던 것은 카버가 학과장이 되고 난 이후임을 알 수 있다. 정답은 (d)이다.

패러프레이징

inventing hundreds of products → making his many inventions
hired Carver to head the school's agricultural department → he was a department head

 research assistant n. 연구 조교

57 추론

Why most likely did Carver campaign for taxes on imported peanuts?

(a) He wanted to decrease local farmers' competition.
(b) The imported peanuts were of inferior quality.
(c) He wanted to follow instructions from Congress.
(d) The taxes were meant to provide income to growers.

왜 카버가 수입된 땅콩에 세금을 붙이도록 운동을 벌였을 것 같은가?

(a) 그는 지역 농민들의 경쟁을 줄이기를 원했다.
(b) 수입된 땅콩은 품질이 열등했다.
(c) 그는 국회의 지시를 따르기를 원했다.
(d) 그 세금은 재배자들에게 소득을 제공하기 위한 것이었다.

해설 질문의 키워드인 taxes(세금)과 imported peanuts(수입된 땅콩)이 나오는 네번째 단락에서 답의 근거를 추론한다. 해당 단락에서 카버는 현지의 땅콩 재배자들을 보호하기 위해(protected the local peanut growers) 수입 땅콩에 세금을 부과하도록 국회를 설득했다(convincing Congress to impose taxes on imported peanuts)고 했다. 이는 카버가 현지에서 땅콩을 재배하는 사람들이 수입산 땅콩과의 경쟁으로부터 보호하기 위한 일을 했음을 알 수 있다. 따라서 정답은 (a)이다.

어휘 campaign v. 운동을 벌이다 competition n. 경쟁 inferior a. 열등한 quality n. 품질 follow v. 따르다, 준수하다 instruction n. 지시 provide v. 제공하다

58 어휘

In the context of the passage, kidnapped means _____.

(a) raised
(b) borrowed
(c) taken
(d) bought

해당 절의 문맥에서, kidnapped는 _____을 의미한다.

(a) 올려지다
(b) 빌려지다
(c) 붙잡히다
(d) 구입되다

해설 밑줄 친 어휘의 kidnapped가 사용된 문장에서, George, together with his mother and a sister, was kidnapped by slave raiders는 '조지는 그의 어머니와 누나와 함께 노예 약탈자들에 의해 납치되었다'는 뜻이다. 즉 kidnapped가 '납치되다'의 의미로 쓰이고 있으므로, '붙잡히다'라는 가장 유사한 의미인 (c) taken이 정답이다.

59 어휘

In the context of the passage, rejected means _____.

(a) insulted
(b) refused
(c) canceled
(d) disowned

해당 절의 문맥에서, rejected는 _____을 의미한다.

(a) 모욕당하다
(b) 거절되다
(c) 취소되다
(d) 관계가 끊기다

해설 밑줄 친 어휘의 rejected가 사용된 문장에서, he was rejected by a college in Kansas는 '그는 캔자스의 한 대학에 의해 거절당했다'는 뜻이다. 즉 rejected가 '거절되다'의 의미로 쓰이고 있으므로, 마찬가지로 '거절되다'라는 같은 의미인 (b) refused가 정답이다.

LEOPARDS ARE MORE ENDANGERED THAN PREVIOUSLY BELIEVED

Leopards, the most widely distributed big cats in the world, are losing much of their territory. According to a study published in the journal *PeerJ*, leopards have lost at least three quarters of the land they historically occupied [60]prior to 1750. [60]Around that time, changes in human migration and advances in hunting weaponry contributed to habitat loss that would continue in the following centuries.

According to Andrew Jacobson, the study's lead researcher, [61]many leopard populations are much more endangered than people believe. Leopards are powerful and adaptable animals that occupy a vast range of territory in Africa, Central Asia, India, and China. The big cats also have a wider range of prey than any other big carnivore or meat-eating animal. Despite their capacity for survival, however, the study showed that leopards are among the most at risk of the large carnivores on land, living in only 25 to 37 percent of their original range.

Overall, the leopards' range has decreased from 35 million square kilometers to about 8.5 million square kilometers. This decline is caused mainly by the [65]conversion of hunting grounds to agricultural and residential land. [62]The shrinking habitat has caused a drop in the number of the animals on which leopards feed. The cats are also hunted heavily for their spotted skin and as prizes for trophy hunters. Their population has nearly been wiped out in much of the Arabian Peninsula and China, and has gone down significantly in West and North Africa.

제안 + 한계점 제시	[63]The study was conducted in hopes of persuading the International Union for Conservation of Nature to raise the leopards' official Red List status from "near threatened" to "vulnerable." The subspecies whose populations have decreased the most are the Amur, Arabian, and North Chinese leopards. Meanwhile, the most endangered subspecies are the Javan, Persian, Indochinese, and Sri Lankan leopards.	[63]이 연구는 국제자연보전연맹(IUCN)이 표범의 공식 적색 목록 상태를 "준 위협"에서 "취약"으로 올리도록 설득하는 것을 희망하여 실시되었다. 개체수가 가장 많이 줄어든 아종은 아무르표범, 아라비아표범, 그리고 북중국표범이다. 한편, 가장 멸종 위기 위험이 가장 높은 아종은 자와표범, 페르시아표범, 인도차이나표범, 그리고 스리랑카표범이다.
현황 제시	The researchers hope to [66]jumpstart conservation in areas where leopards are most threatened. [64]Jacobson is optimistic that efforts to save the leopards can be successful since their populations are widely distributed. They also still have plenty of prey, and they breed well.	연구원들은 표범들이 가장 많이 위협받고 있는 지역의 보존을 [66]촉진할 것을 바라고 있다. [64]제이콥슨은 표범의 개체수가 널리 분포되어 있기 때문에 표범을 구하기 위한 노력이 성공할 수 있을 것이라는 데에 낙관적이다. 그들에게는 또한 여전히 많은 먹이가 있고, 그리고 번식도 잘 한다.

어휘

leopard n. 표범   endangered a. 멸종 위기에 처한   previously ad. 이전에   widely ad. 널리   distribute v. 분포하다
big cat n. 대형 고양이과 동물   lose v. 잃다   territory n. 영역   according to prep. ~에 따르면   study n. 연구
published v. 게재하다   historically ad. 역사적으로   occupy v. 점유하다   prior to prep. ~전에   migration n. 이주, 이동
advance n. 발달   hunting weaponry n. 사냥용 무기류   contribute v. 기여하다   habitat n. 서식지   loss n. 손실, 쇠퇴
continue v. 계속되다   following a. 다음의   population n. 인구, 개체수   adaptable a. 적응력이 있는   vast a. 광범위한
range n. 분포 구역   prey n. 먹이   carnivore n. 육식동물   despite prep. ~에도 불구하고   capacity n. 수용력, 능력   show v. 보여주다
overall ad. 종합적으로   decrease v. 감소하다   decline n. 감소   cause v. 야기하다   mainly ad. 주로   agricultural a. 농경의
residential a. 주거의   shrinking a. 줄어드는   feed v. 먹다   hunt v. 사냥하다   heavily ad. 많이   spotted a. 얼룩무늬의
nearly ad. 거의   wipe out v. 절멸하다   peninsula n. 반도   significantly ad. 상당히   conduct v. 실시하다
persuade v. 설득하다   raise v. 높이다   status n. 상태   vulnerable a. 취약한   subspecies n. 아종   conservation n. 보존
threaten v. 위협하다   optimistic a. 낙관적인   effort n. 노력   successful a. 성공적인   breed v. 번식하다

60 세부사항

What has happened to leopards since 1750?

(a) Their patterns of migration have become fixed.
(b) They have lost their endangered status.
(c) Their land has been taken over by people.
(d) They have become more widely distributed.

1750년 이래로 표범에게 무슨 일이 발생했는가?

(a) 그들의 이주 패턴이 고정되었다.
(b) 그들은 멸종 위기 상태에서 벗어났다.
(c) 그들의 땅이 사람들에 의해 장악 당했다.
(d) 그들은 더 널리 분포되었다.

해설 질문의 키워드인 1750년이 나오는 첫번째 단락에서 답의 근거를 찾는다. 해당 단락에서 1750년 무렵에 인간 이주의 변화와 사냥 무기류의 발달(changes in human migration and advances in hunting weaponry)이 다음 세기에도 계속되는 서식지 쇠퇴에 기여했다(contributed to habitat loss that would continue in the following centuries)고 했다. 이를 통해 표범들의 땅이 1750년 이래로 사람들에 의해 장악 당하는 일이 발생했음을 알 수 있다. 따라서 정답은 (c)이다.

 패러프레이징

changes in human migration and advances in hunting weaponry → people
contributed to habitat loss → Their land has been taken over

어휘 fixed a. 고정된   take over v. 장악하다

61 세부사항

Why do people believe that leopards are not as endangered as they actually are?

(a) because they eat more prey than any other carnivore
(b) because they stay away from major threats
(c) because their territories have remained intact
(d) because they are suited to different environments

왜 사람들은 표범들이 실제만큼 멸종 위기에 처하지 않았다고 믿었는가?

(a) 표범들은 다른 어떤 육식동물보다도 더 많은 먹이를 먹기 때문에
(b) 표범들은 주된 위협으로부터 떨어져 있기 때문에
(c) 표범들의 영역이 온전한 상태로 남아있었기 때문에
(d) 표범들은 다른 환경들에 적합하기 때문에

해설 질문의 키워드로 표범들이 멸종 위기에 처한(endangered) 상태에 대해 사람들이 생각하는(people believe) 내용이 나오는 두번째 단락에서 답의 근거를 찾는다. 해당 단락에서 표범들은 아프리카, 중앙아시아, 인도, 그리고 중국의 광범위한 영역을 점유하고 있는(occupy a vast range of territory in Africa, Central Asia, India, and China) 강력하고 적응력이 뛰어난(powerful and adaptable) 동물이라고 소개되고 있다. 즉 사람들은 표범이 다른 환경들에 적합하기 때문에 그들이 생각하는 것만큼 멸종 위기에 처하지 않았다고 믿는 것이다. 따라서 정답은 (d)이다.

 패러프레이징

adaptable → suited
a vast range of territory → different environments

어휘 actually ad. 실제로   major a. 주된   threat n. 위협   remain v. ~인 채로 남아있다   intact a. 온전한   suit v. 적합하다   different a. 다른   environment n. 환경

62 추론

How could the decrease in the leopards' range most likely cause their numbers to drop?

(a) by cutting off most of their food sources
(b) by making it harder to find mates
(c) by exposing them to stronger big cats
(d) by weakening their hunting ability

표범의 분포 범위 감소는 어떻게 그들의 수가 떨어지도록 야기했을 것 같은가?

(a) 그들의 식량원의 대부분을 차단함으로써
(b) 짝을 찾기를 더 어렵게 함으로써
(c) 그들을 더 강한 큰고양이과 동물들에게 노출시킴으로써
(d) 그들의 사냥 능력을 약화시켜서

해설 표범의 서식지 감소에 대해 언급되는 세번째 단락에서 답의 근거를 추론한다. 해당 단락에서 표범의 줄어든 서식지(The shrinking habitat)가 표범이 먹이로 삼는 동물 수의 감소(a drop in the number of the animals on which leopards feed)를 야기했다고 했다. 이를 통해 표범의 분포 범위 감소는 표범들의 식량원 대부분을 차단하여 표범들의 수를 떨어지게 하도록 야기했다고 추론할 수 있다. 따라서 정답은 (a)이다.

📖 패러프레이징

a drop → cutting off
the number of the animals on which leopards feed → their food sources

📘 오답체크

지문에서 표범들의 사냥지(hunting grounds)가 농경지와 택지로 전환되었다고 했으나 이는 표범들이 사냥할 공간이 사라진 것이지 표범들의 사냥 능력을 약화시킨 것으로 연결시키기에는 적절하지 않다. 따라서 (d)는 오답이다.

어휘 cut off v. 끊다, 차단하다   source n. 원천, 근원   mate n. 짝   expose v. 노출시키다   weaken v. 약화시키다   ability n. 능력

63 세부사항

What is the goal of the researchers in publishing their study?

(a) to restore the leopards to their original land
(b) to point out which subspecies are beyond hope
(c) to raise awareness of problems facing leopards
(d) to relocate the leopards to less hostile areas

연구를 게재함에 있어 연구원들의 목표는 무엇인가?

(a) 표범들을 그들의 원래의 땅으로 복구시키는 것
(b) 어느 아종들이 가망이 없는지를 지적하는 것
(c) 표범들이 직면한 문제에 대한 인식을 높이는 것
(d) 표범들을 덜 적대적인 지역으로 이동시키는 것

해설 네번째 단락에서 답의 근거를 찾는다. 해당 단락에서 연구는 국제자연보전연맹이 표범의 공식 적색 목록 상태를 "준 위협"에서 "취약"으로 올리도록(to raise the leopards' official Red List status from "near threatened" to "vulnerable") 설득하는 것을 희망하여 실시되었다고 했다. 이를 통해 연구원들의 목표는 표범들이 직면한 문제에 대한 인식을 높이는 것임을 알 수 있다. 따라서 정답은 (c)이다.

어휘 restore v. 복구하다   point out v. 지적하다   beyond hope a. 가망이 없는   awareness n. 인식   face v. 직면하다   relocate v. 이전하다   hostile a. 적대적인

64 세부사항

Based on the article, why are leopards relatively easy to save?

(a) Their habitats are being successfully conserved.
(b) They can reproduce without much difficulty.
(c) Their predators are decreasing worldwide.
(d) They have maintained a stable population.

기사에 따르면, 왜 표범들을 구하는 것이 비교적 쉬운가?

(a) 그들의 서식지는 성공적으로 보존되고 있다.
(b) 그들은 큰 어려움 없이 번식할 수 있다.
(c) 그들의 포식자는 전 세계적으로 감소하고 있다.
(d) 그들은 안정적인 개체 수를 유지해왔다.

해설 질문의 키워드인 save(구하다)가 나오는 다섯 번째 단락에서 답의 근거를 찾는다. 해당 단락에서 표범의 개체수가 널리 분포되어 있기 때문에 표범을 구하기 위한 노력이 성공할 수 있을 것이라는 데에 낙관적(optimistic that efforts to save the leopards can be successful)이라고 하면서, 표범들은 번식을 잘 한다(they breed well)고 했다. 이를 통해 표범들을 구하기가 비교적 쉬운 이유로 표범들은 큰 어려움 없이 번식할 수 있기 때문이라고 보는 것이 가장 적절하다. 따라서 정답은 (b)이다.

패러프레이징

breed well → reproduce without much difficulty

어휘 relatively ad. 상대적으로 successfully ad. 성공적으로 conserve v. 보존하다 reproduce v. 번식하다 difficulty n. 어려움 predator n. 포식자 worldwide ad. 전 세계적으로 maintain v. 유지하다 stable a. 안정된

65 어휘

In the context of the passage, conversion means _____.

(a) calculation
(b) transformation
(c) exchange
(d) worship

해당 절의 문맥에서, conversion은 _____을 의미한다.

(a) 계산
(b) 변화
(c) 교환
(d) 숭배

해설 밑줄 친 어휘의 conversion이 사용된 문장에서, This decline is caused mainly by the conversion of hunting grounds to agricultural and residential land는 '이 감소세는 사냥지가 농경지와 택지로의 전환에 의해 주로 야기된 것이다'는 뜻이다. 즉 conversion이 '전환'의 의미로 쓰이고 있으므로, '변화'라는 가장 유사한 의미인 (b) transformation이 정답이다.

66 어휘

In the context of the passage, jumpstart means _____.

(a) electrify
(b) freshen
(c) excite
(d) begin

해당 절의 문맥에서, jumpstart는 _____을 의미한다.

(a) 전기를 흐르게 하다
(b) 새롭게 하다
(c) 흥분 시키다
(d) 시작하다

> **해설** 밑줄 친 어휘의 jumpstart가 사용된 문장에서, The researchers hope to jumpstart conservation in areas where leopards are most threatened는 '연구원들은 표범들이 가장 많이 위협받고 있는 지역의 보존을 촉진할 것을 바라고 있다'는 뜻이다. 즉 jumpstart가 '촉진하다'의 의미로 쓰이고 있으므로, '시작하다'라는 가장 유사한 의미인 (d) begin이 정답이다.

HADRIAN'S WALL

[67]Hadrian's Wall was a defensive wall that the Romans built along the northwestern boundary of the Roman province of Britannia. Also known as the Roman Wall, the structure ran 117.5 kilometers from the North Sea to the Irish Sea across the width of northern England. The wall is considered an outstanding work of engineering and the best preserved Roman frontier in Britain.

Hadrian's Wall was built by Emperor Hadrian in 122 AD to protect the British territory from northern invaders. [68-(c)]It took a minimum of six years to build, with further expansions made later. [68-(a)]Soldiers from three Roman legions participated in the wall's construction. [68-(d)]Most of the structure was made of stone and was built up to six meters high and three meters wide. Three bridges were built over rivers to [72]connect sections of the wall.

The wall is believed to have been designed to monitor security threats from the north rather than act as a point of defense. [69]The soldiers who were stationed at the wall, mostly "auxiliaries" or second-class non-Roman recruits, were trained to engage the enemies in the open areas beyond the wall and not from the wall itself. Small forts known as "milecastles" were built at every mile of the wall. Each milecastle contained barracks for soldiers and a gateway for the locals to pass through. The wall also had watchtowers at every one-third mile. Later in its construction, major forts were built every seven miles along the wall.

쇠퇴기

When Hadrian died in 138 AD, his successor, Emperor Antonius Pius, built a new wall in Scotland. [70]The Romans withdrew from the Antonine Wall sometime after 160 and returned to Hadrian's Wall, maintaining it until the Roman occupation of Britain ended in 411. After that, the wall was [73]neglected and became a stone quarry for construction purposes. [71]The destruction continued until the 19th century, when renewed interest in Hadrian's Wall prompted the preservation of its remains.

하드리아누스가 서기 138년에 사망했을 때, 그의 후계자인 안토니누스 피우스 황제가 스코틀랜드에 새로운 벽을 세웠다. [70]로마인들은 160년 이후에 안토니누스 방벽에서 철수하여 하드리아누스 방벽으로 복귀하였고, 411년에 로마의 브리튼 점령이 끝날 때까지 방벽을 유지했다. 그 후에, 방벽은 [73]방치되었고 건축 목적을 위한 채석장이 되었다. [71]파괴는 19세기까지 계속되었으며, 이때 하드리아누스 방벽에 대한 새로워진 관심이 그 유적에 대한 보존을 촉발했다.

근황

Hadrian's Wall was declared a UNESCO World Heritage Site in 1987. Some of the structure's forts are still standing where the foundations of facilities such as a hospital and barracks can be seen.

하드리아누스 방벽은 1987년에 유네스코 세계문화유산으로 지정되었다. 이 건축물의 성채 일부가 여전히 서 있으며 이곳에서 병원과 병영과 같은 시설물의 토대를 볼 수 있다.

어휘

defensive a. 방어적인   wall n. 벽   boundary n. 경계선   structure n. 건축물   width n. 너비, 폭   consider v. 여기다, 간주하다
outstanding a. 뛰어난   engineering n. 공학   preserved a. 보존된   frontier n. 국경   protect v. 보호하다   territory n. 영토
invader n. 침략자   further a. 추가의   expansion n. 확장   participate v. 참가하다   construction n. 건설
be made of v. ~로 만들어지다   section n. 부분, 구획   monitor v. 감시하다   security n. 안보   threat n. 위협
act as v. ~로서의 역할을 하다   station v. 주둔하다   auxiliary n. 보조병   second-class a. 2급의, 하급의   recruit n. 신병
engage v. 교전하다   fort n. 요새, 성채   contain v. 포함하다   barrack n. 병영   gateway n. 관문   local n. 현지인
pass through v. 지나가다   successor n. 후임자   withdraw v. 후퇴하다   occupation n. 점령   stone quarry n. 채석장
purpose n. 목적   destruction n. 파괴   renewed a. 재개된, 새로워진   interest n. 흥미, 관심   prompt v. 촉발하다
preservation n. 보존   remains n. 남은 것, 유적   declare v. 선언하다   foundation n. 토대   facility n. 시설

67 주제/목적

What was the purpose of Hadrian's Wall?

(a) to defend a Roman territory
(b) to protect the city of Rome
(c) to show Roman building skills
(d) to expand the Roman frontier

하드리아누스 방벽의 목적은 무엇이었는가?

(a) 로마인들의 영역을 방어하는 것
(b) 로마의 도시를 보호하는 것
(c) 로마인들의 건축 기술을 보여주는 것
(d) 로마인들의 국경을 확대시키는 것

해설 첫번째 단락에서 하드리아누스 방벽은 브리타니아 속주의 북서쪽 경계선을 따라 로마인들이 세운 방어벽이라고 언급되고 있다. 즉 하드리아누스 방벽이 만들어진 목적은 로마인들의 영역을 방어하는 것임을 알 수 있으므로, 정답은 (a)이다.

패러프레이징

defensive → defend

어휘 expand v. 확대하다

68 진위 여부

Which of the following is NOT true about the wall?

(a) It was built by Roman soldiers.
(b) It ran across uninterrupted terrain.
(c) It took at least six years to build.
(d) It was mainly built using stone

다음 중 방벽에 대해 사실이 아닌 것은?

(a) 그것은 로마 병사들에 의해 지어졌다.
(b) 그것은 방해받지 않는 지형을 가로질렀다.
(c) 그것은 건설하는 데 적어도 6년이 걸렸다.
(d) 그것은 주로 돌을 사용하여 지어졌다.

해설 방벽에 대한 내용을 다루는 두번째 단락에서 지문의 내용과 보기의 키워드를 대조하여 일치하는 보기를 하나씩 소거한다. 해당 단락에서 하드리아누스 방벽이 북부의 침략자들로부터 브리튼 영토를 보호하기 위해(to protect the British territory from northern invaders) 세워졌다고 했으므로, 방해받지 않는 지형을 가로질렀다는 내용은 사실이 아니다. 따라서 정답은 (b)이다.

오답체크
(a) 3개 로마 부대의 병사들이 방벽의 건설에 참여했다.
(c) 그것은 건설하는 데 최소 6년이 걸렸다.
(d) 건축물의 대부분은 돌로 만들어졌다.

어휘 uninterrupted a. 방해받지 않는, 중단되지 않는

69 세부사항

How did the soldiers stationed at the wall perform their duties?

(a) by attacking the enemies from the wall
(b) by monitoring security threats within Rome
(c) by fighting the enemies in battlefields
(d) by protecting locals within the barracks

방벽에서 주둔했던 병사들은 어떻게 그들의 임무를 수행하였는가?

(a) 성벽에서부터 적들을 공격함으로써
(b) 로마 내의 안보 위협을 감시함으로써
(c) 전장에서 적들과 싸움으로써
(d) 병영 내의 주민들을 보호함으로써

해설 질문의 키워드인 방벽에서 주둔했던(were stationed at the wall) 병사들의 내용이 언급되는 세번째 단락에서 답의 근거를 찾는다. 해당 단락에서 방벽에서 주둔했던 병사들은 방벽 너머에 있는 개활지에서 적들과 교전하도록(to engage the enemies in the open areas) 훈련받았다고 했다. 즉 이 병사들은 전장에서 적들과 싸움으로써 그들의 임무를 수행하였음을 알 수 있다. 따라서 정답은 (c)이다.

패러프레이징
engage the enemies → fighting the enemies
in the open areas → in battlefields

어휘 perform v. 수행하다 duty n. 임무 battlefield n. 전장

70 추론

Why most likely did the Romans stop using Hadrian's Wall in 411 AD?

(a) It was replaced by the Antonine Wall.
(b) They left Britain for Scotland.
(c) Emperor Hadrian died that year.
(d) They no longer needed to defend Britain.

로마인들은 왜 서기 411년에 하드리아누스 방벽을 사용하는 것을 멈추었던 것 같은가?

(a) 그것은 안토니누스 방벽으로 대체되었다.
(b) 로마인들이 스코틀랜드를 위해 브리튼을 떠났다.
(c) 하드리아누스 황제가 그 해에 죽었다.
(d) 로마인들은 더 이상 브리튼을 방어할 필요가 없었다.

[해설] 질문의 키워드인 서기 411년(411 AD)이 나오는 네번째 단락에서 방벽 사용을 멈춘 이유에 대해 추론한다. 해당 단락에서 411년에 로마의 브리튼 점령이 끝날 때까지 방벽을 유지했다(maintaining it until the Roman occupation of Britain ended in 411)고 했다. 이를 통해 애초에 브리튼 영토를 보호하기 위해 지어졌던 하드리아누스 방벽이지만, 브리튼 점령이 끝나면 브리튼 영토를 보호할 이유도 없어지므로 하드리아누스 방벽을 사용하는 것을 멈추었을 것으로 추론할 수 있다. 따라서 정답은 (d)이다.

[어휘] replace v. 대체하다   leave v. 떠나다

71 세부사항

Why was Hadrian's Wall not totally destroyed after the Romans withdrew from Britain?

(a) because the British continued its use
(b) because people were curious about it much later
(c) because the wall ran out of stone for construction
(d) because some Romans stayed to protect it

왜 하드리아누스 방벽은 로마인들이 브리튼으로부터 철수한 뒤에 완전히 파괴되지 않았는가?

(a) 브리튼인들이 방벽의 사용을 계속하였기 때문에
(b) 사람들이 훨씬 나중에 방벽에 대해 궁금해했기 때문에
(c) 방벽이 건설을 위한 돌이 다 떨어졌기 때문에
(d) 일부 로마인들이 방벽을 보호하기 위해 머물렀기 때문에

[해설] 하드리아누스 방벽의 파괴(destruction)에 대해 나오는 네번째 단락에서 답의 근거를 찾는다. 해당 단락에서 하드리아누스의 파괴는 19세기까지 계속되었고, 이때 하드리아누스 방벽에 대한 새로워진 관심이 방벽의 그 유적에 대한 보존을 촉발했다(renewed interest in Hadrian's Wall prompted the preservation of its remains)고 했다. 이를 통해 방벽이 완전히 파괴되지 않은 이유로 훨씬 나중에 사람들이 방벽에 대해 호기심을 갖기 시작했기 때문임을 알 수 있다. 따라서 정답은 (b)이다.

패러프레이징

destruction → destroyed
renewed interest → curious

[어휘] totally ad. 완전히   destroy v. 파괴하다   curious a. 궁금해하는   run out of v. ~가 고갈되다

72 어휘

In the context of the passage, connect means _____.

(a) strengthen
(b) associate
(c) cover
(d) link

해당 절의 문맥에서, connect는 _____을 의미한다.

(a) 강화하다
(b) 연관짓다
(c) 덮다
(d) 연결하다

해설 밑줄 친 어휘의 connect가 사용된 문장에서, Three bridges were built over rivers to connect sections of the wall는 '방벽의 부분들을 연결하기 위해 3개의 다리가 강 위에 세워졌다'는 뜻이다. 즉 connect가 '연결하다'의 의미로 쓰이고 있으므로, 마찬가지로 '연결하다'라는 같은 의미인 (d) link가 정답이다.

오답체크
connect와 link는 양쪽의 것을 '물리적으로' 연결할 때 사용되는 반면 associate는 '마음속으로 연상하다', 또는 '관련 지어 생각하다'의 '정신적인' 뉘앙스로 사용되므로 (b)는 답이 될 수 없다.

73 어휘

In the context of the passage, neglected means _____.

(a) abandoned
(b) rejected
(c) wasted
(d) destroyed

해당 절의 문맥에서, neglected는 _____을 의미한다.

(a) 버려지다
(b) 거절당하다
(c) 낭비되다
(d) 파괴되다

해설 밑줄 친 어휘의 neglected가 사용된 문장에서, the wall was neglected는 '방벽은 방치되었다'는 뜻이다. 즉 neglected가 '방치되다'의 의미로 쓰이고 있으므로, '버려지다'라는 가장 유사한 의미인 (a) abandoned가 정답이다.

PART 4 [74~80] 비즈니스 서신 ▶ 새로운 지점 개점을 위한 대출 요청

수신자 정보

Arthur Pickett
Loan Officer
Apex Commercial Bank

아서 피켓
대출 담당자
에이펙스 상업은행

Dear Mr. Pickett:

친애하는 피켓씨께

편지 목적

[74]I would like to request a loan of $20,000 to be used for the expansion of my business. I have been enjoying the excellent services of Apex Commercial Bank for more than eight years, maintaining savings and checking accounts for both my personal and business transactions.

[74]저는 저의 사업 확장을 위해 사용될 2만 달러 대출을 요청하고 싶습니다. 저는 에이펙스 상업은행의 훌륭한 서비스를 8년이 넘는 기간 동안 누려오고 있으며, 개인 및 기업 거래 모두를 위한 보통예금 및 당좌예금계좌를 관리하고 있습니다.

상황 설명 1

As you may already know, I am the owner of Bistro San Marco on Bergen Square. The [79]quantity of our customers has been increasing steadily since we opened three years ago. [75]In fact, the restaurant is now getting so many customers daily that we can no longer accommodate all of them. [76]I have also been receiving many requests to open a second branch.

이미 알고 계시겠지만, 저는 베르겐 광장에 있는 비스트로 산 마르코의 주인입니다. 저희 고객들의 [79]다수는 저희가 3년 전에 문을 연 이래로 꾸준히 증가하고 있죠. [75]사실, 식당은 이제 더 이상 모두를 수용할 수 없을 정도로 매일 많은 손님이 오고 있습니다. [76]저는 또한 2호점을 열어 달라는 요청을 많이 받아오고 있습니다.

상황 설명 2

[76]Inspired by these encouragements, I have decided to open a Bistro San Marco branch in the Downtown Newark business district, a [80]promising location where many of my current regular customers work. [77]They are eagerly awaiting the new branch's opening and are already recommending it to their colleagues. It is therefore almost certain that the Downtown Newark branch will have a guaranteed customer base.

[76]이러한 격려에 고무되어서, 저는 저의 현재 단골 고객들이 많이 근무하는 [80]유망한 지역인 다운타운 뉴어크 상업지구에 비스트로 산 마르코 지점을 열기로 결정했습니다. [77]그들은 새로운 지점의 개점을 간절히 기다리고 있고 이미 동료 직원들에게 이를 추천하고 있습니다. 그러므로 다운타운 뉴어크 지점은 보장된 고객 기반을 확보할 것이 거의 확실합니다.

요청

I am applying for the loan as additional capital to supplement the funds I have allocated for the project. [78]I would like to make the loan against a "fixed deposit" from the money already in my bank account. I would appreciate any information you might provide about this loan scheme, and should you decide to grant my request, please call me at 201-555-1530.

제가 이 프로젝트에 배정해 놓은 자금을 보충하기 위해 저는 추가 자본으로 대출을 신청하고자 합니다. [78]저는 이미 제 은행 계좌에 들어있는 돈에서 "정기 예금"을 담보로 해서 대출받기를 원합니다. 이 대출 계획에 대해 귀하가 제공해주실 어떤 정보라도 감사드리며, 저의 요청을 허락해주시기로 결정하신다면, 201-555-1530으로 전화 주시기 바랍니다.

 Enclosed is my business plan describing my financial projections for the next three years. I hope to receive a positive response.

Sincerely yours,

 Deborah Wyatt
Deborah Wyatt

제 향후 3년간의 재무예측을 기술한 사업계획서가 동봉되어 있습니다. 긍정적인 답변을 받기를 희망합니다.

마음을 담아,

Deborah Wyatt
데보라 와트

어휘

request v. 요청하다 n. 요청 loan n. 대출 expansion n. 확장 excellent a. 훌륭한 maintain v. 유지하다 savings account n. 보통예금계좌 checking account n. 당좌예금계좌 transaction n. 거래 owner n. 주인, 소유자 increase v. 증가하다 steadily ad. 꾸준히 in fact ad. 사실은 accommodate v. 수용하다 receive v. 받다 inspire v. 영감을 주다, 고무시키다 encouragement n. 격려 decide v. 결정하다 branch n. 지점 business district n. 상업지구 current a. 현재의 regular a. 정기적인, 단골의 n. 단골 recommend v. 추천하다 colleague n. 동료 직원 therefore ad. 그러므로 guaranteed a. 보장된 customer base n. 고객층 apply for v. 지원하다, 신청하다 additional a. 추가의 capital n. 자본 supplement v. 보충하다 fund n. 자금 allocate v. 할당하다 appreciate v. 고마워하다 provide v. 제공하다 scheme n. 계획 grant v. 허락하다 enclose v. 동봉하다 describe v. 서술하다, 묘사하다 financial a. 금융의 projection n. 예측 positive a. 긍정적인 response n. 반응

---

74 주제/목적

Why did Deborah Wyatt write a letter to Arthur Pickett?

(a) to open a new bank account
(b) to ask for financial assistance
(c) to settle an outstanding debt
(d) to announce her new business

데보라 와트는 왜 아서 피켓에게 편지를 썼는가?

(a) 새로운 은행 계좌를 개설하기 위해
(b) 금융 지원을 요청하기 위해
(c) 미지불된 빚을 해결하기 위해
(d) 그녀의 새로운 사업을 발표하기 위해

해설 첫번째 단락에서 와트는 자의 사업 확장을 위해 사용될 2만 달러 대출을 요청하고 싶다(I would like to request a loan of $20,000)고 했다. 이를 통해 편지의 목적은 금융 지원을 요청하기 위함임을 알 수 있다. 따라서 정답은 (b)이다.

 패러프레이징

request → ask for
loan → financial assistance

어휘 ask for v. 요청하다 assistance n. 지원 settle v. 해결하다 outstanding a. 뛰어난, 미지급된 debt n. 빚, 채무 announce v. 발표하다

75 세부사항

How can the current situation at Bistro San Marco be described?

(a) Its kitchen cannot keep up with new trends.
(b) It is losing customers to other restaurants.
(c) Its business has just started to pick up.
(d) It has an overwhelming number of patrons.

비스트로 산 마르코의 현재 상황이 어떻게 묘사되어질 수 있는가?

(a) 그곳의 주방이 새로운 흐름을 따라갈 수 없다.
(b) 그곳은 다른 식당에 고객들을 잃고 있는 중이다.
(c) 그곳의 사업은 이제 막 나아지기 시작했다.
(d) 그곳은 압도적으로 많은 단골 고객을 보유하고 있다.

해설 비스트로 산 마르코의 현재(now)의 근황이 나오는 두번째 단락에서 그곳의 현재 상황에 대해 추론한다. 해당 단락에서 이 식당은 지금 매일 너무 많은 고객들을 받고 있다보니(the restaurant is now getting so many customers daily) 그들이 더 이상 이들 모두를 수용할 수 없다(we can no longer accommodate all of them)고 했다. 이를 통해 비스트로 산 마르코의 현재 상황은 모두 받을 수 없을 정도로 많은 수의 단골 고객을 가지고 있을 것으로 추론할 수 있다. 따라서 정답은 (d)이다.

어휘 keep up with v. (유행 등을) 따라가다   lose v. 잃다   pick up v. 나아지다   overwhelming a. 압도적인   patron n. 단골 고객, 후원자

76 세부사항

What is Wyatt planning to do to remedy the situation?

(a) extend her current restaurant
(b) open an additional location
(c) recruit more full-time workers
(d) move to a less commercial area

와트는 이 상황을 개선하기 위해 무엇을 계획하는 중인가?

(a) 그녀의 현재의 식당을 확장하기
(b) 추가적인 지점을 개점하기
(c) 더 많은 정규직 근로자를 고용하기
(d) 덜 상업적인 지역으로 옮기기

해설 두번째 단락에서 와트는 2호점을 열어 달라는 많은 요청(many requests to open a second branch)을 받아오고 있다고 했으며, 이어지는 세번째 단락에서 이러한 열렬한 반응에 힘입어 다운타운 뉴어크 상업지구에 비스트로 산 마르코 지점을 열기로 결정했다(I have decided to open a Bistro San Marco branch)고 했다. 이를 통해 와트는 상황을 개선하기 위해 추가적인 지점을 개점하는 것을 계획하는 중임을 알 수 있다. 따라서 정답은 (b)이다.

패러프레이징

branch → location

오답체크

2호점을 연다는 것은 현재의 식당 외에 추가적으로 지점을 연다는 것을 의미한다. 따라서 현재의 식당을 확장시킨다는 내용의 (a)는 답이 될 수 없다.

어휘 plan v. 계획하다   remedy v. 치료하다, 개선하다   extend v. 연장하다, (사업을) 확장하다   recruit v. 고용하다

77 추론

Why most likely will the Downtown Newark branch have a strong market?

(a) because it has a wealthier customer base
(b) because the food will be better there
(c) because it will be in a popular district
(d) because the regulars from the area will eat there

왜 다운타운 뉴어크 지점이 강한 시장성을 가질 것 같은가?

(a) 그곳은 더 부유한 고객층을 가지고 있기 때문에
(b) 음식이 거기서 더 좋아질 것이기 때문에
(c) 그곳이 인기 있는 지역에 있기 때문에
(d) 이 지역에 있는 단골들이 거기서 식사할 것이기 때문에

[해설] 질문의 키워드인 다운타운 뉴어크 지점(Downtown Newark branch)이 나오는 세번째 단락에서 답의 근거를 추론한다. 해당 단락에서 와트의 고객들은 새로운 지점의 개점을 간절히 기다리고 있고(They are eagerly awaiting the new branch's opening) 이미 동료 직원들에게 이를 추천하고 있다(are already recommending it to their colleagues)고 하면서, 다운타운 뉴어크 지점은 보장된 고객 기반을 확보할 것(will have a guaranteed customer base)이 거의 확실하다고 했다. 이를 통해 다운타운 뉴어크 지점이 강한 시장성을 가질 이유로서 이 지역에 있는 와트의 단골 고객들이 이곳에서 식사를 할 것임을 추론할 수 있다. 따라서 정답은 (d)이다.

 오답체크

지문에서 해당 위치가 유망한 지역이 되는 이유는 와트의 식당 단골 고객들이 그 지역에서 근무하기 때문이다. 반면 그 지역의 고객층이 부유하다거나 인기가 있다는 내용은 언급되고 있지 않으므로 (a)와 (c)는 오답이다.

[어휘] **wealthy** a. 부유한 **popular** a. 인기 있는 **district** n. 구역, 지구

78 세부사항

What is Wyatt proposing to use as security against her loan?

(a) a part of her current deposit at the bank
(b) a future deposit she will make to her account
(c) the funds initially intended for the project
(d) the projected profits from her new branch

그녀의 대출에 대한 담보로 와트는 무엇을 사용할 것을 제안하고 있는가?

(a) 은행에 있는 그녀의 현재 예금의 일부
(b) 그녀가 그녀의 계좌에 만들 미래의 예금
(c) 프로젝트를 위해 초기에 의도되었던 자금
(d) 그녀의 새 지점으로부터의 예상 수익

[해설] 질문의 키워드인 loan(대출)이 나오는 네번째 단락에서 답의 근거를 찾는다. 해당 단락에서 와트는 그녀의 은행 계좌에 이미 들어있는 돈에서(from the money already in my bank account) "정기 예금"을 담보로 해서 대출받기(make the loan against a "fixed deposit")를 원한다고 했다. 이를 통해 와트는 대출에 대한 담보로 그녀의 현재 예금의 일부를 사용할 것을 제안하고 있음을 알 수 있다. 따라서 정답은 (a)이다.

[어휘] **security** n. 담보 **deposit** n. 예금 **initially** ad. 처음에 **projected** a. 예상되는 **profit** n. 수익, 이익

79 어휘

In the context of the passage, quantity means _____.

(a) value
(b) type
(c) **number**
(d) weight

해당 절의 문맥에서, quantity는 _____을 의미한다.

(a) 가치
(b) 종류
(c) 수
(d) 무게

해설 밑줄 친 어휘의 quantity가 사용된 문장에서, The quantity of our customers has been increasing steadily는 '저희 고객들의 다수는 꾸준히 증가하고 있다'는 뜻이다. 즉 quantity가 '다수'의 의미로 쓰이고 있으므로, '수'라는 가장 유사한 의미인 (c) number가 정답이다.

80 어휘

In the context of the passage, promising means _____.

(a) talented
(b) bright
(c) **favorable**
(d) possible

해당 절의 문맥에서, promising은 _____을 의미한다.

(a) 재능이 있는
(b) 밝은
(c) 유리한
(d) 가능성 있는

해설 밑줄 친 어휘의 promising이 사용된 문장에서, the wall was neglected는 '방벽은 방치되었다'는 뜻이다. 즉 promising이 '유망한'의 의미로 쓰이고 있으므로, '유리한'이라는 가장 유사한 의미인 (c) favorable이 정답이다.

 오답체크

promising과 favorable은 '(상황이) 유리한, 유망한'이라는 의미인 반면 bright는 '(앞날 또는 미래가) 밝은'이라는 의미이다. 따라서 (b)는 오답이다.

TEST 4 — READING & VOCABULARY SECTION

PART 1	53 (b)	54 (a)	55 (d)	56 (c)	57 (d)	58 (c)	59 (a)
PART 2	60 (d)	61 (a)	62 (c)	63 (d)	64 (c)	65 (b)	66 (a)
PART 3	67 (a)	68 (c)	69 (b)	70 (d)	71 (b)	72 (a)	73 (c)
PART 4	74 (c)	75 (b)	76 (d)	77 (a)	78 (c)	79 (a)	80 (b)

PART 1 53~59 인물의 일대기 ▶ 해리 포터

Harry Potter

인물 소개

[53]Harry Potter is a fictional character created by British author J. K. Rowling for her bestselling *Harry Potter* book series. Also referred to as "The Boy Who Lived," Potter is a wizard who uses his magical skills to fight Voldemort, also known as the Dark Lord, who is the most dangerous wizard of all time.

어린 시절

Harry James Potter was born on July 31, 1980, to James and Lily Potter. [54]A prophecy predicts that Potter is destined to defeat Voldemort and [58]thwart his plan to rule over both the "wizarding" and "non-wizarding" worlds. After learning about the prophecy, Voldemort breaks into Potter's home and murders his parents. He also casts a killing curse on the one-year-old Potter, but Potter survives and is left with a lightning-shaped scar on his forehead. This event disables Voldemort from maintaining a material form, and expels him from the physical world.

해리 포터

[53]해리 포터는 영국의 소설가 J. K. 롤링이 그녀의 베스트셀러 책 시리즈인 「해리 포터」를 위해 만들어낸 허구의 등장인물이다. "살아남은 아이"라고도 일컬어지는 포터는 역대 가장 위험한 마법사인 어둠의 왕으로도 알려진 볼드모트에 맞서기 위해 마법 기술을 사용하는 마술사이다.

해리 제임스 포터는 1980년 7월 31일에 제임스 포터와 릴리 포터 사이에서 태어났다. [54]한 예언은 포터가 볼드모트를 무찌르고 "마법" 및 "비마법" 세계를 모두 지배하려는 그의 계획을 [58]좌절시킬 운명이라고 예측한다. 그 예언에 대해 알게 된 뒤, 볼드모트는 포터의 집으로 침입해서 그의 부모님을 살해한다. 그는 또한 한 살 배기의 포터에게 죽음의 저주를 걸지만, 포터는 살아남고 그의 이마에는 번개 모양의 상처가 남는다. 이 사건은 볼드모트가 물질적인 형태를 유지할 수 없게 하고, 그를 물질세계로부터 쫓겨나게 한다.

진로 선택 계기	Potter is then raised by his non-wizard relatives, and grows up without knowledge of his magical background. He also lacks proper care and is treated as a servant. [55]This all changes when a half-giant from the wizarding world, Rubeus Hagrid, is sent to fetch Potter. Hagrid narrates the story of Potter's past and invites him to enroll in Hogwarts School of Witchcraft and Wizardry. Potter enters the wizarding school, but still stays with his relatives every summer.	포터는 이후에 일반인 세계의 친척들에게 키워졌고, 그의 마법적 배경에 대한 지식을 모른 채로 성장한다. 그는 또한 제대로 돌봐 지지 않았고 시종으로 취급 받는다. [55]마법 세계 출신의 반 거인인 루비우스 해그리드가 포터를 데려오기 위해 파견되었을 때 이 모든 것이 바뀐다. 해그리드는 포터의 과거 이야기를 들려주고 그에게 호그와트 마법학교에 등록하라고 권유한다. 포터는 마법학교에 들어가지만, 여전히 그의 친척들과 매 여름을 지낸다.
초기 활동	At Hogwarts, Potter is assigned to Gryffindor House, learns magic from his professors, and meets his lifelong friends. He also gets acquainted with Hogwarts headmaster Albus Dumbledore, who becomes his mentor. Despite not excelling academically, Potter masters high-level magical spells and solves mysteries involving Voldemort's attempts to return.	호그와트에서 포터는 그리핀도르 기숙사에 배정되어 그의 교수들에게서 마법을 배우고, 그의 평생의 친구들을 만난다. 그는 또한 포터의 멘토가 되는 호그와트의 교장인 알버스 덤블도어와 친해지게 된다. 학업적으로 뛰어나지는 않았지만, 포터는 높은 수준의 마법 주문을 습득하고 볼드모트의 귀환 시도와 연관된 수수께끼를 푼다.
주요 업적 + 성과	In his fourth year, Potter wins a magical contest called the Triwizard Tournament, but in doing so, causes Voldemort's return. [56]Voldemort's followers then start organizing again, particularly his secret supporters within Hogwarts. This endangers Potter and his friends, forcing them to drop out of Hogwarts in time. They then learn about the existence of [57]Horcruxes, or pieces of Voldemort's soul, which they separately find and destroy.	4학년 때, 포터는 트리위저드 시합이라고 불리는 마법 대회에서 우승하지만, 그렇게 함으로써 볼드모트의 귀환을 초래한다. [56]볼드모트의 추종자들, 특히 호그와트 내 그의 비밀 지지자들이 그때 다시 조직되기 시작한다. 이는 포터와 그의 친구들을 위험에 빠트리며, 이윽고 그들이 호그와트를 중퇴하도록 강요한다. 그리고 나서 그들은 [57]볼드모트의 영혼 조각인 호크룩스의 존재에 대해 알게 되며, 그들이 개별적으로 찾아내서 파괴한다.
이야기 결말	These events finally culminate in the Second Wizarding War at Hogwarts. [57]Potter faces death at the hands of Voldemort, but he lives again due to the last remaining Horcrux inside his body. Upon Potter's return from death, he battles and slays Voldemort, thus [59]concluding the war in 1998.	이러한 사건들은 마침내 호그와트에서의 제2차 마법사 전쟁에서 절정에 이른다. [57]포터는 볼드모트의 손에 죽음을 맞이하지만, 그의 몸 안에 남아 있던 최후의 호크룩스로 인해 다시 살아난다. 포터가 죽음으로부터 돌아오자마자, 그는 볼드모트에 맞서 싸워 살해하고, 그리하여 1998년에 전쟁을 [59]끝낸다.

어휘

fictional a. 허구의   character n. 등장인물   author n. 작가, 저자   refer to A as B v. A를 B라고 일컫다   wizard n. 마법사
magical a. 마법의   skill n. 기술   dangerous a. 위험한   of all time ad. 역대, 지금껏   prophecy n. 예언, 예지   predict v. 예측하다
be destined to V v. ~할 운명이다   rule over v. ~을 지배하다   break into v. 침입하다   murder v. 살해하다
cast v. ~을 던지다, ~(마법)을 걸다   survive v. 생존하다, 살아남다   leave v. 남기다   scar n. 흉터   forehead n. 이마
disable v. ~을 무력하게 하다   maintain v. 유지하다   material a. 물질적인   form n. 형태   expel v. 쫓아내다   raise v. 키우다, 기르다
relative n. 친척   grow up v. 자라다, 성장하다   knowledge n. 지식   background n. 배경, 성장 환경   lack v. ~가 부족하다
proper a. 적절한, 제대로 된   care n. 보살핌   treat v. 취급하다   servant n. 하인, 시종   narrate v. 이야기를 들려주다   enroll v. 등록하다
enter v. 들어가다, 입장하다   stay v. 머무르다   assign v. 배정하다   lifelong a. 평생의   acquainted a. 알고 있는   headmaster n. 교장
excel v. 뛰어나다   academically ad. 학업적으로   master v. 숙달하다   spell n. 주문   solve v. 해결하다   mystery n. 수수께끼
involve v. 포함하다   attempt n. 시도   return v. 복귀하다, 귀환하다; n. 복귀, 귀환   cause v. 초래하다, 야기하다   follower n. 추종자
organizo v. 조직하다   particularly ad. 특히   supporter n. 지지자, 후원자   endanger v. ~을 위태롭게 만들다   force v. 강제로 ~하게 하다
drop out of v. ~을 중퇴하다   existence n. 존재   separately ad. 따로따로, 별도로   destroy v. 파괴하다   finally ad. 마침내
culminate v. 절정에 이르다   face v. 직면하다   remaining a. 남아 있는   slay v. 살해하다   conclude v. 끝내다

53 세부사항

Who is Harry Potter?

(a) a prophet in the world of magic
(b) a fictional person with magical powers
(c) the most powerful wizard in history
(d) a fictional boy with many lives

해리 포터는 누구인가?

(a) 마법 세계의 예언자
(b) 마법의 힘을 가진 허구의 인물
(c) 역사적으로 가장 강력한 마법사
(d) 많은 삶을 산 허구의 소년

[해설] 첫번째 단락에서 해리 포터는 J. K. 롤링에 의해 만들어진 허구의 등장인물(a fictional characters)이고, 다음 절에서는 마법 기술을 사용하는 마법사(a wizard who uses his magical skills)라고도 언급되어 있으므로, 정답은 (b)이다.

[어휘] prophet n. 예언자

54 추론

Why does Lord Voldemort probably attempt to take one-year-old Potter's life?

(a) because he wants to maintain his power
(b) because he wants to start a wizarding war
(c) because he wants to fulfill a prophecy
(d) because he wants to attain an immaterial form

마왕 볼드모트는 왜 1살 먹은 포터의 목숨을 앗아가려고 한 것 같은가?

(a) 그는 권력을 유지하기를 원하기 때문에
(b) 그는 마법사 전쟁을 시작하기를 원하기 때문에
(c) 그는 예언을 실현시키기를 원하기 때문에
(d) 그는 비물질적인 형태에 이르기를 원하기 때문에

[해설] 질문의 키워드인 한 살 배기의 포터(one-year-old Potter)가 나오는 두번째 단락에서 답의 근거를 추론한다. 예언에 따르면 포터가 볼드모트를 무찌르고 마법 세계와 비마법 세계 모두 지배하려는 그의 계획(his plan to rule over both the "wizarding" and "non-wizarding" worlds)을 좌절시킬 운명이라고 예측했으며, 이 예언에 대해 알게 된 볼드모트는 포터를 죽이기 위해 집으로 침입했다고 언급되고 있다. 볼드모트가 포터를 죽임으로써 세상을 지배하려는 그의 계획을 이어나갈 수 있었을 것이고, 이를 통해 그가 포터의 목숨을 앗아가려는 시도를 하는 이유가 권력을 유지하기를 원하기 때문이라고 추론할 수 있다. 따라서 정답은 (a)이다.

[어휘] take one's life v. ~의 목숨을 앗아가다 fulfill v. ~을 이행하다, 실현시키다 attain v. ~(의 수준)에 이르다 immaterial a. 비물질적인

55 세부사항

How does Potter first learn about his own past?

(a) through an ancient prophecy
(b) through his adoptive relatives
(c) through the headmaster of a wizardry school
(d) through a messenger from the wizarding world

포터는 어떻게 자신의 과거에 대해 처음으로 알게 되었는가?

(a) 고대의 예언을 통해서
(b) 그의 양부모를 통해서
(c) 마법학교의 교장을 통해서
(d) 마법 학교에서 온 전달자를 통해서

[해설] 질문의 키워드인 포터의 과거(past)가 언급되는 세번째 단락에서 답의 근거를 찾는다. 해당 단락에서 해그리드가 포터를 데려오기 위해 파견되고(is sent to fetch Potter), 포터에게 그의 과거 이야기를 들려준다(Hagrid narrates the story of Potter's past)고 언급되고 있으므로, 마법 학교에서 온 해그리드라는 전달자를 통해 자신의 과거를 처음 알게 되었다고 보는 것이 가장 적절하다. 따라서 정답은 (d)이다.

패러프레이징

is sent to fetch → a messenger

[어휘] ancient a. 고대의 adoptive a. 입양으로 맺어진 messenger n. 전달자, 전령

56 세부사항

According to the article, why does Potter have to leave Hogwarts?

(a) because he wants to join a wizardry competition
(b) because his academic standing is unsatisfactory
(c) to avoid Voldemort's followers in the school
(d) to collect pieces of Voldemort's soul

기사에 따르면, 포터는 왜 호그와트를 떠나야 했는가?

(a) 그는 마법 대회에 참가하기를 원했기 때문에
(b) 그의 학업 등수가 불만족스러웠기 때문에
(c) 교내의 볼드모트 추종자들을 피하기 위해
(d) 볼드모트 영혼의 조각들을 모으기 위해

해설 다섯 번째 단락에서 볼드모트의 추종자들이 다시 조직되었고(Voldemort's followers then start organizing again) 이는 포터와 그의 친구들을 위험에 빠트리며(This endangers Potter and his friends) 결국 그들이 호그와트를 중퇴하도록 강요한다(forcing them to drop out of Hogwarts)고 언급되고 있으므로, 볼드모트의 추종자들을 피하기 위해 학교를 떠났다고 보는 것이 가장 적절하다. 따라서 정답은 (c)이다.

패러프레이징
drop out of Hogwarts → leave Hogwarts

오답체크
지문에서 포터와 그의 친구들이 볼드모트의 영혼 조각인 호크룩스를 찾아서 파괴하는 내용이 언급되고는 있지만, 그들이 학교를 떠나야 했던 것과는 관련이 없으므로 (d)는 답이 될 수 없다.

어휘 join v. 들어가다, 합류하다 competition n. 경쟁, 대회 academic a. 학업의, 학문의 standing n. 지위, 순위표, 등수 unsatisfactory a. 불만족스러운 avoid v. 피하다 collect v. 모으다, 수집하다

57 추론

Why most likely does Potter survive against Voldemort at Hogwarts?

(a) because members from his school revive him
(b) because he is saved by the mark on his forehead
(c) because he has a protection spell on himself
(d) because a piece of Voldemort's soul saves him

포터는 왜 호그와트에서 볼드모트에 맞서서 살아남은 것 같은가?

(a) 학교의 일원들이 그를 부활시키기 때문에
(b) 그의 이마에 난 표식에 의해 구해지기 때문에
(c) 스스로에게 보호 주문을 걸기 때문에
(d) 볼드모트 영혼 조각이 그를 구하기 때문에

해설 포터가 볼드모트에 맞서서 살아남은 내용이 나오는 여섯 번째 단락에서 답의 근거를 추론한다. 해당 단락에서 포터가 볼드모트의 손에 죽음을 맞이했지만 그의 몸 안에 남아 있던 최후의 호크룩스 때문에 다시 살아나며(he lives again due to the last remaining Horcrux inside his body), 이때 호크룩스는 다섯 번째 단락에서 볼드모트의 영혼 조각(pieces of Voldemort's soul)이라고 했다. 이를 통해 포터는 그의 몸 안에 있던 호크룩스, 즉 볼드모트의 영혼 조각이 그를 구해냈다고 추론할 수 있다. 따라서 정답은 (d)이다.

어휘 revive v. 부활시키다 protection n. 보호

58 어휘

In the context of the passage, thwart means _____.

(a) support
(b) assume
(c) prevent
(d) evade

해당 절의 문맥에서, thwart는 _____을 의미한다.

(a) 지원하다
(b) 추정하다
(c) 막다
(d) 회피하다

해설 밑줄 친 어휘의 thwart가 사용된 문장에서, Potter is destined to defeat Voldemort and thwart his plan to rule over both the "wizarding" and "non-wizarding" worlds는 '포터가 볼드모트를 무찌르고 "마법" 및 "비마법" 세계를 모두 지배하려는 그의 계획을 좌절시킬 운명이다'라는 뜻이다. 즉 thwart가 '좌절 시키다'의 의미로 쓰이고 있으므로, '막다'라는 가장 유사한 의미인 (c) prevent가 정답이다.

오답체크

'회피하다'라는 의미로 쓰이는 (d) evade의 경우 계획이 이루어지는 것과는 상관없이 그로부터 벗어난다는 뜻이므로 문맥상 답이 될 수 없다.

59 어휘

In the context of the passage, concluding means _____.

(a) ending
(b) starting
(c) confusing
(d) guessing

해당 절의 문맥에서, concluding은 _____을 의미한다.

(a) 끝내다
(b) 시작하다
(c) 혼란스럽게 하다
(d) 추측하다

해설 밑줄 친 어휘의 concluding이 사용된 문장에서, he battles and slays Voldemort, thus concluding the war in 1998는 '그는 볼드모트에 맞서 싸워 살해하고, 그리하여 1998년에 전쟁을 끝내다'라는 뜻이다. 즉 concluding이 '끝내다'의 의미로 쓰이고 있고 가장 유사한 의미인 (a) ending이 정답이다.

DRINKING TEQUILA MAY MODERATELY IMPROVE BONE HEALTH

Tequila is a type of alcoholic drink made from the blue agave plant in the highlands of Central Mexico. [60]Being an alcoholic drink, it is generally considered unhealthy. However, a 2016 study conducted by the Center for Research and Advanced Studies in Mexico is reporting otherwise. The study found out that the blue variety of the plant used to make tequila contains *fructans*, or fructose polymers, which help improve the absorption of calcium and magnesium. The process is [65]necessary for keeping the bone healthy even in the presence of osteoporosis, a bone disease in which the bones become weak, more porous, and prone to breaking.

Dr. Mercedes Lopez, the lead researcher, and her colleagues used two groups of laboratory mice for their experiment. [61]The mice's ovaries were removed to trigger osteoporosis. This happens because ovaries produce estrogen, a hormone that works with calcium and vitamin D for bone growth. Both groups of mice were given enough food, but only one group was given fructans. Eight weeks later, thigh bone samples were taken from both groups of mice.

[62]Those fed with fructans showed a 20 percent increase in the protein linked to the build-up of new bone tissue. These mice also absorbed more calcium, and their thigh bones became significantly bigger. [63]Dr. Lopez says that the interaction between fructans and the right microorganisms in the mice's intestines allowed the absorption of fatty acids that aided in the development of new bone cells.

연구의 한계1

With this development, there is a possibility of acquiring a treatment for osteoporosis, a disease affecting 200 million people worldwide, by drinking tequila and accessing the extract. However, there are still some ⁶⁶issues with the study. First, mice and humans are obviously different from each other. Although significant scientific research has been performed using mice, the human body may not necessarily react in the same way to the treatment.

이러한 발전으로, 데킬라를 마시고 추출물에 접근함으로써 전 세계 2억 명의 사람들에게 영향을 미치는 질환인 골다공증의 치료법을 얻을 가능성이 있다. 그러나, 그 연구에는 여전히 몇몇 ⁶⁶문제가 있다. 첫째, 쥐들과 인간들은 서로 명백하게 다르다. 비록 쥐들을 사용하여 의미 있는 과학적 연구가 행해졌을지라도, 인간의 신체가 반드시 그 치료법에 동일한 방식으로 반응하지는 않을 수 있다.

연구의 한계2

Second, ⁶⁴the mice were treated with fructans extract alone instead of with tequila itself. During the production of tequila, the blue agave plant undergoes several heating processes, so it is possible that some of its health benefits are lost even before it is bottled.

둘째, ⁶⁴쥐들은 데킬라 그 자체 대신에 프룩탄 추출물로만 치료를 받았다. 데킬라의 생산 동안, 푸른 용설란 식물은 여러 차례 가열 공정을 거쳐서, 심지어 병 속에 담기기도 전에 건강상 이로운 것들을 일부 잃어버리는 것이 가능하다.

어휘

moderately ad. 적정하게 improve v. 향상시키다 bone n. 뼈 alcoholic a. 술의, 알코올이 든; n. 알코올 중독자 agave n. 아가베, 용설란 plant n. 식물 highland n. 고지대 generally ad. 일반적으로 consider v. 여기다, 간주하다 unhealthy a. 건강하지 않은, 건강에 안 좋은 study n. 연구 conduct v. 실시하다 report v. 보고하다 otherwise ad. 그렇지 않으면, (~와는) 다르게 find out v. 알아내다 contain v. ~가 들어있다 fructan n. 프룩탄(과당으로 이루어진 다당류) fructose n. 과당 polymer n. 중합체 absorption n. 흡수 process n. 과정, 절차 necessary a. 필수적인 even ad. 심지어 in the presence of prep. ~가 있을 때 osteoporosis n. 골다공증 disease n. 병, 질환 weak a. 약한 porous a. 구멍이 많은, 다공성의 prone to a. ~하기 쉬운 lead researcher n. 선임 연구원 laboratory mice n. 실험용 쥐 experiment n. 실험 ovary n. 난소 remove v. 제거하다 trigger v. 유발하다 growth n. 성장 enough a. 충분한 thigh n. 허벅지 sample n. 표본 feed v. 먹이다, 영양분을 주다 increase n. 증가 link v. 연결시키다 tissue n. (세포들로 이뤄진) 조직 absorb v. 흡수하다 significantly ad. 매우, 상당히 interaction n. 상호작용 microorganism n. 미생물 intestine n. 장, 창자 allow v. 허락하다, 허용하다 fatty acid n. 지방산 aid v. 돕다 development n. 개발, 발달, 발전 cell n. 세포 possibility n. 가능성 acquire v. 얻다 treatment n. 치료 affect v. 영향을 미치다 worldwide a. 전 세계적인; ad. 전 세계적으로 access v. ~에 접근하다, ~을 이용하다 extract n. 추출물 issue n. 문제 obviously ad. 분명하게 different a. 다른 significant a. 의미 있는, 중요한 perform v. 수행하다 not necessarily ad. 반드시 ~은 아닌 react v. 반응하다 alone ad. 혼자, 단독으로 instead of prep. ~대신에 production n. 생산, 제작 undergo v. ~을 겪다, 거치다 benefit n. 이점, 혜택 bottle v. 병에 담다

60 주제/목적

What is the topic of the article?

(a) the origin of a certain alcoholic drink
(b) the process by which tequila is made
(c) the importance of calcium to bone density
(d) **the possible health benefits of tequila**

기사의 주제는 무엇인가?

(a) 특정 알코올성 음료의 기원
(b) 데킬라가 제조되는 과정
(c) 골밀도에 미치는 칼슘의 중요성
(d) 데킬라의 가능한 건강상 이점

해설) 첫번째 단락에서 알코올성 음료인 데킬라는 일반적으로 건강에 해로운 것으로 여겨진다(it is generally considered unhealthy)고 먼저 언급되고 있지만, 역접의 접속부사 however(그러나)와 함께 2016년에 실시된 연구는 사실과 다르다고 보고하고 있다(is reporting otherwise)고 언급되고 있으므로, 데킬라가 해롭다는 인식과는 달리 실제 연구에서는 건강상에 이점이 있을 것임을 알 수 있다. 따라서 정답은 (d)이다.

어휘) origin n. 기원 importance n. 중요성 density n. 밀도

61 세부사항

Why did the ovaries of the mice need to be removed?

(a) **to make the mice develop osteoporosis**
(b) to enable the mice to produce more estrogen
(c) to make the mice more receptive to fructans
(d) to cure the mice of osteoporosis

쥐의 난소가 왜 적출 되어야 했는가?

(a) 쥐들에게 골다공증을 생기게 하기 위해
(b) 쥐들이 더 많은 에스트로겐을 만들어내도록 하기 위해
(c) 쥐들이 프룩탄을 더 잘 받아들이게 하기 위해
(d) 쥐들의 골다공증을 치료하기 위해

해설) 질문의 키워드인 쥐들의 난소(ovaries)가 언급되는 두번째 단락에서 답의 근거를 찾는다. 해당 단락에서는 실험을 통해 쥐들의 난소가 골다공증을 유발시키기 위해 적출되었다(The mice's ovaries were removed to trigger osteoporosis)고 했다. 따라서 정답은 (a)이다.

패러프레이징

trigger → develop

어휘) develop v. 개발하다, 발전시키다, (병이) 생기게 하다   receptive a. 받아들이는, 수용적인   cure v. 치료하다

62　추론

What most likely happened to the mice that were not given fructans in the experiment?

(a) They digested more calcium.
(b) They absorbed more protein into their bones.
(c) Their bones became weaker.
(d) Their bones experienced growth.

실험에서 프룩탄을 제공받지 못한 쥐들에게 무슨 일이 일어났을 것 같은가?

(a) 그들은 더 많은 칼슘을 소화시켰다
(b) 그들의 뼈에 더 많은 단백질을 흡수시켰다
(c) 그들의 뼈가 더 약해졌다
(d) 그들의 뼈가 성장했다

해설　세번째 단락에서 프룩탄을 공급받은 쥐들은 새로운 뼈 조직의 형성과 연결된 단백질에 있어 20퍼센트의 증가를 보였다(Those fed with fructans showed a 20 percent increase in the protein linked to the build-up of new bone tissue)고 언급되고 있다. 앞서 본문을 통해 실험에서는 두 그룹의 쥐들에게 골다공증을 유발시켰고, 골다공증을 앓으면 뼈가 약해짐을 알 수 있었다. 이를 통해 반대로 프룩탄을 제공받지 못한 쥐들은 뼈가 더 약해졌을 것으로 추론할 수 있다. 따라서 정답은 (c)이다.

어휘　digest v. 소화시키다

63　세부사항

How can bone cells be increased with the help of fructans?

(a) by preventing the absorption of more calcium
(b) by directing fructans straight to the bones
(c) by turning bacteria into protein for bone-cell growth
(d) by working with microorganisms in the intestines

골세포는 프룩탄의 도움을 받아 어떻게 증가할 수 있는가?

(a) 더 많은 칼슘의 흡수를 막음으로써
(b) 프룩탄이 곧바로 뼈로 가게 함으로써
(c) 골세포 성장을 위해 박테리아를 프로틴으로 바꿈으로써
(d) 장내 미생물들과 작용함으로써

해설　질문의 키워드인 골세포(bone cells)가 언급되는 세번째 단락에서 답의 근거를 찾는다. 로페즈 박사는 골세포의 발달은 쥐들의 장에서 프룩탄과 알맞은 미생물들간의 상호작용(fructans and the right microorganisms in the mice's intestines)이 새로운 골세포 발달(the development of new bone cells)을 돕는 지방산의 흡수를 허용했다고 말했다. 따라서 정답은 (d)이다.

어휘　prevent v. 막다, 예방하다　direct v. 향하게 하다　turn A into B v. A를 B로 변하게 하다

64 추론

Which is probably a factor that could make the study unreliable?

(a) Blue agave does not produce fructans.
(b) Lack of ovary doesn't cause osteoporosis in humans.
(c) The tequila fructans may not be as beneficial to health.
(d) The research was done to cure the bone diseases of mice.

무엇이 연구를 신뢰할 수 없게 만들 수 있는 요인일 것 같은가?

(a) 푸른 용설란은 프룩탄을 생성하지 못한다.
(b) 난소의 결핍이 인간에게 골다공증을 야기하지 않는다.
(c) 테킬라의 프룩탄이 건강에 이롭지 않을 수 있다.
(d) 연구는 쥐들의 뼈 질환을 치료하기 위해 실시되었다.

해설 다섯 번째 단락에서 쥐들은 데킬라 그 자체가 아닌 프룩탄 추출물로 치료를 받았고(the mice were treated with fructans extract alone instead of with tequila itself), 데킬라는 생산 과정에서 여러 차례 가열 공정을 거치기 때문에 푸른 용설란의 건강상 이로운 것들을 일부 잃어버리는 것이 가능하다(it is possible that some of its health benefits are lost)고 했다. 이를 통해 테킬라의 프룩탄이 건강에 이롭지 않을 수 있다고 추론할 수 있다. 따라서 정답은 (c)이다.

어휘 factor n. 요인 unreliable a. 신뢰할 수 없는 lack n. 부족, 결핍 beneficial a. 이로운, 유익한

65 어휘

In the context of the passage, necessary means _____.

(a) certain
(b) essential
(c) chief
(d) optional

해당 절의 문맥에서, necessary는 _____을 의미한다.

(a) 틀림없는
(b) 필수적인
(c) 주요한
(d) 선택적인

해설 밑줄 친 어휘의 necessary가 사용된 문장에서, The process is necessary for keeping the bone healthy even in the presence of osteoporosis는 '그 과정은 골다공증을 앓고 있을 때에도 뼈를 건강하게 유지시키는 데 필수적이다'라는 뜻이다. 즉 necessary가 '필수적인'의 의미로 쓰이고 있으므로, 마찬가지로 '필수적인'이라는 같은 의미인 (b) essential이 정답이다.

66 어휘

In the context of the passage, issues means _____.

(a) problems
(b) changes
(c) subjects
(d) effects

해당 절의 문맥에서, issues는 _____을 의미한다.

(a) 문제
(b) 변화
(c) 주제
(d) 효과

해설 밑줄 친 어휘의 issues가 사용된 문장에서, there are still some issues with the study는 '그 연구에는 여전히 몇몇 문제가 있다'라는 뜻이다. 즉 issues가 '문제'의 의미로 쓰이고 있으므로, 마찬가지로 '문제'라는 같은 의미인 (a) problems가 정답이다.

오답체크

지문에서 issues는 '(안 좋은) 문제', 또는 '(논의의 대상이 되는) 사안'의 의미로 사용된다. 이때 해당 어휘가 포함된 단락의 내용을 보면 '그 연구에는 여전히 문제가 있다'고 했고, 이어서 두 가지의 한계점이 제시되며 현 연구에 대한 부정적인 부분이 언급되고 있다. 이를 통해 issues는 논의를 위해 제기되는 '사안'보다는 해결되어야 하는 '문제'의 뜻으로 사용되었음을 알 수 있다. 따라서 '주제'의 의미로 쓰이는 (c) subjects는 오답이다.

GRAND CANYON

[67-(c)]The Grand Canyon is a colorful series of steep cliffs and valleys located in the state of Arizona. It is 277 miles long, 18 miles wide, and more than a mile deep. [67-(d)]This natural landmark was formed about five to six million years ago when erosion caused by the Colorado River cut a deep channel through layers of rock. [67-(b)]It was established as a UNESCO World Heritage Site in 1979, and is also considered one of the Seven Natural Wonders of the World.

The Grand Canyon is composed of a sequence of well-preserved ancient rock layers which reveal North America's early geologic history. [68]The oldest known rocks, called the Vishnu Basement Rocks, are found at the bottom of the canyon. They were formed about 1.7 billion years ago. Meanwhile, the younger rocks are situated on the ground level.

The Grand Canyon is divided into four sections called "rims." These are the West Rim, the South Rim, the North Rim, and the East Rim. Each rim offers different activities to tourists. The South Rim is the most developed and most [72]accessible part of the canyon. This is where the Grand Canyon Village and most of the popular buildings and landmarks of the Grand Canyon are found.

[69]The West Rim is best known for its Skywalk, a U-shaped glass walkway that is suspended 4,000 feet above the canyon floor. [70]The North Rim is colder than the other sections because it is higher than the other rims by 1,000 feet. It is covered with snow during the winter months, and attracts the least tourists. Lastly, the East Rim features Horseshoe Bend, a horseshoe-shaped segment of the Colorado River.

특징3

⁷¹Portions of the Grand Canyon were declared a federal game reserve when U.S. President Theodore Roosevelt visited the Grand Canyon in 1903. Being a dedicated hunter, he wanted the area to be ⁷³conserved for the future. The Grand Canyon then became an official national monument in 1908 and a national park in 1919.

⁷¹미국의 대통령 시어도어 루스벨트가 1903년에 그랜드 캐니언을 방문했을 때 그랜드 캐니언의 일부가 연방 사냥금지구역으로 선포되었다. 헌신적인 사냥꾼이었던 그는 그 지역이 미래를 위해 ⁷³보존되어지기를 원했다. 그랜드 캐니언은 그 이후 1908년에 공식적인 국립기념지가 되었고 1919년에는 국립공원이 되었다

근황

Today, about five million people from different parts of the world visit the Grand Canyon every year.

오늘날, 세계 각지에서 약 5백만 명의 사람들이 매년 그랜드 캐니언을 방문한다.

어휘

colorful a. 다채로운   **a series of** a. 일련의   **steep** a. 가파른   **cliff** n. 절벽   **valley** n. 계곡, 골짜기   **natural** a. 자연의   **landmark** n. 명소, 역사적인 건물(장소)   **form** v. 형성하다   **about** prep. ~에 관한; ad. (숫자 앞에서) 대략, 약   **erosion** n. 침식   **cause** v. 초래하다, 야기하다   **cut** v. 자르다, 깎다   **channel** n. 통로   **layer** n. 층   **establish** v. 설립하다, 확립하다   **consider** v. 여기다, 간주하다   **be composed of** v. ~로 구성되다   **a sequence of** a. 연속적인   **well-preserved** a. 잘 보존된   **ancient** a. 고대의   **reveal** v. 드러내다, 밝히다   **geologic** a. 지질학의   **bottom** n. 밑바닥, 하부   **meanwhile** ad. 한편, 그 동안에   **situate** v. 위치시키다   **rim** n. 테, 가장자리   **walkway** n. 길, 보도   **suspend** v. 걸다, 매달다; 유예하다   **above** prep. ~보다 위에   **section** n. 구역   **attract** v. 끌어들이다   **bend** n. 굽이, 굽은 곳   **horseshoe-shaped** a. 말발굽 모양을 한   **segment** n. 부분, 구분, 조각   **portion** n. 부분, 일부   **declare** v. 선언하다, 선포하다   **federal** a. 연방의   **game reserve** n. 사냥금지구역   **dedicated** a. 헌신적인   **hunter** n. 사냥꾼   **conserve** v. 보호하다, 보존하다   **monument** n. 기념물, 기념비적인 건축물

67   진위 여부

Which statement does not describe the Grand Canyon?

(a) It is a man-made tourist spot.
(b) It was made a World Heritage Site in 1979.
(c) Its rocks and rock formations are vividly colored.
(d) It was formed when rock layers wore away.

다음 중 그랜드 캐니언을 묘사하지 않는 것은 무엇인가?

(a) 사람이 만든 관광지이다.
(b) 1979년에 세계문화유산이 되었다.
(c) 암석과 암석 형태가 매우 다채롭다.
(d) 암석층이 닳았을 때 형성되었다.

해설   그랜드 캐니언에 대해 소개하고 있는 첫번째 단락에서 지문의 내용과 보기의 키워드를 대조하여 일치하는 보기를 하나씩 소거한다. 해당 단락에서 그랜드 캐니언은 자연의 명소로 묘사되고 있으며 사람이 만든 관광지라고는 언급된 바 없다. 따라서 (a)가 정답이다.

오답체크

(b) 1979년에 유네스코 세계문화유산으로 지정되었다고 언급되어 있다.
(c) 그랜드 캐니언은 다채롭게 이어지는 가파른 절벽과 계곡이라고 언급되어 있다.
(d) 그랜드 캐니언은 콜로라도 강에 의한 침식이 암석층들을 뚫고 깊은 통로를 깎아 형성되었다고 언급되어 있다.

어휘   **man-made** a. 사람이 만든   **tourist spot** n. 관광지   **formation** n. 형태   **vividly** ad. 선명하게, 생생하게   **colored** a. ~의 색깔을 한   **wear away** v. 닳게 만들다

68 추론

What can be said about the rocks found on the lowermost part of the canyon?

(a) They are less than a billion years in age.
(b) They are the most colorful rocks.
(c) They were the earliest to be formed.
(d) They are the most well-preserved formations.

협곡 최하층부에서 발견되는 암석에 대해 말할 수 있는 것은 무엇인가?

(a) 그들은 나이상으로는 10억년도 채 되지 않는다.
(b) 그들은 가장 다채로운 암석들이다.
(c) 그들은 가장 초기에 형성되었다.
(d) 그들은 가장 잘 보존된 형태이다.

해석) 두번째 단락에서 가장 오래된 것으로 알려진 암석(The oldest known rocks)인 비슈누 기반암이 협곡의 밑바닥에서 발견된다(are found at the bottom of the canyon)고 했다. 이를 통해 협곡 최하층부에서 발견되는 암석은 가장 초기에 형성되었다고 추론할 수 있다. 따라서 정답은 (c)이다.

패러프레이징

at the bottom of → on the lowermost part of
oldest → earliest

어휘) lowermost a. 최저의 earliest a. 가장 이른

69 세부사항

What attraction is the West Rim most famous for?

(a) the best-known establishments in the canyon
(b) an elevated glass observation structure
(c) a horseshoe-shaped bend in the Colorado River
(d) the highest peaks in the canyon

웨스트림은 어느 명소로 가장 유명한가?

(a) 협곡에서 가장 잘 알려진 시설들
(b) 높은 유리 관측 구조물
(c) 콜로라도 강에 있는 말발굽 모양으로 굽어진 곳
(d) 협곡에서 가장 높은 봉우리들

해설) 웨스트림의 특징이 언급되고 있는 네번째 단락에서 답의 근거를 찾는다. 해당 단락에서 웨스트림은 협곡 바닥 위로 4천 피트 높이에 매달려진(suspended 4,000 feet above the canyon floor) U자 모양의 유리길(a U-shaped glass walkway)인 스카이워크로 유명하다고 했다. 따라서 정답은 (b)이다.

어휘) establishment n. 시설 elevated a. 높은 observation n. 관측 structure n. 구조, 구조물 peak n. 봉우리

70 추론

Based on the passage, why most likely does the North Rim draw the least guests?

(a) because it is the farthest among the four rims
(b) because there are fewer activities to do there
(c) because it offers the least scenic views
(d) **because it could get freezing cold up there**

지문에 따르면, 노스림은 왜 가장 적은 고객을 끌어모으는 것 같은가?

(a) 네 곳의 림들 중 가장 멀리 떨어져있기 때문에
(b) 그 곳에서 할 수 있는 활동들이 더 적기 때문에
(c) 멋진 풍경을 최소한으로 제공하기 때문에
(d) 그 곳에 있으면 얼어붙을 듯이 추울 수 있기 때문에

[해설] 질문의 키워드인 노스림(North Rim)이 나오는 네번째 단락에서 답의 근거를 추론한다. 해당 단락에서 노스림이 다른 구역들보다 1천피트만큼 더 높기 때문에 더 춥고(The North Rim is colder than the other sections because it is higher than the other rims by 1,000 feet), 겨울에는 눈으로 덮여 있다(It is covered with snow during the winter months)고 했다. 이를 통해 노스림에 있으면 매우 추울 수 있기 때문에 관광객들이 가장 잘 가지 않을 것으로 추론할 수 있다. 따라서 정답은 (d)이다.

[어휘] draw v. 끌다, (사람을) 모으다   farthest a. 가장 멀리 있는   among prep. ~중에서   fewer a. 보다 소수의, 보다 적은   activity n. 활동   scenic a. 경치가 좋은   view n. 경관, 전망   freezing cold a. 얼어붙을 정도로 추운

71 세부사항

Why did Theodore Roosevelt declare some sections of the Grand Canyon a federal game reserve?

(a) because he regularly hunted there
(b) **because he wanted it to last for later generations**
(c) because millions of people visited it each year
(d) because it was a national park

시어도어 루즈벨트는 왜 그랜드 캐니언의 일부 구획을 연방 사냥금지구역으로 선포하였는가?

(a) 그가 그 곳에서 정기적으로 사냥했기 때문에
(b) 그는 그 곳이 후세를 위해 유지되기를 원했기 때문에
(c) 수백만 명의 사람들이 매해 그 곳을 방문했기 때문에
(d) 그 곳은 국립공원이었기 때문에

[해설] 루즈벨트 대통령과 연방 사냥금지구역이 언급되는 다섯 번째 단락에서 답의 근거를 찾는다. 해당 단락을 보면 헌신적인 사냥꾼이었던 루즈벨트가 미래를 위해 그 지역이 보존되어지기를 원했다(he wanted the area to be conserved for the future)고 했으므로, 정답은 (b)이다.

패러프레이징

be conserved → last
future → later generations

[어휘] regularly ad. 정기적으로   hunt v. 사냥하다   last v. 지속하다

72 어휘

In the context of the passage, <u>accessible</u> means _____.

(a) reachable
(b) willing
(c) obtainable
(d) isolated

해당 절의 문맥에서, <u>accessible</u>은 _____을 의미한다.

(a) 도달할 수 있는
(b) 기꺼이 하는
(c) 획득할 수 있는
(d) 격리된

해설 밑줄 친 어휘의 accessible이 사용된 문장에서, The South Rim is the most developed and most accessible part of the canyon는 '사우스림은 협곡 지역에서 가장 잘 개발되어 있고 가장 접근성이 높은 지역이다'는 뜻이다. 즉 accessible이 '접근할 수 있는'의 의미로 쓰이고 있으므로, '도달할 수 있는'이라는 가장 유사한 의미인 (a) reachable이 정답이다.

73 어휘

In the context of the passage, <u>conserved</u> means _____.

(a) promoted
(b) neglected
(c) protected
(d) explored

해당 절의 문맥에서, <u>conserved</u>는 _____을 의미한다.

(a) 홍보되는
(b) 방치되는
(c) 보호되는
(d) 탐험되는

해설 밑줄 친 어휘의 conserved가 사용된 문장에서, he wanted the area to be conserved for the future는 '그는 그 지역이 미래를 위해 보존되어지기를 원했다'는 뜻이다. 즉 conserved가 '보존되는'의 의미로 쓰이고 있으므로, '보호되는'라는 가장 유사한 의미인 (c) protected가 정답이다.

PART 4 74~80 비즈니스 서신 ▶ 자녀의 학교 입학 추천

수신자 정보

Mr. Garrett Willard
Full Wisdom School
2520 Harrison Avenue
NW Olympia, WA 98501

편지 목적

Dear Mr. Willard,

I am the mother of Anne Matthews, and ⁷⁴I would like to apply for my daughter's admission to your school's third grade class on her behalf. ⁷⁵Her previous school was St. Therese Learning Center in Vancouver, Canada. There, she really got along well with her fellow classmates while also excelling as a student. She shined both in academics and extracurricular activities, receiving several awards in both areas.

상황 설명

⁷⁶We recently moved to Washington due to my husband's promotion. This is why we have to ⁷⁹transfer Annie to a new school. After visiting several of the local schools, we have concluded that your school would provide the best learning environment for our child. ⁷⁷It is close to our house and near my husband's office. Moreover, a lot of my friends have recommended Full Wisdom School because of its proven reputation for producing young achievers and leaders.

제안 및 요청

We would be grateful if you would allow our daughter to be part of your outstanding school. We believe it would be a great place for her to improve her abilities while also learning to cope in a more diverse environment.

나중에 할 일

I have attached copies of my daughter's previous report cards along with a recommendation letter from the principal of Anne's former school. ⁷⁸Please let us know if there are any other ⁸⁰prerequisites needed from our end for the application process. You can contact me at 943-56-38 or jmatthews@gmail.com.

끝인사

We are looking forward to hearing from you soon.

개럿 윌러드
풀 위즈덤 학교
98501 워싱턴 주 노스웨스트 올림피아
해리슨 애비뉴 2520번지

윌러드씨께

저는 앤 매튜스의 엄마이며, ⁷⁴딸을 대신해 귀교의 3학년으로 딸의 입학을 신청하고 싶습니다. ⁷⁵딸의 이전 학교는 캐나다의 밴쿠버에 있는 성 테레즈 교육센터였습니다. 그곳에서, 그녀는 같은 반 학우들과 정말 잘 어울리는 한편 학생으로서도 두각을 나타냈습니다. 그녀는 학과 공부와 과외활동 양 쪽에서 빛을 발했으며, 두 분야에서 모두 여러 상들을 받았습니다.

⁷⁶저희는 최근에 남편의 승진 때문에 워싱턴으로 이사를 왔습니다. 이것이 저희가 애니를 새로운 학교로 ⁷⁹전학 보내려는 이유입니다. 지역의 몇몇 새로운 학교들을 방문한 뒤에, 저희는 귀교가 저희 아이에게 최고의 학습 환경을 제공할 거라는 결론에 이르렀습니다. ⁷⁷귀교는 저희 집과 가깝고 남편 회사의 근처에 있기도 합니다. 게다가, 성공한 젊은 사람들과 지도자들을 배출하는 것으로 입증된 평판 때문에 제 친구들이 풀 위즈덤 학교를 추천했습니다.

만약 저희의 딸을 귀하의 뛰어난 학교의 일원이 되는 것을 허용해 주신다면 감사하겠습니다. 저희는 귀교가 그녀에게 능력을 향상시키는 한편 더욱 다양한 환경에 대처하는 법도 배우기에 최적의 장소가 될 거라고 믿습니다.

저는 앤의 이전 학교 교장선생님으로부터의 추천서와 함께 제 딸의 이전 성적표들을 첨부했습니다. ⁷⁸신청 절차를 위해 우리 측에서 필요한 다른 어떤 ⁸⁰전제 조건이 있다면 저희에게 알려주시기 바랍니다. 943-56-38로 전화 주시거나 jmatthews@gmail.com로 메일을 보내주시면 됩니다.

조만간 귀하로부터 답변을 듣기를 기대하겠습니다.

Sincerely yours,

Janice Matthews

발신자 정보

Janice Matthews
1724 Dickinson St.
NW Olympia, WA 98502

진심으로 감사합니다,

Janice Matthews

재니스 매튜스
98502 워싱턴 주 노스웨스트 올림피아
디킨슨 가 1724번지

어휘

apply for v. 지원하다, 신청하다   admission n. 입학, 입장   on one's behalf ad. ~을 대신하여   previous a. 이전의   learning 교육, 학습   get along with v. ~와 잘 지내다, 어울리다   fellow n. 동료   classmate n. 반 친구, 학우   excel v. 뛰어나다   shine v. 빛나다, 빛을 발하다   extracurricular activity n. 과외활동   receive v. 받다   several a. 몇몇의   promotion n. 승진   transfer v. 전학 가다, 전학 가도록 조치하다   local a. 지역의   close a. 가까운   near prep. ~의 근처에   moreover ad. 게다가   recommend v. 추천하다   proven a. 입증된   reputation n. 평판, 명성   grateful a. 감사해 하는   allow v. 허락하다, 허용하다   outstanding a. 뛰어난   improve v. 향상시키다   ability n. 능력   cope v. 대처하다   diverse a. 다양한   environment n. 환경   attach v. 첨부하다   report card n. 성적표   along with prep. ~와 함께   recommendation letter n. 추천서   principal n. 교장   former a. 이전의   prerequisite n. 전제 조건   application n. 신청(서), 지원(서)   process n. 과정, 절차   contact v. 연락하다

74 주제/목적

Why did Janice Matthews write a letter to Garrett Willard?

(a) to inquire about a school's available programs
(b) to boast about her daughter's performance
(c) **to try to enroll her daughter in a school**
(d) to tell him about her daughter's former school

재니스 매튜스는 왜 개럿 윌러드에게 편지를 썼는가?

(a) 학교의 이용 가능 프로그램에 대해 문의하려고
(b) 그녀의 딸의 학업 성과에 대해 자랑하려고
(c) **그녀의 딸을 학교에 등록시키려고**
(d) 그에게 딸의 이전 학교에 대해 말하려고

해설 첫번째 단락에서 재니스 매튜스는 딸을 대신해 풀 위즈덤 학교의 3학년으로 딸의 입학을 신청하고 싶다(I would like to apply for my daughter's admission to your school's third grade class on her behalf)고 했다. 따라서 정답은 (c)이다.

어휘 inquire v. 문의하다   available a. 이용 가능한   boast v. 자랑하다   performance n. 성과   enroll v. 등록시키다

75 세부사항

What best describes Anne Matthews as a student at St. Therese Learning Center?

(a) She was always number one in class.
(b) She had both academic and social success.
(c) She found it hard to be friends with other kids.
(d) She focused on her academic requirements.

성 테레즈 교육센터의 학생으로서 앤 매튜스를 가장 잘 설명하는 것은 무엇인가?

(a) 그녀는 반에서 항상 1등이었다.
(b) 그녀는 학업적으로나 사교적으로 모두 성공적이었다.
(c) 그녀는 다른 아이들과 친구가 되는 것이 어렵다고 생각했다.
(d) 그녀는 학업의 요구사항에 집중하였다.

[해설] 첫번째 단락에서 앤 매튜스는 성 테레즈 교육센터에서 같은 반 학우들과 정말 잘 어울리면서도 학생으로서도 두각을 나타냈다(she really got along well with her fellow classmates while also excelling as a student)고 했다. 이를 통해 그녀가 학업적으로나 사교적으로 모두 성공적이었다고 말할 수 있으므로, 정답은 (b)이다.

패러프레이징

really got along well with her fellow classmates while also excelling as a student → had both academic and social success

[어휘] academic a. 학업의 social a. 사회적인, 사교적인 success n. 성공 focus v. 집중하다, 초점을 맞추다 requirement n. 요구사항

76 세부사항

Why did Anne's family change their place of residence?

(a) because they wanted to find a better school for her
(b) because her father found a job with a new company
(c) because her school moved to a new address
(d) because her father received a new position at work

앤의 가족은 왜 그들의 거주지를 바꾸었는가?

(a) 그들은 그녀를 위한 더 나은 학교를 찾고 싶었기 때문에
(b) 그녀의 아버지가 새 회사에서 직장을 얻었기 때문에
(c) 그녀의 학교가 새 주소로 이전했기 때문에
(d) 그녀의 아버지가 직장에서 새 직책을 받았기 때문에

[해설] 두번째 단락에서 재니스는 남편의 승진 때문에 워싱턴으로 이사를 왔고(We recently moved to Washington due to my husband's promotion), 이것이 애니를 새로운 학교로 전학 보내려는 이유(This is why we have to transfer Annie to a new school)라고 했다. 이를 통해 앤의 가족이 그들의 거주지를 바꾼 이유로 앤의 아버지가 직장에서 새 직책을 받았다는 것을 알 수 있다. 따라서 정답은 (d)이다.

패러프레이징

promotion → received a new position at work

[어휘] residence n. 주택, 거주지 address n. 주소

77 추론

Which is probably a reason why the Matthews chose Full Wisdom School for their daughter?

(a) It is convenient for them.
(b) It is better than her old school.
(c) The children of Mrs. Matthews' friends are studying there.
(d) All of Anne's friends graduated there.

다음 중 매튜스 가족이 그들의 딸을 위해 풀 위즈덤 학교를 선택했던 이유가 무엇일 것 같은가?

(a) 그곳은 그들에게 접근이 편리하다.
(b) 그곳이 그녀의 이전 학교보다 더 낫다.
(c) 매튜스 부인 친구들의 자녀들이 그곳에서 공부하고 있다.
(d) 앤의 모든 친구들이 그곳에서 졸업했다.

[해설] 두번째 단락에서 재니스 매튜스는 풀 위즈덤 학교가 딸에게 최고의 학습 환경을 제공할 거라는 결론에 이르렀다면서, 집과 가깝고 남편 회사의 근처에 있다(It is close to our house and near my husband's office)고도 했다. 즉 학교가 접근이 편리하다고 추론하는 것이 적절 하므로, 정답은 (a)이다.

패러프레이징

close to our house and near my husband's office → convenient for them

[어휘] convenient a. 접근이 편리한, 가까운 graduate v. 졸업하다

78 세부사항

How should Willard contact Matthews if he still needs other application items?

(a) by waiting for her to call
(b) by meeting her personally
(c) by sending her an email
(d) by informing her daughter directly

윌러드가 아직 다른 신청 항목이 필요하다면 어떻게 매튜스에게 연락해야 하는가?

(a) 그녀가 전화하기를 기다림으로써
(b) 그녀를 직접 만남으로써
(c) 그녀에게 이메일을 보냄으로써
(d) 그녀의 딸에게 곧장 알림으로써

[해설] 매튜스는 윌러드에게 신청 절차를 위해 필요한 다른 전제 조건이 있다면 알려달라(Please let us know if there are any other prerequisites needed from our end for the application process)고 하면서, 그녀에게 전화번호와 이메일 주소로 연락하라(You can contact me at 943-56-38 or jmatthews@gmail.com)고 했다. 따라서 (c)가 정답이다.

79 어휘

In the context of the passage, transfer means _____.

(a) move
(b) retain
(c) expel
(d) reassign

해당 절의 문맥에서, transfer는 _____을 의미한다.

(a) 옮기다
(b) 유지하다
(c) 내쫓다
(d) 다시 선임하다

[해설] 밑줄 친 어휘의 transfer가 사용된 문장에서, This is why we have to transfer Annie to a new school은 '이것이 저희가 애니를 새로운 학교로 전학 보내려는 이유입니다'는 뜻이다. 즉 transfer가 '전학 보내다'의 의미로 쓰이고 있으므로, '옮기다'라는 가장 유사한 의미인 (a) move가 정답이다.

80 어휘

In the context of the passage, prerequisites means _____.

(a) options
(b) requirements
(c) conditions
(d) evidence

해당 절의 문맥에서, prerequisites는 _____을 의미한다.

(a) 선택권
(b) 요구사항
(c) 조건
(d) 증거

[해설] 밑줄 친 어휘의 prerequisites가 사용된 문장에서, Please let us know if there are any other prerequisites needed from our end for the application process는 '신청 절차를 위해 우리 측에서 필요한 다른 어떤 전제 조건이 있다면 저희에게 알려주시기 바랍니다'는 뜻이다. 즉 prerequisites가 '전제 조건'의 의미로 쓰이고 있으므로, '요구사항'이라는 가장 유사한 의미인 (b) requirements가 정답이다.

오답체크

prerequisites와 requirements는 입학 절차를 위해 '먼저 충족되어야 하는 것'을 의미하는 반면 '조건'의 의미로 쓰이는 conditions는 '조항'과 같은 개념이며, 특히 문서 등에 '명시되어 있는' 논리적 조항을 의미하므로, (c)는 문맥상 답이 될 수 없다.

실전
기출유형

G-TELP
General Tests of English Language Proficiency

ACTUAL TEST 1

GRAMMAR SECTION

LISTENING SECTION

READING & VOCABULARY SECTION

ACTUAL TEST 1

실전 기출유형

GRAMMAR

01	02	03	04	05	06	07	08	09	10
(c)	(a)	(d)	(b)	(b)	(a)	(d)	(b)	(c)	(a)
11	12	13	14	15	16	17	18	19	20
(b)	(d)	(a)	(c)	(b)	(a)	(d)	(c)	(b)	(c)
21	22	23	24	25	26				
(a)	(b)	(d)	(a)	(d)	(c)				

LISTENING

27	28	29	30	31	32	33
(a)	(d)	(b)	(c)	(a)	(d)	(b)
34	35	36	37	38	39	
(b)	(d)	(a)	(d)	(d)	(b)	
40	41	42	43	44	45	
(c)	(b)	(a)	(d)	(a)	(a)	
46	47	48	49	50	51	52
(b)	(a)	(b)	(d)	(d)	(c)	(d)

READING & VOCABULARY

53	54	55	56	57	58	59
(c)	(a)	(b)	(d)	(a)	(c)	(d)
60	61	62	63	64	65	66
(c)	(a)	(d)	(b)	(c)	(a)	(b)
67	68	69	70	71	72	73
(b)	(d)	(a)	(c)	(d)	(b)	(a)
74	75	76	77	78	79	80
(d)	(c)	(b)	(d)	(b)	(c)	(a)

GRAMMAR SECTION

01 시제 현재완료진행   정답 (c)

해석   제바스티안 페텔의 최근 바레인 그랑프리 우승으로, 그는 그의 이름에 또 다른 레이싱 우승 타이틀을 추가했다. 포뮬러 원의 최고 드라이버 중 한 명인 그는 지난 몇 년 동안 많은 경기에서 우승해왔다.

해설   빈칸 뒤 전치사구(for the past several years)는 '지난 몇 년 동안'의 의미이므로, 과거부터 현재까지 계속 승리하고 있는 중임을 나타내는 현재완료진행시제가 가장 적절하다. 따라서 정답은 (c) has been winning이다.

어휘   recent a. 최근의   racing title n. 레이싱 우승 타이틀   greatest a. 최고의   several a. 몇몇의

02 준동사 동명사를 목적어로 취하는 동사   정답 (a)

해석   나는 로버트의 외모에서 상당한 변화를 알아챘다. 내가 그에게 그것에 대해 물어봤을 때, 그는 매일의 운동 일과에 전념하고 있다고 말했다. 그의 일과는 체육관에서 두 시간 동안 운동하는 것을 포함한다.

해설   동사 involves는 동명사를 목적어로 취하므로, 정답은 (a) exercising이다.

어휘   notice v. 알아채다   significant a. 중요한   appearance n. 나타남, 출현, (겉)모습, 외모   be committed to v. ~에 전념하다   routine n. 틀에 박힌 일, 일과   involve v. 포함하다   exercise v. 운동하다

03 연결어 접속사   정답 (d)

해석 뽀빠이는 1929년에 만들어진 가상의 만화영화 캐릭터이다. 그는 그의 사랑하는 연인인 올리브가 위험에 빠질 때마다 구해주기 위해 시금치 통조림 한 캔을 먹고 엄청난 힘을 얻은 뱃사람이다.

해설 빈칸 뒤 문장(she gets into trouble)과 어울리는 접속사를 답으로 골라야 하며, '그녀가 위험에 빠질 때마다 그녀를 구해준다'고 하는 것이 문맥상 가장 적절하므로, 정답은 '~할 때마다'라는 의미의 복합관계부사인 (d) whenever이다.

어휘 animated a. 만화로 만들어진   fictional a. 가상의
spinach n. 시금치   strength n. 힘
ladylove n. 사랑하는 연인
get into trouble v. 위험에 빠지다

05 가정법 과거완료   정답 (b)

해석 소피는 그녀가 학업을 마칠 수 있도록 하기 위해서 많은 이들이 탐내는 트렌드세터 에이전시와의 모델 계약 갱신을 거절했다. 만약 그녀가 그 제의를 수락했더라면, 그녀는 어제 런웨이를 빛낸 모델들 중 한 명이었을 것이다.

해설 가정법 과거완료 구문에서는 if절의 동사가 과거완료(had accepted)이므로 주절의 빈칸에는 〈would + have p.p.〉 형태의 동사가 들어가야 한다. 따라서 정답은 (b) would have been이다.

어휘 turn down v. 거절하다   renewal n. 갱신
coveted a. 많은 이들이 탐내는
modeling contract n. 모델 계약
grace v. 빛내다, 우아하게 하다
catwalk n. (패션쇼의) 런웨이, 통로

04 준동사 to부정사를 목적어로 취하는 동사   정답 (b)

해석 아키라는 자신의 집 보수공사에 드는 비용이 얼마나 들 시에 내야 과소평가하시, 그녀는 700달러가 부족해졌다. 그 차이를 메우기 위해, 그녀는 다음 여름 휴가에 쓰려고 계획하고 있었던 돈 일부를 돌려써야 했다.

해설 빈칸 앞 동사 plan은 to부정사를 목적어로 취하고, 이때 spend 이하의 행위 시점이 plan과 같으므로 단순 to부정사가 빈칸에 가장 적절하다. 따라서 정답은 (b) to spend이다. 참고로 she was planning to spend 이하는 관계사절이며, 선행사인 some of the money(spend의 의미상 목적어)를 뒤에서 꾸며주고 있다.

어휘 renovation n. 개조, 보수   cost v. 비용이 ~이 들다
come short v. 부족해지다
cover v. (지불·손해액 등)을 메우다, 상세하다
difference n. 차이, 다름   plan v. 계획하다
spend A on B v. A를 B에 쓰다

06 시제 미래완료진행   정답 (a)

해석 네이트는 실제로 그 곳에서 먹기까지 수 년이 걸리는 초밥 가게인 미타에 마침내 예약했다. 그가 정말 맛있는 스시 코스를 음미하고 있을 때쯤에는, 그는 3년 동안 기다려왔던 중일 것이다.

해설 by the time에 현재시제가 나오면 미래를 가리키며, for three long years를 통해 완료시제가 나와야 함을 알 수 있다. 문맥상으로도 네이트가 스시 코스를 먹으러 갈 때쯤이면(By the time he gets to savor its delectable sushi course) 그가 그 시점까지 3년 동안(for three long years) 기다려오고 있을 것이라고 하는 것이 가장 적절하므로, 특정 미래 시점까지 일이나 동작이 기간을 두고 진행되고 있음을 나타낼 때 쓰이는 미래완료진행시제가 빈칸에 가장 적절하다. 따라서 정답은 (a) will have been waiting이다.

어휘 make a reservation v. 예약하다
delectable a. 정말 맛있는

07 연결어 접속부사   정답 (d)

해석 로버트는 직장에서 그의 30번째 생일을 축하했다. 그의 상사는 그에게 그가 오랫동안 간절히 바랐던 선물을 주었는데, 이는 바로 훌륭한 업무 성과에 대한 승진이었다. 정말로, 그의 노력은 마침내 결실을 맺었다.

해설 빈칸 앞뒤 문맥을 보고 직결한 의미의 접속부사를 찾아야 한다. 빈칸 앞 문장에서 '그가 간절히 바라던 선물을 받았다'고 했고, 이어서 '정말로, 그가 열심히 일한 것이 마침내 결실을 맺었다'의 흐름으로 이어지는 것이 가장 자연스럽다. 따라서 '정말로'의 의미로 강조를 가진 접속부사인 (d) Indeed가 정답이다.

어휘 celebrate v. 기념하다   workplace n. 직장
desire v. 바라다, 소망하다   promotion n. 승진
pay off v. 결실을 맺다, 성공하다
granted (that) conj. ~이므로

08 가정법 과거   정답 (b)

해석 케빈은 미술 원근법 수업에서 그가 현재 그리고 있는 모델의 모습에 매료되었다. 그는 만약 그녀가 대리석 조각상이라면, 그녀는 분명 미술관에 전시될 것이라고 생각한다.

해설 가정법 과거 구문에서는 if절의 동사가 과거(were)이므로 주절의 빈칸에는 〈would + 동사원형〉 형태의 동사가 들어가야 한다. 따라서 정답은 (b) would definitely be displayed이다.

어휘 fascinated a. 매료된   figure n. 모습, 인물
perspective n. 원근법; 관점   marble n. 대리석
sculpture n. 조각, 조각품   definitely ad. 분명히
display v. 전시하다

09 준동사 동명사를 목적어로 취하는 동사   정답 (c)

해석 장남인 브라이언은 종종 그의 부모로부터 그의 형제자매를 돌보라는 책임감을 부여받는다. 그의 부모는 또한 그들과의 사소한 싸움을 막기 위해 그의 형제자매를 놀리는 것을 피하라고 그에게 끊임없이 상기시킨다.

해설 동사 avoid는 동명사를 목적어로 취하므로, 정답은 (c) teasing이다. 참고로 (a) having teased는 완료동명사로서 주절의 동작보다 시점상으로 앞설 때 사용되며, 주어진 문장에서는 피했던 시점보다 놀리는 행위가 시점상으로 앞선 문맥이 아니므로 (a)는 오답이다.

어휘 eldest a. 장남인, 나이가 가장 많은
responsibility n. 책임감   look after v. ~을 돌보다
sibling n. 형제자매   constantly ad. 끊임없이, 지속적으로
remind v. 상기시키다   tease v. 놀리다
prevent v. 막다, 예방하다

10 조동사 문맥에 맞는 조동사   정답 (a)

해석 '해리성 정체감 장애'는 사람의 정체성이 둘 또는 그 이상의 뚜렷한 인격으로 분리되는 질환이다. 그 원인이 완전히 이해되지는 않지만, 의사들은 이 질환이 어린 시절 정신적 외상의 결과일 수도 있다는 것을 암시한다.

해설 빈칸 앞 부사절의 '원인이 완전히 이해되지 않지만(While the cause is not fully understood)'이라는 내용과 의사들이 '암시한다(suggest)'는 의미의 동사 어휘가 이어지고 있으므로, '이 질환이 어린 시절 정신적 외상의 결과(a result of childhood trauma)일 지도 모른다'와 같이 추측의 의미가 들어가는 것이 문맥상 가장 적절하다. 따라서 약한 추측을 나타낼 때 쓰이는 조동사인 (a) might가 정답이다.

어휘 dissociative identity disorder n. 해리성 정체감 장애
disease n. 질환, 병   identity n. 정체성, 신분
split A into B v. A를 B로 분리시키다
distinct a. 뚜렷한, 분명한   personality n. 인격
illness n. 병, 질병   result n. 결과
childhood n. 어린 시절   trauma n. 정신적 외상

11 시제 미래진행   정답 (b)

해석 사라가 방문하는 동안 그녀의 오빠인 존을 볼 수 없다는 것은 안타까운 일이다. 유감스럽게도, 그의 출발은 그녀의 도착과 같은 날이다. 사실은, 그녀가 착륙할 때쯤이면 존은 비행기에 탑승하고 있는 중일 것이다.

해설 by the time절의 동사가 현재시제일 때에는 현재가 아닌 미래를 나타낸다. 즉 사라가 착륙할 때쯤에는(by the time she lands) 존도 그 시점(미래)을 기준으로 탑승을 하고 있는 중일 것임을 알 수 있다. 즉 미래의 한 시점에 진행되고 있을 동작이나 상태를 나타낼 때 쓰이는 미래진행시제가 빈칸에 가장 적절하므로, 정답은 (b) will be boarding이다.

어휘 shame n. 안타까움 regrettably ad. 유감스럽게도
departure n. 출발, 떠남 arrival n. 도착
board v. 탑승하다 land v. 착륙하다

해설 가정법 과거 구문에서는 if절의 동사가 과거(knew)이므로 주절의 빈칸에는 〈would + 동사원형〉 형태의 동사가 들어가야 한다. 따라서 정답은 (a) would report이다.

어휘 rise n. 증가 missing a. 실종된, 잃어버린 case n. 사건
neighborhood n. 이웃 fear v. 두려워하다
victim n. 희생자 responsible a. 책임이 있는
report v. 신고하다 authority n. 당국
immediately ad. 즉시

12 관계사 관계대명사 정답 (d)

해석 크리스 보쉬는 의료상의 문제로 강제로 은퇴했던 프로 농구선수였다. 2017년에, 그는 폐에 혈전이 생겼다는 진단을 받았으며, 이는 그가 만약에 계속해서 농구를 한다면 치명적일 수 있었다.

해설 선행사인 폐(his lung)는 사물로 취급하면서 콤마(,) 뒤에서 계속적 용법으로 앞 내용을 수식할 수 있는 관계대명사가 필요하다. 따라서 관계대명사 which로 시작하는 (d) which could have been deadly가 정답이다. (a)의 that절은 콤마 뒤에 올 수 없으며, (b)의 what은 선행사를 포함하는 관계대명사로서 선행사를 수식할 수 없다. (c)의 who는 선행사가 사람명사일 때 가능하다.

어휘 professional a. 프로의, 전문적인
be forced to V v. 강제로 ~하다 retire v. 은퇴하다
medical a. 의료적인 condition n. 문제, 조건, 상태
diagnose v. 진단하다 blood clot n. 혈전
lung n. 폐 deadly a. 치명적인 continue v. 계속하다

14 준동사 to부정사를 목적격 보어로 취하는 동사 정답 (c)

해석 「핵소 고지」는 데스몬드 T. 도스의 제2차 세계대전 이야기를 다룬 전기 영화이다. 오키나와 전투 동안, 비폭력에 대한 도스의 헌신과 남다른 용감함은 그로 하여금 어떠한 무기도 사용하지 않고 75명을 구할 수 있게 했다.

해설 빈칸 앞 동사 enabled는 〈enable + A + to V(A가 ~할 수 있게 하다)〉의 형태로 쓰이므로, 빈칸에 to부정사가 적절하다. 따라서 정답은 (c) to save이다.

어휘 biographical a. 전기의 commitment n. 전념, 헌신
non-violence n. 비폭력
exceptional a. 이례적인, 남다른 bravery n. 용기

15 시제 과거완료진행 정답 (b)

해석 몇 달 간의 보수 뒤에, 설리번 가족은 이제 그들의 조상 집에서 살 수 있다. 보수가 끝나기 전에, 흔들리는 석회석 토대와 지붕 서까래의 목재 부식을 포함한 구조적인 문제 때문에 공사가 난관에 봉착해오고 있었다.

해설 before절의 동사가 과거시제(was finished)이므로 보수가 '완료되었던' 시점이 과거이고, 완료된 시점 이전(before)부터 해당 시점까지 공사가 계속 난관에 봉착해오고 있었다는 문맥이 되어야 하므로, 과거시점보다 이전(대과거)에 동작의 진행을 나타낼 때 쓰이는 과거완료진행시제가 빈칸에 적절하다. 따라서 정답은 (b) had been facing이다.

13 가정법 과거 정답 (a)

해석 동네에서 개가 실종된다는 사건들의 증거는 쉴라로 하여금 그녀의 개가 다음 희생자가 될 수 있다는 사실에 두려워하게 했다. 만약 그녀가 단지 누가 그 일에 책임이 있었는지만 안다면, 그녀는 그들을 당국에 즉시 신고할 것이다.

Actual TEST 1 259

어휘
several a. 몇몇의 renovation n. 보수, 수리
ancestral a. 조상의, 조상 전래의
construction n. 공사, 건설 face v. 직면하다
setback n. 난관, 방해 structural a. 구조적인
crumbling a. 흔들리는 limestone n. 석회석
foundation n. 기초 wood n. 목재 rot n. 부식
roof n. 지붕 rafter n. 서까래

16 준동사 to부정사 관용표현 정답 (a)

해석
방울다다기양배추는 먹기에 매우 건강한 녹색의, 잎이 많은 야채이다. 사실, 방울다다기양배추 반 컵은 섬유질, 칼슘, 비타민 C의 일일 권장량을 제공하기에 충분하다.

해설
형용사 enough는 to부정사와 함께 '~할 정도로 충분한'이라는 의미로 쓰인다. 주어진 문장에서 '방울다다기양배추 반 컵이 섬유질, 칼슘, 비타민 C의 하루 요구량을 제공하기에 충분하다'의 해석이 되어야 하므로, 정답은 (a) to provide이다.

어휘
Brussels sprout n. 방울다다기양배추
leafy a. 잎이 많은 vegetable n. 채소
healthy a. 건강한, 건강에 좋은 daily a. 매일의
requirement n. 요구사항, 권장량 fiber n. 섬유질

17 조동사 조동사 should 생략 정답 (d)

해석
아빠는 밀즈 온 휠스에 운전사로 자원봉사를 한다. 그녀는 이스트 멤피스 주변의 아프고 나이 든 사람들에게 식사를 배달한다. 그녀는 스스로 식사를 준비할 수 없는 사람들이 여전히 영양가 있는 음식에 접근하는 것을 즐겨야 하는 것이 필수적이라고 생각한다.

해설
essential(필수적인)과 같이 주장, 명령, 제안, 요구를 나타내는 형용사 뒤에 that절이 나오면, that절의 동사 자리에는 '~해야 한다'의 의미로 〈should + 동사원형〉에서 should가 생략된 동사원형만이 가능하다. 따라서 정답은 (d) still enjoy이다. 참고로 빈칸 앞 구조를 보면 관계사절(who can't prepare a meal for themselves)이 that절의 주어 people을 선행사로 수식하고 있고, 빈칸은 people에 대한 동사 자리이다.

어휘
volunteer v. 자원봉사를 하다 deliver v. 배달하다
the sick n. 아픈 사람들
the elderly n. 나이 든 사람들, 노인들
prepare v. 준비하다 nutritious a. 영양가 있는

18 가정법 과거완료 정답 (c)

해석
폴은 비디오게임 하는 데에 너무 몰두해서 삼각법 수업에 출석하는 것을 그만두었다. 결과적으로, 그는 이번 학기에 그 과목을 낙제하였다. 만약 그가 그의 공부에 성실하기로 했었더라면, 그는 시험에 떨어지지 않았을 것이다.

해설
가정법 과거완료 구문에서는 if절의 동사 시제가 과거완료(had only chosen)이므로 주절의 빈칸에는 〈would + have p.p.〉 형태의 동사가 들어가야 한다. 따라서 정답은 (c) would not have failed이다.

어휘
get wrapped up with v. ~에 몰두하다
attend v. 참석하다, 다니다 trigonometry n. 삼각법
flunk v. 낙제하다 semester n. 학기 fail v. 실패하다
conscientious a. 성실한

19 조동사 문맥에 맞는 조동사 정답 (b)

해석
그 졸업식은 한 달 뒤에 있을 것이다. 그 행사를 준비하는 데 있어서, 그 프로그램의 적절한 순서에 익숙해지기 위해서 참가하는 사람들은 반드시 예정된 졸업식 리허설에 참석해야 한다.

해설
빈칸 뒤 '그 프로그램의 적절한 순서에 익숙해지기 위해서'라는 목적의 내용이 나오고 있으므로, 문맥상 '참가하는 사람들은 반드시 예정된 졸업식 리허설에 참석해야 한다'는 의미가 되는 것이 가장 적절하다. 따라서 '~해야 한다'와 같이 의무를 나타내는 조동사인 (b) must가 정답이다.

어휘
commencement ceremony n. 졸업식
happen v. 발생하다, 일어나다
in preparation for prep. ~의 준비로
participate v. 참가하다 attend v. 참석하다, 다니다
scheduled a. 예정된 graduation n. 졸업
familiar a. 익숙한 proper a. 적절한, 제대로 된
sequence n. 순서

20 가정법 과거 정답 (c)

해석 다이앤은 「오션스」 영화 시리즈의 출연진을 정말 좋아한다. 그녀는 종종 배우들 중 한 명과 데이트를 하는 꿈을 꾼다. 그러나 만약 그녀가 기회를 받는다면, 그녀는 분명 조지 클루니와 데이트하는 것을 선택할 것이다.

해설 가정법 과거 구문에서는 if절의 동사가 과거(were given)이므로 주절의 빈칸에는 〈would + 동사원형〉 형태의 동사가 들어가야 한다. 따라서 정답은 (c) would definitely choose이다.

어휘 cast n. 출연진, 배역 daydream v. 꿈을 꾸다, 몽상하다 chance n. 기회 definitely ad. 분명히 date v. 데이트를 하다

21 준동사 동명사를 목적어로 취하는 동사 정답 (a)

해석 세 번이나 바람을 맞았었던 트리시는 남자들에 대해 모든 믿음을 잃어버린 것처럼 보인다. 그녀는 앞으로 나아갈 약간의 시간과, 그녀가 아마 위험을 무릅쓰고 다시 사랑에 빠질 비범한 남자가 필요할 것이다.

해설 동사 risk는 목적어로 동명사를 취하므로, 정답은 (a) falling이다.

어휘 cheat v. 바람피다, 속이다 seem v. ~인 것처럼 보이다 lose v. 잃다 trust n. 믿음 move on v. (앞으로) 나아가다 extraordinary a. 비범한, 특별한 risk v. 위험을 무릅쓰다

22 시제 현재진행 정답 (b)

해석 우리 반은 다가오는 학교 축제에서 하퍼 리의 「앵무새 죽이기」 공연을 할 것이다. 나는 우리의 연극을 위한 각본을 썼고, 우리 고문은 각본이 소설의 내용과 일치하는 지를 확실히 하기 위해 현재 살펴보고 있는 중이다.

해설 보기의 구성을 보면 부사 currently가 모두 동일하게 들어가 있다. currently는 '현재'의 뜻으로 현재진행시제와 함께 쓰이며, 의미상으로도 '우리 고문이 현재 대본을 검토하고 있는 중'이라는 내용이 되어야 하므로, 정답은 (b) is currently checking이다.

어휘 rendition n. 연주, 공연 upcoming a. 다가오는, 곧 있을 fair n. 축제, 박람회 script n. 대본 play n. 연극 advisor n. 고문, 조언자 ensure v. 확실히 하다, 반드시 ~하다 consistent a. 일치하는, 일관된 novel n. 소설

23 조동사 조동사 should 생략 정답 (d)

해석 나의 삼촌은 어제 레이저 눈 치료를 받았다. 빠른 회복을 보장하기 위해, 그의 의사는 그가 특수 항생제 안약을 그의 눈에 매 4시간마다 사용해야 한다고 권고했다.

해설 advise(권고하다)와 같이 주장, 명령, 제안, 요구를 나타내는 동사 뒤에 that절이 나오면, that절의 동사 자리에는 '~해야 한다'의 의미로 〈should + 동사원형〉에서 should가 생략된 동사원형만이 가능하다. 따라서 정답은 (d) use이다.

어휘 undergo v. ~하다, 겪다 treatment n. 치료 ensure v. 보장하다, 반드시 ~하다 recovery n. 회복 antibiotic a. 항생제의 eye drop n. 안약

24 관계사 관계대명사 정답 (a)

해석 수십 년 전에, 커피와 도넛을 먹을 수 있는 장소는 한정적이었다. 지금은, 그러한 종류의 식당들이 어디에나 있는 것처럼 보인다. 커피와 도넛 가게의 한 예시는 캐나다에 기반을 둔 패스트푸드 식당 체인점인 팀 호턴스이다.

해설 빈칸 앞 선행사가 장소(a fast-food restaurant chain)이며, 문맥상 '캐나다에 기반을 둔 패스트푸드 식당 체인점'이라는 해석이 되어야 한다. 따라서 정답은 (a) that is based in Canada이다. 참고로 (c)는 사람을 선행사로 받는 목적격 관계대명사 whom이 적절하지 않다. (b)는 캐나다가 체인점에 기반을 둔다는 어색한 해석이 되며, (d) 역시 대명사 it이 무엇을 지칭하더라도 마찬가지로 어색한 해석이 되므로 답으로 적절하지 않다.

어휘 decade n. 10년 limited a. 한정된, 제한된 seem v. ~인 것처럼 보이다 chain n. 체인점 be based in v. ~(장소)에 기반을 두다

25 시제 과거진행   정답 (d)

해석 랄프 왈도 에머슨이 문학에 기여한 것 중 하나는 그의 일기였다. 거기에는 초월주의 철학의 발전에 중요했던 그의 생각과 가치관이 담겨 있었다. 그가 글을 쓰기 시작했을 때 그는 하버드에서 공부하던 중이었다.

해설 when을 사용하여 과거의 동시상황을 나타내는 경우, 특정 과거 시점을 기준으로 반대쪽 절에는 일이나 동작의 진행을 나타내는 진행시제가 나와야 한다. when절의 동사 began이 과거 시점이므로, 주절의 빈칸에는 과거진행시제가 적절하다. 따라서 정답은 (d) was studying이다. 참고로 주어진 문장에는 began이 과거 시점으로 이미 주어져 있으므로 단순과거시제인 (b)는 빈칸에 적절하지 않다.

어휘 contribution n. 기여   literature n. 문학
journal n. 일기   contain v. ~이 들어있다
thought n. 생각   value n. 가치   crucial a. 중요한
development n. 발전   philosophy n. 철학
transcendentalism n. 초월주의

26 가정법 과거완료   정답 (c)

해석 토니는 상대 팀 선수 중 한 명의 다리를 고의적으로 찼기 때문에 레드카드를 받았고 축구 경기에서 퇴장을 당하였다. 만약 그가 공정하게 경기했다면, 그는 경기에 남아 있었을 것이다.

해설 가정법 과거완료 구문에서는 if절의 동사 시제가 과거완료(had played)이므로 주절의 빈칸에는 〈would + have p.p.〉 형태의 동사가 들어가야 한다. 따라서 정답은 (c)이다.

어휘 get kicked out of v. ~로부터 퇴장을 당하다, 퇴출되다
intentionally ad. 고의적으로, 의도적으로
kick v. (발로) 차다   opposing a. 상대의, 반대편의
cleanly ad. 공정하게, 깨끗하게
stay v. 남아 있다, 머무르다

LISTENING SECTION

PART 1

음원은 QR로 확인

27. What recently happened to Laura at work?
    최근 직장에서 로라에게 무슨 일이 있었는가?

28. How most likely will Laura's new office help her at work?
    로라의 새로운 사무실이 직장에서 그녀에게 얼마나 도움이 될 것 같은가?

29. What will Laura's initial task be for her new job?
    새로운 일에서 로라의 첫 업무는 무엇일까?

30. Why will Laura attend the board meeting with the research and media planning departments?
    왜 로라는 연구 및 미디어 기획부와 함께 이사회에 참석할 것인가?

31. Why is Laura so concerned with being well-prepared for her new job?
    왜 로라는 그녀의 새로운 직무를 위해 잘 준비되는 것에 그렇게 관심이 있는가?

32. Why is Vince urging Laura not to work overtime?
    왜 빈스는 로라에게 야근하지 말라고 충고하는가?

33. What will Laura be doing at the resort?
    로라는 리조트에서 무엇을 할 것인가?

M: ²⁷Hey, Laura! Congratulations on your promotion!

남: ²⁷안녕, 로라! 승진 축하해!

F: Thanks, Vince. I still can't believe I got the job!

여: 고마워, 빈스. 내가 그 직책을 맡게 되었다는 사실이 아직도 믿기지 않아!

M: Oh, don't be so modest. We all know you've been working hard to get that promotion.

남: 오, 너무 겸손하게 굴지 마. 우린 모두 네가 그 승진을 위해 열심히 일해왔다는 사실을 안다구.

F: It's just unbelievable that I beat out James for the job. You know how qualified he is for that position.

여: 내가 그 직책을 두고 제임스를 이겼다는 사실이 그냥 믿기지 않아. 그가 그 직책에 얼마나 적격인지 너도 알잖아.

M: Yeah, but so are you. It's about time your efforts and contributions were recognized by the company. When will you be moving into your new office? I'm sure you're excited.

남: 그래, 하지만 너도 그런걸. 이제 너의 노력과 헌신이 회사로부터 인정받을 때가 되었구나. 언제 새로운 사무실로 옮길 거니? 너 분명 기분 좋을 것 같아.

F: Yeah, I'll be moving in by the end of the week. I'm super excited. ²⁸My new office is spacious and has a very nice view. That's going to help me because I anticipate more stressful work.

여: 맞아, 나는 이번 주말에 옮겨갈거야. 나 완전 흥분돼. ²⁸내 새로운 사무실은 널찍하고 전망도 정말 좋거든. 나는 스트레스가 더 많은 업무를 예상하기 때문에 이는 분명 내게 도움이 될 거야.

Actual TEST 1 263

M: How come? Have you already been told about your new assignments?

남: 어떻게 그럴 수 있어? 새로 배정받은 업무에 대해 이미 들은 거야?

F: Actually, I was briefed the other day. [29]My first task will be to meet with three potential clients over the next couple of weeks. I'll also need to schedule meetings with our current clients to make sure that they are still satisfied with our services.

여: 사실은, 나는 다른 날에 설명을 들었어. [29]내 첫 업무는 앞으로 몇 주 동안 세 명의 잠재적인 고객들을 만나는 거야. 또한 우리의 현 고객들과도 그들이 여전히 우리의 서비스에 만족하고 있음을 확인하기 위해 미팅 일정도 잡아야 해.

M: Wow! It sounds like you're going to be really busy. Will you also be attending the board meeting tomorrow? The research and media planning departments will be making their monthly reports.

남: 와우! 너 정말 바빠질 것 같은데. 너도 내일 이사회에 참석할거니? 연구부서와 미디어기획부서가 그들의 월간 보고를 할거야.

F: Yes. [30]I'd like to get updated on their operations because I'm planning to work closely with them together with my department. That way, I can ensure that the advertising campaigns we develop will fit our clients' needs.

여: 응. [30]나는 내 부서와 그 부서들과 함께 긴밀하게 일을 할 계획이기 때문에 그들의 사업에 대해 새로운 소식을 접하고 싶어. 그러면, 우리가 만드는 광고 캠페인들이 우리 고객들의 요구에 부합할 것임을 보장할 수 있거든.

M: Wow, you're really prepared for your new position.

남: 와우, 네 새 직책에 대해 정말 준비되어 있구나.

F: Well, I have to show the bosses that I really deserve this position. [31]Being prepared and all will help me show that I can do this job well and convince them that they chose the right person for the job.

여: 음, 나는 내 상사들에게 내가 이 전말로 이 직책을 맡을 자격이 있다는 것을 보여야 해. [31]준비된 자세와 모든 것들이 내가 이 일을 잘 할 수 있고 그들이 그 일에 맞는 적합한 사람을 선택했다고 납득시킬 수 있다는 것을 보여주도록 도와줄거야.

M: How wise of you. See, you really do deserve the position!

남: 정말 현명하구나. 봐, 너는 정말로 그 직책을 맡을 자격이 있어!

F: Well, I'm doing my best to impress the bosses. I'm also just doing extra stuff to make sure everything in my project goes smoothly.

여: 글쎄, 나는 내 상사들에게 깊은 인상을 주기 위해 최선을 다하고 있어. 또한 나는 내 프로젝트에서의 모든 일이 순조롭게 진행되게 하기 위해 잔업을 하고 있는 중이야.

M: [32]I just hope you're not overworking yourself. Now that you're a manager, you don't get overtime pay, so I hope you go home on time.

남: [32]난 단지 네가 네 자신을 너무 혹사시키지 있지 않았으면 좋겠어. 넌 이제 부장이기 때문에, 추가근무수당도 안 받으니, 네가 제시간에 집에 갔으면 좋겠어.

F: Oh, you don't have to worry about that. I've been going home on time ever since I got this position. I don't intend to stay at the office late like before when I was still aiming for this position.

여: 오, 그건 걱정하지 않아도 돼. 나는 이 직책을 맡은 이래로 계속 제시간에 집에 가고 있어. 나는 이전에 내가 아직 이 직책을 목표로 하고 있었던 그때처럼 늦게까지 사무실에 남아있을 생각은 없어.

M: That's great to hear. You were always overworked because you'd always been competing for that position. By the way, is it true that those who have been promoted to the managerial level are getting a one-week vacation?

남: 듣던 중 반가운 소리네. 너는 그 직책을 위해 항상 경쟁해왔기 때문에 언제나 혹사당했잖아. 그나저나, 이번에 부장급으로 승진한 사람들이 1주 휴가를 받는다는 게 사실이야?

F: Well, we do get to spend a week at a resort, [33]but it's not really a vacation because we'll have to attend a leadership training workshop while we're there.

여: 음, 우리가 리조트에서 한 주간 시간을 보낼거기는 [33]하지만, 그 곳에 있는 동안 리더십 교육 워크숍에 참석해야 하기 때문에 딱히 휴가는 아니야.

M: At least you can have a week away from your desk.

남: 적어도 책상에서 한 주간은 떨어져 있을 수 있네.

F: That's true. Any time away from the office is welcome. Anyway, I have to get back to work now.

여: 맞아. 사무실을 벗어나 있는 것은 언제든지 환영이야. 아무튼, 난 이제 다시 일하러 가야겠어.

M: Oh, okay. Good luck with your work today!

남: 아, 알았어. 그럼 오늘 수고해!

어휘

promotion n. 승진, 진급 **modest** a. 겸손한 **unbelievable** a. 믿기 어려운, 믿기 힘든 **beat out** v. (경쟁 상대를) 이기다, 제치다 **qualify** v. 자격이 있다, 권리가 있다 **contribution** n. 헌신, 기여 **recognize** v. 인정하다, 인식하다 **spacious** a. 널찍한 **anticipate** v. 예상하다, 예측하다 **assignment** n. 업무, 임무 **task** n. 일, 과업 **potential** a. 잠재적인, 가능성이 있는 **current** a. 현재의, 지금의 **satisfy** v. 만족시키다, 충족시키다 **attend** v. 참석하다

board meeting n. 이사회 **department** n. (기업 조직의) 부서 **operation** n. 사업 **ensure** v. 보장하다, 반드시 ~하게 하다 **advertising** n. 광고 **prepare** v. 준비하다, 대비하다 **deserve** v. ~을 맡을 자격이 있다, ~을 받을 자격이 있다 **convince** v. 납득시키다, 확신시키다 **impress** v. 깊은 감명을 주다, 인상을 주다 **stuff** n. 일 **smoothly** ad. (아무 문제없이) 순조롭게 **overwork** v. 과로하게 하다, 혹사시키다 **overtime** n. 초과근무, 야근 **intend** v. (~하려고) 생각하다, 의도하다 **aim** v. ~을 목표로 하다 **compete** v. 경쟁하다 **managerial** a. 관리의, 경영의

27 세부사항 정답 (a)

해석 최근 직장에서 로라에게 무슨 일이 있었는가?

(a) 그녀는 부장으로 승진했다.
(b) 그녀는 회사에 대한 그녀의 공로로 상을 받았다.
(c) 그녀는 다른 회사로부터 새로운 제안을 받았다.
(d) 그녀는 새로운 사무실 직책을 위해 면접을 봤다.

해설 남자가 승진을 축하한다고 로라에게 첫 인사를 건네는 부분을 통해 (Congratulations on your promotion!) 로라가 최근 직장에서 승진했음을 알 수 있다. 따라서 정답은 (a)이다.

어휘 **recently** ad. 최근에 **promote** v. 승진시키다, 진급시키다 **receive** v. 받다 **award** n. (부상이 딸린) 상 **offer** n. 제의, 제안 v. 제안하다, 권하다

28 추론 정답 (d)

해석 로라의 새로운 사무실이 직장에서 그녀에게 얼마나 도움이 될 것 같은가?

(a) 사무실의 위치가 그녀의 팀을 관리하기에 매우 편리하다.
(b) 사무실이 그녀 소유의 공간이므로 그녀가 일하는 동안 평온함을 느낄 수 있다.
(c) 사무실의 더 넓은 공간이 그녀가 움직일 수 있도록 할 것이다.
(d) 사무실의 전망이 그녀가 스트레스를 완화하는 데 도움이 될 것이다.

| 해설 | 로라의 새로운 사무실이 널찍하고 전망도 좋다고 말하며(My new office is spacious and has a very nice view), 이는 스트레스를 더 많이 받는 업무에 도움이 될 것(That's going to help me because I anticipate more stressful work)이라고 언급하는 부분을 통해 새로운 사무실의 전망이 업무로 인한 그녀의 스트레스를 완화하는 데 도움이 될 것임을 알 수 있다. 따라서 정답은 (d)이다. |

| 어휘 | location n. 위치, 장소 convenient a. 편리한, 간편한
peace n. 평온, 평화 space n. 공간, 자리
relieve v. 완화하다, 줄이다 |

| 해설 | 로라가 연구부서, 미디어 기획부서와 함께 긴밀하게 일을 할 계획이므로 이사회를 통해 그들의 사업에 대한 새로운 소식을 접하고 싶다(I'd like to get updated on their operations because I'm planning to work closely with them together with my department)고 언급하는 부분을 통해 각 부서별 업무실적에 따라 정보를 새롭게 하기 위해 이사회에 찬성할 것인을 알 수 있다. 따라서 정답은 (c)이다. |

| 어휘 | attract v. 유치하다, 끌어들이다
up-to-date a. 최신의, 최근의
performance n. 실적, 성과 |

29 세부사항 정답 (b)

| 해석 | 새로운 일에서 로라의 첫 업무는 무엇일까?

(a) 옛 고객들을 만나는 것
(b) 잠재적인 고객들을 만나는 것
(c) 이사회에 참석하는 것
(d) 월간 보고서를 작성하는 것 |

| 해설 | 로라의 첫 업무는 다음 몇 주간 세 명의 잠재적인 고객들을 만나는 것(My first task will be to meet with three potential clients over the next couple of weeks)이라는 부분을 통해 (b)가 정답임을 알 수 있다. |

| 어휘 | initial a. 처음의, 초기의
prospective a. 잠재적인, 유망한 |

31 세부사항 정답 (a)

| 해석 | 왜 로라는 그녀의 새로운 직무를 위해 잘 준비되는 것에 그렇게 관심이 있는가?

(a) 상사들이 해당 직무에 적합한 후보를 선택했다는 것을 증명하기 위해
(b) 그녀가 일을 완수하기 위해 모든 것들을 하고 있다는 것을 보여주기 위해
(c) 그녀의 새로운 직무의 요구사항 중 하나이기 때문에
(d) 그녀는 준비되는 것을 정말 선호하기 때문에 |

| 해설 | 로라의 준비된 자세와 모든 것들이 상사들에게 그 직무에 맞는 적합한 사람을 선택했다고 납득시킬 수 있도록 도와줄 것(Being prepared and all will help me show that I can do this job well and convince them that they chose the right person for the job)이라고 언급하는 부분을 통해 (a)가 정답임을 알 수 있다. |

| 어휘 | concerned a. 관심이 있는, 흥미가 있는
prove v. 증명하다, 입증하다 candidate n. 후보, 후보자
demand n. 요구사항, 요구 |

30 세부사항 정답 (c)

| 해석 | 왜 로라는 연구 및 미디어 기획부와 함께 이사회에 참석할 것인가?

(a) 그 부서에서 일하고 싶기 때문에
(b) 고객들을 유치할 프로젝트들을 개발하기 위해
(c) 부서별 실적에 따라 정보를 최신화하기 위해
(d) 그녀가 자신의 일에 대해 신이 났다는 것을 보여줄 것이기 때문에 |

32 세부사항 정답 (d)

해석 왜 빈스는 로라에게 야근하지 말라고 충고하는가?

(a) 그녀가 정기적으로 늦게까지 일할 생각이기 때문에
(b) 그녀가 야근하는 것을 좋아하기 때문에
(c) 그녀의 새로운 직무가 피곤하기 때문에
(d) 초과 근무 수당이 없기 때문에

해설 빈스는 로라가 과로하지 않기를 바란다고 말하며(I just hope you're not overworking yourself), 추가 근무 수당을 받지 않기 때문에 로라가 제 시간에 집에 가기를 바란다(you don't get overtime pay, so I hope you go home on time)고 언급하는 부분을 통해 (d)가 정답임을 알 수 있다.

어휘 urge v. 충고하다, 설득하려 하다
regularly ad. 정기적으로, 규칙적으로

33 세부사항 정답 (b)

해석 로라는 리조트에서 무엇을 할 것인가?

(a) 휴식과 안정을 취하기
(b) 리더십에 대한 교육 세션에 참석하기
(c) 그곳에서 신규 고객들과 만나기
(d) 전체 사무실을 위해 휴가 장소 조사하기

해설 로라가 리조트에 있는 동안 리더십 교육 워크숍에 참석해야 한다(we'll have to attend a leadership training workshop while we're there)고 언급하는 부분을 통해 (b)가 정답임을 알 수 있다.

어휘 rest n. 휴식, 수면 relaxation n. 안정, 휴식
inspect v. 조사하다, 점검하다, 검사하다
destination n. 장소, 목적지

PART 2

음원은 QR로 확인

34. Why is Voyage Publishing Corporation celebrating the International Book Day festival?
왜 보이지 출판사는 세계 책의 날 축제를 기념하고 있는가?

35. Why will there be a limit on the books that can be signed on day one?
왜 첫째 날에 사인 받을 수 있는 책들에 제한이 있을까?

36. How can guests participate in the poetry-reading portion of the event?
어떻게 손님들은 이 행사의 시 낭독 부분에 참여할 수 있는가?

37. What most likely should attendees do to ensure that they'll get to watch the films on the second day of the event?
행사의 둘째 날에 참석자들이 영화를 반드시 볼 수 있도록 하기 위해 가장 해야 할 일은 무엇일 것 같은가?

38. What is a major benefit of attending the festival on the third day?
축제의 셋째 날에 참가하는 것의 주요한 혜택은 무엇인가?

39. Why will attendees be given a rose after buying a book at the event?
왜 참석자들은 행사에서 책을 구매한 후 장미꽃을 받게 될 것인가?

Good morning, everyone! Voyage Publishing Corporation is inviting all booklovers to participate in International Book Day. ³⁴This annual event is held every April 23 and aims to promote the joy of reading. It takes place on the same date of the death anniversary of William Shakespeare, a famous English writer who made significant literary contributions.

좋은 아침입니다, 여러분! 보이지 출판회사는 세계 책의 날에 참가할 책을 사랑하는 모든 여러분들을 초대합니다. ³⁴이 연간 행사는 매년 4월 23일에 개최되며 책읽기의 즐거움을 촉진하는 것을 목표로 합니다. 이 행사는 중요한 문학적 기여를 했던 영국의 유명한 작가였던 윌리엄 셰익스피어의 기일과 같은 날에 개최됩니다.

To celebrate International Book Day, Voyage Publishing Corporation has lined up a series of activities that will kick off on April 23 and end on April 25 at the TNX Convention Center.

세계 책의 날을 기념하기 위하여, 보이지 출판회사는 TNX 컨벤션센터에서 4월 23일에 시작해서 4월 25일에 끝날 일련의 활동들을 구성하였습니다.

The first day will begin with a book-signing activity at 9 a.m. We have invited several bestselling authors, such as George Miller and Henry Walker, whom you can meet, ask about their literary works, and get autographs from. ³⁵ However, due to time limitations and the large number of anticipated attendees, we will be limiting the number of books you can have signed to a maximum of two books.

첫째 날은 오전 9시에 책 사인회와 함께 시작할 것입니다. 우리는 조지 밀러와 헨리 워커와 같이 여러분이 만나고, 그들의 문학작품들에 대해 질문하고, 사인을 받아갈 수 있는 몇몇 베스트셀러 저자들을 초대하였습니다. ³⁵그러나, 시간의 제한 및 많은 예상 참석자 수 때문에, 우리는 여러분이 사인을 받을 수 있는 책의 수를 최대 두 권으로 제한할 것입니다.

After the book signing, at 10:30 a.m., we will have a special treat for the children attending the event. Several award-winning children's book stories will be presented as plays by the Twilight Shadow theater group. We will be doing this to encourage kids to read more books. "Start them young" as they say.

책 사인회 이후, 오전 10시 30분에, 우리는 행사에 참여하는 아이들을 위해 특별한 선물을 준비할 것입니다. 수상에 빛나는 몇몇 아동용 도서의 이야기들이 트와일라잇 섀도우 극단에 의해 연극으로 공연될 것입니다. 우리는 아이들이 더 많은 책을 읽도록 장려하기 위해 이를 진행하게 될 것입니다. 흔히 말하듯, "어릴 때 시작하라"는 것이죠.

The remainder of the first day will be devoted to poetry readings and performances by renowned jazz artists. These activities will start at 1:00 p.m. and last until closing time. ³⁶For those interested in poetry reading, the stage will be open to anyone who'd like to share their own work with fellow writers and poetry lovers.

첫째 날의 나머지 시간은 시 낭독과 유명 재즈 아티스트들의 공연에 할애될 것입니다. 이 활동들은 오후 1시에 시작하여 마감 시간까지 이어질 것입니다. ³⁶시 낭송에 관심이 있는 분들을 위해, 무대는 동료 작가들과 시를 사랑하는 사람들과 함께 자신의 작품을 공유하기를 원하는 누구에게나 개방될 것입니다.

On the second day, local and foreign movie adaptations of famous books and literary works will be shown. They'll be screened in four rooms within the venue, and visitors can watch all the films they want for a fixed fee of $50, which also includes snacks. ³⁷Each room can only accommodate 50 people, and seats will be on a first-come-first-served basis.

둘째 날에는, 유명한 책과 문학작품들의 지역 및 해외의 영화 각색판들이 상영될 것입니다. 장소 내 네 개의 방에서 영화가 상영될 것이고, 방문객들은 그들의 원하는 모든 영화들을 간식도 포함된 50달러의 고정된 요금으로 보실 수 있습니다. ³⁷각 방은 50명의 사람들만 수용할 수 있으며, 좌석들은 선착순으로 제공될 것입니다.

³⁸**The last day of the festival will feature a book fair, which will offer more than 3,000 titles at discounts of up to 30%. If you've been looking for rare or limited edition copies of books and other reading materials, the book fair will be your best bet, especially with some books being sold for as low as $3!**

³⁸축제의 마지막 날은 책 박람회를 특징으로 하며, 3천 권 이상의 책들이 최대 30%의 할인된 가격으로 제공될 것입니다. 만약 여러분이 희귀본 혹은 한정판 책들과 다른 독서 자료들을 찾고 계신다면, 책 박람회는 특히 3달러만큼이나 낮은 가격에 팔리는 일부 책들과 함께 당신의 가장 좋은 선택이 될 것입니다!

³⁹**In keeping with an age-old tradition practiced in some European countries, a rose will be given to every book buyer.** In addition, buyers will get a raffle ticket with every book purchased. At the end of the day, the raffle will be held with prizes ranging from gift certificates for bookstores, magazine subscriptions, and free language classes. There is no limit to the number of raffle tickets, so the more books you buy, the greater your chances of winning a prize.

³⁹일부 유럽 국가들에서 시행되는 오랜 전통을 따라서, 장미꽃이 모든 책 구매자에게 주어질 것입니다. 게다가, 구매자들은 구매된 모든 책마다 추첨권을 얻으실 것입니다. 마지막 날이 끝날 무렵에, 서점 상품권, 잡지 구독권, 그리고 무료 어학 수업에 이르는 다양한 종류의 상품과 함께 추첨 행사가 열릴 것입니다. 추첨권 수에는 제한이 없으므로, 여러분이 더 많은 책을 구입할수록, 경품을 탈 기회는 더 커집니다.

If you get hungry, a buffet featuring Spanish, Chinese, Italian, and American food will be available throughout the event. At only $10 per plate, you will be guaranteed a delicious and filling meal at a very affordable price.

여러분이 배가 고파지신다면, 행사 내내 스페인식, 중국식, 이탈리아식, 그리고 미국식 음식이 있는 뷔페가 이용 가능할 것입니다. 접시 당 10달러로, 여러분이 맛있고 든든한 식사를 매우 합리적인 가격에 보장받게 될 것입니다.

The International Book Day Festival will be open daily at 9:00 a.m. and close at 7:00 p.m. To find out more about the event and the scheduled activities, visit our website.

세계 책의 날 축제는 매일 오전 9시에 열려서 오후 7시에 끝날 것입니다. 행사 및 예정된 활동들에 관해 더 많은 내용을 보시려면, 저희 웹사이트에 방문하십시오.

어휘

publishing corporation n. 출판사 participate v. 참가하다, 참여하다 annual a. 매년의, 연례의 aim v. ~을 목표로 하다 promote v. 촉진하다, 고취하다 joy n. 기쁨, 환희 significant a. 상당한, 중요한 literary a. 문학의, 문학적인 celebrate v. 기념하다, 축하하다 line up v. 구성하다, 이루다 kick off v. 시작하다 autograph n. 사인 anticipated a. 예상되는, 기대되는 attendee n. 참석자 treat n. 대접, 특별한 것 present v. (연극 등을) 공연하다 encourage v. 장려하다, 권장하다 remainder n. 나머지 devote v. 할애하다 poetry n. 시 renowned a. 유명한, 명성 있는 fellow n. 동료 adaptation n. 각색판, 각색 venue n. 행사장 accommodate v. 수용하다, 공간을 제공하다 on a first-come-first-served basis ad. 선착순, 선착순의 원리로 feature v. ~을 특징으로 하다 edition n. (출간된 책의 형태로) 본, 판 bet n. 선택 practice v. 시행하다, 실행하다 raffle n. 추첨 purchase v. 구입하다, 사다 gift certificate n. 상품권 subscription n. 구독 buffet n. 뷔페 available a. 이용할 수 있는 guarantee v. 보장하다, 약속하다

34 세부사항   정답 (b)

해석 왜 보이지 출판사는 세계 책의 날 축제를 기념하고 있는가?

(a) 유명한 문인들의 공로를 기리기 위해
(b) **더 많은 사람들에게 독서를 장려하기 위해**
(c) 중요한 문인들의 생애를 기념하기 위해
(d) 그들의 자체 출판사를 노립하기 위해

해설 세계 책의 날 축제는 독서의 즐거움을 촉진하는 것을 목표로 한다(This annual event is held every April 23 and aims to promote the joy of reading)고 언급하는 부분을 통해 (b)가 정답임을 알 수 있다.

어휘 figure n. 인물

35 세부사항   정답 (d)

해석 왜 첫째 날에 사인 받을 수 있는 책들에 제한이 있을까?

(a) 오직 소수의 저자들만 행사에 참석하기 때문에
(b) 책 사인회 이후 연극이 있을 것이기 때문에
(c) 저자들과 여전히 논의가 있을 것이기 때문에
(d) **주최측이 행사에 많은 사람들이 참석할 것으로 예상하기 때문에**

해설 책 사인회가 시간 제한 및 많은 예상 참석자 수 때문에 사인을 받을 수 있는 책의 수를 최대 두 권으로 제한한다(due to time limitations and the large number of anticipated attendees, we will be limiting the number of books you can have signed to a maximum of two books)고 언급하는 부분을 통해 (d)가 정답임을 알 수 있다.

어휘 limit n. 제한, 한계 discussion n. 논의, 상의
organizer n. 주최자, 창립자

36 세부사항   정답 (a)

해석 어떻게 손님들은 이 행사의 시 낭독 부분에 참여할 수 있는가?

(a) **그들 자신의 시를 다른 작가들과 공유함으로써**
(b) 그들의 아이들을 데려옴으로써
(c) 먼저 어린이 연극들을 봄으로써
(d) 먼저 책들을 구매함으로써

해설 시 낭송 무대가 동료 작가들 및 시를 사랑하는 사람들과 함께 자신의 작품을 공유하기를 원하는 누구에게나 개방된다(the stage will be open to anyone who'd like to share their own work with fellow writers and poetry lovers)고 언급하는 부분을 통해 자신의 시를 다른 작가들과 공유함으로써 시 낭독에 참여할 수 있다는 것을 알 수 있다. 따라서 (a)가 정답이다.

어휘 portion n. 부분, 일부

37 추론   정답 (d)

해석 행사의 둘째 날에 참석자들이 영화를 반드시 볼 수 있도록 하기 위해 가장 해야 할 일은 무엇일 것 같은가?

(a) 그들은 표를 얻기 위해 간식들을 구매해야 한다.
(b) 그들은 티켓 값을 추가로 지불해야 한다.
(c) 그들은 미리 좌석을 예약해야 한다.
(d) **그들은 일찍 행사장에 가야 한다.**

해설 둘째 날의 영화 상영회에서 좌석이 선착순으로 제공될 것(seats will be on a first-come-first-served basis)이라고 언급하는 부분을 통해 참석자들이 일찍 행사장에 가야 영화를 볼 수 있다는 것을 알 수 있다. 따라서 (d)가 정답이다.

어휘 ensure v. 반드시 ~하게 하다, 보장하다
reserve n. 예약하다 in advance ad. 미리

38 세부사항   정답 (d)

[해석] 축제의 셋째 날에 참가하는 것의 주요한 혜택은 무엇인가?

(a) 유서깊은 도서를 무료로 받는 것
(b) 당신의 오래된 책들을 팔 수 있는 것
(c) 동네 서점 쿠폰 모으는 것
(d) 희귀본을 발견하는 것

[해설] 축제 마지막 날에는 책 박람회가 열리며(The last day of the festival will feature a book fair), 만약 책과 기타 다른 읽을 자료들의 희귀본 또는 한정본을 찾고 계신다면, 책 박람회는 당신에게 꼭 맞는 선택이 될 것(If you've been looking for rare or limited edition copies of books and other reading materials, the book fair will be your best bet, especially with some books being sold for as low as $3!)이라는 문장을 통해 희귀본을 찾을 수 있다는 것을 알 수 있다. 따라서 (d)가 정답이다.

[어휘] major a. 주요한, 중대한 benefit n. 혜택, 이점, 이익
attend v. 참가하다, 참석하다
unusual a. 희귀한, 흔치 않은, 드문

39 세부사항   정답 (b)

[해석] 왜 참석자들은 행사에서 책을 구매한 후 장미꽃을 받게 될 것인가?

(a) 추첨 쿠폰의 역할을 할 것이기 때문에
(b) 유럽 전통에 기초하기 때문에
(c) 행사에 참석한 것에 대해 감사하기 위해
(d) 모든 사람들이 행사에서 어떤 것을 얻도록 보장하기 위해

[해설] 일부 유럽 국가들에서 시행되는 오랜 전통에 따라 장미꽃이 책 구매자 모두에게 주어진다(In keeping with an age-old tradition practiced in some European countries, a rose will be given to every book buyer)고 언급하는 부분을 통해 (b)가 정답임을 알 수 있다.

[어휘] tradition n. 전통

PART 3

음원은 QR로 확인

40. What is Mike's current dilemma?
    마이크의 현재 고민은 무엇인가?

41. According to Paula, why does a software engineering job pay well?
    폴라에 따르면, 왜 소프트웨어 엔지니어링 일이 보수가 좋은가?

42. What makes the software engineering job risky to Mike's health?
    무엇이 소프트웨어 엔지니어링 일을 마이크의 건강에 위험하게 만드는가?

43. Why would the NGO job be more satisfying?
    왜 NGO 일이 더 만족스러울까?

44. What can be said about the places being visited by the NGO?
    NGO에 의해 방문되는 장소들에 대해 무엇이라고 말할 수 있는가?

45. What most likely will Mike do after this conversation?
    대화 이후 마이크가 무엇을 할 것 같은가?

M: Hi, Paula! Are you busy? Can I talk to you for a second?
남: 안녕, 폴라! 바빠? 나와 잠깐만 얘기할 수 있어?

F: A little, Mike, but I don't mind. What's the matter?
여: 조금 바쁜데, 마이크, 근데 상관없어. 무슨 일이야?

M: Remember the job interview I had a couple of days ago with a software development firm? Well, their manager called this morning and said that they want to hire me as a software engineer. He's inviting me to the head office tomorrow for the contract signing.
남: 내가 며칠 전에 한 소프트웨어 개발 회사에서 면접 본 것 기억나? 음, 그 회사의 매니저가 오늘 아침에 전화해서 나를 소프트웨어 엔지니어로 고용하고 싶다고 말했거든. 그가 나에게 내일 계약 체결을 위해 본사로 오라고 하고 있어.

F: Congratulations! That's good news. So how come you don't sound excited?
여: 축하해! 좋은 소식이네. 그런데 왜 신나 보이지 않는 거야?

M: Thanks, it's good news. It's just that yesterday, a former colleague invited me to work for an NGO, a non-governmental organization. I volunteered for them last summer.
남: 고마워, 이건 좋은 소식이지. 그런데 바로 어제, 이전 동료가 나에게 비정부기구인 NGO에서 일하자고 권유했어. 나는 지난 여름에 그곳에 자원했거든.

F: Yes, I remember that. ⁴⁰So I guess you are torn between taking the job with the software development firm and working for the NGO?
여: 그래, 나 그거 기억나. ⁴⁰그래서 내 추측으로는 네가 소프트웨어 개발 회사의 일자리를 수락하는 것과 NGO에서 일하는 것 사이에서 망설이고 있는 거구나?

M: Yeah, I just don't know what to do. Can you help me decide?
남: 맞아, 난 그냥 무엇을 해야 할지 모르겠어. 내가 결정할 수 있게 도와줄 수 있니?

F: Sure. Why don't we talk about the pros and cons of each job? That way you can really make an informed decision on which job to choose.
여: 물론이지. 각 일자리의 장점과 단점에 대해 함께 얘기해보는 것은 어떨까? 그렇게 해야 네가 어떤 일자리를 선택해야 할지에 대해서 정말 정보에 근거한 판단을 내릴 수 있을 거야.

M: Okay, I'll start with the software engineering job. ⁴¹I feel one advantage it has over the NGO job is that it pays really well.
남: 알겠어, 소프트웨어 엔지니어링 일부터 시작할게. ⁴¹나는 이 일이 NGO에 비해 가지는 한 가지 장점은 보수가 정말 좋다는 점이라고 생각해.

F: ⁴¹Well, it's a job that requires a specific expertise, so the huge pay isn't a surprise. I'd say that another advantage is that you'll really be able to use what you studied all those years in school.
여: ⁴¹음, 이 일은 특정 전문지식을 요구하니까, 높은 급여가 놀랄 만한 일은 아니지. 나는 또 다른 장점으로 너가 학교에서 그동안 공부했던 것을 정말로 사용할 수 있다는 점을 말하겠어.

M: Yeah. I'd get to put my degree to good use if I take that job.
남: 응. 내가 그 일을 맡는다면 내 학위를 잘 활용할 수 있을 거야.

F: But that job sure is hard.
여: 하지만 그 일은 분명 힘들어.

M: I know. That's why I'm uncertain whether I really want the job. It might get too stressful for me.
남: 알아. 그래서 내가 그 일을 정말로 원하는지를 모르겠다는 거야. 그 일은 나에게 너무 스트레스가 많을 지도 몰라.

F: How about the work schedule? I heard that software engineers typically work at night, and they tend to work really long hours.

여: 업무 스케줄은 어때? 나는 소프트웨어 엔지니어가 보통 밤에 일한다고 들었고, 그들이 정말 오랜 시간을 일하는 경향이 있다고 들었어.

M: Right, that's another downside of the job; [42]I would have to work from night to morning, and I wouldn't get a regular night's rest. That might be dangerous to my health.

남: 맞아, 그게 이 일의 또 다른 단점이야. [42]즉 나는 밤부터 아침까지 일해야 할 것이고, 규칙적인 밤의 휴식을 얻지 못할거야. 그것은 내 건강에 위험할지도 모르지.

F: That's true. So how about the NGO? Why are you considering it?

여: 맞아. 그럼 NGO는 어때? 너는 왜 그것을 고려하고 있어?

M: Honestly, I think I'd find the work at the NGO more fulfilling.

남: 사실, 내 생각에 나는 NGO에서 일하는 것이 더 성취감을 느끼게 해줄 것 같아.

F: What makes you say that?

여: 무엇 때문에 그렇게 말하는 건데?

M: Well, most of the time, the job is just office work. [44]But the NGO sometimes conducts outreach programs that provide job training to the poor and promote education in remote areas. [43]I'd get to help others, and that makes me feel good.

남: 음, 대부분의 시간에, 그 일은 단지 사무직이야. [44]그러나 NGO는 때때로 가난한 사람들에게 직업 훈련을 제공하고 외딴 지역에서의 교육을 증진하는 지원 활동 프로그램을 하거든. [43]나는 다른 사람들을 도울 수 있을 거고, 그러면 내 기분이 좋아지지.

F: Hmmm… I can see why you'd find that kind of work to be fulfilling. I imagine the opportunity to travel also appeals to you?

여: 음… 나는 왜 네가 그런 종류의 일이 성취감을 준다고 생각하는지 알겠어. 내 생각에 여행할 수 있는 기회 역시 너에게 와닿는 것 같은데?

M: Definitely! While it wouldn't exactly be a vacation trip, I'd still get to visit beautiful places while being able to help others.

남: 맞아! 그게 정확히 휴가 여행은 아니겠지만, 나는 다른 사람들을 도우면서도 아름다운 장소들을 여전히 방문할 수 있을 거야.

F: But then the downside is that the job doesn't pay very well and probably won't offer the same level of benefits as the software engineering job.

여: 하지만 그 일의 단점은 급여가 좋지 않다는 거고 아마 소프트웨어 엔지니어 직업과 같은 수준의 복지를 제공하지 않을 것 같다는 거야.

M: True. I'd really have to budget my funds to make ends meet.

남: 그래. 나는 먹고 살기 위해서 정말로 내 자금으로 예산을 짜야 할 거야.

F: And then the NGO's office is far from your home, isn't that right?

여: 그리고 NGO 사무실이 너희 집과 멀리 떨어져 있는데, 맞지?

M: Yeah. It's a bit far, but I can manage.

남: 맞아. 약간 멀리 있지만, 감당할 수 있어.

F: I see. So, Mike, have you made up your mind on what job to take?

여: 알겠어. 그럼, 마이크, 어떤 일을 택할지 결심했니?

M: Well, [45]money is great and all, but I really want to help other people, so I'm going to take that route. Thanks for helping me, Paula.

남: 글쎄, [45]돈이 역시 좋기는 좋지만, 나는 다른 사람들을 정말로 돕고 싶어서, 그쪽 길을 택할 거야. 도와줘서 고마워, 폴라.

어휘

firm n. 회사 hire v. 고용하다 head office n. 본사 contract n. 계약 colleague n. (같은 직장이나 직종에 종사하는) 동료 non-governmental organization n. 비정부기구 volunteer v. 자원하다, 자진하다 be torn (between A and B) v. (A와 B 사이에서) 망설이다, 갈피를 잡지 못하다 pros and cons n. 장단점 make an informed decision v. 정보에 근거한 결정을 내리다 advantage n. 이점, 장점 specific a. 특정한 expertise n. 전문 지식 pay n. 보수, 급료 degree n. 학위 uncertain a. 잘 모르는, 확신이 없는 typically ad. 보통, 일반적으로 downside n. 단점, 불리한 면 rest n. 휴식 fulfilling a. 성취감을 주는 conduct v. (특정한 활동을) 하다 outreach n. 지원 활동 remote a. 외딴, 먼 appeal v. 와닿다, 매력적이다, 관심을 끌다 budget v. 예산, (지출 예상) 비용 fund n. 자금, 기금 manage v. 감당하다, 간신히 해내다 make up one's mind v. 결심하다 route n. 길, 경로, 루트

41 세부사항 정답 (b)

해석 폴라에 따르면, 왜 소프트웨어 엔지니어링 일이 보수가 좋은가?

(a) 어려운 일이기 때문에
(b) 전문 지식을 갖춘 근로자를 필요로 하기 때문에
(c) 마이크의 대학 학위와 일치하기 때문에
(d) 대형 소프트웨어 개발 회사에 의해 세워졌기 때문에

해설 폴라가 소프트웨어 엔지니어링 일은 특정 전문 지식을 요구하므로 엄청난 보수가 놀랄 만한 일은 아니라고(it's a job that requires a specific expertise, so the huge pay isn't a surprise) 언급하는 부분을 통해 전문 지식을 갖춘 근로자를 필요로 하기 때문에 보수가 좋다는 것을 알 수 있다. 따라서 (b)가 정답이다.

어휘 specialized a. 전문적인, 전문화된

40 세부사항 정답 (c)

해석 마이크의 현재 고민은 무엇인가?

(a) 그의 동료가 그에게 새로운 직장에 지원할 것을 요청하고 있다.
(b) 그의 자원봉사가 그의 새로운 직장과 상충된다.
(c) 그는 어떤 직업을 선택해야 할 지 모른다.
(d) 그는 입사 계약서에 서명하기를 원하지 않는다.

해설 폴라가 마이크의 고민이 소프트웨어 개발 회사에서 일자리를 얻는 것과 NGO에서 일하는 것 사이에서 망설이고 있는 것인지(you are torn between taking the job with the software development firm and working for the NGO?) 되물으며 마이크에게 결정할 수 있도록 도와주겠다고 언급하는 부분을 통해 (c)가 정답임을 알 수 있다.

어휘 dilemma n. 고민, 딜레마 co-worker n. 동료 conflict v. 상충하다 job contract n. 입사 계약서

42 세부사항 정답 (a)

해석 무엇이 소프트웨어 엔지니어링 일을 마이크의 건강에 위험하게 만드는가?

(a) 근무 일정이 야간 동안에 있다.
(b) 스트레스가 많은 직업이다.
(c) 근무시간이 일반적인 것보다 더 길다.
(d) 직원들이 잘 수 있는 시간을 많이 제공하지 않는다.

해설 소프트웨어 엔지니어링 일의 단점으로 밤부터 아침까지 일을 해야 하며, 규칙적인 밤의 휴식을 얻지 못해(I would have to work from night to morning, and I wouldn't get a regular night's rest) 건강에 위험할 지도 모른다고 언급하는 부분을 통해 야간 근무 일정이 마이크의 건강을 위험하게 만든다는 것을 알 수 있다. 따라서 (a)가 정답이다.

어휘 risky a. 위험한 nighttime n. 야간, 밤 employee n. 직원, 고용인

43 세부사항   정답 (d)

해석   왜 NGO 일이 더 만족스러울까?

(a) 사무실에 기반을 둔 직업이기 때문에
(b) 건강에 부정적인 영향을 미치지 않기 때문에
(c) 여행을 많이 할 기회를 제공하기 때문에
(d) 다른 사람들을 도울 기회를 제공하기 때문에

해설   마이크가 NGO 일이 더 성취감을 느낄 것 같다며(I think I'd find the work at the NGO more fulfilling), 다른 사람들을 도울 기회를 얻게 되어 스스로를 기분 좋게 만든다(I'd get to help others, and that makes me feel good)고 언급하는 부분을 통해 (d)가 정답임을 알 수 있다.

어휘   satisfying a. 만족스러운, 만족감을 주는
negative a. 부정적인

44 추론   정답 (a)

해석   NGO에 의해 방문되는 장소들에 대해 무엇이라고 말할 수 있는가?

(a) 그들은 멀리 떨어져 있으며 도움이 필요하다.
(b) 그들은 휴가를 보내기에 이상적인 장소들이다.
(c) 그들은 NGO 사무실 근처에 있다.
(d) 그들은 잘 발달된 장소들이다.

해설   NGO가 가난한 사람들에게 직업 훈련을 제공하고, 외딴 지역에서의 교육을 증진하는 지원 활동 프로그램을 실시한다(the NGO sometimes conducts outreach programs that provide job training to the poor and promote education iwn remote areas)는 내용을 통해 NGO가 방문하는 장소들은 멀리 떨어져 있으며 도움이 필요한 장소들임을 알 수 있다. 따라서 (a)가 정답이다.

어휘   far away ad. 멀리 떨어져   ideal a. 이상적인, 완벽한

45 추론   정답 (a)

해석   대화 이후 마이크가 무엇을 할 것 같은가?

(a) 그는 NGO 일을 선택할 것이다.
(b) 그는 소프트웨어 엔지니어링 일을 수락할 것이다.
(c) 그는 다른 사람들의 의견을 필요로 할 것이다.
(d) 그는 다른 일자리들을 찾을 것이다.

해설   마이크는 돈도 좋지만 정말로 다른 사람들을 돕고 싶다(money is great and all, but I really want to help other people)고 언급하는 부분을 통해 보수가 좋은 소프트웨어 엔지니어링 일이 아닌, 다른 사람들을 도울 수 있는 NGO 일을 선택할 것임을 알 수 있다. 따라서 (a)가 정답이다.

어휘   ask for v. ~을 필요로 하다   opinion n. 의견, 견해

PART 4

음원은 QR로 확인

46. What is the purpose of the talk?
강연의 목적은 무엇인가?

47. How does adding pepper help improve the pie?
후추를 첨가하는 것이 어떻게 파이의 맛을 향상시키도록 돕는가?

48. Why most likely should an oven be preheated before baking a pie?
왜 파이를 굽기 전에 오븐을 예열해야 할 것 같은가?

49. Why should one refrigerate the crust before baking it?
왜 파이 껍질 혼합물을 굽기 전에 냉장 보관해야 하는가?

50. What is the third step in the process?
이 과정의 세 번째 단계는 무엇인가?

51. When will one know that the pie has finished cooking?
파이가 다 익었다는 것을 언제 알게 될 것인가?

52. According to the speaker, why is the topping added to the pumpkin pie?
화자에 따르면, 왜 호박 파이에 토핑이 첨가되는가?

Greetings! A pumpkin pie is a traditional Thanksgiving dish that is beloved for its rich and creamy custard and sweet crust. However, figure-conscious people shy away from this delicious dessert because it is too sweet and oily, features that make it irresistible but also a bit unhealthy. ⁴⁶As an alternative, we've come up with an easy way to make a pumpkin pie using low-fat ingredients. It'll still be as delicious as those made using the traditional recipe, just healthier.

안녕하십니까! 호박 파이는 풍부하고 크리미한 커스터드 소스와 달달한 파이 껍질로 사랑받는 전통적인 추수감사절 음식입니다. 그러나, 몸매를 의식하는 사람들은 파이가 너무 달콤하고 기름지며, 이러한 특징들이 파이를 거부할 수 없지만 약간 건강에 좋지 않게 만들기도 하기 때문에 이 맛있는 디저트를 피합니다. ⁴⁶대안으로서, 우리는 호박 파이를 저지방 식재료를 사용하여 만드는 쉬운 방법을 알아냈습니다. 파이는 전통 레시피를 사용하여 만들어진 것들만큼 맛있겠지만, 단지 몸에 더 좋을 뿐이죠.

For this pumpkin pie recipe, you're going to use the following ingredients. For the crust, you'll need 5½ ounces of whole-wheat graham crackers and two tablespoons of honey.

이 호박 파이의 레시피를 위해, 여러분은 다음의 재료들을 사용할 것입니다. 파이 껍질을 위해, 여러분은 통밀 그레이엄 크래커 5½온스와 꿀 2테이블스푼이 필요할 것입니다.

For the custard filling, you'll need a can of unsweetened pumpkin, a quarter cup of organic brown sugar, two teaspoons of vanilla extract, one cup of low-fat or skim milk, 2 egg whites, one teaspoon of ground cinnamon, and a quarter teaspoon each of freshly grated nutmeg, and a pinch of salt and pepper. ⁴⁷Though pumpkin pie is sweet, you'll need the pepper to make sure it isn't too sweet. You'll also need a food processor, a pie dish, a frying pan, some pie weights, and aluminum foil to make this pie.

커스터드 필링을 위해, 여러분은 무가당 호박 한 캔, 유기농 흑설탕 4분의 1컵, 바닐라 추출물 2테이블스푼, 저지방우유 또는 탈지유 한 컵, 계란 흰자 2개, 곱게 간 계피가루 한 티스푼, 그리고 갓 간 육두구 각각 1/4 티스푼, 소금과 후추 약간이 필요합니다. [47]호박 파이가 달콤하기는 하지만, 너무 달지 않게 하기 위해서는 후추가 필요할 것입니다. 여러분은 또한 이 파이를 만들기 위해서 만능 조리 기구, 파이 접시, 프라이팬, 파이 누름돌, 알루미늄 호일도 필요합니다.

For the pie topping, you'll need brown sugar, water, and nuts of your choice.

파이 토핑을 위해, 여러분은 흑설탕, 물, 그리고 여러분 취향에 맞는 견과류가 필요합니다.

The first step is to preheat the oven to 350°F. [48]Preheating the oven is important because this will prevent the food that you bake from either becoming overcooked or undercooked. In order to bake pies, cakes, and other pastries, the dough or flour you use must rise or expand evenly, and if the temperature is not at the appropriate setting, then it won't do so properly.

첫 번째 단계는 오븐을 화씨 350도로 예열하는 것입니다. [48]오븐을 예열하는 것은 여러분이 구울 음식이 너무 오래 익혀지거나 덜 익혀지게 되는 것으로부터 막아 주기 때문에 중요합니다. 파이, 케이크, 그리고 다른 페이스트리들을 굽기 위해, 여러분이 사용하는 도우나 밀가루는 반드시 균일하게 부풀어오르거나 팽창해야 하며, 만약 온도가 적절한 값으로 되어 있지 않다면, 그렇게 제대로 해낼 수 없을 것입니다.

The second step is to prepare the crust. Mix the whole-wheat graham crackers and honey in a food processor. Once the mixture is blended, spread it evenly into the pie dish to form the crust. Slightly brush the top with olive or vegetable oil, and then [49]refrigerate it to allow it to chill and harden.

두 번째 단계는 파이 껍질을 준비하는 것입니다. 통밀 그레이엄 크래커와 꿀을 믹서기 안에 넣어 섞으세요. 혼합물이 섞이고 나면, 파이 껍질을 만들기 위해 파이 접시 안쪽으로 고르게 펴 바르세요. 윗부분에 올리브 오일 또는 식물성 기름을 살짝 바르고, [49]그 후 혼합물을 식히고 굳어지게 하기 위해 냉장 보관하세요.

[50]The third step is to bake the piecrust. Line the piecrust with aluminum foil and place pie weights in the middle of it. Put it in the oven and bake it for 12 to 15 minutes until the edges start to brown. Remove the foil and the pie weights, then continue baking. After five minutes, remove the piecrust from the oven and cool.

[50]세 번째 단계는 파이 껍질을 굽는 것입니다. 파이 껍질에 알루미늄 호일을 깔고 그 중간에 파이 누름돌을 놓으세요. 파이 껍질을 오븐 안에 넣고 가장자리가 갈색이 될 때까지 12분에서 15분 동안 구우세요. 호일과 파이 누름돌을 제거하고, 그 후 계속 구우세요. 5분 후에, 파이 껍질을 오븐에서 빼고 식히세요.

The fourth step is to prepare the pie filling. Place the filling ingredients mentioned earlier in a food processor, then mix them together until a smooth and creamy consistency forms.

네 번째 단계는 파이 필링을 준비하는 것입니다. 앞서 언급했던 필링 재료들을 믹서 안에 넣고, 그 후 부드럽고 크리미한 농도가 형성될 때까지 함께 섞으세요.

The fifth step is to pour the filling into the crust, then place everything in the oven and allow it to bake for 45 minutes to one hour. [51]To check if the pie is ready, try sticking a toothpick into it. Your pie is ready if no filling sticks to the toothpick when removed.

다섯 번째 단계는 필링을 파이 껍질 안으로 붓고 나서, 오븐에 모두 넣고 45분에서 1시간 동안 굽는 것입니다. [51]파이가 준비되었는지를 확인하기 위해, 이쑤시개로 필링을 찔러보세요. 이쑤시개를 뺐을 때 필링이 묻어 나오지 않았다면 여러분의 파이는 준비가 된 것입니다.

[52]The sixth step is to make the topping to add an extra crunch to your pumpkin pie. Combine the brown sugar and water in a frying pan and cook it over a low flame. Stir continuously until the mixture thickens and turns dark brown. Thoroughly mix the nuts into the mixture, then turn off the heat and pour the mixture on top of your pie. Let it cool and you're done!

⁵²여섯 번째 단계는 여러분의 호박 파이에 바삭함을 더하기 위한 토핑을 만드는 것입니다. 프라이팬에 흑설탕과 물을 섞고 약불로 조리하세요. 혼합물이 걸쭉해지고 어두운 갈색이 될 때까지 계속해서 휘저으세요. 견과류들을 혼합물에 넣어 완전히 섞고나서, 불을 끄고 혼합물을 파이 위로 부으세요. 식히게 놔두면 끝납니다!

어휘

traditional a. 전통적인, 전통의 Thanksgiving n. 추수감사절 belove v. ~을 사랑하다 rich a. 풍부한 crust n. 파이 껍질 figure-conscious a. 몸매를 의식하는 shy away from v. ~을 피하다 irresistible a. 거부할 수기 없는, 너무 유혹적인 alternative a. 대안 low-fat a. 저지방의 ingredient n. 재료, 성분 whole-wheat n. 통밀 filling n. (파이의) 속, 필링 organic a. 유기농의 extract n. 추출물 skim milk n. 탈지유 egg white n. 계란 흰자 a pinch of a. 약간의, 소량의 pepper n. 후추 grate v. (강판에) 갈다 nutmeg n. 넛맥(육두구 나무의 열매로, 향신료의 일종) food processor n. 믹서기 pie weights n. (파이를 구울 때 파이 위에 얹어놓는) 파이 누름돌 aluminum foil n. 알루미늄 호일 nut n. 견과류 preheat v. (오븐을 특정 온도까지) 예열하다 prevent v. (~가 ~하는 것을) 막다, 방지하다 overcook v. (음식을) 너무 오래 익히다 undercook v. (음식을) 덜 익히다, 설익히다 rise v. 부풀어오르다 expand v. 팽창하다, 확장하다 evenly ad. 균일하게, 고르게 temperature n. 온도 appropriate a. 적절한 properly ad. 제대로, 적절히 blend v. 섞다, 혼합하다 spread v. 펴다, 펼치다 slightly ad. 약간, 조금 vegetable oil n. 식물성 기름 refrigerate v. (음식을) 냉장 보관하다 chill v. (음식을) 차게 식히다 piecrust n. 파이 껍질, 파이지 line v. 깔다, ~에 집어 넣다 remove v. 제거하다, 치우다 ingredient n. (요리 등의) 재료, 성분 mention v. 언급하다, 말하다 consistency n. 농도 stick v. 달라붙다, 붙다 toothpick n. 이쑤시개 combine v. 섞다, 결합하다 flame n. 불길, 불꽃 stir v. 휘젓다 continuously ad. 계속해서, 연속적으로 mixture n. 혼합물, 혼합체 thicken v. 걸쭉해지다, 짙어지다 thoroughly ad. 완전히, 대단히 pour v. 붓다, 따르다

46 주제/목적   정답 (b)

해석 강연의 목적은 무엇인가?

(a) 사람들에게 추수감사절을 준비하는 방법을 가르치는 것
(b) 사람들에게 건강한 디저트를 만드는 방법을 가르치는 것
(c) 사람들에게 체중을 감량하는 방법에 대한 팁들을 가르치는 것
(d) 사람들에게 전통적인 호박 파이 레시피를 가르치는 것

해설 호박 파이는 사랑받는 추수감사절 음식이지만, 건강에 좋지 않다는 이유로 호박 파이를 멀리하는 사람들을 위해 저지방 식재료를 사용하여 만드는 쉬운 방법을 알아냈다(we've come up with an easy way to make a pumpkin pie using low-fat ingredients)고 강연을 시작하며, 호박 파이를 만드는 방법에 대해 이어지고 있으므로 사람들에게 건강한 디저트를 만드는 방법을 가르치는 것이 강연의 목적임을 알 수 있다. 따라서 (b)가 정답이다.

어휘 prepare v. 준비하다, 대비하다 weight n. 체중, 무게

47 세부사항   정답 (a)

해석 후추를 첨가하는 것이 어떻게 파이의 맛을 향상시키도록 돕는가?

(a) 지나치게 달도록 하지 않게 함으로써
(b) 조금 맵게 함으로써
(c) 호박의 풍미를 높여줌으로써
(d) 소금과 잘 어울리게 함으로써

해설 너무 달지 않게 하기 위해서 후추가 필요하다는 것(Though pumpkin pie is sweet, you'll need the pepper to make sure it isn't too sweet.)을 통해 (a)가 정답임을 알 수 있다.

어휘 add v. 첨가하다, 추가하다 pepper n. 후추 improve v. 향상시키다, 개선하다, 나아지다 ensure v. 반드시 ~하게 하다, 보장하다 sugary a. 지나치게 달콤한, 설탕이 든, 설탕 맛이 나는 bit n. 조금, 약간 spicy a. 맵다, 칼칼하다 enhance v. 향상시키다 flavor n. 풍미, 맛 pair v. 어울리다, 짝을 이루다

48 추론 정답 (b)

해석 왜 파이를 굽기 전에 오븐을 예열해야 할 것 같은가?

(a) 호박 필링이 파이 껍질에 달라붙을 것이기 때문에
(b) 껍질 또는 반죽이 완전히 익을 것이기 때문에
(c) 멋있고 푹신해 보이는 파이 껍질을 먹을 수 있기 때문에
(d) 파이가 이미 익었는지를 쉽게 알 수 있을 것이기 때문에

해설 오븐을 예열하는 것은 음식이 너무 오래 익혀지거나 덜 익혀지는 것을 막아 주기 때문에 중요하다(Preheating the oven is important because this will prevent the food that you bake from either becoming overcooked or undercooked)고 언급하는 부분을 통해 오븐을 예열하면 파이 껍질이나 반죽이 완전한 상태로 익을 수 있다는 것을 알 수 있다. 따라서 (b)가 정답이다.

어휘 fluffy a. 푹신해 보이는 already ad. 이미, 벌써

49 세부사항 정답 (d)

해석 왜 파이 껍질 혼합물을 굽기 전에 냉장 보관해야 하는가?

(a) 혼합물을 실수로 엎지 않도록
(b) 주방 내에 공간을 내기 위해
(c) 혼합물이 더 많은 맛을 흡수할 수 있도록
(d) 혼합물이 바삭하고 굳어지게 하기 위해

해설 두 번째 단계에서, 크래커와 꿀을 믹서기 안에 넣어 파이 접시 안쪽으로 고르게 펴발라 냉장보관하면 넣으면 파이 껍질을 식히고 굳어지게 하기 위해(refrigerate it to allow it to chill and harden)라는 것을 통해 (d)가 정답임을 알 수 있다.

어휘 refrigerate v. 냉장하다 mixture n. 혼합물
accidentally a. 실수로, 우연히, 돌발적인
absorb v. 흡수하다 crisp a. 바삭바삭한, 아삭아삭한

50 세부사항 정답 (d)

해석 이 과정의 세 번째 단계는 무엇인가?

(a) 파이 껍질이 굳어지도록 하는 것
(b) 크래커와 꿀을 섞는 것
(c) 파이 필링을 준비하는 것
(d) 파이 껍질을 굽는 것

해설 세 번째 단계는 파이 껍질을 굽는 것(The third step is to bake the piecrust)이라고 언급하는 부분을 통해 (d)가 정답임을 알 수 있다.

어휘 harden v. 굳다, 딱딱해지다

51 세부사항 정답 (c)

해석 파이가 다 익었다는 것을 언제 알게 될 것인가?

(a) 커스터드가 껍질 밖으로 흘러나올 때
(b) 껍질이 딱딱해지고 얇게 벗겨질 때
(c) 이쑤시개가 파이 안에 꽂은 후 깨끗하게 나올 때
(d) 윗부분이 딱딱해지고 짙은 갈색이 될 때

해설 파이가 완성되었는지 확인하기 위해서는 이쑤시개로 필링을 찔러보고, 이쑤시개를 뺐을 때 필링이 묻어나오지 않았다면 파이가 완성된 것(Your pie is ready if no filling sticks to the toothpick when removed)이라고 언급하는 부분을 통해 (c)가 정답임을 알 수 있다.

어휘 ooze v. (걸쭉한 액체가 천천히) 흘러 나오다, 흐르다
flaky a. (조각조각으로) 얇게 벗겨지는 insert v. 끼우다, 넣다

52 세부사항 정답 (d)

해석 화자에 따르면, 왜 호박 파이에 토핑이 첨가되는가?

(a) 파이에 질감을 더하기 위해
(b) 파이를 더 건강하게 만들기 위해
(c) 파이의 온도 균형을 맞추기 위해
(d) 파이에 바삭함을 더하기 위해

해설 호박 파이에 바삭함을 추가하기 위해 토핑을 만드는 것이 여섯 번째 단계(The sixth step is to make the topping to add an extra crunch to your pumpkin pie)라고 언급하는 부분을 통해 (d)가 정답임을 알 수 있다.

어휘 texture n. 질감, 감촉 crunchiness n. 바삭함

READING & VOCABULARY SECTION

PART 1

LEE KUAN YEW
리콴유

Lee Kuan Yew was a lawyer and politician who became the first prime minister of Singapore and the world's longest-serving prime minister. [53]Regarded as the founding father of modern Singapore, he was responsible for Singapore's growth from a third-world country to the richest country in Southeast Asia.

리콴유는 싱가포르 초대 총리이자 세계에서 가장 오래 집권한 총리가 된 변호사이자 정치인이었다. [53]현대 싱가포르의 국부로 여겨졌던 그는 싱가포르를 제3세계 국가에서 동남아시아에서 가장 부유한 국가로의 성장을 책임졌다.

Lee Kuan Yew was born on September 16, 1923, to a wealthy Chinese-Singaporean family. He attended Singaporean schools and the London School of Economics and Political Science. He then earned a law degree with high honors at the University of Cambridge.

리콴유는 1923년 9월 16일에 한 유복한 중국계 싱가포르인 가정에서 태어났다. 그는 싱가포르의 학교와 런던정치경제대학교를 다녔다. 그 다음에 그는 케임브리지 대학교에서 법학 최우수 학위를 받았다.

After passing the English bar exam in 1950, he returned to Singapore and joined a private law firm. Soon thereafter, he opened his own law firm and worked as a legal advisor to the Postal Union. [54]His efforts in negotiating higher wages for postal workers endeared him to many people. During that time, Singapore was a British colony ruled by a governor and a legislative council that mostly consisted of rich businessmen appointed by the colonial government. This unfair condition inspired Lee to seek independence for the city, and so he formed the People's Action Party with like-minded individuals.

1950년에 영국 사법고시에 합격한 이후, 그는 싱가포르로 돌아와서 사설 법률사무소에 들어갔다. 얼마 지나지 않아, 그는 그 자신의 법률사무소를 열었고 우편연합의 법률 고문으로 일했다. [54]우체국 직원들의 더 높은 급여를 위한 협상에 있어서 그의 노력은 많은 사람들의 사랑을 받았다. 그 당시에, 싱가포르는 총독에 의해, 그리고 식민정부가 지명한 부유한 기업인들이 대다수로 구성된 입법 위원회에 의해 지배되었던 영국의 식민지였다. 이러한 불공정한 상황은 리콴유로 하여금 싱가포르를 위해 독립을 추구하도록 고무하였고, 그래서 그는 같은 마음을 가진 사람들과 함께 인민 행동당을 만들었다.

The party won seats in the council, including one for Lee. He then went to London as part of a delegation that pushed for the colony's independence. The negotiations initially failed, but talks [58]resumed in 1957 and were successful. [55]Singapore then formed a new constitution and held national elections on June 3, 1959. After two days, Lee was proclaimed prime minister.

그 정당은 리콴유의 의석을 포함하여 위원회의 의석들을 차지했다. 그 다음에 그는 식민지의 독립을 요구했던 대표단의 일원으로 런던으로 갔다. 협상은 처음에는 실패했지만, 회담은 1957년에 [58]재개되었고 성공적이었다. [55]싱가포르는 그 다음에 새로운 헌법을 제정하였고 1959년 6월 3일에 총선을 개최했다. 이틀 뒤, 리콴유는 총리로 선언되었다.

Lee immediately introduced a five-year plan that called for ⁵⁶⁻⁽ᵇ⁾the construction of public housing, ⁵⁶⁻⁽ᵃ⁾industrialization, and the empowerment of women's rights and ⁵⁶⁻⁽ᶜ⁾educational reforms. He also successfully arranged Singapore's merger with Malaysia. However, tensions between the Chinese and Malays in the newly formed federation ultimately caused riots, leading to Singapore's departure. Lee had to face the ⁵⁹daunting task of building a country with few natural resources.

리콴유는 ⁵⁶⁻⁽ᵇ⁾공공 주택 건설, ⁵⁶⁻⁽ᵃ⁾산업화, 그리고 여성 권리 강화와 ⁵⁶⁻⁽ᶜ⁾교육 개혁을 요구했던 5개년 계획을 즉각 도입했다. 그는 또한 말레이시아와 싱가포르의 합병을 성공적으로 처리했다. 그러나, 새롭게 구성된 연방 내에서 중국계와 말레이시아인들 사이의 갈등이 궁극적으로 폭동을 초래했고, 싱가포르가 연방을 떠나는 것으로 이어졌다. 리콴유는 얼마 없는 천연 자원으로 새로운 나라를 건설하는 ⁵⁹어려운 과업에 직면해야 했다.

Realizing that Singapore needed a strong economy for its survival, Lee initiated a program to industrialize the country and transform it into a major exporter of finished goods. He welcomed foreign investors, while improving health and social services for his people. ⁵⁷Although his authoritarian style of government was often criticized internationally, Lee's leadership brought discipline, unity, and prosperity to Singapore. He died of pneumonia at the age of 91 on March 23, 2015.

생존을 위해 싱가포르가 강력한 경제를 필요로 했다는 것을 깨달은 리콴유는 나라를 산업화하고 완제품의 주요 수출국으로 탈바꿈하는 프로그램에 착수했다. 그는 외국인 투자자들을 환영하는 동시에, 국민들의 건강 및 사회 서비스를 개선했다. ⁵⁷비록 그의 정부의 권위주의적인 방식은 종종 국제적으로 비난을 받았지만, 리콴유의 지도력은 싱가포르에 규율, 단합, 그리고 번영을 가져왔다. 그는 2015년 3월 23일 91세의 나이에 폐렴으로 사망했다.

어휘

lawyer n. 변호사 politician n. 정치인 prime minister n. 총리 longest-serving a. 가장 오래 집권한 founding father n. 국부, 건국의 아버지 responsible a. 책임이 있는 growth n. 성장 third-world country n. 제3세계(개발도상국) rich a. 부유한 wealthy a. 유복한, 부유한 attend v. ~에 참석하다, 다니다 earn v. 얻다 law n. 법, 법학 degree with high honors n. 최우수 학위 pass v. 통과하다 bar exam n. 사법고시 return v. 돌아오다, 복귀하다 thereafter ad. 그 이후 legal advisor n. 법률 고문 Postal Union n. 우편연합 effort n. 노력 negotiate v. 협상하다 wage n. 임금 postal a. 우편의 endear v. 사랑받게 하다 colony n. 식민지 rule v. 지배하다 governor n. 주지사, 총독 legislative council n. 입법 위원회 consist of v. ~로 구성되다 businessman n. 기업인 appoint v. 임명하다 colonial government n. 식민정부 unfair a. 불공정한 condition n. 상황, 조건 inspire v. 영감을 주다 seek v. 찾다, 구하다 independence n. 독립, 자립 form v. 형성하다 like-minded a. 같은 마음을 가진 individual n. 개인 party n. 정당 win v. 이기다, 얻다 seat n. 의석, 자리 talk n. 담화, 회담 resume v. 재개하다 successful a. 성공적인 constitution n. 헌법 hold v. 열다, 개최하다 national election n. 총선 proclaim v. 선언하다 immediately ad. 즉시 introduce v. 도입하다 call for v. 요구하다 construction n. 건설 public housing n. 공공 주택 industrialization n. 산업화 empowerment n. 권한 부여 right n. 권리 educational a. 교육의 reform n. 개혁 arrange v. 준비하다, 처리하다 merger n. 합병 tension n. 긴장, 갈등 ultimately ad. 궁극적으로 cause v. 초래하다, 유발하다 riot n. 폭동 lead to v. ~로 이어지다 departure n. 출발, 떠남, 벗어남 face v. 맞다, 직면하다 daunting a. 힘든, 어려운, 벅찬 natural resource n. 천연 자원 realize v. 깨닫다 economy n. 경기, 경제 survival n. 생존 initiate v. 시작하다 industrialize v. 산업화하다 transform v. 변형시키다 major a. 주된 exporter n. 수출국, 수출업체 finished goods n. 완제품 welcome v. 환영하다, 받아들이다 authoritarian a. 권위주의적인, 독재적인 criticize v. 비판하다 internationally ad. 국제적으로 discipline n. 규율 unity n. 단합, 통일 prosperity n. 번영 pneumonia n. 폐렴

53 세부사항   정답 (c)

해석 리콴유는 무엇으로 잘 알려져 있는가?

(a) 국가를 이끈 가장 노령의 인물이 된 것
(b) 변호사로서의 그의 노력
(c) 가난한 국가를 강대하게 만든 것
(d) 그의 싱가포르 발견

해설 첫번째 단락에서 현대 싱가포르의 국부로 여겨졌던 그는 싱가포르를 제3세계 국가에서 동남아시아에서 가장 부유한 국가로의 성장을 책임졌다(Regarded as the founding father of modern Singapore, he was responsible for Singapore's growth from a third-world country to the richest country in Southeast Asia.)는 내용을 통해 리콴유는 국부로서 가난한 국가를 강대하게 만든 것으로 잘 알려져 있음을 알 수 있다. 따라서 정답은 (c)이다.

어휘 lead v. 이끌다   discovery n. 발견

54 세부사항   정답 (a)

해석 리콴유는 언제 대중의 인기를 얻었는가?

(a) 노동 단체를 도와주었을 때
(b) 법률회사에 들어간 뒤에
(c) 정치 정당을 형성했을 때
(d) 우수 학위를 받고 졸업한 뒤에

해설 세번째 단락에서 우체국 직원들의 더 높은 급여를 위한 협상에 있어서 그의 노력은 그가 많은 사람들의 사랑을 받게 했다(His efforts in negotiating higher wages for postal workers endeared him to many people.)는 내용을 통해 노동 단체를 도와주었을 때 대중의 인기를 얻었음을 알 수 있다. 따라서 정답은 (a)이다.

어휘 gain v. 얻다   popularity n. 인기
public a. 대중적인; n. 대중   labor n. 노동; a. 노동의
graduate v. 졸업하다

55 추론   정답 (b)

해석 기사에 따르면, 리콴유는 어떻게 싱가포르의 총리가 되었을 것 같은가?

(a) 영국인들과 독립 회담을 주도하여
(b) 투표로 취임되어
(c) 영국인들이 떠나기 전에 그들에 의해 임명되어
(d) 싱가포르의 첫번째 정부를 구성하여

해설 네번째 단락 마지막에서 리콴유가 총리로 선언되었다(Lee was proclaimed prime minister.)는 문장 앞에 싱가포르가 총선을 개최했다(held national elections)는 내용이 나온다. 총선은 투표를 통해 유권자를 뽑는 것을 의미하므로, 리콴유는 투표로 취임되었음을 알 수 있다. 따라서 정답은 (b)이다.

어휘 be voted into office v. 투표로 취임되다

56 진위여부   정답 (d)

해석 리콴유의 5개년 계획의 요소가 아닌 것은 어느 것인가?

(a) 산업 경제를 만든 것
(b) 사람들을 위한 주거공간을 건설한 것
(c) 학교 체계를 개선시킨 것
(d) 말레이시아인들의 권리를 보호한 것

해설 리콴유의 5개년 계획의 요소가 아닌 것을 찾는 내용 일치/불일치 문제로, 5개년 계획이 나오는 다섯번째 단락에서 언급되고 있는 세부 내용과 보기를 대조하여 문제를 푼다. (a)는 산업화, (b)는 공공 주택 건설, (c)는 교육 개혁이라는 내용이 모두 단락 내에 주어져 있으므로 오답으로 소거한다. (d)의 경우 단락 내에 권리(rights)라는 표현이 나오기는 하지만, 지문에서 언급되는 여성(women)과 보기의 말레이시아인(Malays)이 일치하지 않는다. 즉 말레이시아인들의 권리를 보호한다는 것을 5개년 계획의 요소라고 볼 수 없으므로, 정답은 (d)이다.

어휘 create v. 만들다   industrial economy n. 산업 경제
protect v. 보호하다

57 추론   정답 (a)

해석) 비판에도 불구하고, 리콴유 지도력 방식에 대해 뭐라고 말할 수 있을까?

(a) 효과적이었다.
(b) 폭력적이었다.
(c) 성과가 없었다.
(d) 분열을 일으켰다.

해설) 질문의 키워드인 리콴유의 지도력 방식(Lee's style of leadership)이 언급되는 마지막 단락에서 키워드의 앞뒤 내용을 토대로 답의 근거를 추론하는 문제이다. 비록 리콴유 정권의 독재적 방식이 종종 국제적으로 비난을 받았음에도 불구하고(Although his authoritarian style of government was often criticized internationally), 리콴유의 지도력이 싱가포르에 규율, 단합, 그리고 번영을 가져다 주었다(Lee's leadership brought discipline, unity, and prosperity to Singapore.)는 내용을 통해, 그를 향하는 비판 속에서도 그의 지도력만큼은 싱가포르에 긍정적으로 작용했음을 유추할 수 있다. 즉 그의 지도력이 '효과적이었다'고 볼 수 있으므로, 정답은 (a)이다. 나머지 보기의 경우 모두 부정적인 의미를 내포하고 있으므로 긍정적인 추론과는 거리가 멀어 답이 될 수 없다.

어휘) criticism n. 비판 effective a. 효과적인
abusive a. 폭력적인 fruitless a. 결실이 없는, 성과가 없는
divisive a. 분열을 일으키는

58 어휘   정답 (c)

해석) 해당 절의 문맥에서, resumed는 ___을 의미한다.

(a) 멈추었다
(b) 실패했다
(c) 계속되었다
(d) 시작했다

해설) 밑줄 친 어휘의 resumed는 '재개했다'라는 의미로 쓰이고 있다. 재개했다는 것은 지연되거나 중단된 것을 다시 시작했다는 뜻이므로, '계속되었다'라는 가장 유사한 어휘인 (c) continued가 정답이다.

59 어휘   정답 (d)

해석) 해당 절의 문맥에서, daunting은 ___을 의미한다.

(a) 훌륭한
(b) 쉬운
(c) 매우 흥분되는
(d) 어려운

해설) 밑줄 친 어휘의 daunting은 '어려운'이라는 뜻으로 쓰이고 있으므로, 같은 의미인 (d) difficult가 정답이다.

PART 2

GREEN CLEANING
친환경 청소

"Green cleaning" means choosing natural cleaning products and equipment, and observing safe practices to protect both the environment and people. Ideally, these cleaning products are made from natural, non-toxic, biodegradable, and renewable resources.

"친환경 청소"란 천연 청소용품들과 장비를 선택하는 것과 환경과 사람 모두를 보호하기 위한 안전한 관행들을 준수하는 것을 의미한다. 이상적으로, 이러한 청소용품들은 천연, 무독성, 생분해성, 재생 가능한 자원으로 만들어진다.

Cleaning products are used in almost every home and office to clean and sanitize the things we come into contact with. However, in the process of removing dirt, the materials we use can also cause certain [65]undesirable effects. [60]Cleaning products typically contain varying amounts of irritants, dangerous chemicals, or explosive compounds that may affect our health and the environment. For this reason, more and more people have started engaging in environmentally conscious practices when it comes to cleaning, like using natural products and specialized equipment.

청소용품들은 거의 모든 집과 사무실에서 우리가 접촉하는 것들을 청소하고 살균하는 데 사용된다. 그러나, 먼지를 제거하는 과정에서, 우리가 사용하는 물질들 또한 특정 [65]바람직하지 않은 효과를 유발할 수 있다. [60]청소용품들에는 일반적으로 다양한 양의 자극 물질, 위험한 화학물질, 또는 우리의 건강과 환경에 영향을 줄 수도 있는 폭발성 혼합물이 들어있다. 이러한 이유로, 점점 더 많은 사람들이 천연 제품이나 전문 장비를 사용하는 것과 같이, 청소와 관련해서는 환경을 의식하는 관행에 동참하기 시작했다.

These days, many environmentally-friendly glass cleaners, all-purpose cleaners, and bathroom cleaners are specifically available to those who want to practice green cleaning. [61]To ensure that a product encourages such, one should inspect its ingredients first. The Environmental Protection Agency provides a list of approved ingredients and chemicals that follow safety standards to help customers make wiser and "greener" choices.

오늘날, 많은 환경 친화적인 유리세정제, 다목적 클리너, 그리고 욕실청소세제들이 친환경 청소를 실천하고 싶어하는 사람들에게 특별히 이용 가능하다. [61]한 제품이 그러한 부분을 장려하도록 하기 위해서는, 먼저 제품의 성분을 살펴봐야 한다. 환경보호국은 고객들이 더 현명하고 "더 친환경적인" 선택을 하도록 돕기 위해 안전 기준을 따르는 승인된 성분과 화학물질 목록을 제공한다.

Aside from using natural cleaning products, we should also observe safe and healthy cleaning practices for ourselves. Examples of this include: ensuring that the place being cleaned is properly ventilated, using protective gloves and masks, washing one's hands after cleaning, and [62]disposing of products that show signs of breakdown.

천연 청소용품들을 사용하는 것 외에도, 우리는 또한 우리 스스로 안전하고 건강한 청소 관행을 준수해야 한다. 그 예로는 청소하는 곳이 제대로 환기되는지 확인할 것, 보호 장갑과 마스크를 사용할 것, 청소 후에는 손을 씻을 것, 그리고 [62]고장의 징후를 보이는 제품을 폐기할 것 등을 포함한다.

The green cleaning movement has also resulted in changes in the equipment used for cleaning. Nowadays, cleaning cloths and mops are being manufactured with polyester microfibers that better attract and capture dust particles. [63]People can also buy a vacuum cleaner with high efficiency particulate air (HEPA) filters, which trap smaller particles that ordinary filters miss.

친환경 청소 운동은 또한 청소하는 데 사용되는 장비의 변화를 초래했다. 오늘날에는, 청소용 천과 대걸레들은 먼지 입자들을 더 잘 끌어당기고 붙잡는 폴리에스테르 극세사로 만들어지고 있다. [63]사람들은 또한 일반적인 필터들이 놓치는 더 작은 입자들을 가두는 고효율 미립자 공기(HEPA) 필터가 있는 진공청소기를 구입할 수 있다.

In conclusion, the health, financial, and environmental benefits of green cleaning are significant. By choosing and using natural products, consumers reduce their exposure to harmful chemicals. Also, since these products are sometimes cheaper to make, manufacturers can save money as well. [64]The environment also benefits from green cleaning, because this reduces the harmful toxins and chemicals being released into the air. This is why environmental activists advocate that everyone [66]instill a little green cleaning into their lives.

결론적으로, 친환경 청소의 건강, 재정적, 그리고 환경적 이점은 상당하다. 천연 세품들을 선택하고 사용함으로써, 소비자들은 해로운 화학물질들에 대한 노출을 줄일 수 있다. 또한, 이러한 제품들은 때때로 제작하기가 더 저렴하기 때문에, 제조업체들도 역시 돈을 절약할 수 있다. [64]친환경 청소가 공기 중으로 배출되는 해로운 유독물질과 화학물질들을 줄이기 때문에, 환경도 친환경 청소로부터 이익을 얻는다. 이것이 바로 환경 운동가들이 모든 사람들은 그들의 삶에 친환경 청소를 조금이라도 [66]주입시켜야 한다고 주장하는 이유이다.

어휘

natural a. 자연의, 천연의 equipment n. 장비 observe v. 준수하다 practice n. 관행 protect v. 보호하다 environment n. 환경 ideally ad. 이상적으로 non-toxic a. 무독성의 biodegradable a. 자연분해되는 renewable a. 재생 가능한 resource n. 자원 almost ad. 거의 sanitize v. 살균하다 come into contact with v. 접촉하다 process n. 과정, 절차 remove v. 제거하다 dirt n. 먼지 material n. 물질 cause v. 초래하다, 유발하다 certain a. 특정한 undesirable a. 바람직하지 않은 effect n. 효과, 영향 typically ad. 전형적으로 contain v. ~이 들어있다 varying a. 다양한 irritant n. 자극물질 chemical n. 화학물질; a. 화학의 explosive a. 폭발성의 compound n. 혼합물 affect v. 영향을 미치다 reason n. 이유 engage in v. ~에 관여하다, 동참하다 environmentally ad. 환경적으로 conscious a. 의식적인 specialized a. 전문화된 environmentally-friendly a. 환경 친화적인 glass cleaner n. 유리세정제 all-purpose a. 다목적의 specifically ad. 특히, 특별히 available a. 이용 가능한, 구입 가능한 ensure v. 확실히 ~하다 encourage v. 장려하다 inspect v. 조사하다 ingredient n. 성분 provide v. 제공하다 approved a. 승인된 wise a. 현명한 aside from prep. ~외에도 include v. 포함하다 properly ad. 적절하게, 제대로 ventilate v. 환기시키다 dispose of v. ~을 처분하다, 버리다 sign n. 표시, 징후 breakdown n. 고장 movement n. 움직임, 운동 result in v. ~의 결과를 낳다 nowadays ad. 요즘에는 cloth n. 천 mop n. 대걸레 manufacture v. 제조하다 microfiber n. 극세사 attract v. 끌어당기다 capture v. 붙잡다 dust n. 먼지 particle n. 입자 efficiency n. 효율 particulate n. 미립자 filter n. 필터, 여과 장치 trap v. 가두다 ordinary a. 일반적인 miss v. 놓치다 in conclusion ad. 결론적으로 financial a. 재정적인 benefit n. 이점, 혜택 significant a. 중요한, 의미있는, 커다란 consumer n. 소비자 reduce v. 줄이다 exposure n. 노출 harmful a. 해로운 sometimes ad. 때때로 manufacturer n. 제조업체 save v. 절약하다 benefit from v. ~로부터 이익을 얻다 environmental activist n. 환경 운동가 advocate v. 주장하다, 옹호하다 instill v. 주입시키다, 고취시키다

60 세부사항   정답 (c)

해석 사람들이 왜 "친환경 청소"로 전환하고 있는가?

(a) 덜 진보된 장비를 사용하는 데 어려움을 겪지 않으려고
(b) 특정한 브랜드의 청소용품을 후원하려고
(c) 안전하고 환경 친화적인 청소를 실천하려고
(d) 실제로 색깔이 녹색인 제품을 사용하려고

해설 두번째 단락에서 '이러한 이유로(For this reason) 점점 더 많은 사람들이(more and more people) 청소와 관련해서는 환경을 의식하는 관행에 동참하기 시작했다(have started engaging in environmentally conscious practices when it comes to cleaning)'는 내용이 나오며, For this reason을 통해 사람들이 친환경 청소로 전환하는 이유에 해당하는 내용이 바로 앞문장에서 나올 수 있음을 파악할 수 있다. 해당 절을 보면 청소용품에 '우리의 건강과 환경에 영향을 줄 수도 있는(may affect our health and the environment)' 여러 유해물질들이 들어있다는 내용이 나온다. 즉 건강과 환경을 생각해서 친환경 청소로 전환하고 있다는 보는 것이 가장 적절하므로, 정답은 (c)이다.

어휘 shift v. 옮기다, 이동하다 advanced a. 발달된, 진보된
support v. 후원하다, 지원하다 particular a. 특정한
practice v. 실천하다 actually ad. 실제로 colored a. 착색된

61 세부사항   정답 (a)

해석 기사에 따르면, 한 제품이 친환경 청소 기준을 따른다는 것을 어떻게 확인하는가?

(a) 사전에 제품의 성분 목록을 봄으로써
(b) 오직 공인된 환경 단체에서만 구입함으로써
(c) 개개인만의 청소용품을 만듦으로써
(d) 화학 평가를 위해 제품을 제출함으로써

해설 세번째 단락에서 '친환경 청소의 실천을 장려하기 위해 먼저 제품의 성분을 살펴봐야 한다(To ensure that a product encourages such, one should inspect its ingredients first.)'고 말한 점, 그리고 환경보호국에서 '안전 기준을 따르는 승인된 성분과 화학물질 목록(a list of approved ingredients and chemicals that follow safety standards)'을 제공한다는 점을 통해, 한 제품이 친환경 청소 기준을 따른다는 것을 확인하려면 사전에 제품의 성분 목록을 보는 것이 가장 적절하다. 따라서 정답은 (a)이다.

어휘 make sure v. 반드시 ~하다 comply with v. 따르다, 준수하다 list n. 목록 beforehand ad. 미리, 사전에
submit v. 제출하다 evaluation n. 평가

62 추론   정답 (d)

해석 한 사람이 청소용품을 계속 사용하는 것은 언제 안전할 것 같은가?

(a) 청소용품이 손을 씻은 사람에 의해 다뤄진다면
(b) 청소용품이 사용자에게 건강 혜택을 제공한다면
(c) 청소용품이 최대 환기에 노출된다면
(d) 청소용품이 중대한 파손 징후를 보이지 않는다면

해설 한 사람이 청소용품을 계속 사용하는 것이 언제 안전할 것 같은지를 묻고 있으므로, '우리 스스로 안전하고 건강한 청소 관행을 준수해야 한다(we should also observe safe and healthy cleaning practices for ourselves)'는 내용이 나오는 네번째 단락을 주의 깊게 봐야 한다. 이러한 관행에 대한 예시가 이어서 나열되고 있으며, 마지막 줄에서 '고장의 징후를 보이는 제품을 처분할 것(disposing of products that show signs of breakdown)'을 포함한다는 내용을 통해 청소용품이 중대한 파손 징후를 보이지 않는다면 청소용품을 계속 사용하는 것이 안전할 수 있음을 추론할 수 있다. 따라서 정답은 (d)이다.

어휘 continue v. 계속하다 handle v. 다루다
expose v. 노출시키다 maximum a. 최대의
ventilation n. 환기, 환기구 damage n. 손상, 파손

63 세부사항   정답 (b)

해석 최신식의 진공청소기의 이점은 무엇인가?

(a) 대기 오염을 덜 만들어낸다
(b) 먼지의 작은 입자들을 붙잡을 수 있다
(c) 먼지를 더 작은 조각들로 분할한다
(d) 극세사 기술을 활용한다

해설 진공청소기가 언급되고 있는 다섯번째 단락에서 사람들이 '일반적인 필터들이 놓치는 더 작은 입자들을 가두는(which trap smaller particles that ordinary filters miss)' 고효율 미립자 공기 (HEPA) 필터가 있는 진공청소기를 구입할 수 있다는 내용을 통해 최신식 진공청소기는 일반 진공청소기와 달리 먼지의 작은 입자들을 붙잡을 수 있다는 것을 알 수 있다. 따라서 정답은 (b)이다.

어휘 pollution n. 오염 tiny a. 작은 speck n. 점, 얼룩, 작은 것
separate v. 분리하다 fragment n. 조각
take advantage of v. ~을 이용하다, 기회로 활용하다

64 세부사항 정답 (c)

해석 다음 중 친환경 청소의 이점에 해당하는 것은 무엇인가?

(a) 유해한 화학물질에 대한 사람의 방어력을 증가시킨다
(b) 소비자들이 돈을 더 절약할 수 있게 한다
(c) 대기 오염에 대한 사람의 기여를 최소화한다
(d) 청소를 더 빠른 일로 만들어준다

해설 질문에서 묻는 친환경 청소의 이점(an advantage of green cleaning)이 마지막 단락에서 '환경도 친환경 청소로부터 이익을 얻는다(The environment also benefits from green cleaning)'고 패러프레이징되어 있으므로, 해당 부분에서 답의 근거를 찾는다. 친환경 청소가 공기 중으로 배출되는 해로운 유독물질과 화학물질들을 줄인다(reduces the harmful toxins and chemicals being released into the air)는 내용이 나오고 있으므로, 대기 오염에 대한 사람의 기여를 최소화한다고 보는 것이 가장 적절하다. 따라서 정답은 (c)이다.

어휘 advantage n. 장점, 이점 increase v. 증가시키다 defense n. 방어, 방어력 minimize v. 최소화하다 contribution n. 기여 task n. 일, 업무

65 어휘 정답 (a)

해석 해당 절의 문맥에서, undesirable은 ___을 의미한다.

(a) 불쾌한
(b) 관련이 없는
(c) 중요하지 않은
(d) 불완전한

해설 밑줄 친 어휘의 undesirable은 '바람직하지 않은'이라는 뜻으로 쓰이고 있다. 해당 어휘가 포함된 문장에서 '바람직하지 않은 효과를 유발할 수 있다'고 했고, 이는 문맥상으로 원하지 않는 또는 환영하시 않아 기피하게 되는 효과임을 뜻한다. 따라서 '불쾌한'이라는 가장 유사한 의미인 (a) unpleasant가 정답이다.

66 어휘 정답 (b)

해석 해당 절의 문맥에서, instill은 ___을 의미한다.

(a) 끝내다
(b) 추가하다
(c) 가로지르다
(d) 바꾸다

해설 밑줄 친 어휘의 instill은 '주입시키다'라는 뜻으로 쓰인다. 해당 어휘가 포함된 문장에서 '모든 사람들은 그들의 삶에 친환경 청소를 주입시켜야 한다'고 나오고 있는데, 문맥상 그들의 삶에 친환경 청소라는 것을 더해야 한다는 뜻과 같다. 따라서 '추가하다'의 가장 유사한 의미인 (b) add가 정답이다.

PART 3

SAMURAI
사무라이

The samurai were a class of warriors in ancient Japan who were known for following a strict code of honor called *Bushidō*, or "the way of the warrior."

사무라이는 "무사의 길" 즉, '무사도'라고 불리는 엄격한 명예 규범을 따르는 것으로 알려졌던 옛 일본의 무사 계급이었다.

[67]The samurai were originally groups or clans of warriors whom powerful landowners hired to protect their properties. Near the end of the 12th century, two of these groups, the Minamoto and Taira families, grew powerful and influential enough to seize control over Japan. They then fought a series of battles against each other, ending with the victory of the Minamoto clan in 1185. [68]Minamoto Yoritomo, the clan's leader, established a military government in Kamakura in 1192 and became the ruler of Japan, which shifted all political power to the samurai. This event marked the start of the samurai's [72]transformation from being warriors to becoming noblemen.

[67]사무라이는 본래 힘 있는 지주들이 그들의 사유재산을 보호하기 위해 고용했던 무사들의 무리 또는 일족이었다. 12세기 말경에, 이들 중 미나모토와 타이라라는 두 가문이 일본을 좌지우지할 수 있을 정도로 강력해지고 영향력이 커졌다. 그 후 그들은 서로 일련의 전투를 벌였고, 1185년에 미나모토 일족의 승리로 끝이 났다. [68]그 일족의 지도자였던 미나모토 요리토모는 1192년에 가마쿠라에 군사정부를 설립하여 일본의 통치자가 되었고, 이는 모든 정치적 권력을 사무라이 쪽으로 넘어가게 만들었다. 이 사건은 무사에서 귀족이 되어가는 사무라이의 [72]탈바꿈의 시작을 나타냈다.

As part of the nobility, samurais were required to be able to read and write, as well as to know basic mathematics. They were also expected to have interests in other arts such as dance, literature, and poetry. [69]Other skills that were encouraged included mastery of the tea ceremony and of Go, a traditional Japanese board game.

귀족의 일원으로서, 사무라이들은 기초 수학을 알고 있어야 하는 것뿐만 아니라 읽고 쓰기도 하도록 요구되었다. 그들은 또한 무용, 문학, 그리고 시가와 같은 다른 예술에도 관심을 가질 것으로 기대되었다. [69]권고되어진 다른 기술은 다도와 일본의 전통 보드게임인 바둑을 완벽히 습득하는 것을 포함했다.

As military servants, samurai [73]observed the traditional code of honor: *Bushidō*. This code centered on the concepts of loyalty to one's master, self-discipline, and respectful and ethical behavior. The samurai took this code seriously, so much so that [70]they would carry out *seppuku*, a form of ritual suicide, if they committed a shameful or dishonorable act.

군인으로서, 사무라이는 '무사도'라는 전통적인 명예 규범을 [73]준수했다. 이 규범은 스승에 대한 충성심, 자기 수양, 그리고 공손하고 윤리적인 행동의 개념들이 중심이 되었다. 사무라이는 이 규범을 진지하게 받아들였고, 그러다보니 [70]만약 그들이 수치스럽거나 불명예스러운 행동을 저질렀다면, 일종의 자살 의식인 '할복'을 행하곤 했다.

[71]Comprising less than 10% of the population, samurai were granted certain societal privileges. One was the ability to use a variety of weapons, including a long sword and a short sword. These swords were a great source of pride for samurai, as they were among the chosen few in ancient Japan who were allowed to carry them. They were also knowledgeable in different martial arts.

[71]인구의 10%도 안 되는 비율을 차지하는 사무라이는 특정한 사회적 특권을 부여받았다. 하나는 장검과 단검을 포함한 다양한 무기들을 사용할 수 있는 능력이었다. 그들이 그것들을 소지하고 다니는 것이 허용되었던 옛 일본의 선택받은 소수였기 때문에, 이 검들이 사무라이에게는 큰 자부심이었다. 그들은 또한 다른 무술에 관한 지식이 해박했다.

The samurai class was officially dissolved during the Meiji Restoration, a period from 1866 to 1869 during which enormous changes in Japan's political and social structure were made. Nevertheless, their influence on Japanese culture and beliefs is still seen today.

사무라이 계급은 1866년에서 1869년까지 일본의 정치 및 사회 구조에 엄청난 변화가 일어난 메이지 유신 기간 동안 공식적으로 마침표를 찍었다. 그럼에도 불구하고, 일본의 문화와 신념에 미치는 사무라이의 영향력은 여전히 오늘날에도 보여진다.

어휘

class n. 계급, 계층 warrior n. 무사, 전사 ancient a. 고대의 follow v. 따르다, 준수하다 strict a. 엄격한 code of honor n. 명예 규범 originally a. 원래, 본래 clan n. 일족 landowner n. 지주 hire v. 고용하다 protect v. 보호하다 property n. 사유재산 influential a. 영향력이 있는 seize v. 잡다, 움켜쥐다 control n. 통제, 통제권 establish v. 설립하다 military government n. 군부 ruler n. 지배자, 통치자 shift v. 이동시키다 mark v. 표시하다, ~의 전조이다 transformation n. 변화, 탈바꿈 nobleman n. 귀족 nobility n. 귀족, 고귀함 require v. 요구하다 as well as conj. ~뿐만 아니라 expect v. 기대하다 interest n. 관심, 흥미 literature n. 문학 poetry n. 시, 시가 encourage v. 장려하다, 권하다 include v. 포함하다 mastery n. 숙련, 숙달 tea ceremony n. 다도 Go n. 바둑 traditional a. 전통적인 military servant n. 군인 observe v. 준수하다 center v. 중심이 되다 concept n. 개념 loyalty n. 충성심 self-discipline n. 자기 수양 respectful a. 공손한 ethical a. 윤리적인 behavior n. 행동 take ~ seriously v. ~를 진지하게 받아들이다, 심각하게 여기다 carry out v. 수행하다 form n. 형태 ritual a. 의식적인 suicide n. 자살, 자결 commit v. 범하다, 저지르다 shameful a. 부끄러운, 수치스러운 dishonorable a. 불명예스러운 act n. 행동 comprise v. 구성하다 population n. 인구 grant v. 수여하다 privilege n. 특권 ability n. 능력 a variety of a. 다양한 weapon n. 무기 sword n. 검 source n. 원천 pride n. 자부심 carry v. 소지하다 knowledgeable a. 지식이 있는 martial art n. 무술 officially ad. 공식적으로 dissolve v. 녹다, 용해되다, 사라지다 restoration n. 복원, 복구 period n. 기간 enormous a. 엄청난 nevertheless ad. 그럼에도 불구하고 influence n. 영향, 영향력 culture n. 문화 belief n. 믿음, 신뢰

67 세부사항 정답 (b)

해석 사무라이의 본래의 역할은 무엇이었는가?

(a) 영향력 있는 일족에 맞서 전쟁을 시작하는 것
(b) **부유한 자들의 사유재산을 방어하는 것**
(c) 미나모토 일족의 영향력을 증가시키는 것
(d) 힘 있는 사람들의 땅에서 농사를 짓는 것

해설 질문에서 사무라이의 본래의 역할(original role)에 대해 묻고 있으므로, originally가 있는 두번째 단락의 첫째 줄에서 답의 근거를 찾는다. 본래 힘 있는 지주(powerful landowners)들이 그들의 사유재산을 보호하기 위해(to protect their properties) 고용했었다고 나와 있으므로, 부유한 자들의 사유재산을 방어하는 것으로 보는 것이 가장 적절하다. 따라서 정답은 (b)이다.

어휘 original a. 본래의 role n. 역할 farm v. 농사를 짓다, 경작하다

68 세부사항 정답 (d)

해석 사무라이는 언제 엘리트 계급의 일부가 되는가?

(a) 그들이 스스로 각기 다른 기술을 터득하기 시작했을 때
(b) 타이라 가문이 일본에 대한 군사 통치를 세웠을 때
(c) 그들이 정부의 정치직에 출마했을 때
(d) **사무라이 일족의 대장이 일본의 지도자가 되었을 때**

해설 미나모토 일족의 지도자였던 미나모토 요리토모(Minamoto Yoritomo, the clan's leader)가 1192년에 일본의 통치자가 되어(became the ruler of Japan) 사무라이가 권력을 손에 넣었고, 이 사건으로 사무라이가 무사에서 귀족이 되어갔다(transformation from being warriors to becoming noblemen)는 내용이 나오고 있다. 즉 사무라이 일족의 대장이 일본의 지도자가 되었을 때 사무라이가 엘리트 계급이 되었다고 보는 것이 가장 적절하므로, 정답은 (d)이다.

어휘 elite class n. 엘리트 계급 teach v. 가르치다

69 세부사항   정답 (a)

해석 지배 계급으로서의 사무라이에게서 무엇이 기대되어졌는가?

(a) 그들이 차를 포함하는 의식을 능숙하게 행하는 것
(b) 그들이 시를 쓰는 것을 위해 검을 포기하는 것
(c) 그들이 모든 전통 보드게임을 습득하는 것
(d) 그들이 고급 수학을 잘 하게 되는 것

해설 질문에서 '지배 계급으로서의 사무라이'에 대해 묻고 있으므로, '귀족의 일원으로서(As part of the nobility)'의 내용으로 시작하는 세번째 단락에서 답의 근거를 찾는다. 해당 단락의 후반부에서 권고되어진 다른 기술에는 '다도를 완벽히 습득하는 것(mastery of the tea ceremony)'이 포함되어 있다고 나와 있으므로, 지배 계급으로서의 사무라이에게서는 차를 포함하는 의식을 능숙하게 행하는 것이 요구된다고 보는 것이 가장 적절하다. 따라서 정답은 (a)이다.

어휘 skillfully ad. 능숙하게   conduct v. 실시하다
ritual n. 의식   give up v. 포기하다

70 세부사항   정답 (c)

해석 기사에 따르면, 사무라이는 언제 '할복'을 했을 것인가?

(a) 낮은 사회 계층으로 돌아가자마자
(b) '무사도'를 이해하는 것을 실패하자마자
(c) 수치스러운 행동을 하자마자
(d) 군부에 대한 충성심이 변화하자마자

해설 질문의 키워드인 '할복'이 주어져 있는 네번째 단락에서 답의 근거를 찾는다. 사무라이는 그들이 '수치스럽거나 불명예스러운 행동을 저지르면(if they committed a shameful or dishonorable act)' 의식적 자결의 한 형태인 할복을 한다는 내용이 나와 있으므로, 정답은 (c)이다.

어휘 fail v. 실패하다   understand v. 이해하다
action n. 행동

71 추론   정답 (d)

해석 고대 일본에서 검을 소지하는 행동이 왜 의미가 있는 것 같은가?

(a) 메이지 유신 이후였기 때문에
(b) 검을 제대로 사용하기 위한 많은 훈련을 요구했기 때문에
(c) 당시에는 선호되는 무기류가 아니었기 때문에
(d) 엘리트 집단에 소속됨을 나타냈기 때문에

해설 질문의 키워드인 '검(sword)'이 언급되는 다섯 번째 단락에서 검을 소지하는 것이 왜 의미가 있을지를 키워드의 앞뒤 내용을 토대로 답의 근거를 추론한다. '인구의 10%도 안 되는 비율을 구성하는(Comprising less than 10% of the population)' 사무라이들에게 이 시기에 부여된 '사회적 특권(societal privileges)'으로 검을 사용할 수 있는 능력이라고, 그리고 사무라이가 검을 소지할 수 있었던 '선택 받은 소수의 사람들 중에(among the chosen few)' 들어가기 때문에 그들에게 '큰 자부심(great source of pride)'이었다고 언급되었다. 이러한 내용을 고려했을 때 검을 소지하는 행동이 사무라이에게는 엘리트 집단에 소속됨을 나타낸다는 관점에서 의미가 있다고 유추하는 것이 가장 적절하다. 따라서 정답은 (d)이다.

어휘 training n. 훈련   preferred a. 선호되는
weaponry n. 무기류   then ad. 그 당시에는
indicate v. 나타내다   membership n. 회원 자격

72 어휘   정답 (b)

해석 해당 절의 문맥에서, transformation은 ___을 의미한다.

(a) 범위
(b) 변화
(c) 투표
(d) 이점

해설 밑줄 친 어휘의 transformation은 해당 절에서 '탈바꿈'이라는 의미로 쓰이고 있다. 해당 어휘가 포함된 문장을 보면 사무라이가 무사에서 귀족으로 변화하는 과정이라고 볼 수 있으므로, '변화'라는 가장 유사한 의미인 (b) change가 정답이다.

73 어휘   정답 (a)

해석 해당 절의 문맥에서, observed는 _____을 의미한다.

(a) 따랐다
(b) 선택했다
(c) 의심했다
(d) 썼다

해설 밑줄 친 어휘의 observed는 해당 절에서 법률이나 규칙 등을 '준수했다'라는 의미이다. 따라서 '(규칙)을 따르다'라는 가장 유사한 의미인 (a) followed가 정답이다.

PART 4

Ms. Caroline Pitt
Dean of Computer Education
Olympus Computer College

캐롤라인 피트
컴퓨터교육학장
올림푸스 컴퓨터 대학

Dear Dean Pitt:
피트 학장님께

[78]I am writing this letter of recommendation in support of Mr. Jason Fox. [74]It is his desire to attend Olympus Computer College and advance his knowledge in the field of computer programming. Jason has a long history of academic success as well as a near-perfect attendance record.

[78]저는 제이슨 폭스 군을 지지하여 추천서를 씁니다. [74]올림푸스 컴퓨터 대학에 진학하여 컴퓨터 프로그래밍 분야에서 그의 지식을 발전시키는 것은 그의 소망입니다. 제이슨은 거의 완벽한 출석 기록뿐만 아니라 학업적 성공에 대한 많은 경험을 가지고 있습니다.

[75]As a professor here at Amos Technical High School, I am fortunate enough to encounter a number of truly outstanding students each year, and Jason is one of those students who stand out above the rest. He [79]exhibits great aptitude and a unique perspective when pursuing his interests, and I am proud to recommend him to you.

[75]이곳 아모스 공업고등학교의 교사로서, 저는 운이 좋게도 매년 많은 뛰어난 학생들을 만나게 되며, 제이슨은 다른 학생들보다 뛰어난 학생 중 한 명입니다. 그는 자신의 관심사를 추구할 때 훌륭한 적성과 독특한 관점을 [79]보이며, 저는 제이슨을 학장님께 추천하는 것에 자부심을 느낍니다.

Jason's grades place him within the top three percent of the school. He has demonstrated mastery of all course materials, and his projects have all been top-notch. For example, [76]his last project, a program designed to filter out spam and protect servers from virus attacks, works perfectly and is proof of his exceptional programming abilities. As a matter of fact, his project was even featured in a local newspaper here in Minnesota.

제이슨의 성적은 전교 상위 3% 이내에 들어갑니다. 그는 모든 수업 자재에서 숙달된 모습을 보여왔고 그의 프로젝트들은 모두 최고 수준이었습니다. 예를 들어, [76]그의 마지막 프로젝트인 스팸 메일을 걸러내고 바이러스의 공격으로부터 서버를 보호하도록 설계된 프로그램은 완벽하게 구동되며 그의 뛰어난 프로그래밍 능력을 입증하는 증거입니다. 사실, 그의 프로젝트는 심지어 미네소타의 지역 신문에 특종으로 실리기까지 했습니다.

Jason's academic achievements are more than enough to make him a qualified student, and [78]his abilities will [80]unquestionably make him an asset to your school. [77]If you have questions or concerns regarding Jason's capabilities or otherwise, please feel free to contact me here at Amos Technical High School. Our numbers are: (844) 883-3219 and (844) 515-3066. You can ask for my name and the call will be forwarded accordingly. Thank you.

제이슨의 학업 성취도는 그를 자격을 갖춘 학생으로 만들기에 충분하고도 남으며, [78]그의 능력들은 [80]의심의 여지없이 그를 학장님의 학교의 자산으로 만들어 줄 것입니다. [77]제이슨의 역량이나 다른 내용과 관련해서 문의사항이나 우려사항이 있으시다면, 이곳 아모스 공업고등학교로 저에게 언제든지 연락 주시기 바랍니다. 저희 학교의 전화번호는 (844) 883-3219과 (844) 515-3066입니다. 제 이름을 요청하시면 전화가 그에 맞게 착신 전환될 것입니다. 감사합니다.

Sincerely yours,
진심을 담아,

Kevin Stuart
Kevin Stuart
Information Technology Professor
Amos Technical High School
케빈 스튜어트
정보 기술과 교사
아모스 공업고등학교

어휘

dean n. 학장 letter of recommendation n. 추천서 support n. 지원, 후원 desire n. 소망, 욕구 attend v. 참석하다, 다니다 advance v. 발전시키다 knowledge n. 지식 field n. 분야 academic a. 학업의 success n. 성공 as well as conj. ~뿐만 아니라 near-perfect a. 완벽에 가까운 attendance record n. 출석 기록 fortunate a. 운이 좋은 encounter v. 만나다 truly ad. 진정으로 outstanding a. 뛰어난 stand out v. 두드러지다, 두각을 보이다 rest n. 나머지 exhibit v. 전시하다, 보이다 aptitude n. 소질, 적성 unique a. 독특한 perspective n. 관점 pursue v. 추구하다 interest n. 관심, 흥미 proud a. 자랑스러운 recommend v. 추천하다, 권하다 grade n. 성적 place v. 두다, 놓다 demonstrate v. 보여주다 mastery n. 숙달, 능숙함 course n. 과목, 수업 material n. 물질, 자재 top-notch a. 최고의, 아주 뛰어난 for example ad. 예를 들어 design v. 설계하다 filter out v. 걸러내다 spam n. 스팸 메일 proof n. 증거 exceptional a. 뛰어난 as a matter of fact ad. 사실 feature v. 특종으로 싣다 local a. 지역의 academic achievement n. 학업 성취도 qualified a. 자격을 갖춘 unquestionably ad. 의심의 여지없이 asset n. 자산 concern n. 걱정, 우려 regarding prep. ~에 관한 capability n. 능력 ask for v. 요청하다 forward v. 보내다, 전달하다, 착신으로 전환하다 accordingly ad. 그에 맞게

74 세부사항   정답 (d)

해석 제이슨 폭스는 왜 올림푸스 컴퓨터 대학에 관심이 있는가?

(a) 그가 현재 안 좋은 학업 기록을 보유하고 있기 때문에
(b) 그의 현재 교육의 질에 의구심을 품고 있기 때문에
(c) 케빈 스튜어트가 그 학교를 그에게 추천해주었기 때문에
(d) 그의 프로그래밍 기술을 발전시키기를 원하기 때문에

해설 첫번째 단락에서 올림푸스 컴퓨터 대학에서 '컴퓨터 프로그래밍 분야에서 지식을 발전시키는 것(advance his knowledge in the field of computer programming)'이 제이슨 폭스의 소망이라고 언급되어 있으므로, 정답은 (d)이다.

어휘 be interested in v. ~에 관심이 있다 currently ad. 현재 doubt v. 의심하다, 의구심을 품다 quality n. 질, 품질 develop v. 발전시키다

75 세부사항   정답 (c)

해석 폭스와 케빈 스튜어트는 무슨 관계인가?

(a) 스튜어트는 폭스의 고등학교 교장이다.
(b) 스튜어트는 폭스의 이전 고용자였다.
(c) 스튜어트는 폭스의 현재 교사이다.
(d) 스튜어트는 폭스의 이전 학우였다.

해설 두번째 단락 첫째 줄에서 스튜어트는 아모스 공업고등학교의 교사라는 점, 이어서 매년 폭스와 같은 학생들을 만난다는 점이 언급되어 있으므로, 스튜어트는 폭스의 현재 교사라고 하는 것이 가장 적절하다. 따라서 정답은 (c)이다.

어휘 relationship n. 관계   employer n. 고용주
current a. 현재의   former a. 이전의
classmate n. 학우

76 세부사항   정답 (b)

해석 폭스는 어떻게 미네소타의 신문에 등장할 수 있게 되었는가?

(a) 고등학교에서 상위 백분위에 도달함으로써
(b) 컴퓨터 바이러스로부터 보호하기 위한 프로그램을 만듦으로써
(c) 그의 모든 학교 프로젝트를 제 시간에 끝냄으로써
(d) 컴퓨터 프로그래밍에 관한 기사를 씀으로써

해설 질문의 키워드인 '미네소타 신문(Minnesota's newspaper)'이 언급되는 세번째 단락에서 답의 근거를 찾는다. 그의 마지막 프로젝트는 바이러스의 공격으로부터 '서버를 보호하도록 설계된(protect servers from virus attacks)' 프로그램이었고, '그의 프로젝트가 미네소타의 지역 신문에 실리기까지 했다(his project was even featured in a local newspaper here in Minnesota)'는 내용이 언급되고 있으므로, 문맥상 컴퓨터 바이러스로부터 보호하기 위한 프로그램을 만들어서 미네소타 신문에 등장했다고 하는 것이 가장 적절하다. 따라서 정답은 (b)이다.

어휘 manage v. (간신히) ~하다   appear v. 나타나다
reach v. 도달하다   percentile n. 백분위
finish v. 끝내다   on time ad. 제 시간에   article n. 기사, 글

77 세부사항   정답 (d)

해석 캐롤라인 피트는 왜 스튜어트에게 연락해야 했을 것인가?

(a) 그녀는 스튜어트의 직통 번호를 요청하기를 원한다.
(b) 그녀는 폭스의 연락처를 알기를 원한다.
(c) 그녀는 어떻게 전화를 제대로 돌려야 하는지 알기를 원한다.
(d) 그녀는 폭스의 자격사항에 대해 추가적으로 문의하기를 원한다.

해설 캐롤라인 피트가 왜 스튜어트에게 연락해야 하는지 그 이유에 대한 추론을 해야 하는 문제이다. 네번째 단락에서 '제이슨의 역량이나 다른 내용과 관련해서 문의사항이나 우려사항이 있으시다면(If you have questions or concerns regarding Jason's capabilities or otherwise) 연락 주시기 바랍니다'라고 언급된 부분을 통해 그녀가 폭스의 자격사항에 대해 추가적으로 문의하기를 원한다고 추론할 수 있다. 따라서 정답은 (d)이다.

어휘 presumably ad. 아마도   hotline number n. 직통 번호
contact detail n. 연락처   transfer v. 전환하다
properly ad. 적절하게, 제대로   inquire v. 문의하다
further ad. 추가적으로   qualification n. 자격사항

78 추론   정답 (b)

해석 스튜어트는 피트에게 폭스에 관해서 무엇을 하기를 원할 것 같은가?

(a) 폭스에게 컴퓨터 프로그래밍 기초를 가르치기
(b) 폭스를 올림푸스 컴퓨터 대학으로 받아들이기
(c) 폭스를 대학 교수로 고용하기
(d) 폭스의 학업 기록을 조사하기

해설 첫번째 단락에서 스튜어트는 피트에게 추천장을 쓰고 있다(I am writing this letter of recommendation)고 언급되고 있으며, 전반적으로 그가 해낭 내학에 직합한 학생이라는 점을 어필하면서 특히 네번째 단락에서는 그의 능력들이 폭스를 해당 대학의 자산으로 만들어 줄 것(his abilities will unquestionably make him an asset to your school)임을 말하고 있다. 이를 통해 스튜어트는 피트로 하여금 폭스를 대학에 받아줄 것을 원한다고 추론할 수 있다. 따라서 정답은 (b)이다.

어휘 basic n. 기초, 기본   accept v. 수락하다, 받아들이다
investigate v. 조사하다

79 어휘   정답 (c)

해석   해당 절의 문맥에서, exhibits는 ___을 의미한다.

(a) 보다
(b) 견디다
(c) 보여주다
(d) 등록하다

해설   밑줄 친 어휘의 exhibits는 해당 절에서 '보이다'라는 의미로 쓰이고 있으므로, '보여주다'라는 같은 가장 유사한 의미인 (c) shows가 정답이다.

80 어휘   정답 (a)

해석   해당 절의 문맥에서, unquestionably는 ___을 의미한다.

(a) 틀림없이
(b) 주저하며
(c) 신기한 듯이
(d) 아마

해설   밑줄 친 어휘의 unquestionably는 해당 절에서 '의심의 여지없이'라는 뜻으로 쓰이고 있으므로, '틀림없이'라는 가장 유사한 의미인 (a) certainly가 정답이다.

실전
기출유형

G-TELP
General Tests of English Language Proficiency

ACTUAL TEST 2

GRAMMAR SECTION
LISTENING SECTION
READING & VOCABULARY SECTION

ACTUAL TEST 2

실전 기출유형

GRAMMAR

01	02	03	04	05	06	07	08	09	10
(a)	(d)	(c)	(b)	(c)	(a)	(c)	(d)	(c)	(b)
11	12	13	14	15	16	17	18	19	20
(d)	(c)	(a)	(c)	(a)	(c)	(d)	(c)	(a)	(d)
21	22	23	24	25	26				
(d)	(d)	(c)	(b)	(a)	(c)				

LISTENING

27	28	29	30	31	32	33
(d)	(a)	(c)	(d)	(b)	(c)	(b)
34	35	36	37	38	39	
(a)	(c)	(b)	(b)	(d)	(a)	
40	41	42	43	44	45	
(b)	(a)	(d)	(b)	(c)	(c)	
46	47	48	49	50	51	52
(c)	(a)	(b)	(d)	(c)	(a)	(d)

READING & VOCABULARY

53	54	55	56	57	58	59
(c)	(a)	(b)	(b)	(d)	(a)	(c)
60	61	62	63	64	65	66
(d)	(a)	(c)	(a)	(b)	(d)	(c)
67	68	69	70	71	72	73
(a)	(b)	(d)	(b)	(a)	(d)	(c)
74	75	76	77	78	79	80
(c)	(b)	(d)	(b)	(d)	(c)	(a)

GRAMMAR SECTION

01 준동사 to부정사를 목적격 보어로 취하는 동사 정답 (a)

[해석] 모든 사람들이 내일 시 연간 기념식에 참석할 것이다. 사람들의 안전을 보장하기 위해, 시장은 그 장소를 순찰하도록 경찰관들을 배치시켰다. 그 외에도, 현지 시민들이 행사 진행요원으로 자원할 것이다.

[해설] 동사 assign은 to부정사를 목적격 보어로 취하므로, 정답은 (a) to patrol이다. 참고로 (c) to have patrolled는 완료부정사로서 주절의 동작보다 시점상으로 앞설 때 사용되는데, 주어진 문장에서는 배치시킨 것보다 순찰하는 행위가 시점상으로 앞선 문맥이 아니므로 (c)는 오답이다.

[어휘] attend v. 참석하다, 다니다 annual a. 연간의, 연례의
celebration n. 기념식 ensure v. 보장하다, 확실히 ~하다
crowd n. 사람들, 군중 mayor n. 시장
assign v. 배치하다, 배정하다 patrol v. 순찰하다, 순찰을 돌다
venue n. 장소 local a. 현지의, 지역의 citizen n. 시민
volunteer v. 자원하다, 지원하다

02 가정법 과거완료 정답 (d)

[해석] 이반은 생물학 시험이 쉬울 것이라 생각했기 때문에 공부를 하지 않았다. 알고 보니, 그는 시험에 떨어졌고 이제 그 시험을 다시 봐야 할 것이다. 짐작건대, 만약 그가 공부를 했었더라면, 그는 그 시험을 통과했을 것이다.

[해설] 가정법 과거완료 구문에서는 if절의 동사 시제가 과거완료(had studied)이므로 주절의 빈칸에는 〈would + have p.p.〉 형태의 동사가 들어가야 한다. 따라서 정답은 (d) would have passed이다.

[어휘] biology n. 생물학 as it turns out ad. 알고 보니
fail v. (시험에) 떨어지다 presumably ad. 짐작건대, 아마도
pass v. (시험에) 통과하다

03 준동사 동명사를 목적어로 취하는 동사 정답 (c)

해석 나는 우리 엄마가 지난 밤에 내 기숙사로 나를 찾아올 것이라고 예상하지 않았다. 나는 깜짝 놀라는 것을 정말 싫어하지만, 우리 둘이 즐거운 대화를 나눈지 오래 되었다. 게다가, 엄마는 나에게 저녁식사를 가져다 주었다.

해설 동사 dislike는 동명사를 목적어로 취하므로, 정답은 (c) being surprised이다. 참고로 (d) having been surprised는 완료동명사로서 주절의 동작보다 시점상으로 앞설 때 사용되는데, 주어진 문장에서는 '(이전에) 놀라했던 것을 정말 싫어한다'의 해석이 문맥상 적절하지 않으므로 답이 될 수 없다.

어휘 expect v. 예상하다, 기대하다 dorm n. 기숙사
dislike v. 싫어하다 surprise v. 놀라게 하다

04 관계사 관계대명사 정답 (b)

해석 뉴올리언스의 연례 재즈 페스티벌은 세계 각지의 팬들을 끌어 모은다. 페스티벌은 다른 나라에서 온 몇몇 참석자들이 그 행사를 보기 위해 먼 거리를 여행할 정도로 재즈 마니아들의 큰 기대를 받는다.

해설 선행사인 attendees(참석자들)는 사람 명사이므로 whom으로 시작하는 (a)와 who로 시작하는 (b)가 가능하다. 그런데 두 보기 모두 관계대명사 뒤에 주어가 없는 불완전한 문장이 나오고 있으므로, 주격 관계대명사인 who가 적절하다. 따라서 정답은 (b) who are from other countries이다. 참고로 (a)의 경우 what은 선행사를 포함하는 관계대명사로서 앞의 선행사를 수식할 수 없으며, (d)의 경우 관계대명사 that은 콤마(,) 뒤에 쓸 수 없으므로 오답이다.

어휘 annual a. 연간의, 연례의 festival n. 페스티벌, 축제
draw v. 끌어 모으다 highly ad. 크게, 대단히, 매우
anticipate v. 기대하다, 예상하다
enthusiast n. 마니아, 애호가, 열성팬
attendee n. 참석자 distance n. 거리
witness v. 보다, 목격하다

05 시제 현재완료진행 정답 (c)

해석 진의 이웃들은 그들의 스피커를 매우 크게 틀어 놓고 있었고 그녀는 그들이 소리를 줄여 달라고 요청하기를 원한다. 그들이 지난 세 시간 동안 쉬지 않고 파티를 해오고 있는 중이었기 때문에, 그녀는 점점 더 짜증이 나고 있었다.

해설 빈칸 뒤 전치사구(for the last there hours)는 '지난 세 시간 동안'의 의미이므로, 과거부터 지금까지 계속 파티를 즐기고 있는 중임을 나타내는 현재완료진행시제가 가장 적절하다. 따라서 정답은 (c) have been partying이다.

어휘 neighbor n. 이웃 stereo n. 스피커, 음악 재생 장치
loudly ad. 크게, 큰 소리로
turn down v. 소리를 줄이다, 낮추다
increasingly ad. 점점 더 irritated a. 짜증이 난
non-stop ad. 쉬지 않고, 멈추지 않고

06 준동사 to부정사를 목적격 보어로 취하는 동사 정답 (a)

해석 수업을 이해하는 데 어려움을 겪고 있는 학생든은 개인교습을 찾아볼 것을 권장 받는다. 개개인에 주의를 기울이는 것 외에도, 개인 지도 교사는 학생들이 창피해 하지 않고도 질문하도록 장려하는 것을 도울 수 있다.

해설 동사 encourage는 to부정사를 목적격 보어로 취하므로, 정답은 (a) to ask이다.

어휘 have a hard time Ving v. ~하는 데 어려움을 겪다
encourage v. 격려하다, 장려하다 seek v. 찾다, 구하다
tutoring n. 개인교습 aside from prep. ~외에도
individual a. 개인의 n. 개인 attention n. 주목, 주의
tutor n. 개인 지도 교사, 강사
embarrassed a. 창피해 하는, 난처한

07 조동사 문맥에 맞는 조동사   정답 (c)

[해석] 마이크는 출장 차 히스로 공항에 막 도착했고 장시간 비행으로 매우 지쳐 있다. 그가 한 주간의 회의 일정을 시작하기 전에 한동안 휴식을 취해야 할 것이다.

[해설] 앞에서 '장시간 비행으로 매우 지쳐있다'는 내용과 흐름이 이어져야 하므로, 문맥상 한 주간의 회의 일정을 시작하기 전에 '한동안 휴식을 취해야 할 것이다'라는 '미래의 예정'을 나타내는 조동사를 사용하는 것이 가장 적절하다. 따라서 정답은 (c) will이다. 참고로 '~할 필요가 있다'라는 의미의 동사 need가 이미 주어져 있으므로 '의무'를 나타내는 조동사 must나 should는 적절하지 않다.

[어휘] arrive v. 도착하다 exhausted a. 지친, 탈진한
flight n. 비행, 비행편 rest v. 휴식을 취하다
for a while ad. 한동안
weeklong a. 한 주간의, 일주일에 걸친
agenda n. 의제, 안건, 일정

08 가정법 과거   정답 (d)

[해석] 독일은 매 8월마다 음악에 대한 사랑을 기념하기 위해 연간 사랑의 퍼레이드를 개최한다. 둘 다 음악을 사랑하는 클린트와 사라는 만약 긴 여행이 아니었다면 25번째 결혼기념일을 위해 그 곳에 참석하고 싶었을 것이다.

[해설] 가정법 과거 구문에서는 if절의 동사가 과거(were)이므로 주절의 빈칸에는 〈would + 동사원형〉 형태의 동사가 들어가야 한다. 따라서 정답은 (d) would love이다.

[어휘] hold v. 개최하다, 열다 annual a. 연간의, 연례의
celebrate v. 기념하다, 축하하다 attend v. 참석하다
wedding anniversary n. 결혼기념일

09 준동사 동명사 관용표현   정답 (c)

[해석] 올리비아는 지난 해에 비만을 진단받기 전까지 그녀가 원했던 무엇이든지 먹곤 했다. 요즘에는, 그녀는 그녀가 먹는 음식에 대해 더욱 신중하다. 그러다 보니, 그녀는 그녀의 하루 칼로리 섭취를 계산하지 않을 수 없다.

[해설] 〈can't + help + Ving〉는 '~하지 않을 수 없다'라는 의미로 쓰이는 관용표현이다. 문맥상 'Olivia는 그녀의 하루 칼로리 섭취를 계산하지 않을 수 없다'고 하는 것이 적절하므로 정답은 동명사인 (c) counting이다.

[어휘] used to V v. ~하곤 했다 diagnose v. 진단하다
obesity n. 비만 nowadays ad. 요즘에는
careful a. 신중한, 조심하는
consume v. 먹다, 섭취하다, 소비하다
so much so ad. 그러다 보니 count v. 세다, 계산하다
intake n. 섭취, 섭취량

10 연결어 접속부사   정답 (b)

[해석] 고객 만족도를 향상시키기 위해, 고객서비스 전문가들은 사업주들이 대응하기 전에 먼저 고객 불만사항을 완전히 이해하려고 노력해야 한다고 말한다. 게다가, 그들은 스스로가 대우받고 싶어하는 것처럼 고객들을 대우해야 한다.

[해설] 빈칸 앞뒤 문맥을 보고 적절한 의미의 접속부사를 찾아야 한다. 빈칸 앞에서 '사업주들이 고객 불만사항을 먼저 완전히 이해해야 한다'고 했고, '게다가, 사업주들 자신들이 대우받는 것처럼 고객들을 대우해야 한다'는 흐름으로 이어지는 것이 가장 자연스럽다. 따라서 '게다가'라는 의미로 내용의 추가를 나타낼 때 쓰이는 (b) Moreover가 정답이다.

[어휘] improve v. 향상시키다 satisfaction n. 만족
expert n. 전문가 seek to V v. ~하려고 노력하다
complaint n. 불만사항, 불만
respond v. 대응하다, 반응하다, 응답하다
treat v. 대우하다, 취급하다 afterwards ad. 그 이후에

11 가정법 과거   정답 (d)

[해석] 비록 인간은 시간이 지나면서 지구에 많은 영향을 미치고 있지만, 그들이 할 수 없는 한 가지는 지구를 움직이는 것이다. 예를 들면, 만약 모두가 서로 어깨를 맞대고 모여서 동시에 점프한다면, 지구의 움직임에 미치는 영향은 전혀 느껴지지 않을 것이다.

[해설] 가정법 과거 구문에서는 if절의 동사가 과거 (gathered)이므로 주절의 빈칸에는 〈would + 동사원형〉 형태의 동사가 들어가야 한다. 따라서 정답은 (d) wouldn't be이다.

[어휘] affect v. 영향을 미치다 overtime ad. 시간이 지나면서
gather v. 모이다
shoulder-to-shoulder ad. 서로 어깨를 맞대고
simultaneously ad. 동시에
impact n. 영향, 충격 movement n. 움직임

12 준동사 to부정사를 목적어로 취하는 동사 정답 (c)

[해석] 그 교수는 수학 문제를 갖고 학급 학생들에게 도전했으며, 문제를 풀 수 있는 학생을 일찍 보내주기로 약속했다. 브리아가 정답을 정확하게 맞힌 최초의 학생이었기 때문에, 그녀는 수업을 10분 더 일찍 떠났다.

[해설] 빈칸은 앞에 주어진 명사(the first student)를 수식하는 자리이다. 동사의 목적어 자리에만 쓰이는 동명사와는 달리, to부정사는 앞의 명사를 형용사처럼 수식할 수 있고, '~할/하는 (명사)'라는 의미가 되어야 하므로 단순 to부정사가 빈칸에 가장 적절하다. 따라서 정답은 (c) to get이다.

[어휘] professor n. 교수 challenge v. 도전하다
promise v. 약속하다 early ad. 이른, 조기의
dismissal n. 해고, 해임, 해산 solve v. 풀다, 해결하다
since conj. ~때문에 get the answer v. 정답을 맞히다
right ad. 정확하게 leave v. 나가다, 떠나다

13 시제 과거진행 정답 (a)

[해석] 우리 아빠는 우리가 아이였을 때 무서운 이야기들을 하는 것을 좋아하셨다. 나는 그가 우리에게 특히 공포스러운 이야기를 들려주고 있었을 때 불빛이 갑자기 꺼졌던 한 특정한 밤이 기억난다.

[해설] while절의 주절에 해당되는 문장이 when절이며, when절의 동사(went out) 시제가 과거임을 확인한다. while을 사용하여 과거의 동시상황을 나타내는 경우, 특정 과거 시점을 기준으로 반대쪽 절에는 일이나 동작의 진행을 나타내는 진행시제가 나와야 한다. 갑자기 불이 났었던 그 시점에 무서운 이야기를 들려주는 행위가 동시에 진행 중이었으므로, 빈칸에는 과거진행시제가 가장 적절하다. 따라서 정답은 (a) was telling이다.

[어휘] scary a. 무서운 particular a. 특정한
suddenly ad. 갑자기
go out v. (전기가 불이) 꺼지다, 나가다
especially ad. 특히, 특별히
frightening a. 공포스러운, 무서운

14 준동사 동명사를 목적어로 취하는 동사 정답 (c)

[해석] 할머니 생신을 위한 선물로, 나는 할머니께 빨간 장미 열두 송이를 드렸다. 비록 할머니는 내가 꽃을 건네드린 후에 계속 재채기를 하셨지만, 나의 선물을 좋아하시는 듯했다.

[해설] 동사 keep은 동명사를 목적어로 취하므로, 정답은 (c) sneezing이다. 참고로 (d) having sneezed는 완료동명사로서 주절의 동작보다 한 시제 앞설 때 사용되는데, keep(계속 ~하다)과 sneeze(재채기를 하다)의 행위 시점이 같으므로 (d)는 답이 될 수 없다.

[어휘] dozen a. 12개로 된 sneeze v. 재채기를 하다
hand A over B v. A에게 B를 건네다

15 조동사 조동사 should 생략 정답 (a)

[해석] 암호화폐들의 목록은 여전히 증가하고 있지만, 규제가 아직 마련되지 않고 있다. 최근, IMF 책임자는 다른 형태의 돈보다 암호화폐의 불공정한 유리함을 막기 위해 디지털 자산을 규제해야 한다고 제안했다.

[해설] suggest(제안하다)와 같이 주장, 명령, 제안, 요구를 나타내는 동사 뒤에 that절이 나오면, that절의 동사 자리에는 '~해야 한다'의 의미로 〈should + 동사원형〉에서 should가 생략된 동사원형만이 가능하다. 따라서 정답은 (a) be regulated이다.

[어휘] crypto currency n. 암호화폐 regulation n. 규제
set A in place v. A를 마련하다 asset n. 자산
regulate v. 규제하다, 통제하다 prevent v. 막다
unfair a. 불공정한 advantage n. 유리함, 이점

16 시제 과거완료진행   정답 (c)

해석 무명의 록 밴드인 '보이즈 홀로그램'은 그들이 정규 공연자로 선정되기를 희망하는 곳인 지역 바에서 오디션을 봤다. 유감스럽게도, 그들은 겨우 몇 분 동안 연주를 해오던 중이었을 때 그들의 음향 시스템이 갑자기 작동을 멈췄다.

해설 when절이 동사(stopped) 시제를 통해 '음향 시스템이 작동을 멈췄던' 시점이 과거임을 알 수 있다. 즉 작동이 멈추었던 때(when)를 기준으로 그 이전부터 멈추었던 시점까지 '겨우 몇 분 동안(for only a few minutes)' 계속 연주를 하고 있던 중임을 나타내야 하므로 과거완료진행시제가 가장 적절하다. 따라서 정답은 (c) had been performing이다.

어휘 obscure a. 무명의, 흐릿한 audition v. 오디션을 보다
regular a. 정규의 performer n. 공연자, 공연하는 사람
unfortunately ad. 유감스럽게도 perform v. 연주하다
suddenly ad. 갑자기

17 시제 미래진행   정답 (d)

해석 카터 박사는 국제 간염 회담으로 다음 주에 캐나다에 있을 것이다. 월요일부터 그녀의 환자들은 그녀와 상담을 할 수 없을 것인데, 그 때쯤이면 그녀는 이동하고 있을 것이기 때문이다.

해설 beginning on Monday(월요일부터)는 미래 시점을 나타내기 때문에, by then(그 때쯤이면)을 통해 Dr. Carter가 여행을 떠나는 시점 역시 미래임을 알 수 있다. 즉 빈칸에는 미래 시점에 일이나 동작이 진행 중일 것임을 나타내는 미래진행시제가 가장 적절하다. 따라서 정답은 (d) will be traveling이다.

어휘 hepatitis n. 간염 summit n. 정상 회담
patient n. 환자 consult with v. ~와 상담하다

18 조동사 문맥에 맞는 조동사   정답 (c)

해석 등산은 상당한 체력과 포괄적인 훈련을 요구하는 신체적 활동이다. 그것이 경험이 부족한 등산객들이 가파르거나 어려운 길을 오르고 시도하기 전에 적절히 훈련해야 하는 이유이다.

해설 앞에서 '상당한 체력과 포괄적인 훈련이 요구된다'는 내용이 나오고 있으므로, 문맥상 '경험이 없는 등산객들은 적절히 훈련해야 한다'와 같이 당위성을 나타내는 조동사를 사용하는 것이 가장 적절하다. 따라서 정답은 (c) should이다.

어휘 mountain climbing n. 등산, 산악 등반
physical a. 신체의, 물리적인 require v. 요구하다
a great deal of a. 상당한 stamina n. 체력
extensive a. 포괄적인, 광범위한
inexperienced a. 경험이 부족한, 미숙한
climber n. 등산객 properly ad. 적절하게, 제대로
attempt v. 시도하다 scale v. (높은 곳을) 오르다
steep a. 가파른 trail n. 산길, 오솔길

19 가정법 과거완료   정답 (a)

해석 비가 내리기 시작했을 때 나는 학교로 가는 중이었다. 직후에, 도로는 진흙바닥이 되었고 나의 가죽신발은 더러워졌다. 만약 내가 오늘의 일기예보를 알고 있었더라면, 나는 대신에 고무 장화를 신었을 것이다.

해설 가정법 과거완료 구문에서는 if절의 동사 시제가 과거완료(had known)이므로 주절의 빈칸에는 〈would + have p.p.〉 형태의 동사가 들어가야 한다. 따라서 정답은 (a) would have worn이다.

어휘 be on one's way to v. ~로 가는 중이다
shortly after ad. 직후에, 곧 muddy a. 진흙 투성이의
leather n. 가죽 soiled a. (흙으로) 더러워진
weather forecast n. 일기예보 rubber n. 고무

20 가정법 과거   정답 (d)

해석 일본에 거주하고 있는 신혼 아내인 마유코는 그녀의 모든 법적 서류들을 그녀의 새로운 성으로 갱신해야 하는 것을 싫어한다. 만약 그녀가 나라를 다스렸다면, 그녀는 기혼녀들이 결혼 후 남편의 성을 따를 것을 요구하지 않았을 것이다.

해설 가정법 과거 구문에서는 if절의 동사가 과거(ran)이므로 주절의 빈칸에는 〈would + 동사원형〉 형태의 동사가 들어가야 한다. 따라서 정답은 (d) wouldn't require이다.

어휘
newlywed a. 신혼의 reside v. 거주하다
hate v. 싫어하다 legal a. 법률의 document n. 문서
surname n. (이름의) 성 married a. 기혼의, 결혼한
assume v. 따르다, 취하다, 띠다 marriage n. 결혼

21 조동사 조동사 should 생략 정답 (d)

해석 모든 사회적인 문제들이 그렇듯, 첫인상은 직장에 지원할 때 중요하다. 이력서는 잠재적인 고용자들이 볼 첫 번째 자료이기 때문에, 구직자들은 이력서가 잘 갖춰져 있음을 확실하게 해야 하는 것이 필수적이다.

해설 necessary(필수적인)와 같이 주장, 명령, 제안, 요구를 나타내는 형용사 뒤에 that절이 나오면, that절의 동사 자리에는 '~해야 한다'의 의미로 〈should + 동사원형〉에서 should가 생략된 동사원형만이 가능하다. 따라서 정답은 (d) ensure이다.

어휘
social a. 사회적인, 사교적인 matter n. 문제
first impression n. 첫인상
apply for v. 지원하다, 신청하다 resume n. 이력서
potential a. 잠재적인 employer n. 고용자
ensure v. 확실히 ~하다
put A together v. A를 갖추다, 준비하다

22 시제 현재진행 정답 (d)

해석 그린피스 인터내셔널은 환경을 보호하는 데 전념하는 비영리 기관이다. 바로 지금, 기관의 자원봉사자들은 주민들이 쓰레기를 줄이도록 교육하고 장려하기 위해 시카고의 도심 지역에서 집집마다 다니며 재활용품들의 수거를 하고 있는 중이다.

해설 빈칸을 포함한 절을 보면 앞에 부사 Right now가 주어져 있다. right now는 '바로 지금'의 뜻으로 현재진행시제와 함께 쓰이며, 의미상으로도 '자원봉사자들이 바로 지금 집집마다 재활용품들을 수거하고 있는 중'이라는 내용이 되어야 하므로, 정답은 (d) are doing이다.

어휘
non-profit a. 비영리의 organization n. 기관
committed to a. ~에 전념하는, 헌신하는
environment n. 환경 door-to-door a. 집집마다 다니며
collection n. 수거, 수집, 모음 recyclables n. 재활용품
urban a. 도심의 encourage v. 장려하다
resident n. 주민 reduce v. 줄이다 waste n. 쓰레기

23 연결어 접속부사 정답 (c)

해석 마크는 그가 저녁식사를 했던 식당에 대해 불평을 하던 중이었다. 그에 따르면, 서비스가 매우 느렸다. 사실은, 그의 주문이 마침내 제공되기 전 한 시간이 넘도록 기다려오고 있었다.

해설 빈칸 앞뒤 문맥을 보고 적절한 의미의 접속부사를 찾아야 한다. 마크가 제기하는 불만사항에 대해 빈칸 앞 문장에서는 '서비스가 매우 느렸다'고 했고, 이어서 언급된 느린 서비스에 대한 더 자세한 설명(그가 주문한 음식이 마침내 제공되기 전까지 한 시간이 넘도록 기다려오고 있었다)이 추가되는 흐름이다. 따라서 '사실은'의 의미로 앞 내용에 대해 부연 설명할 때 쓰이는 (c) In fact가 정답이다.

어휘
complain about v. ~에 대해 불평하다 order n. 주문
finally ad. 마침내 serve v. 제공하다

24 시제 미래완료진행 정답 (b)

해석 문화 예술 애호가인 킷은 하버드 대학에서 고대 이집트 예술과 고고학에 대한 전문 강의를 수강해오고 있었다. 프로그램이 7월에 끝날 때쯤이면, 그는 이집트학을 7주가 넘는 기간 동안 공부해오고 있을 것이다.

해설 by the time절의 동사가 현재시제로 나오면 미래를 가리키며, 기간을 나타내는 전치사구인 for more than seven weeks를 통해 완료시제가 나와야 함을 알 수 있다. 문맥상으로도 프로그램이 끝나는 시점이 7월이고(by the time the program ends in July), 그 때가 되면 킷이 이집트학을 7주가 넘는 기간 동안(for more than seven weeks) 공부해오고 있을 것이라는 내용이므로, 특정 미래 시점까지 일이나 동작이 기간을 두고 진행되고 있음을 나타낼 때 쓰는 미래완료진행시제가 빈칸에 가장 적절하다. 따라서 정답은 (b) will have been studying이다.

어휘
cultural a. 문화의 enthusiast n. 애호가, 열성팬
specialized a. 전문화된 ancient a. 고대의
archaeology n. 고고학 Egyptology n. 이집트학

25 관계사 관계대명사   정답 (a)

해석 그 보모는 우는 아기를 돌보지 않은 데 대해 대단히 사과했다. 분명히, 그녀는 그 당시에 저녁을 먹던 중이었고 그 아이는 여전히 아기방에서 잠을 자던 중이었다고 가정했는데, 그것은 아이의 하루 일과 중 일부였다.

해설 선행사인 something(그것)은 사물 명사이며, 관계사 뒤의 문장이 주어가 없는 불완전한 문장이므로 주격 관계대명사 that이 가장 적절하다. 따라서 정답은 (a) that was part of the child's daily routine이다. 참고로 (b)의 what은 선행사를 포함하는 관계대명사이므로 앞 선행사를 수식할 수 없고, (c)의 who는 선행사가 사물이 아닌 사람일 때 사용하므로 답이 될 수 없다. (d)의 경우에는 주격 관계대명사 which 뒤에는 주어가 없는 불완전한 문장이어야 하는데 주어가 있으므로 오답이다.

어휘 nanny n. 보모   thoroughly ad. 대단히, 철저하게
apologize v. 사과하다   attend to v. ~을 돌보다
evidently ad. 분명히, 명백하게도, 확실히
assume v. 가정하다   nursery n. 아기방, 탁아소
daily routine n. 하루 일과

26 가정법 과거완료   정답 (c)

해석 과학자들은 공룡의 멸종에 대한 다른 시나리오들을 계속해서 추측해낸다. 그들은 만약 6,000만 년도 더 전에 지구와 부딪혔던 소행성이 더 빠르게 또는 더 늦게 도착했었다면, 일부 큰 공룡 종들은 생존했을 것이라고 말한다.

해설 가정법 과거완료 구문에서는 if절의 동사 시제가 과거완료(had arrived)이므로 주절의 빈칸에는 〈would + have p.p.〉 형태의 동사가 들어가야 한다. 따라서 정답은 (c) would have survived이다.

어휘 speculate v. 추측하다   alternative a. 대안의
extinction n. 멸종   asteroid n. 소행성
hit v. 부딪히다   species n. (동식물의) 종
survive v. 생존하다, 살아남다

LISTENING SECTION

PART 1

음원은 QR로 확인

27. Why was Eve's family vacation cut short?
왜 이브네 가족의 휴가가 짧았는가?

28. What was Eve's initial impression of Singapore?
싱가포르에 대한 이브의 첫인상은 어땠는가?

29. What is unique about the Singapore Zoo?
싱가포르 동물원에 대해 무엇이 특별한가?

30. How did Eve and her family explore the wildlife park?
어떻게 이브와 그녀의 가족들이 야생 공원을 탐험했는가?

31. Why did Eve enjoy her visit to the Jurong Bird Park?
왜 이브는 주롱 새 공원으로 방문하는 것을 즐거워했는가?

32. Why did Eve and her family probably go shopping earlier than they had planned?
왜 이브와 그녀의 가족들은 그들이 계획했던 것보다 더 일찍 쇼핑을 갔을 것 같은가?

33. What most likely would Eve have done if she had stayed longer in Singapore?
만약 이브가 싱가포르에 더 오래 머물렀다면 무엇을 했을 것 같은가?

M: Hi, Eve! How was your vacation? You and your family stayed in Singapore, right?

남: 안녕, 이브! 휴가 어땠어? 너와 너의 가족은 싱가포르에 머물렀잖아, 그치?

F: Hi, Jack! Yes, we stayed there for two days. ²⁷We were planning on staying longer, but my dad got a call from his company. They needed him to go back earlier because of a problem at the office.

여: 안녕, 잭! 맞아, 거기서 이틀간 머물렀어. ²⁷우리는 더 오래 머무를 계획이었지만, 아빠가 회사로부터 호출을 받았거든. 그들은 사무실에 문제가 있어서 아빠가 더 일찍 돌아가길 원했어.

M: Oh, I'm sorry to hear that. I guess you weren't able to do much there, huh?

남: 아, 안타깝네. 내가 추측하기에 너는 거기서 별로 뭘 많이 못했겠네?

F: Well, we were still able to see a couple of interesting places and learn a little about the city.

여: 음, 우리는 여전히 몇몇 흥미로운 장소들을 보고 그 도시에 대해 조금 배울 수 있었어.

M: Really? That's fortunate. So, tell me about Singapore.

남: 정말? 그거 다행이네. 그럼, 나에게 싱가포르에 대해 말해줘.

F: ²⁸Well, my first impression was that it is a very clean city with plenty of tall buildings. Majority of the citizens are ethnic Chinese, but I also saw people from many other countries living and working there.

여: ²⁸음, 나의 첫인상은 싱가포르가 고층 건물들이 많은 정말 깨끗한 도시였다는 거야. 대다수의 시민들은 중국계이지만, 나는 또한 그곳에서 거주하고 일하는 많은 다른 나라 사람들도 봤어.

M: That's interesting. Which places did you get to see?

남: 흥미로운걸. 어떤 장소들을 보러 갔어?

F: Well, the first place we visited was the Singapore Zoo. I liked it there. [29]It seemed different from all the other zoos I've visited so far. The animals were kept in spacious, landscaped enclosures instead of small cages. As a result, the animals had more room to move around, and were easier to see.

여: 음, 우리가 처음 방문했던 곳은 싱가포르 동물원이었어. 나는 거기가 좋았어. [29]그곳은 내가 지금까지 방문했던 다른 어떤 동물원들과도 달라 보였어. 동물들은 작은 우리 대신 널찍하고 조경된 울타리 안에 있었거든. 결과적으로, 동물들은 돌아다닐 수 있는 더 많은 공간이 있었고, 구경하기가 더 쉬웠어.

M: It's nice to hear that they care about the animals.

남: 그들이 동물들을 신경 쓴다는 말을 들으니 좋네.

F: Exactly. After the zoo, we went to the Night Safari. [30]There, we rode a rail vehicle that took us around the entire park.

여: 맞아. 동물원 이후에는, 우리는 나이트 사파리에 갔어. [30]그곳에서, 우리는 전체 공원 주위를 도는 레일카를 탔지.

M: That sounds like fun. Since it was a Night Safari, were you able to take good pictures?

남: 재미있었겠다. 나이트 사파리이니까, 좋은 사진을 찍을 수 있었겠네?

F: We didn't take any, but it was still a thrilling ride because we observed the animals in their natural habitat. The park opened at 7:30 p.m., so it was the last place we visited on our first day.

여: 우리는 한 장도 찍지 않았지만, 자연의 서식지에 있는 동물들을 볼 수 있었기 때문에 여전히 짜릿한 여정이었어. 그 공원은 오후 7시 30분에 개장했었고, 그곳이 우리가 첫 날에 방문했던 마지막 장소였어.

M: Oh, so what else did you see?

남: 아, 그럼 그 외에 또 무엇을 봤니?

F: On the second day, [31]we first visited the Jurong Bird Park. The park has a collection of more than eight thousand birds, so you can imagine what a remarkable sight it was. Too bad I couldn't take one home as a pet. Ha-ha.

여: 둘째 날에, [31]우리는 먼저 주롱 새 공원을 방문했어. 그 공원에는 8천 종이 넘는 새들이 서식하고 있어서, 너는 그게 정말 멋진 광경이었음을 상상할 수 있겠지. 한 마리를 집에 반려동물로 데려올 수 없어서 정말 안됐지 뭐야. 하하.

M: Wow! That does sound amazing. So what else did you do?

남: 우와! 그거 놀라운 걸. 그럼 그 밖에 무엇을 했니?

F: Well, after the bird park, we checked out the National Museum and the Singapore Botanic Gardens. [32]We were in the garden when my father received the urgent business call, so we couldn't go to other places on our itinerary. Instead, we headed straight to the mall to get our shopping done. I ended up buying a camera, clothes, and some souvenirs.

여: 음, 새 공원 다음에, 우리는 국립 박물관과 싱가포르 식물원을 봤어. [32]아빠가 급한 업무 전화를 받았을 때 우리는 식물원에 있었기 때문에, 우리는 일정상의 다른 장소들을 갈 수 없었어. 대신에, 우리는 쇼핑을 하기 위해서 곧장 쇼핑몰로 향했어. 나는 결국 카메라, 옷들, 그리고 몇몇 기념품들을 구입했지.

M: It sounds like you had a really fun trip.

남: 너가 정말 즐거운 여행을 다녀왔던 것 같네.

F: Yeah, [33]but there was one place I wanted to see, but didn't have the time to visit.

여: 응, [33]하지만 거기에 내가 보고 싶었던 한 군데가 있었는데, 방문할 시간이 없었어.

M: What place was that?
남: 그게 어딘데?

F: ³³Sentosa Island. It's Singapore's most popular tourist destination. It's a beach resort with a host of interesting attractions, such as its Butterfly Park & Insect Kingdom.

여: ³³센토사 섬이야. 그곳은 싱가포르에서 가장 유명한 관광 명소이거든. 나비공원 & 곤충왕국과 같은 흥미로운 명소들이 많이 있는 해변 리조트야.

M: Maybe you can convince your parents to go there again the next time you all go on vacation.

남: 아마 너희 가족 모두 다음에 휴가 갈 때 부모님께 그곳에 다시 가자고 설득할 수 있겠네.

F: I sure hope so. Maybe you can even come with us, Jack!

여: 나도 정말 그러길 바라. 어쩌면 너도 우리와 함께 갈 수 있겠어, 잭!

M: That's a nice offer, Eve. Thanks, I'll think about it.

남: 좋은 제안이네, 이브. 고마워, 생각해 볼게.

어휘

stay v. 머무르다, 계속 있다 fortunate a. 다행인, 운 좋은 first impression n. 첫인상 plenty of a. 많은 majority n. 대다수, 가장 많은 수 citizen n. 시민, 주민 ethnic a. 민족의, 종족의 spacious a. 널찍한 landscape v. 조경을 하다 enclosure n. 울타리, 담 cage n. 우리, 새장 observe v. 보다, 관찰하다 remarkable a. 멋진, 놀라운 botanic garden n. 식물원 receive v. 받다, 받아들이다 urgent a. 긴급한, 시급한 itinerary n. (여행) 일정 head v. (특정 방향으로) 향하다, 가다 souvenir n. 기념품, 선물 destination n. (사람들이 특별히 찾는) 명소 attraction n. (사람들을 끄는) 명소 convince v. 설득하다

27 세부사항   정답 (d)

해석 왜 이브네 가족의 휴가가 짧았는가?
(a) 그들이 볼 만한 흥미로운 장소들이 다 떨어졌기 때문에
(b) 너무 많은 사람들이 있었기 때문에
(c) 그녀가 학교로 다시 돌아가야 했기 때문에
(d) 그녀의 아버지가 다시 직장으로 돌아가야 했기 때문에

해설 이브네 가족이 더 오래 머무를 계획이었지만, 그녀의 아빠가 회사로부터 호출을 받아(We were planning on staying longer, but my dad got a call from his company) 더 일찍 돌아가야 했다(They needed him to go back earlier)고 언급하는 부분을 통해 (d)가 정답임을 알 수 있다.

어휘 run out of v. (사람이) ~이 다 떨어지다, ~을 다 써버리다, ~이 없어지다

28 세부사항   정답 (a)

해석 싱가포르에 대한 이브의 첫인상은 어땠는가?
(a) 매우 깨끗한 주변 환경을 가지고 있다는 것
(b) 중국의 식민지라는 것
(c) 많은 관광 명소들을 제공한다는 것
(d) 막대한 인구를 가지고 있다는 것

해설 이브가 싱가포르의 첫 인상에 대해 고층 건물들이 많은 정말 깨끗한 도시였다(my first impression was that it is a very clean city with plenty of tall buildings)고 언급하는 부분을 통해 (a)가 정답임을 알 수 있다.

어휘 initial impression n. 첫인상
surroundings n. 환경
colony n. 식민지 huge a. 막대한, 엄청난, 거대한
population n. 인구, 주민

29 세부사항   정답 (c)

해석 싱가포르 동물원에 대해 무엇이 특별한가?

(a) 그것은 이브가 봤던 것 중 가장 건강한 동물들을 포함하고 있다.
(b) 동물들이 작은 우리에 갇혀 있다.
(c) 동물들이 주위로 이동하기 위한 많은 공간을 가지고 있다.
(d) 동물원은 이국적인 동물 무리를 보유하고 있다.

해설 이브가 싱가포르 동물원이 다른 어떤 동물원들과도 달라 보였다(It seemed different from all the other zoos I've visited so far)며, 동물들이 널찍하고 조경된 울타리 안에 있어(The animals were kept in spacious, landscaped enclosures) 돌아다닐 수 있는 공간이 더 많이 있었다(the animals had more room to move around)고 언급하는 부분을 통해 (c)가 정답임을 알 수 있다.

어휘 contain v. 포함하다, ~이 들어 있다
healthiest a. 가장 건강한   exotic a. 이국적인, 외국의

30 세부사항   정답 (d)

해석 어떻게 이브와 그녀의 가족들이 야생 공원을 탐험했는가?

(a) 동물들의 사진을 봄으로써
(b) 정기 영업 시간 이후에 방문함으로써
(c) 동물들의 등에 올라탐으로써
(d) 내부에 있는 운송 수단에 탑승함으로써

해설 이브의 가족들은 나이트 사파리에서 전체 공원 주위를 도는 레일카를 탔다(There, we rode a rail vehicle that took us around the entire park)고 언급하는 부분을 통해 (d)가 정답임을 알 수 있다.

어휘 explore v. 탐험하다, 답사하다   back n. 등, (등)허리
vehicle n. 운송 수단, 탈 것, 차량

31 세부사항   정답 (b)

해석 왜 이브는 주롱 새 공원으로 방문하는 것을 즐거워했는가?

(a) 조류 관찰이 그녀가 가장 좋아하는 취미이기 때문에
(b) 많은 다양한 종류의 새들을 포함하기 때문에
(c) 공원이 국립 박물관 근처에 있기 때문에
(d) 그녀가 반려동물로 새를 기르도록 허락 받았기 때문에

해설 주롱 새 공원에는 8천 종이 넘는 새들이 모여 있어서(The park has a collection of more than eight thousand birds) 정말 멋진 광경이었다고 언급하는 부분을 통해 (b)가 정답임을 알 수 있다.

어휘 hobby n. 취미   species n. 종(생물 분류의 기초 단위)

32 추론   정답 (c)

해석 왜 이브와 그녀의 가족들은 그들이 계획했던 것보다 더 일찍 쇼핑을 갔을 것 같은가?

(a) 그녀가 그들에게 그렇게 해달라고 요청했기 때문에
(b) 그녀는 그들의 여행 동안 재미가 없었기 때문에
(c) 그들의 휴가가 너무 이르게 단축되었기 때문에
(d) 더 이상 방문할 장소들이 없었기 때문에

해설 이브의 아빠가 급한 업무상 전화를 받아 일정 상의 다른 장소들을 갈 수 없었다(when my father received the urgent business call, so we couldn't go to other places on our itinerary)고 설명하며, 쇼핑을 하기 위해 곧장 쇼핑몰로 향했다(we headed straight to the mall to get our shopping done)는 내용을 통해 그들의 휴가가 너무 이르게 단축되어서 계획보다 일찍 쇼핑을 갔다는 것을 알 수 있다. 따라서 (c)가 정답이다.

어휘 request v. 요청하다, 요구하다
prematurely ad. 너무 이르게, 조급하게

33 추론   정답 (b)

해석 만약 이브가 싱가포르에 더 오래 머물렀다면 무엇을 했을 것 같은가?

(a) 그녀의 부모님이 그녀를 두고 떠나도록 설득한다.
(b) 그녀의 가족들과 센토사 섬을 방문한다.
(c) 휴가 때 그들과 함께 하도록 잭을 초대한다.
(d) 더 많은 물건들을 사러 간다.

해설 이브가 보고 싶었던 한 군데가 있었는데 방문할 시간이 없었으며(but there was one place I wanted to see, but didn't have the time to visit), 그곳이 센토사 섬이라고 언급하는 부분을 통해 만약 싱가포르에 더 오래 머물렀다면 이브의 가족들은 센토사 섬을 방문했을 것임을 알 수 있다. 따라서 (b)가 정답이다.

어휘 parent n. 부모 leave v. 떠나다, 출발하다

PART 2

음원은 QR로 확인

34. What is the main purpose of this talk?
이 연설의 주된 목적은 무엇인가?

35. In what way are the ships different from one another?
선박들은 어떤 면에서 서로 다른가?

36. What can people who need to conduct business do on the ships?
업무를 해야 하는 사람들은 배에서 무엇을 할 수 있는가?

37. How does Wonder Cruises minimize its impact on the environment?
원더 크루즈는 어떻게 환경에 대한 영향을 최소화하는가?

38. Why most likely has Wonder Cruises not encountered any serious accidents so far?
왜 원더 크루즈는 지금까지 어떠한 심각한 사고들도 겪지 않았을 것 같은가?

39. Why would one visit the official website of Wonder Cruises?
왜 사람들이 원더 크루즈의 공식 웹사이트를 방문할까?

Greetings, ladies and gentlemen. ³⁴I'm here today to talk about Wonder Cruises and the many wonderful services that it offers. Wonder Cruises is the third largest cruise line in the country, and is considered to be one of the most profitable companies in the Asia-Pacific region. Presently, the company operates a fleet of five ships, with cruises to various destinations in Malaysia, Singapore, Thailand, Indonesia, Hong Kong, Japan, and Korea.

안녕하세요, 신사숙녀 여러분. ³⁴저는 오늘 원더 크루즈사와 그것이 제공하는 많은 멋진 서비스에 대해 얘기하러 이곳에 왔습니다. 원더 크루즈는 국내에서 세 번째로 큰 크루즈 회사이며, 아시아 태평양 지역에서 가장 수익성이 높은 회사들 중 하나로 여겨집니다. 현재, 회사는 말레이시아, 싱가포르, 태국, 인도네시아, 홍콩, 일본, 한국에서 다양한 목적지로 운행하는 크루즈를 포함하여 다섯 척의 선박을 운영합니다.

³⁵Each of our cruise ships follows a different set route, but they all offer the same high-quality accommodations, services, and value that our company has become known for. Why choose Wonder Cruises over other cruise lines? First of all, Wonder Cruises offers a diverse selection of affordable packages designed to suit individual tastes and budgets. Our packages vary in duration, from cruises as short as one day to trips as long as three weeks. In addition, passengers will be able to choose among several types of accommodations, from simple yet comfortable cabins, to fully equipped and furnished luxury suites.

³⁵각각의 크루즈 선박들은 각기 다른 설정 경로를 따르지만, 그들은 모두 우리 회사를 알리게 된 동일한 고품질의 숙박, 서비스, 그리고 가치를 제공합니다. 왜 다른 크루즈 회사들 대신 원더 크루즈를 선택할까요? 가장 먼저, 원더 크루즈는 개인의 취향과 예산에 맞추기 위해 고안된 다양한 종류의 합리적인 패키지들을 제공합니다. 당사의 패키지는 짧게는 하루에서 길게는 3주까지 기간에 따라 다양합니다. 게다가, 승객분들은 단순하지만 편안한 선실부터 모든 것을 갖춘 호화로운 스위트룸까지 여러 종류의 숙박 중에서 고르실 수 있을 것입니다.

Regardless of the package chosen, passengers will be able to enjoy the wide range of state-of-the-art facilities and amenities available on each ship. These include a host of recreational facilities, like swimming pools, spas, gyms, saunas, bars, and twenty-four hour dining rooms that serve a variety of mouth-watering dishes from around the world. ³⁶For people who need some means of communication or who are on official business, each ship offers dry cleaning services as well as a business center complete with a fax machine, computers, and internet access. At night, passengers can be entertained by our in-house production shows, as well as special guest performances by some famous celebrities.

선택된 패키지와 관계없이, 승객분들은 각 선박에서 이용 가능한 다양한 최신식 설비들과 생활 편의 시설들을 즐기실 수 있을 것입니다. 그것들은 수영장, 스파, 헬스장, 사우나, 바, 그리고 전 세계의 입맛을 돋구는 다양한 요리를 제공하는 24시간 식사 공간과 같은 다수의 여가 시설들을 포함합니다. ³⁶통신 수단이 필요하거나 공적인 업무로 오신 분들을 위해, 각 선박은 팩스, 컴퓨터, 인터넷 접속이 완비된 비즈니스 센터 뿐만 아니라 드라이클리닝 서비스도 제공합니다. 밤에는, 승객분들은 몇몇 유명 연예인의 특별 초대손님 공연 뿐만 아니라 자체 제작 쇼를 즐기실 수 있습니다.

³⁷Wonder Cruises also prides itself on its minimal environmental impact. Our ships regularly monitor every emission to the atmosphere and the oceans to ensure that we are complying with international environmental standards. ³⁷We even go beyond by reducing our noise pollution so as not to disturb marine life that rely on sound to communicate with each other. Also, our crews are trained to minimize carbon dioxide emissions and enforce strict rules on waste management.

³⁷원더 크루즈는 최소한의 환경적 영향 또한 자랑합니다. 당사가 국제 환경 표준을 준수하고 있음을 확실히 하기 위해 당사의 선박은 정기적으로 대기와 바다로의 모든 배출물을 감시합니다. ³⁷당사는 심지어 서로 소통하기 위해 소리에 의존하는 해양생물들을 방해하지 않으려고 소음공해를 줄이는 데까지 나아갑니다. 또한, 당사의 선원들은 이산화탄소 배출을 최소화하고 폐기물 관리에 대한 엄격한 규칙을 시행하도록 훈련 받았습니다.

As mentioned earlier, Wonder Cruises goes above and beyond to take care of its passengers. Guests not only experience the luxury of a resort hotel while at sea, but also the assurance of a safe and relaxing accommodation. ³⁸All of our ships are required to have monthly maintenance checks of their generators to prepare for emergency situations such as power outages, fires, and so forth. In fact, in our 20 years of operation, Wonder Cruises has had no major cruising accidents.

앞서 언급했듯이, 원더 크루즈는 승객 여러분을 소중히 하기 위해 더 앞서 나갑니다. 이용객들은 바다에 있는 동안 리조트 호텔의 호화로움 뿐만 아니라 안전하고 편안한 숙박의 보장을 경험할 수 있습니다. ³⁸당사의 모든 선박들은 정전, 화재 등과 같은 비상 상황에 대비하기 위해 매월 발전기 정비 점검을 하도록 요구됩니다. 사실, 당사가 운영한 20년 동안, 원더 크루즈는 중대한 선박 사고를 겪지 않았습니다.

So, for those of you who are planning to take a cruise, I encourage you to contact us and find out for yourself why we are the number one choice when it comes to luxury cruises in the Asia-Pacific region. In addition to our main office in Malaysia, we have 15 branches located in major cities throughout the world to handle your queries and bookings. ³⁹Please visit our website for a complete listing of the location, phone number, and email address of the branch nearest you. Thank you for your time and I hope to see you all taking a cruise on one of our ships soon!

그래서, 크루즈 여행을 하실 계획이 있는 여러분을 위해, 저희에게 연락 주시고 아시아 태평양 지역의 호화 크루즈에 관해서 왜 저희가 1순위인지 여러분 스스로 확인하시도록 권장드립니다. 말레이시아에 있는 본사 외에, 여러분의 문의와 예약을 처리하기 위해 세계 각지의 주요 도시에 15개 지점이 위치하고 있습니다. ³⁹여러분에게 가장 가까운 지점의 위치와 연락처, 그리고 이메일 주소의 전체 목록을 위해 저희 웹사이트에 방문하시기 바랍니다. 시간을 내주셔서 감사드리며 여러분 모두 곧 저희 선박 중 한 대에서 크루즈 여행을 하는 모습을 볼 수 있기를 바랍니다!

어휘

consider v. (~을 ~로) 여기다, 생각하다 profitable a. 수익성이 있는 presently ad. 현재, 지금 operate v. 운영하다, 작동하다 fleet n. 선박, 함대 destination n. 목적지, 도착지 accommodation n. 숙박 시설 diverse a. 다양한 affordable a. 합리적인, (가격이) 알맞은 budget n. 예산, (지출 예상) 비용 duration n. 기간, 지속 passenger n. 승객 comfortable a. 편안한, 쾌적한 cabin n. 객실, 선실 facility n. 설비, 시설 fully equipped and furnished a. 모든 것을 갖춘 amenity n. 생활 편의 시설 mouth-watering a. (음식이) 군침이 돌게 하는 pride v. 자랑하다 n. 자랑스러움, 자부심 emission n. (빛, 열, 가스 등의) 배출 atmosphere n. (지구의) 대기 ensure v. 확실히 하다, 반드시 ~하게 하다 comply v. (법, 명령 등에) 준수하다, 따르다 pollution n. 오염, 공해 disturb v. 방해하다 carbon dioxide n. 이산화탄소 enforce v. (법률 등을) 시행하다, 실시하다 strict a. (규칙 등이) 엄격한, 엄한 assurance n. 보장, 장담 generator n. 발전기 branch n. 지사, 분점

34 주제/목적   정답 (a)

해석 이 연설의 주된 목적은 무엇인가?

(a) 여객선 회사를 광고하기 위해
(b) 크루즈 승객들에게 몇 가지 여행 팁을 제공하기 위해
(c) 최고의 크루즈 순항지를 홍보하기 위해
(d) 저렴한 관광 패키지들에 대한 정보를 제공하기 위해

해설 연설의 첫 부분에서 원더 크루즈사와 원더 크루즈사가 제공하는 서비스에 대해 이야기할 것(I'm here today to talk about Wonder Cruises and the many wonderful services that it offers)이라고 언급하며, 국내에서 세 번째로 큰 여객선 회사인 원더 크루즈의 서비스들이 이어지고 있으므로 여객선 회사를 광고하기 위한 목적으로 연설을 하고 있다는 것을 알 수 있다. 따라서 (a)가 정답이다.

어휘 advertise v. (상품이나 서비스를) 광고하다
promote v. 홍보하다

35 세부사항   정답 (c)

해석 선박들은 어떤 면에서 서로 다른가?

(a) 어떤 편의 시설들을 제공하는지
(b) 숙소를 배정하는 데 누구를 우선순위로 두는지
(c) 어디를 여행하도록 고안되었는지
(d) 승객들에 대한 서비스가 얼마나 좋은지

해설 각각의 크루즈 선박들은 동일한 숙박, 서비스, 가치를 제공하지만 각기 다른 설정 경로를 따른다(Each of our cruise ships follows a different set route)고 언급하는 부분을 통해 어디를 목적지로 하여 여행하도록 고안되었는지가 선박들을 구분 짓는 다른 부분이라는 것을 알 수 있다. 따라서 (c)가 정답이다.

어휘 facility n. (생활 편의를 위한) 시설, 기관
offer v. (이용할 수 있도록) 제공하다, 내놓다
prioritize v. 우선순위를 매기다, 우선적으로 처리하다
assign v. 배정하다, 부과하다
design v. 고안하다, 만들다

36 세부사항   정답 (b)

해석 업무를 해야 하는 사람들은 배에서 무엇을 할 수 있는가?

(a) 회의실에서 회의를 주최하기
(b) 전문 세탁 서비스 이용하기
(c) 문서 복사하기
(d) 재정 고문과의 만나기

해설 공직인 업무로 온 사람들에게는 비즈니스 센터뿐만 아니라 드라이 클리닝 서비스도 제공한다는 것을(For people who need some means of communication or who are on official business, each ship offers dry cleaning services as well as a business center complete with a fax machine, computers, and internet access.) 통해 세탁 서비스를 이용할 수 있다는 것을 알 수 있다. 따라서 (b)가 정답이다.

어휘 conduct v. (특정한 활동을) 하다
conference room n. 회의실
professional a. 전문적인 laundry n. 세탁, 세탁일
photocopy n. 복사 document n. 문서, 서류
financial advisor n. 재정 고문

37 세부사항   정답 (b)

해석 원더 크루즈는 어떻게 환경에 대한 영향을 최소화하는가?

(a) 어떠한 종류의 폐기물도 배출하지 않음으로써
(b) 선박의 소음을 감소시킴으로써
(c) 현재의 해양 오염 수준을 기록함으로써
(d) 공기의 이산화탄소를 흡수함으로써

해설 원더 크루즈는 서로 소통하기 위해 소리에 의존하는 해양생물들을 방해하지 않도록 소음공해를 줄여서(We even go beyond by reducing our noise pollution so as not to disturb marine life that rely on sound to communicate with each other) 환경적 영향을 최소화한다(minimal environmental impact)고 언급하는 부분을 통해 (b)가 정답임을 알 수 있다.

어휘 minimize v. 최소화하다 waste n. 폐기물, 쓰레기
dampen v. 감소시키다, 줄이다
absorb v. (액체, 가스 등을) 흡수하다, 빨아들이다

38 추론 정답 (d)

해석: 왜 원더 크루즈는 지금까지 어떠한 심각한 사고들도 겪지 않았을 것 같은가?

(a) 그들이 자체 에너지를 생산하기 때문에
(b) 회사가 최근에 개업했기 때문에
(c) 그들이 리조트 호텔과 비슷하게 운영하기 때문에
(d) 그들이 이상 사태에 대비하기 때문에

해설: 원더 크루즈의 모든 선박들이 비상 상황에 대비하기 위해 매월 발전기 정비 점검을 하기(All of our ships are required to have monthly maintenance checks of their generators to prepare for emergency situations) 때문에 중대한 선박 사고를 겪지 않았다(Wonder Cruises has had no major cruising accidents)고 언급하는 부분을 통해 (d)가 정답임을 알 수 있다.

어휘: generate v. 생산하다, 발생시키다, 만들어내다
recently ad. 최근에   abnormal a. 이상한, 비정상적인

39 세부사항 정답 (a)

해석: 왜 사람들이 원더 크루즈의 공식 웹사이트를 방문할까?

(a) 인근 지점의 연락처를 알기 위해
(b) 크루즈 패키지를 온라인으로 예약하기 위해
(c) 본사 사무실에 방문하는 방법을 알기 위해
(d) 명성 있는 크루즈 노선에 대한 권장 사항을 찾기 위해

해설: 여러분에게 가장 가까운 지점의 위치와 연락처, 이메일 주소 목록을 알기 위해서는 웹사이트에 방문하라(Please visit our website for a complete listing of the location, phone number, and email address of the branch nearest you)고 언급하는 부분을 통해 (a)가 정답임을 알 수 있다.

어휘: nearby a. 인근의, 가까운 곳의   reservation n. 예약
recommendation n. 권장 사항, 권고
reputable a. 명성 있는, 평판이 좋은

PART 3

음원은 QR로 확인

40. Why did Beth meet up with Ben?
    왜 베스는 벤과 만났는가?

41. In what aspect will a laptop's portability be useful for Beth?
    노트북의 휴대성이 베스에게 어떤 측면에서 유용할까?

42. According to Ben, which feature does portability affect in a laptop?
    벤에 따르면, 휴대성이 노트북의 어떤 특징에 영향을 미치는가?

43. When is the bulky size of a desktop helpful to its user?
    부피가 큰 데스크톱은 언제 사용자에게 도움이 되는가?

44. How can Beth probably have an easier time with a desktop setup?
    어떻게 베스가 데스크톱 설치를 더 쉽게 할 수 있을 것 같은가?

45. Why most likely will Beth talk to her parents after the conversation?
    왜 베스가 대화 후에 그녀의 부모님과 이야기를 할 것 같은가?

F: Hello, Ben. Thanks for coming over on such short notice.

여: 안녕, 벤. 갑작스럽게 나와줘서 고마워.

M: No problem, Beth. I wasn't doing anything when you called. So, you said you needed advice about something? What can I help you with?

남: 괜찮아, 베스. 네가 연락했을 때 나는 아무것도 안 하고 있었어. 그래서, 뭔가 조언이 필요하다고 말 했지? 내가 무엇을 도와줄 수 있을까?

F: Well, [40]I'm planning to buy a computer for school, and I was wondering if you could help me decide whether I should buy a laptop or a desktop.

여: 음, [40]학교 때문에 컴퓨터를 구입할 계획을 하고 있 는데, 내가 노트북을 사야할 지 데스크톱을 사야할 지 결정할 수 있게 도와줄 수 있는지 궁금했어.

M: I see. Well, in choosing between a laptop and a desktop, it is important to consider many things. Let's discuss the pros and cons of each option.

남: 그렇구나. 음, 노트북과 데스크톱 중에 선택하는 데 있어, 많은 것들을 고려하는 것이 중요하지. 각 선택권의 장점과 단점에 대해 논의해보자.

F: That's a good idea. [41]Well, I think the main advantage of a laptop over a desktop is portability. I can carry and use a laptop anywhere, so it will give me a lot of flexibility in where I can go study.

여: 좋은 생각이야. [41]음, 내 생각에 데스크톱에 비해 노트북이 가지는 주요 장점은 휴대성인 것 같아. 나는 어디서든지 노트북을 들고 다니며 사용할 수 있으니, 내가 어디에서 공부할 수 있는지에 있어서 나에게 많은 융통성을 줄 거야.

M: That's right. And because it's portable, it uses electricity more efficiently. On average, a laptop with a full charge can run for five hours even if not plugged in. This means that you only have to plug in the laptop occasionally, which is good when you're on the go.

남: 맞아, 그리고 휴대하기 쉽기 때문에, 전력을 더욱 효율적으로 사용할 수 있지. 평균적으로, 완전히 충전한 노트북은 전원이 연결되어 있지 않더라도 다섯 시간 동안 구동할 수 있어. 이 말은 즉 네가 가 끔씩만 전원을 연결해야 할 뿐이라는 것이고, 네가 계속 일할 때 유용하지.

F: That makes sense. I also read somewhere that you can buy a laptop with the same features and performance as even the best desktops. Is that true?

여: 일리가 있네. 나도 어디선가 읽었는데 가장 좋은 데스크톱과 똑같은 기능과 성능을 갖춘 노트북을 살 수 있다고 하더라고. 그게 사실이야?

M: Yes. But laptops are therefore usually more expensive than desktops. [42]Since laptops are compact in nature, you're essentially paying more for their portability. Even though the prices have gone down somewhat, they can still be quite expensive in comparison to desktops.

남: 응. 하지만 그래서 보통 노트북이 데스크톱보다 더 비싸. [42]노트북이 본질적으로 소형이기 때문에, 너 는 기본적으로 그 휴대성을 위해 더 많이 지불하는 셈이거든. 비록 가격이 다소 내려갈지라도, 데스크 톱에 비해 여전히 꽤 비쌀 수 있지.

F: Another disadvantage of laptops is that because they are smaller, there is not much space to install additional components such as an extra hard drive to increase storage or improve performance.

여: 노트북의 또 다른 단점은 노트북이 더 작기 때문 에, 저장용량을 늘리거나 성능을 향상시키기 위해 여분의 하드 드라이브와 같은 추가 부품들을 설치 할 공간이 많지 않아.

M: That's right. With desktops, a huge benefit is expandability. A desktop's case obviously has greater space and extra drive bays for more components and upgrade options.

남: 맞아. 데스크톱에 있어서, 큰 이점은 확장성이야. 데스크톱의 케이스는 분명 더 많은 부품과 업그레이드 옵션을 위한 더 넓은 공간과 드라이브 베이를 가지고 있지.

F: I see.
여: 그렇구나.

M: [43]In addition to that, another advantage is that it's generally easier to have a desktop repaired or upgraded because of its separate pieces and the bigger desktop case.
남: [43]그 외에도, 또 다른 장점은 데스크톱의 별도 부품과 더 큰 데스크톱 케이스 때문에 일반적으로 데스크톱을 수리하거나 업그레이드하는 것이 더 쉽다는 것이지.

F: On the other hand, desktops are not portable. That's a major drawback.
여: 한편으로는, 데스크톱은 휴대할 수 없잖아. 그건 큰 단점이야.

M: That's correct. Due to its size and separate pieces, such as the monitor and keyboard, it is troublesome to move a desktop setup from one place to another.
남: 그건 맞지. 데스크톱의 크기와 모니터와 키보드 같은 별도 부품들 때문에, 데스크톱 장비를 한 장소에서 다른 장소로 옮기기가 성가시거든.

F: Also, I imagine that putting together a desktop setup won't be easy either.
여: 또한, 나는 데스크톱 장비를 조립하는 것 역시 쉽지 않다고 생각해.

M: [44]Well, piecing together a desktop setup on your own can be confusing, especially if you buy a desktop's hardware separately. Plus, with its many cables and cords, you'll have to hook up everything correctly before you can use it.
남: [44]음, 데스크톱 장비를 너 혼자서 조립하는 일은 혼란스러울 수 있지, 특히 네가 데스크톱의 하드웨어를 개별적으로 구입한다면 말이야. 게다가, 케이블선과 코드가 많아서, 네가 컴퓨터를 사용할 수 있기 전에 모든 것을 정확하게 연결해야 할 거야.

F: That's true.
여: 그 말이 맞아.

M: You should strongly consider buying a desktop, though. You would be able to save some money and also encounter fewer problems should you need to get it repaired or upgraded.
남: 그래도 너는 데스크탑을 구입하는 것을 강력하게 고려해야 해. 네가 데스크톱을 수리하거나 업그레이드해야 하는 경우에 너는 돈을 좀 절약하고 또한 더 적은 문제에 직면할 수 있을거야.

F: Hmm… well, [45]even though money wouldn't be a problem because my parents still support me financially, you've convinced me. A desktop it is! Thank you for helping me decide.
여: 음… 글쎄, [45]부모님이 나를 여전히 금전적으로 지원해주시기 때문에 돈은 큰 문제가 되지 않을 지라도, 넌 나를 설득시켰어. 그것은 데스크탑! 내가 결정할 수 있게 도와줘서 고마워.

M: My pleasure. If you'd like, I can also help you choose one that will suit your specific school needs.
남: 천만에. 원한다면, 너의 학교 생활에 구체적으로 필요한 부분을 충족시킬 데스크톱을 선택하는 것 역시 도와줄 수 있어.

F: Really, that would be great! Okay, I'll talk to my parents, and then I will call you again when I'm ready to go shopping for one. Thanks again, Ben. I appreciate it.
여: 정말, 그러면 좋겠어! 좋아, 부모님께 말씀드린 다음, 데스크톱 사러 갈 준비가 될 때 너에게 다시 전화할게. 다시 한 번 고마워, 벤. 정말 고맙게 생각해.

M: No problem, Beth. See you!
남: 괜찮아, 베스. 또 보자!

어휘

on short notice ad. 갑작스럽게, 급하게 wonder v. 궁금하다, 궁금해하다 discuss v. 논의하다, 의논하다 pros and cons n. 장단점 advantage n. 장점, 이점 portability n. 휴대성 flexibility n. 융통성, 유연성 portable a. 휴대하기 쉬운, 휴대용의 electricity n. 전력, 전기 efficiently ad. 효과적으로, 능률적으로 on average ad. 평균적으로 charge n. 충전 occasionally ad. 가끔, 때때로 compact a. 소형의, 작은 essentially ad. 기본적으로, 근본적으로 in comparison to prep. ~에 비해, ~와 비교할 때 disadvantage n. 단점 install v. (장치, 가구를) 설치하다 component n. 부품, (구성) 요소 storage n. 저장용량, 저장, 보관 expandability n. 확장성 obviously ad. 분명히, 확실히 drive bay n. 드라이브 베이(컴퓨터 내부에 디스크 드라이브를 부착하기 위한 공간) repair v. 수리하다, 보수하다 separate a. 별도의, 분리된 drawback n. 단점, 문제점 troublesome a. 성가신, 골칫거리인 setup n. 장비, 장치 confuse v. (사람을) 혼란시키다 separately ad. 개별적으로, 따로 hook up v. 연결하다 encounter v. 직면하다, 맞닥뜨리다 financially ad. 금전적으로, 재정적으로 convince v. 설득하다 suit v. 충족시키다, 맞다 appreciate v. 고마워하다

41 세부사항   정답 (a)

해석 노트북의 휴대성이 베스에게 어떤 측면에서 유용할까?

(a) 그녀가 어디에서 공부할지
(b) 그녀가 언제 플러그를 꽂을지
(c) 그녀가 무엇에 사용할 지
(d) 그녀가 얼마 동안 충전할 것인지

해설 노트북은 어디서든지 들고 다니며 사용할 수 있으며, 이 휴대성은 어디에서 공부할 수 있는지에 많은 융통성을 준다(I can carry and use a laptop anywhere, so it will give me a lot of flexibility in where I can go study)고 언급하는 부분을 통해 노트북의 휴대성이 베스에게 장소 측면에 있어 유용할 것임을 알 수 있다. 따라서 (a)가 정답이다.

어휘 aspect n. 측면, 양상

40 주제/목적   정답 (b)

해석 왜 베스는 벤과 만났는가?

(a) 그녀의 공부를 도와줄 것을 부탁하기 위해
(b) 그녀가 어떤 것을 결정하는 데 도움이 필요하기 때문에
(c) 컴퓨터의 다양한 사용에 대해 질문하기 위해
(d) 그녀는 특별히 어떤 것을 하지 않았기 때문에

해설 베스가 벤에게 학교 때문에 컴퓨터를 구입하려고 하는데, 노트북을 살지 데스크톱을 살지 결정하는 것을 도와줄 수 있냐(I'm planning to buy a computer for school, and I was wondering if you could help me decide whether I should buy a laptop or a desktop)고 묻는 부분을 통해 (b)가 정답임을 알 수 있다.

어휘 inquire v. (~을 ~에게) 질문하다, 묻다
in particular ad. 특히, 특별히

42 세부사항   정답 (d)

해석 벤에 따르면, 휴대성이 노트북의 어떤 특징에 영향을 미치는가?

(a) 하드웨어
(b) 성능
(c) 프로그램
(d) 가격

해설 노트북이 소형이며, 그 휴대성을 위해 비용을 더 많이 지불하는 셈(Since laptops are compact in nature, you're essentially paying more for their portability)이라는 벤의 언급을 통해 휴대성이 노트북의 가격에 영향을 미친다는 것을 알 수 있다. 따라서 (d)가 정답이다.

어휘 feature n. 특징, 특성 cost n. 가격, 값, 비용

43 세부사항 정답 (b)

해석 부피가 큰 데스크톱은 언제 사용자에게 도움이 되는가?

(a) 이곳저곳으로 그것을 옮길 때
(b) 개별 부품들을 업그레이드할 때
(c) 중앙처리장치를 교체할 때
(d) 중고 데스크톱을 가져올 때

해설 데스크톱의 별도 부품과 더 큰 데스크톱 케이스 때문에 일반적으로 데스크톱을 수리하거나 업그레이드하는 것이 더 쉽다(it's generally easier to have a desktop repaired or upgraded because of its separate pieces and the bigger desktop case)는 언급을 통해 부피가 큰 데스크톱은 개별 부품들을 업그레이드하는 것이 더 쉽다는 것을 알 수 있다. 따라서 (b)가 정답이다.

어휘 bulky a. 부피가 큰 replace v. 교체하다, 바꾸다
central processing unit n. 중앙처리장치
secondhand a. 중고의, 고물의

44 추론 정답 (c)

해석 어떻게 베스가 데스크톱 설치를 더 쉽게 할 수 있을 것 같은가?

(a) 설정에 몇 개의 케이블과 코드만 사용함으로써
(b) 모니터를 별도로 구매함으로써
(c) 이미 조립된 장비를 구매함으로써
(d) 비정기적으로 수리하도록 함으로써

해설 데스크톱의 하드웨어를 개별적으로 구입한다면 데스크톱 장비를 혼자 조립하는 것은 혼란스러울 것(piecing together a desktop setup on your own can be confusing, especially if you buy a desktop's hardware separately)이라고 말하며, 케이블선과 코드가 많아서 모든 것을 정확하게 연결해야 할 것(with its many cables and cords, you'll have to hook up everything correctly)이라고 언급하는 부분을 통해 직접 케이블선과 코드를 연결하지 않아도 되도록 이미 조립된 장비를 구매한다면 데스크톱 설치가 더 쉬울 수 있을 것임을 알 수 있다. 따라서 (c)가 정답이다.

어휘 already ad. 이미, 벌써 assemble v. 조립하다
irregularly ad. 비정기적으로, 불규칙적으로

45 추론 정답 (c)

해석 왜 베스가 대화 후에 그녀의 부모님과 이야기를 할 것 같은가?

(a) 노트북을 구매하기 위해 그녀와 함께 가도록 하려고
(b) 벤이 얼마나 도움이 되었는지를 말하려고
(c) 데스크톱을 구매하는 데 필요한 비용을 요구하려고
(d) 컴퓨터를 학교용으로만 사용할 것임을 장담하려고

해설 부모님이 금전적으로 지원해주시기 때문에 돈은 문제가 되지 않는다며(my parents still support me financially), 데스크톱을 구매하기로 결정했다(A desktop it is!)고 언급하는 부분을 통해 베스가 데스크톱을 구매할 것인데 이에 필요한 비용을 요구하기 위해 부모님과 이야기를 할 것임을 알 수 있다. 따라서 (c)가 정답이다.

어휘 assure v. 장담하다, 확언하다

PART 4

음원은 QR로 확인

46. What is the talk about?
    무엇에 대해 이야기하고 있는가?

47. When should a person visit more than one car dealership?
    언제 하나 이상의 자동차 대리점을 방문해야 하는가?

48. How most likely can a credit report help you get a car loan?
    신용보고서는 어떻게 당신이 자동차대출을 얻도록 도울 수 있을 것 같은가?

49. Why does the speaker recommend getting life insurance?
    화자는 왜 생명 보험에 가입하기를 권하는가?

50. Why should a person probably get an auto loan from a bank instead of in-house financing from a car dealership?
    왜 자동차 대리점에서 대리점 직접 융자를 받는 대신 은행에서 자동차 담보 대출을 받아야 할 것 같은가?

51. What kind of information can a loan officer provide?
    대출 담당자는 어떤 종류의 정보를 제공할 수 있는가?

52. How most likely can one ensure that one's loan application will be approved?
    어떻게 대출 신청이 승인될 가능성을 보장할 수 있는 것 같은가?

Greetings, ladies and gentlemen. Many people dream of owning a car, but it may be difficult to do so as cars can be expensive. ⁴⁶For those who want a car but don't have the money to buy one outright, getting an auto loan is the answer. Today, I'll teach you the simple process for securing the loan that you need.

안녕하세요, 신사숙녀 여러분. 많은 사람들은 자동차를 소유하기를 꿈꾸지만, 차들이 비쌀 수 있기 때문에 그렇게 하는 것은 어려울지도 모릅니다. ⁴⁶자동차를 원하지만 당장 한 대를 구입할 돈이 없는 여러분들에게는, 자동차 담보대출을 받는 것이 해답입니다. 오늘, 제가 여러분이 필요한 대출을 받는 간단한 과정을 알려드리겠습니다.

The first step in getting a car loan is to determine the type of car you want to buy. This is important because auto loan providers usually ask for details about the manufacturer and model of the car you have in mind. They use this data to determine if the car you are planning to buy is worth their financial assistance. ⁴⁷Visit several car dealerships in order to find the one that will give you the best deal in terms of price, car quality, and after-purchase services. Test-drive the cars you are interested in to learn if they have any hidden problems.

자동차 대출을 받는 첫 번째 단계는 여러분이 구매하고 싶은 차의 종류를 결정하는 것입니다. 이는 자동차 담보대출 기관들이 보통 여러분이 마음에 두고 있는 자동차의 제조사와 모델에 관한 세부사항을 물어보기 때문에 중요합니다. 그들은 여러분이 구입을 계획하는 차가 재정 지원을 받을 가치가 있는지를 결정하는 데 이 데이터를 사용합니다. ⁴⁷가격, 차의 품질, 그리고 구매 후 서비스에 관하여 여러분에게 최적의 거래를 제공할 곳을 찾기 위해 자동차 대리점 몇 군데를 방문하십시오. 자동차들이 숨겨진 문제가 있는지를 알기 위해 여러분이 관심 있는 차들을 시승해 보십시오.

After determining the kind of car you want, the second step is to secure your credit report. A credit report is an evaluation of how likely you are to pay back a loan. ⁴⁸The company conducting this evaluation will take into account several factors, such as your credit history, how much you earn, and whether or not you currently have existing loans or mortgages. You can get free credit reports through consumer reporting companies.

Once you obtain a credit score, [49]the third step is to get disability insurance and life insurance. Lenders want to make sure that the people they are lending money to will be able to pay them back, so getting these types of insurance is one sure way of getting your auto loan approved.

The fourth step is to choose the best auto loan lender. Banks are normally the best places to secure such loans. [50]Although some car dealerships also offer in-house financing, some of them have been known to charge hidden fees. You should be aware of every cent you will be paying back for your loan. That's why even though it might be faster and easier to obtain in-house financing, it is often better to get an auto loan from a bank.

Once you have chosen an auto loan provider, the final step is to submit your application. Go to the company and ask to talk to a loan officer or the person in charge of processing loan applications. This person will ask you some questions and give you some documents to fill out. [52]Be sure to answer the loan officer's questions truthfully, [51]as not only can officers give you information about how much you can borrow, and the interest rate at which you will be charged, they also have the power to deny your application.

Once you have filled out and submitted whatever documents the loan officer requires, all you have to do is wait for your loan to be approved. This process usually takes a few days. However, [52]if your credit rating is good and you've filled out all the forms properly, then your loan is guaranteed to be approved.

That ends my talk. I hope you'll be able to get that dream car of yours without breaking a sweat. Good luck!

어휘

outright a. 당장, 즉각, 즉석에서 loan n. 대출(금) secure v. 받다, 얻어 내다, 확보하다 determine v. 결정하다 manufacturer n. 제조사, 생산 회사 financial a. 재정의, 금융의 assistance n. 지원, 원조, 도움 car dealership n. 자동차 대리점 credit report n. 신용평가서 evaluation n. 평가 take into account v. ~을 고려하다 earn v. (돈을) 벌다 currently ad. 현재, 지금 existing a. 기존의, 현재 사용되는 mortgage n. 담보 대출 consumer n. 소비자 obtain v. (점수 등을) 받다, 얻다 disability insurance n. 상해 보험 life insurance n. 생명 보험 lender n. 대출 기관 approve v. 승인하다 in-house financing n. 대리점 직접 융자 submit v. (서류, 제안서 등을) 제출하다 application n. 신청서, 지원서 fill out v. 작성하다, 기입하다 truthfully ad. 사실대로, 정직하게 charge v. 청구하다 credit rating n. 신용 등급 guarantee v. 보장하다, 약속하다 break a sweat v. 힘을 들이다

46 주제/목적   정답 (c)

해석 무엇에 대해 이야기하고 있는가?

(a) 자동차를 구매할 비용 저축
(b) 자동차 가격 인하
(c) 자동차 대출 신청
(d) 자동차 관리

해설 자동차를 원하지만 한 대를 구입할 돈이 없는 사람들에게는 자동차 담보대출이 해답이라며(For those who want a car but don't have the money to buy one outright, getting an auto loan is the answer) 필요한 대출을 받는 과정을 알려주겠다(I'll teach you the simple process for securing the loan that you need)고 언급하는 부분과 아래 이어지는 대출 신청 단계를 통해 자동차 대출 신청에 대해 이야기하고 있다는 것을 알 수 있다. 따라서 (c)가 정답이다.

어휘 reduce v. (가격 등을) 인하하다, 낮추다   apply v. 신청하다, 지원하다

47 세부사항   정답 (a)

해석 언제 하나 이상의 자동차 대리점을 방문해야 하는가?

(a) 이용 가능한 최고의 거래를 얻고자 하는 경우
(b) 자동차의 어떤 문제에 대해 알고자 하는 경우
(c) 대부업체로부터 지원을 받고자 하는 경우
(d) 자동차 시운전을 하고 싶은 경우

해설 가격, 차의 품질, 구매 후 서비스에 관해 최적의 거래를 제공할 자동차 대리점을 찾기 위해서는 자동차 대리점 몇 군데를 방문하라(Visit several car dealerships in order to find the one that will give you the best deal in terms of price, car quality, and after-purchase services)고 언급하는 부분을 통해 하나 이상의 자동차 대리점을 방문해야 하는 시기는 가능한 최고의 거래를 얻고자 하는 경우라는 것을 알 수 있다. 따라서 (a)가 정답이다.

어휘 available a. 이용 가능한   test-drive v. (차를) 시운전하다

48 추론   정답 (b)

해석 신용보고서는 어떻게 당신이 자동차대출을 얻도록 도울 수 있을 것 같은가?

(a) 그것은 당신이 수입을 늘리는 데 도움이 된다.
(b) 그것은 당신이 책임감 있게 빌릴 수 있음을 보여준다.
(c) 그것은 당신이 다른 대출금을 상환하는 데 도움이 된다.
(d) 그것은 당신이 이미 소유하고 있는 자동차의 수를 보여준다.

해설 앞에 나와있듯 신용보고서는 대출을 어떻게 상환할 것 같은지에 대한 평가로 사용 이력, 수입, 현재 기존의 대출이나 담보 대출이 있는지에 대한 여부와 같은 여러 요소를 고려한다는 것을(The company conducting this evaluation will take into account several factors, such as your credit history, how much you earn, and whether or not you currently have existing loans or mortgages) 통해 얼마나 책임감을 가지고 빌리는지에 대한 정보를 제공함으로써 자동차 대출을 받을 수 있게 도움을 줄 수 있다는 것을 알 수 있다. 따라서 (b)가 정답이다.

어휘 loan n. 대출금, 대여   responsibly ad. 책임감 있게   pay off v. 상환하다

49 세부사항　　정답 (d)

해석　화자는 왜 생명 보험에 가입하기를 권하는가?

(a) 업무 현장에서의 부상 가능성을 감소시키기 위해
(b) 대출 제공자의 상환 기회를 감소시키기 위해
(c) 신청한 대출의 규모를 증가시키기 위해
(d) 대출 승인을 받을 가능성을 증가시키기 위해

해설　화자가 생명 보험에 들기를 권하면서(the third step is to get disability insurance and life insurance), 대출 기관은 채무자가 다시 상환할 수 있다는 점을 확실히 하고 싶어하기에 보험을 드는 것이 자동차 담보대출이 승인되도록 하는 확실한 방법(Lenders want to make sure that the people they are lending money to will be able to pay them back, so getting these types of insurance is one sure way of getting your auto loan approved)이라고 언급하는 부분을 통해 (d)가 정답임을 알 수 있다.

어휘　workplace n. 업무 현장, 직장　injury n. 부상, 상처

50 추론　　정답 (c)

해석　왜 자동차 대리점에서 대리점 직접 융자를 받는 대신 은행에서 자동차 담보 대출을 받아야 할 것 같은가?

(a) 금리가 더 낮다.
(b) 신청 절차가 더 짧다.
(c) 숨겨진 비용의 위험이 더 낮다.
(d) 신청 과정이 더 쉽다.

해설　몇몇 자동차 대리점이 대리점 직접 융자를 제공하지만, 일부는 숨겨진 비용을 청구하는 것으로 알려져 있다(Although some car dealerships also offer in-house financing, some of them have been known to charge hidden fees)고 언급하며, 그것이 은행으로부터 자동차 담보대출을 받는 것이 더 나은 이유(it is often better to get an auto loan from a bank)라고 언급하는 부분을 통해 숨겨진 비용의 위험을 낮추기 위해 은행에서 대출을 받아야 한다는 것을 알 수 있다. 따라서 (c)가 정답이다.

어휘　interest rate n. 금리　fee n. 요금, 수수료

51 세부사항　　정답 (a)

해석　대출 담당자는 어떤 종류의 정보를 제공할 수 있는가?

(a) 얼마나 많은 돈을 빌려줄 수 있는지
(b) 누가 대출 서류들에 대해 접근 가능한지
(c) 어떤 종류의 차를 구매할 지
(d) 어디에 대출 신청서를 제출하는지

해설　대출 담당자는 여러분이 얼마를 빌릴 수 있는지, 이자율이 얼마나 청구될 것인지 대한 정보를 제공할 수 있다(as not only can officers give you information about how much you can borrow, and the interest rate at which you will be charged)고 언급하는 부분을 통해 (a)가 정답임을 알 수 있다.

어휘　approach v. 접근하다, 다가가다
document n. 서류, 문서
purchase v. 구매하다, 구입하다

52 추론　　정답 (d)

해석　어떻게 대출 신청이 승인될 가능성을 보장할 수 있는 것 같은가?

(a) 낮은 신용 등급을 보유함으로써
(b) 구매 가능한 차종을 선택함으로써
(c) 다수의 자동차 대리점에 방문함으로써
(d) 완전하고 진실된 정보를 제공함으로써

해설　앞서 대출 담당자에 질문에는 반드시 사실대로 답변해야 한다(Be sure to answer the loan officer's questions truthfully)고 언급하며, 신용 등급이 양호하고 모든 양식을 제대로 작성했다면 대출 승인이 보장된다(if your credit rating is good and you've filled out all the forms properly, then your loan is guaranteed to be approved)고 언급하는 부분을 통해 완전하고 진실된 정보를 제공하면 대출 승인이 보장될 것임을 알 수 있다. 따라서 (d)가 정답이다.

어휘　ensure v. 보장하다, 반드시 ~하게 하다
multiple a. 다수의, 많은
complete a. 완전한, 필요한 모든 것이 갖춰진

READING & VOCABULARY SECTION

PART 1

JANE GOODALL
제인 구달

Jane Goodall is a British primatologist known for her extensive research on chimpanzees. Starting from her first interaction with them in 1960, Goodall has conducted over 50 years of research on chimpanzees, and is widely considered to be the leading expert on the primates.

제인 구달은 침팬지에 관한 광범위한 연구로 유명한 영국의 영장류학자이다. 1960년에 침팬지들과의 첫 상호작용을 시작으로, 구달은 침팬지에 관한 50년 이상의 연구를 수행했으며, 영장류에 대한 선도적인 전문가로 널리 여겨지고 있다.

Valerie Jane Morris-Goodall was born on April 3, 1934 in London, England, to parents Margaret Myfanwe Joseph and Mortimer Herbert Morris-Goodall. As a child, she already showed a strong interest in animals by studying their actions and reading books about them. [53]Young Goodall was given a stuffed chimpanzee toy by her father, sparking her interest in the animal.

발레리 제인 모리스-구달은 1934년 4월 3일 영국의 런던에서 부모 마가렛 머반위 조셉과 모티머 허버트 모리스-구달 사이에서 태어났다. 어렸을 때, 그녀는 동물들의 행동을 연구하고 그들에 관한 책들을 읽음으로써 이미 동물들에 대한 강한 관심을 보였다. [53]어린 구달은 그녀의 아버지로부터 침팬지 봉제인형을 받았고, 이것은 그 동물에 대한 그녀의 관심을 불러일으켰다.

Goodall studied in Uplands Private School where she graduated in 1952. Wanting to continue her studies, she worked as a typist at Oxford University and had a part-time job at a London filmmaking company. [54]In 1957, Goodall was invited by a family friend to visit their farm in Kenya. There, another friend introduced her to the famed anthropologist, Louis Leakey. Goodall surprised Leakey with her knowledge of African wildlife, and became his secretary. She was eventually asked to accompany Leakey and his wife in hunting for fossils.

구달은 그녀가 1952년에 졸업한 업랜드 사립학교에서 공부했다. 학업을 더 이어가기를 원했던 그녀는 옥스퍼드 대학교에서 티이피스트로 일했고, 런던 영화제작사에서 시간제로 일했다. [54]1957년에, 구달은 가족 지인의 초대를 받아 케냐에 있는 그들의 농장을 방문했다. 그곳에서, 또 다른 친구가 그녀를 저명한 인류학자인 루이스 리키에게 소개시켜주었다. 구달은 그녀의 아프리카 야생동물에 관한 지식으로 리키를 놀라게 했고, 리키의 비서가 되었다. 그녀는 결국 화석을 수색하는 데 리키와 그의 아내와 동행해달라고 요청받았다.

[55]Leakey had long wanted to study the evolutionary relationship between primates and humans, and after recognizing Goodall's dedication toward fieldwork, he chose her to carry out this research. In spite of objections from Leakey's colleagues over her lack of formal training in zoology, Goodall set up camp in Gombe Stream National Park in Tanzania in July 1960.

[55]리키는 오랫동안 영장류와 인간 사이의 진화론적 관계를 연구하기를 원했고, 현장 연구에 대한 구달의 헌신을 알아본 뒤, 그는 이 연구를 수행할 사람으로 구달을 선택했다. 동물학에 대한 정규 교육이 부족하다는 데 대한 리키의 동료들의 반대에도 불구하고, 구달은 1960년 7월에 탄자니아에 있는 곰비 스트림 국립공원에 캠프를 차렸다.

Goodall visited the Tanzanian chimpanzees' feeding area daily even though the animals always stayed distant. It took two years before the chimpanzees finally [58]welcomed Goodall into their group. [56]With the chimps at ease with her company, she began making significant discoveries about their natural behavior. These included the chimpanzees performing social gestures such as embraces, eating both animals and plants, and having the capacity for tool-making, a skill that was previously thought to be exclusively human.

비록 침팬지들이 항상 그녀와 거리를 두었지만 구달은 탄자니아 침팬지의 먹이 장소에 매일 찾아갔다. 침팬지들이 마침내 구달을 그들의 무리로 [58]맞아주기까지 2년의 시간이 걸렸다. [56]침팬지들이 그녀와 함께 있는 것이 편안해지자, 그녀는 그들의 타고난 행동에 대한 중요한 발견들을 하기 시작했다. 이러한 것들은 포옹, 육식과 채식을 하는 것, 그리고 이전에는 오로지 인간적인 것이라고 여겨졌던 도구 제작 능력을 보유한 것과 같이 사교적인 동작을 하는 침팬지들을 포함했다.

[57]Criticisms resulted from Goodall's [59]unconventional methods of observation, particularly her emotional, rather than objective, relationship with the chimpanzees. Nonetheless, she gained respect within the scientific community for her innovations in primate studies. In 1977, Goodall established the Jane Goodall Institute for wildlife research and ecological conservation. She has also given lectures to raise awareness of habitat preservation, organized global conservation programs, and published numerous books about chimpanzees.

[57]구달의 [59]인습에 얽매이지 않는 관찰 방식, 특히 그녀의 객관적이기보다는 감정적인 침팬지와의 관계는 비판의 원인이 되었다. 그럼에도 불구하고, 그녀는 영장류 연구에 대한 그녀의 혁신으로 과학계에서 존경을 받았다. 1977년에, 구달은 야생동물 연구와 생태계의 보존을 위해 제인 구달 연구소를 설립했다. 그녀는 또한 서식지 보존에 대한 인식을 높이기 위한 강연을 했고, 국제 보존 프로그램을 조직했으며, 침팬지에 관한 수많은 책들을 출판했다.

어휘

primatologist n. 영장류학자 extensive a. 폭넓은, 광범위한 research n. 연구 interaction n. 상호작용 conduct v. 실시하다 widely ad. 널리 consider v. 여기다, 간주하다 leading a. 선도적인 expert n. 전문가 primate n. 영장류 already ad. 이미 interest n. 관심, 흥미 action n. 행동 stuffed toy n. 봉제인형 spark v. 촉발하다, 유발하다 graduate v. 졸업하다 continue v. 계속하다 typist n. 타이피스트(타자 치는 사람) invite v. 초대하다 visit v. 방문하다 introduce v. 소개하다 anthropologist n. 인류학자 surprise v. 놀라게 하다 knowledge n. 지식 wildlife n. 야생동물 secretary n. 비서 eventually ad. 결국, 마침내 ask v. 묻다; 요청하다 accompany v. 동행하다 hunt for v. 찾다, 수색하다 fossil n. 화석 evolutionary a. 진화의 relationship n. 관계 recognize v. 알아보다, 인정하다 dedication n. 헌신 fieldwork n. 현장 연구 carry out v. 수행하다 in spite of prep. ~에도 불구하고 objection n. 반대 colleague n. 동료 lack n. 부족, 결핍 formal a. 정식의, 공식적인, 정규적인 training n. 교육, 훈련 zoology n. 동물학 set up v. 설치하다 feeding area n. 먹이 장소 daily ad. 매일 even though conj. 비록 ~이지만 stay v. 머무르다 distant a. 떨어져 있는 finally ad. 마침내 welcome v. 환영하다, 맞이하다 at ease a. 걱정 없는, 마음이 편안한 company n. 함께 있음, 친구, 동행 significant a. 중요한 discovery n. 발견 natural a. 자연의, 타고난 behavior n. 행동 include v. 포함하다 perform v. 수행하다 social a. 사회적인, 사교적인 gesture n. 동작 embrace n. 포옹 v. 껴안다, 받아들이다 capacity n. 용량, 수용력 skill n. 기술 previously ad. 이전에 exclusively ad. 독점적으로, 오로지 criticism n. 비판 result from v. ~가 원인이다, ~에 기인하다 method n. 방식 observation n. 관찰, 관측 particularly ad. 특히 emotional a. 감정적인 rather than prep. ~라기보다는 objective a. 객관적인 nonetheless ad. 그럼에도 불구하고 gain v. 얻다 respect n. 존경, 존중 scientific community n. 과학계 innovation n. 혁신 establish v. 설립하다 ecological a. 생태계의 conservation n. 보존, 보호 lecture n. 강연 raise awareness of v. ~에 대한 인식을 높이다 habitat n. 서식지 preservation n. 보존, 유지, 보호 organize v. 조직하다 publish v. 출판하다 numerous a. 수많은

53 세부사항   정답 (c)

해석 침팬지에 대한 구달의 관심은 어떻게 시작했는가?

(a) 어린 나이에 침팬지의 행동을 관찰함으로써
(b) 업랜드 사립학교에서의 그녀의 조기 교육을 통해서
(c) 그녀의 아버지로부터 인형 형태의 침팬지를 받음으로써
(d) 동물들에 관한 책들을 읽는 것을 통해서

해설 두번째 단락에서 어린 구달이 그녀의 아버지로부터 침팬지 봉제인형을 받았고(The young Goodall was given a stuffed chimpanzee toy by her father), 이것이 그 동물에 대한 그녀의 관심을 자극했다(sparking her interest in the animal)는 내용이 언급되어 있으므로, 침팬지에 대한 구달의 관심은 아버지로부터 침팬지 인형을 받음으로써 시작되었다고 보는 것이 가장 적절하다. 따라서 정답은 (c)이다. 참고로 행동을 연구했다거나 책을 읽었다고 언급되고 있는 부분은 구달의 침팬지가 아닌 그 이전의 일반 동물에 대한 관심이다. 즉 침팬지의 행동을 관찰했다는 (a)는 본문의 내용과 맞지 않고, 동물들에 관한 책을 읽었다는 (d)의 경우 관심의 대상이 다르므로 답이 될 수 없다.

어휘 observe v. 관찰하다; 준수하다
through prep. ~을 통해서   receive v. 받다

54 세부사항   정답 (a)

해석 구달의 케냐 방문이 왜 그녀의 인생에서 중요한 전환점이었는가?

(a) 그녀의 방문은 그녀가 미래의 멘토와 만나게 하는 결과를 낳았다.
(b) 그녀의 방문은 화석을 수색하러 가는 초대라는 결과를 낳았다.
(c) 그녀의 방문은 그녀가 세번째 일자리를 얻을 수 있도록 했다.
(d) 그녀의 방문은 그녀가 친한 친구를 방문하도록 했다.

해설 세번째 단락에서 구달은 케냐에 가기 전까지 옥스퍼드 대학교와 런던 영화제작자에서 각각 타이피스트와 시간제 근무 등을 하다가 1957년에 케냐를 방문해서 루이스 리키를 소개받았다. 그 만남을 시작으로 구달이 영장류학자로서의 진로를 밝게 되었으니, 그녀가 리키라는 미래의 멘토를 만나게 한 케냐 방문이 그녀의 입장에서 인생의 전환점이 된 셈이다. 따라서 정답은 (a)이다. 나머지 보기의 경우 그녀가 케냐를 방문한 것과 직접적인 연관성이 떨어지므로 답으로 적절하지 않다.

어휘 visit v. 방문하다 n. 방문   important a. 중요한
turning point n. 전환점
result in v. ~을 야기하다, ~의 결과를 낳다
invitation n. 초대   allow v. 허락하다, 허용하다
close a. 가까운

55 세부사항   정답 (b)

해석 루이스 리키는 왜 구달이 그의 프로젝트에 있어 적임자였다고 믿었는가?

(a) 그녀는 경력과 인생에 있어 매우 체계적이었다.
(b) 그녀는 동물의 현장 연구에 정말로 헌신적이었다.
(c) 그녀는 이미 많은 다른 장소들을 돌아다녔었다.
(d) 그녀는 동물에 대해 많은 것을 알고 있었다.

해설 네번째 단락에서 리키는 영장류와 인간 사이의 진화론적 관계를 연구하기를 원했었고, 현장 연구에 대한 구달의 헌신을 알아본 뒤(after recognizing Goodall's dedication toward fieldwork) 이 연구를 수행할 사람으로 그녀를 선택했다(he chose her to carry out this research)고 언급되고 있으므로, 동물의 현장 연구에 정말로 헌신적이었던 모습으로 리키는 그녀가 그의 프로젝트에 대한 적임자라고 믿었다고 보는 것이 가장 적절하다. 따라서 정답은 (b)이다.

어휘 right a. 옳은
well-organized a. 잘 정돈된, (사람이) 매우 체계적인
career n. 경력
be committed to v. ~에 전념하다, 헌신하다

56 추론   정답 (b)

해석 구달은 어떻게 침팬지 행동의 정확한 관측을 할 수 있었을 것 같은가?

(a) 인간의 신호를 사용하여 그들과 소통함으로써
(b) 그들이 그녀가 있는 데서 자연스럽게 행동하게 만듦으로써
(c) 그들이 평소에 먹었던 음식을 먹음으로써
(d) 그들의 서식지와 멀리 떨어진 곳에 캠프를 차림으로써

해설 다섯번째 단락에서 침팬지들이 처음에는 구달을 멀리했으나 2년이 지난 뒤 구달과 함께 있는 것을 편하게 느끼면서(With the chimps at ease with her company) 구달이 그들의 타고난 행동에 대한 중요한 발견들을 하기 시작했다(she began making significant discoveries about their natural behavior)고 언급되고 있다. 이를 통해 구달이 처음에는 침팬지들과 가까이할 수 없어서 정확한 관측이 어려웠고, 시간이 지나 침팬지들이 그녀가 가까이 있는 데서도 자연스럽게 행동하게 됨에 따라 그녀의 침팬지 연구에 상당한 진전이 있었다고 추론할 수 있다. 따라서 정답은 (b)이다.

어휘
accurate a. 정확한
communicate with v. ~와 소통하다 signal n. 신호
naturally ad. 자연스럽게
presence n. (특정한 곳에) 있음, 존재함
commonly ad. 흔히, 보통

57 세부사항 정답 (d)

해설 곰비 스트림 국립공원에서의 구달의 연구에 대한 반대의 이유는 무엇이었는가?

(a) 그녀의 연구에서의 침팬지들이 너무 감정적이었다는 것
(b) 침팬지들이 인간과 너무 유사했다는 것
(c) 그녀가 침팬지들과 가까워지기까지 너무 많은 시간을 들였다는 것
(d) 그녀가 침팬지들에게 너무 감정적으로 애착을 가졌던 것

해설 여섯번째 단락의 첫번째 문장에서 특히 그녀의 객관적이기보다는 감정적인 침팬지와의 관계(particularly her emotional, rather than objective, relationship with the chimpanzees)는 비판(Criticisms)의 원인이 되었다는 내용을 통해 그녀가 침팬지들에게 너무 감정적으로 애착을 가졌던 것이 구달이 연구에 대한 반대의 이유로 가장 적절하다는 것을 알 수 있다. 따라서 정답은 (d)이다.

어휘 similar a. 유사한 attached a. 첨부된; 애착을 가진

58 어휘 정답 (a)

해설 해당 절의 문맥에서, welcomed는 ___을 의미한다.

(a) 받아들였다
(b) 환영했다
(c) 반대했다
(d) 배치시켰다

해설 밑줄 친 어휘의 welcomed는 '환영하다, 맞이하다'의 의미로 쓰이고 있다. 해당 어휘가 포함된 문장을 보면 '침팬지들이 처음에는 구달과 거리를 두었지만 2년이 지난 뒤에 침팬지 무리로 맞아주었다'고 나오고 있으므로, 문맥상으로는 '(가입 또는 합류)를 환영하다'라는 뜻으로 쓰인 것을 알 수 있다. 따라서 '받아들이다'라는 가장 유사한 의미인 (a) accepted가 정답이다. '(방문 또는 도착)을 환영하다'라는 의미의 (b) greeted의 경우 단어의 뜻만 고려하면 동의어가 될 수 있겠지만 문맥상 적절하지 않으므로 답이 될 수 없다.

59 어휘 정답 (c)

해설 해당 절의 문맥에서, unconventional은 ___을 의미한다.

(a) 인정받는
(b) 효과가 없는
(c) 흔치 않은
(d) 비정상적인

해설 밑줄 친 어휘의 unconventional은 해당 절에서 '인습에 얽매이지 않는'라는 의미로 쓰이고 있다. 즉 구달의 관찰 방식이 대부분의 사람들이 하는 방식과 다르다는 뜻이므로, 문맥상 '흔치 않은'이라는 가장 유사한 의미인 (c) unusual이 정답이다. '비정상적인'이라는 의미로 사용되는 (d) abnormal의 경우 보통의 범주를 벗어났다는 점에서 유사할 수 있지만 특히 그 방식이 안 좋을 때 사용되기 때문에, 문맥상 적절하지 않아 답이 될 수 없다.

Actual TEST 2

PART 2

SMART STICKER CAN DETECT SEXUAL ASSAULT IN REAL TIME

스마트 스티커는 실시간으로 성폭력을 감지할 수 있다

Sexual assault can now be prevented through mobile technology. Manisha Mohan, an Indian-American scientist and research assistant at the Massachusetts Institute of Technology, has invented a "smart device" that can detect the crime in real time.

성폭력은 이제 모바일 기술을 통해 예방될 수 있다. 인도계 미국인 과학자이자 메사추세츠 공과대학의 리서치 어시스턴트인 마니샤 모한은 실시간으로 범죄를 탐지할 수 있는 "스마트 장치"를 발명했다.

[60]Called the "Intrepid," the device is a thin sensor that can be attached like a sticker to any type of fabric, and can be worn on any part of one's clothing—from the hem of the pants to the inside of a bra. Intrepid is monitored by an accompanying smart phone application and is connected to a phone via Bluetooth.

[60]"인트레피드"라고 불리는 이 장치는 어떤 종류의 섬유에도 스티커처럼 부착할 수 있는 얇은 센서로 바지 자락부터 브래지어 안까지 옷의 어떤 부분에도 착용할 수 있다. 인트레피드는 함께 제공되는 스마트폰 애플리케이션에 의해서 감시되며 블루투스를 통해 전화기와 연결된다.

[61]Intrepid works by learning patterns such as how clothing articles are normally taken off by the user. Once the device senses that the user's clothing is being forcibly removed, a message will appear on the phone to confirm whether the wearer "consents" to the activity. If a response is not made within 30 seconds, the phone will automatically make a loud noise to [65]deter the "attacker." If this alarm is not deactivated within 20 seconds, [62]the phone will send a distress signal informing five emergency numbers of the user's current location, make a phone call to one of them, and even start recording audio.

[61]인트레피드는 의류 품목들이 어떻게 사용자에 의해 정상적으로 벗겨지는지와 같은 패턴을 학습함으로써 작동한다. 일단 장치가 사용자의 옷이 강제로 벗겨지고 있다고 감지하면, 착용자가 이러한 행동에 "동의하는지"를 확인하는 문자가 전화기에 나타난다. 만약 30초 이내에 대답이 안 나오면, 전화기는 "공격자"를 [65]단념시키기 위한 큰 소음을 자동으로 낸다. 만약 이 경고음이 20초 이내에 비활성화되지 않는다면, [62]전화기는 다섯 개의 비상연락번호에게 사용자의 현위치를 알려주는 위험 신호를 보내고, 그 번호들 중 하나에 전화를 걸며, 심지어 음성녹음까지 시작된다.

[63]The device has two modes: active and passive. In active mode, Intrepid senses forced action by detecting signals from the environment, and assumes that the wearer is unconscious or not in a position to fight back. In passive mode, which assumes that the user is conscious, the wearer can operate the application manually.

[63]이 장치에는 액티브와 패시브이라는 두 가지 모드가 있다. 액티브 모드에서는, 인트레피드가 주변 환경으로부터 신호들을 탐지하여 강요된 행동을 감지하고, 착용자가 무의식 중에 있거나 반격할 수 있는 처지가 아닐 것으로 추정한다. 사용자가 의식이 있다고 가정하는 패시브 모드에서는, 착용자가 애플리케이션을 수동으로 조작할 수 있다.

To create the "smart sticker," Mohan surveyed sexual assault survivors and asked around 70 volunteers to test the device on different kinds of clothing. Most of the participants said that the device is comfortable and not [66]invasive. Intrepid functions for up to two years, even if accidentally washed together with the clothing it is attached to.

"스마트 스티커"를 만들기 위해서, 모한은 성폭행 생존자들을 데리고 설문조사했고 약 70명의 자원봉사자들에게 각각 다른 종류의 옷을 입고 그 장치를 테스트해 보라고 요청했다. 대부분의 참여자들은 그 장치가 편하고 [66]걸리적거리지 않는다고 말했다. 그것이 부착되어 있던 의류가 실수로 세탁이 된다고 하더라도, 인트레피드는 최대 2년 동안 작동한다.

[64]Mohan's creation was inspired by her observations in Chennai, India, where women fear going to public places due to sexual attacks. "Instead of asking women to remain indoors, I think we should provide more safety for them," Mohan said hoping for women to feel safer in public.

[64]모한의 창작물은 인도의 첸나이에서 여성들이 성폭행 때문에 공공장소에 가는 것을 두려워한다는 점을 관찰함으로써 영감을 얻은 것이다. 모한은 "여성들에게 집안에 있으라고 하는 대신, 저는 우리가 그들을 위해 더 많은 안전을 제공해야 한다고 생각합니다"라고, 여성들이 공공장소에서 더 안심하기를 희망하며 말했다.

어휘

sexual assault n. 성폭력 prevent v. 막다, 예방하다 assistant n. 조수 invent v. 발명하다 device n. 기기, 장치 detect v. 탐지하다, 발견하다 crime n. 범죄 in real time ad. 실시간으로 intrepid a. 용감무쌍한, 두려움을 모르는 thin a. 얇은 sensor n. 센서, 감지기 attach v. 부착하다 fabric n. 섬유 clothing n. 의류 hem n. (옷의) 단 monitor v. 감시하다 accompanying a. 수반하는 article n. 기사; 개별 물품 normally ad. 보통, 정상적으로 take off v. 벗다; 이륙하다 sense v. 감지하다 forcibly ad. 강제로 remove v. 제거하다, 벗다 appear v. 나타나다 confirm v. 확인하다 consent v. 동의하나 activity n. 활동 response n. 반응, 응답 within prep. ~이내에 automatically ad. 자동으로 noise n. 소음 deter v. 단념시키다, 저지하다 deactivate v. 비활성화시키다

distress signal n. 조난 신호, 위험 신호 inform A of B v. A에게 B를 알리다 emergency n. 비상 current a. 현재의 location n. 위치 make a phone call to v. ~에게 전화를 걸다 record v. 녹화하다, 녹음하다 active a. 활동적인, 적극적인 passive a. 수동적인 forced a. 강요된, 강제된 environment n. (주변의) 환경 assume v. 추정하다 wearer n. 착용자 unconscious a. 의식이 없는, 무의식적인 conscious a. 의식이 있는, 의식적인 operate v. 조작하다, 작동시키다 manually ad. 수동으로 survey v. 설문조사를 하다 n. 설문조사 participant n. 참여자 comfortable a. 편안한 invasive a. 침해하는 function v. 기능하다, 작동하다 n. 기능 accidentally ad. 우연히, 뜻하지 않게 inspire v. 영감을 주다 remain v. ~인 채로 남아 있다 indoors ad. 실내에서 provide v. 제공하다 safety n. 안전

60 세부사항 정답 (d)

해석 "인트레피드"는 무엇인가?

(a) 스티커 장신구
(b) 스마트폰 앱
(c) 탈착이 불가능한 의류
(d) 얇은 탐지 장치

해설 두 번째 단락에서 "인트레피드"라고 불리는 장치라고 언급하면서 "얇은 감지기(a thin sensor)"라고 소개하고 있으므로, 인트레피드는 얇은 탐지 장치라고 하는 것이 가장 적절하다. 따라서 정답은 (d)이다.

어휘 accessory n. 장신구 irremovable a. 탈착이 불가능한 slim a. 얇은

61 세부사항 정답 (a)

해석 인트레피드는 언제 의류가 강압에 의해 벗겨지는지를 어떻게 아는가?

(a) 사용자가 옷을 벗는 방식의 변화를 감지함으로써
(b) 앱으로부터 강제된 행동에 관한 데이터를 받음으로써
(c) 인트레피드가 의류로부터 탈착됨으로써
(d) 블루투스 연결을 통해 사용자에 의해 알려짐으로써

해설 세번째 단락에서 인트레피드는 사용자가 옷을 정상적으로 벗는 패턴을 학습하여 작동한다고 했고, 이어서 강제로 벗겨지고 있음을 감지하면(Once the device senses that the user's clothing is being forcibly removed) 그때 사용자의 핸드폰으로 동의 문자를 나타낸다고 했다. 즉 인트레피트는 평소 사용자의 의상 탈의 패턴을 학습한 것을 토대로 사용자가 옷을 벗는 방식의 변화를 감지하는 식으로 옷이 강제로 벗겨지는 때를 알 수 있는 것이다. 따라서 정답은 (a)이다.

어휘 **by force** ad. 강압에 의해, 강제로 **undress** v. 옷을 벗다 **detach** v. 떼다, 분리하다
alert v. 위험을 알리다 a. 기민한, 경계하는

62 세부사항   정답 (c)

해석 사용자의 모든 비상연락망은 무엇을 수신받는가?

(a) 비상연락망 핸드폰으로부터의 위험 경보
(b) 사용자 행동의 음성 녹음
(c) 사용자의 위치
(d) 사용자의 도움 요청 전화

해설 세번째 단락의 마지막 문장에서 전화기는 다섯 개의 비상연락번호로 사용자의 현위치를 알려주는 위험 신호를 보낸다(the phone will send a distress signal informing five emergency numbers of the user's current location)고 했다. 즉 비상연락망은 사용자의 위치를 수신받는다고 하는 것이 가장 적절하므로, 정답은 (c)이다.

어휘 **recording** n. 녹음, 기록

63 추론   정답 (a)

해석 인트레피드가 수동 모드로 설정될 때 무엇을 할 것 같은가?

(a) 사용자에 가해지는 "강요된 행동"을 무시하기
(b) 사용자가 인지된 폭행에 맞서 싸우는 것을 돕기
(c) 사용자가 환경을 계속 의식하도록 하기
(d) 폭행이 벌어지는 동안 자동으로 경보를 보내기

해설 패시브 모드(passive mode)라는 키워드가 언급된 네번째 단락에서 인트레피드가 패시브 모드로 설정되었을 때의 작동 방식을 추론하는 문제이다. 두 모드를 비교했을 때, 액티브 모드에서 인트레피드는 '강요된 행동을 감지(senses forced action)'하고, 사용자가 무의식 중에 있는 상태임을 가정하는 반면 패시브 모드에서는 사용자가 의식이 있고 애플리케이션을 수동으로 조작할 수 있다(can operate the application manually)고 했다. 즉 인트레피드가 강요된 행동을 자동으로 감지하는 액티브 모드와 달리 패시브 모드에서는 수동 조작이 가능하기 때문에 강요된 행동을 무시하는 것이 가능하다고 추론할 수 있다. 따라서 정답은 (a)이다. 인지된 폭행에 맞서 싸우는 것을 돕는 것, 사용자가 환경을 계속 의식하도록 하는 것, 폭행이 벌어지는 동안 자동으로 경보를 보내는 것 등을 언급하고 있는 나머지 보기의 경우 모두 액티브 모드와 어울리므로 답이 될 수 없다.

어휘 **ignore** v. 무시하다 **perceived** a. 인지된
aware a. 알고 있는

64 세부사항   정답 (b)

해석 마니샤 모한은 왜 인트레피드를 만드는 데 영감을 얻었는가?

(a) 그녀 스스로 다시 폭행을 당하는 것으로부터 막기 위해
(b) 인도의 여성들에게 이동할 수 있는 자유를 주기 위해
(c) 인도에 있는 공공장소를 홍보하기 위해
(d) 인도의 여성들이 평화롭게 잠을 자는 것을 허용하기 위해

해설 모한이 인트레피드를 만드는 데 영감을 얻은 이유를 묻는 문제로, 모한의 창작물이 영감을 얻었다(Mohan's creation was inspired)는 내용이 주어져 있는 마지막 단락에서 정답의 단서를 찾는다. 해당 단락에서 여성들이 성폭행 때문에 공공장소에 가는 것을 두려워한다(women fear going to public places due to sexual attacks)는 점을 관찰하여 인트레피드 개발의 영감을 얻었다고 했으므로, 인도의 여성들에게 공공장소를 거닐 수 있는 자유를 주기 위함이 이유로 가장 적절하다. 따라서 정답은 (b)이다.

어휘 **promote** v. 홍보하다 **peacefully** ad. 평화롭게

65 어휘 정답 (d)

해석: 해당 절의 문맥에서, deter는 ___을 의미한다.

(a) 알리다
(b) 동기부여하다
(c) 잡다
(d) 낙담시키다

해설: 밑줄 친 어휘의 deter는 해당 절에서 '단념시키다'라는 의미로 쓰이고 있다. 문맥상 동작이나 행위를 하는 것에 대한 의욕을 떨어뜨리는 것과 같은 어휘가 적절하다. 따라서 '낙담시키다'라는 가장 유사한 의미인 (d) discourage가 정답이다.

66 어휘 정답 (c)

해석: 해당 절의 문맥에서, invasive는 ___을 의미한다.

(a) 보이는
(b) 편리한
(c) 불편한
(d) 쓸모없는

해설: 밑줄 친 어휘의 invasive는 해당 절에서 '걸리적거리는'이라는 의미로 쓰이고 있다. 문맥상 불편함을 유발하거나 방해가 되는 것과 같은 어휘가 적절하므로, '불편한'이라는 가장 유사한 의미인 (c) disturbing이 정답이다.

PART 3

ROSETTA STONE
로제타석

[67]The Rosetta Stone is a stone tablet that contains a decree testifying to the rule of the Egyptian king, Ptolemy V. Written in two languages and in three scripts, the artifact has been important to the modern understanding of Egyptian scripts.

[67]로제타석은 이집트의 왕인 프톨레마이오스 5세의 통치를 증언하는 법령이 담겨 있는 석판이다. 두 개의 언어와 세 개의 문자로 쓰여진 이 인공물은 이집트 문자의 현대적 이해에 중요해왔다.

Carved in 196 B.C., the Rosetta Stone was a *stele*, an upright stone tablet, passed by a council of priests for public display as a tribute to the pharaoh, King Ptolemy V. [68]The same text was written on the stone in three scripts: at the top is *hieroglyphic*, the script for important and religious documents; in the middle is *demotic*, the common cursive script for daily purposes; and at the bottom is ancient Greek, the language of the ruling class.

기원전 196년에 새겨진, 로제타석은 파라오인 프톨레마이오스 5세 왕에게 바치는 공물로 제사장 회의에서 공개적으로 전시하기 위해 통과된 '석비', 즉 수직으로 세워진 석판이었다. [68]똑같은 문장이 돌 위에 세 가지 문자로 적혀 있었는데, 상단에는 중요하고 종교적인 문서에 쓰이는 문자 '신성문자'로, 중단에는 일상용의 보통 필기체인 '민중문자'로, 그리고 하단에는 지배 계급의 언어인 고대 그리스어로 되어 있었다.

The stele was discovered by Pierre-Francoise Bouchard on July 19, 1799, near Rashid, a small village in the Nile Delta. "Rosetta," the Western translation of "Rashid," was used to refer to the stone tablet. [69]The Rosetta Stone has an [72]irregular shape, being fragmented at its upper and lower portions. Furthermore, none of the inscriptions are complete. There are just 14 lines in hieroglyphics, 32 lines in demotic, and 54 lines in Greek.

이 석비는 1799년 7월 19일에 나일강 삼각주에 있는 작은 마을인 라시드 근처에서 피에르-프랑수아 부샤르에 의해 발견되었다. "라시드"의 서양식 번역인 "로제타"는 이 석판을 지칭하기 위해 사용되었다. [69]로제타석은 [72]고르지 못한 모양을 띠며, 상부와 하부 부분이 깨져 있다. 게다가, 어떤 비문도 완전하지 않다. 신성문자로 14줄, 민중문자로 32줄, 그리고 그리스어로 54줄에 불과하다.

Many experts tried to [73]decipher the meaning of the Egyptian scripts on the Rosetta Stone, but the task proved to be difficult despite a surviving knowledge of the Greek language. Major advances came with the works of scholars Thomas Young and Jean-Francois Champollion. [70]In 1814, Young found similarities between the demotic and hieroglyphic scripts and identified the direction in which they should be read. In 1821, Champollion, who was fluent in Greek and Coptic (Egyptian), continued Young's work and completed a list of Greek translations of the Egyptian symbols.

많은 전문가들은 로제타석에 있는 이집트 문자들의 의미를 [73]해독하려고 노력했지만, 그 일은 그리스어 지식이 남아 있음에도 불구하고 어려운 일임이 드러났다. 학자인 토머스 영과 장-프랑수아 샹폴리옹의 활동으로 큰 진전이 있었다. [70]1814년에, 영은 민중문자와 신성문자 사이의 유사성을 발견했고, 그것들이 읽혀져야 하는 방향을 알아냈다. 1821년에는, 그리스어와 콥트어(이집트어)에 능통했던 샹폴리옹이 영의 연구를 계속 이어갔고 이집트 상징들에 대한 그리스어 번역문 목록을 완성했다.

When the French troops in Egypt were defeated in 1801, the Rosetta Stone was transferred to the British Museum in London. It has been displayed there since then, except for a brief period during World War I. Although earlier Ptolemaic decrees and other multilingual Egyptian inscriptions have been discovered, [71]the Rosetta Stone remains the original key to unlocking the world of the ancient Egyptian civilization.

1801년에 이집트에 주둔하던 프랑스군이 패배했을 때, 로제타석은 런던의 대영박물관으로 이송되었다. 로제타석은 제1차 세계 대전 중 잠깐을 제외하면 옮겨진 이래로 계속 그곳에 전시되어왔다. 비록 초기 프톨레마이오스 왕조의 법령들과 다국어로 된 다른 이집트 비문들이 발견되어 오기는 했지만, [71]로제타석은 고대 이집트 문명의 세계를 연 최초의 열쇠로 남아 있다.

어휘

stone tablet n. 석판 contain v. ~이 들어있다 decree n. 법령 testify v. 증언하다 rule n. 통치, 지배 script n. 대본, 글씨, 문자 artifact n. 인공품 important a. 중요한 modern a. 현대의 understanding n. 이해 Egyptian n. 이집트어, 이집트 사람 a. 이집트의 carve v. 조각하다, (글씨를) 파다, 새기다 stele n. 석비 upright a. 수직으로 세워 둔 pass v. 건네주다 council n. 의회 priest n. 사제 display n. 전시 v. 전시하다 tribute n. 헌사, 찬사, 공물 hieroglyphic n. 신성문자, 상형문자 religious a. 종교적인 demotic n. 민중문자 common a. 보통의, 흔한 cursive a. 필기체의 for daily purposes ad. 일상적 용도로 bottom n. 하단, 밑바닥 ancient a. 고대의 Greek n. 그리스어 ruling a. 지배하는 class n. 계급 discover v. 발견하다 village n. 마을 translation n. 번역 refer to v. 가리키다 irregular a. 고르지 못한, 울퉁불퉁한, 불규칙한 fragment v. 산산이 부수다 n. 조각, 파편 upper a. 위쪽의 lower a. 아래쪽의 v. 내리다, 낮추다 portion n. 부분 furthermore ad. 게다가 inscription n. 비문, 새겨진 글 complete a. 완전한 expert n. 전문가 decipher v. 해독하다, 판독하다 meaning n. 의미 task n. 일, 과업 prove v. 입증되다 difficult a. 힘든, 어려운 despite prep. ~에도 불구하고 surviving a. 살아 남은, 잔존한 knowledge n. 지식 major a. 주요한 advance n. 발전, 진보 scholar n. 학자 similarity n. 유사성 identify v. 알아내다 direction n. 방향 fluent a. 유창한 Coptic n. 콥트어 continue v. 계속하다 symbol n. 상징 troop n. 병력, 군대 defeat v. 패배시키다 n. 패배 transfer v. 옮기다, 이동하다 since then ad. 그때 이후로 except for prep. ~을 제외하고 although conj. ~에도 불구하고 multilingual a. 여러 언어로 쓰여진 original a. 원래의, 본래의 unlock v. 열다, 드러내다 civilization n. 문명

67 세부사항   정답 (a)

해석 로제타석의 본래 기능은 무엇인가?

(a) 왕위의 보증서 역할을 하는 것
(b) 이집트 통치자의 초상화를 보여주는 것
(c) 평범한 이집트인의 삶을 묘사하는 것
(d) 고대 문서 번역을 돕는 것

해설 첫번째 단락에서 로제타석은 이집트의 왕인 프톨레마이오스 5세의 통치를 증언하는 법령이 담겨 있는 석판이라고 언급되고 있다. 즉 프톨레마이오스 5세의 재위 시기를 기록으로서 보증하는 역할로 보는 것과 같으므로, 로제타석의 본래 기능은 왕위의 보증서라고 보는 것이 가장 적절하다. 따라서 정답은 (a)이다.

어휘 serve as v. ~의 역할을 하다 royal a. 왕위의, 황실의 testimonial n. 증명서, 기념물 portrait n. 초상화, (상세한) 묘사 depict v. 묘사하다 translate v. 번역하다

68 추론 정답 (b)

해석 석비가 세 개의 문자로 쓰여진 이유가 무엇일 것 같은가?

(a) 특정 문자를 읽을 수 없던 사람들을 알아보기 위해
(b) 각기 다른 사회 분야들이 석비에 공감할 수 있도록
(c) 프톨레마이오스 5세 왕이 세 개의 문자를 읽을 수 있었기 때문에
(d) 사제 평의회의 요구사항을 만족시키기 위해

해설 질문의 키워드인 석비(stele)가 주어져 있는 두번째 단락을 통해 세 개의 문자가 쓰여진 이유를 추론한다. 석비에는 똑같은 문장이 세 가지 문자로 기록되어 있었으며, 중요하고 종교적인 문서에 쓰이는 신성문자, 일반인들이 볼 수 있는 민중문자, 그리고 지배 계급의 언어인 고대 그리스어로 적혀 있다고 나와 있다. 즉 신성문자, 민중문자, 고대 그리스어를 볼 줄 아는 사람들이라면 모두 석비를 읽는 것이 가능하다고 추론할 수 있으므로 각기 다른 사회 부문들이 석비에 공감하게 하는 것이 그 이유로 가장 적절하다. 따라서 정답은 (b)이다.

어휘 reason n. 이유, 원인 certain a. 특정한; 틀림없는
sector n. 구역, (활동) 분야 relate to v. ~에 공감하다
satisfy v. 만족시키다 requirement n. 요구사항

69 추론 정답 (d)

해석 왜 로제타석에 불완전한 문자들이 들어있는 것 같은가?

(a) 프랑스 병사들에 의해 손상을 당했기 때문에
(b) 애초에 완료되지 않았기 때문에
(c) 그리스어와 이집트어로 나뉘었기 때문에
(d) 글을 담고 있던 부분들이 없어졌기 때문에

해설 로제타석에 불완전한 문자들이 들어있는 이유를 추론하는 문제이므로 비문들이 모두 완전하지 않다(none of the inscriptions are complete)는 내용이 언급되어 있는 세번째 단락에서 답의 근거를 찾는다. 해당 부분의 앞 절을 보면 로제타석이 불규칙한 모양을 띠며(The Rosetta Stone has an irregular shape) 상부와 하부 부분이 깨져 있다(being fragmented at its upper and lower portions)고 언급되어 있다. 즉 글이 적혀 있던 쪽이 군데군데 깨져버려서 없어졌다는 추론이 가능하다. 따라서 정답은 (d)이다.

어휘 incomplete a. 불완전한
damaged a. 파손된, 손상을 입은 finish v. 끝내다
divide v. 나누다, 분할하다 missing a. 잃어버린, 없어진
hold v. 담다, 열다, 개최하다 writing n. 글

70 세부사항 정답 (b)

해석 로제타석의 내용을 해독하는 데 있어 장애물은 무엇이었는가?

(a) 어느 누구도 고대 그리스어를 읽는 법을 몰랐다.
(b) 어느 누구도 문자를 어디서부터 읽어야 할지를 알지 못했다.
(c) 문자들이 유사성을 보이지 않았다.
(d) 로제타석이 세 개의 각각 다르고 관련이 없는 글을 담고 있었다.

해설 네번째 단락에서 토머스 영이 민중문자와 신성문자 사이의 유사성을 발견했고, 그 문자들이 읽혀져야 하는 방향을 알아냈다(identified the direction in which they should be read)고 언급된 부분을 통해, 그 전에는 로제타석의 문자들이 어디서부터 읽혀져야 할지 알지 못했던 것이 문자 해독에 있어 장애물이었을 것이다. 따라서 정답은 (b)이다.

어휘 obstacle n. 장애물 decode v. 해독하다
unrelated a. 관련이 없는

71 세부사항 정답 (a)

해석 기사에 따르면, 로제타석의 유산은 무엇인가?

(a) 이집트 문자를 읽고 쓸 수 있게 한 석비가 된 것
(b) 프톨레마이오스 왕조로부터 나온 단 하나의 잔존한 법령이 된 것
(c) 고대 이집트로부터 발견된 단 하나의 문서가 된 것
(d) 대영박물관에 가장 오래 전시된 물체가 된 것

해설 다섯번째 단락의 마지막 문장에서, 로제타석은 고대 이집트 문명의 세계를 연(unlocking the world of the ancient Egyptian civilization) 최초의 열쇠라고 언급되고 있다. 즉 로제타석은 이집트 문명의 발달, 다시 말해 읽고 쓰는 것을 가능하게 한 석비로서 그 의미가 있는 것이다. 따라서 정답은 (a)이다.

어휘 legacy n. 유산 allow v. 허용하다, 허락하다
literacy n. 읽고 쓰는 능력 dynasty n. 왕조
object n. 물체

72 어휘   정답 (d)

해석 해당 절의 문맥에서, irregular는 ___을 의미한다.

(a) 부자연스러운
(b) 고풍스러운
(c) 부드러운
(d) 고르지 않은

해설 밑줄 친 어휘의 irregular는 '고르지 않은', '울퉁불퉁한' 등의 의미로 사용된다. 해당 어휘가 사용된 분상에서는 로제타석의 모양이 고르지 못하고 상부와 하부 부분이 깨져 있다고 언급되고 있으므로, '고르지 않은'이라는 같은 의미인 (d) uneven이 정답이다. '부자연스러운'의 의미로 사용되는 (a) unnatural의 경우 로제타석이 고르지 않고 부분적으로 깨져 있다는 내용으로는 이 상태가 부자연스러운지에 대해 판단할 수 없으므로 (a)는 답이 될 수 없다.

73 어휘   정답 (c)

해석 해당 절의 문맥에서, decipher는 ___을 의미한다.

(a) 설명하다
(b) 복제하다
(c) 통역하다
(d) 복원하다

해설 밑줄 친 어휘의 decipher는 해당 문장에서 '해독하다'의 뜻으로 쓰이고 있으므로, 문맥상 번역하는 행위와 같은 어휘가 적절하다. 따라서 '통역하다'라는 가장 유사한 의미인 (c) interpret가 정답이다. (d) restore의 경우 '복원하다'의 뜻으로 쓰이며, 상태가 나쁜 것을 원래의 상태로 되돌린다는 의미이므로 문맥상 적절하지 않다.

PART 4

Megan Ford
Executive Director
Blythe Lane Sports Complex

메간 포드
전무 이사
블라이스 레인 스포츠 단지

Dear Ms. Ford:
포드씨께

Greetings! I am contacting you on behalf of *Team-Z*, a television show that features the latest in sports news. [76]We currently air on Saturday evenings as part of Sports Unlimited, the sports broadcasting division of JRO. On its third season of production, *Team-Z* is highlighting universities for its second episode, and will be featuring athletes from Queen Madison University. [74]We would like to ask for permission to shoot and interview the QMU hockey team during their training session at the Queen Madison Sports Complex on Saturday, August 26, from 1:00 to 5:00 p.m.

안녕하십니까! 최신 스포츠 뉴스를 특집으로 전하는 텔레비전 프로그램 「팀-지」를 대표하여 연락드립니다. [76]저희는 현재 토요일 저녁마다 JRO의 스포츠 방송 부서인 스포츠 언리미티드의 일원으로서 방송을 하고 있습니다. 세번째 시즌 제작에 들어가며, 「팀-지」는 2화에서 대학들을 집중 조명하고 있으며, 퀸 매디슨 대학교 출신의 운동선수들이 나올 것입니다. [74]저희는 8월 26일 토요일 오후 1시에서 5시까지 퀸 매디슨 스포츠 단지에서 QMU 하키팀의 훈련 시간 동안 팀을 촬영하고 인터뷰하기 위한 허가를 요청하고 싶습니다.

Our production staff will [79]conduct a profile interview with the team captain, Mr. Pecknold, and document the team's training. We have already contacted their coaches, Coaches Daley and Stevenson, and have received permission to proceed with the project. [75]Although we will provide the necessary equipment for the shoot, we will require the assistance of venue personnel with our setup inside the premises.

저희 제작진은 팀의 주장인 펙놀드 군과 함께 프로필 인터뷰를 [79]실시할 것이며, 하키 팀의 훈련을 기록할 것입니다. 저희는 이미 선수들의 코치인 데일리 코치와 스티븐슨 코치에게 연락을 취했고, 프로젝트를 진행해도 된다는 허가를 받았습니다. 75비록 저희가 촬영을 위해 필요 장비를 제공하겠지만, 건물 내부에서 저희의 설치에 대해 현장 직원의 도움을 요청할 것입니다.

76Sports Unlimited's programming primarily provides coverage of the country's professional sports leagues. Its program lineup consists of interviews and commentaries as well as sports-related programs and news coverage simultaneously broadcast from JRO. The *Team-Z* episode that we hope to shoot is scheduled to air on September 2. 77The venue will be given proper acknowledgement during the beginning credits of the episode.

76스포츠 언리미티드의 방송 프로는 국내 프로 스포츠 리그들의 보도를 주로 제공합니다. 프로그램 구성은 JRO에서 동시에 방송되는 스포츠 관련 프로그램 및 뉴스 보도뿐만 아니라 인터뷰와 해설로도 구성되어 있습니다. 저희가 촬영하기를 희망하는 「팀-지」 에피소드는 9월 2일에 방영될 예정입니다. 77해당 에피소드의 크레디트가 나오는 동안 장소 협찬에 대한 적절한 감사의 말이 나올 것입니다.

78We are hoping you can accommodate our request at least one day before the shooting date itself to give the production team 80adequate time to make appropriate preparations. Thank you very much.

78제작팀에게 적절하게 준비할 수 있는 80충분한 시간을 줄 수 있도록 최소 촬영일 하루 전에 우리의 귀하께서 저희의 요청을 수용해주시기를 희망합니다. 대단히 감사합니다.

Sincerely yours,
진심을 담아,

Kirsty Fine

Kirsty Fine
Researcher
Team-Z
커스티 파인
연구원
팀-지

어휘

on behalf of prep. ~을 대신해서 feature v. ~을 특집으로 하다, ~가 출연하다 n. 특징, 특집 기사(프로) latest a. 최신의 n. 최신 소식 currently ad. 현재 air v. 방송하다 broadcasting n. 방송 division n. 부서 production n. 제작 highlight v. 강조하다, 집중 조명하다 athlete n. 운동선수 ask for v. 요청하다 permission n. 허가 shoot n. 촬영 v. 촬영하다 training session n. 훈련 시간 conduct v. 실시하다 document v. 기록하다, 다큐멘터리 프로로 하다 already ad. 이미 contact v. 연락하다, 접촉하다 receive v. 받다 proceed v. 진행하다 although conj. ~에도 불구하고 provide v. 제공하다 necessary a. 필수적인 equipment n. 장비 require v. 요구하다 assistance n. 도움, 지원 venue personnel n. 현장 직원 setup n. 설치 premise n. 부지, 구내 programming n. 방송 프로 primarily ad. 주로 coverage n. 보도 professional a. 전문적인 lineup n. 구성, (방송) 예정표 consist of v. ~로 구성되어 있다 commentary n. 해설 as well as prep. ~뿐만 아니라 related a. 관련된 simultaneously ad. 동시에 broadcast v. 방송하다 be scheduled to V v. ~하기로 예정되어 있다 venue n. 장소, 현장 proper a. 적절한 acknowledgement n. 인정, 감사, 감사의 말 credit n. 크레디트(방송 제작에 도움을 제공한 자에 대한 경의표시 자막) accommodate v. (공간을) 제공하다, (의견 등을) 수용하다 request n. 요청 v. 요청하다 at least ad. 최소한, 적어도 adequate a. 충분한, 적절한 appropriate a. 적절한 preparation n. 준비

74 주제/목적 정답 (c)

[해석] 커스티 파인은 왜 메간 포드에게 편지를 쓰는가?

(a) 하키 훈련을 위한 장소를 예약하기 위해
(b) 대학 하키 팀을 승인하기 위해
(c) 프로그램 촬영 승인을 요청하기 위해
(d) 그녀의 스포츠 종합단지와 제휴하기 위해

[해설] 첫번째 단락 마지막 문장에서 하키팀을 촬영하고 인터뷰할 수 있도록 허가를 요청하고 싶다(We would like to ask for permission to shoot and interview the QMU hockey team)는 내용이 언급되고 있으므로, 정답은 (c)이다.

[어휘] reserve v. 예약하다 endorse v. 지지하다, 승인하다 approval n. 승인 partner up with v ~와 제휴하다 sports complex n. 스포츠 종합단지

75 세부사항   정답 (b)

해석 제작팀은 무엇에 대해 현장 직원의 도움이 필요할 것인가?

(a) 팀의 코치와 상호작용하기
(b) 촬영 장비를 설치하기
(c) 적합한 촬영 현장을 제공하기
(d) 팀의 주장을 기록하기

해설 두번째 단락의 마지막 줄에서 제작팀이 촬영을 위해 필요 장비를 제공하겠지만(Although we will provide the necessary equipment for the shoot) 저희의 설치에 대해 현장 직원의 도움을 요청할 거라는(we will require the assistance of venue personnel with our setup) 내용이 언급되고 있으므로, 정답은 (b)이다.

어휘 interact with v. ~와 상호작용하다 set up v. 설치하다 suitable a. 적합한, 적절한 shooting site n. 촬영 장소

76 추론   정답 (d)

해석 JRO는 무엇일 것 같은가?

(a) 라디오 프로그래밍 회사
(b) 스포츠 간행물
(c) 프로 스포츠 리그
(d) 텔레비전 방송사

해설 JRO가 무엇인지를 추론하는 문제로, 해당 키워드가 언급된 단락에서 추론 근거를 찾는다. 첫번째 단락에서 스포츠 언리미티드는 JRO의 스포츠 방송 부서(the sports broadcasting division of JRO)라고 언급되었고, 세번째 단락에서도 스포츠 언리미티드의 방송 프로 구성에는 JRO에서 동시에 방송되는 스포츠 관련 프로그램 및 뉴스 보도뿐만 아니라 인터뷰와 해설도 포함되어 있다(Its program lineup consists of interviews and commentaries as well as sports-related programs and news coverage simultaneously broadcast from JRO)는 내용도 있는 것으로 보아 JRO는 텔레비전 방송사라고 추론하는 것이 가장 적절하다. 따라서 정답은 (d)이다.

어휘 publication n. 출판, 출판물, 간행물

77 세부사항   정답 (b)

해석 파인은 요청에 대한 포드의 승인에 어떻게 보답할 것인가?

(a) 촬영 자체에 그녀를 출연시킴으로써
(b) 에피소드 내에 그 장소를 크레디트에 올림으로써
(c) 그녀에게 방영된 에피소드의 사본을 줌으로써
(d) 그녀를 하키팀과 만나게 해줌으로써

해설 세번째 단락의 마지막 줄에서 해당 에피소드의 크레디트가 나오는 동안 칭소 협찬에 대한 적절한 감사의 말이 나온다고(The venue will be given proper acknowledgement during the beginning credits of the episode) 언급되고 있으므로, 정답은 (b)이다.

어휘 repay v. 보답하다, 갚다 approval n. 승인

78 추론   정답 (d)

해석 제작이 제대로 진행되기 위해 무엇이 되어져야 할 것 같은가?

(a) 촬영을 하루 전체로 연장하기
(b) 필요 장비를 준비하기
(c) 에피소드의 방영일을 미루기
(d) 요청이 일찍 승인되도록 하기

해설 네번째 단락에서 제작팀에게 적절하게 준비할 수 있는 충분한 시간을 줄 수 있도록(to give the production team adequate time to make appropriate preparations) 최소 촬영일 하루 전에 요청을 수용해주시기를 희망한다(We are hoping you can accommodate our request at least one day before the shooting date itself)는 내용이 언급되고 있으므로, 정답은 (d)이다.

어휘 postpone v. 미루다, 연기하다 approve v. 승인하다

79 어휘   정답 (c)

해석) 해당 절의 문맥에서, conduct는 ___을 의미한다.

(a) 경기하다
(b) 사용하다
(c) 하다
(d) 고용하다

해설) 밑줄 친 어휘의 conduct는 해당 절에서 '실시하다'의 의미로 쓰이고 있다. 특히 설문 조사나 실험, 인터뷰와 같은 특정한 활동을 할 때 해당 동사가 쓰이며, 주어진 문맥과 같이 '인터뷰를 하다'의 표현이 가능해야 하므로, '~을 하다'의 의미로 쓰이는 (c) do가 정답이다. (a) play의 경우 어울리는 목적어에 따라 '경기하다' 외에 '공연하다', '역할을 하다' 등 '~을 하다'와 같은 다양한 해석이 가능하지만, 인터뷰를 목적어로 취하기에는 적절하지 않다. 따라서 (a)는 답이 될 수 없다.

80 어휘   정답 (a)

해석) 해당 절의 문맥에서, adequate는 ___을 의미한다.

(a) 충분한
(b) 오래 계속되는
(c) 참을 수 있는
(d) 제한된

해설) 밑줄 친 어휘의 adequate는 해당 절에서 '충분한'의 의미로 쓰이고 있으므로, 보기 중 '충분한, 적절한'으로 같은 의미인 (a) enough가 정답이다.

실전 기출유형

G-TELP
General Tests of English Language Proficiency

ACTUAL TEST 3

GRAMMAR SECTION
LISTENING SECTION
READING & VOCABULARY SECTION

ACTUAL TEST 3

실전 기출유형

GRAMMAR

01	02	03	04	05	06	07	08	09	10
(d)	(a)	(d)	(a)	(c)	(b)	(a)	(b)	(c)	(a)
11	12	13	14	15	16	17	18	19	20
(d)	(d)	(b)	(d)	(a)	(c)	(b)	(a)	(b)	(d)
21	22	23	24	25	26				
(c)	(b)	(c)	(d)	(a)	(c)				

LISTENING

27	28	29	30	31	32	33
(a)	(c)	(d)	(b)	(c)	(d)	(a)
34	35	36	37	38	39	
(b)	(a)	(c)	(d)	(b)	(a)	
40	41	42	43	44	45	
(a)	(d)	(b)	(c)	(a)	(d)	
46	47	48	49	50	51	52
(c)	(b)	(a)	(d)	(a)	(c)	(b)

READING & VOCABULARY

53	54	55	56	57	58	59
(b)	(d)	(c)	(b)	(a)	(c)	(a)
60	61	62	63	64	65	66
(d)	(a)	(d)	(c)	(b)	(c)	(a)
67	68	69	70	71	72	73
(c)	(b)	(b)	(d)	(a)	(b)	(c)
74	75	76	77	78	79	80
(b)	(a)	(c)	(a)	(b)	(d)	(b)

GRAMMAR SECTION

01 조동사 조동사 should 생략   정답 (d)

해석 조셉은 그의 첫 편집 기사가 단지 몇 가지 수정사항만을 받아서 안도했다. 그는 그의 상관이 비관습적인 주제 때문에 그가 전체 원고를 폐기해야 한다고 요구했을 것이라는 사실에 걱정했었다.

해설 demand(요구하다)와 같이 주장, 명령, 제안, 요구를 나타내는 동사 뒤에 that절이 나오면, that절의 동사 자리에는 '~해야 한다'의 의미로 〈should + 동사원형〉에서 should가 생략된 동사원형만이 가능하다. 따라서 정답은 (d) scrap이다.

어휘 relieved a. 안도하는 receive v. 받다
editorial a. 편집의 revision n. 수정사항
supervisor n. 상관 demand v. 요구하다
entire a. 전체의 draft n. 원고
unconventional a. 비관습적인, 관습에 얽매이지 않는

02 준동사 동명사 관용표현   정답 (a)

해석 릴리가 11살이었을 때, 그녀는 부분적으로 마비 상태로 만든 아주 기이한 사고를 당했다. 그녀의 10대 기간 내내, 그녀는 정상적으로 걸을 수 있었던 사람들을 싫어하지 않을 수 없었다. 그러나, 그녀는 그녀의 상태를 받아들일 만큼 성장했다.

해설 〈can't + help + Ving〉는 '~하지 않을 수 없다'라는 의미로 쓰이는 관용표현이다. 문맥상 릴리는 정상적으로 걸을 수 있었던 사람들을 싫어할 수밖에 없었다'라고 하는 것이 적절하므로 정답은 동명사인 (a) resenting이다. 참고로 (c) having resented는 완료동명사로서 주절의 동작보다 시점상으로 앞설 때 사용되는데, 주어진 문장에서는 '(이전에) 싫어했던 것을 하지 않을 수 없었다'의 해석이 문맥상 적절하지 않으므로 오답이다.

어휘 | suffer v. ~을 당하다, 겪다 freak a. 아주 기이한, 무서운
accident n. 사고 leave v. ~의 상태로 만들다
partially ad. 부분적으로 paralyzed a. 마비가 된
normally ad. 정상적으로 accept v. 받아들이다
condition n. 상태

03 가정법 미래(were to) 정답 (d)

해석 | 셸던은 어떻게 그의 아버지가 혼자서 자신과 자신의 네 형제들을 키워낼 수 있었는지를 종종 궁금해한다. 만약 그가 그의 아버지와 입장을 바꾼다면 셸던은 그의 아버지의 관점에서 이해할 수 있었을 것이다.

해설 | 실현 가능성이 낮은 상황을 가정(만약 그가 그의 아버지와 입장을 바꾼다면)할 때 〈If 주어 + were to, 주어 + would + 동사원형〉의 구조가 사용된다. if 절에 were to가 있으므로, 정답은 (d) would be 이다.

어휘 | sometimes ad. 종종 wonder v. 궁금해하다
manage v. (어려움에도 불구) ~을 해내다, 가까스로 ~하다
raise v. 키우다, 기르다 alone ad. 혼자서
exchange places with (somebody) v. ~와 입장을 바꾸다 perspective n. 관점

04 시제 미래진행 정답 (a)

해석 | 인사부는 시간제 직원들의 보상에 대한 새로운 정책에 관하여 메모를 발행했다. 질문이 있는 사람들은 12층에 있는 인사팀장에게 방문할 수 있으며, 그 곳에서 그는 오후 5시까지 그의 사무실에서 문의를 받을 것이다.

해설 | 빈칸을 포함하고 있는 문장을 보면 맨 뒤에 미래 시점을 나타내는 시간 표현(until 5 p.m.)이 나오고 있다. 즉 인사팀장이 오후 5시까지 문의를 받고 있을 것임을 나타내는 것이 가장 적절하므로, 빈칸에는 미래 특정 시점에 일이나 동작이 진행 중임을 나타낼 때 쓰는 미래진행시제가 가장 적절하다. 따라서 정답은 (a) will be entertaining이다.

어휘 | issue v. 발행하다 regarding prep. ~에 관한
policy n. 정책 compensation n. 보상
entertain v. 받아들이다, 접대하다 inquiry n. 문의, 질문

05 연결어 접속부사 정답 (c)

해석 | 6개 역을 제외하면, 일본은 세계에서 가장 붐비는 50개 철도 중심지의 본거지이다. 사실, 매일 3백만 명 이상의 승객들로 세계에서 가장 붐비는 철도역인 신주쿠 역은 일본에 있다.

해설 | 빈칸 앞뒤 문맥을 보고 적절한 의미의 접속부사를 찾아야 한다. 빈칸 앞 문장에서는 '일본에 6개 역을 제외하고 가장 붐비는 세계 50대 철도 중심지들이 있는 곳'이라고 했고, 빈칸 뒤 문장에서는 그에 대한 세부적인 설명(3백만 명 이상의 승객들이 이용하는 신주쿠 역이 일본에 있다)이 추가되는 문맥이다. In fact는 '사실은'의 의미로 앞 내용에 대한 부연 설명을 추가할 때 쓰이므로, 정답은 (c) In fact이다.

어휘 | railway n. 철도 hub n. 중심지 passenger n. 승객
in the first place ad. 처음부터
eventually ad. 결국, 마침내

06 조동사 조동사 should 생략 정답 (b)

해석 | 해리스 씨는 학교 청사진에 경사로가 부족하다고 지적했다. 그녀는 그 건물이 장애인들에게 이용하기 쉽도록 하기 위해 건축가가 학교 설계도에 필수 시설들을 추가해야 한다고 요청했다.

해설 | request(요청하다)와 같이 주장, 명령, 제안, 요구를 나타내는 동사 뒤에 that절이 나오면, that절의 동사 자리에는 '~해야 한다'의 의미로 〈should + 동사원형〉에서 should가 생략된 동사원형만이 가능하다. 따라서 정답은 (b) add이다.

어휘 | point out v. 지적하다 lack n. 부족, 결핍
ramp n. 경사로 blueprint n. 청사진, 설계도, 도면
architect n. 건축가 facility n. 시설
design n. 설계도, 설계
accessible a. 이용하기 쉬운, 접근 가능한
disability n. 장애

07 준사 to부정사를 목적어로 취하는 동사   정답 (a)

해석 오늘 아침 학교로 가기 전에, 앤은 오랜 어린시절 친구로부터 10페이지 분량의 편지를 받았다. 그녀는 편지의 내용에서 무엇을 기대해야 할지를 알지 못했기 때문에 오직 그녀가 집에 왔을 때만 그것을 읽기로 결정했다.

해설 동사 decide는 목적어로 to부정사를 취하므로, 정답은 (a) to read이다.

어휘 receive v. 받다 decide v. 결정하다
childhood n. 어린시절 expect v. 기대하다
content n. 내용

08 시제 미래완료진행   정답 (b)

해석 아빠가 오후 6시에 공항으로 나를 데리러 오기로 약속했지만, 내 비행기가 연착되고 늦게 도착했음에도 불구하고 그는 아직 도착하지 않았다. 오후 8시 쯤에는, 나는 여기서 한 시간이 넘는 동안 기다리고 있는 중일 것이다.

해설 '아빠가 오후 6시에 나를 데리러 오기로 되어 있었지만 아직 도착하지 않았다'는 내용을 통해 by 8 p.m.이 미래 시점임을 알 수 있다. 〈by + 미래시점〉은 현재완료시제와 함께 쓰이고, 문맥상으로도 오후 8시가 되는 그 시점에는 내가 여기서 한 시간이 넘는 동안(for more than an hour) 기다려오고 있을 것이라는 내용이므로, 특정 미래 시점까지 일이나 동작이 기간을 두고 진행되고 있음을 나타낼 때 쓰는 미래완료진행시제가 빈칸에 가장 적절하다. 따라서 정답은 (b) will have been waiting이다.

어휘 promise v. 약속하다 pick up v. ~을 데려가다
arrive v. 도착하다 despite prep. ~에도 불구하고
delayed a. 연착된, 지연된 flight n. 비행기, 비행
arrival n. 도착

09 가정법 과거완료   정답 (c)

해석 지리학 대회에서, 그레이스는 그녀가 마지막 라운드 동안 두 개의 질문들을 잘못 들었기 때문에 2등으로 마쳤다. 만약 그녀가 진행자의 말을 좀 더 주의 깊게 들었더라면, 그녀가 챔피언이 되었을 것이다.

해설 빈칸 앞에 if가 있고, 주절의 동사가 would have been이므로 가정법 과거완료 문제이다. 가정법 과거완료 구문에서는 if절의 동사가 과거완료형(had p.p.)이 되어야 하므로, 정답은 (c) had listened이다.

어휘 geography bee n. 지리학 대회
second place n. 2등 mishear v. 잘못 듣다
closely ad. 주의 깊게, 면밀하게, 자세하게 host n. 진행자

10 조동사 문맥에 맞는 조동사   정답 (a)

해석 도수 안경을 닦기 위해 특수 극세사 천을 사용하는 것이 바람직하다. 일반적인 천, 심지어 보통의 화장지는 거친 질감 때문에 렌즈에 미세한 흠집들을 낼지도 모른다.

해설 앞에서 '안경을 닦기 위해 극세사 천을 사용하는 것이 바람직하다'는 내용이 나오고 있으므로, 문맥상 '일반 천은 렌즈에 미세한 흠집을 낼 지도 모른다'와 같이 '추측'을 나타내는 조동사를 사용하는 것이 가장 적절하다. 따라서 정답은 (a) may이다.

어휘 advisable a. 바람직한 specialized a. 특수한
microfiber n. 극세사 cloth n. 천
prescription glass n. 도수 안경 regular a. 보통의
facial tissue n. 화장지 microscopic a. 미세한
scratch n. 흠집 rough a. 거친 texture n. 질감

11 시제 과거진행   정답 (d)

해석 어젯밤, 트리나는 마감일 전에 연구 논문을 끝내기 위해 서두르고 있었다. 그러나, 그녀가 결론부를 타이핑하고 있는 동안, 그녀의 노트북이 저장되지 않은 채 갑자기 멈춰버렸고, 그래서 그녀는 다시 처음부터 시작해야 했다.

해설 노트북이 갑자기 꺼졌던 그 시점에 그녀가 결론을 타이핑하는 행위가 동시에 진행 중이었으므로, 빈칸에는 과거진행시제가 가장 적절하다. 따라서 정답은 (d) was typing이다. while을 사용하여 과거의 동시상황을 나타내는 경우 특정 과거 시점을 기준으로 반대쪽 절에는 일이나 동작의 진행을 나타내는 진행시제가 나와야 하는데, 주어진 문장에는 과거 시점으로 shut down이 이미 주어져 있으므로 빈칸에 단순과거시제인 (b)는 답이 될 수 없다.

어휘
be in a hurry v. 서두르다 research n. 연구
deadline n. 마감일, 마감기한 conclusion n. 결론
suddenly ad. 갑자기
shut down v. (기계가) 멈추다, 정지하다

12 준동사 가주어(it) 진주어(to부정사) 구문   정답 (d)

해석
과학자들은 귤 껍질을 비료로 만드는 것의 실현 가능성을 확인하여 그것이 불가능하다는 통념을 반박했다. 그러나, 귤에서 나오는 과도한 산성이 비료화 과정을 늦출 수 있기 때문에 양을 조절하는 것은 중요하다.

해설
빈칸 앞 it is important에서 it은 가주어, 빈칸 이하는 진주어 자리이다. 이때 단순 to부정사가 진주어 역할을 하여 '~하는 것은 중요하다'라는 의미를 만들 수 있다. 따라서 정답은 (d) to control이다.

어휘
confirm v. 확인하다 feasibility n. 실현 가능성, 타당성
compost v. ~을 비료로 만들다 citrus n. 귤
peel n. 껍질 contradict v. 반박하다, 부정하다
myth n. 신화, (근거 없는) 믿음, 통념
important a. 중요한 control v. 통제하다, 조절하다
quantity n. 양 excessive a. 과도한 acidity n. 산성
slow down v. 늦추다 process n. 과정, 절차

13 가정법 과거완료 (도치)   정답 (b)

해석
페넬로페가 가장 좋아하지 않는 과목들은 연구실 해부를 요구하는 것들이다. 특히 거부감이 드는 절차 동안, 페넬로페는 만약 그녀의 실험실 파트너가 그녀에게 그 동물이 이미 죽었다고 상기시키지 않았더라면, 그 동물이 아직 살아있다고 생각했을 것이다.

해설
가정법 과거완료 구문에서 if절이 도치되어 있는 문장이다(if her lab partner had not reminded ~ → had her lab partner not reminded ~). if절의 동사가 과거완료(had not reminded)이므로 주절의 빈칸에는 〈would + have p.p.〉 형태의 동사가 들어가야 한다. 따라서 정답은 (b) would have thought이다.

어휘
least ad. 가장 덜, 최소로 favorite a. 좋아하는
course n. 과목 lab n. 연구실 dissection n. 해부
particularly ad. 특히
repulsive a. 거부감이 드는, 혐오스러운
procedure n. 절차 alive a. 살아있는
remind v. 상기시키다 already ad. 이미

14 준동사 동명사를 목적어로 취하는 동사   정답 (d)

해석
많은 참전용사들은 군대로부터 전역하고나서 많은 해가 지난 뒤에도 외상 후 스트레스 장애(PTSD)를 겪는다. 외상 후 스트레스 장애에 시달리는 일부는 때때로 참호에 있었던 그들의 시간에 대한 회상을 경험하는 것을 인정한다.

해설
동사 admit은 목적어로 동명사를 취하므로, 정답은 (d) experiencing이다. 참고로 (b) having experienced는 완료동명사로서 해당 문장에서 동사의 행위가 일어난 시점보다 앞선 시점에 일어났던 일을 표현할 때 쓰이는데, 주어진 문장에서 '때때로, 가끔'의 의미로 빈도를 나타내는 부사(now and then)가 함께 주어져 있기 때문에 '경험하는 것'이 '인정하다'보다 앞선 시점으로 보는 것은 문맥상 적절하지 않다. 따라서 완료동명사인 (b)는 답이 될 수 없다.

어휘
veteran n. 참전용사, 퇴역군인 suffer v. ~을 겪다, 당하다
disorder n. 장애
discharge v. 전역시키다, 제대시키다, 해방시키다
admit v. 인정하다 flashback n. 회상
now and then ad. 때때로 trench n. 참호

15 시제 현재진행   정답 (a)

해석
직장에서 기진맥진해진 어니스트는 집에서 저녁을 즐기는 것을 하루 종일 고대해 왔다. 그는 지금 그가 가장 좋아하는 텔레비전 방송을 시청하는 중이지만, 그의 친구들이 그를 파티로 불러내기 위해 계속 전화하고 있다.

해설
빈칸을 포함한 절을 보면 빈칸 뒤에 부사 right now가 주어져 있다. right now는 '바로 지금'의 뜻으로 현재진행시제와 함께 쓰이며, 의미상으로도 'Ernest가 바로 지금 그가 좋아하는 TV 드라마를 보고 있는 중'이라는 내용이 되어야 하므로, 정답은 (a) is watching이다.

어휘
exhausted a. 기진맥진한, 탈진한
look forward to Ving v. ~하는 것을 고대하다

16 관계사 관계부사   정답 (c)

해석 한 연구는 "좌파(진보적인)"와 "우파(보수적인)" 정치적 트위터 계정 사용자들은 좀처럼 서로 상호작용하지 않는다는 것을 밝혀냈다. 이는 소셜 미디어가 사람들이 쉽게 그들 자신의 편향을 더욱 굳히게 하는 플랫폼이 되었다는 생각을 뒷받침한다.

해설 선행사인 '플랫폼(platform)'은 장소의 의미로 쓰이고 있으므로 정답은 장소를 선행사로 수식할 때 사용하는 관계부사 where이 있는 (c) where people simply confirm their own biases이다. (a)에서 that은 관계대명사일 때 뒤에 불완전한 절이 나와야 하고, (d)에서 when은 장소가 아닌 시간 표현을 선행사로 수식할 때 써야 한다. (b)에서 whose는 소유격 관계대명사로서 선행사와 수식받는 명사 간에 소유 관계일 때 쓸 수 있는데, 해당 문장에서는 플랫폼이 사람을 소유하는 것으로 보기에 다소 어색하므로 역시 답이 될 수 없다.

어휘 liberal a. 진보적인, 자유민주적인
conservative a. 보수적인 political a. 정치의
account n. 계정 rarely ad. 좀처럼 ~않는
interact with v. ~와 상호작용하다
support v. 뒷받침하다, 지지하다
confirm v. (결심 또는 의견을) 굳히다, 강화하다
bias n. 편향, 편견, 성향

17 가정법 과거   정답 (b)

해석 그들의 불쾌한 이별에도 불구하고, 그들이 같은 아파트에 살기 때문에 샘은 여전히 그의 전여자친구를 본다. 만약 그가 그렇게 하기 위한 방법들이 있다면, 그는 그녀와의 어색한 만남을 피하기 위해 다른 아파트로 이사 갈 것이다.

해설 가정법 과거 구문에서는 if절의 동사가 과거(had)이므로 주절의 빈칸에는 〈would + 동사원형〉 형태의 동사가 들어가야 한다. 따라서 정답은 (b) would move이다.

어휘 unpleasant a. 불쾌한 breakup n. 이별
means n. 방법, 수단 awkward a. 어색한
encounter n. 만남, 접촉

18 시제 현재완료진행   정답 (a)

해석 영화 감독들은 종종 특정 배우들과 오래된 업무 관계를 육성한다. 예를 들면, 팀 버튼 감독은 조니 뎁과 1990년 영화 「가위손」에서 처음 함께 작업한 이래로 많은 영화들에서 협력해오고 있는 중이다.

해설 빈칸 뒤 부사절을 이끄는 접속사 since는 '~이래로'의 의미로 쓰이며, 이때 since절에 있는 과거시제 동사(worked)와 과거연도(in 1990)가 과거 시점이 되어준다. 즉 1990년에 처음으로 함께 일했던 시점(과거)부터 현재까지 계속 협력하고 있는 중임을 나타내야 하므로 현재완료진행시제가 빈칸에 가장 적절하다. 따라서 정답은 (a) has been collaborating이다.

어휘 nurture v. 육성하다, 양성하다 long-standing a. 오래된
relationship n. 관계 certain a. 특정한
collaborate with v. ~와 협력하다, 협업하다

19 준동사 to부정사를 목적어로 취하는 동사   정답 (b)

해석 옥스팜 인터내셔널은 세계 재산의 절반은 현재 단 여덟 명에게 속해 있다고 보도한다. 옥스팜은 사회 대다수가 최저임금으로 버터 내기 위해 고군분투하고 있는 또 다른 사실을 지적하며 "터무니없는" 빈부 격차에 주목한다.

해설 동사 struggle은 목적어로 to부정사를 취하므로, 정답은 (b) to get by이다.

어휘 wealth n. 재산, 부 belong to v. ~에 속하다
note v. ~에 주목하다, 주의하다 obscene a. 터무니없는
gap n. 격차 majority n. 대다수
struggle v. 고군분투하다, 몸부림치다
get by on v. ~로 버터 내다, 그럭저럭 살아가다
minimum a. 최소의 wage n. 임금

20 가정법 과거   정답 (d)

해석 조는 열렬하고, 오랜 비디오 게임 팬이다. 그는 만약 그가 다양한 비디오 게임 판타지 세상의 주인공이라면 그가 무엇을 할 것인지를 상상하는 것을 좋아하기 때문에 롤플레잉 게임에 특히 관심이 있다.

해설) 가정법 과거 구문에서는 if절의 동사가 과거(were)이므로 주절의 빈칸에는 〈would + 동사원형〉 형태의 동사가 들어가야 한다. 따라서 정답은 (d) would do이다.

어휘) avid a. 열렬한, 열광적인 specific a. 특정한
interest n. 관심, 흥미 imagine v. 상상하다
protagonist n. 주인공

21 관계사 관계대명사   정답 (c)

해석) 뇌에서 특정 혈관의 폐색은 모야모야 병을 나타낼 수 있다. 일본어로 "피어 오르는 연기"로 번역되는 '모야모야'는 조기에 진단되고 제대로 치료되지 않으면 뇌졸중 또는 동맥류로 이어질 수 있다.

해설) 선행사인 Moyamoya는 용어를 지칭하는 고유명사로서 사물로 취급하며, 콤마 뒤에서 계속적 용법으로 수식할 수 있는 관계대명사가 필요하기 때문에 관계대명사 which가 가장 적절하다. 따라서 정답은 (c) which translates to "a puff of smoke" in Japanese이다. (a)의 that은 콤마 뒤에 올 수 없으며, (d)의 who는 선행사가 사람명사일 때만 가능하기 때문에 적절하지 않다. (b)에서 where는 장소를 선행사로 받을 때 쓰는 관계 부사이며 뒤에 완전한 절이 나와야 하므로 역시 답이 될 수 없다.

어휘) blockage n. (혈관의) 폐색, 막힘, 장애물
certain a. 특정한 artery n. 혈관
indicate v. 나타내다 disease n. 병, 질환
translate v. 번역하다 a puff of a. 피어 오르는
smoke n. 연기 stroke n. 뇌졸중
aneurysm n. 동맥류 diagnose v. 진단하다
treat v. 치료하다 properly ad. 제대로, 적절하게

22 시제 과거완료진행   정답 (b)

해석) "One Sweet Day"와 "Despacito"는 〈빌보드〉 핫 100 싱글 차트에서 가장 오래 1위에 머무른 기록을 보유하고 있다. 그들이 차트에서 내려오기 전에, 두 곡 모두 16주 연속으로 차트를 지배하고 있었다.

해설) before절의 동사(were dethroned) 시제를 통해 '차트에서 내려왔던' 시점이 과거임을 알 수 있다. 즉 내려오기 이전부터(before) 그 시점까지 '16주 동안 연속으로(for 16 consecutive weeks)' 차트를 계속 지배하고 있던 중임을 나타내야 하므로 과거완료진행시제가 빈칸에 가장 적절하다. 따라서 정답은 (b) had been reigning이다.

어휘) hold v. (기록을) 보유하다 record n. 기록
stay n. 머무름, 방문
atop prep. ~의 1위에, 꼭대기에, 맨 위에
dethrone v. ~을 내려오게 하다, 끌어내리다
reign v. 지배하다, 다스리다
consecutive a. 연속의, 연이은

23 조동사 문맥에 맞는 조동사   정답 (c)

해석) 로라는 저스틴이 어제 멤피스에 있었다는 것을 들었다. 그녀는 그에게 전화했고, 그녀 역시 그 곳에 있었기 때문에 그들이 서로 만났어야 했다고 말했지만, 그는 출장이었음을 분명하게 말했다.

해설) 앞에서 '로라는 저스틴이 어제 멤피스에 있었다는 것을 들었다'라는 내용이 나오고 있고, 빈칸 뒤 since절(그녀 역시 그 곳에 있었기 때문에)을 통해 문맥상 '그녀가 그에게 전화했고, 그들이 서로 만났어야 했다고 말했다'와 같이 have p.p.와 함께 '과거에 하지 않았던 일에 대한 후회'를 나타내는 조동사를 사용하는 것이 가장 적절하다. 따라서 정답은 (c) should이다.

어휘) meet up with v. ~와 만나다 each other n. 서로
clarify v. 분명히 말하다

Actual TEST 3   343

24 준동사 동명사 관용표현   정답 (d)

[해석] 노라는 케네스가 그녀와 함께 지역 박물관에서 놀 수 있는지 묻기 위해 케네스의 번호로 전화를 걸었다. 케네스의 어머니는 전화에 답했고 노라에게 그가 주말 동안 등산을 하러 갔다고 말했다.

[해설] 〈go + Ving〉는 '~하러 가다'라는 의미로 쓰이는 관용표현이다. 문맥상 케네스는 주말 동안 등산을 하러 갔다'고 하는 것이 적절하므로 정답은 동명사인 (d) hiking이다. (c)는 동명사의 완료형(having + p.p.)으로서 해당 문장에서 동사의 행위가 일어난 시점보다 앞선 시점에 일어났던 일을 표현할 때 쓰이는데, 떠난 것과 등산하는 것은 문맥상 같은 시점에 일어난 일이므로 완료동명사는 답이 될 수 없다.

[어휘] dial v. ~로 전화를 걸다
hang out with v. ~와 놀다, 어울리다
hike v. 등산을 하다   weekend n. 주말

25 가정법 과거완료   정답 (a)

[해석] 존 윌리엄슨 박사는 거대 제약회사에서 최고 직책을 제안받았지만, 그는 개인적인 이유들로 그 제안을 거절했다. 만약 그가 그 직책을 수락했다면, 그는 입사 첫 날에 사이닝 보너스를 수령했었을 것이다.

[해설] 가정법 과거완료 구문에서는 if절의 동사 시제가 과거완료(had accepted)이므로 주절의 빈칸에는 〈would + have p.p.〉 형태의 동사가 들어가야 한다. 따라서 정답은 (a) would have received이다.

[어휘] offer v. 제안하다   position n. 직책, 일자리
huge a. 큰, 거대한   pharmaceutical a. 제약의, 약학의
decline v. 거절하다   accept v. 수락하다, 받아들이다
receive v. 받다   signing bonus n. 사이닝 보너스(입사축하금 개념으로 지급되는 계약금)

26 연결어 접속사   정답 (c)

[해석] 몇몇 사람들이 믿고 있는 것과는 다르게, 사람의 머리카락과 손톱은 심지어 죽고 난 뒤에도 계속 자라나지 않는다. 사람이 죽을 때 근처 피부가 수축하기 시작하여 착각을 일으키기 때문에, 그것들은 단지 자라나는 것처럼 보일 뿐이다.

[해설] 빈칸을 포함한 절 앞에서 '사람의 머리카락과 손톱은 죽고 난 뒤에도 계속 자라나지 않는다'는 내용이 나오고 있으므로, 이어지는 내용은 이와 일관됨 흐름으로 이어져야 한다. 즉 자라나는 것처럼 보이는 것은 '사람이 죽을 때 근처 피부가 수축하여 칙각을 일으키는' 것이 이유가 되므로, 정답은 '~때문에'라는 의미로 이유를 나타내는 접속사인 (c) because이다.

[어휘] contrary to prep. ~와는 반대로
appear v. ~인 것처럼 보이다   nearby a. 근처의
shrink v. 수축하다   illusion n. 착각, 오해

LISTENING SECTION

PART 1

음원은 QR로 확인

27. What did Ivan ask Shane about?
    이반이 셰인에게 무엇에 대해 물어봤는가?

28. How is The Healthy Options restaurant different from other restaurants?
    헬시 옵션즈 레스토랑은 다른 레스토랑들과 어떻게 다른가?

29. Why is the nutritional value of each ingredient shown to customers?
    왜 각 재료의 영양 성분이 손님들에게 보여지는가?

30. What will happen to customers if their table has leftovers at the end of their meal?
    만약 식사가 끝날 때 그들의 테이블에 남은 음식이 있다면 손님들에게 어떤 일이 발생할 것인가?

31. Why most likely did Shane not include olives in her pizza creation?
    왜 셰인은 그녀의 피자 창작물에 올리브를 넣지 않았을 것 같은가?

32. Which type of sauce did Shane choose for her pasta?
    셰인은 그녀의 파스타에 어떤 종류의 소스를 선택했는가?

33. What is included in the $10 price for each person?
    1인당 10달러의 가격에는 무엇이 포함되어 있는가?

M: Hi, Shane! ²⁷Have you heard about the newly opened restaurant, The Healthy Options?

남: 안녕, 셰인! ²⁷새롭게 오픈한 레스토랑인 헬시 옵션즈에 대해 들어본 적 있어?

F: Yes, Ivan. In fact, my friends and I dined there yesterday.

여: 응, 이반. 사실, 나와 내 친구들은 어제 그곳에서 식사했어.

M: Really? Was it good?

남: 정말, 거기 괜찮았어?

F: Yes! The place is spacious and cozy, and the food tasted really delicious.

여: 응! 그곳은 넓고 아늑하고, 그리고 음식이 정말 맛있었어.

M: That's great. What kind of food do they offer?

남: 좋네. 어떤 종류의 음식을 제공해?

F: They offer pizza and pasta but with a twist!

여: 그들은 피자와 파스타를 제공하는데 반전이 있어!

M: What do you mean by "twist"?

남: "반전"이라는게 무슨 의미야?

F: ²⁸Well, the customers get to decide what goes on their pizzas or pastas.

여: ²⁸음, 손님들은 그들의 피자와 파스타에 무엇을 넣을지를 결정할 수 있어.

M: Sounds fun! But how exactly do they do that?

남: 재밌겠다! 정확히 어떻게 하는데?

F: Um, [29]all types of healthy ingredients are set out on a buffet table, complete with labels like their nutrition facts and health benefits. The customers get to choose their food just like in a regular buffet.

여: 음, [29]보는 종류의 건강 식재료들이 뷔페 테이블에 놓여 있고, 영양 성분표와 건강상의 이점과 같은 라벨들이 붙어 있어. 손님들은 일반 뷔페에 있는 것처럼 음식을 고를 수 있지.

M: [29]Seems like the restaurant is trying to promote a healthy diet, huh?

남: [29]그 레스토랑은 건강식을 장려하려고 노력하는 중인 것 같은 걸?

F: [29]Yup, that's actually their motto: Serving awesome food in a healthy way.

여: [29]맞아, 그건 사실 그들의 모토거든. 건강한 방식으로 훌륭한 음식을 제공하는 것 말이야.

M: That's great! So, what did you end up eating?

남: 좋다! 그래서, 너는 결국 무엇을 먹었어?

F: Well, first we chose a 14-inch pizza. It's their family size, which is between their 12-inch regular size and 18-inch party size. Then, a waiter guided us on into the banquet hall where the buffet table was. We selected the toppings for our pizza. After that, they baked it for us.

여: 음, 처음에 우리는 14인치 피자를 골랐어. 그건 그 레스토랑의 패밀리 사이즈이고, 12인치 레귤러 사이즈와 18인치 파티 사이즈의 사이에 있지. 그 후, 웨이터가 우리를 뷔페 테이블이 있는 연회장 안으로 안내했어. 우리는 우리 피자에 얹을 토핑을 골랐어. 그 후에, 그들이 우리를 위해 피자를 구워줬어.

M: Oh, I see. Isn't that risky on the restaurant's part? I mean, I can imagine that some customers might try to pile on an excessive amount of ingredients on their pizzas?

남: 아, 그렇구나. 레스토랑 입장에서 위험하지는 않아? 내 말은, 일부 손님들은 피자 위에 과도한 양의 재료들을 쌓아 올리려고 할 수도 있을 것 같은데?

F: [30]Well, not really because leftovers have corresponding fees. The restaurant sees to it that aside from eating healthy, everyone learns the value of eating in moderation.

여: [30]글쎄, 남은 음식에는 그에 상응하는 비용이 붙기 때문에 꼭 그렇지만은 않아. 그 레스토랑은 건강하게 먹는 것 외에도, 모두가 적당히 먹는 것의 가치를 배우게 하니까.

M: That's nice. I guess that's the catch of the restaurant: everyone can eat what they want, but there can't be leftovers. So let me guess, you put lots of cheese on your pizza.

남: 그거 좋네. 그게 그 식당의 계략인 것 같아. 모두가 그들이 원하는 만큼 먹을 수 있지만, 남은 음식은 있을 수 없다는 거지. 그래서 내가 추측해보건대, 넌 피자 위에 치즈를 많이 올렸을 거야.

F: Ha-ha! Yes, and pepperoni too! [31]I only put my very favorite toppings on my pizza, so that excluded olives.

여: 하하! 응, 그리고 페퍼로니도! [31]나는 내 피자 위에 내가 정말 좋아하는 토핑들만 올렸고, 그래서 올리브는 뺐어.

M: Right. You really get to eat a customized dish there.

남: 그렇구나. 너는 거기서 정말로 맞춤형 요리를 먹게 되었네.

F: Yes. It's a good idea since the restaurant can save on uneaten ingredients too. Leftovers will be minimal because people will not be served something that they don't really like.

여: 맞아. 레스토랑은 먹지 않은 재료들 역시 아낄 수 있기 때문에 좋은 아이디어야. 사람들에게는 그들이 정말로 좋아하지 않는 것들은 제공되지 않을 것이기 때문에 남은 음식을 최소화할 수 있을 거야.

M: I agree. How about the pastas? Are you supposed to assemble it on your own, too?

남: 동의하는 바야. 파스타는 어땠어? 그것 역시 너 스스로 조합해야 하는 거야?

F: Yes. For the pastas, you're supposed to choose the type of pasta, sauce, and garnishes from the pasta bar. Then, they cook it for you.

여: 응, 파스타에는, 파스타 바에서 파스타면, 소스, 그리고 곁들일 것들의 종류를 골라야 해. 그러고 나서, 그들이 널 위해 조리해 줘.

M: What kinds of pastas are available?

남: 어떤 종류의 파스타면들이 있는데?

F: They've got spaghetti, angel hair, fettuccine, and penne.

여: 그들은 스파게티, 천사의 머리카락, 페투치네, 그리고 펜네를 보유하고 있어.

M: And what did you choose for your sauce?

남: 그리고 너는 소스로 무엇을 골랐어?

F: ³²I chose the pesto sauce since it's my favorite. Some of the other sauce options include meat sauce, puttanesca, Alfredo, and carbonara.

여: ³²나는 페스토 소스를 가장 좋아하기 때문에 그걸 골랐어. 다른 소스 옵션으로는 미트 소스, 푸타네스카, 알프레도, 그리고 카르보나라가 있어.

M: Mmm… sounds delicious. I think I'll have the pesto as well if ever I eat there. By the way, how much does all of it cost?

남: 음… 맛있겠다. 내가 혹시라도 거기서 먹게 된다면 나 역시 페스토를 먹겠어. 그나저나, 그렇게 다 해서 얼마야?

F: ³³It's $10 per person, and you get to create your own pizza and pasta.

여: ³³인당 10달러야. 그리고 너만의 피자와 파스타를 만들 수 있게 돼고.

M: Wow! That's a great deal! I can't wait to eat there.

남: 와! 정말 엄청나다! 나도 빨리 거기서 먹고 싶다.

어휘

dine v. 식사를 하다 spacious a. 넓은, 널찍한 cozy a. 아늑한 twist n. (예상 밖의) 반전, 전환 ingredient n. 재료 buffet n. 뷔페 nutrition n. 영양 promote v. 장려하다, 촉진하다 awesome a. 훌륭한, 엄청난, 굉장한 end up ~ing v. 결국 ~하게 되다 banquet n. 연회장 risky a. 위험한 pile v. 얹다, 쌓다 excessive a. 과도한, 지나친 leftover n. (식사 후에) 남은 음식 corresponding a. (~에) 상응하는 aside from prep. ~이외에도, ~을 제외하고 in moderation ad. 적당히, 알맞게 catch n. 계략, (숨은) 문제점 exclude v. 빼다, 제외하다, 배제하다 customized a. 맞춤형의 uneaten a. 먹지 않은 assemble v. 조합하다, 조립하다

27 주제/목적 정답 (a)

해석 이반이 셰인에게 무엇에 대해 물어봤는가?

(a) 최근에 개업한 식당
(b) 어떤 음식들이 먹기에 건강한지
(c) 피자를 만드는 방법에 대한 설명서
(d) 그녀가 누구와 어젯밤에 힘께 식사했는지

해설 이반이 첫 인사를 하면서 새롭게 오픈한 레스토랑인 헬시 옵션즈에 대해 들어봤는지 묻는(Have you heard about the newly opened restaurant, The Healthy Options?) 부분을 통해 (a)가 정답임을 알 수 있다.

어휘 diner n. 식당 instruction n. (무엇을 하거나 사용하는 데 필요한 자세한) 설명서

28 세부사항   정답 (c)

해석 헬시 옵션즈 레스토랑은 다른 레스토랑들과 어떻게 다른가?

(a) 레시피에 고품질의 재료들을 제공한다.
(b) 다양한 피자와 파스타의 맛을 제공한다.
(c) 손님들이 그들의 요리를 원하는 대로 바꿀 수 있도록 한다.
(d) 뷔페 스타일의 이탈리안 레스토랑이다.

해설 헬시 옵션즈는 피자와 파스타를 제공하는데 반전이 있다(They offer pizza and pasta but with a twist)고 설명하며, 손님들이 피자와 파스타에 무엇을 넣을지를 결정할 수 있다(the customers get to decide what goes on their pizzas or pastas)고 언급하는 부분을 통해 그들의 요리를 원하는 대로 바꿀 수 있도록 하는 것이 다른 레스토랑과 다른 점임을 알 수 있다. 따라서 (c)가 정답이다.

어휘 offer v. 제공하다, 내놓다 flavor n. 맛, 풍미, 향미

29 세부사항   정답 (d)

해석 왜 각 재료의 영양 성분이 손님들에게 보여지는가?

(a) 희귀 재료들이 있는 위치를 찾는 데 도움을 주기 위해
(b) 어떤 재료들이 함께 잘 어울리는지에 대해 안내하기 위해
(c) 그들이 섭취하는 재료들의 양을 조절하기 위해
(d) 더 건강한 방식으로 먹도록 권장하기 위해

해설 재료들에 영양 성분표와 건강상의 이점과 같은 라벨이 붙어 있으며, 이는 건강식을 장려하려고 노력하는 모습(the restaurant is trying to promote a healthy diet)이자 건강한 방식으로 훌륭한 음식을 제공하는 레스토랑의 모토(that's actually their motto: Serving awesome food in a healthy way)라고 언급하는 부분을 통해 손님들에게 더 건강한 방식으로 먹도록 권장하기 위해 영양가가 보여진다는 것을 알 수 있다. 따라서 (d)가 정답이다.

어휘 nutritional value n. 영양가
locate v. ~의 위치를 찾아내다 manner n. 방식

30 세부사항   정답 (b)

해석 만약 식사가 끝날 때 그들의 테이블에 남은 음식이 있다면 손님들에게 어떤 일이 발생할 것인가?

(a) 그들은 남은 음식을 집으로 가져가야 할 것이다.
(b) 남은 음식에 추가 요금을 지불해야 할 것이다.
(c) 남은 음식을 강제로 먹어야 할 것이다.
(d) 남은 음식을 쓰레기통에 버려야 할 것이다.

해설 손님들이 남긴 음식에는 그에 상응하는 비용이 붙는다(leftovers have corresponding fees)고 언급하는 부분을 통해 남은 음식에 추가 요금을 지불해야 할 것임을 알 수 있다. 따라서 (b)가 정답이다.

어휘 force v. 강제로 ~하다, 억지로 ~하다
consume v. 먹다, 마시다 throw out v. (~을) 버리다
garbage bin n. 쓰레기통

31 추론   정답 (c)

해석 왜 셰인은 그녀의 피자 창작물에 올리브를 넣지 않았을 것 같은가?

(a) 그것은 비싼 토핑이다.
(b) 그녀의 피자는 이미 토핑으로 가득 차 있었다.
(c) 그것은 그녀가 가장 좋아하는 토핑들 중 하나가 아니다.
(d) 그 당시에는 사용할 수 없었다.

해설 셰인은 자신의 피자 위에 그녀가 정말 좋아하는 토핑들만 올렸기 때문에 올리브는 뺐다(I only put my very favorite toppings on my pizza, so that excluded olives)고 언급하는 부분을 통해 올리브는 가장 좋아하는 토핑이 아니어서 넣지 않았음을 알 수 있다. 따라서 (c)가 정답이다.

어휘 creation n. 창작물, 창작품
expensive a. 비싼, 돈이 많이 드는

32 세부사항   정답 (d)

[해석] 셰인은 그녀의 파스타에 어떤 종류의 소스를 선택했는가?

(a) 카르보나라 소스
(b) 푸타네스카 소스
(c) 알프레도 소스
(d) 페스토 소스

[해설] 셰인은 페스토 소스를 가장 좋아하기 때문에 그것을 골랐다(I chose the pesto sauce since it's my favorito)고 언급하는 부분을 통해 (d)가 정답임을 알 수 있다.

33 세부사항   정답 (a)

[해석] 1인당 10달러의 가격에는 무엇이 포함되어 있는가?

(a) 피자와 파스타 요리
(b) 피자와 토핑들
(c) 파스타 요리와 소스
(d) 음료들이 포함된 피자와 파스타 요리

[해설] 가격이 인당 10달러이며, 자신만의 피자와 파스타를 만들 수 있다(It's $10 per person, and you get to create your own pizza and pasta)고 언급하는 부분을 통해 피자와 파스타 요리가 포함된다는 것을 알 수 있다. 따라서 (a)가 정답이다.

PART 2

음원은 QR로 확인

34. What is the topic of the talk?
연설의 주제는 무엇인가?

35. Which is a requirement for the film entries in the competition?
대회에 영화 출품을 위해서는 어떤 것이 필요한가?

36. Why most likely were the three judges chosen to rate the participating films?
왜 세 명의 심사위원들이 참여 영화들에 점수를 매기기 위해 선택되었을 것 같은가?

37. What should be the effect of the film on its viewers?
영화가 관객들에게 미치는 영향은 무엇이어야 하는가?

38. How can the school's students participate in judging the winning film?
학교의 학생들은 수상작을 평가하는 데 어떻게 참여할 수 있는가?

39. How can one's work be viewed at a famous film event?
유명한 영화 행사에서 어떻게 누군가의 작품이 보여질 수 있는가?

Good day, students! I'm your newly appointed arts coordinator. Our school's upcoming 25th anniversary is in three months time. ³⁴In preparation, we'll be holding a moviemaking contest that'll showcase every class's creativity in line with this year's theme; social equality.

좋은 하루입니다, 학생 여러분! 저는 여러분의 새로 부임한 아트 코디네이터입니다. 우리 학교의 개교 25주년 기념일이 세 달 뒤에 있습니다. ³⁴준비하면서, 우리는 사회적 평등이라는 올해의 주제에 맞춰 모든 학급의 창의력을 보여줄 영화제작 콘테스트를 개최할 것입니다.

The Richton Film Festival competition is open to all Richton High School students currently enrolled this school year. Each class is encouraged to submit at least one short film, but multiple entries are also allowed. ³⁵The short film must be an original creation by each class. It must not have been previously submitted to other contests, and the filmmakers must own all rights to the film. All entries must be no less than five minutes and no more than 10 minutes long.

리치톤 영화 축제 대회는 현재 이번 학년에 등록되어 있는 모든 리치톤 고등학교 학생들에게 열립니다. 각 학급은 적어도 한 개의 단편 영화를 제출하는 것이 권장되지만, 다수의 출품작들 또한 허용됩니다. ³⁵단편 영화는 각 학급에 의한 독자적인 창작물이어야 합니다. 반드시 이전에 다른 대회에 제출되었던 적이 없어야 하며, 영화 제작자는 영화에 대해 모든 권리를 보유하고 있어야 합니다. 모든 출품작들은 5분 이상 10분 이하여야 합니다.

³⁶We will invite three judges to review and evaluate the submitted films. The judges are James Hardaway, film critic from the Metro Times; Neil Johnson, an award-winning film director; and Norma Smith, the president of the Film Association of America. The criteria for judging is as follows: 40% for social relevance, 40% for artistic excellence, and 20% for its appeal to the audience.

³⁶우리는 제출된 영화들을 검토하고 평가할 세 명의 심사위원들을 초빙할 것입니다. 심사위원에는 메트로 타임즈의 영화 평론가인 제임스 하더웨이, 수상 이력이 있는 영화 감독인 닐 존슨, 그리고 미영화협회의 회장인 노마 스미스가 계십니다. 평가 기준은 다음과 같습니다. 사회적 관련성 40%, 예술적 우수성 40%, 그리고 관객에 대한 호소력 20%입니다.

The first criterion is social relevance. The participating films must show sensitivity to the contest's theme of equality and must promote a realistic viewpoint of what is really happening in society. ³⁷It must also encourage viewers to do something for the common good of the community.

첫 번째 기준은 사회적 관련성입니다. 참가하는 영화들은 반드시 평등이라는 대회의 주제에 대한 민감성을 보여야 하며, 사회에서 정말로 발생하고 있는 일에 대한 현실적인 시각을 고취시켜야 합니다. ³⁷또한 관람객들로 하여금 지역사회의 공익을 위해 무언가를 하도록 장려해야 합니다.

The second criterion is artistic excellence. This refers to the overall presentation and technical aspects of the film. This includes the script of the movie, the presentation, the language used, and the acting and delivery by its actors. It also includes the direction of the camera shots, shooting techniques, editing, and visual expression of the film.

두 번째 기준은 예술적 우수성입니다. 이는 영화의 전반적인 표현과 기술적인 측면을 가리킵니다. 여기에는 영화의 각본, 보여지는 방식, 사용된 언어, 그리고 배우들의 연기와 전달력이 포함됩니다. 또한 카메라 연출, 촬영 기법, 편집, 그리고 영화의 시각적 표현도 포함합니다.

The third criterion is its appeal to the public. This is a measure of the film's impact on the audience. This will be determined on the second to the last day of the anniversary celebration when all of the entries will be shown. ³⁸After all of the entries have been screened, each viewer will be given an evaluation sheet, on which they will select the top three films that made a lasting impression on them.

The judges' scores and the audience's scores will then be added up to know which films scored the highest. The three highest-scoring films will be declared the winners, and will be announced before the closing ceremony on December 17. The third place winner will receive a cash prize of $1,000, the second place winner will receive $1,200, and the first place winner will receive $1,500. [39]All three winners will have their entries screened at the prestigious San Francisco Short Film Festival. They will also receive all-access passes to all Hilton Mall movie theaters and other Hilton Mall events, such as concerts, for one year.

So don't miss out on this opportunity to show your class's artistic side! Submit your best film and be recognized as the next up-and-coming filmmakers! Those interested in joining this competition may submit their entries on a DVD to the Arts Committee Office. The deadline for submissions is November 30. For further inquiries, you may approach any member of the Richton High School Arts Committee, or you can visit us at the Faculty of Arts room. Thank you and good luck!

34 주제/목적   정답 (b)

해석 연설의 주제는 무엇인가?

(a) 새로운 예술 부장 소개
(b) 영화제작 콘테스트 발표
(c) 개교기념일 홍보
(d) 사회적 평등에 대한 학급 토론

해설 첫 문단에 사회적 평등이라는 올해의 주제에 맞춰 학급의 창의력을 보여줄 영화제작 콘테스트를 개최할 것(we'll be holding a moviemaking contest that'll showcase every class's creativity in line with this year's theme: social equality)이라고 언급하는 부분을 통해 (b)가 정답임을 알 수 있다.

어휘 department head n. 부장
announcement n. 발표, 소식
promotion n. 홍보, 판촉 (활동)
school's anniversary celebration n. 개교기념일

35 세부사항   정답 (a)

해석 대회에 영화 출품을 위해서는 어떤 것이 필요한가?

(a) 독자적인 영화 작품이어야 한다.
(b) 다른 영화 제작사에 의해 소유되어야 한다.
(c) 최소한 1시간의 길이여야 한다.
(d) 다른 영화 제작 대회에 참가하는 중이어야 한다.

해설 단편 영화는 각 학급에 의한 독자적인 창작물이어야 한다(The short film must be an original creation by each class)고 언급하는 부분을 통해 (a)가 정답임을 알 수 있다.

어휘 requirement n. 필요   at least ad. 적어도, 최소한

36 추론   정답 (c)

해석 왜 세 명의 심사위원들이 참여 영화들에 점수를 매기기 위해 선택되었을 것 같은가?

(a) 학교의 후원자들이기 때문에
(b) 유명한 영화 제작자들이기 때문에
(c) 영화 제작 분야의 전문가들이기 때문에
(d) 영화를 심사하는 데 경험이 있기 때문에

해설 제출된 영화들을 검토하고 평가하기 위해 세 명의 심사위원들이 초빙되는데(We will invite three judges to review and evaluate the submitted films), 이들은 영화 평론가(film critic from the Metro Times), 수상 이력이 있는 영화감독(an award-winning film director), 미영화협회 회장(the president of the Film Association of America) 등으로 구성되어 있기 때문에 영화 제작 분야의 전문가들이기 때문에 이 세 명의 심사위원이 선택되었음을 알 수 있다. 따라서 (c)가 정답이다.

어휘 rate v. 평가하다, 여기다   sponsor n. 후원자
expert n. 전문가

37 세부사항   정답 (d)

해석 영화가 관객들에게 미치는 영향은 무엇이어야 하는가?

(a) 영화 제작의 도입부 역할을 해야 한다.
(b) 그들에게 영화의 기술적 측면을 가르쳐야 한다.
(c) 그들 자신의 영화를 만들도록 격려해야 한다.
(d) 지역사회의 문제들을 해결하기 위한 조치를 취할 수 있도록 도와야 한다.

해설 영화가 관람객들로 하여금 지역사회의 공익을 위해 무언가를 하도록 장려해야 한다(It must also encourage viewers to do something for the common good of the community)고 언급하는 부분을 통해 (d)가 정답임을 알 수 있다.

어휘 serve as v. ~의 역할을 하다,
inspire v. 격려하다, 고무하다

38 세부사항   정답 (b)

해석 학교의 학생들은 수상작을 평가하는 데 어떻게 참여할 수 있는가?

(a) 영화 상영일에 영화를 관람함으로써
(b) 그들이 가장 좋아하는 최고의 영화에 투표함으로써
(c) 기념일 축하 행사의 폐막식에 참여함으로써
(d) 심사위원들과 영화에 대해 논의함으로써

해설 모든 출품작들이 상영된 후, 관람객들이 평가지를 받아 지속되는 인상을 남겼던 상위 세 개의 영화를 선정할 것(each viewer will be given an evaluation sheet, on which they will select the top three films that made a lasting impression on them)이라고 언급하는 부분을 통해 관람객, 즉 학교의 학생들이 선호하는 최고의 영화 3개에 투표함으로써 평가에 참여할 수 있다는 것을 알 수 있다. 따라서 (b)가 정답이다.

어휘 vote v. 투표하다, 표를 던지다
attend v. 참여하다, 참석하다

39 세부사항   정답 (a)

해석 유명한 영화 행사에서 어떻게 누군가의 작품이 보여질 수 있는가?

(a) 콘테스트에서 상위 3개의 영화들 중 하나로 선정됨으로써
(b) 심사위원들로부터 가장 높은 점수를 받음으로써
(c) 예술위원회 직원에게 영화 DVD를 제출함으로써
(d) 전체 입장권을 구입함으로써

해설 가장 높은 점수를 받은 세 개의 영화들이 수상자로 선언되며, 세 개의 수상자들은 명망 높은 단편 영화 축제에 출품작이 상영될 것(All three winners will have their entries screened at the prestigious San Francisco Short Film Festival)이라고 언급하는 부분을 통해 유명 영화 행사에서 보여지기 위해서는 콘테스트에서 상위 3개의 영화들 중 하나로 선정되어야 한다는 것을 알 수 있다. 따라서 (a)가 정답이다.

PART 3

음원은 QR로 확인

40. What is Ruth's problem?
    루스의 문제는 무엇인가?

41. Why is a laptop able to handle more complicated tasks?
    왜 노트북이 더 복잡한 일들을 처리할 수 있는가?

42. According to Migs, why will Ruth need to charge a laptop constantly?
    믹스에 따르면, 왜 루스가 계속해서 노트북을 충전해야 할 것인가?

43. What makes the virtual keyboard a drawback for a tablet?
    태블릿에서 가상 키보드의 단점은 무엇인가?

44. What kind of monitor are gamers probably looking for in a gadget?
    게이머들은 아마 어떤 종류의 모니터를 기기 안에서 찾고 있을 것 같은가?

45. What will Ruth most likely do after the conversation?
    대화 후 루스는 무엇을 할 것 같은가?

M: Hi, Ruth! What are you doing here?

남: 안녕, 루스! 여기서 뭐하고 있어?

F: Oh, hello, Migs! [40]I'm thinking of buying a new gadget for myself for school, but I'm torn between a laptop and a tablet computer.

여: 오, 안녕, 믹스! [40]학교에서 사용할 새 기기를 살 생각을 하고 있는데, 노트북과 태블릿 컴퓨터 사이에서 고민하고 있어.

M: Well, what do you plan to use the gadget for?

남: 음, 그 기기를 무엇에 사용할 계획인데?

F: I'd like something that I can watch movies with, type documents, and do some light video editing. Being lightweight would be nice, too.

여: 영화를 보거나, 문서 작업을 하고, 가벼운 영상 편집을 할 수 있으면 좋겠는데. 무게가 가벼운 것도 좋을 거야.

M: Hmm. Either option is good since both devices can perform those functions. But why don't we weigh the pros and cons of each so that you can decide which best fits your needs?

남: 흐음. 두 장치 모두 그러한 기능들을 수행할 수 있기 때문에 어느 쪽이든 괜찮은걸. 하지만 어느 것이 너의 필요에 가장 적합한지를 결정할 수 있도록 각각의 장단점을 따져보는 것은 어떨까?

F: That sounds great! Well, first, [41]an advantage of a laptop over a tablet is that it offers greater performance because it has a more powerful processor.

여: 그거 좋네! 음, 먼저, [41]태블릿에 비해 노트북이 갖는 장점은 노트북은 더욱 강력한 프로세서가 탑재되어 있기 때문에 더 뛰어난 성능을 제공한다는 거야.

M: I agree. [41]It can perform more difficult and varied tasks than a tablet because it can run more programs.

남: 동의해. [41]노트북은 더 많은 프로그램을 실행할 수 있기 때문에 태블릿보다는 더 어렵고 다양한 작업들을 수행할 수 있거든.

F: Another advantage of a laptop is its larger storage capacity. I can save all my files in a laptop without worrying about running out of space.

여: 노트북의 또 다른 장점은 더 큰 저장 용량이야. 나는 공간이 부족해지는 것에 대한 걱정 없이 모든 파일들을 노트북에 저장할 수 있지.

M: True. And you'll be able to watch your movies on a much bigger screen.

남: 맞아. 그리고 너는 훨씬 더 큰 화면으로 영화를 볼 수 있을 거야.

F: Yes. That'd be great since my projects are mostly about watching films and making film reviews. But what do you think are the drawbacks of a laptop?

여: 응. 내 과제가 주로 영화를 보고 영화 평을 하는 것이기 때문에 좋을 것 같아. 하지만 너는 노트북의 단점이 뭐라고 생각해?

M: I think one of its disadvantages is that it's bulkier and harder to carry around.

남: 내 생각에 노트북의 단점 중 하나는 부피가 더 커서 들고 다니기가 더 어렵다는 거야.

F: I was thinking of that, too. Commuting every day to school with a laptop seems like it'd be too tiring for me.

여: 나 역시도 그 생각을 하고 있었어. 노트북을 들고 매일 학교로 통학하는 것은 나에게는 너무 피곤한 일인 것 같아.

M: True. Another disadvantage is its shorter battery life. [42]For someone who has tons of different files to work on, you may find yourself constantly reaching for your charger and looking for outlets.

남: 맞아. 또 다른 단점은 배터리 수명이 짧다는 거야. [42]작업해야 할 파일이 너무 많은 사람으로서, 너는 네 스스로 계속해서 충전기에 손을 뻗어 콘센트를 찾게 될 지도 몰라.

F: Really? Why?

여: 정말? 왜?

M: Well, [42]for sure you'll be running a lot of programs simultaneously when using your laptop, and that consumes a lot of power.

남: 음, [42]노트북을 사용할 때 너는 분명 많은 프로그램들을 동시에 실행할 거고, 그것은 많은 전력을 소모하거든.

F: Ah, I see. On top of that, laptops are more expensive than tablets. Some laptops can cost more than $1,000, while tablets rarely reach that price.

여: 아, 그렇구나. 그뿐 아니라, 노트북은 태블릿보다 더 비싸. 어떤 노트북은 가격이 천달러 이상일 수 있지만, 반면에 태블릿은 이 가격에 거의 도달하지 못해.

M: That's true. Tablets cost much less. In addition, a tablet is more portable. While it offers less functionality, its portability definitely fits your criteria.

남: 맞아. 태블릿은 비용이 훨씬 덜 들어. 게다가, 태블릿은 휴대하기가 더 쉽지. 기능성이 떨어지는 반면에, 휴대성은 너의 기준에 확실히 부합하네.

F: Exactly! It doesn't weigh much, and it won't take up much room in my bag.

여: 바로 그거야! 무게가 별로 나가지도 않고, 내 가방 안에 공간을 많이 차지하지도 않을 거야.

M: It also has a longer battery life because it does not have to power as much hardware like a laptop.

남: 태블릿은 또한 노트북처럼 기기에 많은 전원을 공급할 필요가 없기 때문에 배터리 수명이 더 길어.

F: Good point. But tablets have drawbacks, too.

여: 좋은 지적이야. 그러나 태블릿에는 단점도 있어.

M: Absolutely! For one, they have less internal storage than laptops.

남: 물론이지! 그 중 하나로, 태블릿은 노트북보다 내부 용량이 적다는 거야.

F: Yes. And another disadvantage is that a tablet doesn't have a physical keyboard. It relies solely on a touch screen for all input. [43]Some people find it hard to type on those virtual keyboards. They either appear too small or are displayed in awkward layouts.

여: 응. 또 다른 단점은 태블릿에 물리적인 키보드가 없다는 거야. 태블릿은 오로지 모든 입력을 터치스크린에만 의존해. [43]어떤 사람들은 그러한 가상 키보드로 타자를 치는 것이 어렵다고 생각해. 그 가상 키보드는 너무 작게 보이거나 레이아웃이 어색하게 보여지기도 하지.

M: I see your point. Of course, you can always use a removable keyboard with some tablets. But it still won't have the same feel as a full-sized keyboard.

남: 무슨 말인지 알겠어. 물론, 너는 일부 태블릿들과 함께 언제나 탈착식 키보드를 사용할 수 있지. 하지만 그것은 여전히 원래 크기의 키보드와 같은 느낌이 나지 않을 거야.

F: You're right. Also, tablets usually have 7 to 11-inch screens, which are smaller than laptops.

여: 네 말이 맞아. 또한, 태블릿은 보통 7에서 11인치의 화면인데, 이는 노트북보다 더 작아.

M: I completely agree with you on that. [44]Some people, like me, are into gaming and video streaming, so screen size matters to us. So, have you made up your mind?

남: 그 점에 대해서는 네 말에 전적으로 동의해. [44]나 같은 일부 사람들은 게임하는 것과 영상 스트리밍에 빠져 있으니까, 우리에게는 화면 크기가 중요하지. 그래서, 마음을 정했니?

F: Yes, [45]I think I'll go for something efficient even if I have to spend more since I'll be using it to process multiple files.

여: 응, [45]나는 여러 파일을 처리하기 위해 그것을 사용할 거라서 비록 비용을 더 지불해야 할지라도 뭔가 효율적인 것을 택할 생각이야.

어휘

gadget n. 기기, 장치 be torn between A and B v. A와 B 사이에서 고민하다, 갈피를 잡지 못하다 lightweight a. 가벼운, 경량의 function n. 기능 weigh v. (결정 전에) 따져 보다, 저울질하다 pros and cons n. 장단점 advantage n. 장점, 이점 run v. 작동하다, 기능하다 storage n. 저장, 보관 capacity n. 용량, 수용력 mostly ad. 주로, 일반적으로 drawback n. 단점, 문제점 disadvantage n. 단점, 약점 bulky a. 부피가 큰 commute v. 통학하다, 통근하다 constantly ad. 끊임없이, 계속 outlet n. 콘센트 simultaneously ad. 동시에, 일제히 consume v. (연료, 에너지를) 소모하다 rarely ad. 거의 ~않는, 드물게 portable a. 휴대하기 쉬운, 휴대용의 functionality n. 기능성 portability n. 휴대성 definitely ad. 확실히, 분명히 criteria n. 기준 (criterion의 복수형) room n. 공간, 실 internal a. 내부의 physical a. 물리적인, 물질의 rely on v. 의존하다, 기대다 solely ad. 오로지, 단지, 단독으로 virtual a. (컴퓨터를 이용한) 가상의 awkward a. 어색한 removable a. 탈착 가능한, 떼어낼 수 있는 matter v. 중요하다 efficient a. 효율적인, 능률적인 multiple a. 여러 가지의, 다수의, 많은

41 세부사항   정답 (d)

해석 왜 노트북이 더 복잡한 일들을 처리할 수 있는가?

(a) 프로그램들이 더 복잡하기 때문에
(b) 화면 크기가 더 크기 때문에
(c) 파일들의 저장 공간이 많기 때문에
(d) 보다 효율적인 프로세서를 갖기 때문에

해설 노트북은 강력한 프로세서가 탑재되어 있어 뛰어난 성능을 제공(an advantage of a laptop over a tablet is that it offers greater performance because it has a more powerful processor)한다며, 노트북이 태블릿보다 더 어려운 다양한 프로그램들을 처리할 수 있다(It can perform more difficult and varied tasks than a tablet)고 언급하는 부분을 통해 노트북이 효율적인 프로세서로 복잡한 일을 처리한다는 것을 알 수 있다. 따라서 (d)가 정답이다.

어휘 handle v. 처리하다, 다루다 complicated a. 복잡한 plenty of a. 많은

40 세부사항   정답 (a)

해석 루스의 문제는 무엇인가?

(a) 그녀는 학교 과제를 위해 어떤 기기를 구매할 지 모른다.
(b) 그녀의 학교는 그녀가 새 기기를 사도록 요구한다.
(c) 그녀는 어디에서 기기들을 샀는지 모른다.
(d) 그녀의 학교용 기기들은 이미 구식이 되었다.

해설 루스가 학교에서 사용할 새 기기를 사려고 하는데, 노트북과 태블릿 중에서 고민하고 있다(I'm thinking of buying a new gadget for myself for school, but I'm torn between a laptop and a tablet computer)고 언급하는 부분을 통해 학교 과제를 위해 어떤 기기를 구매할 지 모르는 것이 루스의 문제임을 알 수 있다. 따라서 (a)가 정답이다.

어휘 already ad. 이미, 벌써
out-of-date a. 구식이 된, 뒤떨어진

42 세부사항   정답 (b)

해석 믹스에 따르면, 왜 루스가 계속해서 노트북을 충전해야 할 것인가?

(a) 큰 화면이 작동하려면 더 많은 전원이 필요하기 때문에
(b) 과도한 사용은 배터리 전력을 더 빨리 소모할 것이기 때문에
(c) 대용량 파일들을 저장하는 것은 배터리 수명을 더 빨리 소모하기 때문에
(d) 사용 가능한 전원 콘센트들이 많지 않기 때문에

해설 노트북으로 작업해야 할 파일이 많다면 계속해서 충전해야 할 것(For someone who has tons of different files to work on, you may find yourself constantly reaching for your charger and looking for outlets)이라며, 이는 많은 프로그램들을 동시에 사용하게 될 때 많은 전력을 소모하기 때문(for sure you'll be running a lot of programs simultaneously when using your laptop, and that consumes a lot of power)이라고 언급하는 부분을 통해 (b)가 정답임을 알 수 있다.

어휘 | charge v. 충전하다 function v. 작동하다, 기능하다
store v. 저장하다, 보관하다

43 세부사항 정답 (c)

해석 | 태블릿에서 가상 키보드의 단점을 무엇인가?

(a) 사용자가 외부 키보드를 구입할 것을 요구한다.
(b) 데이터를 입력할 때 항상 반응하는 것은 아니다.
(c) **어떤 사람들에게는 사용하기 어렵다.**
(d) 태블릿의 기능을 느리게 한다.

해설 | 어떤 사람들은 태블릿의 가상 키보드로 타자를 치는 것이 어렵다고 생각한다(Some people find it hard to type on those virtual keyboards)고 언급하는 부분을 통해 (c)가 정답임을 알 수 있다.

어휘 | external a. 외부의, 밖의
responsive a. 반응하는, 대응하는 input v. 입력하다

44 추론 정답 (a)

해석 | 게이머들은 아마 어떤 종류의 모니터를 기기 안에서 찾고 있을 것 같은가?

(a) **대형 디스플레이 화면이 있는 것**
(b) 메모리 저장 용량이 더 많은 것
(c) 크기가 7인치인 것
(d) 밝은 색을 나타내는 것

해설 | 일부 사람들은 게임하는 것에 빠져 있으므로(Some people, like me, are into gaming) 화면 크기가 중요하다(so screen size matters to us)고 언급하는 부분을 통해 게이머들은 대형 디스플레이 화면을 중요하게 생각할 것임을 알 수 있다. 따라서 (a)가 정답이다.

어휘 | display v. 나타내다, 내보이다 bright a. 밝은, 빛나는

45 추론 정답 (d)

해석 | 대화 후 루스는 무엇을 할 것 같은가?

(a) 그녀는 태블릿을 살 것이다.
(b) 그녀는 추가적인 조언을 요청할 것이다.
(c) 그녀는 두 기기들의 가격을 알아낼 것이다.
(d) **그녀는 노트북을 살 것이다.**

해설 | 루스는 여러 파일을 처리하는 데 기기를 사용할 것이기 때문에 비용을 더 지불하더라도 효율적인 것을 택하겠다(I think I'll go for something efficient even if I have to spend more since I'll be using it to process multiple files)고 언급한다. 앞서 더 많은 프로그램들을 실행하고 처리할 수 있지만, 비용이 훨씬 비싼 기기는 노트북이므로 노트북을 살 것임을 알 수 있다. 따라서 (d)가 정답이다.

어휘 | additional a. 추가의 advice n. 조언, 충고

PART 4

음원은 QR로 확인

46. What is the talk all about?
    연설은 모두 무엇에 대한 것인가?

47. Why most likely is it advisable to break a large task into small tasks?
    왜 하나의 큰 일을 작은 일들로 나누는 것이 가장 바람직할 것 같은가?

48. According to the speaker, what happens to people when their task doesn't have a deadline?
    화자에 따르면, 일에 마감 기한이 없을 때 사람들에게 어떤 일이 일어나는가?

49. Why do perfectionists delay starting their work?
    왜 완벽주의자들은 일을 시작하는 것을 미루는가?

50. Which aspect of productivity is probably affected by one's environment?
    생산성의 어떤 측면이 환경에 의해 영향을 받을 것 같은가?

51. How does taking a break help in beating procrastination?
    어떻게 휴식을 취하는 것이 미루는 버릇을 이겨내는 데 도움이 되는가?

52. What is the best way to win over procrastination?
    미루는 버릇을 이겨내는 가장 좋은 방법은 무엇인가?

Welcome to Mind Matters. Do you often delay or put off tasks until the last minute? Procrastination is the habit of avoiding doing something that needs to be accomplished. While it's completely normal to put off tasks, making it a habit will lead to anxiety, stress, and even career problems. [46]Today, I will teach you how to win over procrastination. Just follow these tips:

마인드 매터즈에 오신 것을 환영합니다. 여러분은 종종 마지막 순간까지 일을 미루거나 연기하시나요? 미루는 버릇은 완수해야 하는 어떤 일을 하는 것을 피하는 습관입니다. 일을 미루는 것은 완전히 정상이기는 하지만, 그것을 습관화하는 것은 불안감, 스트레스, 심지어 경력의 문제로 이어질 것입니다. [46]오늘, 저는 여러분에게 미루는 버릇을 이겨내는 방법을 알려드리겠습니다. 그냥 이 조언들을 따르세요.

The first tip is to do that one task. One reason why people postpone doing something is because big tasks appear overwhelming. [47]Try to break down a large task into smaller, more manageable parts. For example, if you want to create a photo album of your recent vacation, you must first select which photos to print, then have them printed, then buy the necessary supplies, and so on. Have a to-do list of the smaller tasks, and do them one by one. [47]This way, you're slowly progressing into actually completing the work, rather than not having started at all.

첫 번째 조언은 그 한 가지 일을 하는 것입니다. 사람들이 무언가를 하는 것을 미루는 한 가지 이유는 커다란 일이 압도적인 것처럼 보이기 때문입니다. [47]하나의 큰 일을 더 작은, 더 관리 가능한 부분으로 나눠보세요. 예를 들어, 여러분이 최근 휴가의 사진 앨범을 만들고 싶으시다면, 여러분은 먼저 어떤 사진을 인쇄해야 할지 골라야 하고, 그것들을 인쇄하고, 필요한 물품을 구입해는 등을 해야 합니다. 더 작은 일의 할 일 목록을 만들고, 그것들을 하나씩 하세요. [47]그렇게 해야, 여러분은 아무것도 시작하지 않은 것보다는 천천히 진전시켜서 실제로 그 일을 끝내게 됩니다.

The second tip is to set deadlines. Whether set by your boss or self-imposed, a deadline is like a magnetic force that urges people to get things done. [48]Without a deadline, you'll tend to put off every task because when you must finish it remains unclear. Deadlines may sound negative at first, but they actually motivate you to keep taking action.

두 번째 조언은 마감 기한을 정하는 것입니다. 여러분의 상사가 정하든 여러분 스스로 정하든, 마감 기한은 마치 사람들로 하여금 일을 끝내도록 촉구하는 자기력과 같습니다. [48]마감 기한 없이는, 언제 일을 끝내야 할지가 불분명하기 때문에 여러분은 모든 일을 미루는 경향을 보일 것입니다. 마감 기한이 처음에는 부정적으로 들릴 수도 있지만, 그것은 실제로 여러분이 계속 행동을 하도록 자극합니다.

[49]The third tip is to avoid being a perfectionist. One of the reasons why you keep delaying your work is because you keep waiting for that perfect idea or the perfect way of doing it. But perfect is never going to happen. When you think about it, perfectionism is an all-or-nothing mentality that says your work has to be perfect, or else it's a failure. The more you believe this lie, the longer you'll delay starting your work. The truth is, you'll figure out things and improve on your work as you go. So instead of waiting for the perfect conditions, just begin.

[49]세 번째 조언은 완벽주의자가 되는 것을 피하는 것입니다. 여러분이 일을 계속 미루는 이유 중 하나는 그 완벽한 아이디어 혹은 그 일을 하는 완벽한 방법을 계속 기다리기 때문입니다. 그러나 완벽하기라는 것은 결코 일어나지 않습니다. 여러분이 그것에 대해 생각할 때, 완벽주의는 여러분의 일이 완벽해야 하고, 그렇지 않으면 그것은 실패라고 말하는 모 아니면 도의 사고방식입니다. 여러분이 이 거짓을 더 믿을수록, 여러분이 일을 시작하는 것을 더 오래 미룰 것입니다. 사실은, 일을 진행함에 따라 여러분은 많은 것들을 이해하고 여러분의 일을 향상시킬 것입니다. 따라서 완벽한 상태를 기다리는 것 대신, 그냥 시작하세요.

The fourth tip is to optimize your working space. [50]Your environment can either help or hinder your productivity. Arrange your work area's lighting, noise levels, and temperature such that you are at your most productive. [50]Using social media, making phone calls, and exchanging text messages will also disrupt your concentration. So it's important to shut off your devices to keep yourself from doing unnecessary things.

네 번째 조언은 여러분의 업무 공간을 최적화하는 것입니다. [50]여러분의 환경은 여러분의 생산성에 도움이 될 수도 있고 방해가 될 수도 있습니다. 여러분의 업무 공간의 조명, 소음도, 온도를 여러분이 가장 생산성이 높은 정도로 조정하세요. [50]소셜 미디어를 이용하는 것, 전화 통화를 하는 것, 그리고 문자 메시지를 주고받는 것 또한 여러분의 집중에 방해가 될 것입니다. 따라서 여러분이 스스로 불필요한 것들을 하는 것으로부터 막기 위해 여러분의 기기들을 끄는 것이 중요합니다.

The fifth step is to take breaks. Constantly thinking about one task can cause stress. Taking a break from work is beneficial to everyone. It has been proven that people tend to perform better at mental tasks right after a quick break. [51]Short breaks, such as simply walking for fifteen minutes without thinking about your task, will allow your mind to rest. This way, you can go back to the task at hand with renewed focus.

다섯 번째 조언은 휴식을 취하는 것입니다. 한 가지 일을 끊임없이 생각하는 것은 스트레스를 유발할 수 있습니다. 일에서 벗어나 휴식을 취하는 것은 모두에게 이롭습니다. 사람들이 짧은 휴식 직후에 정신적인 일들을 더 잘 수행하는 경향이 있다는 것이 입증되어 왔습니다. [51]여러분의 일에 대해 생각하지 않고 15분 동안 단순히 걷는 것과 같은 짧은 휴식은 여러분의 정신을 쉬게 해 줄 것입니다. 그렇게 해야, 여러분은 새로워진 초점으로 당장의 일로 돌아갈 수 있습니다.

The last tip is to keep working. [52]There's no best way to beat procrastination than to keep doing and keep moving. No matter how many tips you hear about overcoming procrastination, they won't work unless you get to work. A best-selling author once said, "Amateurs sit and wait for inspiration; the rest of us just get up and go to work." Even when you don't feel like it, keep working, and inspiration will follow.

마지막 조언은 계속 일하는 것입니다. [52]계속 하는 것과 계속 움직이는 것만큼 미루는 버릇을 이겨내는 최고의 방법은 없습니다. 미루는 버릇을 극복하는 것에 대해 얼마나 많은 조언들을 듣더라도, 여러분이 일을 하지 않으면 그것들은 효과가 없을 것입니다. 한 베스트셀러 저자가 이런 말을 했습니다. "아마추어는 앉아서 영감을 기다리고, 우리 중 나머지는 그냥 일어나서 일을 하러 간다"고요. 일할 기분이 아닐 때에도, 계속 일을 하세요, 그러면 영감이 따라올 것입니다.

So the next time you have some task to complete, remember these tips.

그러니 다음에 여러분이 완수해야 할 몇몇 일들이 있을 때, 이 조언들을 기억하십시오.

어휘

put off v. (시간, 날짜를) 미루다, 연기하다 task n. (특히 힘든, 하기 싫은) 일, 과업, 과제 procrastination n. 미루는 버릇, 연기, 지연 habit n. 습관, 버릇 anxiety n. 불안감, 염려 postpone v. 미루다, 연기하다 overwhelming a. 압도적인, 저항하기 힘든 manageable a. 관리 가능한, 감당할 수 있는 supply n. 물품 progress v. 진전을 보이다, 진행하다 deadline n. 마감 기한, 마감 일자 self-imposed a. 스스로 맡아서 하는 magnetic a. 자기의, 자성의 force n. 물리력, 힘 urge v. 촉구하다, 권고하다 perfectionist n. 완벽주의자 figure out v. 이해하다 optimize v. 최적화하다, 최대한 좋게 만들다 environment n. (주변의) 환경 hinder v. 방해하다, ~을 못하게 하다 arrange v. 조정하다, 정리하다, 배열하다 temperature n. 온도, 기온 exchange v. 주고받다, 교환하다 disrupt v. 방해하다, 지장을 주다 concentration n. 집중 shut off v. 끄다, 멈추다 constantly ad. 끊임없이, 거듭 prove v. 입증하다, 증명하다 renewed a. (관심, 강도가) 새로워진 overcome v. 극복하다 amateur n. 아마추어, 비전문가 inspiration n. 영감

46 주제/목적   정답 (c)

해석 연설은 모두 무엇에 대한 것인가?

(a) 일의 우선순위를 정하는 방법
(b) 스트레스 극복
(c) 일을 미루는 것을 피하는 방법
(d) 건강한 습관들을 받아들이기

해설 첫 문단에 미루는 버릇을 이겨내는 방법을 알려 드리겠다(I will teach you how to win over procrastination)고 언급하며, 미루기를 피하는 6개의 조언들이 이어지고 있으므로 일을 미루는 것을 피하는 방법에 대한 연설임을 알 수 있다. 따라서 (c)가 정답이다.

어휘 prioritize v. 우선순위를 정하다, 우선순위를 매기다 embrace v. 받아들이다, 수용하다

47 추론   정답 (b)

해석 왜 하나의 큰 일을 작은 일들로 나누는 것이 가장 바람직할 것 같은가?

(a) 일이 일찍 완료될 것이어서
(b) 일이 달성될 것이어서
(c) 일이 정확한 순서대로 수행될 수 있어서
(d) 해야 할 일의 목록 초안을 작성할 수 있어서

해설 하나의 큰 일을 더 작은 부분으로 나눠야(Try to break down a large task into smaller, more manageable parts.) 천천히 일을 진전시켜서 실제로 일을 끝내게 될 것(This way, you're slowly progressing into actually completing the work, rather than not having started at all.)이라고 언급하는 부분을 통해 (b)가 정답임을 알 수 있다.

어휘 advisable a. 바람직한, 권할 만한 achievable a. 달성할 수 있는, 성취할 수 있는 exact a. 정확한, 정밀한 draft n. 초안, 원고

48 세부사항   정답 (a)

해석 화자에 따르면, 일에 마감 기한이 없을 때 사람들에게 어떤 일이 일어나는가?

(a) 그들은 그 일을 하기를 미룬다.
(b) 그들은 일을 시작하라는 압박을 받는다.
(c) 그들은 일에 대한 의욕을 갖게 된다.
(d) 그들은 상사에게 마감 기한을 요청한다.

해설 마감 기한이 없다면 모든 일을 미루는 경향을 보일 것(Without a deadline, you'll tend to put off every task)이라고 언급하는 부분을 통해 (a)가 정답임을 알 수 있다.

어휘 pressure v. 압박하다, 압력을 가하다

49 세부사항   정답 (d)

해석 왜 완벽주의자들은 일을 시작하는 것을 미루는가?

(a) 그들의 일은 항상 결국 완벽해지기 때문에
(b) 그들은 일이 일찍 완료되기를 원하기 때문에
(c) 그들은 항상 일에서 실패할 것으로 예상되기 때문에
(d) 그들은 일을 하는 완벽한 방법을 상상하기 때문에

해설 세 번째 조언에 완벽주의자가 되기를 피해야 한다며, 일을 미루는 이유 중 하나가 일을 하는 완벽한 방법을 계속 기다리기 때문(One of the reasons why you keep delaying your work is because you keep waiting for that perfect idea or the perfect way of doing it)이라고 언급하는 부분을 통해 완벽주의자들은 일을 하는 완벽한 방법을 상상하기 때문에 일을 미룬다는 것을 알 수 있다. 따라서 (d)가 정답이다.

어휘 expect v. 예상하다, 기대하다

50 추론   정답 (c)

해석 생산성의 어떤 측면이 환경에 의해 영향을 받을 것 같은가?

(a) 소셜 네트워크
(b) 신체 건강
(c) 집중하는 능력
(d) 지능

해설 환경이 생산성에 영향을 미친다고 설명하며, 소셜 미디어나 전화 통화, 문자 메시지와 같은 환경이 집중에 방해가 될 것(Using social media, making phone calls, and exchanging text messages will also disrupt your concentration)이라고 언급하는 부분을 통해 환경에 의해 집중력이 영향을 받을 것임을 알 수 있다. 따라서 (c)가 정답이다.

어휘 affect v. 영향을 미치다   intelligence n. 지능

51 세부사항   정답 (c)

해석 어떻게 휴식을 취하는 것이 미루는 버릇을 이겨내는 데 도움이 되는가?

(a) 스트레스 수준을 증가시킴으로써
(b) 더 나은 아이디어를 제공함으로써
(c) 마음을 쉬게 함으로써
(d) 휴식을 보상으로 사용함으로써

해설 짧은 휴식은 정신을 쉬게 해줄 것(Short breaks will allow your mind to rest)이라고 언급하는 부분을 통해 (c)가 정답임을 알 수 있다.

어휘 beat v. 이기다   rest v. 쉬다, 휴식을 취하다

52 세부사항   정답 (b)

해석 미루는 버릇을 이겨내는 가장 좋은 방법은 무엇인가?

(a) 영감을 기다리는 것
(b) 일을 당장 시작하는 것
(c) 6가지 제안들을 완료하는 것
(d) 더 많은 미루기 조언들을 듣는 것

해설 미루는 버릇을 이겨내는 데에는 계속 일하고 움직이는 것이 최고의 방법(There's no best way to beat procrastination than to keep doing and keep moving)이라며, 많은 조언들을 들어도 일을 하지 않으면 효과가 없다(No matter how many tips you hear about overcoming procrastination, they won't work unless you get to work)고 언급하는 부분을 통해 일을 당장 시작하는 것이 가장 좋은 방법임을 알 수 있다. 따라서 (b)가 정답이다.

READING & VOCABULARY SECTION

PART 1

OSAMU TEZUKA
오사무 데즈카

Osamu Tezuka was a Japanese artist and cartoonist who authored famous manga such as *Astro Boy* and *Black Jack*. [53]He is best known as "the Father of Manga" because of his recognizable contributions to the art form.

오사무 데즈카는 「우주소년 아톰」, 「블랙 잭」과 같은 유명한 만화를 저술한 일본의 예술가이자 만화가이다. [53]그는 예술 형식에 대한 눈에 띄는 공헌으로 인해 "만화의 아버지"로 가장 잘 알려져 있다.

Tezuka was born on November 3, 1928, in Osaka, Japan. The eldest of three children, Tezuka was born to a wealthy and well-educated family. Though unable to join his classmates in athletic pursuits, [54]he gained popularity by creating manga and dispersing it throughout his school.

데즈카는 1928년 11월 3일 일본 오사카에서 태어났다. 세 자녀 중 장남이었던 데즈카는 부유하고 잘 교육받은 가정에서 태어났다. 비록 반 친구들과 함께 운동을 할 수는 없었지만, [54]그는 만화를 창작하고 학교 전체에 퍼뜨림으로써 인기를 얻었다.

During the height of World War II, Tezuka was drafted at 16 to work at a military-run factory. Tezuka continued to draw, even leaving manga in the bathroom for his fellow workers to read. Witnessing the cruelty of humanity during the war had a powerful impact on the young artist, and his experiences would [58]manifest themselves in his later work.

제2차 세계 대전이 한창일 때, 데즈카는 16세에 징집되어 군에서 운영하는 공장에서 일했다. 데즈카는 계속해서 그림을 그렸고, 심지어는 동료 직원들이 읽을 수 있도록 화장실에 만화를 남겼다. 전쟁 중에 인간의 잔인함을 목격한 것은 이 젊은 예술가에게 강렬한 영향을 끼쳤으며, 그의 경험들은 그의 후기 작품에서 그대로 [58]드러냈을 것이다.

In 1944, just before the war ended, Tezuka was accepted into a medical college in Osaka. [55]He devoted himself to his studies but never forgot his love of manga. He was later commissioned to draw comics for a local newspaper and even traveled all over Japan to work with fellow artists—all while studying to be a doctor.

전쟁이 끝나기 직전인 1944년, 데즈카는 오사카의 의과대학에 입학했다. [55]그는 공부에 전념했지만 만화에 대한 사랑은 결코 잊지 않았다. 그는 나중에 지역 신문에 만화를 그리는 일을 의뢰 받았고 심지어는 의사가 되기 위해 공부하면서도 동료 예술가들과 함께 작업하기 위해 일본 전역을 여행하기도 했다.

It was during this time that Tezuka developed the story for *Astro Boy*, his most famous creation and one of the best-selling manga series of all time. *Astro Boy* was an android created by the renowned Doctor Tenma to replace his son who had been killed in a car accident. The series [59]tackled issues such as good versus evil and how humans and robots could coexist in harmony.

이 기간 동안 데즈카는 그의 가장 유명한 창작물이자 역사상 가장 많이 팔린 만화 시리즈 중 하나인 「우주소년 아톰」의 이야기를 전개했다. 우주소년 아톰은 명성있는 닥터 텐마가 교통사고로 사망한 아들을 대체하기 위해 만든 안드로이드이다. 이 시리즈는 선과 악 그리고 인간과 로봇이 어떻게 조화롭게 공존할 수 있는지와 같은 문제들을 [59]다뤘다.

Tezuka never practiced medicine officially, but his expertise would find its way into his works. One such work was *Black Jack*, which is the story of a mad scientist who operates without a medical license. The surgeon uses his impressive skills to save patients with unique illnesses. [56]Tezuka considered the protagonist, with his anti-establishment and anti-corruption attitudes, to be somewhat of an alter ego, representing the kind of doctor he might have been.

데즈카는 공식적으로 의사로 일했던 적은 없지만, 그의 전문지식은 그의 작품에서 찾을 수 있었다. 그러한 작품 중 하나는 「블랙 잭」이었는데, 그것은 의사 면허 없이 수술하는 미친 과학자의 이야기이다. 그 외과의사는 독특한 질병을 가진 환자들을 구하기 위해 그의 인상적인 기술을 사용한다. [56]데즈카는 반체제적이고 반부패적인 태도를 가진 그 주인공을 일종의 분신으로 여겼고, 그가 되었을 지도 모르는 의사의 유형을 나타낸다.

[57]Though Tezuka passed in 1989, several of his artistic techniques have become mainstays in modern-day anime. For example, the large, expressive eyes associated with anime characters and pen strokes indicating movement are evidence of his impact. To this day, his manga continues to inspire adaptations such as the *Young Black Jack* TV series and the CGI animated *Astro Boy* film.

[57]데즈카는 1989년에 세상을 떠났지만, 그의 예술적 기교들 중 일부는 현대 애니메이션의 주요 요소가 되었다. 예를 들어 애니메이션 캐릭터와 관련된 크고 표현력 있는 눈과 움직임을 나타내는 펜 획은 그의 영향력의 증거이다. 오늘날까지, 그의 만화는 「영 블랙 잭」 TV 시리즈와 CGI(컴퓨터영상합성기술) 애니메이션 「우주소년 아톰」 영화와 같은 각색에 영감을 주고 있다.

어휘

artist n. 예술가, 화가, 아티스트 cartoonist n. 만화가 author v. 저술하다, 쓰다 manga n. (일본의) 만화 recognizable a. (쉽게) 알 수 있는, 알아볼 수 있는 contribution n. 공헌, 기여, 이바지 art form n. 예술 형식, 예술 행위 eldest a. 맏이, 가장 나이가 많은, 가장 나이가 많은 사람 wealthy a. 부유한, 재산이 많은 well-educated a. 잘 교육된, 교양있는 unable a. ~ 할 수 없는, ~ 하지 못하는 athletic a. 운동의, 체육의, 경기의 pursuit n. 추구, (원하는 것을) 좇음 gain v. 얻다, 하게 되다 popularity n. 인기 disperse v. (이리저리) 퍼뜨리다, 흩어지다, 해산하다 military a. 군사의, 무력의 run v. 운영하다, 경영하다, 관리하다 factory n. 공장 continued a. 지속적인 fellow worker n. 동료 직원, 직장 동료 witness v. 목격하다 cruelty n. 잔인한, 학대 humanity n. 인간, 인류 impact n. 영향, 충격 experience n. 경험 manifest v. 드러내 보이다, 나타내다 war n. 전쟁 accept v. (기꺼이) 받아들이다 medical college n. 의과대학 devote v. (몸, 노력, 시간, 돈을) 전념하다, 바치다, 쏟다, 기울이다 commission v. 의뢰하다, 주문하다 local a. (현재 얘기되고 있거나 자신이 살고 있는 특정) 지역의, 현지의 travel v. 여행하다, 이동하다 develop v. (사상·이야기 등을) 전개시키다 creation n. 창작, 창조, 창출 android n. 안드로이드(인간의 모습을 한 로봇) create v. 창작하다, 창조하다 renown n. 명성, 유명 car accident n. 교통사고 issue n. (걱정거리가 되는) 문제 versus prep. ~과 대조적으로, ~에 비해 coexist v. 공존하다, 동시에(같은 곳에) 있다 harmony n. 조화, 화합 practice v. 실행하다, 실천하다 officially ad. 공식적으로 expertise n. 전문 지식 mad a. 미친, 정신 이상인 operate v. 수술하다 medical license n. 의사 면허증 surgeon n. 외과의사, 외과 전문의 impressive a. 인상적인, 인상깊은 patient n. 환자 unique a. 독특한, 유일무이한 illness n. 질병, 병, 아픔 consider v. (~을/~로) 여기다 protagonist n. 주인공 anti-establishment a. 반체제적인 anti-corruption a. 반부패적인 alter ego n. 제 2의 자아, 또 다른 자아 represent v. 나타내다, 상징하다 several a. 일부, 몇몇의 artistic a. 예술의, 예술적인 technique n. 기교, 기법, 기술 mainstay n. 주요 요소, 중심 modern-day a. 현대의, 현재의 anime n. (흔히 공상과학적인) 일본 만화 영화 expressive a. 나타내는, 표정이 있는 associated a. 관련된 pen stroke n. 펜 획 indicate v. 나타내다, 보여주다 movement n. 움직임 evidence n. 증거, 흔적 impact n. 영향력 inspire v. 영감을 주다 adaptation n. 각색

53 세부사항   정답 (b)

해석 오사무 데즈카는 무엇으로 가장 잘 알려져 있는가?

(a) 역사상 가장 많이 팔린 만화를 쓴 것
(b) **대중 매체에서의 영향력 있는 스타일을 창조해 낸 것**
(c) 그의 예술을 통해 사회적 문제를 다룬 것
(d) 최초의 유명 만화 예술가가 된 것

해설 첫번째 단락에서 그는 예술 형식에 대한 눈에 띄는 공헌으로 인해(because of his recognizable contributions to the art form) "만화의 아버지"로 가장 잘 알려져 있다(He is best known as "the Father of Manga")고 했다. 예술 형식에 대한 눈에 띄는 공헌이란 대중 매체에서의 영향력 있는 스타일을 창조해낸 것으로 보는 것이 가장 적절하므로, 정답은 (b)이다.

어휘 influential a. 영향력 있는, 영향력이 큰
medium n. 대중 매체
address v. (문제, 상황 등에 대해) 다루다, 고심하다
societal a. 사회의

54 세부사항   정답 (d)

해석 데즈카는 어떻게 반 친구들의 인정을 받았는가?

(a) 그의 신체적 기량을 보여줌으로써
(b) 매우 존경받는 집안에서 태어남으로써
(c) 애니메이션 캐릭터를 흉내냄으로써
(d) **재미있는 만화를 제작함으로써**

해설 두번째에서 데즈카는 만화를 창작하고 학교 전체에 퍼뜨림으로써 인기를 얻었다(he gained popularity by creating manga and dispersing it throughout his school)고 했다. 즉 반 친구들의 인정을 받은 방법은 재미있는 만화를 제작한 것이 되므로, 정답은 (d)이다.

어휘 earn v. (자격, 자질이 되어 무엇을) 받다, 얻다
approval n. 인정, 찬성 physical a. 신체의, 육체의
prowess n. 기량, 솜씨
respected a. 존경받는, 훌륭한, 높이 평가되는
impersonate v. (남을 즐겁게 해주기 위해 다른 사람을) 흉내내다 comics n. (연재) 만화

55 세부사항   정답 (c)

해석 지문에 따르면, 왜 데즈카는 의대에 있는 시간 동안 여행을 다녔는가?

(a) 그는 다양한 병원에서 일하고 싶었기 때문에
(b) 그는 자신의 팬들과 만나고 싶었기 때문에
(c) **그는 자신이 예술적 열정을 추구하고 있었기 때문에**
(d) 그는 제대로 된 멘토를 찾고 있었기 때문에

해설 네번째 단락에서 데즈카는 오사카의 의과대학에 입학했다고 했다. 하지만 그는 공부에 전념했지만 만화에 대한 사랑은 결코 잊지 않았고(never forgot his love of manga), 나중에는 의사가 되기 위해 공부를 하는 동안에도 동료 예술가들과 함께 작업하기 위해 일본 전역을 여행하기도 했다(even traveled all over Japan to work with fellow artists)고 언급되고 있다. 이를 통해 그가 의대에 있을 당시에 여행을 다녔던 이유가 자신의 예술적 열정을 추구하고 있었기 때문임을 알 수 있다. 따라서 정답은 (c)이다.

어휘 various a. 다양한, 여러 가지의
pursue v. 추구하다, (어떤 일을 기간을 두고) 밀고 나가다
passion n. 열정

56 추론   정답 (b)

해석 데즈카는 왜 「블랙 잭」의 주인공에 공감을 하였을 것 같은가?

(a) 그들은 같은 외과 교육을 받았다.
(b) **그들은 권력의 남용에 대한 비슷한 생각을 가졌다.**
(c) 그들은 의사로 일했던 경험이 있었다.
(d) 그들은 같은 개인사로 힘들어 했다.

해설 질문의 키워드인 Black Jack이 나오는 여섯번째 단락에서 답의 근거를 추론한다. 해당 단락에서 데즈카는 반체제적이고 반부패적인 태도를 가진(with his anti-establishment and anti-corruption attitudes) 그 주인공을 일종의 분신(an alter ego)으로 여겼다고 했으므로, 데즈카와 주인공은 권력의 남용에 대한 비슷한 생각을 가졌을 것으로 추론할 수 있다. 따라서 정답은 (b)이다.

| 어휘 | relate to v. ~와 관계가 있다, ~와 관련되다
surgical a. 외과의, 수술의 similar a. 비슷한, 유사한, 닮은
abuse v. 남용하다, 오용하다 experience n. 경험
practicing medicine v. 의사로 일하다
struggle v. 힘겹게 나아가다 |

57 추론   정답 (a)

| 해석 | 어떻게 현대 만화에서 데즈카의 영향이 가장 두드러지게 보여질 수 있는가?

(a) 그의 특정한 예술 방식을 통해서
(b) 그의 매우 극적인 주제를 통해서
(c) 그의 복잡한 줄거리를 통해서
(d) 그의 공상과학소설의 사용을 통해서 |

| 해설 | 데즈카의 사후 영향력에 대해 언급되고 있는 일곱 번째 단락에서 답의 근거를 추론한다. 해당 단락에서 그의 예술적 기교들 중 일부는 현대 애니메이션의 주요 요소가 되었다(several of his artistic techniques have become mainstays in modern-day anime)고 하면서, 애니메이션 캐릭터와 관련된 크고 표현력 있는 눈(the large, expressive eyes associated with anime characters)과 움직임을 나타내는 펜 획(pen strokes indicating movement)이 그의 영향력의 증거라고 했다. 이를 통해 현대 만화계에서의 데즈카의 영향력이 가장 두드러지게 드러나는 방법은 그의 특정한 예술 방식을 통해서임을 추론할 수 있다. 따라서 정답은 (a)이다. |

| 어휘 | influence n. 영향 notably ad. 두드러지게, 뚜렷이
contemporary a. 현대의, 당대의 specific a. 특정한
complex a. 복잡한 |

58 어휘   정답 (c)

| 해석 | 해당 절의 문맥에서, manifest는 ___을 의미한다.

(a) 퍼지다
(b) 확인하다
(c) 드러내다
(d) 설명하다 |

| 해설 | 밑줄 친 어휘의 manifest가 사용된 문장에서, his experiences would manifest themselves in his later work는 '그의 경험들은 그의 후기 작품에서 그대로 드러냈을 것이다'라는 뜻이다. 즉 manifest가 '드러내다'의 의미로 쓰이고 있으므로, 마찬가지로 '드러내다'와 같은 의미인 (c) reveal이 정답이다. |

59 어휘   정답 (a)

| 해설 | 해당 절의 문맥에서, tackled는 ___을 의미한다.

(a) 직면했다
(b) 멈췄다
(c) 싸웠다
(d) 압류했다 |

| 해설 | 밑줄 친 어휘의 tackled가 사용된 문장에서, The series tackled issues such as good versus evil은 '이 시리즈는 선과 악과 문제들을 다뤘다'라는 뜻이다. 즉 tackled가 '다뤘다'의 의미로 쓰이고 있으므로, '직면했다'라는 가장 유사한 의미인 (d) confronted가 정답이다. |

PART 2

HOW FLYING SNAKES SOAR THROUGH THE AIR
나는 뱀은 어떻게 공기를 통해 솟아오르는가

Though not generally known for their ability to "fly," a few species of Asian snakes are able to soar from tree to tree without the aid of wings.

일반적으로 "날 수 있는" 능력으로 알려져 있지는 않지만, 아시아 뱀의 일부 종은 날개의 도움 없이 나무에서 나무로 날아갈 수 있다.

[60]Unlike birds or insects, snakes are unable to gain altitude when they travel in the air. Instead, these reptiles slither to the top of a tree and fall strategically for a few seconds. They can reach speeds of about 25 miles per hour and usually land without injury. While they glide, snakes also undulate, or move in a serpentine pattern that mirrors the way they slither on the ground.

[60]새 또는 곤충과 달리, 뱀은 공중에서 이동할 때 고도를 올릴 수 없다. 대신, 이 파충류들은 나무 꼭대기로 스르르 올라가서 몇 초 동안 전략적으로 떨어진다. 그들은 시속 25마일의 속도에 도달할 수 있으며 보통 부상 없이 내려앉을 수 있다. 활공하는 동안, 뱀은 또한 파도치듯 움직이거나 땅에서 그들이 스르르 나아가는 그 방식을 반영하는 구불구불한 패턴으로 움직인다.

Jake Socha, a professor of biomedical engineering and mechanics at Virginia Tech, was interested in studying such flight. [61]He and his colleagues wanted to discover if there was a reason for snakes to undulate during flight or if they merely moved that way because they were accustomed to doing so on land.

버지니아 공대의 생명공학 및 기계학 교수인 제이크 소차는 이러한 비행을 연구하는 데 관심이 있었다. [61]그와 그의 동료들은 뱀이 비행 중에 파도치듯 움직이는 이유가 있었는지, 아니면 육지에서 그렇게 하는 데 익숙했기 때문에 단지 그런 방식으로 움직였던 것인지를 알아내고 싶었다.

To set up the experiment, the team [65]staged a room with fake trees and motion-capture cameras. The group then outfitted the snakes with infrared reflective tape to better track their movements. [62]Snakes were prompted to leap from a higher tree onto the neighboring tree, much like how snakes traveled in real life.

실험을 설정하기 위해, 이 팀은 가짜 나무와 모션 캡쳐 카메라가 있는 방을 [65]준비했다. 그런 다음 이 그룹은 뱀들에게 그들의 움직임을 더 잘 추적할 수 있도록 적외선 반사 테이프를 입혔다. [62]뱀들은 더 높은 나무에서 옆 나무 위로 도약하도록 자극받았는데, 이는 뱀들이 현실에서 이동했던 방식과 같았다.

Researchers used three-dimensional computer models to compile the data and analyze it. They learned that snakes flatten their body by spreading their ribs out to form a more aerodynamic triangular shape. Snakes move their tail up and down to further increase stability. Other airborne animals undulate to create forward motion, but the experiment shows that snakes do it to keep steady.

연구원들은 데이터를 편집하고 분석하기 위해 삼차원 컴퓨터 모델을 사용했다. 그들은 뱀이 더 공기역학적 삼각형 모양을 만들기 위해 갈비뼈를 펼쳐서 그들의 몸을 평평하게 만든다는 것을 배웠다. 뱀은 안정성을 더 높이기 위해 꼬리를 위아래로 움직인다. 공중에 떠 있는 다른 동물들은 앞으로 나아가기 위해 몸을 구부리지만, 그 실험은 뱀들이 흔들리지 않고 안정을 유지하기 위해 그렇게 한다는 것을 보여준다.

The team was also able to make new computer models that featured hypothetical snake flight without any extra movement at all. [63]Their software determined that snakes falling without utilizing their [66]characteristic zigzagging maneuvers would be at risk of not gaining enough forward momentum and injuring themselves in the process.

그 팀은 또한 어떠한 추가적인 움직임이 전혀 없는 가상의 뱀 비행을 특징으로 하는 새로운 컴퓨터 모델을 만들 수 있었다. [63]그들의 소프트웨어는 [66]특유의 지그재그로 움직이는 동작을 활용하지 않고 떨어지는 뱀들은 충분한 전진 가속을 얻지 못해 그 과정에서 부상을 당할 위험이 있다는 것을 알아냈다.

[64]This new data could be helpful in the creation of robots that need to squeeze into tight spaces, like ones used for search and rescue missions. These robots could also be programmed to "fly" from one site to another, just like their organic counterparts.

[64]이 새로운 데이터는 수색 및 구조 임무에 사용되는 것과 같이 좁은 공간에 비집고 들어가야 하는 로봇을 만드는 데 도움이 될 수 있다. 이 로봇들은 또한 그들에 대응하는 유기체들(=뱀)처럼 한 장소에서 다른 장소로 "날아다닐" 수 있도록 프로그램될 수 있다.

어휘

generally a. 일반적으로 ability n. 능력 soar v. 날다, 날아오르다 aid n. 도움, 지원, 원조 unlike prep. ~와는 달리 unable a. ~할 수 없는, ~하지 못하는 gain v. 하게 되다, 이르다 altitude n. 고도 reptile n. 파충류 slither v. (매끄럽게) 스르르 나아가다, 기어가다 strategically ad. 전략적으로 reach v. 도달하다, 닿다 injury n. 부상 glide v. 미끄러지듯 가다 undulate v. 물결치다, 파도 모양을 이루다 serpentine a. 구불구불한 pattern n. 패턴, 양식 professor n. 교수 biomedical engineering n. 생명공학 mechanics n. 기계학 discover v. 알아내다, 찾다, 발견하다 accustom v. 익숙해지다, 길들이다 experiment n. 실험 fake a. 가짜의, 모조의 motion-capture n. 모션 캡쳐(센서를 부착하여 움직임을 디지털 형태로 기록하는 작업) outfit v. (특정 목적에 필요한 장비를) 갖추어 주다 infrared a. 적외선의 reflective a. 빛을 반사하는 prompt v. (어떤 일이 일어나도록) 하다 leap v. 뛰다, 뛰어오르다 three-dimensional a. 삼차원의, 입체적인 compile v. 편집하다, 엮다 analyze v. 분석하다 flatten v. 평평하게 만들다, 납작하게 만들다 rib n. 갈비뼈 aerodynamic a. 공기 역학의 triangular a. 삼각형의 stability n. 안정, 안정성 airborne a. 공중에 떠 있는, 비행 중인, 하늘에 떠 있는 feature v. 특징을 이루다, 특징으로 삼다 hypothetical a. 가상의, 가설의, 가정의 extra a. 추가의, 가외의 determine v. 알아내다, 밝히다 utilize v. 활용하다, 이용하다 zigzag v. 지그재그로 움직이다 momentum n. (일의 진행에 있어서의) 가속도, 탄력 injure v. 부상을 입다, 손상시키다 process n. (특정 결과를 달성하기 위한) 과정, 절차 creation n. 창조, 창작, 창출 squeeze v. (억지로) 비집고 들어가다, (좁은 곳에) 밀어넣다, 간신히 지나가다 tight a. (여유가 없이) 비좁은, 빠듯한, 빡빡한 search v. 수색하다, 찾아보다, 살펴보다 rescue n. 구조 작업, 구출 작업 organic a. 유기의 counterpart n. 대응 관계에 있는 것/사람

60 세부사항 정답 (d)

해석 뱀은 날 때 새 또는 곤충과 어떻게 다른가?

(a) 그들은 움직임을 용이하게 하기 위해 나무를 사용한다.
(b) 그들은 더 먼 거리를 날아간다.
(c) 그들은 더 빠른 속도로 움직일 수 있다.
(d) 그들은 주로 아래 방향으로 이동한다.

해설 두번째 단락에서 새 또는 곤충과 달리(Unlike birds or insects), 뱀은 나무 꼭대기로 미끄러지듯이 올라가서 몇 초 동안 전략적으로 떨어진다(Instead, these reptiles slither to the top of a tree and fall strategically for a few seconds)고 했다. 이를 통해 뱀은 하늘을 날 때 위에서 아래 방향으로 이동하는 방식이 새 또는 곤충과 다르다는 것을 알 수 있다. 따라서 정답은 (d)이다.

어휘 facilitate v. 용이하게 하다, 가능하게 하다 downward a. 아래쪽으로 내려가는, 하강의

61 세부사항 정답 (a)

해석 소차가 이 연구를 실시하게 된 동기는 무엇인가?

(a) 왜 뱀이 비행 중에 특정한 행동을 하는지를 알기 위해
(b) 얼마나 많은 종류의 농물들이 나는지를 알아내기 위해
(c) 왜 날으는 뱀이 땅 위에서 이동하는 것을 피하는지 이해하기 위해
(d) 새로운 비행 방식을 찾기 위해

해설 소차가 뱀의 비행 연구에 관심이 있다고 나오는 두 번째 단락에서 답의 근거를 찾는다. 해당 단락에서 소차와 그의 동료들은 뱀이 비행 중에 파도치듯 움직이는 이유가 있었는지(if there was a reason for snakes to undulate during flight), 아니면 육지에서 그렇게 하는 데 익숙했기 때문에 단지 그런 방식으로 움직였던 것인지(or if they merely moved that way because they were accustomed to doing so on land)를 알아내고 싶었다(wanted to discover)고 했으므로, 소차의 연구 실시 계기는 이렇게 뱀이 비행 중에 보이는 특정한 행동을 하는지를 알기 위함임을 알 수 있다. 따라서 정답은 (a)이다.

어휘 motivation n. 동기 method n. 방법

62 추론 정답 (d)

해설 왜 서로 다른 높이의 나무 두 그루가 실험에 사용되었을 것 같은가?

(a) 나무들은 카메라에 담아내기가 쉬웠기 때문에
(b) 나무들은 제작하기가 덜 비쌌기 때문에
(c) 나무들이 뱀들의 자연 서식지를 흉내냈기 때문에
(d) 나무들은 뱀들에게 익숙한 비행술을 허용했기 때문에

해설 실험(experiment)과 나무가 언급되는 네번째 단락에서 나무가 실험에 사용된 이유에 대해 추론한다. 해당 단락에서 뱀들은 더 높은 나무에서 이웃 나무 위로 도약하게 자극받았으며(Snakes were prompted to leap from a higher tree onto the neighboring tree) 이는 뱀들이 현실에서 이동했던 방식과 같다(much like how snakes traveled in real life)고 했다. 지문에서 뱀들은 위에서 아래 방향으로 비행한다고 나와 있기 때문에, 서로 다른 높이의 두 나무는 그들에게 익숙한 비행술을 사용할 수 있도록 마련된 셈이다. 따라서 정답은 (d)이다.

어휘 height n. 높이 habitat n. 서식지
navigation n. 비행술, 운항

63 세부사항 정답 (c)

해설 기사에 따르면, 공중에서 휘어지지 않고 날려고 하는 뱀에게 무슨 일이 일어났을 것인가?

(a) 뱀은 더 먼 거리를 이동할 수 있었다.
(b) 뱀은 그의 에너지를 보존할 수 있었다.
(c) 뱀은 뜻하지 않게 스스로를 다치게 할 수 있었다.
(d) 뱀은 나무에 엉키게 될 수 있었다.

해설 여섯번째 단락에서 연구팀이 개발한 소프트웨어가 특유의 지그재그로 움직이는 동작을 활용하지 않고 떨어지는(falling without utilizing their characteristic zigzagging maneuvers) 뱀들은 충분한 전진 가속을 얻지 못해 그 과정에서 부상을 당할 위험이 있다(injuring themselves in the process)는 것을 알아냈다고 했다. 따라서 정답은 (c)이다.

어휘 further ad. 더 멀리에 distance n. 거리
conserve v. 보존하다, 보호하다
accidentally ad. 뜻하지 않게, 우연히
tangle v. 엉키다, 헝클어지다, 꼬이다

64 추론 정답 (b)

해설 과학자들은 이 연구에서 나온 정보를 무엇에 사용할 것 같은가?

(a) 더 많은 동물들의 비행 습관을 연구하는 것
(b) 새로운 비행 기술을 개발하는 것
(c) 정보 수집 로봇을 창조하는 것
(d) 우주의 더 멀리 있는 영역을 탐험하는 것

해설 일곱번째 단락에서 지문에서 언급된 연구의 내용을 토대로 무슨 일에 사용할 수 있을지를 추론한다. 해당 단락에서 이 새로운 데이터는 수색 및 구조 임무에 사용되는 것과 같이 좁은 공간에 비집고 들어가야 하는 로봇을 만드는 데 도움이 될 수 있다(This new data could be helpful in the creation of robots)고 하면서, 뱀처럼 한 장소에서 다른 장소로 "날아다닐" 수 있도록 프로그램될 수도 있다(These robots could also be programmed to "fly" from one site to another)고 했다. 이를 통해 연구에서 나온 정보는 새로운 비행 기술을 개발하는 데 사용될 수 있다고 추론할 수 있다. 따라서 정답은 (b)이다.

어휘
develop v. 개발하다
information-gathering n. 정보 수집
explore v. 탐험하다, 탐사하다
distant a. 먼, 멀리 떨어져 있는

65 어휘   정답 (c)

해석 해당 절의 문맥에서, staged는 ___을 의미한다.

(a) 열었다
(b) 역할을 했다
(c) 준비했다
(d) 전시했다

해설 밑줄 친 어휘의 staged가 사용된 문장에서, the team staged a room with fake trees and motion-capture cameras는 '이 팀은 가짜 나무와 모션 캡쳐 카메라가 있는 방을 준비했다'라는 뜻이다. 즉 staged가 '준비했다'의 의미로 쓰이고 있으므로, 마찬가지로 '준비했다'라는 같은 의미인 (c) arranged가 정답이다.

66 어휘   정답 (a)

해석 해당 절의 문맥에서, characteristic은 ___을 의미한다.

(a) 전형적인
(b) 개인적인
(c) 멋진
(d) 적절한

해설 밑줄 친 어휘의 characteristic이 사용된 문장에서, snakes falling without utilizing their characteristic zigzagging maneuvers는 '특유의 지그재그로 움직이는 동작을 활용하지 않고 떨어지는 뱀들'이라는 뜻이다. 즉 characteristic이 '특유의'의 의미로 쓰이고 있으므로, '전형적인'이라는 가장 유사한 의미인 (a) typical이 정답이다.

PART 3

BLACK FRIDAY
블랙 프라이데이

[67]Black Friday, which is the day after Thanksgiving, is an unofficial holiday near the end of November when many stores across the globe offer large discounts. In the United States, it has been the busiest shopping day of the year since 2005.

[67]추수감사절 다음 날인 블랙 프라이데이는 전 세계의 많은 상점들이 대규모 할인을 제공하는 11월 말 무렵의 비공식적인 휴일이다. 미국에서는, 2005년 이후로 일년 중 가장 바쁜 쇼핑 날이었다.

The name "Black Friday" has held multiple associations throughout history. Originally, putting "black" before a day of the week had a negative connotation, and [68]the first known usage of Black Friday described a stock market crash in 1869. During that time, two investors conspired to [72]manipulate gold prices for their own profit. Though President Grant was able to prevent a national depression, this Black Friday marked the beginning of a period of economic stress for the country.

"블랙 프라이데이"라는 이름은 역사를 통틀어 여러 연관성들을 가져왔다. 원래, "검은색"을 일주일 중 하나의 요일 앞에 위치시키는 것은 부정적인 의미를 가지고 있었고, [68]블랙 프라이데이의 첫 번째로 알려진 용도는

1869년 주식 시장의 붕괴를 묘사했다. 그 시기 동안, 2명의 투자자들이 그들 자신의 이익을 위해 금값을 [72]조작하는 음모를 꾸몄다. 비록 그랜트 대통령이 전국적인 불경기를 막을 수 있었지만, 이 블랙 프라이데이는 그 나라에 대한 경제적 압박의 시기가 시작될 전조임을 보여줬다.

A later usage of Black Friday was created by Philadelphia police officers in the 1960s. At that time, many people came to the metropolis to go shopping the day after Thanksgiving and then watch the Army-Navy football game on Saturday. The unruly crowds were so [73]thick that the streets looked black with cars, giving way to both "Black Friday" and "Black Saturday."

이후 블랙 프라이데이의 용도는 1960년대 필라델피아 경찰들에 의해 만들어졌다. 그 당시, 많은 사람들이 추수감사절 다음 날 쇼핑을 하러 메트로폴리스에 왔다가 토요일에 열리는 육-해군 축구 경기를 관람했다. 제멋대로인 인파가 너무 [73]빽빽해서 거리는 차들로 캄캄해 보였고, 이는 "블랙 프라이데이"와 "블랙 새터데이"로 대체되었다.

Unfortunately for business owners, the negative connotation of Black Friday did not bode well. In addition to causing traffic and chaos, [69]the day after Thanksgiving was sometimes called Black Friday because employees were notorious for calling out of work in order to extend their holiday weekend. An effort was made by merchants to change the name to "Big Friday," but it never gained popularity.

불행하게도 사업주들에게는, 블랙 프라이데이의 부정적인 의미는 좋은 징조가 아니었다. 교통체증과 혼란을 야기하는 것 외에, [69]추수감사절 다음 날은 직원들이 그들의 주말 연휴를 연장하기 위해 일을 그만두기로 악명 높았기 때문에 때때로 블랙 프라이데이라고 불렸다. 상인들이 '빅 프라이데이'로 이름을 바꾸려는 노력을 기울였지만, 그것은 결코 인기를 얻지 못했다.

It was not until the late 1980s that Black Friday began to be used as it is today. [70]Most people believe Black Friday represents businesses going "in the black," indicating that they are making large profits. This idea comes from old ink-based accounting, when profits were written in black ink and losses were shown in red ink.

1980년대 후반이 되어서야 비로소 블랙 프라이데이가 오늘날처럼 사용되기 시작했다. [70]대부분의 사람들은 블랙 프라이데이가 "흑자로" 향하는 기업들을 의미하여, 이는 그들이 큰 수익을 내고 있다는 것을 나타낸다고 생각한다. 이 아이디어는 수익은 검은색 잉크로 기록되며 손실은 빨간색 잉크로 표시되었던 과거의 잉크 기반 회계에서 비롯되었다.

While many consumers revel in the remarkable sales available after Thanksgiving, there are dangers associated with this cultural phenomenon. [71]Some eager shoppers shove their way through crowds, resulting in other costumers getting trampled. There have even been cases when altercations over discounted merchandise have ended in more serious violence.

많은 소비자들이 추수감사절 이후에 이용할 수 있는 놀라운 판매를 매우 즐기는 반면, 이러한 문화 현상과 관련된 위험 요소들이 있다. [71]일부 열성적인 쇼핑객들은 인파 속을 밀치고 지나가고, 다른 고객들이 짓밟히는 결과를 낳는다. 심지어 할인 상품을 둘러싼 말다툼이 더 심각한 폭력으로 끝났던 사례들도 있었다.

어휘

unofficial a. 비공식적인, 공인되지 않은   globe n. 세계
discount n. 할인   multiple a. 많은, 다수의; 다양한, 복합적인
association n. 연관성   history n. 역사   negative a. 부정적인
connotation n. 함축된 의미   stock market n. 주식 시장, 증권 거래업, 증권 거래소   conspire v. 음모를 꾸미다, 공모하다   profit n. 이익, 이득   president n. 대통령   prevent v. 막다   depression n. 불경기, 불황   begin v. 시작하다, 시작되다   period n. 시기, 기간   economic a. 경제의, 경제성이 있는   usage n. 용도, 용법, 사용   metropolis n. 주요 도시   unruly a. 제멋대로 구는, 다루기 힘든   crowd n. (길거리나 스포츠 경기장 등에 모인) 사람들, 군중, 무리   unfortunately ad. 불행하게도, 유감스럽게도   bode v. ~의 징조가 되다, 조짐이다   in addition to prep. ~외에, 뿐만 아니라   cause n. 원인, 이유   chaos n. 혼돈, 혼란   notorious a. 악명 높은   extend v. 연장하다, 확대하다, 확장하다   effort n. 노력, 공   merchant n. (상품을 대규모로 매매하는) 상인   popularity n. 인기   believe v. (무엇이나 누구의 말이 진실임을) 믿다   represent v. 대표하다, 대신하다   indicate v. 나타내다   accounting n. 회계   loss n. 손실, 분실, 상실   consumer n. 소비자   remarkable a. 놀라운, 놀랄 만한, 주목할 만한   available a. 이용할 수 있는   danger n. 위험   associate v. 연관짓다, 연상하다   cultural a. 문화의, 문화와 관련된   phenomenon n. 현상   eager a. 열성적인, 열렬한, 열심인   trample v. 짓밟다, 밟아 뭉개다   altercation n. 언쟁, 논쟁   serious a. 심각한   violence n. 폭력

67 진위 여부   정답 (c)

해석 블랙 프라이데이에 대해 사실인 것은 무엇인가?

(a) 이 날은 전통적으로 추수감사절에 열린다.
(b) 이 날은 오직 미국에서만 기념된다.
(c) 이 날은 사람들이 매우 저렴하게 살 수 있는 시기이다.
(d) 이 날은 온라인 쇼핑으로 가장 바쁜 날이다.

해설 첫번째 단락에서 블랙 프라이데이는 전 세계의 많은 상점들이 대규모 할인을 제공하는(many stores across the globe offer large discounts) 11월 말 무렵의 비공식적인 휴일이라고 했다. 즉 사람들이 매우 저렴하게 살 수 있는 시기라는 말과 같은 맥락이므로, 정답은 (c)이다.

어휘 traditionally ad. 전통적으로
find great deals v. (물건을) 매우 저렴하게 구입하다

68 세부사항   정답 (b)

해석 왜 블랙 프라이데이라는 이름은 원래 부정적인 의미를 가지고 있었는가?

(a) 예전에는 소비지상주의가 꺾이곤 했기 때문에
(b) 그 이름은 경기 침체의 이름이었기 때문에
(c) 검은색이 금색의 반대를 나타냈기 때문에
(d) 당시 대통령이 그 이름을 비난했기 때문에

해설 블랙 프라이데이라는 이름(name)의 유래에 대해 설명하고 있는 두번째 단락에서 답의 근거를 찾는다. 해당 단락에서 블랙 프라이데이의 첫 번째로 알려진 용도는 1869년의 주식 시장의 붕괴를 묘사했다(the first known usage of Black Friday described a stock market crash in 1869)고 했다. 즉 블랙 프라이데이가 경기 침체를 나타내는 이름으로 쓰였다는 것을 알 수 있다. 따라서 정답은 (b)이다.

어휘 negative a. 부정적인   implication n. 의미, 함축
consumerism n. 소비지상주의
discourage v. 꺾다, 좌절시키다   recession n. 불경기
represent v. 나타내다, 대표하다   opposite a. 반대의
rebuke v. 질책하다, 비난하다

69 세부사항   정답 (b)

해석 기사에 따르면, 왜 많은 직장인들이 블랙 프라이데이를 위해 휴가를 내는가?

(a) 그들은 많은 군중을 상대하고 싶어하지 않는다.
(b) 그들은 더 긴 휴가를 즐기고 싶어한다.
(c) 그들은 극심한 교통체증에 꼼짝 못하게 되고 싶어하지 않는다.
(d) 그들은 차라리 쇼핑을 하러 가고 싶어한다.

해설 네번째 단락에서 추수감사절 다음 날이 블랙 프라이데이라고 불렸고, 이는 직원들이 그들의 주말 연휴를 연장하기 위해 일을 그만두기로 악명 높았기 때문(because employees were notorious for calling out of work in order to extend their holiday weekend)이라고 했다. 주말 연휴를 연장하는 것은 더 긴 휴가를 즐기고 싶어한다는 뜻이므로, 정답은 (b)이다.

어휘 get stuck v. 꼼짝 못하게 되다   instead ad. 대신에

70 세부사항 정답 (d)

해석 블랙 프라이데이의 기원에 대해 가장 흔하게 받아들여지는 믿음은 무엇인가?

(a) 명절에 선물을 받을 수 있는 유일한 시간이라는 것
(b) 그것이 가게 영수증의 잉크를 나타낸다는 것
(c) 회계사들에게 이익이 되는 날이라는 것
(d) 그것이 기업을 위한 높은 수익을 의미한다는 것

해설 질문의 키워드가 가장 흔하게 받아들여지는 믿음(the most commonly held belief)이므로, 대부분의 사람들이 믿고 있다(Most people believe)고 나오고 있는 다섯번째 단락에서 답의 근거를 추론한다. 해당 단락에서 대부분의 사람들은 블랙 프라이데이가 흑자로 향하는 기업들을 의미하며, 그들이 큰 수익을 내고 있음을 나타낸다(indicating that they are making large profits)고 생각하고 있다. 이를 통해 블랙 프라이데이가 기업을 위한 높은 수익을 의미한다는 것이 대부분의 사람들에 의해 통용되는 믿음이라고 추론하는 것이 가장 적절하다. 따라서 정답은 (d)이다.

어휘 commonly ad. 흔히, 보통
profitable a. 이익이 되는, 유익한 accountant n. 회계사

71 추론 정답 (a)

해석 기사에 따르면, 왜 쇼핑객들은 블랙 프라이데이 기간 동안 조심해야 하는 것 같은가?

(a) 그들이 결국 부상을 당할 수도 있다.
(b) 그들은 다른 쇼핑객들에 의해 신용 사기를 당할 수도 있다.
(c) 그들은 강도 사건에 관련될 수도 있다.
(d) 그들은 몇몇 불법적인 활동들을 할 수도 있다.

해설 질문의 키워드인 shoppers(쇼핑객)이 나오고 있는 여섯번째 단락에서 답의 근거를 찾는다. 해당 단락에서 쇼핑객들은 다른 고객들이 짓밟히는 결과를 낳고(resulting in other costumers getting trampled), 심지어는 더 심각한 폭력으로 끝나온 사례가 있다(have ended in more serious violence)고 했다. 이를 통해 쇼핑객들이 블랙 프라이데이 기간 동안 조심해야 할 점은 그들이 부상을 당할 수도 있다는 가능성으로 추론하는 것이 가장 적절하다. 따라서 정답은 (a)이다.

어휘 cautious a. 조심스러운, 신중한 scam n. 신용 사기
robbery n. 강도 illegal a. 불법의

72 어휘 정답 (b)

해석 해당 절의 문맥에서, manipulate는 ____을 의미한다.

(a) 운영하다
(b) 통제하다
(c) 사용하다
(d) 고용하다

해설 밑줄 친 어휘의 manipulate가 사용된 문장에서, two investors conspired to manipulate gold prices for their own profit는 '2명의 투자자들이 그들 자신의 이익을 위해 금값을 조작하는 음모를 꾸몄다'라는 뜻이다. 즉 manipulate가 '조작하다'의 의미로 쓰이고 있으므로, '통제하다'라는 가장 유사한 의미인 (b) control이 정답이다.

73 어휘 정답 (c)

해석 해당 절의 문맥에서, thick은 ____을 의미한다.

(a) 부피가 큰
(b) 깊숙한
(c) 빽빽이 들어찬
(d) 콤팩트한

해설 밑줄 친 어휘의 thick이 사용된 문장에서, The unruly crowds were so thick that the streets looked black with cars는 '제멋대로인 인파가 너무 빽빽해서 거리는 차들로 캄캄해 보였다'라는 뜻이다. 즉 thick이 '빽빽한'의 의미로 쓰이고 있으므로, '빽빽이 들어찬'라는 가장 유사한 의미인 (c) packed가 정답이다.

PART 4

Carmen Dominic
Home Shopping Channel, Inc.
New York, NY

카르멘 도미니크
홈 쇼핑 채널 주식회사
뉴욕 주 뉴욕

Dear Ms. Dominic:
도미니크 씨에게

I have been purchasing items from the Home Shopping Channel for years. I have always appreciated the thought that your curators take in selecting the best products on the market. It is with great disappointment, then, that I seek to send back a recently received item.

저는 홈 쇼핑 채널에서 몇 년째 물건들을 구매해 오고 있는 중입니다. 저는 시장에서 가장 좋은 제품들을 선택하는 데 있어 귀사의 큐레이터들이 고른다는 생각에 항상 감사해왔습니다. 그 다음에, 제가 최근에 받은 물건을 다시 보내려고 하는 것은 매우 실망스럽습니다.

[75]I was in search of a sofa bed to accommodate guests visiting my home. My previous couch—which I also purchased through your company—[79]suited my living room's décor perfectly, but I needed an upgrade. Imagine my delight when I saw the Regal Sofa Bed showcased during a broadcast!

[75]저는 집에 방문하는 손님들에게 제공할 수 있는 소파 베드를 찾고 있었습니다. 귀사를 통해 구입했던 제 이전의 소파는 거실 장식에 완벽하게 [79]어울렸지만, 저는 업그레이드가 필요했습니다. 방송 중에 전시된 리갈 소파 베드를 보았을 때 저의 기쁨을 상상해보세요!

[76]One thing that gave me confidence in the Home Shopping Channel is the 30-day money-back guarantee. Though I have never needed to return any products, I felt safe knowing there was an insurance policy for my purchases.

[76]홈 쇼핑 채널에서 저에게 신뢰를 준 한 가지는 30일 환불 보증입니다. 저는 제품들을 반품할 필요는 없었지만, 제가 구매한 상품들에 대한 보험 정책이 있었다는 것을 알고 안심했습니다.

Unfortunately, I must report an issue with a product for the very first time. [74,][78]The Regal Sofa Bed should be easily retractable—so easy a child can do it, as the advertisement states. But neither myself nor my wife is able to get the internal bed to budge.

유감스럽게도, 저는 처음으로 제품의 문제를 알려야 합니다. [74,][78]리갈 소파 베드는 쉽게 접을 수 있어야 하고, 그러니까 광고에서 말하는 것처럼 너무 쉬워서 어린이가 쉽게 접을 수 있어야 합니다. 하지만 저와 제 아내 모두 내부의 베드를 움직일 수 없습니다.

My purchase was completed on December 7, [78]but the item was not shipped until December 28 due to supply constraints. Furthermore, the holidays caused postal backups, so I did not receive the product until well after the period [80]covered under your money-back guarantee.

12월 7일에 제 구매가 완료되었지만, [78]공급상의 제약으로 인해 제품이 12월 28일까지 배송되지 않았습니다. 게다가, 연휴가 우편물 정체를 야기하여, 귀사의 환불 보증에 따라 [80]보장되는 기간을 한참 지나서야 제품을 받았습니다.

[74]I hope that because of the shipping delay, Home Shopping Channel will accept my request to return the item. I look forward to your cooperation and hope to continue shopping with your company in the coming years.

[74]저는 배송 지연으로 인해, 홈 쇼핑 채널에서 제 제품의 반품 요청을 받아 주시기 바랍니다. 귀사의 협조를 기대하며 앞으로도 귀사와 쇼핑을 계속 하기를 희망합니다.

Sincerely,
진심으로,

Thomas Bronston

Thomas Bronston
토마스 브론스톤

어휘

purchase v. 구매하다 appreciate v. 감사해 하다, 고마워하다 curator n. 큐레이터(박물관·미술관 등의 전시 책임자) select v. 고르다, 선정하다, 선발하다 disappointment n. 실망, 낙심 recently ad. 최근에 receive v. 받다, 받아들이다 search v. 찾아보다, 살펴보다 accommodate v. 공간을 제공하다, 수용하다 guest n. 손님, 하객, 내빈 previous a. 이전의 couch n. 소파, 긴 의자 imagine v. 상상하다 showcase v. 전시하다, 소개하다 broadcast v. 방송하다 confidence n. 신뢰, 자신, 확신 guarantee n. 품질 보증 product n. 상품, 제품 insurance n. 보험 policy n. 정책, 방침 report v. 보고하다, 알리다 easily ad. 쉽게, 수월하게, 용이하게 retractable a. 집어넣을 수 있는 advertisement n. 광고 internal a. 내부의 complete v. 완료하다, 끝마치다 ship v. 운송하다, 수송하다 supply n. 공급 constraint n. 통제, 제한, 제약 holiday n. 공휴일, 휴가, 방학 postal a. 우편의 backup n. 정체, 밀림 delay n. 지연, 지체 request n. 요청 look forward to v. 학수고대하다, ~을 기대하다 cooperation n. 협력, 협동 continue v. 계속되다, 계속하다

74 주제/목적 정답 (b)

해설 토마스 브론스턴이 왜 카르멘 도미닉에게 편지를 쓰고 있는가?

(a) 긴 배송 시간에 대해 불평하려고
(b) 결함 제품에 대해 환불을 요청하려고
(c) 회사의 훌륭한 서비스를 칭찬하려고
(d) 제품 교환의 거부에 반박하려고

해설 홈 쇼핑 채널에서 광고한 것과는 다르게 소파 베드가 쉽게 접을 수 있어야 하지만(The Regal Sofa Bed should be easily retractable-so easy a child can do it, as the advertisement states.) 자신과 자신의 아내가 내부 베드를 움직일 수 없었다는(But neither myself nor my wife is able to get the internal bed to budge.) 내용을 통해 제품에 결함이 있음을 알 수 있다. 따라서 배송 지연의 이유와 더불어 제품의 환불을 요구하고(I hope that because of the shipping delay, Home Shopping Channel will accept my request to return the item.) 있다. 따라서 정답은 (b)이다.

어휘 complain v. 불평하다 defective a. 결함이 있는 rejection n. 거부, 거절

75 세부사항 정답 (a)

해설 브론스턴은 어떻게 손님을 위해 준비하려고 했는가?

(a) 그들에게 편안한 침대를 제공함으로써
(b) 손님용 침실을 다시 꾸밈으로써
(c) 새로운 거실 가구 세트를 받음으로써
(d) 그의 보기 흉할 정도로 오래된 소파를 없앰으로써

해설 집에 방문하는 손님들에게 소파 베드를 제공함으로(I was in search of a sofa bed to accommodate guests visiting my home.)써 손님을 위한 공간을 제공하려고 했다는 것을 알 수 있다. 따라서, 정답은 (a)이다.

어휘 attempt v. 시도하다, 애써 해보다 comfortable a. 편안한, 쾌적한 furniture n. 가구 unsightly ad. 보기 흉한

76 세부사항 정답 (c)

해설 무엇이 브론스턴이 이 회사에서 쇼핑하는 것에 대해 더 안심하다고 느끼게 만들었는가?

(a) 회사의 무료 반품 배송 보장
(b) 회사의 신뢰할 수 있는 배송 서비스 이용
(c) 회사의 금전적 보호 약속
(d) 회사의 고품질 제품에 대한 명성

해설 홈 쇼핑 채널에서는 30일 환불 보증을 약속했고(One thing that gave me confidence in the Home Shopping Channel is the 30-day money-back guarantee.) 자신이 구매한 상품들에 대한 보험 정책이 있었기에 안심했다는(Though I have never needed to return any products, I felt safe knowing there was an insurance policy for my purchases.) 내용을 통해 회사에서 금전적인 보호가 약속되어 있었음을 알 수 있다. 따라서 (c)가 정답이다.

어휘 secure a. 안심하는, 안전한 reliable a. 신뢰할 수 있는 reputation n. 명성, 평판

77 세부사항   정답 (a)

해석 브론스턴은 소파 베드와 어떤 문제를 가지고 있었는가?

(a) 그것은 광고된 대로 작동하지 않았다.
(b) 그것은 너무 쉽게 부서졌다.
(c) 그것은 그가 주문했던 것이 아니었다.
(d) 그것은 움직이기에 너무 무거웠다.

해설 홈 쇼핑 채널에서 광고한 것과는 다르게 소파 베드가 쉽게 접을 수 있어야 하지만(The Regal Sofa Bed should be easily retractable-so easy a child can do it, as the advertisement states.) 자신과 자신의 아내가 내부 베드를 움직일 수 없다는(But neither myself nor my wife is able to get the internal bed to budge.) 내용을 통해 제품이 광고와는 다르게 작동되었음을 알 수 있다. 따라서 (a)가 정답이다.

어휘 advertise v. 광고하다

78 추론   정답 (b)

해석 홈 쇼핑 채널 사는 왜 브론스턴의 요청을 거절하였을 것 같은가?

(a) 배송이 너무 어려울 것이기 때문에
(b) 그것은 합의된 품질 보증 기간이 지났기 때문에
(c) 그가 문제를 알리기에는 너무 오래 기다렸기 때문에
(d) 구매가 제대로 완료되지 않았기 때문에

해설 공급상의 제약으로 12월 28일까지 배송이 되지 않았고(but the item was not shipped until December 28 due to supply constraints) 연휴로 인해 홈 쇼핑에서 환불 보증이 되는 기간이 지난 한참 후까지에도 배송을 받지 못했다는(Furthermore, the holidays caused postal backups, so I did not receive the product until well after the period covered under your money-back guarantee.) 내용을 통해 택배가 보증 기간이 지난 뒤에 요청을 하여 거절 당했다는 것을 알 수 있다. 따라서 (b)가 정답이다.

어휘 warranty n. 보증 properly ad. 제대로

79 어휘   정답 (d)

해석 해당 절의 문맥에서, suited는 _____을 의미한다.

(a) 기쁜
(b) 옷을 입은
(c) 만족하는
(d) 일치하는

해설 밑줄 친 어휘의 suited가 사용된 문장에서, My previous couch suited my living room's décor perfectly는 '귀사를 통해 구입했던 제 이전의 소파는 거실 장식에 완벽하게 어울렸다'라는 뜻이다. 즉 suited가 '적합한'의 의미로 쓰이고 있으므로, '일치하는'이라는 가장 유사한 의미인 (d) matched가 정답이다.

80 어휘   정답 (b)

해석 해당 절의 문맥에서, covered는 _____을 의미한다.

(a) 에워싼
(b) 포괄된
(c) 동봉된
(d) 숨겨진

해설 밑줄 친 어휘의 covered가 사용된 문장에서, I did not receive the product until well after the period covered under your money-back guarantee는 '귀사의 환불 보증에 따라 보장되는 기간을 한참 지나서야 제품을 받았다'는 뜻이다. 즉 covered가 '보장된'의 의미로 쓰이고 있으므로, '포괄된'이라는 가장 비슷한 의미인 (b) included가 정답이다.

지텔프는 지텔프에듀

지텔프에듀에서 지텔프를 시작해야하는 이유는?

지텔프 공식 주관사와 함께하는 지텔프에듀의 정보를
무료로 받아볼 수 있기 때문입니다.

오직 지텔프에듀에서만 서비스 중!
지텔프 무료 총평강의 서비스

- 스타강사의 정기 지텔프시험 총평강의
- 명쾌한 시험분석 및 공부전략 제공

수험생들의 생생한 시험후기 확인
지텔프에듀 게시판 톡톡

- 수험생들의 실제 시험후기 / 비법 공개
- 시험 난이도 및 논란문제 확인 가능

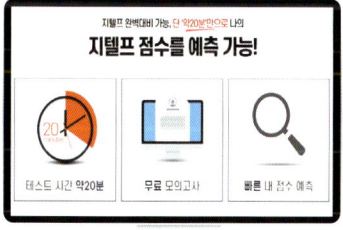

20분만에 지텔프 점수 예측 가능
지텔프 예측 점수.. 나는 몇점일까?

- 간단한 모의고사를 통해 내 점수 예측 가능
- 20분만에 점수를 확인하는 무료 모의고사 제공

매주 업로드 되는 지텔프 무료 자료
카카오톡 플친 혜택

- 할인 쿠폰 및 다양한 무료자료 제공
- 이벤트 및 혜택 소식을 빠르게 확인 가능

지텔프 공식 주관사와 함께하는 지텔프에듀　　지텔프에듀 검색

G-TELP KOREA 수험서 한 눈에 보기

기본서

지텔프 퀵스타터 문법, 보카편 | 지텔프 퀵스타터 독해편 | Final 지텔프 43+ | Final 실전지텔프

보카

지텔프 보카 | 일주일 완성 퀵 지텔프 보카

실전 모의고사

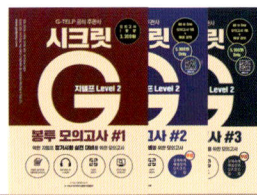    

시크릿G 봉투모의고사 시리즈 #1~3 (각 1회분) | 퀵 지텔프 봉투모의고사 시리즈 1~3 (각 1회분) | 퀵 지텔프 공식 모의고사 (3회) | 지텔프 공식 주관사 기출유형 문제집 (7회)

등급별 공식 수험서

실전 문제를 통해 Part별로 완성하는 G-TELP 2급 | 실전 문제를 통해 Part별로 완성하는 G-TELP 3급 | 실전 문제를 통해 Part별로 완성하는 G-TELP 4급

스피킹 라이팅

퀵 지텔프 스피킹 기본서 | G-TELP Writing Test 공식수험서

비즈니스 영어

G-TELP Business Speaking Test 공식수험서 | G-TELP Business Writing Test 공식수험서

G-TELP 공식 주관사 제공

정기시험 전 마지막 실전 대비

퀵 지텔프
봉투모의고사 1

2023년 최신 출제 경향 완벽 반영

| 정기시험 형식 시험지 형태 | 1회분 간편 구성 | OMR 답안지로 실전 훈련 |

무조건 합격!
43+점 경찰 합격팩

경찰 공무원 시험! 대세는 **지텔프 43점**

지텔프에듀 베스트셀러 **경찰 영어시험 완벽 대비 교재**	지텔프를 가장 잘 아는 **지텔프에듀 1타 강사진**	지텔프 정기시험 **응시권 100% 증정**
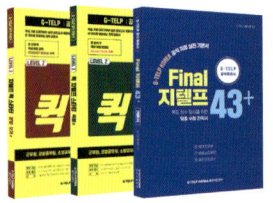		 

고득점을 원하는 수험생들 주목
65·75+점 목표점수를 위한 최적의 강의

43·65점 환급 받고 끝내자!	원하는 기간동안 지텔프 무제한 수강	목표점수 소수 정예반 1235 클래스

지텔프 공식 주관사 기출유형 문제집

최신 출제 경향 반영 **7** 회분

경찰/소방/군무원/공무원/전문자격증 대비

LEVEL 2

문제집

G-TELP KOREA 출판사업본부

영역별 기출유형

G-TELP
General Tests of English Language Proficiency

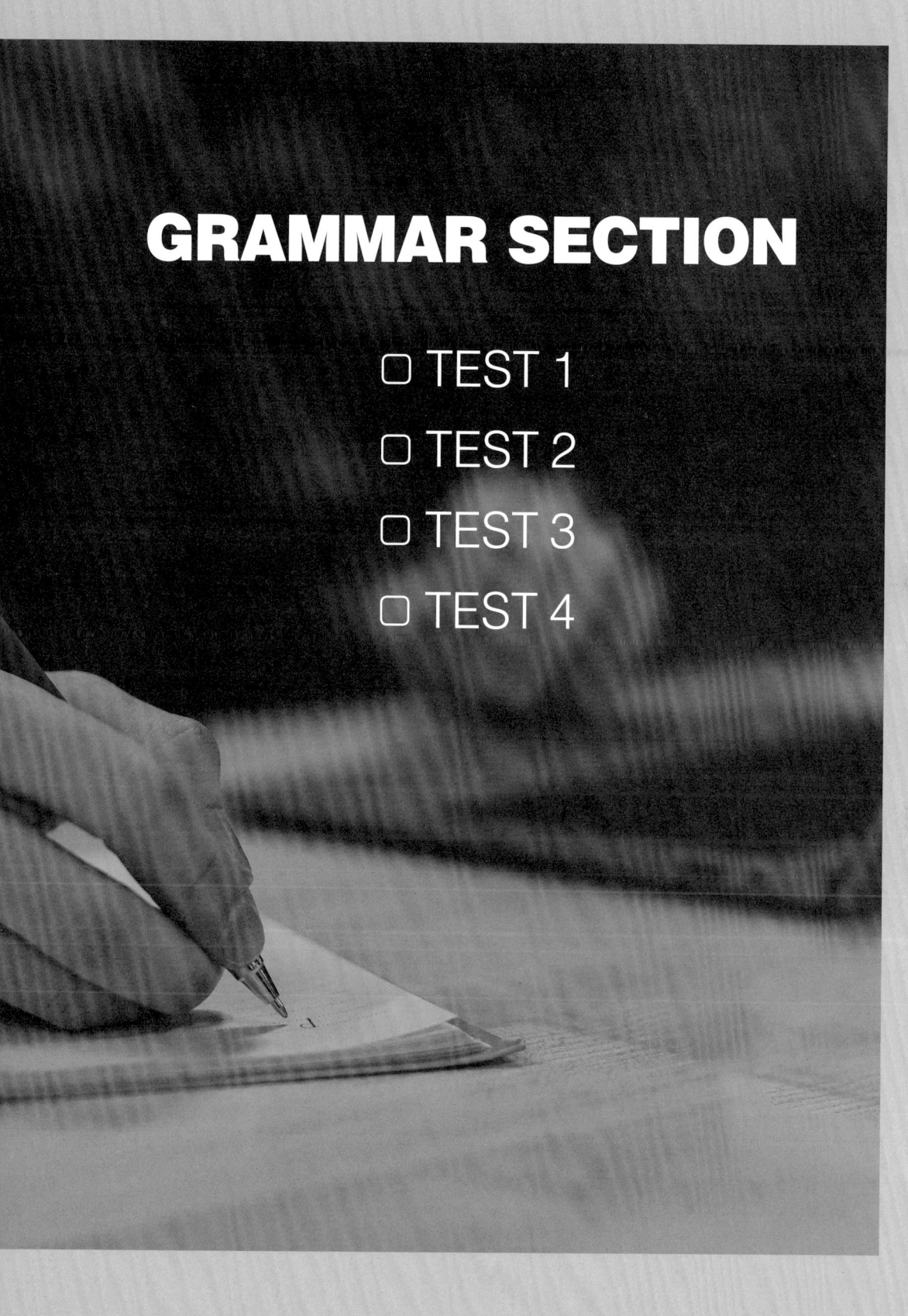

Grammar Answer Sheet

TEST 1

문항	답란	문항	답란
1	ⓐ ⓑ ⓒ ⓓ	14	ⓐ ⓑ ⓒ ⓓ
2	ⓐ ⓑ ⓒ ⓓ	15	ⓐ ⓑ ⓒ ⓓ
3	ⓐ ⓑ ⓒ ⓓ	16	ⓐ ⓑ ⓒ ⓓ
4	ⓐ ⓑ ⓒ ⓓ	17	ⓐ ⓑ ⓒ ⓓ
5	ⓐ ⓑ ⓒ ⓓ	18	ⓐ ⓑ ⓒ ⓓ
6	ⓐ ⓑ ⓒ ⓓ	19	ⓐ ⓑ ⓒ ⓓ
7	ⓐ ⓑ ⓒ ⓓ	20	ⓐ ⓑ ⓒ ⓓ
8	ⓐ ⓑ ⓒ ⓓ	21	ⓐ ⓑ ⓒ ⓓ
9	ⓐ ⓑ ⓒ ⓓ	22	ⓐ ⓑ ⓒ ⓓ
10	ⓐ ⓑ ⓒ ⓓ	23	ⓐ ⓑ ⓒ ⓓ
11	ⓐ ⓑ ⓒ ⓓ	24	ⓐ ⓑ ⓒ ⓓ
12	ⓐ ⓑ ⓒ ⓓ	25	ⓐ ⓑ ⓒ ⓓ
13	ⓐ ⓑ ⓒ ⓓ	26	ⓐ ⓑ ⓒ ⓓ

TEST 2

문항	답란	문항	답란
1	ⓐ ⓑ ⓒ ⓓ	14	ⓐ ⓑ ⓒ ⓓ
2	ⓐ ⓑ ⓒ ⓓ	15	ⓐ ⓑ ⓒ ⓓ
3	ⓐ ⓑ ⓒ ⓓ	16	ⓐ ⓑ ⓒ ⓓ
4	ⓐ ⓑ ⓒ ⓓ	17	ⓐ ⓑ ⓒ ⓓ
5	ⓐ ⓑ ⓒ ⓓ	18	ⓐ ⓑ ⓒ ⓓ
6	ⓐ ⓑ ⓒ ⓓ	19	ⓐ ⓑ ⓒ ⓓ
7	ⓐ ⓑ ⓒ ⓓ	20	ⓐ ⓑ ⓒ ⓓ
8	ⓐ ⓑ ⓒ ⓓ	21	ⓐ ⓑ ⓒ ⓓ
9	ⓐ ⓑ ⓒ ⓓ	22	ⓐ ⓑ ⓒ ⓓ
10	ⓐ ⓑ ⓒ ⓓ	23	ⓐ ⓑ ⓒ ⓓ
11	ⓐ ⓑ ⓒ ⓓ	24	ⓐ ⓑ ⓒ ⓓ
12	ⓐ ⓑ ⓒ ⓓ	25	ⓐ ⓑ ⓒ ⓓ
13	ⓐ ⓑ ⓒ ⓓ	26	ⓐ ⓑ ⓒ ⓓ

TEST 3

문항	답란	문항	답란
1	ⓐ ⓑ ⓒ ⓓ	14	ⓐ ⓑ ⓒ ⓓ
2	ⓐ ⓑ ⓒ ⓓ	15	ⓐ ⓑ ⓒ ⓓ
3	ⓐ ⓑ ⓒ ⓓ	16	ⓐ ⓑ ⓒ ⓓ
4	ⓐ ⓑ ⓒ ⓓ	17	ⓐ ⓑ ⓒ ⓓ
5	ⓐ ⓑ ⓒ ⓓ	18	ⓐ ⓑ ⓒ ⓓ
6	ⓐ ⓑ ⓒ ⓓ	19	ⓐ ⓑ ⓒ ⓓ
7	ⓐ ⓑ ⓒ ⓓ	20	ⓐ ⓑ ⓒ ⓓ
8	ⓐ ⓑ ⓒ ⓓ	21	ⓐ ⓑ ⓒ ⓓ
9	ⓐ ⓑ ⓒ ⓓ	22	ⓐ ⓑ ⓒ ⓓ
10	ⓐ ⓑ ⓒ ⓓ	23	ⓐ ⓑ ⓒ ⓓ
11	ⓐ ⓑ ⓒ ⓓ	24	ⓐ ⓑ ⓒ ⓓ
12	ⓐ ⓑ ⓒ ⓓ	25	ⓐ ⓑ ⓒ ⓓ
13	ⓐ ⓑ ⓒ ⓓ	26	ⓐ ⓑ ⓒ ⓓ

TEST 4

문항	답란	문항	답란
1	ⓐ ⓑ ⓒ ⓓ	14	ⓐ ⓑ ⓒ ⓓ
2	ⓐ ⓑ ⓒ ⓓ	15	ⓐ ⓑ ⓒ ⓓ
3	ⓐ ⓑ ⓒ ⓓ	16	ⓐ ⓑ ⓒ ⓓ
4	ⓐ ⓑ ⓒ ⓓ	17	ⓐ ⓑ ⓒ ⓓ
5	ⓐ ⓑ ⓒ ⓓ	18	ⓐ ⓑ ⓒ ⓓ
6	ⓐ ⓑ ⓒ ⓓ	19	ⓐ ⓑ ⓒ ⓓ
7	ⓐ ⓑ ⓒ ⓓ	20	ⓐ ⓑ ⓒ ⓓ
8	ⓐ ⓑ ⓒ ⓓ	21	ⓐ ⓑ ⓒ ⓓ
9	ⓐ ⓑ ⓒ ⓓ	22	ⓐ ⓑ ⓒ ⓓ
10	ⓐ ⓑ ⓒ ⓓ	23	ⓐ ⓑ ⓒ ⓓ
11	ⓐ ⓑ ⓒ ⓓ	24	ⓐ ⓑ ⓒ ⓓ
12	ⓐ ⓑ ⓒ ⓓ	25	ⓐ ⓑ ⓒ ⓓ
13	ⓐ ⓑ ⓒ ⓓ	26	ⓐ ⓑ ⓒ ⓓ

GRAMMAR SECTION

DIRECTIONS:

The following items need a word or words to complete the sentence. From the four choices for each item, choose the best answer. Then blacken in the correct circle on your answer sheet.

Example:

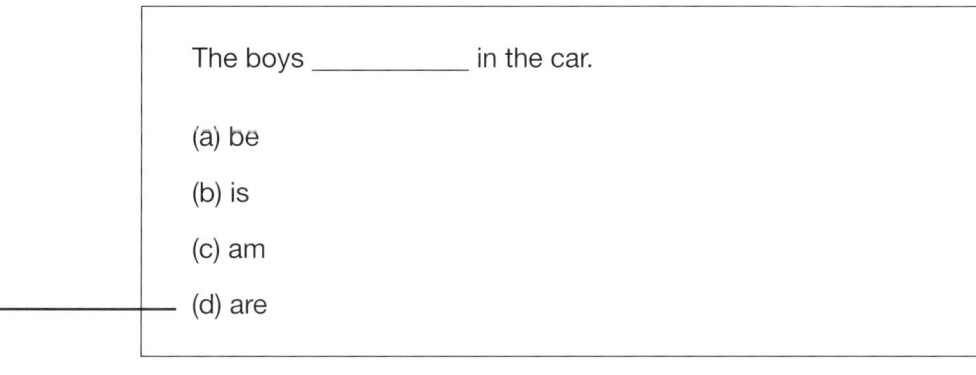

The boys _____ in the car.

(a) be
(b) is
(c) am
(d) are

The correct answer is (d), so the circle with the letter (d) has been blackened.

NOW TURN THE PAGE AND BEGIN

1. The Silver Knights are eager to win their first state basketball championship. They _____ very well since the season started and remain the toughest team to beat.

   (a) played
   (b) have been playing
   (c) were playing
   (d) will have played

2. Pamela, one of Innovate Studio's top graphic designers, left to join another design firm. If she had been offered a higher salary, she _____ with the company for at least another year.

   (a) would have stayed
   (b) had stayed
   (c) would stay
   (d) will be staying

3. A solar-powered plane landed safely in Hawaii after flying non-stop from Japan for 117 hours. The solar plane's designers aim to promote clean technologies and show how they _____ help control climate change.

   (a) must
   (b) shall
   (c) would
   (d) can

4. After a year of monitoring airfare prices to the Maldives, Mallory finally stumbled upon a sale. She couldn't resist _____ the $800 round-trip ticket to the tropical country.

   (a) buying
   (b) to have bought
   (c) having bought
   (d) to buy

5. I learned that Burrito Country, the Mexican deli across the street from our school, is giving a five percent student discount. By the time we graduate, the deli _____ us delicious and affordable food for three years.

   (a) was serving
   (b) will serve
   (c) will have been serving
   (d) has been serving

6. Being a small country, Singapore has a limited land area suitable for farming. As a result, Singapore's food supply mainly comes from imports ___ sufficient food.

   (a) obtaining
   (b) to obtain
   (c) to have obtained
   (d) having obtained

7. My uncle is an actor on a popular TV show and sometimes gets recognized in public. If it weren't for the beard he's growing now, he _____ for an autograph every time he goes out.

(a) will probably get asked
(b) would probably have gotten asked
(c) has probably gotten asked
(d) would probably get asked

8. Brian is nervous about tonight. He will be attending his first networking event. What he is most worried about is that _____ his supervisor attends, he will have to go to the event alone.

(a) while
(b) whenever
(c) unless
(d) since

9. The El Niño phenomenon causes drastic changes in weather patterns around the world. As a precautionary measure, many cities hold El Niño workshops intended _____ residents about heavy rains, rising sea levels, and flooding.

(a) to inform
(b) to have informed
(c) informing
(d) having informed

10. The concert by the band Shockwave was briefly interrupted by a power outage. The band _____ their most popular single, "Build Them Up," when the lights and music went off.

(a) is performing
(b) performed
(c) would perform
(d) was performing

11. *Conformity* is defined as changing one's beliefs or behavior in order to be accepted by a group. This usually happens after giving in to peer pressure, which _____ take such forms as bullying or criticism.

(a) will
(b) may
(c) must
(d) would

12. Since it's summertime, most of my friends have been spending time at the beach. If I were able to free up some time, I _____ them at the beach instead of working today.

(a) will definitely join
(b) would definitely join
(c) am definitely joining
(d) would definitely have joined

13. There will be more work for the IT department this month as they launch a new software system. The manager requested that the HR department _____ several new programmers to keep up with the demand.

    (a) is hiring
    (b) hires
    (c) hire
    (d) will hire

14. Over the years, scientific studies have offered conflicting information about the health benefits of alcohol. Therefore, it is best that people practice _____ moderately in order to maintain their physical well-being.

    (a) to drink
    (b) to have drunk
    (c) having drunk
    (d) drinking

15. Sheila has been busy juggling many projects lately. She says she hasn't slept well for the past two weeks. That could explain why she _____ at her desk right now.

    (a) is snoozing
    (b) will be snoozing
    (c) snoozes
    (d) has snoozed

16. More than sixty million years ago, an asteroid hit Earth, killing dinosaurs and other giant reptiles and making way for the rise of mammals. If the killer asteroid had missed Earth, life _____ quite differently.

    (a) had evolved
    (b) would have evolved
    (c) was evolving
    (d) would evolve

17. I spent the weekend in my hometown in Oregon. I drove around town and saw Beaverton High School. To my delight, the school, _____, looked just as I remembered it.

    (a) which I spent four years of my life
    (b) when I spent four years of my life
    (c) where I spent four years of my life
    (d) that I spent four years of my life

18. Nowadays, shopping is made even easier with price-comparison applications. The barcode-scanning apps search for deals online and in retail stores, allowing shoppers _____ prices with their smartphones.

    (a) comparing
    (b) to have compared
    (c) having compared
    (d) to compare

19. The North Miami Beach Police Department formed a task force for controlling crime during the holiday season. Starting tomorrow, ten officers _____ the business districts and residential neighborhoods every day until January 7.

   (a) will have patrolled
   (b) will be patrolling
   (c) were patrolling
   (d) have patrolled

20. For three straight semesters, Professor Harvey has received the engineering department's highest evaluation score for teaching. He is well-liked by his students as well. _____, he's one of the best professors in the university.

   (a) Indeed
   (b) Meanwhile
   (c) However
   (d) Otherwise

21. Johnny couldn't play in the football game against the Blackhawks due to a sprained wrist. If he had listened to his mother about being careful on the icy sidewalks, he _____ the game on the sidelines.

   (a) had not spent
   (b) would not spend
   (c) would not have spent
   (d) was not spending

22. According to the American Heart Association, added sugars, such as ordinary table sugar, may cause obesity. However, the AHA advises that people _____ natural sugars in fruits and vegetables because they are healthy.

   (a) not avoid
   (b) did not avoid
   (c) are not avoiding
   (d) will not avoid

23. The professor assigned us a project in English class today. It's a book review of *Othello*, a 300-page play. I'd better finish _____ it by the end of this weekend so I can start writing.

   (a) having read
   (b) reading
   (c) to have read
   (d) to read

24. The average surface temperature on Earth has reached record highs in recent years. This is because over 90% of the energy _____ in the atmosphere due to excess greenhouse gas is absorbed by the oceans.

   (a) which it has been stored
   (b) who has been stored
   (c) what has been stored
   (d) that has been stored

25. It's been three months since Le Boutique opened on Elm Street, but business hasn't picked up yet. If they moved their shop to a busier part of town, they _____ more customers.

(a) would attract
(b) are attracting
(c) would have attracted
(d) will attract

26. Twenty additional moving walkways have been installed in the airport's arrival and departure areas. Before they were installed, passengers _____ for years about the distance they had to walk between the check-in counter and their gates.

(a) will complain
(b) have been complaining
(c) had been complaining
(d) complain

GRAMMAR SECTION

DIRECTIONS:

The following items need a word or words to complete the sentence. From the four choices for each item, choose the best answer. Then blacken in the correct circle on your answer sheet.

Example:

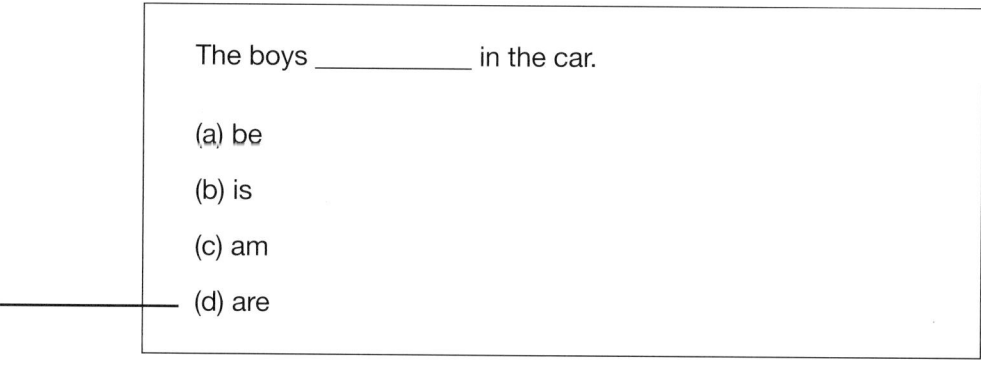

The correct answer is (d), so the circle with the letter (d) has been blackened.

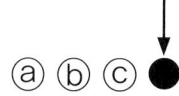

NOW TURN THE PAGE AND BEGIN

1. Ramon feels anxious about his first assignment as a field reporter. It is only his first week on the job, but he has already been asked _____ the union protest happening at the shoe factory downtown.

    (a) to cover
    (b) having covered
    (c) covering
    (d) to have covered

2. A well-known pharmaceutical company has developed a new drug that can fight the growing threat of the Lagarta virus. Currently, the company's research staff _____ the drug's effectiveness on mice.

    (a) will be testing
    (b) tests
    (c) is testing
    (d) has tested

3. Sandra has always volunteered at local organizations to help low-income families meet their dietary needs. If she became rich, she _____ a program dedicated to eradicating food insecurity in her city.

    (a) is organizing
    (b) would organize
    (c) will organize
    (d) would have organized

4. My brother who lives in Florida wants to spend his vacation here at my place in Minnesota. I told him to bring a heavy coat since temperatures here _____ drop below zero degrees.

    (a) shall
    (b) must
    (c) can
    (d) would

5. Mr. Watson visited his doctor yesterday because he has been having chest pains lately. After careful examination, the doctor urged him to stop _____ immediately before his condition gets worse.

    (a) to smoke
    (b) having smoked
    (c) to have smoked
    (d) smoking

6. Airline pilots are required to undergo annual medical checkups to ensure they are fit to fly a plane. Tom, a pilot _____, successfully passed his checkup two days ago.

    (a) who flies a Boeing 747
    (b) whom he flies a Boeing 747
    (c) which flies a Boeing 747
    (d) what flies a Boeing 747

7. The school fair will start at 9 a.m., so I need to leave now to make sure our booth is ready. Please bring the decorations with you later. I _____ at the booth when you arrive.

(a) am waiting
(b) will be waiting
(c) have waited
(d) will have waited

8. Our community leader organized a clean-up crew to address the increasing amount of garbage on our seashores. She assigned me _____ large plastic bags for collecting trash. We will start cleaning the shores tomorrow.

(a) having brought
(b) bringing
(c) to have brought
(d) to bring

9. The passengers of the city's mass transit system were upset yesterday because a train broke down in between stations. If the maintenance crew had done a thorough inspection beforehand, the train _____ running during rush hour.

(a) would not quit
(b) did not quit
(c) would not have quit
(d) had not quit

10. Cockroaches are crawling insects that spread many types of bacteria. They usually feed on bits of food left on unwashed dishes. _____, we must always keep our kitchen clean to keep them out.

(a) Therefore
(b) However
(c) Similarly
(d) Regardless

11. Dan is an avid science fiction fan. He never fails to watch every sci-fi film shown in theaters. He enjoys _____ those movies so much that he often loses track of time when viewing them.

(a) to watch
(b) having watched
(c) watching
(d) to have watched

12. A local bank closed down due to financial problems. The employees, who were all let go, were sad about the bank's closure. Many of them _____ there for almost twenty years before it went bankrupt.

(a) have been working
(b) will have worked
(c) work
(d) had been working

13. Wheeler Elementary School can only afford to buy four computers for its computer lab, so the students have to share. If the school were to get a larger budget, it _____ enough computers for its students.

    (a) has provided
    (b) would provide
    (c) will provide
    (d) would have provided

14. An invitation to a gallery's grand opening has just landed on the mayor's desk. Her secretary doubts that the mayor will be available, but replies that she _____ attend the occasion after her meeting this evening is finished.

    (a) may
    (b) must
    (c) should
    (d) would

15. Gustav speaks English well, but he isn't as fluent as he wants to be. If he had studied the language harder before he moved to England, he _____ at a higher position at his company.

    (a) could start
    (b) could have started
    (c) had started
    (d) can start

16. Carl reaches his credit card limit every month due to excessive spending. Now that he lost his job, he can't even pay the interest. The card company is now demanding that he _____ his debts immediately.

    (a) has settled
    (b) settles
    (c) will settle
    (d) settle

17. The Mayan civilization existed in South America a long time ago. The Mayans are known for their architecture and advanced writing and mathematical systems. They _____ the number zero when Columbus arrived in America.

    (a) already used
    (b) had already used
    (c) were already using
    (d) have already been using

18. Some pet owners choose to buy exotic pets instead of the usual dogs and cats. However, animal experts advise pet lovers _____ domesticated animals instead of wild ones for safety reasons.

    (a) to keep
    (b) keeping
    (c) having kept
    (d) to have kept

19. Authorities on fitness say that exercising in the gym regularly can build strength and promote functional movement. _____, many enthusiastic gym-goers end up with injuries from training errors.

    (a) Otherwise
    (b) Nevertheless
    (c) Hence
    (d) Moreover

20. Loren works at a travel agency and handles her clients' needs well. However, her busy work schedule prevents her from taking a vacation herself. If she had more free time, she _____ a trip next month.

    (a) would have taken
    (b) will take
    (c) is taking
    (d) would take

21. The high unemployment rate in some poor countries is forcing their citizens to leave their families to seek "greener pastures" abroad. It is imperative that the governments of these countries _____ more job opportunities at home.

    (a) create
    (b) are creating
    (c) created
    (d) will create

22. Coal mining is a dangerous job that exposes workers to many health risks. When asked if he is worried about these risks, Pete, a coal miner, says he _____ for years and is used to them.

    (a) will have mined
    (b) is mining
    (c) has been mining
    (d) had been mining

23. The Danish Embassy in Singapore has started accepting computer programmer applicants for Denmark's growing IT industry. An extensive training course, _____, will be given to applicants who pass the screening process.

    (a) who will last for two months
    (b) what will last for two months
    (c) which will last for two months
    (d) that will last for two months

24. Venice is an Italian city known for its gondolas, the traditional Venetian rowing boats that offer the best way to sightsee in the city's canals. Every tourist should include _____ a gondola in the itinerary.

    (a) to have ridden
    (b) riding
    (c) to ride
    (d) having ridden

25. German engineers have been developing a car that runs on hydrogen derived from water. The engineers _____ on the project for six years when the prototype is finally available next year.

   (a) are working
   (b) had been working
   (c) will work
   (d) will have been working

26. Traffic in Los Angeles is terrible. A usual one-hour trip now takes two hours, and no solution is yet in sight. If there were more options for safe and affordable public transportation, the traffic situation _____ better.

   (a) would get
   (b) will get
   (c) got
   (d) would have gotten

GRAMMAR SECTION

DIRECTIONS:

The following items need a word or words to complete the sentence. From the four choices for each item, choose the best answer. Then blacken in the correct circle on your answer sheet.

Example:

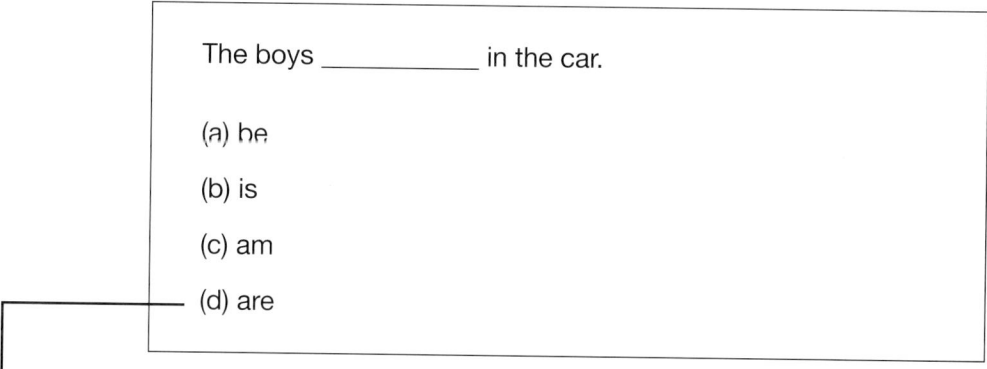

The correct answer is (d), so the circle with the letter (d) has been blackened.

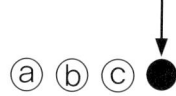

NOW TURN THE PAGE AND BEGIN

1. A study in Austria and Finland suggested the possibility that birch trees droop at night because they are "sleeping." At the end of the experiment, scientists considered _____ the study with other species of trees.

    (a) to repeat
    (b) repeating
    (c) to have repeated
    (d) having repeated

2. Donald was disappointed that his final exam in algebra had been called off. If he had known that the professor wasn't coming in today, he _____ last night sleeping a full eight hours instead of studying.

    (a) had spent
    (b) will be spending
    (c) would have spent
    (d) would spend

3. Consumers are dissatisfied with the government for not effectively regulating market prices. _____ the huge drop in oil prices in the past month, the prices of basic commodities have remained high.

    (a) Despite
    (b) Rather than
    (c) Since
    (d) Instead of

4. Lori rarely has time for recreation nowadays because she is busy preparing for her move to Australia. She _____ at the University of Newcastle when school starts in June until she finishes the four-year program.

    (a) will be studying
    (b) is studying
    (c) was studying
    (d) has been studying

5. In 1965, by order of the British government, the Welsh village of Capel Celyn was vacated. The area was then flooded _____ a water reservoir for Liverpool and Wirral, which was named Llyn Celyn.

    (a) creating
    (b) to have created
    (c) having created
    (d) to create

6. We had a hard time dealing with an overseas project a long time ago. Since then, we've only focused on the local US market. I think our company _____ not be interested in this Asian project.

    (a) can
    (b) shall
    (c) may
    (d) could

7. Basketball analysts agree that the NBA in the 1990s was a lot rougher than it is today. Many people believe that today's best shooters _____ if NBA players were to adopt the '90s playing style again.

(a) will not last
(b) would not last
(c) would not have lasted
(d) do not last

8. Peggy must be deeply affected by the documentary she watched about the meat industry. Disturbed by the graphic scenes in the film, she _____ much meat since then.

(a) does not eat
(b) did not eat
(c) had not been eating
(d) has not been eating

9. The rising trend of wearing headphones equipped with noise-canceling technology has led to an increase in accidental collisions. In fact, people tend _____ into one another more frequently as they become unaware of external sounds.

(a) to bump
(b) to have bumped
(c) bumping
(d) having bumped

10. Around 400 parking meters were installed in downtown Berkeley to increase city revenue. However, some business owners are complaining that the streets _____ have been mostly empty as people now shop elsewhere to avoid parking there.

(a) that the meters are located
(b) where the meters are located
(c) which the meters are located
(d) when the meters are located

11. Mr. Scott is having his home-cooked lunch at his desk while browsing the Internet. If it weren't raining right now, he _____ his lunch at Griswold Park just a couple of blocks from his office.

(a) would have been eating
(b) had been eating
(c) would be eating
(d) will be eating

12. One of the first mass-produced personal computers was released as a kit in 1975 by an American electronics company based in Albuquerque, New Mexico. By 2025, people _____ personal computers for 50 years.

(a) had used
(b) have been using
(c) will use
(d) will have been using

13. This morning, the Rogers family went to Central Park to sled on the hill known to local children as "Big Beast." It's the third time they have enjoyed _____ since winter started.

    (a) to sled
    (b) to have sledded
    (c) sledding
    (d) having sledded

14. Albert had two meetings with clients in the morning and a board presentation in the afternoon. Then he did some paperwork in the evening. _____, he was able to go home after 13 hours of work.

    (a) Finally
    (b) Moreover
    (c) Meanwhile
    (d) Therefore

15. The university's department of parasitology is studying the composition of several lakes in the Palmer District. The head of research, Dr. Griffin, advised that the researchers _____ adequate water samples from all seven lakes in the area.

    (a) will collect
    (b) collect
    (c) collected
    (d) are collecting

16. My husband and I decided to try the newly opened French restaurant near our house. While we were satisfied with our dinner of carre d'agneau, we _____ a better experience if the staff had been more friendly.

    (a) will have
    (b) would have
    (c) have had
    (d) would have had

17. Hunter used to be an actor before he became a full-time singer-songwriter. He _____ in musicals for two years before Wondrous Records offered him a recording contract. He has focused on his musical career since then.

    (a) has been performing
    (b) performs
    (c) will be performing
    (d) had been performing

18. Joan can't help but feel sorry for Uncle Ted. He lost his job when the lumber mill where he worked shut down. After that, he applied to various companies, but _____ not get a job anywhere.

    (a) should
    (b) might
    (c) could
    (d) would

19. Researchers found that low-salt diets may actually be more harmful than those with average amounts of salt. It is only for people with hypertension that doctors recommend _____ the amount of salt in their diet.

(a) reducing
(b) to reduce
(c) having reduced
(d) to have reduced

20. Pippa Doyle was a spy working for Britain during World War II. She pretended to be a 14-year-old French girl who sold soap to German soldiers. If they had discovered she was a spy, they _____ her.

(a) would kill
(b) were killing
(c) would have killed
(d) had killed

21. FINRAD, Inc., is determined to expand its business into the European market. Right now, the marketing director _____ a series of meetings with a possible distributor in Geneva.

(a) planned
(b) is planning
(c) will be planning
(d) has planned

22. The Johnson County Library has a great selection of digital media, but only a small collection of books. Therefore, the librarians strictly require that all books _____ on time so other people can use them.

(a) will be returned
(b) have been returned
(c) be returned
(d) are being returned

23. Hundreds of bus drivers in Manchester went on strike at lunchtime today. As a result, commuters _____ both within the city and to neighboring towns got stranded on the streets during the evening rush hour.

(a) which tried to go home
(b) what tried to go home
(c) that they tried to go home
(d) who tried to go home

24. Peter Whitman's second-half goal sent the Vultures into the final four with a 2-1 win against the Inflamers. With several seasoned forwards on its roster, the team has a good chance _____ it to the finals.

(a) to make
(b) making
(c) having made
(d) to have made

25. The Bentonville High School janitor, Mr. Adams, is very intimidating. Last week, a student _____ down the hallway when suddenly Mr. Adams scolded him for littering. The student had unknowingly dropped a tissue on the floor.

(a) will walk
(b) has been walking
(c) walked
(d) was walking

26. Makkinga, a small town in the Netherlands, has neither traffic lights nor stop signs. Advocates of the "shared space" concept theorize that if there were fewer traffic regulations, citizens _____ more socially responsible.

(a) are being
(b) would be
(c) will be
(d) would have been

GRAMMAR SECTION

DIRECTIONS:

The following items need a word or words to complete the sentence. From the four choices for each item, choose the best answer. Then blacken in the correct circle on your answer sheet.

Example:

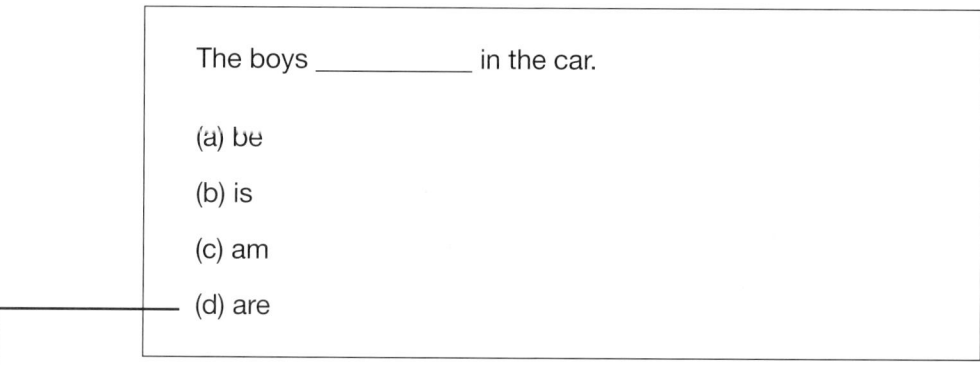

The correct answer is (d), so the circle with the letter (d) has been blackened.

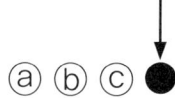

NOW TURN THE PAGE AND BEGIN

1. Ryan will be competing in the city-wide oratorical contest next week. With his great stage presence and eloquence, his coach, Mr. Sanders, is confident that he will win the contest. At the moment, they _____ his piece.

   (a) are rehearsing
   (b) rehearse
   (c) have rehearsed
   (d) will have been rehearsing

2. Hazel's company recently went out of business, and she's now worried about meeting her monthly car payments. She says that if only she had known she would lose her job, she _____ the car last month.

   (a) has not bought
   (b) will not be buying
   (c) should not be buying
   (d) would not have bought

3. Jeff Bezos, the founder and CEO of Amazon, is one of the world's most hardworking billionaires. In fact, by the time he turns 65, he _____ tirelessly for over 35 years since starting the company in 1994.

   (a) has worked
   (b) will have been working
   (c) had been working
   (d) is working

4. Mr. Peterson's job requires him to travel frequently. That's why he made it a point to instruct his new secretary to check his voice messages regularly and send him a daily report _____ he's out of town.

   (a) wherever
   (b) however
   (c) whichever
   (d) whenever

5. Boris Diaw is a French basketball player who formerly played for 14 seasons in the NBA. Besides playing basketball professionally, he also enjoys _____ his boat. He reportedly plans to sail around the world after his retirement.

   (a) having sailed
   (b) to have sailed
   (c) sailing
   (d) to sail

6. Paul wishes he could talk to his ancestors so he could ask them about his Irish heritage. If it were possible to travel back in time, he _____ to meet his great-great grandfather who emigrated from Ireland.

   (a) would definitely choose
   (b) is definitely choosing
   (c) definitely chooses
   (d) would have definitely chosen

7. Yellowstone National Park is the first designated national park in the U.S. With an area _____, it's more than two million acres in size. It is well-known for its diverse wildlife as well as its geothermal features.

   (a) who spans three states
   (b) what spans three states
   (c) that spans three states
   (d) which three states spans

8. Despite the current economic crisis, the team manager wants to surpass next quarter's sales target. That's why starting next week, we _____ household surveys every Friday to identify new potential market segments.

   (a) have conducted
   (b) would be conducting
   (c) will have conducted
   (d) will be conducting

9. Amy is going to be suspended for two work days because she violated a workplace rule. She was caught _____ in the building's emergency fire exit stairwell during her lunch break last week.

   (a) having smoked
   (b) smoking
   (c) to smoke
   (d) to have smoked

10. On Nancy's first day at work, she came dressed in a business suit, only to find everyone in the office wearing jeans. She _____ have asked about the company's dress code to avoid the embarrassment.

    (a) should
    (b) shall
    (c) would
    (d) might

11. Last night, Carrie attended a rock concert that lasted until 1:00 a.m. As a result, she reported late for work the next day. She kept thinking, "If I _____ the concert, I would not have been late".

    (a) will not watch
    (b) had not watched
    (c) would not have watched
    (d) was not watching

12. Originally known as Decoration Day, Memorial Day is a U.S. federal holiday that's always observed on the last Monday of May. It's celebrated _____ all the men and women who died serving in the country's armed forces.

    (a) to have remembered
    (b) remembering
    (c) having remembered
    (d) to remember

13. Chris Cornell was the lead singer of the bands Soundgarden and Audioslave. Many were shocked when he committed suicide in 2017. It was only then that his family revealed that he _____ with depression before he died.

    (a) struggled
    (b) had been struggling
    (c) struggles
    (d) was struggling

14. Arthur is very bright. He began talking at the age of one and learned how to write when he was two. Now, at the age of four, he _____ already play the violin like a professional.

    (a) can
    (b) would
    (c) should
    (d) might

15. Sandra arrived early for her lunch date with Eric and decided to read a book. She got so absorbed in the story that she didn't even notice when Eric arrived while she _____ the book.

    (a) is still reading
    (b) has still been reading
    (c) will still read
    (d) was still reading

16. Superman is a DC Comics character known for his superhuman powers. These extraordinary abilities include _____ "faster than a speeding bullet." He can go from place to place without the need of any special device or vehicle.

    (a) to have moved
    (b) having moved
    (c) moving
    (d) to move

17. The rise in bicycle thefts in his village makes Jericho worried about his bicycle. Since his garage is full, he has to leave his bicycle outside. If his garage had more room, he _____ it there.

    (a) would have parked
    (b) is parking
    (c) will park
    (d) would park

18. Lisa started taking weekly French language classes last year. Recently, she has been watching some films and television series in French _____ familiarize herself with the language.

    (a) helping
    (b) to help
    (c) to have helped
    (d) having helped

19. We had a full-course meal at Mama Elle's Italian restaurant last weekend. The food was great and the service was prompt. In fact, _____ we finished our soup, the waiter quickly served us our appetizers.

    (a) as soon as
    (b) since
    (c) because
    (d) despite the fact that

20. Lizzie likes spending money more than saving it. Yesterday, she felt frustrated because she was short on funds to pay for her rent this month. If she had been more prudent about spending, she _____ enough money.

    (a) will have had
    (b) would have had
    (c) will be having
    (d) has had

21. Not knowing which elective to take, Joan asked her mom which subject might fit her best. Her mom suggested that she _____ for a journalism class to improve her writing further.

    (a) is enrolling
    (b) will enroll
    (c) enrolls
    (d) enroll

22. Jessica is starting to wonder if she made the right decision to study medicine. She _____ the program for two years now, but she still finds herself struggling just to keep up in school.

    (a) is pursuing
    (b) pursues
    (c) has been pursuing
    (d) pursued

23. Vasiliy Lomachenko will undergo surgery to repair his injured shoulder. He, _____, injured his right shoulder during his recent fight against Jorge Linares. The surgery will force Lomachenko to miss his next fight on August 25.

    (a) who is the WBA lightweight champion
    (b) whose is the WBA lightweight champion
    (c) whom is the WBA lightweight champion
    (d) which champion is the WBA lightweight title

24. The sun is important in the solar system because its gravitational pull keeps planets revolving around it. If the sun were to suddenly disappear, the planets _____ freely through outer space.

    (a) had just scattered about
    (b) was just scattering about
    (c) just scatter about
    (d) would just scatter about

25. Mark was finally allowed by his parents to join the camping trip with his friends on one condition: They would not pay for his trip. Instead, he needed _____ his own allowance money.

(a) using
(b) to use
(c) having used
(d) to have used

26. Gina wants to lose weight, so she's working out with her gym instructor, Jim. He told her that aside from exercise, it's best that she also _____ a healthy diet to get the best results.

(a) maintains
(b) was maintaining
(c) to maintain
(d) maintain

영역별 기출유형

G-TELP
General Tests of English Language Proficiency

LISTENING SECTION

- TEST 1
- TEST 2
- TEST 3
- TEST 4

Listening Answer Sheet

TEST 1

문항	답란	문항	답란
27	ⓐ ⓑ ⓒ ⓓ	40	ⓐ ⓑ ⓒ ⓓ
28	ⓐ ⓑ ⓒ ⓓ	41	ⓐ ⓑ ⓒ ⓓ
29	ⓐ ⓑ ⓒ ⓓ	42	ⓐ ⓑ ⓒ ⓓ
30	ⓐ ⓑ ⓒ ⓓ	43	ⓐ ⓑ ⓒ ⓓ
31	ⓐ ⓑ ⓒ ⓓ	44	ⓐ ⓑ ⓒ ⓓ
32	ⓐ ⓑ ⓒ ⓓ	45	ⓐ ⓑ ⓒ ⓓ
33	ⓐ ⓑ ⓒ ⓓ	46	ⓐ ⓑ ⓒ ⓓ
34	ⓐ ⓑ ⓒ ⓓ	47	ⓐ ⓑ ⓒ ⓓ
35	ⓐ ⓑ ⓒ ⓓ	48	ⓐ ⓑ ⓒ ⓓ
36	ⓐ ⓑ ⓒ ⓓ	49	ⓐ ⓑ ⓒ ⓓ
37	ⓐ ⓑ ⓒ ⓓ	50	ⓐ ⓑ ⓒ ⓓ
38	ⓐ ⓑ ⓒ ⓓ	51	ⓐ ⓑ ⓒ ⓓ
39	ⓐ ⓑ ⓒ ⓓ	52	ⓐ ⓑ ⓒ ⓓ

TEST 2

문항	답란	문항	답란
27	ⓐ ⓑ ⓒ ⓓ	40	ⓐ ⓑ ⓒ ⓓ
28	ⓐ ⓑ ⓒ ⓓ	41	ⓐ ⓑ ⓒ ⓓ
29	ⓐ ⓑ ⓒ ⓓ	42	ⓐ ⓑ ⓒ ⓓ
30	ⓐ ⓑ ⓒ ⓓ	43	ⓐ ⓑ ⓒ ⓓ
31	ⓐ ⓑ ⓒ ⓓ	44	ⓐ ⓑ ⓒ ⓓ
32	ⓐ ⓑ ⓒ ⓓ	45	ⓐ ⓑ ⓒ ⓓ
33	ⓐ ⓑ ⓒ ⓓ	46	ⓐ ⓑ ⓒ ⓓ
34	ⓐ ⓑ ⓒ ⓓ	47	ⓐ ⓑ ⓒ ⓓ
35	ⓐ ⓑ ⓒ ⓓ	48	ⓐ ⓑ ⓒ ⓓ
36	ⓐ ⓑ ⓒ ⓓ	49	ⓐ ⓑ ⓒ ⓓ
37	ⓐ ⓑ ⓒ ⓓ	50	ⓐ ⓑ ⓒ ⓓ
38	ⓐ ⓑ ⓒ ⓓ	51	ⓐ ⓑ ⓒ ⓓ
39	ⓐ ⓑ ⓒ ⓓ	52	ⓐ ⓑ ⓒ ⓓ

TEST 3

문항	답란	문항	답란
27	ⓐ ⓑ ⓒ ⓓ	40	ⓐ ⓑ ⓒ ⓓ
28	ⓐ ⓑ ⓒ ⓓ	41	ⓐ ⓑ ⓒ ⓓ
29	ⓐ ⓑ ⓒ ⓓ	42	ⓐ ⓑ ⓒ ⓓ
30	ⓐ ⓑ ⓒ ⓓ	43	ⓐ ⓑ ⓒ ⓓ
31	ⓐ ⓑ ⓒ ⓓ	44	ⓐ ⓑ ⓒ ⓓ
32	ⓐ ⓑ ⓒ ⓓ	45	ⓐ ⓑ ⓒ ⓓ
33	ⓐ ⓑ ⓒ ⓓ	46	ⓐ ⓑ ⓒ ⓓ
34	ⓐ ⓑ ⓒ ⓓ	47	ⓐ ⓑ ⓒ ⓓ
35	ⓐ ⓑ ⓒ ⓓ	48	ⓐ ⓑ ⓒ ⓓ
36	ⓐ ⓑ ⓒ ⓓ	49	ⓐ ⓑ ⓒ ⓓ
37	ⓐ ⓑ ⓒ ⓓ	50	ⓐ ⓑ ⓒ ⓓ
38	ⓐ ⓑ ⓒ ⓓ	51	ⓐ ⓑ ⓒ ⓓ
39	ⓐ ⓑ ⓒ ⓓ	52	ⓐ ⓑ ⓒ ⓓ

TEST 4

문항	답란	문항	답란
27	ⓐ ⓑ ⓒ ⓓ	40	ⓐ ⓑ ⓒ ⓓ
28	ⓐ ⓑ ⓒ ⓓ	41	ⓐ ⓑ ⓒ ⓓ
29	ⓐ ⓑ ⓒ ⓓ	42	ⓐ ⓑ ⓒ ⓓ
30	ⓐ ⓑ ⓒ ⓓ	43	ⓐ ⓑ ⓒ ⓓ
31	ⓐ ⓑ ⓒ ⓓ	44	ⓐ ⓑ ⓒ ⓓ
32	ⓐ ⓑ ⓒ ⓓ	45	ⓐ ⓑ ⓒ ⓓ
33	ⓐ ⓑ ⓒ ⓓ	46	ⓐ ⓑ ⓒ ⓓ
34	ⓐ ⓑ ⓒ ⓓ	47	ⓐ ⓑ ⓒ ⓓ
35	ⓐ ⓑ ⓒ ⓓ	48	ⓐ ⓑ ⓒ ⓓ
36	ⓐ ⓑ ⓒ ⓓ	49	ⓐ ⓑ ⓒ ⓓ
37	ⓐ ⓑ ⓒ ⓓ	50	ⓐ ⓑ ⓒ ⓓ
38	ⓐ ⓑ ⓒ ⓓ	51	ⓐ ⓑ ⓒ ⓓ
39	ⓐ ⓑ ⓒ ⓓ	52	ⓐ ⓑ ⓒ ⓓ

LISTENING SECTION

DIRECTIONS:

The Listening Section has four parts. In each part you will hear a spoken passage and a number of questions about the passage. First you will hear the questions. Then you will hear the passage. From the four choices for each question, choose the best answer. Then blacken in the correct circle on your answer sheet.

Now you will hear an example question. Then you will hear an example passage.

Now listen to the example question.

Bill Johnson has four brothers, so the best answer is (d). The circle with the letter (d) has been blackened.

NOW TURN THE PAGE AND BEGIN

Part 1. *You will hear a conversation between two people. First you will hear questions 27 through 33. Then you will hear the conversation. Choose the best answer to each question in the time provided.*

27. (a) writing a blog about ancient Rome
    (b) watching a movie about Romans online
    (c) studying about early Rome
    (d) reading a novel about the Roman empire

28. (a) They buried the dog in the family tomb.
    (b) They kept all of the pets together in one space.
    (c) They let the dog eat meals with the family.
    (d) They gave pets their own rooms in the family home.

29. (a) because they lived in fancy apartments
    (b) because they did not like to cook at home
    (c) because they dined outside the home
    (d) because they loved shopping for food

30. (a) by looking at a shopping complex map
    (b) by using the mall as a landmark
    (c) by using the public transportation system
    (d) by looking at the signs for shops

31. (a) to make official announcements
    (b) to express their feelings
    (c) to communicate with friends
    (d) to rebel against their leaders

32. (a) They had much in common with him.
    (b) They lived very boring lives.
    (c) They looked just like modern people.
    (d) They had many social problems.

33. (a) register for a history class
    (b) research about other ancient cultures
    (c) keep studying for his exam
    (d) continue learning more about the Romans

Part 2. You will hear a presentation by one person to a group of people. First you will hear questions 34 through 39. Then you will hear the talk. Choose the best answer to each question in the time provided.

34. (a) a way to save money on electricity
    (b) how to make the most of kitchen waste
    (c) where to throw away kitchen waste
    (d) an eco-friendly way to garden

35. (a) at an organic farm
    (b) at a large corporation
    (c) at a gas company
    (d) at a family home

36. (a) because its gas pressure is limited
    (b) because it does not need fire to cook
    (c) because organic waste burns slowly
    (d) because biogas is not explosive

37. (a) by releasing a fruit-producing gas
    (b) by producing a source of nutrition for plants
    (c) by making plant-friendly bacteria
    (d) by turning waste into solid fertilizer

38. (a) It uses organic waste from dumpsites.
    (b) It converts methane into biogas.
    (c) It keeps methane from entering the atmosphere.
    (d) It collects methane from the air.

39. (a) by not having to buy cooking gas anymore
    (b) by keeping the electricity bills down
    (c) by not having to purchase kitchen products
    (d) by reducing money spent on waste removal

Part 3. You will hear a conversation between two people. First you will hear questions 40 through 45. Then you will hear the conversation. Choose the best answer to each question in the time provided.

40. (a) because of its low-priced products
    (b) because of its larger selection of goods
    (c) because of its convenient location
    (d) because of its amenities for shoppers

41. (a) They treat customers badly.
    (b) They are not honest about prices.
    (c) They affect local businesses.
    (d) They do not carry traditional items.

42. (a) by opening stores in poor areas
    (b) by producing less-than-ideal items
    (c) by selling a variety of products
    (d) by vending their goods in bulk

43. (a) because these areas do not have traffic jams
    (b) because workers for hire tend to live nearby
    (c) because these areas are visited by people often
    (d) because local shops team up with discount stores

44. (a) to make the most of their high salaries
    (b) to keep from hiring full-time workers
    (c) to make them stay busy at all times
    (d) to avoid hiring additional people

45. (a) shop at the local discount store
    (b) go shopping for clothes with Travis
    (c) watch a movie at the discount mall
    (d) buy her groceries at the local store

Part 4. *You will hear an explanation of a process. First you will hear questions 46 through 52. Then you will hear the talk. Choose the best answer to each question in the time provided.*

46. (a) to advise on how to manage stress at work
    (b) to share tips on successful internships
    (c) to welcome new recruits to the company
    (d) to teach new recruits how to sell products

47. (a) by answering all the customers' questions
    (b) by having broad knowledge of the product
    (c) by referring questions to the proper department
    (d) by researching answers carefully before responding

48. (a) because it can influence a client to buy the product
    (b) because it motivates the other salespeople
    (c) because it proves the product's high quality
    (d) because it prevents clients from asking questions

49. (a) It may come across as dishonest.
    (b) It can use up the salesperson's energy.
    (c) It may annoy the customer.
    (d) It can make the product seem cheap.

50. (a) by knowing the profile of target clients
    (b) by learning how to use the product
    (c) by understanding how the mind works
    (d) by studying current market trends

51. (a) showing concern for their personal well-being
    (b) using questions to begin a conversation
    (c) telling the customer every detail about a product
    (d) volunteering to answer any question

52. (a) It will persuade every customer.
    (b) It will boost the salesperson's confidence.
    (c) It can make competitors look bad.
    (d) It can open the door for future deals.

LISTENING SECTION

DIRECTIONS:

The Listening Section has four parts. In each part you will hear a spoken passage and a number of questions about the passage. First you will hear the questions. Then you will hear the passage. From the four choices for each question, choose the best answer. Then blacken in the correct circle on your answer sheet.

Now you will hear an example question. Then you will hear an example passage.

Now listen to the example question.

Bill Johnson has four brothers, so the best answer is (d). The circle with the letter (d) has been blackened.

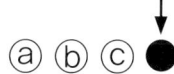

NOW TURN THE PAGE AND BEGIN

Part 1. *You will hear a conversation between two people. First you will hear questions 27 through 33. Then you will hear the conversation. Choose the best answer to each question in the time provided.*

27. (a) by hearing about them from her friend
    (b) by seeing a notice about them
    (c) by hearing about them from her son
    (d) by asking about them at the museum

28. (a) She only sees her son on Saturdays.
    (b) The sessions could all be finished in one day.
    (c) She does not have work on Saturdays.
    (d) The sessions were not held at a fixed time.

29. (a) learning how to bake cookies
    (b) mixing cake frosting with paint
    (c) learning how to mix colors to create new ones
    (d) using baking ingredients as art materials

30. (a) They are common household items.
    (b) They are not very useful items.
    (c) They are easy to use for art projects.
    (d) They are nothing more than trash.

31. (a) because he also learned about baking
    (b) because he gained additional friends
    (c) because he learned how to recycle things
    (d) because he gained skills in gardening

32. (a) their stories as single parents
    (b) their children's artistic successes
    (c) their stories as working parents
    (d) their lack of quality time for their families

33. (a) join the workshop with his son
    (b) meet up with Jenny at a restaurant
    (c) work on his project for an exhibit
    (d) go to the museum with his wife

Part 2. *You will hear a presentation by one person to a group of people. First you will hear questions 34 through 39. Then you will hear the talk. Choose the best answer to each question in the time provided.*

34. (a) a way to prepare for a trip around the world
    (b) an opportunity to work in another country
    (c) a program for attending college abroad
    (d) a chance to learn through traveling overseas

35. (a) by not being charged extra fees
    (b) by choosing to travel in cheaper countries
    (c) by not doing many activities during the trip
    (d) by traveling as part of a group

36. (a) because they are the most requested destinations
    (b) because of the variety of their wildlife
    (c) because they have the oldest cultures
    (d) because of the diversity of experiences available

37. (a) by hiring the locals as language teachers
    (b) by talking with the locals in their native language
    (c) by learning about the language's origins
    (d) by taking as many classes as possible

38. (a) They can shield the environment from harm.
    (b) They will earn money in the host country.
    (c) They can start a career in community service.
    (d) They will better understand local social concerns.

39. (a) to get special discounts on airfare
    (b) to be able to book a tour online
    (c) to arrange a personalized tour
    (d) to be able to travel as a group

Part 3. You will hear a conversation between two people. First you will hear questions 40 through 45. Then you will hear the conversation. Choose the best answer to each question in the time provided.

40. (a) because he could not find them online
    (b) because the store ran out of them
    (c) because he does not have a store nearby
    (d) because they are not sold in stores

41. (a) that he has many stores in his neighborhood
    (b) that he is worried about buying online
    (c) that he is inexperienced with online shopping
    (d) that he has never bought boots before

42. (a) being able to expend less energy
    (b) getting the same prices from all online stores
    (c) being able to bargain for a lower price
    (d) getting the best quality for the money

43. (a) that criminals may expose his identity
    (b) that the order may not be delivered
    (c) that the online store may charge extra fees
    (d) that his credit card may be used without his authority

44. (a) One does not need to line up for a replacement.
    (b) The product can be replaced almost immediately.
    (c) One can ask the experts for another recommendation.
    (d) The product can be re-ordered right away.

45. (a) place an order for a ski jacket online
    (b) shop for ski boots at the mall
    (c) postpone skiing for two more weeks
    (d) look into ski boots to buy online

Part 4. You will hear an explanation of a process. First you will hear questions 46 through 52. Then you will hear the talk. Choose the best answer to each question in the time provided.

46. (a) because eating out saves a lot of money
    (b) because they do not care about their health
    (c) because preparing meals takes up time
    (d) because they do not spend much time at home

47. (a) thinking about one's cooking abilities
    (b) resolving to plan weekly meals
    (c) discussing with family what time to have dinner
    (d) setting aside a day for cooking

48. (a) to see how much time is available for meals
    (b) to check who will be available to help out
    (c) to know which days to skip making dinner
    (d) to decide when it would be best to dine out

49. (a) letting the family fill in the calendar
    (b) researching an all-new menu
    (c) including meals with varied ingredients
    (d) choosing family favorites

50. (a) by keeping one from buying unnecessary items
    (b) by encouraging one to buy only a few items
    (c) by reminding one to choose cheap ingredients
    (d) by helping one use mostly ingredients from home

51. (a) One cannot be sure about their freshness.
    (b) Fresh goods cost more than frozen goods.
    (c) One cannot find enough fresh goods.
    (d) Fresh goods have a shorter shelf life.

52. (a) at the end of the week
    (b) right before cooking each meal
    (c) right after shopping for them
    (d) early in the morning each day

LISTENING SECTION

DIRECTIONS:

The Listening Section has four parts. In each part you will hear a spoken passage and a number of questions about the passage. First you will hear the questions. Then you will hear the passage. From the four choices for each question, choose the best answer. Then blacken in the correct circle on your answer sheet.

Now you will hear an example question. Then you will hear an example passage.

Now listen to the example question.

Bill Johnson has four brothers, so the best answer is (d). The circle with the letter (d) has been blackened.

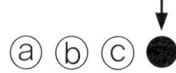

NOW TURN THE PAGE AND BEGIN

Part 1. *You will hear a conversation between two people. First you will hear questions 27 through 33. Then you will hear the conversation. Choose the best answer to each question in the time provided.*

27. (a) not having a summer vacation
    (b) having to stand up all day
    (c) not earning enough money
    (d) doing several different tasks

28. (a) ensure the right amount of food is prepared
    (b) see to it that everyone is doing his or her job
    (c) check if there are enough servers working
    (d) make sure that the food is well cooked

29. (a) They will make more fries themselves.
    (b) They will remove fries from the menu.
    (c) They will ask a worker to make more fries.
    (d) They will purchase more ingredients.

30. (a) when there are too many burgers
    (b) when the kitchen needs to cook more burgers
    (c) when there are too many fries
    (d) when new customers enter the diner

31. (a) forgetting the codes after a while
    (b) getting several orders at once
    (c) being unable to hear the shouting
    (d) lacking experience with the system

32. (a) to alert each other to emergencies
    (b) to appear professional to customers
    (c) to speed up communication
    (d) to keep customers from hearing anything

33. (a) have dinner at a fast food restaurant
    (b) go to a famous ice cream shop
    (c) stop by a nearby café for some coffee
    (d) go to the place where Jerry works

Part 2. You will hear a presentation by one person to a group of people. First you will hear questions 34 through 39. Then you will hear the talk. Choose the best answer to each question in the time provided.

34. (a) food storage containers for various purposes
    (b) space-saving storage containers only for fruit
    (c) disposable plastic food containers for all food
    (d) reusable containers from restaurant takeout

35. (a) not having as much market research
    (b) letting the food get too moist
    (c) not keeping food as fresh
    (d) being less trendy than glass containers

36. (a) The locking mechanism will activate.
    (b) The food will stay inside the container.
    (c) The silicone lid will come loose.
    (d) The container will need to be washed.

37. (a) by storing different kinds of food in one container
    (b) by being able to see when food needs to be thrown out
    (c) by keeping dried foods out of the refrigerator
    (d) by arranging several containers on top of each other

38. (a) because it is strong enough
    (b) because it keeps food fresh
    (c) because it looks attractive
    (d) because it takes up little space

39. (a) a lower price than usual
    (b) an international version of the product
    (c) a discount on future purchases
    (d) a special set of twenty-two containers

Part 3. You will hear a conversation between two people. First you will hear questions 40 through 45. Then you will hear the conversation. Choose the best answer to each question in the time provided.

40. (a) catching up with his friend Erin
    (b) meeting his cousin's new baby
    (c) moving back to his hometown
    (d) attending a family wedding

41. (a) He recently lost a lot of weight.
    (b) He cares about having a healthy lifestyle.
    (c) He works as a nutritionist.
    (d) He is a personal trainer for new mothers.

42. (a) by not working out on a regular basis
    (b) by consuming more calories than she expends
    (c) by avoiding other physical tasks all day long
    (d) by having her appetite decrease after working out

43. (a) because it converts the fat to muscle
    (b) because it needs to maintain a certain weight
    (c) because it makes up for the lack of calories
    (d) because it maintains a high metabolism

44. (a) gaining a stronger power over their will
    (b) making effective meal plans
    (c) an enthusiasm for eating the same foods
    (d) a weight loss that is permanent

45. (a) start on a low-calorie diet
    (b) postpone her plan of losing weight
    (c) make a diet and exercise plan
    (d) begin a new fitness routine

Part 4. You will hear an explanation of a process. First you will hear questions 46 through 52. Then you will hear the talk. Choose the best answer to each question in the time provided.

46. (a) holding successful business meetings
    (b) how to schedule a meeting with a client
    (c) preparing for a first meeting with a prospect
    (d) how to recruit new clients for a partnership

47. (a) The client will ask for compensation.
    (b) The client will lose interest in doing business.
    (c) The client will offer a different business opportunity.
    (d) The client will agree to reschedule the meeting.

48. (a) by allowing one to set a friendly mood
    (b) by helping one know more about the project
    (c) by making one appear prepared for the meeting
    (d) by helping one identify the clients' needs

49. (a) to get to know the high-level executives
    (b) to make an extension on upcoming deadlines
    (c) to complete the biggest business deal
    (d) to establish a relationship with the client

50. (a) to have a strict plan for the meeting
    (b) to give the meeting some structure
    (c) to have something to email clients
    (d) to remind the client about the meeting

51. (a) no later than the night prior
    (b) at least a week before the meeting
    (c) first thing in the morning
    (d) as soon as the date is confirmed

52. (a) because one's luck is influenced by hard work
    (b) because one can make the clients feel calm
    (c) because one's dedication will be apparent
    (d) because one always makes many mistakes

LISTENING SECTION

DIRECTIONS:

The Listening Section has four parts. In each part you will hear a spoken passage and a number of questions about the passage. First you will hear the questions. Then you will hear the passage. From the four choices for each question, choose the best answer. Then blacken in the correct circle on your answer sheet.

Now you will hear an example question. Then you will hear an example passage.

Now listen to the example question.

(a) one
(b) two
(c) three
(d) four

Bill Johnson has four brothers, so the best answer is (d). The circle with the letter (d) has been blackened.

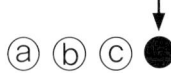

NOW TURN THE PAGE AND BEGIN

Part 1. *You will hear a conversation between two people. First you will hear questions 27 through 33. Then you will hear the conversation. Choose the best answer to each question in the time provided.*

27. (a) by accidentally meeting just then in the cafe
    (b) by being currently dating
    (c) by meeting on an online dating site
    (d) by being introduced by a mutual friend

28. (a) that her online and offline identities are the same
    (b) that she has prior experience with online interactions
    (c) that she only talks to people she is friends with in real life
    (d) that her online profile is also fake to protect herself

29. (a) because it is always crowded
    (b) because it is a fairly public setting
    (c) because it is an intimate place
    (d) because it is open 24 hours daily

30. (a) to meet his girlfriend for dates
    (b) to work there as an employee
    (c) to talk to interesting strangers
    (d) to write for his freelance job

31. (a) They would stay all evening at the café.
    (b) They would talk about her life in Knoxville.
    (c) They would explore the city together.
    (d) They would discuss their relationship.

32. (a) so Chelsea can make a new friend in the city
    (b) so Chelsea is aware that he is in a relationship
    (c) because she knows more about the city's popular attractions
    (d) because she wants to be introduced to Chelsea

33. (a) so she could prepare for another date
    (b) to hang out with her other friends
    (c) so she could get Stephen's number
    (d) to stop distracting Stephen from his work

Part 2. You will hear a presentation by one person to a group of people. First you will hear questions 34 through 39. Then you will hear the talk. Choose the best answer to each question in the time provided.

34. (a) a Halloween celebration
    (b) an event organizing team
    (c) a costume competition
    (d) a popular nightclub

35. (a) by wearing a body-fitting outfit
    (b) by guessing who the judges are
    (c) by putting on body paint creatively
    (d) by applying scary face makeup

36. (a) A horror movie will be shown.
    (b) The dance floor will be opened.
    (c) There'll be a DJ competition.
    (d) A dance contest will be held.

37. (a) because they all won't fit inside the venue
    (b) to watch the sun rise
    (c) to make sure that the venue will be empty after the event
    (d) because they'll be dancing at the beach

38. (a) to make the attendance more competitive
    (b) to limit access to the club's loyal visitors only
    (c) because the guest list has limited slots
    (d) because it is the policy of Club 478

39. (a) when one reserves seats for ten people
    (b) when one arrives at the venue early enough
    (c) when all 15 tables and couches have been reserved
    (d) when one pays an entrance fee greater than $1

Part 3. *You will hear a conversation between two people. First you will hear questions 40 through 45. Then you will hear the conversation. Choose the best answer to each question in the time provided.*

40. (a) inviting their son's friend over for dinner
    (b) whether to allow their son to hang out with a friend
    (c) hosting an overnight party for their son's birthday
    (d) where their son will be having a sleepover

41. (a) He will be walking home together with Kyle.
    (b) He will be leaving classes earlier than usual.
    (c) He will be sharing a room with Kyle.
    (d) He will be staying in a newly designed guest room.

42. (a) that she and Adam will have to take care of the boys
    (b) that their house is too far away from the school
    (c) that her mother would have to look after the kids
    (d) that his son's friend doesn't want to stay there

43. (a) Adults will be looking after both teenagers.
    (b) The boys will only be playing video games all night.
    (c) His friend's house has a nice security system.
    (d) The boys won't be traveling during rush hour.

44. (a) because he wants to ride on the new subway
    (b) because they haven't been spending time together
    (c) because the friend's parents will be away
    (d) because he wants to play a new video game

45. (a) that they have an agreement with their son
    (b) that they can no longer control their son
    (c) that their son is going to be in high school soon
    (d) that their son behaves during sleepovers

Part 4. You will hear an explanation of a process. First you will hear questions 46 through 52. Then you will hear the talk. Choose the best answer to each question in the time provided.

46. (a) the features of a normal camera
    (b) a photography style tutorial
    (c) the correct way of using neon lights
    (d) a history of 1980s photography

47. (a) so the photographer can see through the lens well
    (b) so the lens can copy the photographer's eye movements
    (c) to enlarge the model's eyes in the photo
    (d) to capture more neon light

48. (a) use the automatic ISO setting
    (b) use a low ISO setting
    (c) turn off the ISO setting
    (d) use a high ISO setting

49. (a) when shooting objects that are moving quickly
    (b) when the photographer has more time to shoot
    (c) when shooting non-moving subjects
    (d) when there's a lot of movement in the background

50. (a) avoid shooting in dark places
    (b) use a camera tripod
    (c) support one's arm while shooting
    (d) work from the same angle

51. (a) that it can be exclusively rented for the shoot
    (b) that it's comfortable for the model
    (c) that it has room for many props
    (d) that it has neon signs at average height

52. (a) It will spread the neon lighting.
    (b) It will make the lens clearer.
    (c) It will be edited into the photo.
    (d) It will be the main light source.

영역별 기출유형

G-TELP
General Tests of English Language Proficiency

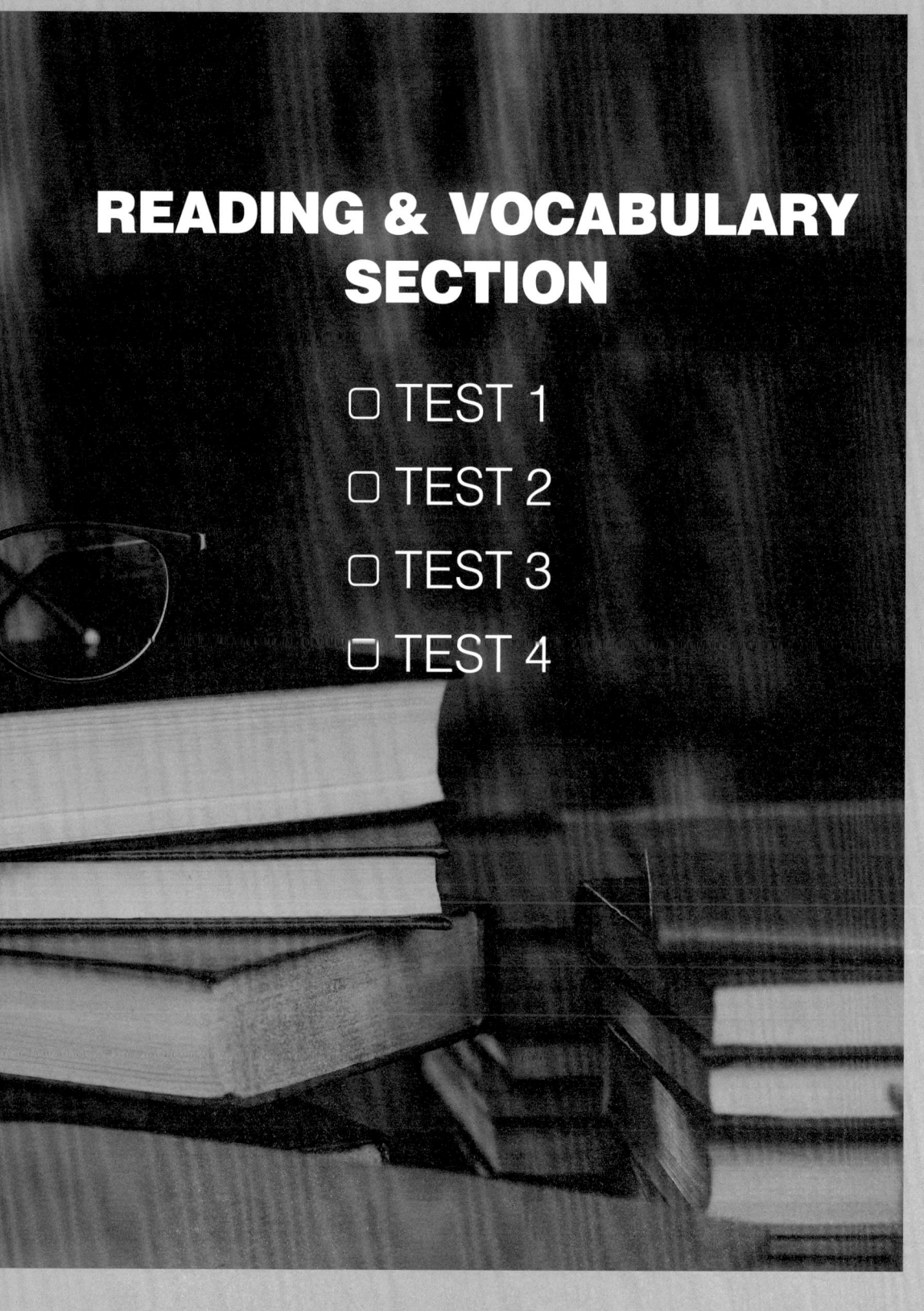

Reading & Vocabulary Answer Sheet

READING AND VOCABULARY SECTION

DIRECTIONS:

You will now read four different passages. Each passage is followed by comprehension and vocabulary questions. From the four choices for each item, choose the best answer. Then blacken in the correct circle on your answer sheet.

Read the following example passage and example question.

Example:

> Bill Johnson lives in New York. He is 25 years old. He has four brothers and two sisters.
>
> How many brothers does Bill Johnson have?
>
> (a) one
> (b) two
> (c) three
> (d) four

The correct answer is (d), so the circle with the letter (d) has been blackened.

NOW TURN THE PAGE AND BEGIN

Part 1. Read the following biography article and answer the questions. The underlined words in the article are for vocabulary questions.

MARTHA HARPER

Martha Harper was a Canadian-American entrepreneur who developed the first franchise system for hair salons. The Harper Method Shop, which had branches worldwide, used only natural ways of caring for hair, a new practice during the early 1900s.

Martha Matilda Harper was born on September 10, 1857, in Ontario, Canada. Her father had a difficult time supporting the family, so at the early age of seven Martha was sent off to work as a servant for her relatives. She then worked in the home of a Canadian physician who imparted lessons about hair care to her. When he died, he gave Harper his secret formula for healthy hair growth. Eventually, she realized that the chemicals in most hair products were too harsh, so she developed her own formula using natural ingredients.

In 1882, Harper moved to Rochester, New York, where her skills in hair care pleased her new employer. Seeing the potential for business, Harper ended her 20-plus-year career as a domestic servant and opened a hair salon in 1888 with her savings of $360. At the time, hairdressers mostly serviced customers in their homes, but Harper introduced the concept of a salon where clients could go. She also encouraged them to follow the "Harper Method" of beauty, which focused on "inner beauty" and included proper hygiene, nutrition, and exercise.

Harper invented America's first reclining shampoo chair to make sure that her patrons did not get soap in their eyes. Her greatest achievement, however, was founding the franchise system. She created a network of salons that provided the exact same services and products as her original shop. Each salon was owned and managed by a woman trained in the "Harper Method," who then paid Harper a certain fee for using the Harper name. Harper inspected the franchises, provided training, and launched advertising campaigns featuring images of her own extraordinary mane of floor-length hair.

At the peak of her success during the 1930s, Harper's salons numbered at 500 branches. The Harper Method's popularity was established by the satisfied rich and famous clients who included British royalty, Woodrow Wilson, and Jacqueline Kennedy. The number of her salons had decreased by the time she died in 1950, and the last one closed in the early 2000s. However, Harper's focus on customer service and comfort became the standard for beauty salons around the world.

53. What achievement is Martha Harper best known for?

    (a) being the first female entrepreneur in America
    (b) having the most branches of salons in the world
    (c) developing the most enduring hair care products
    (d) introducing the first franchise in the hair industry

54. When did Harper have the idea of opening her own hair salon?

    (a) after she moved to New York
    (b) while working as a servant for her relatives
    (c) before the Canadian physician died
    (d) as soon as she finalized her formula

55. What was the emphasis of the Harper Method?

    (a) accelerating one's inner growth
    (b) getting the best at-home salon service
    (c) developing beauty inside and out
    (d) using the most modern beauty equipment

56. Which was NOT true about Harper's franchising system?

    (a) The salons used products made by other companies.
    (b) Harper provided promotion for the salons.
    (c) The staff were instructed in the Harper Method.
    (d) Women oversaw their individual salons.

57. What most likely do the types of clients Harper catered to suggest about her salons?

    (a) They dealt with only upper-class women.
    (b) They succeeded in offering great service.
    (c) They used political power to gain popularity.
    (d) They held standards to match their low prices.

58. In the context of the passage, imparted means _____.

    (a) sold
    (b) advised
    (c) learned
    (d) gave

59. In the context of the passage, original means _____.

    (a) genuine
    (b) new
    (c) first
    (d) creative

Part 2. Read the following magazine article and answer the questions. The underlined words in the article are for vocabulary questions.

RESEARCHERS HAVE DISCOVERED THE BENEFITS OF TREE-LINED STREETS

A study funded by the University of Chicago found that people who live on a city block lined with trees enjoy better health than those who do not. When compared to measurable factors, these benefits are equivalent to getting a $10,000 salary raise or being several years younger.

A team of researchers discovered that people living on streets with 10 or more trees per block reported suffering from diseases less frequently than residents on streets with little or no tree cover. These diseases included diabetes, obesity, high blood pressure, and heart disease. The study strongly suggests that planting more trees in any city would have significant health benefits for its residents.

In conducting the study, which appeared in the journal *Scientific Reports*, the researchers compared data on the 530,000 public trees in Toronto, satellite measurements of trees in non-public spaces, and health records of 30,000 Toronto residents. The study focused on trees planted on the sides of streets, and left out trees in parks.

According to Faisal Moola, a forest ecology professor who was part of the research team, planting trees can have a low-cost positive effect on social issues such as public health. He added that it is much more difficult to increase the median income of people living in the city than to invest money in tree-planting programs. Toronto spends an average of $72 to buy and plant a tree, and plants around 100,000 trees per year.

Meanwhile, a report from *TD Economics* showed that Toronto's 10 million trees provide the city with enormous savings, in large part because of the environmental benefits that they bestow. In addition to preventing flooding and soil erosion, trees can also mitigate the harmful effects of local industry by absorbing carbon dioxide, which is a large driver of climate change.

The researchers were, however, unable to determine precisely why trees improve people's health. It could be that trees make the surroundings more beautiful to look at and give local residents more incentive to go out and exercise, both factors that are known to increase feelings of well-being.

60. What is the study all about?

    (a) the benefits of having trees in one's garden
    (b) how to solve city planning problems
    (c) how the presence of trees affects city residents
    (d) the city's plan to raise worker salaries

61. According to the study, which feature had an impact on the health of Toronto residents?

    (a) the availability of public spaces
    (b) the number of trees present
    (c) the species of trees planted
    (d) the neighborhood's appearance

62. How did Moola and his team do the research?

    (a) They focused on trees adjacent to streets.
    (b) They analyzed satellite imagery of public trees.
    (c) They compared Toronto to other cities.
    (d) They asked the residents about their health.

63. Based on the article, which is NOT a significant contribution of trees?

    (a) taking in polluted air
    (b) helping to cut down on water damage
    (c) making the climate cooler
    (d) reducing production of industrial waste

64. Which of the following is probably true based on the study?

    (a) People should move into forested areas.
    (b) More trees should be planted in cities.
    (c) Cities should provide more fitness opportunities.
    (d) Local residents should have more outdoor spaces.

65. In the context of the passage, invest means _____.

    (a) spend
    (b) save
    (c) give
    (d) supply

66. In the context of the passage, precisely means _____.

    (a) nicely
    (b) sharply
    (c) exactly
    (d) carefully

Part 3. Read the following encyclopedia article and answer the questions. The underlined words in the article are for vocabulary questions.

RUBIK'S CUBE

The Rubik's Cube is a three-dimensional combination puzzle that was created by Hungarian sculptor and professor of architecture, Erno Rubik. Rubik reportedly invented the cube as a teaching tool to help his students understand 3D objects. However, his true intention was to create a structure in which each part could be moved independently while still holding together as a single unit. After tinkering with the cube and seeing the mixed-up colors, Rubik realized that returning the cube to its original state would make for a challenging puzzle.

Rubik got a Hungarian patent for his invention, which he initially called the "Magic Cube," in 1975. The first batches of Magic Cubes were produced and released in Budapest toy shops in 1977. In 1979, he signed an international distribution deal with Ideal Toys. After its successful introduction at toy fairs around the world, Ideal manufactured the cube based on Western safety standards before it could be sold in other parts of Europe and the US. The company also made the cubes lighter and gave them the new name of "Rubik's Cube." The first batch was exported from Hungary in May 1980. Despite <u>sluggish</u> sales in the beginning, the toy was a full-blown sensation within a year of its international release.

A classic Rubik's Cube has six sides or "faces," each of which consists of nine colored squares. The squares are white, red, blue, orange, green, and yellow. An internal turning device allows each square to be turned independently, mixing up the colors. To solve the puzzle, each side must be restored to having only one color. The cube can be rearranged in 43 quintillion different ways; thus, solving it is difficult.

Today, other manufacturers are producing similar puzzles with varying numbers of sides, dimensions, and colors. Although the Rubik's Cube reached the peak of its popularity in the 1980s, it is still quite famous, making it one of the best-selling toys of all time. A sport called "Speedcubing," in which the player who solves the cube the fastest wins, experienced a <u>resurgence</u> in the early 2000s and sparked renewed interest in the toy.

67. Why did Erno Rubik initially create a cube?

   (a) so he could move its pieces independently
   (b) to develop a test on three-dimensional objects
   (c) so he could make a structure from a single unit
   (d) to create a game that would challenge his students

68. What was probably true about the Rubik's Cube before 1979?

   (a) It had already received its current name.
   (b) It had never been patented.
   (c) It was starting to get famous overseas.
   (d) It had not yet expanded its market.

69. Why most likely did the Rubik's cube need to undergo changes before being sold in the US?

   (a) because Americans demanded a lighter toy
   (b) because Hungary had different safety criteria
   (c) because the original name was misleading
   (d) because it had suffered failures at toy fairs

70. Based on the article, what is NOT a feature of the Rubik's cube?

   (a) a mechanism hidden inside
   (b) an internal spinning motor
   (c) squares of six different colors
   (d) a challenging puzzle experience

71. How was the Rubik's Cube's popularity revived after two decades?

   (a) by being involved in a 1980s toy revival
   (b) by having new variations be released
   (c) by being part of a competitive scene
   (d) by having a design that was faster to solve

72. In the context of the passage, sluggish means _____.

   (a) slow
   (b) lazy
   (c) sleepy
   (d) late

73. In the context of the passage, resurgence means _____.

   (a) renovation
   (b) attack
   (c) charge
   (d) comeback

Part 4. Read the following business letter and answer the questions. The underlined words in the letter are for vocabulary questions.

Ms. Ellen Baker
Warehouse Supervisor
WingedFlora Garden Supplies
Woburn, MA

Dear Ms. Baker:

We placed an order with you on July 31 for several garden items we plan to use in our annual Harvest Festival. The event, which will run through the entire month of September, will be attended by people from different parts of the region. It is an exhibit of our prize-winning harvests of agricultural crops and ornamental plants.

In preparation for the festival, we ordered one dozen large bird baths, which will be used as decorations in the grand park, for the total price of $800. We specifically asked for four red bird baths, four white ones, and four blue ones.

On August 7, we received the shipment and were disappointed to find that all of the bird baths you shipped to us were white. Because the three colors are central to our design concept for the event, we are returning eight of the white bird baths by air freight for replacement with the properly colored ones. Please ship us the four red and four blue bird baths we originally requested. I have <u>enclosed</u> a photocopy of the original receipt for your reference.

The Harvest Festival will begin on September 1. We would like to have all of the bird baths in our warehouse one week before then. We are also expecting a cash refund for the additional expenses we will be incurring to correct the delivery. We are hoping for your immediate attention in <u>resolving</u> this mistake.

Sincerely,

Henry Gold

Henry Gold
Chief of Procurement
Harvest Festival Committee
Lexington, Massachusetts

74. What is the event mentioned in the letter?

(a) an exhibit of garden equipment
(b) a big display of farm-related items
(c) a yearly sale on ornaments
(d) a gathering of Lexington farmers

75. Why did Henry Gold order different-colored bird baths from Ellen Baker?

(a) to sell to the festival's visitors
(b) to attract birds during the event
(c) to use as decoration in the park
(d) to compare the color quality

76. Why was Gold unsatisfied with Winged Flora Garden Supplies' service?

(a) The company did not deliver his order on time.
(b) The product he ordered was out of stock.
(c) The company overcharged him for his order.
(d) The products he got were not the right ones.

77. How is Gold proposing to settle the matter?

(a) by asking for replacements
(b) by canceling the order
(c) by demanding a discount
(d) by returning all of the shipment

78. Based on the letter, what refund is Gold most likely expecting?

(a) the purchase price of the returned bird baths
(b) the delivery charge for the bird baths
(c) the cost of shipping back the wrong bird baths
(d) the cost of making a pickup at the warehouse

79. In the context of the passage, enclosed means _____.

(a) contained
(b) included
(c) imprisoned
(d) encircled

80. In the context of the passage, resolving means _____.

(a) answering
(b) changing
(c) causing
(d) correcting

READING AND VOCABULARY SECTION

DIRECTIONS:

You will now read four different passages. Each passage is followed by comprehension and vocabulary questions. From the four choices for each item, choose the best answer. Then blacken in the correct circle on your answer sheet.

Read the following example passage and example question.

Example:

> Bill Johnson lives in New York. He is 25 years old. He has four brothers and two sisters.
>
> How many brothers does Bill Johnson have?
>
> (a) one
> (b) two
> (c) three
> (d) four

The correct answer is (d), so the circle with the letter (d) has been blackened.

NOW TURN THE PAGE AND BEGIN

Part 1. Read the following biography article and answer the questions. The underlined words in the article are for vocabulary questions.

HARPER LEE

Harper Lee was an American writer best known for her award-winning novel, *To Kill a Mockingbird*. One of the most recognizable and beloved books in American history, the novel is now considered a literary classic.

Nelle Harper Lee was born on April 28, 1926 in Monroeville, Alabama. Her father was a lawyer who served in the state legislature, while her mother was a homemaker. As a child, Lee had a love for reading that greatly surpassed that of other children. Playful and tomboyish, she shared a special friendship with another future writer, her schoolmate and neighbor, Truman Capote.

Lee attended Monroe County High School, where she acquired an interest in English literature. She studied law at the University of Alabama for several years, but dropped out to pursue a career in writing. In 1949, she went to New York City, where she worked as an airline ticket agent and wrote during her spare time. There, she became friends with Broadway composer Michael Brown and his wife.

In 1956, the Browns gave Lee a gift of one year's wages so she could devote her time to writing. She eventually finished the first draft of her manuscript and sent it to the publisher J.B. Lippincott Company, which bought the story. Lee worked with her editor for two years, revising and polishing the novel that was finally named *To Kill a Mockingbird*.

Published in 1960, the book was loosely based on her childhood experiences in Monroeville, depicting herself as the character Scout Finch, Truman Capote as Scout's friend Dill, and her father as Atticus Finch, a lawyer and the story's central character. The novel told of life and racial conflicts in a small southern town in the 1930s.

To Kill a Mockingbird quickly became a best-seller and received the Pulitzer Prize for Fiction in 1961. It was also made into an award-winning film the following year. For her contributions to American literature, Lee was appointed to the National Council of Arts in 1966, and awarded the Presidential Medal of Freedom in 2007. The year before her death in 2016, HarperCollins published Lee's only other novel, *Go Set a Watchman*, which was actually the original draft of *To Kill a Mockingbird* and not a sequel as it was originally deemed.

53. What is Harper Lee most known for?

    (a) writing several successful novels
    (b) critiquing works of classic literature
    (c) creating an enduring literary work
    (d) winning the most literary awards

54. How did young Lee distinguish herself from other children?

    (a) by having great fondness for the written word
    (b) by establishing a friendship with a famous writer
    (c) by bothering adults with her tomboyish ways
    (d) by following in her father's footsteps

55. Why most likely did Lee go to New York in 1949?

    (a) to learn more about English literature
    (b) to become a professional writer
    (c) to begin a career in the airline industry
    (d) to obtain a law degree

56. How can the novel To Kill a Mockingbird be described?

    (a) It was inspired by Lee's early life.
    (b) It is the true story of Lee's experiences.
    (c) It took place in Lee's hometown.
    (d) It was written during Lee's childhood.

57. Which is most likely true about the novel Go Set a Watchman?

    (a) It was completed by Lee in 2016.
    (b) It is a highly-acclaimed novel.
    (c) It was made into a blockbuster movie.
    (d) It developed Lee's more popular work.

58. In the context of the passage, devote means _____.

    (a) provide
    (b) commit
    (c) separate
    (d) create

59. In the context of the passage, depicting means _____.

    (a) viewing
    (b) pretending
    (c) representing
    (d) performing

Part 2. Read the following magazine article and answer the questions. The underlined words in the article are for vocabulary questions.

DRINKING COFFEE MAY REDUCE RISK OF MULTIPLE SCLEROSIS

Coffee, traditionally blamed for health problems such as sleep disorders, nervousness, and stomach acidity, has also been linked to positive outcomes regarding diabetes and heart and liver diseases. A study reported that drinking coffee may have yet another health benefit: lowering the risk of developing multiple sclerosis.

Multiple sclerosis (MS) is a disease in which the protective covering of nerve cells is damaged, <u>disrupting</u> the flow of information within the nervous system and making it difficult to move, speak, or see. A study published in the *Journal of Neurology, Neurosurgery, and Psychiatry* showed that people who drank large amounts of coffee had almost one-third less chance of developing MS than those who did not.

Researchers analyzed the findings of two large case-control studies, one in Sweden and the other in the US. The studies involved a total of 2,779 people with MS and 3,960 without it. The subjects were asked how much coffee they drank daily and at what age they started drinking the beverage.

The researchers used the figures to <u>estimate</u> the levels of coffee consumption in MS patients before and during the onset of the disease and compared the results to those of the healthy groups. The findings showed that those who drank more than four cups of coffee a day were 29% less likely to develop MS.

The study did not directly prove that high coffee consumption lowers a person's risk of MS, but merely showed an association between the two factors. After all, participants were taken at their word about the amount of coffee they consumed, leading to possible errors in data. The study, however, is noteworthy due to its international scope and the large size of the sample groups.

The researchers are hopeful that further studies on how coffee can prevent multiple sclerosis can lead to future medications for the disease. Indeed, caffeine, an active component of coffee, has been shown to also lessen the severity of other diseases that involve the weakening of the nerve cells such as Alzheimer's and Parkinson's.

60. What is the magazine article about?

    (a) coffee's undeserved bad reputation
    (b) a positive health effect of coffee
    (c) a new cure for nerve-related diseases
    (d) the right amount of coffee to drink

61. According to the article, what causes multiple sclerosis?

    (a) the inability to use the senses
    (b) the absence of communication in the nervous system
    (c) the lack of nerve cell coverings
    (d) the weakening of nerve cell coverings

62. Who was NOT involved in the studies?

    (a) people who did not have MS
    (b) people who consumed coffee
    (c) people who were cured of MS
    (d) people who suffered from MS

63. Why most likely is it difficult to make direct links between reduced risk of MS and coffee consumption?

    (a) because self-reports could differ from actual coffee intake
    (b) because the study was only done in one country
    (c) because the participants drank different kinds of coffee
    (d) because the study had too few participants

64. Based on the article, what conclusion can probably be drawn about caffeine?

    (a) It can replace other medical treatments.
    (b) It helps protect nerve cells.
    (c) It reduces the risk of most conditions.
    (d) It helps cure multiple sclerosis.

65. In the context of the passage, disrupting means _____.

    (a) invading
    (b) worrying
    (c) harming
    (d) disturbing

66. In the context of the passage, estimate means _____.

    (a) calculate
    (b) confirm
    (c) create
    (d) analyze

Part 3. Read the following encyclopedia article and answer the questions. The underlined words in the article are for vocabulary questions.

THE OSCAR STATUETTE

The Oscar statuette, officially known as the Academy Award of Merit, is the trophy given away by the Academy of Motion Picture Arts and Sciences to recognize outstanding achievements in filmmaking. The statuette is awarded for excellence in various film craft categories, including best cinematography, best director, best actor or actress in a leading role, and best picture.

Made of *britannia* metal plated with gold, the Oscar statuette stands 13.5 inches tall and weighs 8.5 lbs. The trophy displays an iconic golden knight standing on a reel of film while holding a sword. The reel has five spokes that represent the five original branches of the Academy: actors, directors, producers, technicians, and writers. The statuette has retained its basic design through the years, except for the size of its black metal base, which was standardized in 1945.

The Academy, which was founded in 1927 to support the art of filmmaking, came up with the idea of making the statuette when it decided to honor achievers in the film industry with a trophy. MGM art director Cedric Gibbons sketched a design for the statuette, which was then turned into a three-dimensional model by sculptor George Stanley. The Academy hired the C.W. Shumway & Sons foundry to cast the original mold in 1928. The very first Oscar award was received by Emil Jannings for Best Actor in 1929. Since then, more than 3,000 Oscar statuettes have been presented. R.S. Owens & Company had been casting the trophies since 1982, before a new manufacturer, Polich Tallix Fine Art Foundry, was hired in 2016.

It is not certain how the Academy Award came to be known as the "Oscar." One story is that Bette Davis, a former Academy president, named the statuette after her husband, Harmon Oscar Nelson. Another claim is that the Academy's former librarian, Margaret Herrick, commented that the figure reminded her of her "Uncle Oscar," and the name stuck. The name had become so popular by 1934 that a columnist referred to Katharine Hepburn's Best Actress award as an "Oscar." The Academy officially adopted the nickname in 1939.

67. What is the Academy of Motion Picture Arts and Sciences?

(a) a company that produces statuettes
(b) a school that teaches filmmaking skills
(c) a body that supports various aspects of filmmaking
(d) an awards ceremony recognizing film craft

68. Which is the main feature of the Oscar statuette?

(a) the figure of a noble soldier
(b) the five areas of the Academy
(c) a material used for making films
(d) a weapon used by knights

69. Why did the Academy think of creating the Oscar award?

(a) to encourage the creation of more films
(b) to show off the artistic talent of its designer
(c) to support the arts and sciences
(d) to recognize impressive feats of filmmaking

70. What is the role of the C.W. Shumway & Sons foundry in the Oscar's history?

(a) It has been casting the Oscars since the beginning.
(b) It produced statuettes for the first ceremony.
(c) It created the design for the very first Oscar.
(d) It presented the award to the first recipient.

71. What did Katharine Hepburn most likely accomplish in 1934?

(a) She outperformed other actresses.
(b) She gave the trophy its nickname.
(c) She published a popular column.
(d) She became Academy president.

72. In the context of the passage, retained means _____.

(a) made
(b) kept
(c) stood
(d) collected

73. In the context of the passage, certain means _____.

(a) confident
(b) specific
(c) relevant
(d) clear

Part 4. Read the following business letter and answer the questions. The underlined words in the letter are for vocabulary questions.

Paula Schultz
President
Danville Ventures Corporation

Dear Ms. Schultz:

Congratulations on the <u>upcoming</u> construction of the Woodfield Mall on Halstead Street. It is exciting to know that our town of Danville will finally have a shopping center that will offer our residents an array of goods and services along with wholesome entertainment. Please consider allowing my company to play a part in the construction of your historic building.

Country Garden, Inc., is a landscaping company that specializes in corporate, commercial, and residential landscaping services. We are proud to have met the landscaping requirements of many prestigious homes and corporate offices in Danville.

I am offering to design, build, and maintain Woodfield Mall's exterior and interior landscaping. I can <u>guarantee</u> satisfactory results, as total customer satisfaction is what we aim for. Our team consists of highly competent landscape professionals with plenty of experience in both landscape design and project management.

Upon design and construction of the mall's landscaping, we will then maintain the property for two years, free of additional charges. Moreover, while our service rates are already among the best in the market, you can still get a 25% reduction on the total service fees if the land area to be serviced is at least 100 square meters.

If you are interested in our offer, please call me at 715-555-6590. I would be pleased to meet with your architects and engineers to come up with the best landscape design for your project.

Sincerely,

Joseph Tisdale

Joseph Tisdale
Marketing Director
Country Garden, Inc.

74. What is Paula Schultz's company building?

   (a) a shopping district expansion
   (b) a new commercial complex
   (c) an office on Halstead Street
   (d) a museum of local history

75. Why does Joseph Tisdale think that the structure is historic?

   (a) because it is the first to offer entertainment
   (b) because it is a reconstruction of a previous building
   (c) because it is near many town landmarks
   (d) because it is the very first of its kind in town

76. Why is Tisdale writing to Schultz?

   (a) to hire her landscaping services
   (b) to praise her firm's contributions to the town
   (c) to offer landscaping services to her
   (d) to commit to managing her project

77. How most likely could Danville Ventures get reduced service fees?

   (a) by maintaining the structure themselves
   (b) by exceeding a certain amount of land to be landscaped
   (c) by paying for the two-year maintenance
   (d) by decreasing the size of the land to be serviced

78. How is Tisdale proposing to come up with the best landscape design for the mall?

   (a) He is asking to talk to Schultz's technical people.
   (b) He is offering to design the mall himself.
   (c) He is inviting Schultz to a private meeting.
   (d) He is offering to send over his engineers.

79. In the context of the passage, upcoming means _____.

   (a) present
   (b) recent
   (c) potential
   (d) future

80. In the context of the passage, guarantee means _____.

   (a) attach
   (b) invest
   (c) promise
   (d) declare

READING AND VOCABULARY SECTION

DIRECTIONS:

You will now read four different passages. Each passage is followed by comprehension and vocabulary questions. From the four choices for each item, choose the best answer. Then blacken in the correct circle on your answer sheet.

Read the following example passage and example question.

Example:

> Bill Johnson lives in New York. He is 25 years old. He has four brothers and two sisters.
>
> How many brothers does Bill Johnson have?
>
> (a) one
> (b) two
> (c) three
> (d) four

The correct answer is (d), so the circle with the letter (d) has been blackened.

NOW TURN THE PAGE AND BEGIN

Part 1. Read the following biography article and answer the questions. The underlined words in the article are for vocabulary questions.

GEORGE WASHINGTON CARVER

George Washington Carver was an African American botanist, inventor, and educator. He is best known for his important contributions in the field of agriculture. Carver was such a productive scientist that *Time* magazine favorably compared him to the great Italian inventor Leonardo da Vinci.

Carver was born in Diamond, Missouri, around 1864. His parents were slaves owned by a landowner named Moses Carver. When he was one week old, George, together with his mother and a sister, was kidnapped by slave raiders and sold in Kentucky. Only the infant George was saved and returned to Missouri. Being childless themselves, Moses Carver and his wife Susan adopted George after slavery ended. Local schools would not accept black students, so Susan schooled the boy herself, teaching him to read and write and to value education.

George left home to travel across several states seeking an education. He initially called himself "Carver's George," and later took the name George Carver. After finishing high school, he was rejected by a college in Kansas because of his race. Carver was finally accepted in 1890 at Simpson College in Iowa, where he studied fine arts. Showing skills in painting plant life, a teacher encouraged him to study botany at Iowa State Agricultural College. There, Carver's academic excellence so impressed his professors that they convinced him to stay for a master's degree after earning his Bachelor of Science degree.

After completing his master's degree, Carver taught and did research at Iowa State. In 1896, Booker T. Washington, a founder of the all-black Tuskegee Institute, hired Carver to head the school's agricultural department. He then led the department in achieving breakthroughs in scientific studies in agriculture. He gained international fame for inventing hundreds of products, including paints, dyes, and fuel using traditional crops, mainly peanuts. Carver also protected the local peanut growers by convincing Congress to impose taxes on imported peanuts. Much of his work aimed to help former slaves find stable income in farming.

In recognition of his accomplishments, international leaders, including US President Theodore Roosevelt and India's Mahatma Gandhi, sought Carver's advice on agricultural matters. He was also made a member of the British Royal Society of Arts. Carver died in 1943. That same year, Roosevelt built the 210-acre George Washington Carver National Monument at Carver's childhood home in Diamond, Missouri.

53. What prompted Time magazine to liken George Washington Carver to Leonardo da Vinci?

    (a) his ancestry going back to Italy
    (b) his reputation as an educator
    (c) his contributions to agriculture
    (d) his many achievements in science

54. Why was it Susan Carver who educated George as a child?

    (a) because schools were biased against his race
    (b) because he was uncomfortable around white students
    (c) because she was more qualified than local teachers
    (d) because schools still considered him a slave

55. How did Carver end up studying botany?

    (a) A state college of agriculture recruited him.
    (b) It was a course recommended by a teacher.
    (c) A professor in botany encouraged him.
    (d) It was the only course allowed for black students.

56. When did Carver start making his many inventions?

    (a) when he was founding a school
    (b) while he was getting his degree
    (c) while he was a research assistant
    (d) when he was a department head

57. Why most likely did Carver campaign for taxes on imported peanuts?

    (a) He wanted to decrease local farmers' competition.
    (b) The imported peanuts were of inferior quality.
    (c) He wanted to follow instructions from Congress.
    (d) The taxes were meant to provide income to growers.

58. In the context of the passage, kidnapped means _____.

    (a) raised
    (b) borrowed
    (c) taken
    (d) bought

59. In the context of the passage, rejected means _____.

    (a) insulted
    (b) refused
    (c) canceled
    (d) disowned

Part 2. Read the following magazine article and answer the questions. The underlined words in the article are for vocabulary questions.

LEOPARDS ARE MORE ENDANGERED THAN PREVIOUSLY BELIEVED

Leopards, the most widely distributed big cats in the world, are losing much of their territory. According to a study published in the journal *PeerJ*, leopards have lost at least three quarters of the land they historically occupied prior to 1750. Around that time, changes in human migration and advances in hunting weaponry contributed to habitat loss that would continue in the following centuries.

According to Andrew Jacobson, the study's lead researcher, many leopard populations are much more endangered than people believe. Leopards are powerful and adaptable animals that occupy a vast range of territory in Africa, Central Asia, India, and China. The big cats also have a wider range of prey than any other big carnivore or meat-eating animal. Despite their capacity for survival, however, the study showed that leopards are among the most at risk of the large carnivores on land, living in only 25 to 37 percent of their original range.

Overall, the leopards' range has decreased from 35 million square kilometers to about 8.5 million square kilometers. This decline is caused mainly by the conversion of hunting grounds to agricultural and residential land. The shrinking habitat has caused a drop in the number of the animals on which leopards feed. The cats are also hunted heavily for their spotted skin and as prizes for trophy hunters. Their population has nearly been wiped out in much of the Arabian Peninsula and China, and has gone down significantly in West and North Africa.

The study was conducted in hopes of persuading the International Union for Conservation of Nature to raise the leopards' official Red List status from "near threatened" to "vulnerable." The subspecies whose populations have decreased the most are the Amur, Arabian, and North Chinese leopards. Meanwhile, the most endangered subspecies are the Javan, Persian, Indochinese, and Sri Lankan leopards.

The researchers hope to jumpstart conservation in areas where leopards are most threatened. Jacobson is optimistic that efforts to save the leopards can be successful since their populations are widely distributed. They also still have plenty of prey, and they breed well.

60. What has happened to leopards since 1750?

   (a) Their patterns of migration have become fixed.
   (b) They have lost their endangered status.
   (c) Their land has been taken over by people.
   (d) They have become more widely distributed.

61. Why do people believe that leopards are not as endangered as they actually are?

   (a) because they eat more prey than any other carnivore
   (b) because they stay away from major threats
   (c) because their territories have remained intact
   (d) because they are suited to different environments

62. How could the decrease in the leopards' range most likely cause their numbers to drop?

   (a) by cutting off most of their food sources
   (b) by making it harder to find mates
   (c) by exposing them to stronger big cats
   (d) by weakening their hunting ability

63. What is the goal of the researchers in publishing their study?

   (a) to restore the leopards to their original land
   (b) to point out which subspecies are beyond hope
   (c) to raise awareness of problems facing leopards
   (d) to relocate the leopards to less hostile areas

64. Based on the article, why are leopards relatively easy to save?

   (a) Their habitats are being successfully conserved.
   (b) They can reproduce without much difficulty.
   (c) Their predators are decreasing worldwide.
   (d) They have maintained a stable population.

65. In the context of the passage, conversion means _____.

   (a) calculation
   (b) transformation
   (c) exchange
   (d) worship

66. In the context of the passage, jumpstart means _____.

   (a) electrify
   (b) freshen
   (c) excite
   (d) begin

Part 3. Read the following encyclopedia article and answer the questions. The underlined words in the article are for vocabulary questions.

HADRIAN'S WALL

Hadrian's Wall was a defensive wall that the Romans built along the northwestern boundary of the Roman province of Britannia. Also known as the Roman Wall, the structure ran 117.5 kilometers from the North Sea to the Irish Sea across the width of northern England. The wall is considered an outstanding work of engineering and the best preserved Roman frontier in Britain.

Hadrian's Wall was built by Emperor Hadrian in 122 AD to protect the British territory from northern invaders. It took a minimum of six years to build, with further expansions made later. Soldiers from three Roman legions participated in the wall's construction. Most of the structure was made of stone and was built up to six meters high and three meters wide. Three bridges were built over rivers to <u>connect</u> sections of the wall.

The wall is believed to have been designed to monitor security threats from the north rather than act as a point of defense. The soldiers who were stationed at the wall, mostly "auxiliaries" or second-class non-Roman recruits, were trained to engage the enemies in the open areas beyond the wall and not from the wall itself. Small forts known as "milecastles" were built at every mile of the wall. Each milecastle contained barracks for soldiers and a gateway for the locals to pass through. The wall also had watchtowers at every one-third mile. Later in its construction, major forts were built every seven miles along the wall.

When Hadrian died in 138 AD, his successor, Emperor Antonius Pius, built a new wall in Scotland. The Romans withdrew from the Antonine Wall sometime after 160 and returned to Hadrian's Wall, maintaining it until the Roman occupation of Britain ended in 411. After that, the wall was <u>neglected</u> and became a stone quarry for construction purposes. The destruction continued until the 19th century, when renewed interest in Hadrian's Wall prompted the preservation of its remains.

Hadrian's Wall was declared a UNESCO World Heritage Site in 1987. Some of the structure's forts are still standing where the foundations of facilities such as a hospital and barracks can be seen.

67. What was the purpose of Hadrian's Wall?

    (a) to defend a Roman territory
    (b) to protect the city of Rome
    (c) to show Roman building skills
    (d) to expand the Roman frontier

68. Which of the following is NOT true about the wall?

    (a) It was built by Roman soldiers.
    (b) It ran across uninterrupted terrain.
    (c) It took at least six years to build.
    (d) It was mainly built using stone.

69. How did the soldiers stationed at the wall perform their duties?

    (a) by attacking the enemies from the wall
    (b) by monitoring security threats within Rome
    (c) by fighting the enemies in battlefields
    (d) by protecting locals within the barracks

70. Why most likely did the Romans stop using Hadrian's Wall in 411 AD?

    (a) It was replaced by the Antonine Wall.
    (b) They left Britain for Scotland.
    (c) Emperor Hadrian died that year.
    (d) They no longer needed to defend Britain.

71. Why was Hadrian's Wall not totally destroyed after the Romans withdrew from Britain?

    (a) because the British continued its use
    (b) because people were curious about it much later
    (c) because the wall ran out of stone for construction
    (d) because some Romans stayed to protect it

72. In the context of the passage, connect means _____.

    (a) strengthen
    (b) associate
    (c) cover
    (d) link

73. In the context of the passage, neglected means _____.

    (a) abandoned
    (b) rejected
    (c) wasted
    (d) destroyed

Part 4. Read the following business letter and answer the questions. The underlined words in the letter are for vocabulary questions.

Arthur Pickett
Loan Officer
Apex Commercial Bank

Dear Mr. Pickett:

I would like to request a loan of $20,000 to be used for the expansion of my business. I have been enjoying the excellent services of Apex Commercial Bank for more than eight years, maintaining savings and checking accounts for both my personal and business transactions.

As you may already know, I am the owner of Bistro San Marco on Bergen Square. The quantity of our customers has been increasing steadily since we opened three years ago. In fact, the restaurant is now getting so many customers daily that we can no longer accommodate all of them. I have also been receiving many requests to open a second branch.

Inspired by these encouragements, I have decided to open a Bistro San Marco branch in the Downtown Newark business district, a promising location where many of my current regular customers work. They are eagerly awaiting the new branch's opening and are already recommending it to their colleagues. It is therefore almost certain that the Downtown Newark branch will have a guaranteed customer base.

I am applying for the loan as additional capital to supplement the funds I have allocated for the project. I would like to make the loan against a "fixed deposit" from the money already in my bank account. I would appreciate any information you might provide about this loan scheme, and should you decide to grant my request, please call me at 201-555-1530.

Enclosed is my business plan describing my financial projections for the next three years. I hope to receive a positive response.

Sincerely yours,

Deborah Wyatt

Deborah Wyatt

74. Why did Deborah Wyatt write a letter to Arthur Pickett?

   (a) to open a new bank account
   (b) to ask for financial assistance
   (c) to settle an outstanding debt
   (d) to announce her new business

75. How can the current situation at Bistro San Marco be described?

   (a) Its kitchen cannot keep up with new trends.
   (b) It is losing customers to other restaurants.
   (c) Its business has just started to pick up.
   (d) It has an overwhelming number of patrons.

76. What is Wyatt planning to do to remedy the situation?

   (a) extend her current restaurant
   (b) open an additional location
   (c) recruit more full-time workers
   (d) move to a less commercial area

77. Why most likely will the Downtown Newark branch have a strong market?

   (a) because it has a wealthier customer base
   (b) because the food will be better there
   (c) because it will be in a popular district
   (d) because the regulars from the area will eat there

78. What is Wyatt proposing to use as security against her loan?

   (a) a part of her current deposit at the bank
   (b) a future deposit she will make to her account
   (c) the funds initially intended for the project
   (d) the projected profits from her new branch

79. In the context of the passage, quantity means _____.

   (a) value
   (b) type
   (c) number
   (d) weight

80. In the context of the passage, promising means _____.

   (a) talented
   (b) bright
   (c) favorable
   (d) possible

READING AND VOCABULARY SECTION

DIRECTIONS:

You will now read four different passages. Each passage is followed by comprehension and vocabulary questions. From the four choices for each item, choose the best answer. Then blacken in the correct circle on your answer sheet.

Read the following example passage and example question.

Example:

> Bill Johnson lives in New York. He is 25 years old. He has four brothers and two sisters.
>
> How many brothers does Bill Johnson have?
>
> (a) one
> (b) two
> (c) three
> (d) four

The correct answer is (d), so the circle with the letter (d) has been blackened.

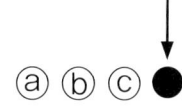

NOW TURN THE PAGE AND BEGIN

Part 1. Read the following biography article and answer the questions. The underlined words in the article are for vocabulary questions.

HARRY POTTER

Harry Potter is a fictional character created by British author J. K. Rowling for her bestselling *Harry Potter* book series. Also referred to as "The Boy Who Lived," Potter is a wizard who uses his magical skills to fight Voldemort, also known as the Dark Lord, who is the most dangerous wizard of all time.

Harry James Potter was born on July 31, 1980, to James and Lily Potter. A prophecy predicts that Potter is destined to defeat Voldemort and <u>thwart</u> his plan to rule over both the "wizarding" and "non-wizarding" worlds. After learning about the prophecy, Voldemort breaks into Potter's home and murders his parents. He also casts a killing curse on the one-year-old Potter, but Potter survives and is left with a lightning-shaped scar on his forehead. This event disables Voldemort from maintaining a material form, and expels him from the physical world.

Potter is then raised by his non-wizard relatives, and grows up without knowledge of his magical background. He also lacks proper care and is treated as a servant. This all changes when a half-giant from the wizarding world, Rubeus Hagrid, is sent to fetch Potter. Hagrid narrates the story of Potter's past and invites him to enroll in Hogwarts School of Witchcraft and Wizardry. Potter enters the wizarding school, but still stays with his relatives every summer.

At Hogwarts, Potter is assigned to Gryffindor House, learns magic from his professors, and meets his lifelong friends. He also gets acquainted with Hogwarts headmaster Albus Dumbledore, who becomes his mentor. Despite not excelling academically, Potter masters high-level magical spells and solves mysteries involving Voldemort's attempts to return.

In his fourth year, Potter wins a magical contest called the Triwizard Tournament, but in doing so, causes Voldemort's return. Voldemort's followers then start organizing again, particularly his secret supporters within Hogwarts. This endangers Potter and his friends, forcing them to drop out of Hogwarts in time. They then learn about the existence of Horcruxes, or pieces of Voldemort's soul, which they separately find and destroy.

These events finally culminate in the Second Wizarding War at Hogwarts. Potter faces death at the hands of Voldemort, but he lives again due to the last remaining Horcrux inside his body. Upon Potter's return from death, he battles and slays Voldemort, thus <u>concluding</u> the war in 1998.

53. Who is Harry Potter?

    (a) a prophet in the world of magic
    (b) a fictional person with magical powers
    (c) the most powerful wizard in history
    (d) a fictional boy with many lives

54. Why does Lord Voldemort probably attempt to take one-year-old Potter's life?

    (a) because he wants to maintain his power
    (b) because he wants to start a wizarding war
    (c) because he wants to fulfill a prophecy
    (d) because he wants to attain an immaterial form

55. How does Potter first learn about his own past?

    (a) through an ancient prophecy
    (b) through his adoptive relatives
    (c) through the headmaster of a wizardry school
    (d) through a messenger from the wizarding world

56. According to the article, why does Potter have to leave Hogwarts?

    (a) because he wants to join a wizardry competition
    (b) because his academic standing is unsatisfactory
    (c) to avoid Voldemort's followers in the school
    (d) to collect pieces of Voldemort's soul

57. Why most likely does Potter survive against Voldemort at Hogwarts?

    (a) because members from his school revive him
    (b) because he is saved by the mark on his forehead
    (c) because he has a protection spell on himself
    (d) because a piece of Voldemort's soul saves him

58. In the context of the passage, thwart means _____.

    (a) support
    (b) assume
    (c) prevent
    (d) evade

59. In the context of the passage, concluding means _____.

    (a) ending
    (b) starting
    (c) confusing
    (d) guessing

Part 2. Read the following magazine article and answer the questions. The underlined words in the article are for vocabulary questions.

DRINKING TEQUILA MAY MODERATELY IMPROVE BONE HEALTH

Tequila is a type of alcoholic drink made from the blue agave plant in the highlands of Central Mexico. Being an alcoholic drink, it is generally considered unhealthy. However, a 2016 study conducted by the Center for Research and Advanced Studies in Mexico is reporting otherwise. The study found out that the blue variety of the plant used to make tequila contains *fructans*, or fructose polymers, which help improve the absorption of calcium and magnesium. The process is necessary for keeping the bone healthy even in the presence of osteoporosis, a bone disease in which the bones become weak, more porous, and prone to breaking.

Dr. Mercedes Lopez, the lead researcher, and her colleagues used two groups of laboratory mice for their experiment. The mice's ovaries were removed to trigger osteoporosis. This happens because ovaries produce estrogen, a hormone that works with calcium and vitamin D for bone growth. Both groups of mice were given enough food, but only one group was given fructans. Eight weeks later, thigh bone samples were taken from both groups of mice.

Those fed with fructans showed a 20 percent increase in the protein linked to the build-up of new bone tissue. These mice also absorbed more calcium, and their thigh bones became significantly bigger. Dr. Lopez says that the interaction between fructans and the right microorganisms in the mice's intestines allowed the absorption of fatty acids that aided in the development of new bone cells.

With this development, there is a possibility of acquiring a treatment for osteoporosis, a disease affecting 200 million people worldwide, by drinking tequila and accessing the extract. However, there are still some issues with the study. First, mice and humans are obviously different from each other. Although significant scientific research has been performed using mice, the human body may not necessarily react in the same way to the treatment.

Second, the mice were treated with fructans extract alone instead of with tequila itself. During the production of tequila, the blue agave plant undergoes several heating processes, so it is possible that some of its health benefits are lost even before it is bottled.

60. What is the topic of the article?

    (a) the origin of a certain alcoholic drink
    (b) the process by which tequila is made
    (c) the importance of calcium to bone density
    (d) the possible health benefits of tequila

61. Why did the ovaries of the mice need to be removed?

    (a) to make the mice develop osteoporosis
    (b) to enable the mice to produce more estrogen
    (c) to make the mice more receptive to fructans
    (d) to cure the mice of osteoporosis

62. What most likely happened to the mice that were not given fructans in the experiment?

    (a) They digested more calcium.
    (b) They absorbed more protein into their bones.
    (c) Their bones became weaker.
    (d) Their bones experienced growth.

63. How can bone cells be increased with the help of fructans?

    (a) by preventing the absorption of more calcium
    (b) by directing fructans straight to the bones
    (c) by turning bacteria into protein for bone-cell growth
    (d) by working with microorganisms in the intestines

64. Which is probably a factor that could make the study unreliable?

    (a) Blue agave does not produce fructans.
    (b) Lack of ovary doesn't cause osteoporosis in humans.
    (c) The tequila fructans may not be as beneficial to health.
    (d) The research was done to cure the bone diseases of mice.

65. In the context of the passage, necessary means _____.

    (a) certain
    (b) essential
    (c) chief
    (d) optional

66. In the context of the passage, issues means _____.

    (a) problems
    (b) changes
    (c) subjects
    (d) effects

Part 3. Read the following encyclopedia article and answer the questions. The underlined words in the article are for vocabulary questions

GRAND CANYON

The Grand Canyon is a colorful series of steep cliffs and valleys located in the state of Arizona. It is 277 miles long, 18 miles wide, and more than a mile deep. This natural landmark was formed about five to six million years ago when erosion caused by the Colorado River cut a deep channel through layers of rock. It was established as a UNESCO World Heritage Site in 1979, and is also considered one of the Seven Natural Wonders of the World.

The Grand Canyon is composed of a sequence of well-preserved ancient rock layers which reveal North America's early geologic history. The oldest known rocks, called the Vishnu Basement Rocks, are found at the bottom of the canyon. They were formed about 1.7 billion years ago. Meanwhile, the younger rocks are situated on the ground level.

The Grand Canyon is divided into four sections called "rims." These are the West Rim, the South Rim, the North Rim, and the East Rim. Each rim offers different activities to tourists. The South Rim is the most developed and most accessible part of the canyon. This is where the Grand Canyon Village and most of the popular buildings and landmarks of the Grand Canyon are found.

The West Rim is best known for its Skywalk, a U-shaped glass walkway that is suspended 4,000 feet above the canyon floor. The North Rim is colder than the other sections because it is higher than the other rims by 1,000 feet. It is covered with snow during the winter months, and attracts the least tourists. Lastly, the East Rim features Horseshoe Bend, a horseshoe-shaped segment of the Colorado River.

Portions of the Grand Canyon were declared a federal game reserve when U.S. President Theodore Roosevelt visited the Grand Canyon in 1903. Being a dedicated hunter, he wanted the area to be conserved for the future. The Grand Canyon then became an official national monument in 1908 and a national park in 1919.

Today, about five million people from different parts of the world visit the Grand Canyon every year.

67. Which statement does not describe the Grand Canyon?

   (a) It is a man-made tourist spot.
   (b) It was made a World Heritage Site in 1979.
   (c) Its rocks and rock formations are vividly colored.
   (d) It was formed when rock layers wore away.

68. What can be said about the rocks found on the lowermost part of the canyon?

   (a) They are less than a billion years in age.
   (b) They are the most colorful rocks.
   (c) They were the earliest to be formed.
   (d) They are the most well-preserved formations.

69. What attraction is the West Rim most famous for?

   (a) the best-known establishments in the canyon
   (b) an elevated glass observation structure
   (c) a horseshoe-shaped bend in the Colorado River
   (d) the highest peaks in the canyon

70. Based on the passage, why most likely does the North Rim draw the least guests?

   (a) because it is the farthest among the four rims
   (b) because there are fewer activities to do there
   (c) because it offers the least scenic views
   (d) because it could get freezing cold up there

71. Why did Theodore Roosevelt declare some sections of the Grand Canyon a federal game reserve?

   (a) because he regularly hunted there
   (b) because he wanted it to last for later generations
   (c) because millions of people visited it each year
   (d) because it was a national park

72. In the context of the passage, accessible means _____.

   (a) reachable
   (b) willing
   (c) obtainable
   (d) isolated

73. In the context of the passage, conserved means _____.

   (a) promoted
   (b) neglected
   (c) protected
   (d) explored

Part 4. Read the following business letter and answer the questions. The underlined words in the letter are for vocabulary questions.

Mr. Garrett Willard
Full Wisdom School
2520 Harrison Avenue
NW Olympia, WA 98501

Dear Mr. Willard,

I am the mother of Anne Matthews, and I would like to apply for my daughter's admission to your school's third grade class on her behalf. Her previous school was St. Therese Learning Center in Vancouver, Canada. There, she really got along well with her fellow classmates while also excelling as a student. She shined both in academics and extracurricular activities, receiving several awards in both areas.

We recently moved to Washington due to my husband's promotion. This is why we have to <u>transfer</u> Annie to a new school. After visiting several of the local schools, we have concluded that your school would provide the best learning environment for our child. It is close to our house and near my husband's office. Moreover, a lot of my friends have recommended Full Wisdom School because of its proven reputation for producing young achievers and leaders.

We would be grateful if you would allow our daughter to be part of your outstanding school. We believe it would be a great place for her to improve her abilities while also learning to cope in a more diverse environment.

I have attached copies of my daughter's previous report cards along with a recommendation letter from the principal of Anne's former school. Please let us know if there are any other <u>prerequisites</u> needed from our end for the application process. You can contact me at 943-56-38 or jmatthews@gmail.com.

We are looking forward to hearing from you soon.

Sincerely yours,

Janice Matthews

Janice Matthews
1724 Dickinson St.
NW Olympia, WA 98502

74. Why did Janice Matthews write a letter to Garrett Willard?

    (a) to inquire about a school's available programs
    (b) to boast about her daughter's performance
    (c) to try to enroll her daughter in a school
    (d) to tell him about her daughter's former school

75. What best describes Anne Matthews as a student at St. Therese Learning Center?

    (a) She was always number one in class.
    (b) She had both academic and social success.
    (c) She found it hard to be friends with other kids.
    (d) She focused on her academic requirements.

76. Why did Anne's family change their place of residence?

    (a) because they wanted to find a better school for her
    (b) because her father found a job with a new company
    (c) because her school moved to a new address
    (d) because her father received a new position at work

77. Which is probably a reason why the Matthews chose Full Wisdom School for their daughter?

    (a) It is convenient for them.
    (b) It is better than her old school.
    (c) The children of Mrs. Matthews' friends are studying there.
    (d) All of Anne's friends graduated there.

78. How should Willard contact Matthews if he still needs other application items?

    (a) by waiting for her to call
    (b) by meeting her personally
    (c) by sending her an email
    (d) by informing her daughter directly

79. In the context of the passage, transfer means _____.

    (a) move
    (b) retain
    (c) expel
    (d) reassign

80. In the context of the passage, prerequisites means _____.

    (a) options
    (b) requirements
    (c) conditions
    (d) evidence

실전
기출유형

G-TELP
General Tests of English Language Proficiency

ACTUAL TEST 1

GRAMMAR SECTION
LISTENING SECTION
READING & VOCABULARY SECTION

G-TELP

General Tests of English Language Proficiency
G-TELP

Level 2

GRAMMAR SECTION

DIRECTIONS:

The following items need a word or words to complete the sentence. From the four choices for each item, choose the best answer. Then blacken in the correct circle on your answer sheet.

Example:

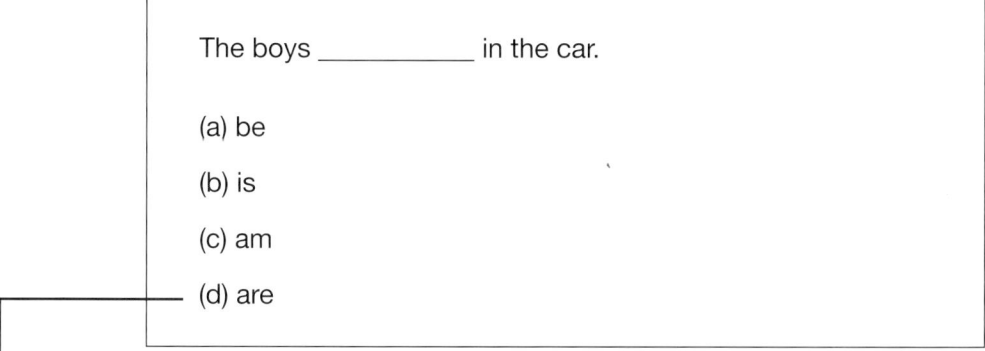

The boys _____ in the car.

(a) be
(b) is
(c) am
(d) are

The correct answer is (d), so the circle with the letter (d) has been blackened.

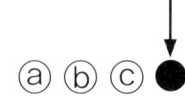

NOW TURN THE PAGE AND BEGIN

1. With Sebastian Vettel's recent win at the Bahrain Grand Prix, he added another racing title to his name. One of Formula One's greatest drivers, he _____ a lot of races for the past several years.

   (a) is winning
   (b) wins
   (c) has been winning
   (d) had won

2. I noticed a significant change in Robert's appearance. When I asked him about it, he told me he has been committed to a daily fitness routine. His routine involves _____ at a gym for two hours.

   (a) exercising
   (b) to exercise
   (c) having exercised
   (d) to have exercised

3. Popeye is an animated fictional character created back in 1929. He is a sailor who eats a can of spinach and gains super strength in order to save his ladylove, Olive, _____ she gets into trouble.

   (a) until
   (b) although
   (c) because
   (d) whenever

4. Akira underestimated how much her house renovation would cost, so she came short by $700. To cover the difference, she had to divert some of the money she was planning _____ on her next summer vacation.

   (a) to have spent
   (b) to spend
   (c) having spent
   (d) spending

5. Sophie turned down the renewal of her coveted modeling contract with Trendsetter Agency so she could finish her studies. If she had accepted the offer, she _____ one of the models gracing the catwalk yesterday.

   (a) is going to be
   (b) would have been
   (c) had been
   (d) were

6. Nate has finally made his reservation at Mitani, a sushi bar that takes years to actually eat at. By the time he gets to savor its delectable sushi course, he _____ for three long years.

   (a) will have been waiting
   (b) will wait
   (c) would have waited
   (d) has been waiting

7. Robert celebrated his 30th birthday at his workplace. His boss gave him the present that he had been desiring for so long: a promotion for a job well done. _____, his hard work finally paid off.

(a) Granted
(b) Besides
(c) Otherwise
(d) Indeed

8. Kevin is fascinated with the model's figure that he's currently painting for his Art Perspectives class. He thinks that if she were a marble sculpture, she _____ in a fine arts museum.

(a) had been definitely displayed
(b) would definitely be displayed
(c) will definitely be displayed
(d) is definitely being displayed

9. Being the eldest, Bryan is often given by his parents the responsibility of looking after his siblings. His parents also constantly remind him to avoid _____ his siblings so as to prevent petty fights with them.

(a) having teased
(b) to have teased
(c) teasing
(d) to tease

10. *Dissociative identity disorder* is a disease in which a person's identity is split into two or more distinct personalities. While the cause is not fully understood, doctors suggest the illness _____ be a result of childhood trauma.

(a) might
(b) would
(c) will
(d) should

11. It's a shame Sarah won't be able to see her brother John during her visit. Regrettably, his departure is the same day as her arrival. In fact, he _____ a plane by the time she lands.

(a) boards
(b) will be boarding
(c) will board
(d) would board

12. Chris Bosh was a professional basketball player who was forced to retire due to a medical condition. In 2017, he was diagnosed with having a blood clot in his lung, _____ if he had continued playing.

(a) that could have been deadly
(b) what could have been deadly
(c) who could have been deadly
(d) which could have been deadly

13. The rise in missing dog cases in the neighborhood made Sheila fear that her dog could be the next victim. If she only knew who were responsible for it, she _____ them to the authorities immediately.

   (a) would report
   (b) is reporting
   (c) will report
   (d) has reported

14. *Hacksaw Ridge* is a biographical film that tells the World War II story of Pfc. Desmond T. Doss. During the Battle of Okinawa, Doss's commitment to non-violence and exceptional bravery enabled him _____ 75 men without using any weapon.

   (a) having saved
   (b) saving
   (c) to save
   (d) to have saved

15. After several months of renovation, the Sullivans can now live in their ancestral home. Before it was finished, construction _____ some setbacks due to structural problems, including a crumbling limestone foundation and wood rot in the roof rafters.

   (a) faced
   (b) had been facing
   (c) has been facing
   (d) was facing

16. A Brussels sprout is a green, leafy vegetable that is very healthy to eat. In fact, a half a cup of Brussels sprouts is enough _____ one's daily requirement of fiber, calcium, and vitamin C.

   (a) to provide
   (b) providing
   (c) having provided
   (d) to have provided

17. Ava volunteers as a driver for Meals on Wheels. She delivers meals to the sick and elderly around East Memphis. She believes it's essential that people who can't prepare a meal for themselves _____ access to nutritious food.

   (a) still enjoyed
   (b) are still enjoying
   (c) will still enjoy
   (d) still enjoy

18. Paul got so wrapped up in playing videogames that he stopped attending his trigonometry class. As a result, he flunked the subject this semester. He _____ if he had only chosen to be conscientious about his studies.

   (a) would not fail
   (b) will not be failing
   (c) would not have failed
   (d) did not fail

19. The commencement ceremony will be happening in a month. In preparation for the event, those participating _____ attend the scheduled graduation rehearsals in order to become familiar with the proper sequence of the program.

(a) shall
(b) must
(c) could
(d) might

20. Diane really likes the cast of the *Ocean's* film series. She often daydreams of dating any one of its actors. But if she were ever given the chance, she _____ to date George Clooney.

(a) is definitely choosing
(b) had definitely chosen
(c) would definitely choose
(d) will definitely choose

21. Having been cheated on for the third time, Trish seems to have lost all trust in men. She'll need some time to move on, and probably an extraordinary guy for her to risk _____ in love again.

(a) falling
(b) having fallen
(c) to have fallen
(d) to fall

22. Our class will be doing a rendition of Harper Lee's *To Kill a Mockingbird* for the upcoming school fair. I wrote the script for our play, and our adviser _____ it to ensure that it is consistent with the novel.

(a) will currently check
(b) is currently checking
(c) had currently checked
(d) currently checks

23. My uncle had undergone laser eye treatment yesterday. To ensure faster recovery, his doctor advises that he _____ a special antibiotic eye drop on his eyes every four hours.

(a) uses
(b) will use
(c) was using
(d) use

24. Decades ago, places to get coffee and doughnuts were limited. Now, those types of restaurants seem to be everywhere. One example of a coffee and doughnuts place is Tim Hortons, a fast-food restaurant chain _____

(a) that is based in Canada
(b) which Canada is based in
(c) whom is based in Canada
(d) where it is based in Canada

25. One of Ralph Waldo Emerson's contributions to literature was his journals. They contained his thoughts and values that were crucial to the development of the philosophy of transcendentalism. He _____ at Harvard when he began writing them.

    (a) is studying
    (b) studied
    (c) studies
    (d) was studying

26. Tony was given a red card and got kicked out of the soccer game because he intentionally kicked the legs of one of the opposing team's players. If he had played cleanly, he _____ in the game.

    (a) had stayed
    (b) will be staying
    (c) would have stayed
    (d) would stay

THIS IS THE END OF THE GRAMMAR SECTION
DO NOT GO ON UNTIL TOLD TO DO SO

LISTENING SECTION

DIRECTIONS:

The Listening Section has four parts. In each part you will hear a spoken passage and a number of questions about the passage. First you will hear the questions. Then you will hear the passage. From the four choices for each question, choose the best answer. Then blacken in the correct circle on your answer sheet.

Now you will hear an example question. Then you will hear an example passage.

Now listen to the example question.

(a) one
(b) two
(c) three
(d) four

Bill Johnson has four brothers, so the best answer is (d). The circle with the letter (d) has been blackened.

NOW TURN THE PAGE AND BEGIN

Part 1. *You will hear a conversation between two people. First you will hear questions 27 through 33. Then you will hear the conversation. Choose the best answer to each question in the time provided.*

27. (a) She got promoted to a manager.
    (b) She received an award for her contributions to the company.
    (c) She got a new offer from another company.
    (d) She got interviewed for a new office position.

28. (a) Its location is very convenient for managing her team.
    (b) It's her own room so she can have peace while working.
    (c) Its greater space will allow her to move around.
    (d) Its views will help her relieve her stress.

29. (a) meeting old clients
    (b) seeing prospective clients
    (c) attending the board meeting
    (d) making monthly reports

30. (a) because she wants to work for the departments
    (b) to develop projects that will attract clients
    (c) to be up-to-date with the departments' performance
    (d) because it will show that she's excited for her work

31. (a) to prove that the bosses chose the right candidate for the job
    (b) to show that she is doing everything to get things done
    (c) because it is one of the demands of her new job
    (d) because she really likes to be prepared

32. (a) because she intends to work late regularly
    (b) because she likes working overtime
    (c) because her new job is tiring
    (d) because there is no overtime pay

33. (a) getting in some rest and relaxation
    (b) attending a training session about leadership
    (c) meeting with new clients there
    (d) inspecting a vacation destination for the whole office

Part 2. *You will hear a presentation by one person to a group of people. First you will hear questions 34 through 39. Then you will hear the talk. Choose the best answer to each question in the time provided.*

34. (a) to honor the contributions of famous literary figures
    (b) to encourage more people to read
    (c) to celebrate the life important literary figures
    (d) to introduce their own publishing company

35. (a) because only a few authors will be attending the event
    (b) because there will be a play after the book signing
    (c) because there will still be discussions with the authors
    (d) because the organizers expect many people to be at the event

36. (a) by sharing their own poems with other writers
    (b) by bringing their kids along
    (c) by watching the children's plays first
    (d) by buying books first

37. (a) They should buy snacks to get a ticket.
    (b) They should pay extra for their ticket.
    (c) They should reserve a seat in advance.
    (d) They should go to the event early.

38. (a) receiving free vintage books
    (b) being able to sell your old books
    (c) collecting coupons for the local bookstore
    (d) finding unusual copies of books

39. (a) because it will serve as the raffle coupon
    (b) because it is based on a European tradition
    (c) to serve as a thank you for attending the event
    (d) to ensure that everybody gets something at the event

Part 3. You will hear a conversation between two people. First you will hear questions 40 through 45. Then you will hear the conversation. Choose the best answer to each question in the time provided.

40. (a) His co-worker is asking him to apply for a new job.
    (b) His volunteer work conflicts with his new job.
    (c) He doesn't know which job to choose.
    (d) He doesn't want to sign the job contract.

41. (a) because it is a difficult job
    (b) because it requires workers with specialized knowledge
    (c) because it is consistent with Mike's college degree
    (d) because it is offered by a large software development firm

42. (a) Its work schedule is during the nighttime.
    (b) It is a stressful job.
    (c) Its work hours are longer than normal.
    (d) It doesn't give employees much time to sleep.

43. (a) because it is an office-based job
    (b) because it doesn't have negative health effects
    (c) because it gives the opportunity to travel a lot
    (d) because it offers the opportunity to help others

44. (a) They are far away and need help.
    (b) They are ideal places for vacation.
    (c) They are near the NGO office.
    (d) They are well-developed places.

45. (a) He will choose the NGO job.
    (b) He will accept the software engineering job.
    (c) He will ask for other people's opinions.
    (d) He will look for other jobs.

Part 4. You will hear an explanation of a process. First you will hear questions 46 through 52. Then you will hear the talk. Choose the best answer to each question in the time provided.

46. (a) to teach people what to prepare for Thanksgiving
    (b) to teach people how to make a healthy dessert
    (c) to teach people tips on how to lose weight
    (d) to teach people a traditional pumpkin pie recipe

47. (a) by ensuring it isn't too sugary
    (b) by making it a bit spicy
    (c) by enhancing the pumpkin flavor
    (d) by pairing well with the salt

48. (a) so that the pumpkin filling will stick to the crust
    (b) so that the crust or dough will cook thoroughly
    (c) so as to have a nice, fluffy pie crust
    (d) so that it will be easy to tell if the pie is already cooked

49. (a) so it won't accidentally fall over
    (b) to save space in the kitchen
    (c) so it can absorb more flavor
    (d) to let it crisp and harden

50. (a) allowing the piecrust to harden
    (b) blending the crackers and honey
    (c) preparing the pie filling
    (d) baking the piecrust

51. (a) when the custard oozes out of the crust
    (b) when the crust becomes hard and flaky
    (c) when a toothpick comes out clean after being inserted in the pie
    (d) when the top becomes hard and dark brown

52. (a) to add more texture to the pie
    (b) to make the pie healthier
    (c) to balance the pie's temperature
    (d) to add crunchiness to the pie

THIS IS THE END OF THE LISTENING SECTION
DO NOT GO ON UNTIL TOLD TO DO SO

READING AND VOCABULARY SECTION

DIRECTIONS:

You will now read four different passages. Each passage is followed by comprehension and vocabulary questions. From the four choices for each item, choose the best answer. Then blacken in the correct circle on your answer sheet.

Read the following example passage and example question.

Example:

> Bill Johnson lives in New York. He is 25 years old. He has four brothers and two sisters.
>
> How many brothers does Bill Johnson have?
>
> (a) one
> (b) two
> (c) three
> (d) four

The correct answer is (d), so the circle with the letter (d) has been blackened.

NOW TURN THE PAGE AND BEGIN

Part 1. Read the following biography article and answer the questions. The underlined words in the article are for vocabulary questions.

LEE KUAN YEW

Lee Kuan Yew was a lawyer and politician who became the first prime minister of Singapore and the world's longest-serving prime minister. Regarded as the founding father of modern Singapore, he was responsible for Singapore's growth from a third-world country to the richest country in Southeast Asia.

Lee Kuan Yew was born on September 16, 1923, to a wealthy Chinese-Singaporean family. He attended Singaporean schools and the London School of Economics and Political Science. He then earned a law degree with high honors at the University of Cambridge.

After passing the English bar exam in 1950, he returned to Singapore and joined a private law firm. Soon thereafter, he opened his own law firm and worked as a legal advisor to the Postal Union. His efforts in negotiating higher wages for postal workers endeared him to many people. During that time, Singapore was a British colony ruled by a governor and a legislative council that mostly consisted of rich businessmen appointed by the colonial government. This unfair condition inspired Lee to seek independence for the city, and so he formed the People's Action Party with like-minded individuals.

The party won seats in the council, including one for Lee. He then went to London as part of a delegation that pushed for the colony's independence. The negotiations initially failed, but talks resumed in 1957 and were successful. Singapore then formed a new constitution and held national elections on June 3, 1959. After two days, Lee was proclaimed prime minister.

Lee immediately introduced a five-year plan that called for the construction of public housing, industrialization, and the empowerment of women's rights and educational reforms. He also successfully arranged Singapore's merger with Malaysia. However, tensions between the Chinese and Malays in the newly formed federation ultimately caused riots, leading to Singapore's departure. Lee had to face the daunting task of building a country with few natural resources.

Realizing that Singapore needed a strong economy for its survival, Lee initiated a program to industrialize the country and transform it into a major exporter of finished goods. He welcomed foreign investors, while improving health and social services for his people. Although his authoritarian style of government was often criticized internationally, Lee's leadership brought discipline, unity, and prosperity to Singapore. He died of pneumonia at the age of 91 on March 23, 2015.

53. What is Lee Kuan Yew best known for?

    (a) being the oldest person to lead a country
    (b) his work as a lawyer
    (c) making a poor country great
    (d) his discovery of Singapore

54. When did Lee gain popularity with the public?

    (a) when he helped out a labor group
    (b) after he joined a law firm
    (c) when he formed a political party
    (d) after he graduated with honors

55. Based on the article, how most likely did he become prime minister of Singapore?

    (a) by leading independence talks with the British
    (b) by being voted into office
    (c) by being appointed by the British before they left
    (d) by forming the first government of Singapore

56. Which was not part of Lee's five-year plan?

    (a) creating an industrial economy
    (b) building houses for the people
    (c) improving the school system
    (d) protecting the rights of Malays

57. Despite the criticism, what could be said about Lee's style of leadership?

    (a) It was effective.
    (b) It was abusive.
    (c) It was fruitless.
    (d) It was divisive.

58. In the context of the passage, resumed means _____.

    (a) stopped
    (b) failed
    (c) continued
    (d) started

59. In the context of the passage, daunting means _____.

    (a) excellent
    (b) easy
    (c) thrilling
    (d) difficult

Part 2. Read the following magazine article and answer the questions. The underlined words in the article are for vocabulary questions.

GREEN CLEANING

"Green cleaning" means choosing natural cleaning products and equipment, and observing safe practices to protect both the environment and people. Ideally, these cleaning products are made from natural, non-toxic, biodegradable, and renewable resources.

Cleaning products are used in almost every home and office to clean and sanitize the things we come into contact with. However, in the process of removing dirt, the materials we use can also cause certain undesirable effects. Cleaning products typically contain varying amounts of irritants, dangerous chemicals, or explosive compounds that may affect our health and the environment. For this reason, more and more people have started engaging in environmentally conscious practices when it comes to cleaning, like using natural products and specialized equipment.

These days, many environmentally-friendly glass cleaners, all-purpose cleaners, and bathroom cleaners are specifically available to those who want to practice green cleaning. To ensure that a product encourages such, one should inspect its ingredients first. The Environmental Protection Agency provides a list of approved ingredients and chemicals that follow safety standards to help customers make wiser and "greener" choices.

Aside from using natural cleaning products, we should also observe safe and healthy cleaning practices for ourselves. Examples of this include: ensuring that the place being cleaned is properly ventilated, using protective gloves and masks, washing one's hands after cleaning, and disposing of products that show signs of breakdown.

The green cleaning movement has also resulted in changes in the equipment used for cleaning. Nowadays, cleaning cloths and mops are being manufactured with polyester microfibers that better attract and capture dust particles. People can also buy a vacuum cleaner with high efficiency particulate air (HEPA) filters, which trap smaller particles that ordinary filters miss.

In conclusion, the health, financial, and environmental benefits of green cleaning are significant. By choosing and using natural products, consumers reduce their exposure to harmful chemicals. Also, since these products are sometimes cheaper to make, manufacturers can save money as well. The environment also benefits from green cleaning, because this reduces the harmful toxins and chemicals being released into the air. This is why environmental activists advocate that everyone instill a little green cleaning into their lives.

60. Why have people shifted to "green cleaning"?

    (a) to have an easier time using less advanced equipment
    (b) to support a particular brand of cleaning products
    (c) to practice safe and environment-friendly cleaning
    (d) to use products that are actually colored green

61. Based on the article, how does someone make sure that a product complies with green cleaning standards?

    (a) by looking at its ingredient list beforehand
    (b) by buying only from a certified environmental agency
    (c) by creating one's own cleaning products
    (d) by submitting it for a chemical evaluation

62. When most likely is it safe for a person to continue using a cleaning product?

    (a) if it is handled by people with clean hands
    (b) if it provides health benefits to the user
    (c) if it is exposed to the maximum ventilation
    (d) if it does not have major signs of damage

63. What is a benefit of the modern vacuum cleaner?

    (a) It produces less air pollution.
    (b) It is able to catch tiny specks of dust.
    (c) It separates dust into smaller fragments.
    (d) It takes advantage of microfiber technology.

64. Which of the following is an advantage of green cleaning?

    (a) It increases one's defenses against harmful chemicals.
    (b) It allows consumers to save more money.
    (c) It minimizes one's contributions to air pollution.
    (d) It makes cleaning a faster task.

65. In the context of the passage, undesirable means _____.

    (a) unpleasant
    (b) irrelevant
    (c) unimportant
    (d) incomplete

66. In the context of the passage, instill means _____.

    (a) end
    (b) add
    (c) cross
    (d) swap

Part 3. Read the following encyclopedia article and answer the questions. The underlined words in the article are for vocabulary questions

SAMURAI

The samurai were a class of warriors in ancient Japan who were known for following a strict code of honor called *Bushidō*, or "the way of the warrior."

The samurai were originally groups or clans of warriors whom powerful landowners hired to protect their properties. Near the end of the 12th century, two of these groups, the Minamoto and Taira families, grew powerful and influential enough to seize control over Japan. They then fought a series of battles against each other, ending with the victory of the Minamoto clan in 1185. Minamoto Yoritomo, the clan's leader, established a military government in Kamakura in 1192 and became the ruler of Japan, which shifted all political power to the samurai. This event marked the start of the samurai's transformation from being warriors to becoming noblemen.

As part of the nobility, samurais were required to be able to read and write, as well as to know basic mathematics. They were also expected to have interests in other arts such as dance, literature, and poetry. Other skills that were encouraged included mastery of the tea ceremony and of Go, a traditional Japanese board game.

As military servants, samurai observed the traditional code of honor: *Bushidō*. This code centered on the concepts of loyalty to one's master, self-discipline, and respectful and ethical behavior. The samurai took this code seriously, so much so that they would carry out *seppuku*, a form of ritual suicide, if they committed a shameful or dishonorable act.

Comprising less than 10% of the population, samurai were granted certain societal privileges. One was the ability to use a variety of weapons, including a long sword and a short sword. These swords were a great source of pride for samurai, as they were among the chosen few in ancient Japan who were allowed to carry them. They were also knowledgeable in different martial arts.

The samurai class was officially dissolved during the Meiji Restoration, a period from 1866 to 1869 during which enormous changes in Japan's political and social structure were made. Nevertheless, their influence on Japanese culture and beliefs is still seen today.

67. What was the original role of the samurai?

    (a) starting wars against influential clans
    (b) defending the property of the rich
    (c) increasing the influence of the Minamoto clan
    (d) farming the land of powerful people

68. When did the samurai become part of the elite class?

    (a) when they started teaching themselves different skills
    (b) when the Taira family established military rule over Japan
    (c) when they ran for political positions in the government
    (d) when the head of a samurai clan became Japan's leader

69. What was expected of samurai as part of the ruling class?

    (a) that they skillfully conduct a ritual involving tea
    (b) that they give up their swords in favor of writing poetry
    (c) that they master all traditional board games
    (d) that they be good at advanced mathematics

70. According to the article, when would a samurai commit *seppuku*?

    (a) upon being reduced to a lower social class
    (b) upon failing to understand *Bushidō*
    (c) upon doing a disgraceful action
    (d) upon shifting military loyalties

71. Why most likely was the act of carrying a sword in ancient Japan significant?

    (a) because it was after the Meiji Restoration
    (b) because it required a lot of training to use a sword properly
    (c) because it was not the preferred weaponry then
    (d) because it indicated membership in an elite group

72. In the context of the passage, transformation means _____.

    (a) range
    (b) change
    (c) vote
    (d) advantage

73. In the context of the passage, observed means _____.

    (a) followed
    (b) chose
    (c) questioned
    (d) wrote

Part 4. Read the following business letter and answer the questions. The underlined words in the letter are for vocabulary questions.

Ms. Caroline Pitt
Dean of Computer Education
Olympus Computer College

Dear Dean Pitt:

I am writing this letter of recommendation in support of Mr. Jason Fox. It is his desire to attend Olympus Computer College and advance his knowledge in the field of computer programming. Jason has a long history of academic success as well as a near-perfect attendance record.

As a professor here at Amos Technical High School, I am fortunate enough to encounter a number of truly outstanding students each year, and Jason is one of those students who stand out above the rest. He <u>exhibits</u> great aptitude and a unique perspective when pursuing his interests, and I am proud to recommend him to you.

Jason's grades place him within the top three percent of the school. He has demonstrated mastery of all course materials, and his projects have all been top-notch. For example, his last project, a program designed to filter out spam and protect servers from virus attacks, works perfectly and is proof of his exceptional programming abilities. As a matter of fact, his project was even featured in a local newspaper here in Minnesota.

Jason's academic achievements are more than enough to make him a qualified student, and his abilities will <u>unquestionably</u> make him an asset to your school. If you have questions or concerns regarding Jason's capabilities or otherwise, please feel free to contact me here at Amos Technical High School. Our numbers are: (844) 883-3219 and (844) 515-3066. You can ask for my name and the call will be forwarded accordingly. Thank you.

Sincerely yours,

Kevin Stuart

Kevin Stuart
Information Technology Professor
Amos Technical High School

74. Why is Jason Fox interested in Olympus Computer College?

    (a) because he currently has a bad academic record
    (b) because he doubts the quality of his present education
    (c) because Kevin Stuart recommended the school to him
    (d) because he wants to develop his skills in programming

75. What is Fox's relationship to Kevin Stuart?

    (a) Stuart is his high school dean.
    (b) Stuart was his previous employer.
    (c) Stuart is his current professor.
    (d) Stuart was his former classmate.

76. How did Fox manage to appear in Minnesota's newspaper?

    (a) by reaching the top percentile in his high school
    (b) by creating a program to protect against computer viruses
    (c) by finishing all of his school projects on time
    (d) by writing an article on computer programming

77. Why would Caroline Pitt presumably contact Stuart?

    (a) She wants to ask for his school's hotline numbers.
    (b) She wants to learn Fox's contact details.
    (c) She wants to know how to transfer calls properly.
    (d) She wants to inquire further about Fox's qualifications.

78. What most likely does Stuart want Pitt to do regarding Fox?

    (a) teach Fox the basics of computer programming
    (b) accept Fox into Olympus Computer College
    (c) hire Fox as a college professor
    (d) investigate Fox's academic record

79. In the context of the passage, exhibits means _____.

    (a) sees
    (b) endures
    (c) shows
    (d) enrolls

80. In the context of the passage, unquestionably means _____.

    (a) certainly
    (b) hesitantly
    (c) curiously
    (d) possibly

THIS IS THE END OF THE TEST

실전
기출유형

G-TELP
General Tests of English Language Proficiency

ACTUAL TEST 2

GRAMMAR SECTION
LISTENING SECTION
READING & VOCABULARY SECTION

G-TELP

General Tests of English Language Proficiency
G-TELP

Level 2

GRAMMAR SECTION

DIRECTIONS:

The following items need a word or words to complete the sentence. From the four choices for each item, choose the best answer. Then blacken in the correct circle on your answer sheet.

Example:

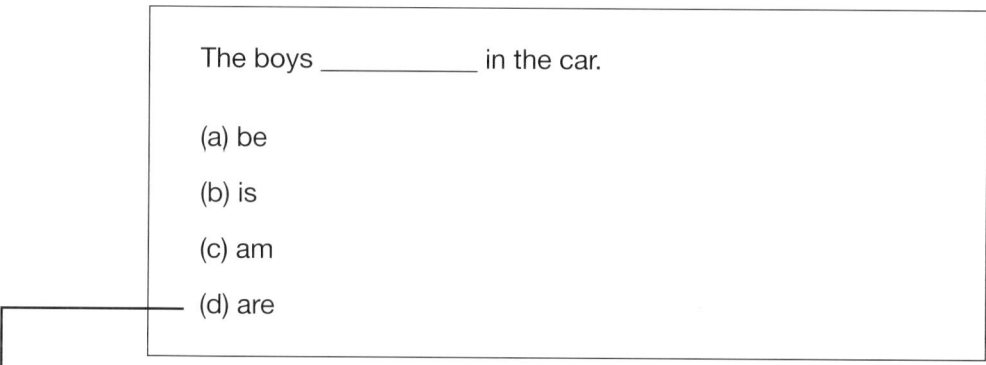

The correct answer is (d), so the circle with the letter (d) has been blackened.

NOW TURN THE PAGE AND BEGIN

1. Everyone will be attending the town's annual celebration tomorrow. To ensure the crowd's safety, the mayor has assigned police officers _____ the venue. In addition, local citizens will volunteer as event staff.

   (a) to patrol
   (b) patrolling
   (c) to have patrolled
   (d) will be patrolling

2. Ivan didn't study for the biology test because he thought it would be easy. As it turns out, he failed and will now have to take it again. Presumably, if he had studied, he _____ the exam.

   (a) will have passed
   (b) would pass
   (c) had passed
   (d) would have passed

3. I wasn't expecting my mom to visit me at my dorm last night. I really dislike _____, but it's been a long time since the two of us had a nice chat. Besides, she brought me dinner.

   (a) to be surprised
   (b) to have been surprised
   (c) being surprised
   (d) having been surprised

4. The annual jazz festival in New Orleans draws fans from around the world. It is so highly anticipated by jazz enthusiasts that some attendees, _____, travel great distances just to witness the event.

   (a) what are from other countries
   (b) who are from other countries
   (c) where are from other countries
   (d) that are from other countries

5. Jean's neighbors are playing their stereo very loudly and she wants to ask them to turn down the volume. She is becoming increasingly irritated, as they _____ non-stop for the last three hours.

   (a) will be partying
   (b) were partying
   (c) have been partying
   (d) are partying

6. Students who are having a hard time understanding their lessons are encouraged to seek tutoring. Aside from giving individual attention, a tutor can help encourage a student _____ questions without feeling embarrassed.

   (a) to ask
   (b) to have asked
   (c) having asked
   (d) asking

7. Mike just arrived at Heathrow Airport on a business trip and is very exhausted from the long flight. He _____ need to rest for a while before he starts his weeklong agenda of meetings.

(a) could
(b) must
(c) will
(d) should

8. Germany holds the annual Love Parade every August to celebrate the love of music. Both music lovers, Clint and Sarah _____ to attend it for their 25th wedding anniversary if it were not for the long travel.

(a) loved
(b) will love
(c) loves
(d) would love

9. Olivia used to eat whatever she wanted until she was diagnosed with obesity last year. Nowadays, she is more careful about the food she consumes. So much so, she can't help _____ her daily calorie intake.

(a) to count
(b) to have counted
(c) counting
(d) having counted

10. To improve customer satisfaction, customer service experts say that business owners should seek to fully understand customer complaints first before responding. _____, they should treat their clients as they themselves would like to be treated.

(a) Although
(b) Moreover
(c) Instead
(d) Afterwards

11. Though humans have affected much of Earth overtime, one thing they can't do is move the planet. For instance, if everyone gathered shoulder-to-shoulder and simultaneously jumped, the impact on Earth's movement _____ felt at all.

(a) isn't being
(b) won't be
(c) isn't
(d) wouldn't be

12. The professor challenged the class with a math problem, promising early dismissal to the student who could solve it. Since Bria was the first student _____ the answer right, she left the class ten minutes earlier.

(a) to have gotten
(b) getting
(c) to get
(d) having gotten

13. My dad loved to tell us scary stories when we were kids. I remember one particular night when the light suddenly went out while he _____ us an especially frightening story.

   (a) was telling
   (b) will be telling
   (c) had been telling
   (d) is telling

14. As a gift for her birthday, I gave my grandmother a dozen red roses. She seemed to like my gift, although she kept _____ after I handed her the flowers.

   (a) to sneeze
   (b) to have sneezed
   (c) sneezing
   (d) having sneezed

15. The list of crypto currencies is still growing, but regulations have not yet been set in place. Recently, the IMF director suggested that digital assets _____ to prevent their unfair advantage over other forms of money.

   (a) be regulated
   (b) are regulated
   (c) will be regulated
   (d) have been regulated

16. *Boys Hologram*, an obscure rock band, auditioned at a local bar where they hoped to be selected as regular performers. Unfortunately, they _____ on stage for only a few minutes when their sound system suddenly stopped working.

   (a) have been performing
   (b) are performing
   (c) had been performing
   (d) would have performed

17. Dr. Carter will be in Canada next week for the Global Hepatitis Summit. Her patients won't be able to consult with her beginning on Monday, as she _____ by then.

   (a) will travel
   (b) has traveled
   (c) is traveling
   (d) will be traveling

18. Mountain climbing is a physical activity that requires a great deal of stamina and extensive training. That's why inexperienced climbers _____ train properly before attempting to scale steep or difficult trails.

   (a) might
   (b) may
   (c) should
   (d) can

19. I was on my way to school when it started raining. Shortly after, the roads turned muddy and my leather shoes became soiled. If only I had known today's weather forecast, I _____ my rubber boots instead.

(a) would have worn
(b) had worn
(c) will be wearing
(d) worn

20. Mayuko, a newlywed wife residing in Japan, hates that she has to update all her legal documents with her new surname. If she ran the country, she _____ married women to assume their husbands' surnames after marriage.

(a) won't require
(b) isn't requiring
(c) didn't require
(d) wouldn't require

21. As in all social matters, first impressions are important when applying for a job. Since the resume is the first thing potential employers will see, it's necessary that a job seeker _____ it is well put together.

(a) ensures
(b) would ensure
(c) is ensuring
(d) ensure

22. Greenpeace International is a non-profit organization committed to protecting the environment. Right now, its volunteers _____ a door-to-door collection of recyclables in urban areas of Chicago to educate and encourage residents to reduce waste.

(a) have done
(b) will be doing
(c) do
(d) are doing

23. Mark was complaining about the restaurant where he just had dinner. According to him, the service was very slow. _____, he had been waiting for more than an hour before his order was finally served.

(a) However
(b) By the way
(c) In fact
(d) Furthermore

24. Kit, a cultural arts enthusiast, has been taking specialized classes on ancient Egyptian art and archaeology at Harvard University. He _____ Egyptology for more than seven weeks by the time the program ends in July.

(a) has been studying
(b) will have been studying
(c) had studied
(d) is studying

25. The nanny thoroughly apologized for not attending to the crying baby. Evidently, she was eating dinner at the time and assumed the child was still sleeping in the nursery, something _____.

   (a) that was part of the child's daily routine
   (b) what was part of the child's daily routine
   (c) who was part of the child's daily routine
   (d) which it was part of the child's daily routine

26. Scientists continue to speculate alternative scenarios for the extinction of dinosaurs. They say that if the asteroid that hit Earth over 60 million years ago had arrived either sooner or later, some large dinosaur species _____.

   (a) will have been surviving
   (b) had survived
   (c) would have survived
   (d) survived

THIS IS THE END OF THE GRAMMAR SECTION
DO NOT GO ON UNTIL TOLD TO DO SO

LISTENING SECTION

DIRECTIONS:

The Listening Section has four parts. In each part you will hear a spoken passage and a number of questions about the passage. First you will hear the questions. Then you will hear the passage. From the four choices for each question, choose the best answer. Then blacken in the correct circle on your answer sheet.

Now you will hear an example question. Then you will hear an example passage.

Now listen to the example question.

> (a) one
> (b) two
> (c) three
> (d) four

Bill Johnson has four brothers, so the best answer is (d). The circle with the letter (d) has been blackened.

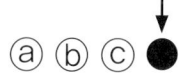

NOW TURN THE PAGE AND BEGIN

Part 1. You will hear a conversation between two people. First you will hear questions 27 through 33. Then you will hear the conversation. Choose the best answer to each question in the time provided.

27. (a) because they ran out of interesting places to see
    (b) because there were too many people
    (c) because she needed to go back to school
    (d) because her father needed to go back to work

28. (a) that it has very clean surroundings
    (b) that it is a colony of China
    (c) that it offers many tourist attractions
    (d) that it has a huge population

29. (a) It contains the healthiest animals Eve has ever seen.
    (b) The animals are kept in small cages.
    (c) Its animals have a lot of space for moving around.
    (d) The zoo owns an exotic collection of animals.

30. (a) by viewing pictures of the animals
    (b) by visiting it after its regular business hours
    (c) by riding on the animals' backs
    (d) by taking a vehicle ride inside

31. (a) because bird watching is her favorite hobby
    (b) because it contains many different species of birds
    (c) because the park is near the National Museum
    (d) because she was allowed to keep a bird as a pet

32. (a) because she had requested for them to do so
    (b) because she was not having fun during their trip
    (c) because their vacation had been prematurely cut short
    (d) because there were no more places to visit

33. (a) convince her parents to leave her behind
    (b) visit Sentosa Island with her family
    (c) invite Jack to join them on vacation
    (d) go shopping for more items

Part 2. You will hear a presentation by one person to a group of people. First you will hear questions 34 through 39. Then you will hear the talk. Choose the best answer to each question in the time provided.

34. (a) to advertise a passenger ship company
    (b) to give cruise passengers some traveling tips
    (c) to promote top cruising destinations
    (d) to give information on affordable tour packages

35. (a) which facilities and amenities they offer
    (b) whom they prioritize in assigning accommodations
    (c) where they are designated to travel
    (d) how good their service is to passengers

36. (a) host meetings in a conference room
    (b) use a professional laundry service
    (c) make photocopies of documents
    (d) meet with financial advisors

37. (a) by not producing any kind of waste
    (b) by dampening the noise of its ships
    (c) by recording current ocean pollution levels
    (d) by absorbing carbon dioxide from the air

38. (a) because they generate their own energy
    (b) because the company just opened recently
    (c) because they operate similarly to resort hotels
    (d) because they are prepared for abnormal situations

39. (a) to know the contact information of a nearby branch
    (b) to book an online reservation for a cruise package
    (c) to learn how to visit the company's main office
    (d) to seek recommendations for reputable cruise lines

Part 3. You will hear a conversation between two people. First you will hear questions 40 through 45. Then you will hear the conversation. Choose the best answer to each question in the time provided.

40. (a) to ask him to help her with her studies
    (b) because she needs help deciding on something
    (c) to inquire about the different uses of computers
    (d) because she wasn't doing anything in particular

41. (a) where she will be studying
    (b) when she will be plugging it in
    (c) what she will be using it for
    (d) how long she will be charging it

42. (a) its hardware
    (b) its performance
    (c) its programs
    (d) its cost

43. (a) when moving it from place to place
    (b) when upgrading individual components
    (c) when replacing a central processing unit
    (d) when getting a secondhand desktop

44. (a) by using only a few cables and cords for the setup
    (b) by purchasing its monitor separately
    (c) by buying a setup that is already assembled
    (d) by having it repaired irregularly

45. (a) to get them to go with her to buy a laptop
    (b) to tell them how helpful Ben has been
    (c) to ask them for money to buy a desktop
    (d) to assure them that she will only be using the computer for school

Part 4. *You will hear an explanation of a process. First you will hear questions 46 through 52. Then you will hear the talk. Choose the best answer to each question in the time provided.*

46. (a) saving money for a car
    (b) reducing a car's price
    (c) applying for a car loan
    (d) taking care of a car

47. (a) when one wants to get the best deal available
    (b) when one wants to learn of any problems with a car
    (c) when one wants to receive assistance from a loan provider
    (d) when one wants to be able to test-drive a car

48. (a) It helps you increase how much you earn.
    (b) It shows that you can borrow responsibly.
    (c) It helps you pay off your other loans.
    (d) It shows how many cars you already own.

49. (a) to decrease the chance of getting a workplace injury
    (b) to decrease the chance of paying back a loan provider
    (c) to increase the size of the loan applied for
    (d) to increase the chance of getting a loan approved

50. (a) The interest rate is lower.
    (b) The application process is shorter.
    (c) The risk of hidden fees is lower.
    (d) The application process is easier.

51. (a) how much money can be borrowed
    (b) who to approach for loan documents
    (c) what type of car to purchase
    (d) where to submit the loan application

52. (a) by having a low credit rating
    (b) by choosing an affordable car type
    (c) by visiting multiple car dealerships
    (d) by providing complete and truthful information

THIS IS THE END OF THE LISTENING SECTION
DO NOT GO ON UNTIL TOLD TO DO SO

READING AND VOCABULARY SECTION

DIRECTIONS:

You will now read four different passages. Each passage is followed by comprehension and vocabulary questions. From the four choices for each item, choose the best answer. Then blacken in the correct circle on your answer sheet.

Read the following example passage and example question.

Example:

> Bill Johnson lives in New York. He is 25 years old. He has four brothers and two sisters.
>
> How many brothers does Bill Johnson have?
>
> (a) one
> (b) two
> (c) three
> (d) four

The correct answer is (d), so the circle with the letter (d) has been blackened.

NOW TURN THE PAGE AND BEGIN

Part 1. Read the following biography article and answer the questions. The underlined words in the article are for vocabulary questions.

JANE GOODALL

Jane Goodall is a British primatologist known for her extensive research on chimpanzees. Starting from her first interaction with them in 1960, Goodall has conducted over 50 years of research on chimpanzees, and is widely considered to be the leading expert on the primates.

Valerie Jane Morris-Goodall was born on April 3, 1934 in London, England, to parents Margaret Myfanwe Joseph and Mortimer Herbert Morris-Goodall. As a child, she already showed a strong interest in animals by studying their actions and reading books about them. Young Goodall was given a stuffed chimpanzee toy by her father, sparking her interest in the animal.

Goodall studied in Uplands Private School where she graduated in 1952. Wanting to continue her studies, she worked as a typist at Oxford University and had a part-time job at a London filmmaking company. In 1957, Goodall was invited by a family friend to visit their farm in Kenya. There, another friend introduced her to the famed anthropologist, Louis Leakey. Goodall surprised Leakey with her knowledge of African wildlife, and became his secretary. She was eventually asked to accompany Leakey and his wife in hunting for fossils.

Leakey had long wanted to study the evolutionary relationship between primates and humans, and after recognizing Goodall's dedication toward fieldwork, he chose her to carry out this research. In spite of objections from Leakey's colleagues over her lack of formal training in zoology, Goodall set up camp in Gombe Stream National Park in Tanzania in July 1960.

Goodall visited the Tanzanian chimpanzees' feeding area daily even though the animals always stayed distant. It took two years before the chimpanzees finally welcomed Goodall into their group. With the chimps at ease with her company, she began making significant discoveries about their natural behavior. These included the chimpanzees performing social gestures such as embraces, eating both animals and plants, and having the capacity for tool-making, a skill that was previously thought to be exclusively human.

Criticisms resulted from Goodall's unconventional methods of observation, particularly her emotional, rather than objective, relationship with the chimpanzees. Nonetheless, she gained respect within the scientific community for her innovations in primate studies. In 1977, Goodall established the Jane Goodall Institute for wildlife research and ecological conservation. She has also given lectures to raise awareness of habitat preservation, organized global conservation programs, and published numerous books about chimpanzees.

53. How did Goodall's interest in chimpanzees start?

(a) by observing the animal's behavior at a young age
(b) through her early education at Uplands Private School
(c) by receiving a toy version of the animal from her father
(d) through reading books about animals

54. Why was Goodall's visit to Kenya an important turning point in her life?

(a) It resulted in her meeting with her future mentor.
(b) It resulted in an invitation to go hunting for fossils.
(c) It allowed her to gain a third job.
(d) It allowed her to visit a close friend.

55. Why did Louis Leakey believe that Goodall was the right person for his project?

(a) She was well-organized in her career and her life.
(b) She was really committed to the field study of animals.
(c) She had already traveled to many different places.
(d) She knew a lot about animals.

56. How most likely was Goodall able to perform accurate observations of the chimpanzees' behavior?

(a) by communicating with them using human signals
(b) by making them act naturally in her presence
(c) by eating the food they commonly ate
(d) by setting up her camp far from their habitat

57. What was an objection about Goodall's research at Gombe Stream National Park?

(a) that the chimpanzees in her study were too emotional
(b) that the chimpanzees were too similar to humans
(c) that she took too long to get close to the chimpanzees
(d) that she was too emotionally attached to the chimpanzees

58. In the context of the passage, welcomed means _____.

(a) accepted
(b) greeted
(c) rejected
(d) positioned

59. In the context of the passage, unconventional means _____.

(a) established
(b) ineffective
(c) unusual
(d) abnormal

Part 2. Read the following magazine article and answer the questions. The underlined words in the article are for vocabulary questions.

SMART STICKER CAN DETECT SEXUAL ASSAULT IN REAL TIME

Sexual assault can now be prevented through mobile technology. Manisha Mohan, an Indian-American scientist and research assistant at the Massachusetts Institute of Technology, has invented a "smart device" that can detect the crime in real time.

Called the "Intrepid," the device is a thin sensor that can be attached like a sticker to any type of fabric, and can be worn on any part of one's clothing—from the hem of the pants to the inside of a bra. Intrepid is monitored by an accompanying smart phone application and is connected to a phone via Bluetooth.

Intrepid works by learning patterns such as how clothing articles are normally taken off by the user. Once the device senses that the user's clothing is being forcibly removed, a message will appear on the phone to confirm whether the wearer "consents" to the activity. If a response is not made within 30 seconds, the phone will automatically make a loud noise to deter the "attacker." If this alarm is not deactivated within 20 seconds, the phone will send a distress signal informing five emergency numbers of the user's current location, make a phone call to one of them, and even start recording audio.

The device has two modes: active and passive. In active mode, Intrepid senses forced action by detecting signals from the environment, and assumes that the wearer is unconscious or not in a position to fight back. In passive mode, which assumes that the user is conscious, the wearer can operate the application manually.

To create the "smart sticker," Mohan surveyed sexual assault survivors and asked around 70 volunteers to test the device on different kinds of clothing. Most of the participants said that the device is comfortable and not invasive. Intrepid functions for up to two years, even if accidentally washed together with the clothing it is attached to.

Mohan's creation was inspired by her observations in Chennai, India, where women fear going to public places due to sexual attacks. "Instead of asking women to remain indoors, I think we should provide more safety for them," Mohan said hoping for women to feel safer in public.

60. What is "Intrepid"?

    (a) a sticker accessory
    (b) a smart phone app
    (c) an irremovable piece of clothing
    (d) a slim detecting device

61. How does Intrepid know when clothes are being removed by force?

    (a) by sensing a change in the way the user undresses
    (b) by receiving data about the forced action from the app
    (c) by getting itself detached from the clothing
    (d) by being alerted by the user via a Bluetooth connection

62. What do all of the user's emergency contacts receive?

    (a) a distress alarm from their phones
    (b) an audio recording of the user's actions
    (c) the user's position
    (d) the user's call for help

63. What does Intrepid most likely do when set to passive mode?

    (a) ignore a "forced action" against the user
    (b) help the user fight a perceived assault
    (c) keep the user aware of the environment
    (d) automatically send an alarm during an assault

64. Why was Manisha Mohan inspired to create Intrepid?

    (a) to prevent herself from being assaulted again
    (b) to give women in India more freedom to move
    (c) to promote the public places in India
    (d) to allow Indian women to sleep peacefully

65. In the context of the passage, deter means _____.

    (a) notify
    (b) motivate
    (c) catch
    (d) discourage

66. In the context of the passage, invasive means _____.

    (a) visible
    (b) convenient
    (c) disturbing
    (d) useless

Part 3. Read the following encyclopedia article and answer the questions. The underlined words in the article are for vocabulary questions

ROSETTA STONE

The Rosetta Stone is a stone tablet that contains a decree testifying to the rule of the Egyptian king, Ptolemy V. Written in two languages and in three scripts, the artifact has been important to the modern understanding of Egyptian scripts.

Carved in 196 B.C., the Rosetta Stone was a *stele*, an upright stone tablet, passed by a council of priests for public display as a tribute to the pharaoh, King Ptolemy V. The same text was written on the stone in three scripts: at the top is *hieroglyphic*, the script for important and religious documents; in the middle is *demotic*, the common cursive script for daily purposes; and at the bottom is ancient Greek, the language of the ruling class.

The stele was discovered by Pierre-Francoise Bouchard on July 19, 1799, near Rashid, a small village in the Nile Delta. "Rosetta," the Western translation of "Rashid," was used to refer to the stone tablet. The Rosetta Stone has an irregular shape, being fragmented at its upper and lower portions. Furthermore, none of the inscriptions are complete. There are just 14 lines in hieroglyphics, 32 lines in demotic, and 54 lines in Greek.

Many experts tried to decipher the meaning of the Egyptian scripts on the Rosetta Stone, but the task proved to be difficult despite a surviving knowledge of the Greek language. Major advances came with the works of scholars Thomas Young and Jean-Francois Champollion. In 1814, Young found similarities between the demotic and hieroglyphic scripts and identified the direction in which they should be read. In 1821, Champollion, who was fluent in Greek and Coptic (Egyptian), continued Young's work and completed a list of Greek translations of the Egyptian symbols.

When the French troops in Egypt were defeated in 1801, the Rosetta Stone was transferred to the British Museum in London. It has been displayed there since then, except for a brief period during World War I. Although earlier Ptolemaic decrees and other multilingual Egyptian inscriptions have been discovered, the Rosetta Stone remains the original key to unlocking the world of the ancient Egyptian civilization.

67. What is the original function of the Rosetta Stone?

    (a) to serve as a royal testimonial
    (b) to show a portrait of an Egyptian ruler
    (c) to depict the common Egyptians' lives
    (d) to help in translating ancient documents

68. What could be the reason why the stele was written in three scripts?

    (a) to identify people who could not read certain scripts
    (b) so that different social sectors could relate to it
    (c) because King Ptolemy V could read the three scripts
    (d) to satisfy the requirements of the priestly council

69. Why most likely does the Rosetta Stone contain incomplete scripts?

    (a) because it was damaged by French soldiers
    (b) because it was not finished in the first place
    (c) because it was divided by the Greeks and Egyptians
    (d) because it has missing parts that held writings

70. What was an obstacle in decoding the Rosetta Stone's contents?

    (a) No one knew how to read ancient Greek.
    (b) No one knew where to start reading the scripts.
    (c) The scripts had no similarities.
    (d) It contained three different and unrelated texts.

71. According to the article, what is the Rosetta Stone's legacy?

    (a) being the stele that allowed literacy in Egyptian scripts
    (b) being the only surviving decree from the Ptolemaic dynasty
    (c) being the only document to be found from ancient Egypt
    (d) being the longest displayed object at the British Museum

72. In the context of the passage, irregular means _____.

    (a) unnatural
    (b) antique
    (c) smooth
    (d) uneven

73. In the context of the passage, decipher means _____.

    (a) explain
    (b) reproduce
    (c) interpret
    (d) restore

Part 4. Read the following business letter and answer the questions. The underlined words in the letter are for vocabulary questions.

Megan Ford
Executive Director
Blythe Lane Sports Complex

Dear Ms. Ford:

Greetings! I am contacting you on behalf of *Team-Z*, a television show that features the latest in sports news. We currently air on Saturday evenings as part of Sports Unlimited, the sports broadcasting division of JRO. On its third season of production, *Team-Z* is highlighting universities for its second episode, and will be featuring athletes from Queen Madison University. We would like to ask for permission to shoot and interview the QMU hockey team during their training session at the Queen Madison Sports Complex on Saturday, August 26, from 1:00 to 5:00 p.m.

Our production staff will conduct a profile interview with the team captain, Mr. Pecknold, and document the team's training. We have already contacted their coaches, Coaches Daley and Stevenson, and have received permission to proceed with the project. Although we will provide the necessary equipment for the shoot, we will require the assistance of venue personnel with our setup inside the premises.

Sports Unlimited's programming primarily provides coverage of the country's professional sports leagues. Its program lineup consists of interviews and commentaries as well as sports-related programs and news coverage simultaneously broadcast from JRO. The *Team-Z* episode that we hope to shoot is scheduled to air on September 2. The venue will be given proper acknowledgement during the beginning credits of the episode.

We are hoping you can accommodate our request at least one day before the shooting date itself to give the production team adequate time to make appropriate preparations. Thank you very much.

Sincerely yours,

Kirsty Fine

Kirsty Fine
Researcher
Team-Z

74. Why is Kirsty Fine writing to Megan Ford?

   (a) to reserve a venue for hockey training
   (b) to endorse a university hockey team
   (c) to request approval for a production shoot
   (d) to partner up with her sports complex

75. What will the production team be needing the help of the venue's staff with?

   (a) interacting with the team's coaches
   (b) setting up the shoot's equipment
   (c) providing a suitable shooting site
   (d) documenting the team's captain

76. What is JRO most likely to be?

   (a) a radio programming company
   (b) a sports publication
   (c) a professional sports league
   (d) a television network

77. How will Fine repay Ford for her approval of the request?

   (a) by featuring her in the shoot itself
   (b) by giving the venue credit within the episode
   (c) by giving her a copy of the aired episode
   (d) by letting her meet the hockey team

78. What probably needs to be done for the production to proceed properly?

   (a) extending the shoot to one whole day
   (b) preparing the necessary equipment
   (c) postponing the episode's airing date
   (d) having the request approved early

79. In the context of the passage, conduct means _____.

   (a) play
   (b) use
   (c) do
   (d) hire

80. In the context of the passage, adequate means _____.

   (a) enough
   (b) prolonged
   (c) tolerable
   (d) limited

THIS IS THE END OF THE TEST

실전
기출유형

G-TELP
General Tests of English Language Proficiency

ACTUAL TEST 3

GRAMMAR SECTION
LISTENING SECTION
READING & VOCABULARY SECTION

G-TELP

※ TEST DATE MO. DAY YEAR

General Tests of English Language Proficiency
G-TELP

Level 2

GRAMMAR SECTION

DIRECTIONS:

The following items need a word or words to complete the sentence. From the four choices for each item, choose the best answer. Then blacken in the correct circle on your answer sheet.

Example:

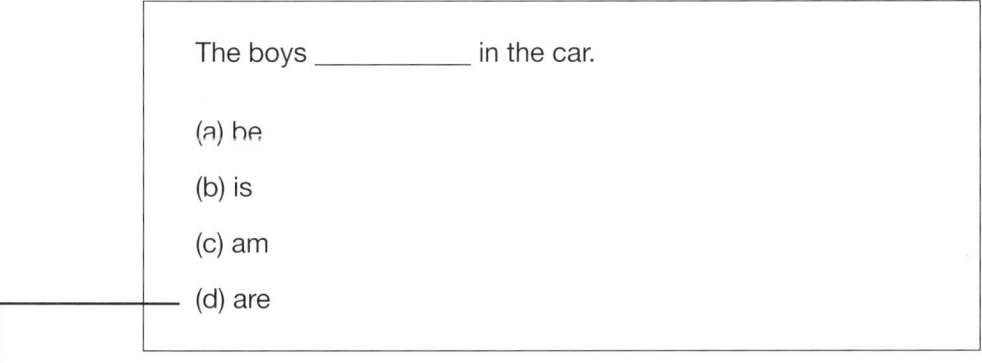

The correct answer is (d), so the circle with the letter (d) has been blackened.

NOW TURN THE PAGE AND BEGIN

1. Joseph was relieved to receive his first editorial news with only a few points of revision. He was worried that his supervisor would demand that he _____ the entire draft because of the unconventional topic.

   (a) scraps
   (b) will scrap
   (c) is scrapping
   (d) scrap

2. When Lily was 11 years old, she suffered a freak accident that left her partially paralyzed. Through her teenage years, she couldn't help _____ people who could walk normally. However, she has grown to accept her condition.

   (a) resenting
   (b) to resent
   (c) having resented
   (d) to have resented

3. Sheldon sometimes wonders how his father has managed to raise him and his four brothers alone. If he were to exchange places with his father, Sheldon _____ able to understand things from his father's perspective.

   (a) would have been
   (b) can be
   (c) is
   (d) would be

4. The HR department issued a memo regarding its new policy on part-time employees' compensation. Those who have questions can visit the HR manager at the 12th floor, where he _____ inquiries in his office until 5 p.m.

   (a) will be entertaining
   (b) is entertaining
   (c) has entertained
   (d) entertains

5. Except for six stations, Japan is home to the top 50 busiest railway hubs in the world. _____, Shinjuku Station, the world's busiest train station with over three million passengers daily, is in Japan.

   (a) In the first place
   (b) Besides
   (c) In fact
   (d) Eventually

6. Ms. Harris pointed out the lack of ramps in the school's blueprints. She requested that the architect _____ the necessary facilities to the school's design so that the building would be accessible to persons with disabilities.

   (a) is adding
   (b) add
   (c) will add
   (d) adds

7. This morning before leaving for school, Anne received a ten-page letter from an old childhood friend. She decided _____ it only when she got home because she did not know what to expect of the letter's contents.

   (a) to read
   (b) reading
   (c) to have read
   (d) having read

8. My dad promised to pick me up at the airport at 6 p.m, but he still hasn't arrived despite my delayed flight and late arrival. By 8 p.m., I _____ here for more than an hour.

   (a) had waited
   (b) will have been waiting
   (c) will be waiting
   (d) am waiting

9. In the geography bee, Grace finished in second place because she misheard two questions during the final round. If she _____ more closely to the host, she would have been the champion.

   (a) listened
   (b) was listening
   (c) had listened
   (d) listens

10. It is advisable to use a specialized microfiber cloth to clean one's prescription glasses. Normal cloths, and even regular facial tissue, _____ cause microscopic scratches on the lenses because of their rough texture.

    (a) may
    (b) must
    (c) would
    (d) shall

11. Last night, Trina was in a hurry to finish her research paper before the deadline. However, while she _____ her conclusion, her laptop suddenly shut down without saving, so she had to start all over again.

    (a) had been typing
    (b) typed
    (c) is typing
    (d) was typing

12. Scientists have confirmed the feasibility of composting citrus peels, contradicting the myth that it is impossible. However, it is important _____ the quantity because excessive acidity from the citrus can slow down the composting process.

    (a) controlling
    (b) to have controlled
    (c) having controlled
    (d) to control

13. Penelope's least favorite courses are the ones that require lab dissections. During one particularly repulsive procedure, Penelope _____ that the animal was still alive had her lab partner not reminded her that it was already dead.

    (a) will think
    (b) would have thought
    (c) was thinking
    (d) thought

14. Many veterans suffer from post-traumatic stress disorder (PTSD) even after many years of being discharged from the military service. Some who suffer from PTSD admit _____ flashbacks now and then about their time in the trenches.

    (a) to experience
    (b) having experienced
    (c) to have experienced
    (d) experiencing

15. Exhausted from work, Ernest had been looking forward all day to enjoying the evening at home. He _____ his favorite television series right now, but his friends keep calling to invite him out to a party.

    (a) is watching
    (b) had watched
    (c) has been watching
    (d) watches

16. A study found that "left" (liberal) and "right" (conservative) political Twitter account users rarely interact with one another. This supports the idea that social media has become a platform _____.

    (a) that people simply confirm their own biases
    (b) whose people simply confirm their own biases
    (c) where people simply confirm their own biases
    (d) when biases simply confirm their own people

17. Despite their unpleasant breakup, Sam still sees his ex-girlfriend because they live in the same apartment. If he had the means of doing so, he _____ to another apartment to avoid awkward encounters with her.

    (a) will be moving
    (b) would move
    (c) moves
    (d) is moving

18. Film directors often nurture long-standing working relationships with certain actors and actresses. For example, the director Tim Burton _____ with Johnny Depp on many movies since they first worked together on *Edward Scissorhands* in 1990.

    (a) has been collaborating
    (b) collaborates
    (c) collaborated
    (d) is collaborating

19. Oxfam International reports that half of the world's wealth now belongs to only eight men. Oxfam notes an "obscene" wealth gap, pointing out another fact that the majority of society struggles _____ on minimum wage.

(a) getting by
(b) to get by
(c) to have gotten by
(d) having gotten by

20. Joe has been an avid, long-time fan of video games. He has a specific interest in role-playing games because he likes imagining what he _____ if he were the protagonists in various video game fantasy worlds.

(a) is doing
(b) will do
(c) has done
(d) would do

21. The blockage of certain blood arteries in the brain can indicate Moyamoya disease. *Moyamoya*, _____, can lead to a stroke or an aneurysm if not diagnosed early and treated properly.

(a) that translates to "a puff of smoke" in Japanese
(b) where in Japan translates to "a puff of smoke"
(c) which translates to "a puff of smoke" in Japanese
(d) who translates to "a puff of smoke" in Japanese

22. "One Sweet Day" and "Despacito" hold the record for the longest stays atop the *Billboard* Hot 100 singles chart. Before they were dethroned, both songs _____ the charts for 16 consecutive weeks.

(a) were reigning
(b) had been reigning
(c) reigned
(d) have been reigning

23. Laura heard that Justin was in Memphis yesterday. She called him, saying that they _____ have met up with each other since she was also in the area, but he clarified that it was a business trip.

(a) would
(b) might
(c) should
(d) can

24. Norah dialed Kenneth's number to ask if he was free to hang out with her at the local museum. Kenneth's mother answered the phone and told Norah that he had gone _____ for the weekend.

(a) to hike
(b) to have hiked
(c) having hiked
(d) hiking

25. Dr. John Williamson was offered a top position in a huge pharmaceutical company, but he declined the offer for personal reasons. If he had accepted the position, he _____ a signing bonus on his first day.

   (a) would have received
   (b) will be receiving
   (c) received
   (d) had received

26. Contrary to what some people may believe, a person's hair and nails do not continue to grow even after death. They only appear to grow _____ nearby skin starts shrinking when a person dies, creating the illusion.

   (a) until
   (b) as long as
   (c) because
   (d) even if

THIS IS THE END OF THE GRAMMAR SECTION
DO NOT GO ON UNTIL TOLD TO DO SO

LISTENING SECTION

DIRECTIONS:

The Listening Section has four parts. In each part you will hear a spoken passage and a number of questions about the passage. First you will hear the questions. Then you will hear the passage. From the four choices for each question, choose the best answer. Then blacken in the correct circle on your answer sheet.

Now you will hear an example question. Then you will hear an example passage.

Now listen to the example question.

(a) one
(b) two
(c) three
(d) four

Bill Johnson has four brothers, so the best answer is (d). The circle with the letter (d) has been blackened.

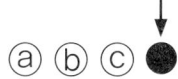

NOW TURN THE PAGE AND BEGIN

Part 1. You will hear a conversation between two people. First you will hear questions 27 through 33. Then you will hear the conversation. Choose the best answer to each question in the time provided.

27. (a) a recently opened diner
    (b) what foods are healthy to eat
    (c) instructions on how to make a pizza
    (d) whom she dined with last night

28. (a) It provides high-quality ingredients in its recipes.
    (b) It offers a wide range of pizza and pasta flavors.
    (c) It allows the customer to customize their own dishes.
    (d) It is a buffet-style Italian restaurant.

29. (a) to help them locate where the rare ingredients are
    (b) to guide them as to which ingredients go well together
    (c) to control the amount of ingredients they get
    (d) to encourage them to eat in a healthier manner

30. (a) They will have to take home their leftovers.
    (b) They will have to pay additional for their leftovers.
    (c) They will be forced to consume their leftovers.
    (d) They will have to throw out the leftovers in the garbage bin.

31. (a) It is an expensive topping.
    (b) Her pizza was already full of toppings.
    (c) It is not one of her favorite toppings.
    (d) They were not available at the time.

32. (a) carbonara sauce
    (b) puttanesca sauce
    (c) Alfredo sauce
    (d) pesto sauce

33. (a) a pizza and pasta dish
    (b) a pizza and its toppings
    (c) a pasta dish and its sauce
    (d) a pizza and pasta dish with drinks

Part 2. *You will hear a presentation by one person to a group of people. First you will hear questions 34 through 39. Then you will hear the talk. Choose the best answer to each question in the time provided.*

34. (a) the introduction of a new art department head
    (b) an announcement of a filmmaking contest
    (c) a promotion of a school's anniversary celebration
    (d) a class discussion about social equality

35. (a) They must be an original film creation.
    (b) They must be owned by other filmmakers.
    (c) They must be at least one hour long.
    (d) They must be participating in another filmmaking competition.

36. (a) because they are sponsors of the school
    (b) because they are well-known filmmakers
    (c) because they are experts in the field of filmmaking
    (d) because they have experience in judging films

37. (a) serve as their introduction to filmmaking
    (b) teach them the technical aspects of the film
    (c) inspire them to create their own films
    (d) help them take action to solve community problems

38. (a) by watching the film on the day of its screening
    (b) by voting for the top films they like the best
    (c) by attending the closing ceremony of the anniversary celebration
    (d) by discussing the films with the judges

39. (a) by being selected as one of the top three films in the contest
    (b) by receiving the highest score from the judges
    (c) by submitting a DVD of the film to the Arts Committee staff
    (d) by buying an all-access pass

Part 3. *You will hear a conversation between two people. First, you will hear questions 40 through 45. Then you will hear the conversation. Choose the best answer to each question in the time provided.*

40. (a) She doesn't know which gadget to buy for her school work.
    (b) Her school requires her to buy a new gadget.
    (c) She doesn't know where gadgets are bought.
    (d) Her gadgets for school are already out-of-date.

41. (a) because it has more complicated programs
    (b) because it has a larger screen size
    (c) because it has plenty of storage for files
    (d) because it has a more efficient processor

42. (a) because its large screen needs more power to function
    (b) because her heavy use will consume battery power quicker
    (c) because storing her large files consumes battery life faster
    (d) because there aren't many power outlets available

43. (a) It requires users to buy an external keyboard.
    (b) It's not always responsive when inputting data.
    (c) It's difficult to use for some people.
    (d) It makes the tablet function slower.

44. (a) one with a large display screen
    (b) one with more memory storage
    (c) one that's seven inches in size
    (d) one that displays bright colors

45. (a) She will buy a tablet.
    (b) She will ask for additional advice.
    (c) She will find out the price of both gadgets.
    (d) She will buy a laptop.

Part 4. You will hear an explanation of a process. First you will hear questions 46 through 52. Then you will hear the talk. Choose the best answer to each question in the time provided.

46. (a) how to prioritize tasks
    (b) overcoming stress
    (c) how to avoid delaying tasks
    (d) embracing healthy habits

47. (a) so that the task will be completed early
    (b) so that the task will be achievable
    (c) so that the task can be done in an exact order
    (d) so that one can make a to-do list draft

48. (a) They delay doing the task.
    (b) They are pressured to start the work.
    (c) They become motivated to work.
    (d) They ask their boss for a deadline.

49. (a) because their work always ends up being perfect
    (b) because they want the task to be completed early
    (c) because they always expect to fail at tasks
    (d) because they imagine a perfect way of doing things

50. (a) one's social network
    (b) one's physical health
    (c) one's ability to focus
    (d) one's intelligence

51. (a) by increasing stress levels
    (b) by providing better ideas
    (c) by allowing the mind to rest
    (d) by using breaks as a reward

52. (a) waiting for an inspiration
    (b) starting the task right away
    (c) completing the six suggestions
    (d) listening to more procrastination tips

THIS IS THE END OF THE LISTENING SECTION
DO NOT GO ON UNTIL TOLD TO DO SO

READING AND VOCABULARY SECTION

DIRECTIONS:

You will now read four different passages. Each passage is followed by comprehension and vocabulary questions. From the four choices for each item, choose the best answer. Then blacken in the correct circle on your answer sheet.

Read the following example passage and example question.

Example:

> Bill Johnson lives in New York. He is 25 years old. He has four brothers and two sisters.
>
> How many brothers does Bill Johnson have?
>
> (a) one
> (b) two
> (c) three
> (d) four

The correct answer is (d), so the circle with the letter (d) has been blackened.

NOW TURN THE PAGE AND BEGIN

Part 1. Read the following biography article and answer the questions. The underlined words in the article are for vocabulary questions.

OSAMU TEZUKA

Osamu Tezuka was a Japanese artist and cartoonist who authored famous manga such as *Astro Boy* and *Black Jack*. He is best known as "the Father of Manga" because of his recognizable contributions to the art form.

Tezuka was born on November 3, 1928, in Osaka, Japan. The eldest of three children, Tezuka was born to a wealthy and well-educated family. Though unable to join his classmates in athletic pursuits, he gained popularity by creating manga and dispersing it throughout his school.

During the height of World War II, Tezuka was drafted at 16 to work at a military-run factory. Tezuka continued to draw, even leaving manga in the bathroom for his fellow workers to read. Witnessing the cruelty of humanity during the war had a powerful impact on the young artist, and his experiences would manifest themselves in his later work.

In 1944, just before the war ended, Tezuka was accepted into a medical college in Osaka. He devoted himself to his studies but never forgot his love of manga. He was later commissioned to draw comics for a local newspaper and even traveled all over Japan to work with fellow artists—all while studying to be a doctor.

It was during this time that Tezuka developed the story for *Astro Boy*, his most famous creation and one of the best-selling manga series of all time. *Astro Boy* was an android created by the renowned Doctor Tenma to replace his son who had been killed in a car accident. The series tackled issues such as good versus evil and how humans and robots could coexist in harmony.

Tezuka never practiced medicine officially, but his expertise would find its way into his works. One such work was *Black Jack*, which is the story of a mad scientist who operates without a medical license. The surgeon uses his impressive skills to save patients with unique illnesses. Tezuka considered the protagonist, with his anti-establishment and anti-corruption attitudes, to be somewhat of an alter ego, representing the kind of doctor he might have been.

Though Tezuka passed in 1989, several of his artistic techniques have become mainstays in modern-day anime. For example, the large, expressive eyes associated with anime characters and pen strokes indicating movement are evidence of his impact. To this day, his manga continues to inspire adaptations such as the *Young Black Jack* TV series and the CGI animated *Astro Boy* film.

53. What is Osamu Tezuka most known for?

   (a) writing the highest-selling manga of all time
   (b) creating an influential style in a popular medium
   (c) addressing societal issues through his art
   (d) becoming the first famous anime artist

54. How did Tezuka earn the approval of his classmates?

   (a) by showing his physical prowess
   (b) by coming from a highly respected family
   (c) by impersonating anime characters
   (d) by producing entertaining comics

55. According to the passage, why did Tezuka travel during his years at medical school?

   (a) because he wanted to work at various hospitals
   (b) because he wanted to meet with his fans
   (c) because he was pursuing his artistic passion
   (d) because he was searching for the right mentor

56. Why most likely did Tezuka relate to the main character of *Black Jack*?

   (a) They had the same surgical training.
   (b) They held similar thoughts about abuses of power.
   (c) They had experience in practicing medicine.
   (d) They struggled with the same personal issues.

57. How can Tezuka's influence most notably be seen in contemporary comics?

   (a) through his specific art style
   (b) through his highly dramatic themes
   (c) through his complex storylines
   (d) through his use of science fiction

58. In the context of the passage, manifest means _____.

   (a) spread
   (b) confirm
   (c) reveal
   (d) explain

59. In the context of the passage, tackled means _____.

   (a) confronted
   (b) stopped
   (c) fought
   (d) seized

Part 2. Read the following magazine article and answer the questions. The underlined words in the article are for vocabulary questions.

HOW FLYING SNAKES SOAR THROUGH THE AIR

Though not generally known for their ability to "fly," a few species of Asian snakes are able to soar from tree to tree without the aid of wings.

Unlike birds or insects, snakes are unable to gain altitude when they travel in the air. Instead, these reptiles slither to the top of a tree and fall strategically for a few seconds. They can reach speeds of about 25 miles per hour and usually land without injury. While they glide, snakes also undulate, or move in a serpentine pattern that mirrors the way they slither on the ground.

Jake Socha, a professor of biomedical engineering and mechanics at Virginia Tech, was interested in studying such flight. He and his colleagues wanted to discover if there was a reason for snakes to undulate during flight or if they merely moved that way because they were accustomed to doing so on land.

To set up the experiment, the team staged a room with fake trees and motion-capture cameras. The group then outfitted the snakes with infrared reflective tape to better track their movements. Snakes were prompted to leap from a higher tree onto the neighboring tree, much like how snakes traveled in real life.

Researchers used three-dimensional computer models to compile the data and analyze it. They learned that snakes flatten their body by spreading their ribs out to form a more aerodynamic triangular shape. Snakes move their tail up and down to further increase stability. Other airborne animals undulate to create forward motion, but the experiment shows that snakes do it to keep steady.

The team was also able to make new computer models that featured hypothetical snake flight without any extra movement at all. Their software determined that snakes falling without utilizing their characteristic zigzagging maneuvers would be at risk of not gaining enough forward momentum and injuring themselves in the process.

This new data could be helpful in the creation of robots that need to squeeze into tight spaces, like ones used for search and rescue missions. These robots could also be programmed to "fly" from one site to another, just like their organic counterparts.

60. How do snakes differ from birds or insects when flying?

(a) They use trees to facilitate movement.
(b) They fly for longer distances.
(c) They can move at faster speeds.
(d) They mainly travel downwards.

61. What was the motivation for Socha to conduct this research?

(a) to learn why snakes perform a certain action during flight
(b) to find out how many kinds of animals fly
(c) to understand why flying snakes avoid moving on the ground
(d) to search for new methods of flight

62. Why most likely were two trees of different heights used in the experiment?

(a) because they were easy for the cameras to capture
(b) because they were less expensive to produce
(c) because they mimicked the snakes' natural habitat
(d) because they allowed the snakes familiar navigation

63. Based on the article, what would happen to a snake that tries to fly without twisting in the air?

(a) It could travel further distances.
(b) It could conserve its energy.
(c) It could accidentally hurt itself.
(d) It could get tangled in a tree.

64. What most likely will scientists use the information from the study for?

(a) studying the flying habits of more animals
(b) developing new flight technology
(c) creating information-gathering robots
(d) exploring more distant parts of space

65. In the context of the passage, staged means _____.

(a) opened
(b) played
(c) arranged
(d) displayed

66. In the context of the passage, characteristic means _____.

(a) typical
(b) personal
(c) stylish
(d) proper

Part 3. Read the following encyclopedia article and answer the questions. The underlined words in the article are for vocabulary questions

BLACK FRIDAY

Black Friday, which is the day after Thanksgiving, is an unofficial holiday near the end of November when many stores across the globe offer large discounts. In the United States, it has been the busiest shopping day of the year since 2005.

The name "Black Friday" has held multiple associations throughout history. Originally, putting "black" before a day of the week had a negative connotation, and the first known usage of Black Friday described a stock market crash in 1869. During that time, two investors conspired to manipulate gold prices for their own profit. Though President Grant was able to prevent a national depression, this Black Friday marked the beginning of a period of economic stress for the country.

A later usage of Black Friday was created by Philadelphia police officers in the 1960s. At that time, many people came to the metropolis to go shopping the day after Thanksgiving and then watch the Army-Navy football game on Saturday. The unruly crowds were so thick that the streets looked black with cars, giving way to both "Black Friday" and "Black Saturday."

Unfortunately for business owners, the negative connotation of Black Friday did not bode well. In addition to causing traffic and chaos, the day after Thanksgiving was sometimes called Black Friday because employees were notorious for calling out of work in order to extend their holiday weekend. An effort was made by merchants to change the name to "Big Friday," but it never gained popularity.

It was not until the late 1980s that Black Friday began to be used as it is today. Most people believe Black Friday represents businesses going "in the black," indicating that they are making large profits. This idea comes from old ink-based accounting, when profits were written in black ink and losses were shown in red ink.

While many consumers revel in the remarkable sales available after Thanksgiving, there are dangers associated with this cultural phenomenon. Some eager shoppers shove their way through crowds, resulting in other costumers getting trampled. There have even been cases when altercations over discounted merchandise have ended in more serious violence.

67. What is true about Black Friday?

    (a) It is traditionally held on Thanksgiving Day.
    (b) It is only celebrated in the United States.
    (c) It is a time when people can find great deals.
    (d) It is the busiest day for online shopping.

68. Why did the name Black Friday originally have a negative implication?

    (a) because consumerism used to be discouraged
    (b) because it was the name of a financial recession
    (c) because black represented the opposite of gold
    (d) because the president at the time rebuked it

69. According to the article, why do many workers take the day off for Black Friday?

    (a) They do not want to deal with large crowds.
    (b) They want to enjoy a longer holiday.
    (c) They do not want to get stuck in heavy traffic.
    (d) They would rather go shopping instead.

70. What is the most commonly held belief about the origin of Black Friday?

    (a) that it is the only time to get presents for the holidays
    (b) that it represents the ink on store receipts
    (c) that it is a profitable day for accountants
    (d) that it represents high earnings for businesses

71. According to the article, why most likely should shoppers be cautious during Black Friday?

    (a) They may end up getting injured.
    (b) They may be scammed by other shoppers.
    (c) They may get involved in a robbery.
    (d) They may carry out some illegal activities.

72. In the context of the passage, manipulate means _____.

    (a) operate
    (b) control
    (c) use
    (d) employ

73. In the context of the passage, thick means _____.

    (a) bulky
    (b) deep
    (c) packed
    (d) compact

Part 4. Read the following business letter and answer the questions. The underlined words in the letter are for vocabulary questions.

Carmen Dominic
Home Shopping Channel, Inc.
New York, NY

Dear Ms. Dominic:

   I have been purchasing items from the Home Shopping Channel for years. I have always appreciated the thought that your curators take in selecting the best products on the market. It is with great disappointment, then, that I seek to send back a recently received item.

   I was in search of a sofa bed to accommodate guests visiting my home. My previous couch—which I also purchased through your company—<u>suited</u> my living room's décor perfectly, but I needed an upgrade. Imagine my delight when I saw the Regal Sofa Bed showcased during a broadcast!

   One thing that gave me confidence in the Home Shopping Channel is the 30-day money-back guarantee. Though I have never needed to return any products, I felt safe knowing there was an insurance policy for my purchases.

   Unfortunately, I must report an issue with a product for the very first time. The Regal Sofa Bed should be easily retractable—so easy a child can do it, as the advertisement states. But neither myself nor my wife is able to get the internal bed to budge.

   My purchase was completed on December 7, but the item was not shipped until December 28 due to supply constraints. Furthermore, the holidays caused postal backups, so I did not receive the product until well after the period <u>covered</u> under your money-back guarantee.

   I hope that because of the shipping delay, Home Shopping Channel will accept my request to return the item. I look forward to your cooperation and hope to continue shopping with your company in the coming years.

Sincerely,

Thomas Bronston

Thomas Bronston

74. Why is Thomas Bronston writing to Carmen Dominic?

    (a) to complain about a long delivery time
    (b) to ask for a refund for a defective product
    (c) to compliment a company for their great service
    (d) to dispute the rejection of a product exchange

75. How did Bronston attempt to prepare for houseguests?

    (a) by providing them with a comfortable bed
    (b) by redecorating the guest bedroom
    (c) by getting a new set of living room furniture
    (d) by getting rid of his unsightly old couch

76. What makes Bronston feel more secure about shopping with the company?

    (a) its guarantee of free return shipping
    (b) its use of a reliable delivery service
    (c) its promise of financial protection
    (d) its reputation for high-quality products

77. What issue did Bronston have with the sofa bed?

    (a) It did not work as advertised.
    (b) It came apart too easily.
    (c) It was not what he ordered.
    (d) It was too heavy to move.

78. Why probably could Home Shopping Channel deny Bronston's request?

    (a) because shipping would be too difficult
    (b) because it is after the agreed-upon warranty
    (c) because he waited too long to report the problem
    (d) because the purchase was not properly completed

79. In the context of the passage, suited means _____.

    (a) pleased
    (b) clothed
    (c) satisfied
    (d) matched

80. In the context of the passage, covered means _____.

    (a) surrounded
    (b) included
    (c) enclosed
    (d) hidden

THIS IS THE END OF THE TEST